세상이 변해도
배움의 즐거움은
변함없도록

시대는 빠르게 변해도
배움의 즐거움은
변함없어야 하기에

어제의 비상은
남다른 교재부터
결이 다른 콘텐츠
전에 없던 교육 플랫폼까지

변함없는 혁신으로
교육 문화 환경의 새로운 전형을
실현해왔습니다.

비상은 오늘, 다시 한번
새로운 교육 문화 환경을 실현하기 위한
또 하나의 혁신을 시작합니다.

오늘의 내가 어제의 나를 초월하고
오늘의 교육이 어제의 교육을 초월하여
배움의 즐거움을 지속하는 혁신,

바로, 메타인지 기반 완전 학습을.

상상을 실현하는 교육 문화 기업 비상

메타인지 기반 완전 학습
초월을 뜻하는 meta와 생각을 뜻하는 인지가 결합한 메타인지는
자신이 알고 모르는 것을 스스로 구분하고 학습계획을 세우도록 하는
궁극의 학습 능력입니다. 비상의 메타인지 기반 완전 학습 시스템은
잠들어 있는 메타인지를 깨워 공부를 100% 내 것으로 만들도록 합니다.

기출 PICK

사회·문화

653제

완자 기출 PICK 차례

Ⅳ 사회 계층과 불평등

Ⅴ 현대의 사회 변동

완자 기출 PICK 구성 - 기출 문제를 분석하여 핵심을 빠짐 없이 담았다!

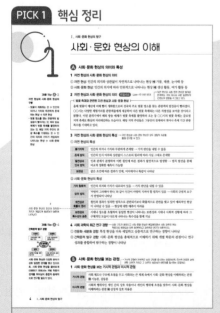

PICK 1 핵심 정리

빈출 자료와 보기 선지를 담아낸 내용 정리

PICK 2 필수 기출

빈출 문제를 난이도별, 빈출 자료별로 구성

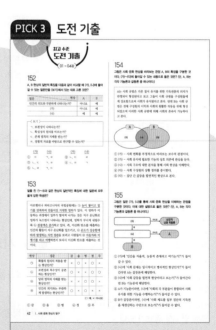

PICK 3 도전 기출

1등급 달성을 위해 꼭 풀어봐야 하는 도전 문제

사회 · 문화 현상의 이해

A 사회·문화 현상의 의미와 특성

1 자연 현상과 사회·문화 현상의 의미

① 자연 현상: 인간의 의지와 상관없이 자연적으로 나타나는 현상 예 가뭄, 태풍, 눈사태 등

② 사회·문화 현상: 인간의 의지에 따라 인위적으로 나타나는 현상 예 생산 활동, 여가 활동 등

2 자연 현상과 사회·문화 현상의 의미 [빈출자료] Link • 15-16번 문제

→ 자연 현상과 사회·문화 현상은 별개로 존재하는 것이 아니라 서로 밀접하게 관련되어 영향을 주고받고 있다.

(벚꽃 축제와 관련한 자연 현상과 사회·문화 현상)

올해 벚꽃이 예년에 비해 빨리 개화함으로써 전국의 주요 벚꽃 명소를 찾는 관광객의 발걸음이 빨라졌다. ○○시는 다양한 체험거리를 관광객들에게 제공하며 다른 벚꽃 축제와는 다른 차별성을 보여줄 것이라고 밝혔다. 이런 분위기에서 해외 방송 매체가 벚꽃 축제를 촬영하러 오는 등 ○○시의 벚꽃 축제는 글로벌 지역 축제로 확실히 자리매김하는 모습이다. 해당 지역 주민들은 그동안의 침체에서 벗어나 축제 기간 관광 특수를 기대하고 있다.

3 자연 현상과 사회·문화 현상의 특성 → 자연 현상과 사회·문화 현상은 모두 경험적 자료를 통해 연구할 수 있다.

① 자연 현상의 특성

몰가치적	인간의 의지나 가치와 무관하게 존재함 → 가치 판단을 내릴 수 없음
존재 법칙	인간의 인식 여부와 상관없이 스스로의 원리에 따라 사실 그대로 존재함
필연성과 인과 법칙	인과 관계가 분명하여 어떤 원인에 따른 결과가 필연적으로 발생함 → 법칙 발견을 통해 비교적 정확한 예측이 가능함
보편성	같은 조건에 따른 결과가 언제, 어디에서나 똑같이 나타남

② 사회·문화 현상의 특성

가치 함축적	인간의 의지와 가치가 내포되어 있음 → 가치 판단을 내릴 수 있음
당위 법칙	'마땅히 그러해야 한다.'와 같이 인간이 마땅히 지켜야 할 법칙이 있음 → 사회의 규범적 요구가 반영되어 나타남
개연성과 확률의 원리	원인과 결과가 엄격한 법칙으로 관련되기보다 확률적으로 관련을 맺고 있어 예외적인 현상이 나타날 수 있음 → 현상에 대한 예측이 어려움
보편성과 특수성의 공존	시대나 장소를 초월하여 동일한 현상이 나타나는 보편성과 시대나 사회적 상황에 따라 그 구체적인 모습이 다르게 나타나는 특수성을 함께 지님

4 사회 과학의 최근 연구 경향
→ 사회 구조가 분화되고 사회·문화 현상이 복잡해지면서 사회 과학은 여러 학문으로 분화되어 더욱 체계적이고 과학적인 연구가 이루어진다.

① 전문화·세분화 경향: 특정 현상을 더욱 세밀하고 심층적으로 연구하는 경향이 나타남

② 간학문적 탐구 경향: 사회·문화 현상을 총체적으로 이해하기 위해 개별 학문의 관점이나 연구 성과를 종합하여 탐구하는 경향이 나타남

B 사회·문화 현상을 보는 관점
→ 거시적 관점이 전체적인 숲의 규모를 중시하는 관점이라면, 미시적 관점은 숲에 어떤 나무가 자라고 그 나무의 생김새가 어떤지를 중시하는 관점이다.

1 사회·문화 현상을 보는 거시적 관점과 미시적 관점

거시적 관점	사회 제도나 구조에 초점을 두고 사회라는 큰 체계 속에서 사회·문화 현상을 이해하려는 관점 예 기능론, 갈등론
미시적 관점	사회적 행위자인 개인 간의 상호 작용이나 개인의 행위에 초점을 맞추어 사회·문화 현상을 이해하려는 관점 예 상징적 상호 작용론

기출 Tip Ⓐ-2

자연 현상과 사회·문화 현상의 구분

· 벚꽃이 개화하는 것 ➡ 인간의 의지나 가치와 무관하게 존재하는 현상 ➡ 자연 현상

· 벚꽃 명소를 찾는 관광객의 발걸음이 빨라지는 것, 해외 방송 매체가 벚꽃 축제를 촬영하러 오는 것, 해당 지역 주민이 관광 특수를 기대하는 것 ➡ 인간의 의지와 가치가 개입되어 나타나는 현상 ➡ 사회·문화 현상

사회·문화 현상이 인간의 의지와 가치가 개입되어 발생하기 때문에 나타난다.

기출 Tip Ⓐ-4

간학문적 탐구 경향

사회·문화 현상은 다양한 분야가 상호 밀접한 관계를 맺고 있으므로, 사회·문화 현상을 올바르게 이해하기 위해서는 개별 학문의 경계를 뛰어넘어 종합적·총체적으로 연구할 필요가 있다.

2 사회·문화 현상을 보는 다양한 관점

① 기능론

기능론은 문제가 되는 부분이 원래의 기능을 회복하면 사회는 다시 안정을 이룬다고 본다.

사회 인식	사회를 하나의 살아 있는 유기체로 보고, 사회 제도나 사회 집단 등이 상호 연관되어 있다고 봄
기본 입장	• 사회의 각 부분은 사회의 안정과 질서 유지에 필요한 기능을 수행함 • 사회 문제와 갈등은 사회 구성 요소가 제 기능을 수행하지 못해 발생하는 현상임
장점	사회 질서와 조화를 설명하는 데 유용함
한계	• 사회 안정과 합의를 지나치게 강조하여 급격한 사회 변동을 설명하기 어려움 • 지배 집단의 이익을 옹호하는 보수적인 논리로 이용될 우려가 있음

② 갈등론

사회 인식	사회를 사회적 희소가치를 둘러싼 사회 구성원 간의 갈등과 대립의 장이라고 봄
기본 입장	• 지배 집단과 피지배 집단 간 갈등과 대립은 불가피한 현상임 • 사회 각 부분의 기능과 역할은 불평등을 재생산하는 도구에 불과함 • 갈등은 사회의 본질적인 속성이며, 사회 변화와 사회 발전의 원동력이 됨
장점	사회 속에 존재하는 지배와 피지배의 관계, 갈등의 측면을 이해하는 데 유용함
한계	• 사회 각 부분 간의 복잡한 관계를 지배와 피지배의 관계로 단순화함 • 지나치게 갈등을 강조함으로써 현실 속에 존재하는 협동과 조화의 현상을 경시함

③ 상징적 상호 작용론

행위 주체가 자신이 처해 있는 특정 상황에 대하여 해석하고 의미를 부여하는 것

사회 인식	사회는 개인 간 상호 작용 과정에서 주관적 의미 규정과 해석을 주고받으며 형성되고 변화함
기본 입장	• 인간은 각자의 상황 정의를 바탕으로 행위를 선택하고, 상징을 활용하여 타인과 상호 작용을 함 → 상징을 활용한 상호 작용과 인간 개인의 능동성을 강조함 • 사회·문화 현상의 의미는 그것이 발생하는 상황 맥락에 따라 달라짐
장점	개인의 행위에 초점을 두어 사회·문화 현상을 심층적으로 이해할 수 있음
한계	개인의 행위에 영향을 미치는 사회 구조나 사회 제도의 측면을 소홀히 함

인간이 자율성을 갖고 사회·문화 현상에 의미를 부여하는 주체라는 점을 강조한다.

3 사회·문화 현상을 보는 다양한 관점 [빈출자료] Link • 31~32번 문제

┌─ 학교 교육을 바라보는 관점 ─┐

• 갑: 학교 교육은 개인이 사회에 적응하도록 하는 데 중요한 기능과 역할을 합니다. 또한 국민적 일체감을 지니게 하여 사회 통합을 증진하고 사회 안정을 도모하는 데 이바지합니다.
• 을: 학교 교육은 지배 집단인 자본가의 명령에 순종하고 잘 따르는 노동자를 길러내는 역할을 함으로써 사회의 불평등 구조를 재생산하는 데 이바지합니다.

사회·문화 현상을 파악할 때에는 여러 관점에서 주장하는 현상의 원인과 의미, 대책 등을 함께 파악하여 상호 보완적으로 활용하려는 노력이 필요하다.

기출 Tip **B**-2

사회 규범을 보는 관점

기능론	사회 전체가 합의하여 공유하고 있는 것 → 사회의 유지 및 존속에 기여함
갈등론	지배 계급의 이해를 반영하여 형성된 것 → 지배 계급의 기득권 유지를 위한 수단에 불과함

기출 Tip **B**-3

학교 교육을 바라보는 기능론과 갈등론의 관점

• 갑: 학교 교육이 사회 통합과 사회 안정에 기여한다고 봄 ➡ 기능론
• 을: 학교 교육이 사회 불평등을 재생산하는 도구에 불과하다고 봄 ➡ 갈등론

개념 확인 문제

○ 정답과 해설 2쪽

1 다음 설명이 맞으면 ○표, 틀리면 ×표를 하시오.

(1) 자연 현상은 몰가치적인 현상이다. ( )
(2) 사회·문화 현상은 자연 현상과 달리 필연성으로 설명된다. ( )
(3) 자연 현상은 존재 법칙, 사회·문화 현상은 당위 법칙이 적용된다. ( )

2 최근 사회·문화 현상의 총체적 이해를 위해 개별 학문의 관점이나 연구 성과를 종합하여 탐구하는 ( ) 탐구 경향이 나타나고 있다.

3 다음 관점과 그에 대한 설명을 옳게 연결하시오.

(1) 기능론 •   • ㉠ 사회를 살아 있는 유기체로 간주함
(2) 갈등론 •   • ㉡ 집단 간 대립을 불가피한 현상으로 간주함

4 다음 괄호 안의 내용 중 알맞은 말에 ○표를 하시오.

(1) 기능론은 보수적인 논리로 이용될 우려가 (있다, 없다).
(2) 기능론과 갈등론은 (거시적, 미시적) 측면에서 사회 현상을 분석한다.
(3) (갈등론, 상징적 상호 작용론)은 인간 개개인의 상황 정의를 중시한다.

A 사회·문화 현상의 의미와 특성

5 하 중 상

다음과 같은 현상들의 일반적인 특징에 대한 옳은 설명을 〈보기〉에서 고른 것은?

- 간밤에 폭설이 내렸다.
- 교내에 벚꽃이 활짝 피었다.

〈 보기 〉
ㄱ. 가치가 담겨 있지 않다.
ㄴ. 인과 관계가 불분명하다.
ㄷ. 존재 법칙의 지배를 받는다.
ㄹ. 필연성으로 설명할 수 없다.

① ㄱ, ㄴ   ② ㄱ, ㄷ   ③ ㄴ, ㄷ
④ ㄴ, ㄹ   ⑤ ㄷ, ㄹ

6 하 중 상

㉠에 들어갈 현상에 해당하는 사례로 옳지 <u>않은</u> 것은?

(㉠)의 의미와 특징
1. 의미: 인간의 의지와 행동에 따라 인위적으로 나타나는 현상
2. 특징
 - 가치 함축적임
 - 당위적인 규범을 반영함
 - 보편성과 특수성이 공존함

① 철새의 이동 경로를 조사하였다.
② 나무 위에서 누에가 고치를 만들었다.
③ 비가 와서 우산과 우비를 쓰고 나갔다.
④ 대통령을 선출하기 위한 선거를 실시하였다.
⑤ 조수간만의 차가 큰 지역에 조력 발전소를 건설하였다.

7 하 중 상
빈출

밑줄 친 ㉠~㉣ 중 사회·문화 현상에 해당하는 것만을 있는 대로 고른 것은?

철새는 계절에 따라 ㉠ 일정한 대형으로 무리 지어 이동한다. ㉡ 자신의 이익만을 좇아 이리저리 옮겨 다니는 사람을 지칭할 때 철새라는 말을 쓰지만, 철새의 이동 방식에는 과학적 원리와 지혜가 숨어 있다. 한 연구 팀이 철새에게 측정 장비를 달아 ㉢ 위치와 속도, 날갯짓 횟수 등을 분석한 결과, V자 대형으로 날 때 ㉣ 앞선 새가 만드는 상승 기류로 인해 나머지 새들의 에너지 소모를 줄이는 효과가 있었다. 또한 철새들은 가장 힘이 드는 맨 앞자리를 번갈아 가며 비행하여 협력하는 것으로 나타났다.

① ㉠, ㉡   ② ㉠, ㉣   ③ ㉡, ㉢
④ ㉠, ㉢, ㉣   ⑤ ㉡, ㉢, ㉣

8 하 중 상

(가)에 들어갈 내용으로 가장 적절한 것은?

사회·문화 현상에서 나타나는 규칙성은 자연 현상의 규칙성과 다르며, 사회·문화 현상의 규칙성은 절대 불변의 원칙이 아니라 확률적으로 나타날 수 있는 현상이라는 결과를 보여 줄 뿐이다. 즉, 사회·문화 현상은 _____ (가)

① 개연성으로 설명할 수 있다.
② 인간의 의지와 무관하게 존재한다.
③ 법칙성을 발견하는 것이 불가능하다.
④ 인간의 주관적 가치가 배제되어 나타난다.
⑤ 특수성은 나타나지만, 보편성은 나타나지 않는다.

9 하 중 상
•• 서술형

다음 내용을 통해 알 수 있는 사회·문화 현상의 특징을 제시어를 활용하여 서술하시오.

어느 사회에서나 혼인 제도가 존재하지만, 결혼식의 모습은 사회마다 각기 다르게 나타난다.

〈 제시어 〉
• 보편성   • 특수성

I

10 하 중 상

다음 내용에서 공통적으로 도출할 수 있는 사회·문화 현상의 특징으로 가장 적절한 것은?

> • 수요 법칙에 따르면 가격이 오르면 수요량이 줄고 가격이 내리면 수요량이 늘지만, 과시적 소비로 인해 가격이 높을수록 잘 팔리는 상품도 있다.
> • 교육 수준이 높을수록 소득이 높은 경우가 많으나, 교육 수준이 낮음에도 불구하고 경제적으로 성공한 사람들도 있다.

① 당위 법칙이 적용된다.
② 현상에 대한 예측이 쉽다.
③ 개연성의 원리가 작용한다.
④ 인과 관계가 분명하게 나타난다.
⑤ 가치가 배제되어 있어 가치 판단을 내릴 수 없다.

11 하 중 상

㉠~㉢에 들어갈 내용을 옳게 연결한 것은?

> 사회·문화 현상은 인간이 지닌 신념이 그 속에 담겨 있는 (㉠)인 현상으로, 사회의 규범적 요구가 반영되어 나타난다는 점에서 (㉡)을 따른다. 또한 사회·문화 현상은 일정한 조건 아래에서 일정한 현상이 일어날 가능성이 있다는 점에서 (㉢)가 적용된다.

	㉠	㉡	㉢
①	몰가치적	당위 법칙	개연성의 원리
②	몰가치적	존재 법칙	필연성의 원리
③	가치 함축적	당위 법칙	개연성의 원리
④	가치 함축적	당위 법칙	필연성의 원리
⑤	가치 함축적	존재 법칙	개연성의 원리

12 하 중 상 ●●서술형

다음 내용을 읽고 물음에 답하시오.

> 인간이 가뭄을 극복하기 위해 댐을 만드는 것은 인간의 가치가 개입되어 나타나는 현상이므로, (㉠)에 해당한다. 하지만, 비가 와서 댐에 물이 고이는 것은 인간의 의지와 상관없이 나타나는 현상이므로, (㉡)에 해당한다.

(1) ㉠, ㉡에 해당하는 현상의 명칭을 각각 쓰시오.

(2) ㉡과 같은 현상과 달리 ㉠과 같은 현상이 갖는 일반적인 특징을 두 가지 이상 서술하시오.

빈출 13 하 중 상

밑줄 친 ㉠~㉣과 같은 현상의 일반적인 특징에 대한 설명으로 옳은 것은?

> ㉠ 바닷물에서 소금을 만들기는 의외로 까다롭다. 염분이 들어 있는 바닷물에서 소금을 만들려면, ㉡ 염전을 조성해야 한다. 이를 위해서는 풍부한 일조량과 적당한 ㉢ 조수간만의 차가 필요하다. 이러한 조건들을 모두 갖춘 우리나라 서해안은 ㉣ 천일염 생산의 최적지로 유명하다.

① ㉠은 ㉡과 달리 몰가치적인 현상이다.
② ㉡은 ㉢과 달리 필연성으로 설명된다.
③ ㉢은 ㉣과 달리 존재 법칙을 따른다.
④ ㉣은 ㉠과 달리 개연성의 원리가 작용한다.
⑤ ㉣은 ㉡과 달리 보편성과 특수성이 공존한다.

14 하 중 상

밑줄 친 ㉠~㉣과 같은 현상의 일반적인 특징에 대한 설명으로 옳은 것은?

> 1996년까지만 해도 ㉠ 280여 마리의 고릴라가 서식하고 있었던 아프리카 콩고 민주 공화국 동부 카후지비에가 국립공원에서 고릴라 개체 수가 2011년 기준 2마리로 감소하였다. 대표적 원인은 ㉡ 전자 기기의 전압을 일정하게 흘려주는 전자 회로를 제작하는데 필요한 탈탄의 원료인 '콜탄' 때문이다. 고릴라 서식지인 카후지비에가 국립공원에는 전 세계 콜탄 매장량의 60~80%에 해당하는 막대한 양의 콜탄이 묻혀 있다. 스마트폰의 수요가 급증하자 더 많은 콜탄이 필요해졌고, 그 때문에 많은 광부와 업자들이 경제적 이윤 추구를 위해 ㉢ 고릴라들의 서식지까지 침범해 들어갔던 것이다. 카후지비에가 국립공원이 황폐화되는 사태를 막기 위해서는 ㉣ 휴대폰 수거나 재활용 등 자원 절약을 위한 전 세계적 실천이 필요한 상황이다.

① ㉠과 같은 현상과 달리 ㉡과 같은 현상은 당위 법칙의 지배를 받는다.
② ㉡과 같은 현상에 비해 ㉢과 같은 현상은 예측이 용이하다.
③ ㉡과 같은 현상은 ㉢과 같은 현상과 달리 특수성이 나타난다.
④ ㉢과 같은 현상은 ㉣과 같은 현상과 달리 개연성이 나타난다.
⑤ ㉣과 같은 현상과 달리 ㉠과 같은 현상은 경험적 자료로 연구할 수 있다.

다음 글을 읽고 물음에 답하시오.

> 올해 벚꽃이 예년에 비해 빨리 ⊙ 개화함으로써 전국의 ⓒ 주요 벚꽃 명소를 찾는 관광객의 발걸음이 빨라졌다. ○○시는 다양한 체험거리를 관광객들에게 제공하며 다른 벚꽃 축제와는 다른 차별성을 보여줄 것이라고 밝혔다. 이런 분위기에서 ⓒ 해외 방송 매체가 벚꽃 축제를 촬영하러 오는 등 ○○시의 벚꽃 축제는 글로벌 지역 축제로 확실히 자리매김하는 모습이다. 해당 지역 주민들은 그동안의 침체에서 벗어나 축제 기간 ② 관광 특수를 기대하고 있다.

15 (하)(중)(상)

밑줄 친 ⊙～②과 같은 현상의 일반적인 특징에 대한 설명으로 옳은 것은?

① ⊙과 같은 현상은 ⓒ과 같은 현상과 달리 가치 함축적이다.
② ⊙과 같은 현상은 ⓒ과 같은 현상과 달리 인과 관계가 분명하다.
③ ⓒ과 같은 현상은 ⓒ과 같은 현상과 달리 보편성보다 특수성이 강하다.
④ ⓒ과 같은 현상은 ②과 같은 현상과 달리 존재 법칙을 따른다.
⑤ ⊙, ②과 같은 현상은 ⓒ, ⓒ과 같은 현상과 달리 확실성의 원리가 적용된다.

16 (하)(중)(상)

밑줄 친 ⊙～②과 같은 현상의 일반적인 특징에 대한 옳은 설명만을 〈보기〉에서 있는 대로 고른 것은?

〈 보기 〉
ㄱ. ⊙과 같은 현상은 ②과 같은 현상과 달리 개연성의 원리가 적용된다.
ㄴ. ⓒ과 같은 현상은 ⊙과 같은 현상과 달리 확률의 원리가 작용한다.
ㄷ. ⓒ과 같은 현상과 ⓒ과 같은 현상은 모두 보편성과 특수성이 공존한다.
ㄹ. ②과 같은 현상은 ⓒ과 같은 현상과 달리 당위 법칙이 적용된다.

① ㄱ, ㄴ   ② ㄱ, ㄷ   ③ ㄴ, ㄷ
④ ㄱ, ㄷ, ㄹ   ⑤ ㄴ, ㄷ, ㄹ

17 (하)(중)(상)

〈자료 1〉의 밑줄 친 ⊙～②과 같은 현상을 〈자료 2〉의 분류를 고려하여 (가)～(라)에 맞게 연결한 것은?

〈자료 1〉

> 한파가 기승을 부렸던 제주도에는 ⊙ 3일 동안 폭설이 쏟아졌다. 담당 기관은 ⓒ 제설 작업에 나섰지만, ⓒ 폭설과 활주로 측면으로 몰아치는 강풍으로 비행기의 이착륙이 어려워지자 결국 ② 제주 공항의 운영 중단을 결정하였다.

〈자료 2〉

질문	예	아니요
개연성의 원리가 작용하는가?	(가)	(나)
존재 법칙을 통해 설명되는가?	(다)	(라)

	(가)	(나)	(다)	(라)
①	⊙, ⓒ	ⓒ, ②	ⓒ, ②	⊙, ⓒ
②	⊙, ⓒ	ⓒ, ②	⊙, ②	ⓒ, ②
③	ⓒ, ⓒ	⊙, ②	ⓒ, ⓒ	⊙, ②
④	ⓒ, ②	⊙, ⓒ	⊙, ⓒ	ⓒ, ②
⑤	ⓒ, ②	⊙, ⓒ	ⓒ, ②	⊙, ⓒ

18 (하)(중)(상)

(가), (나)에 대한 옳은 설명을 〈보기〉에서 고른 것은?

> (가) 국내 원자력 발전소는 내진 설계를 통해 건설되어 안전하다고 정부 관계자가 밝혔다.
> (나) 땅속에서 화산 활동, 단층 운동, 지하수 침식 따위로 인해 지각이 갑자기 흔들리며 움직이는 지진이 일어날 수 있다.

〈 보기 〉
ㄱ. (가)에는 가치 함축성을 지닌 현상이 나타나 있다.
ㄴ. (나)에는 몰가치성과 함께 특수성이 나타나 있다.
ㄷ. (가)에 비해 (나)에서 인과 관계의 발견이 용이하다.
ㄹ. (나)와 달리 (가)에는 보편성을 통해 설명할 수 있는 현상이 없다.

① ㄱ, ㄴ   ② ㄱ, ㄷ   ③ ㄴ, ㄷ
④ ㄴ, ㄹ   ⑤ ㄷ, ㄹ

19 (하 중 상)

밑줄 친 ㉠, ㉡과 같은 현상의 일반적인 특징에 대한 설명으로 옳은 것은?

> 우리나라에 영향을 미치는 황사는 주로 봄철에 중국이나 몽골의 사막에 있는 ㉠ 모래와 먼지가 편서풍을 타고 이동한 것이다. 이에 정부에서는 황사로 인한 피해를 최소화하기 위해 황사가 발생한 후 ㉡ 황사의 이동 경로를 예측하여 제공하고 있다.

① ㉠과 같은 현상은 인간의 의지가 개입되어 나타난다.
② ㉡과 같은 현상은 보편성과 함께 특수성이 나타난다.
③ ㉡과 같은 현상은 자연계의 원리에 따라 스스로 발생하고 존재하는 현상이다.
④ ㉠과 같은 현상은 ㉡과 같은 현상에 비해 법칙 발견이 어렵다.
⑤ ㉡과 같은 현상은 ㉠과 같은 현상에 비해 인과 관계가 분명하다.

20 (하 중 상)

다음 사례에서 공통적으로 파악할 수 있는 내용으로 가장 적절한 것은?

> • 갑작스러운 한파로 겨울용품 수요가 급증하였다.
> • 공업화로 인하여 미세 먼지 농도와 환경오염 수치가 크게 증가하였다.
> • 화석 연료의 과도한 사용으로 지구 온난화가 가속화되어 극지방의 생태계가 위협받고 있다.

① 사회·문화 현상은 예측이 용이하다.
② 자연 현상은 존재 법칙의 지배를 받는다.
③ 사회·문화 현상과 자연 현상은 상호 간에 영향을 주고받는다.
④ 사회·문화 현상은 자연 현상에 비해 특수성이 더 강하게 나타난다.
⑤ 자연 현상은 사회·문화 현상과 달리 인간의 의지와 무관하게 발생한다.

21-22 빈출자료*

그림은 성 불평등 현상의 연구 경향을 나타낸 것이다. 물음에 답하시오.

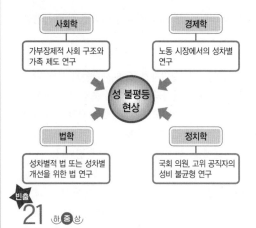

21 (하 중 상)

위 그림에서 강조되는 사회 과학의 최근 연구 경향으로 가장 적절한 것은?

① 유기적으로 관련된 사회·문화 현상을 총체적으로 이해하고자 한다.
② 가치 중립적 연구를 통해 심화된 지식을 제공하는 데 기여하고자 한다.
③ 사회·문화 현상의 연구가 미칠 사회적 영향을 최대한 고려하고자 한다.
④ 복잡한 사회·문화 현상을 전문화, 세분화하여 집중적으로 연구하고자 한다.
⑤ 개개인의 행위를 초월한 사회 체계에 초점을 맞추어 사회·문화 현상을 연구하고자 한다.

22 (하 중 상)

위 그림을 통해 알 수 있는 사회 과학의 최근 연구 경향에 대한 옳은 설명을 〈보기〉에서 고른 것은?

〈 보기 〉
ㄱ. 주제에 따라 차별화된 연구 방법이 나타나 있다.
ㄴ. 다양한 영역으로 학문의 세분화가 나타나고 있다.
ㄷ. 복잡한 사회·문화 현상에 대한 종합적 접근이 나타나고 있다.
ㄹ. 개별 학문의 경계를 넘어 사회·문화 현상을 총체적으로 인식하고 있다.

① ㄱ, ㄴ   ② ㄱ, ㄷ   ③ ㄴ, ㄷ
④ ㄴ, ㄹ   ⑤ ㄷ, ㄹ

B 사회·문화 현상을 보는 관점

23-24 빈출자료°

다음은 실업 문제를 바라보는 갑, 을의 관점을 나타낸 것이다. 물음에 답하시오.

갑: 실업 문제를 바라볼 때, 실업자가 주변 사람들과 상호 작용을 하면서 낙오자로 인식되는 과정에 초점을 두어야 합니다. 실업자를 무능력자, 낙오자, 게으른 사람 등으로 바라보면 실업자는 스스로 위축되고 자신을 낙오자로 인식하게 되어 사회에 더욱더 적응하지 못하게 됩니다.

을: 실업은 산업 구조 변화와 경기 불황에 그 원인이 있습니다. 산업 구조의 중심이 섬유, 건설 등에서 반도체, 정보 기술(IT) 등과 같이 고용 창출 효과가 작은 산업으로 옮겨 갔기 때문입니다. 또한 경기 침체로 노동의 공급보다 노동의 수요가 적어 실업률이 증가하였습니다.

23 하**중**상

실업 문제를 바라보는 을의 관점에 대한 설명으로 옳지 <u>않은</u> 것은?

① 사회 구조적 측면을 강조한다.
② 인간의 자율성과 능동성을 간과하기 쉽다.
③ 개인 간의 상호 작용에 초점을 두어 탐구한다.
④ 실업 문제에 관한 사회적 책임을 강조할 것이다.
⑤ 실업 문제의 해결 방안으로 사회 제도 개선을 강조할 것이다.

24 하중**상**

실업 문제를 바라보는 갑, 을의 관점에 대한 옳은 설명을 〈보기〉에서 고른 것은?

〈 보기 〉
ㄱ. 갑은 사회 제도나 구조 등에 초점을 둔다.
ㄴ. 을은 거시적 관점에서 실업 문제를 바라보고 있다.
ㄷ. 갑은 을과 달리 인간 행위에 담긴 의미에 주목한다.
ㄹ. 갑과 을은 모두 사회라는 큰 체계 속에서 사회·문화 현상을 이해하고자 한다.

① ㄱ, ㄴ   ② ㄱ, ㄷ   ③ ㄴ, ㄷ
④ ㄴ, ㄹ   ⑤ ㄷ, ㄹ

25 하**중**상

사회·문화 현상을 보는 관점 중 기능론에 대한 설명으로 옳은 것은?

① 미시적 관점에 해당된다.
② 집단 간 대립과 갈등 관계를 강조한다.
③ 지배 계급과 피지배 계급의 권력관계에 주목한다.
④ 사회 구성원들의 보편적인 합의와 규범을 중시한다.
⑤ 사회 구성원들 간의 유기적인 협력 관계를 경시한다.

26 하**중**상

다음에 나타난 사회·문화 현상을 바라보는 관점에 대한 옳은 설명만을 〈보기〉에서 있는 대로 고른 것은?

사회는 살아 있는 유기체와 같다. 즉 인간의 여러 장기가 각각 고유한 기능을 하면서 서로 연관되어 전체로서의 몸을 이루고 있는 것처럼, 사회도 다양한 부분들이 사회 전체의 존속과 통합을 위해 맡은 기능을 수행하며 상호 연관되어 있다.

〈 보기 〉
ㄱ. 사회의 구성 요소들은 상호 의존적 관계에 있다.
ㄴ. 사회는 특정 집단의 합의에 기초하여 안정과 질서를 유지한다.
ㄷ. 사회의 구성 요소들이 제 기능을 다할 때 사회는 조화와 균형을 이룬다.
ㄹ. 사회 문제나 갈등은 병리적인 현상이므로 부분적인 치료와 개선이 필요하다.

① ㄱ, ㄴ   ② ㄱ, ㄹ   ③ ㄴ, ㄷ
④ ㄱ, ㄷ, ㄹ   ⑤ ㄴ, ㄷ, ㄹ

27 하**중**상

밑줄 친 '그들'의 견해에 대한 옳은 설명을 〈보기〉에서 고른 것은?

현대 사회의 통합을 설명할 때 <u>그들</u>은 통합이란 전문화한 업무에 종사하는 개별 사회 행위자들의 기능적 상호 의존성에 의해 촉진되며, 인간 간의 상호 작용을 규제하는 특정한 규범 혹은 규칙들의 체계로 존재한다고 보았다.

〈 보기 〉
ㄱ. 사회 구조의 힘을 소홀히 여긴다는 비판을 받는다.
ㄴ. 사회 구성원의 합의에 의해 역할이 분배된다고 본다.
ㄷ. 일상생활 속에서 나타나는 개인의 행위에 초점을 둔다.
ㄹ. 기존 질서나 기득권을 유지하려는 집단의 논리로 이용될 수 있다는 비판을 받는다.

① ㄱ, ㄴ   ② ㄱ, ㄹ   ③ ㄴ, ㄷ
④ ㄴ, ㄹ   ⑤ ㄷ, ㄹ

28 하⟨중⟩상

사회·문화 현상을 보는 관점 중 갈등론에 부합하는 진술로 옳지 **않은** 것은?

① 집단 간에 나타나는 갈등은 사회 변동의 원동력으로 작용한다.

② 지배 집단은 자신들의 가치를 반영한 법을 통해 피지배 집단을 억압하거나 착취한다.

③ 사회 질서의 유지와 안정을 위해서는 사회 구성원 간 합의의 산물인 규범을 지켜야 한다.

④ 사회 제도와 각 요소의 기능은 지배 집단이 자신들의 이익을 위해 규정해 놓은 것에 불과하다.

⑤ 사회에서는 사회적 희소가치를 둘러싼 지배 집단과 피지배 집단 간의 갈등이 필연적으로 발생한다.

29 하⟨중⟩상 ●●서술형

㉠에 들어갈 사회·문화 현상을 보는 관점을 쓰고, 그 장점을 서술하시오.

> 일부 사람들은 올림픽을 메달 숫자로 표시되는 국력 싸움에 불과하다고 보며, 부자 국가와 가난한 국가를 차별하는 대표적 행사로 인식한다. 이는 거시적 관점에 해당하는 (㉠)의 입장에서 사회·문화 현상을 이해한 것으로 볼 수 있다.

30 하⟨중⟩상

다음과 같은 관점에서 사회·문화 현상을 이해하고 있는 사람만을 〈보기〉에서 있는 대로 고른 것은?

> 부나 권력, 명예와 같은 사회적 희소가치는 한정되어 있기 때문에 이를 둘러싸고 집단 간에 대립하기 마련이다. 지배 집단은 그들의 가치를 반영한 법과 제도로 피지배 집단을 억압하고 착취하며, 피지배 집단은 자신들의 이익을 추구하기 위하여 지배 집단에 도전한다.

〈 보기 〉
- 갑: 사회는 유기체와 유사한 성격을 지녀.
- 을: 학교 교육은 사회 통합을 위한 순기능을 담당해.
- 병: 노인 소외 문제가 발생하는 이유는 기득권층이 사회적 역할에서 노인들을 배제하기 때문이야.
- 정: 구성원 간에 갈등이 발생하는 것은 자연스러운 현상이며, 오히려 사회 변화의 원동력이 될 수 있어.

① 갑, 을 　　② 갑, 병 　　③ 병, 정
④ 갑, 을, 정 　　⑤ 을, 병, 정

31-32 빈출자료●

다음은 학교 교육을 바라보는 갑, 을의 관점을 나타낸 것이다. 물음에 답하시오.

> 갑: 학교 교육은 개인이 사회에 적응하도록 하는 데 중요한 기능과 역할을 합니다. 또한 국민적 일체감을 지니게 하여 사회 통합을 증진하고 사회 안정을 도모하는 데 이바지합니다.
> 을: 학교 교육은 지배 집단인 자본가의 명령에 순종하고 잘 따르는 노동자를 길러내는 역할을 함으로써 사회의 불평등 구조를 재생산하는 데 이바지합니다.

31 하⟨중⟩상

위 글에 나타난 갑, 을의 관점에 대한 옳은 설명만을 〈보기〉에서 있는 대로 고른 것은?

〈 보기 〉
- ㄱ. 갑 – 사회는 스스로의 균형을 유지하려는 속성을 지닌다고 본다.
- ㄴ. 갑 – 사회가 구성 요소 간의 상호 의존적 관계 형성을 통해 질서와 안정을 이룬다고 본다.
- ㄷ. 을 – 사회 안정보다 사회 변동을 강조한다.
- ㄹ. 을 – 사회적 상호 작용을 통한 의미 부여를 중시한다.

① ㄱ, ㄴ 　　② ㄱ, ㄷ 　　③ ㄷ, ㄹ
④ ㄱ, ㄴ, ㄷ 　　⑤ ㄴ, ㄷ, ㄹ

32 하⟨중⟩상

위 글에 나타난 갑, 을의 관점에 대한 설명으로 옳은 것은?

① 갑의 관점은 객관적 사회 조건보다 주관적 상황 정의를 중시한다.

② 을의 관점은 교육 내용이 특정 집단의 합의에 따른 것이라고 본다.

③ 갑의 관점은 을의 관점에 비해 행위 주체인 개인의 능동성과 자율성을 강조한다.

④ 을의 관점은 갑의 관점과 달리 사회 구성 요소들이 사회의 유지와 존속에 기여한다고 본다.

⑤ 갑, 을의 관점 모두 교육 문제를 사회 구조적 측면보다 학생과 교사 간에 나타나는 상호 작용의 측면에서 파악한다.

33 하줄상

사회·문화 현상을 이해하는 갑, 을의 관점에 대한 옳은 설명을 〈보기〉에서 고른 것은?

> 갑: 사회 규범은 질서 유지라는 사회 전체의 필요에 의해 형성된 거야. 사회 규범은 사회 구성원의 행동을 통제함으로써 사회 전체의 원활한 작동에 기여하고, 사회화를 통해 세대 간에 전승되면서 사회의 안정과 존속에 기여하지.
>
> 을: 아니야. 사회 규범은 피지배 계급을 통제하기 위한 지배 계급의 필요에 의해 형성된 거야. 사회 규범은 사회화 과정에서 피지배 계급에게 강요됨으로써 기존의 권력관계를 재생산하는 데 기여할 뿐이야.

〈 보기 〉

ㄱ. 갑의 관점은 사회 규범에 사회 전체의 합의가 반영되어 있다고 본다.
ㄴ. 을의 관점은 사회적 가치의 불평등한 분배 구조가 사회 문제의 원인임을 강조한다.
ㄷ. 갑의 관점은 을의 관점과 달리 사회 구성원들이 상호 작용을 통해 일상생활 경험에 의미를 부여함을 강조한다.
ㄹ. 갑의 관점과 을의 관점은 모두 사회를 유기체로 간주하는 관점에 해당한다.

① ㄱ, ㄴ   ② ㄱ, ㄷ   ③ ㄴ, ㄷ
④ ㄴ, ㄹ   ⑤ ㄷ, ㄹ

34 하중상

••서술형

다음 대화를 읽고 물음에 답하시오.

> • 사회자: 노인 소외의 원인에 대하여 말씀해 주십시오.
> • 갑: 저는 가정이 노인을 봉양하는 역할을 제대로 하지 못해서 노인 소외가 나타난다고 생각합니다. 결국 사회 변화에 노인들이 적응할 수 있도록 지원하는 정책이 미비하여 노인들이 소외되는 것입니다.
> • 을: 현대 사회에서는 경제력을 가진 사람들이 주도권을 갖게 됩니다. 부와 권력의 분배를 중년층이 좌우하면서 노인들의 능력이나 노력과 상관없이 사회적 역할에서 노인들을 배제해 그들이 소외되는 것입니다.

(1) 사회·문화 현상을 보는 갑과 을의 관점을 각각 쓰시오.

(2) 사회·문화 현상을 보는 갑과 을의 관점이 지닌 한계점을 각각 <u>한 가지씩</u> 서술하시오.

35 하중상

다음은 법의 역할에 대한 상반된 관점이다. 갑과 을의 관점에 대한 설명으로 옳은 것은?

> 갑: 법은 지배 집단의 의도와 가치관을 반영하여 제정됩니다. 따라서 법은 지배 집단의 이익을 보장하고, 지배 집단이 피지배 집단을 억압 및 통제하기 위한 수단에 불과합니다.
>
> 을: 아닙니다. 법은 사회 구성원 모두의 합의를 반영하여 제정됩니다. 이러한 법이 있으므로 사회 구성원 모두의 권리와 이익이 보장될 수 있고, 사회 질서를 유지할 수 있습니다.

① 갑은 사회가 유기체와 유사한 특성을 지닌다고 본다.
② 갑은 법이 특정 집단의 합의를 통해 형성되었다고 본다.
③ 을은 개인의 능동성과 자율성을 강조한다.
④ 갑은 을과 달리 법의 역할을 사회 구조적 측면에서 설명하고 있다.
⑤ 을은 갑과 달리 사회의 안정보다는 변동을 중시하고 있다.

36 하중상

그림은 사회·문화 현상을 바라보는 관점을 구분한 것이다. 이에 대한 설명으로 옳은 것은? (단, A, B는 각각 기능론과 갈등론 중 하나이다.)

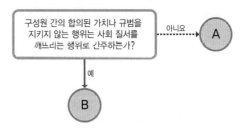

① A는 개인들 행위의 주관적인 동기와 의미 해석에 초점을 두어 현상을 본다.
② B는 사회를 지배와 피지배 관계로 본다.
③ B는 사회의 통합과 안정, 조화와 균형을 경시한다.
④ A와 B는 모두 사회 갈등과 사회 변동의 중요성을 간과한다.
⑤ B는 A와 달리 혁명과 같은 급격한 사회 변동을 설명하기 어렵다는 한계가 있다.

37 하 중 상

밑줄 친 '이 이론'의 특징으로 적절한 것은?

> 다른 사회 이론이 역사 진행 과정 속에서 거대한 제도들이 어떻게 진화하는지와 같은 문제를 주로 다루었다면, 이 이론은 사회생활의 개별적 측면을 주로 다루고 있다. 이 이론의 핵심은 인간이 주어진 현실 세계나 자극에 대하여 수동적으로 반응하지 않고, 그것에 대하여 사회적 의미를 부여하고 그 의미에 기초해서 반응한다는 것이다. 즉, 인간은 공유하고 있는 상징을 통해 그들의 상황을 규정하고 해석하며, 그 해석에 따라 행동한다는 것이다.

① 개인보다 사회가 우선한다고 본다.
② 개인에게 미치는 사회 구조의 힘을 강조한다.
③ 사회 구성 요소들의 기능적 연관 관계에 주목한다.
④ 사회를 지배 집단과 피지배 집단으로 나누어 파악한다.
⑤ 개인들의 일상생활에서 일어나는 상호 작용을 중시한다.

38 하 중 상

다음은 저출산 문제에 대한 학생들의 토론 내용이다. 갑과 을에게서 공통적으로 나타난 사회·문화 현상을 바라보는 관점에 대한 설명으로 옳은 것은?

> • 갑: 저출산 문제는 출산을 선호하지 않는 개인들의 의식과 가치관에서 비롯되기도 해.
> • 을: 출산을 장려하는 광고나 캠페인을 통해 개인들의 생각을 변화시키려는 노력이 필요해.
> • 병: 아이를 낳아도 맡길 곳을 찾기가 어렵기 때문에 부모가 일과 육아를 병행하기 힘들어.
> • 정: 정부에서 일하는 엄마와 아빠들을 위한 탁아 및 육아 시설을 확충하고 육아 휴직을 보장하는 등의 노력을 해야 해.

① 개인의 행위에는 관심을 두지 않는다.
② 개인의 주체적 능동성을 간과하는 경향이 있다.
③ 사회 전체적인 수준에서 사회 현상을 분석하고자 한다.
④ 사회 제도, 사회 조직, 사회 구조가 주된 연구 대상이다.
⑤ 개인에게 영향을 주는 거시적인 구조를 보지 못한다는 한계가 있다.

39-41 빈출자료●

다음 글을 읽고 물음에 답하시오.

> 등굣길에 만난 친구가 웃으며 손을 흔들 때 나도 웃으며 손을 흔드는 장면을 생각해 보자. 이때 친구의 웃는 표정이나 손을 흔드는 행동은 반가움과 호의의 의미를 담고 있는 상징이고, 나는 그 상징 속에 담긴 의미를 이해하고 반응한 것이다. 이처럼 인간은 어떤 상황에 아무렇게나 반응하는 것이 아니라, 그 상황을 규정하고 해석하는 (㉠)에 따라 행동한다.

39 하 중 상

㉠에 들어갈 사회학적 개념으로 옳은 것은?

① 상징체계
② 사회 구조
③ 상황 정의
④ 상호 작용
⑤ 사회적 합의

40 하 중 상

위 글에 나타난 사회·문화 현상을 바라보는 관점에 대한 옳은 설명을 〈보기〉에서 고른 것은?

〈 보기 〉
ㄱ. 개인들의 일상생활을 주로 관찰한다.
ㄴ. 개인의 자율적 사고와 행위에 초점을 맞춘다.
ㄷ. 사회 구조에 대한 이해를 바탕으로 사회 현상을 파악한다.
ㄹ. 사회 구성원 대다수의 합의를 통해 사회 구조가 형성된다고 본다.

① ㄱ, ㄴ
② ㄱ, ㄷ
③ ㄴ, ㄷ
④ ㄴ, ㄹ
⑤ ㄷ, ㄹ

41 하 중 상

위 글에 나타난 사회·문화 현상을 바라보는 관점의 일반적 특징으로 옳은 것은?

① 일상 속 개인의 자율성 및 능동성을 경시한다.
② 사회 질서는 지배 집단의 합의에 의해 재생산된다고 본다.
③ 사회 제도와 구조에 초점을 두고 사회 체계 속에서 현상을 파악한다.
④ 사회 문화 현상에 내재해 있는 상호 주관적인 동기와 의미 해석을 중시한다.
⑤ 사회 문제가 발생하더라도 사회 체계가 원래 기능을 회복하면 사회가 다시 안정을 이룬다고 인식한다.

42 (하/중/상)

(가)에 들어갈 수 있는 진술로 옳은 것은?

형성 평가

각 진술이 사회·문화 현상을 바라보는 관점 A에 부합하면 ○를, 부합하지 않으면 ×를 답안 작성란에 적으세요.

진술	학생 답안
사회·문화 현상은 사회적 합의에 기반하며, 사회 안정과 질서 유지에 기여한다.	×
사회·문화 현상은 주관적 의미 규정과 해석을 주고받는 과정이다.	○
(가)	○

교사: 모두 옳게 답하였군요. 관점 A를 제대로 이해하고 있네요.

① 사회 각 집단의 이익은 충돌하기 마련이다.
② 사회의 각 부분은 서로 조화와 균형을 이룬다.
③ 사회 구조의 영향력을 경시한다는 비판을 받는다.
④ 사회는 스스로 균형을 유지하려는 항상성을 지닌다.
⑤ 기득권층의 이익을 대변하는 논리로 사용될 우려가 있다.

43 (하/중/상)

세대 갈등의 원인을 바라보는 갑, 을의 관점에 대한 설명으로 옳은 것은?

갑: 기성세대는 자신의 지식과 경험을 전수하고, 젊은 세대는 이것을 배우면서 새로운 아이디어를 제공하는 역할을 맡고 있습니다. 그런데 급격한 사회 변동으로 인해 이러한 역할 수행 체계가 무너지고 구성원 간 상호 의존성이 약화되면 세대 갈등이 나타납니다.
을: 여러 사회 집단 내에서 나타나는 다양한 상황에 대해 개별 행위자들은 주관적으로 해석하고 각기 다른 의미를 부여합니다. 이러한 의미 부여의 차이는 세대 간에 더욱 두드러지게 나타납니다. 이는 세대 간 인식, 태도, 행동의 차이로 이어지고 그 결과 세대 갈등이 발생합니다.

① 갑의 관점은 사회 구조로부터 자유로운 능동적 개인에 의해 사회·문화 현상이 발생한다고 본다.
② 갑의 관점은 사회에서 지배적으로 인정되는 규범을 따르는 것이 사회의 유지와 존속에 필수적이라고 본다.
③ 을의 관점은 특정 집단의 합의에 기초한 사회 규범이 기존의 사회 구조를 유지시키는 역할을 한다고 본다.
④ 갑의 관점은 을의 관점과 달리 특정 현상에 대한 개인들의 인식에 따라 사회·문화 현상이 규정된다고 본다.
⑤ 을의 관점은 갑의 관점과 달리 사회가 스스로 균형을 유지하려는 속성을 지니고 있다고 본다.

44 (하/중/상)

사회·문화 현상을 바라보는 서로 다른 관점 A, B에 대한 옳은 설명만을 〈보기〉에서 있는 대로 고른 것은?

관점 A는 관점 B와 달리 서로 다른 계급 간의 이익은 양립할 수 없다고 본다. 반면, 관점 B는 관점 A와 달리 주관적인 의미 규정과 상황 맥락을 강조한다.

〈 보기 〉
ㄱ. A는 사회 문제를 사회의 균형이 깨진 병리적인 현상으로 본다.
ㄴ. A는 B와 달리 사회 구조적 변혁이 사회 발전을 이룬다고 본다.
ㄷ. B는 A와 달리 생활 세계에서 사회 구성원들이 부여하는 상황 정의에 주목한다.
ㄹ. B는 A와 달리 사회 내 역할의 분배는 전체 구성원들의 합의에 의한 것으로 본다.

① ㄱ, ㄴ ② ㄱ, ㄹ ③ ㄴ, ㄷ
④ ㄱ, ㄷ, ㄹ ⑤ ㄴ, ㄷ, ㄹ

45 (하/중/상) ••서술형

표는 질문을 통해 사회·문화 현상을 바라보는 관점 A~C를 구분한 것이다. 물음에 답하시오. (단, A~C는 각각 기능론, 갈등론, 상징적 상호 작용론 중 하나이다.)

질문 \ 관점	A	B	C
갈등이 사회 변동의 원동력이라고 보는가?	예	아니요	아니요
사회 구성 요소들은 상호 의존 관계에 있는가?	아니요	아니요	예
(가)	예	아니요	예

(1) A~C에 해당하는 관점을 각각 쓰시오.

(2) B에 해당하는 관점이 지닌 한계점을 서술하시오.

(3) (가)에 들어갈 수 있는 질문을 두 가지 이상 제시하시오.

46 하 **중** 상

아동 학대 문제를 바라보는 갑~병의 관점에 대한 옳은 설명만을 〈보기〉에서 있는 대로 고른 것은?

- 갑: 자녀의 행동에 대한 부모의 잘못된 상황 정의와 부모와 자녀 간의 왜곡된 상호 작용이 원인입니다.
- 을: 자녀를 학대하는 부모들만의 문제가 아닙니다. 가족, 학교, 사회가 모두 제 기능을 못하여 발생한 문제입니다.
- 병: 최근의 아동 학대 사건을 보면 대부분 빈곤층에서 발생하고 있어요. 자녀 양육에 필요한 사회적 자원을 기득권층에서 독점하는 구조가 문제입니다.

〈 보기 〉

ㄱ. 갑의 관점은 개인의 행위가 사회 구조나 제도의 영향에 의해 나타날 수 있음을 간과한다.
ㄴ. 을의 관점은 기득권층의 이익을 대변하는 논리로 이용되기도 한다.
ㄷ. 병의 관점은 갑의 관점과 달리 사회 구조적 모순에 의한 사회 문제 발생의 측면을 중시한다.
ㄹ. 병의 관점은 을의 관점과 달리 거시적 관점을 가지고 있다.

① ㄱ, ㄴ   ② ㄱ, ㄹ   ③ ㄷ, ㄹ
④ ㄱ, ㄴ, ㄷ   ⑤ ㄴ, ㄷ, ㄹ

47 하 **중** 상

그림은 사회·문화 현상을 보는 세 가지 관점을 구분한 것이다. 이에 대한 옳은 설명을 〈보기〉에서 고른 것은?

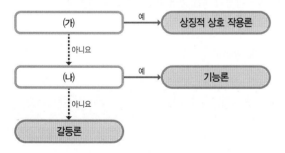

〈 보기 〉

ㄱ. (가)에는 '인간은 상황 정의에 기초하여 행동하는가?'가 들어갈 수 있다.
ㄴ. (가)에는 '사회 유기체설을 바탕으로 사회는 자동 안정화 기능에 의해 항상성을 가지고 있는가?'가 들어갈 수 있다.
ㄷ. (나)에는 '사회 집단 간 문제를 병리적 현상으로 보는가?'가 들어갈 수 있다.
ㄹ. (나)에는 '사회라는 큰 체계 속에서 사회·문화 현상을 이해하는가?'가 들어갈 수 있다.

① ㄱ, ㄴ   ② ㄱ, ㄷ   ③ ㄱ, ㄹ
④ ㄴ, ㄷ   ⑤ ㄷ, ㄹ

48 하 중 **상**

그림은 사회·문화 현상을 보는 관점 A~C를 비교한 것이다. 이에 대한 설명으로 옳은 것은? (단 A~C는 각각 기능론, 갈등론, 상징적 상호 작용론 중 하나이다.)

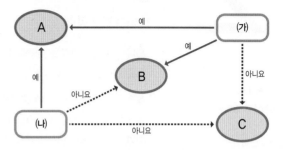

① (가)에는 '개인행동에 영향을 미치는 사회 구조의 강제력을 간과하는가?'가 들어갈 수 있다.
② (가)가 '개인보다 사회 구조에 대한 이해를 우선시하는가?'라면 C는 사회적 상호 작용을 통한 의미 부여를 중시한다.
③ (나)가 '사회 유기체설을 바탕으로 하는가?'라면 A는 사회는 특정 집단의 합의에 따라 만들어진다고 본다.
④ B가 기능론이라면 (나)에는 '기득권을 유지하려는 집단의 논리로 악용될 수 있는가?'가 들어갈 수 있다.
⑤ C가 상징적 상호 작용론이라면 (나)에는 '개인의 상황 정의에 대한 이해를 강조하는가?'가 들어갈 수 있다.

49 하 중 **상**

다음 내용에 대한 설명으로 옳은 것은? (단, A~C는 각각 기능론, 갈등론, 상징적 상호 작용론 중 하나이다.)

- '개인의 행동은 특정 집단의 가치가 반영된 사회 규범에 의해 강제되는 것이라고 보는가?'라는 질문으로 A와 B를 구분할 수 있다.
- '개인의 행동이 개인 외부에서 독립적으로 작동하는 강제력에 의해 규제된다고 보는가?'라는 질문으로는 A와 C를 구분할 수 없다.

① A는 갈등의 긍정적 측면을 강조한다.
② B는 사회 갈등을 병리적 현상으로 이해한다.
③ C는 사회를 개인적 관점에서 분석한다.
④ A, B는 C와 달리 사회 제도의 영향력을 중시한다.
⑤ A는 B, C와 달리 개인의 행동은 상황에 대한 주관적 해석에 기초하여 이루어진다고 본다.

사회·문화 현상의 연구 방법과 탐구 절차

A 사회·문화 현상의 연구 방법

1 양적 연구 방법

사회·문화 현상도 일정한 원리나 규칙성에 따라 발생한다는 점에서 자연 현상과 본질적인 특성이 같다고 본다.

의미	경험적 자료를 계량화하여 사회·문화 현상을 분석하는 방법
전제	사회·문화 현상도 자연 현상 연구와 동일한 방법으로 연구할 수 있다는 방법론적 일원론에 기초함
목적	사회·문화 현상에 존재하는 일반적인 법칙을 발견하고자 함
연구 방법	개념의 조작적 정의를 통해 계량화된 자료를 수집함 → 수집한 자료를 통계 분석하여 인과 관계를 파악하고, 이를 토대로 일반화된 법칙을 끌어냄
장점	• 정확하고 정밀한 연구가 가능함 • 연구자의 가치나 이해관계가 개입될 가능성이 낮음 • 일반화나 인과 법칙 발견이 용이함 → 사회·문화 현상을 설명하거나 예측할 수 있음
한계	• 계량화하기 어려운 인간의 주관적이고 정신적인 영역을 연구하는 데 제약이 있음 • 사회·문화 현상을 지나치게 단순화하고 기계적으로 인식함

추상적인 개념을 측정 가능하도록 계량화된 지표로 바꾸는 과정

사회·문화 현상에 대한 피상적인 사실 파악에 그칠 우려가 있다.

2 질적 연구 방법

의미	연구자의 직관적 통찰을 통해 사회·문화 현상의 의미를 해석하고 이해하려는 방법
전제	사회·문화 현상은 자연 현상과 본질적으로 다르므로 자연 현상 연구와 다른 방법으로 연구해야 한다는 방법론적 이원론에 기초함
목적	사회·문화 현상에 담긴 인간 행위의 동기와 의미를 파악하고자 함
연구 방법	• 연구자의 경험과 지식, 직관적 통찰을 통해 인간 내면을 심층적으로 이해함 • 개인이 처한 상황이나 사회적 맥락에서 의미를 해석함 → 감정 이입적 이해 추구 • 인간 행위의 의미를 깊이 탐구할 수 있는 비공식적인 자료를 중요하게 활용함
장점	• 계량화하기 어려운 영역을 연구할 수 있음 • 겉으로 드러난 행위 이면에 담긴 의미를 심층적으로 이해하는 데 유용함
한계	• 연구자의 주관이 개입될 소지가 있어 연구의 객관성에 대한 문제 제기를 받을 수 있음 • 연구 결과를 일반화하기 어려움

연구자가 연구 대상자의 처지가 되어 연구 대상자가 가질 수 있는 느낌이나 의도 등에 공감대를 형성하여 대상을 이해하는 것

예 일기, 대화록, 관찰 일지, 편지 등

3 양적 연구 방법과 질적 연구 방법 빈출자료 Link • 60-61번, 67-68번 문제

┌─ 양적 연구 방법과 질적 연구 방법의 적용 사례 ─┐

• 갑은 '자아 존중감이 높을수록 SNS 중독 정도가 낮을 것이다.'라는 가설을 세우고, 이를 검증하고자 연구에 동의한 1,000명을 대상으로 설문 조사를 실시하였다. 해당 설문에서는 주간 SNS 활동 빈도와 자아 존중감 지수에 대한 자료를 수집하였다. 그리고 통계 분석을 통해 두 변인 간 유의미한 정(+)의 상관관계가 나타남을 확인하였다.

• 을은 정서적 방임 상태에 놓인 아동들에게 놀이 치료가 지니는 의미를 이해하고자 하였다. 을은 아동들의 놀이 치료 과정을 6개월간 관찰하며 이들과 대화를 진행하였다. 이를 통해 놀이 치료 과정에서 나타나는 아동들의 감정 표출과 정서적 변화에 관한 자료를 수집, 해석하였다. 그 결과 을은 이들에게 놀이 치료는 자신의 내면을 마주하고 드러냄으로써 부정적인 감정을 치유하고 자아상을 변화시키는 경험이었음을 이해할 수 있었다.

4 양적 연구 방법과 질적 연구 방법의 상호 보완

① 필요성: 양적 연구 방법과 질적 연구 방법은 각각 장단점이 뚜렷하여 어느 한쪽이 더 우월하다고 볼 수 없음

② 상호 보완적 활용: 두 연구 방법을 상호 보완적으로 활용하면 사회·문화 현상에 대한 객관적 분석 및 심층적 이해를 높일 수 있음

기출 Tip ⒜-1, 2

방법론적 일원론과 방법론적 이원론

방법론적 일원론
사회·문화 현상은 자연 현상과 같이 내재된 법칙이 있으므로, 자연 과학과 동일한 방법으로 연구해야 한다는 입장

↕

방법론적 이원론
사회·문화 현상은 자연 현상과 본질적으로 다르므로, 자연 과학과는 다른 방법으로 연구해야 한다는 입장

기출 Tip ⒜-3

양적 연구 방법과 질적 연구 방법의 구분

• 갑: 설문 조사, 통계 분석을 통해 자아 존중감과 SNS 중독 정도 간 상관관계를 파악함 ➡ 양적 연구 방법

• 을: 직관적 통찰을 통해 놀이 치료를 받는 아동들의 심리 상태를 파악함 ➡ 질적 연구 방법

B 사회·문화 현상의 탐구 절차

1 양적 연구의 탐구 절차

두 개 이상의 변수 간 관계를 검증 가능한 형태로 서술하는 것으로, 연구 주제에 대한 잠정적 결론을 의미한다.

연구 문제 인식	기존 이론을 바탕으로 새로운 이론을 개발하거나 현실 생활에서 부딪히는 문제를 해결하기 위해 문제를 인식하고 연구 주제를 선정함
가설 설정	연구 주제와 관련 있는 기존의 이론과 연구물을 검토하고, 이를 토대로 가설을 설정함
연구 설계	연구 대상, 연구 기간, 자료 수집 방법 등을 결정하여 연구에 대한 구체적 계획을 세움
자료 수집 및 분석	수량화된 자료 수집이 용이한 질문지법이나 실험법 등을 주로 사용하여 자료를 수집함 → 자료 수집 후에는 통계 기법을 이용하여 자료를 분류하고 분석함
가설 검증 및 결론 도출	자료 분석 결과를 바탕으로 가설을 검증하여 가설의 수용 및 기각 여부를 결정함 → 이를 토대로 결론을 도출하며, 입증된 가설을 전체 연구 집단의 특성으로 일반화함

2 양적 연구의 탐구 절차 (빈출자료) Link • 84-85번 문제

┌ 등교 수업 실시와 중학생의 교우 관계 만족감 간 관계 파악을 위한 양적 연구의 탐구 절차 ┐

- 연구 문제 인식: 등교 수업 실시 정도가 중학생의 교우 관계 만족감에 미치는 영향을 연구하기로 하였다.
- 가설 설정: 등교 수업 실시 정도가 높을수록 중학생의 교우 관계 만족감이 높아질 것이라는 잠정적 결론을 내렸다.
- 연구 설계: 전면 등교 수업을 실시하고 있는 A 중학교의 학생들과 원격 수업을 실시하고 있는 B 중학교의 학생들을 연구 대상으로 선정하였다. → 특정 학교의 학생만을 대상으로 연구하였으므로, 표본의 대표성 문제가 발생한다.
- 자료 수집: 두 학교 학년별 50명씩을 대상으로 교우 관계 만족도에 대해 설문 조사하였다.
- 자료 분석: 통계 분석 결과 A 중학교 학생의 만족도 지수는 B 중학교 학생보다 10% 높았다.
- 가설 검증 및 결론 도출: 등교 수업 실시 정도가 높을수록 중학생의 교우 관계 만족도가 높아짐을 확인하였다.

3 질적 연구의 탐구 절차

양적 연구와 달리 일반적으로 가설을 설정하지 않는다.

연구 문제 인식	사회·문화 현상의 의미 이해 및 해석을 위해 문제를 인식하고 연구 주제를 선정함
연구 설계	연구 대상, 연구 기간, 자료 수집 방법 등을 결정하여 연구에 대한 구체적 계획을 세움
자료 수집 및 분석(해석)	현상 해석에 도움이 되는 심층적 자료의 수집이 용이한 면접법이나 참여 관찰법 등을 주로 활용함 → 연구자의 직관적 통찰과 감정 이입적 이해를 통해 자료를 해석함
결론 도출	자료를 바탕으로 해석한 행위자의 주관적 세계가 갖는 의미를 종합하여 결론을 도출함 → 도출된 결론은 특정 상황에 관한 것이므로, 다른 상황에 일반화하기 어려움

기출 Tip ⓑ-1

가설의 조건

- 변수 간 인과 관계가 명확해야 한다.
- 과학적인 연구 방법을 통해 경험적으로 검증할 수 있어야 한다.
- 가치 중립적이어야 한다.

양적 연구의 과정은 연구자가 연구 주제에 관한 가설을 설정하고, 이를 검증하는 방식으로 이루어진다.

기출 Tip ⓑ-2

양적 연구의 탐구 절차

등교 수업 실시 정도와 교우 관계 만족감 간 인과 관계 파악을 위해 가설 설정 ➡ 질문지법을 통해 자료 수집 후 통계 분석을 활용하여 가설 검증 ➡ 양적 연구

기출 Tip ⓑ-1, 3

양적 연구와 질적 연구에서 주로 사용되는 자료 수집 방법

양적 연구	질적 연구
• 질문지법	• 면접법
• 실험법	• 참여 관찰법
• 문헌 연구법	• 문헌 연구법

개념 확인 문제

◯ 정답과 해설 6쪽

50 ㉠, ㉡에 들어갈 사회·문화 현상의 연구 방법을 각각 쓰시오.

(㉠)	경험적 자료의 계량화를 통해 사회·문화 현상을 분석하는 방법
(㉡)	연구자의 직관적 통찰을 통해 사회·문화 현상의 의미를 해석하고 이해하려는 방법

51 사회·문화 현상의 연구 방법과 그 특징을 옳게 연결하시오.

(1) 양적 연구 방법 •　　　　• ㉠ 감정 이입적 이해를 추구함

(2) 질적 연구 방법 •　　　　• ㉡ 개념의 조작적 정의를 중시함

52 (가)~(마)를 양적 연구의 탐구 절차의 순서대로 나열하시오.

(가) 가설 설정	(나) 연구 설계	(다) 연구 문제 인식
(라) 자료 수집 및 분석	(마) 가설 검증 및 결론 도출	

53 다음 괄호 안의 내용 중 알맞은 말에 ◯표를 하시오.

(1) 양적 연구의 (가설 설정, 자료 분석) 단계에서는 변수 간의 관계를 추정하여 잠정적 결론을 도출한다.

(2) (양적 연구, 질적 연구)에서는 주로 심층적 자료의 수집이 용이한 면접법이나 참여 관찰법을 활용하여 자료를 수집한다.

A 사회·문화 현상의 연구 방법

54 하 중 상

밑줄 친 '이 연구 방법'의 일반적인 특징에 대한 옳은 설명을 〈보기〉에서 고른 것은?

이 연구 방법은 객관적 사실에 기초하여 이론을 경험적으로 검증하는 것을 추구한다. 이론이 되기 위해서는 형식적 측면에서 논리적으로 진위를 파악할 수 있어야 하고, 내용적 측면에서 경험적 검증이 가능해야 한다. 이 연구 방법에 따르면 사회적 사실은 객관적 관찰이 가능한 외부적 속성에 의해 정의된다.

〈 보기 〉
ㄱ. 사회·문화 현상의 규칙성을 도출하는 데 목적이 있다.
ㄴ. 연구자와 연구 대상자 간의 정서적인 교감을 중시한다.
ㄷ. 자료의 계량화를 통해 가설을 검증하는 과정을 거친다.
ㄹ. 방법론적 이원론에 기반하여 사회·문화 현상을 탐구한다.

① ㄱ, ㄴ   ② ㄱ, ㄷ   ③ ㄴ, ㄷ
④ ㄴ, ㄹ   ⑤ ㄷ, ㄹ

55 하 중 상

다음 연구 주제들을 다루기에 적합한 연구 방법과 관련한 설명으로 옳은 것은?

• 사교육비 지출 정도와 자녀의 수능 성적 간의 상관성 연구
• 자동차 수의 증가와 교통사고 피해자 인원수 간의 상관관계 연구

① 조사 결과의 비교 분석이 곤란하다.
② 연역적 연구의 과정을 거치게 된다.
③ 참여 관찰법과 면접법을 주로 사용한다.
④ 사회·문화 현상은 계량화가 어렵다고 본다.
⑤ 구체적이고 개별적인 사례로부터 법칙을 발견한다.

56 하 중 상

다음 내용에 해당하는 사회·문화 현상의 연구 방법을 적용하기에 적합한 연구 주제를 〈보기〉에서 고른 것은?

• 사회·문화 현상도 자연 현상의 연구와 동일한 방법으로 연구할 수 있다고 본다.
• 연구자가 어떤 현상에 대하여 직접 조사하여 습득한 자료를 계량화하여 사회·문화 현상을 분석하고자 한다.

〈 보기 〉
ㄱ. 개인의 학력과 소득 간의 관계에 대한 연구
ㄴ. 이주 노동자의 한국 사회 적응 과정에 대한 연구
ㄷ. 조기 영어 교육이 영어 실력에 미치는 영향에 관한 연구
ㄹ. 중증 외상 환자를 돌보는 의료진의 고충에 대한 관찰적 연구

① ㄱ, ㄴ   ② ㄱ, ㄷ   ③ ㄴ, ㄷ
④ ㄴ, ㄹ   ⑤ ㄷ, ㄹ

57-58 빈출자료˙

다음 글을 읽고 물음에 답하시오.

사회 과학에서 가설을 실증적으로 검증하기 위해서는 실제 현상에 대한 관찰과 측정이 이루어져야 하는데, 사회 현상에 대한 추상적 개념을 구체적인 실제 현상과 연결시키기 위해서는 먼저 개념적 정의가 이루어져야 한다. 예를 들어, 고등학생의 학업 성취도라는 개념은 '최근의 학교 시험 성적'으로 정의를 내릴 수 있다. 이처럼 추상적 개념을 다시 측정 가능한 형태로 변환해야 하는 것을 (㉠)(이)라고 한다.

빈출 57 하 중 상

㉠에 들어갈 용어로 옳은 것은?

① 직관적 통찰   ② 간학문적 탐구
③ 방법론적 이원론   ④ 감정 이입적 이해
⑤ 개념의 조작적 정의

58 하 중 상

㉠에 들어갈 용어에 대한 설명으로 옳지 않은 것은?

① 양적 연구에서 필요한 과정이다.
② 수집한 자료를 분석하는 단계에서 이루어진다.
③ 인간의 주관적 인식이나 태도에 대해서도 적용 가능하다.
④ 추상적 개념을 구체적 개념으로 표현하는 것을 의미한다.
⑤ 개념의 경험적 속성을 나타내는 대표적 지표를 선정하는 과정이다.

59 (하 중 상)

다음과 같은 입장을 취하는 사회·문화 현상의 연구 방법의 한계로 가장 적절한 것은?

> • 겉으로 드러난 인간의 행동만이 객관적으로 관찰될 수 있다.
> • 추상적인 개념을 그대로 사용할 것이 아니라 측정 가능한 지표로 바꾸어 나타내야 한다.

① 정확성과 정밀성이 떨어진다.
② 비공식적인 자료를 지나치게 중시한다.
③ 사회·문화 현상을 예측하기가 용이하지 않다.
④ 사회·문화 현상에 대한 피상적인 사실 파악에 그칠 우려가 있다.
⑤ 연구자의 주관적 가치 개입으로 일반화가 곤란하며 법칙 발견이 어렵다.

60-61 빈출자료*

다음 연구 사례를 읽고 물음에 답하시오.

> 갑은 '자아 존중감이 높을수록 SNS 중독 정도가 낮을 것이다.'라는 가설을 세우고, 이를 검증하고자 연구에 동의한 1,000명을 대상으로 설문 조사를 실시하였다. 해당 설문에서는 주간 SNS 활동 빈도와 자아 존중감 지수에 대한 자료를 수집하였다. 그리고 통계 분석을 통해 두 변인 간 유의미한 부(−)의 상관관계가 나타남을 확인하였다.

60 (하 중 상)
•• 서술형

위 연구에서 연구자가 개념을 조작적으로 정의한 부분을 찾아 〈조건〉에 맞게 서술하시오.

> ── 〈 조건 〉
> 어떤 변수를 어떻게 조작적으로 정의하였다는 방식으로 서술할 것

61 (하 중 상)

위 연구 내용에 대해 **잘못** 평가한 학생은?

① 갑: 방법론적 일원론에 기초한 연구야.
② 을: 변인 간 부(−)의 상관관계를 설정하였어.
③ 병: 실험 처치를 통해 양적 자료를 수집하였지.
④ 정: 자료 분석 결과에 의해 가설이 검증되었지.
⑤ 무: 독립 변수에 대한 조작적 정의가 이루어졌어.

62 (하 중 상)

다음 연구에 대한 설명으로 옳은 것은?

> 연구자 갑은 ㉠ 인터넷 게임 과몰입 어린이를 대상으로 개발된 독서 치료 프로그램이 게임 과몰입을 극복하는 데 도움이 되는지 알아보고자 하였다. 이를 위하여 ㉡ 수도권에 있는 초등학생을 대상으로 ㉢ '게임 행동 진단 척도 검사'를 통하여 ㉣ 게임 과몰입 학생을 학년별로 10명씩 선정하였다. 그리고 그들을 대상으로 12회로 구성된 게임 과몰입 극복 독서 치료 프로그램을 실행하였다. 독서 치료 프로그램의 효과를 검증하기 위해 ㉤ '게임 이용 진단 검사', '자아 존중감 검사', '자기 통제력 검사' 등을 독서 치료 프로그램의 적용 전과 이후에 모두 시행하였고, 그 변화 정도를 파악하여 ㉥ 통계 처리하였다. 자료를 검증한 결과 ㉦ 참여자 다수에게서 독서 치료 프로그램이 효과가 있는 것으로 나타났으며, 특히 고학년보다는 저학년에서 효과성이 높은 것으로 나타났다.

① ㉠은 모집단, ㉡은 표본 집단에 해당한다.
② ㉢은 사전 검사, ㉤은 사후 검사에 해당한다.
③ ㉣은 실험 집단과 통제 집단으로 분류하였을 것이다.
④ ㉤은 조작적으로 정의한 종속 변인을 파악하기 위한 검사이다.
⑤ ㉦은 ㉥의 결과로써 일반화가 가능하다.

63 (하 중 상)

다음 글의 주장에 부합하는 사회·문화 현상의 탐구 방법에 대한 옳은 설명을 〈보기〉에서 고른 것은?

> 어떤 사회 과학자들은 하나의 원리를 증명한 다음에 실천적인 여러 문제를 해결하기 위한 법칙을 연역할 수 있다는 잘못된 믿음을 갖고 있다. 사회 과학에서 중요한 것은 역사적 특성과 현상의 의미에 대한 인식이다. 사회 과학의 법칙이 일반적일수록 특수한 현상을 이해하는 데 도움이 되지 않는다.

> ── 〈 보기 〉
> ㄱ. 주로 실험법이나 질문지법을 통해 자료를 수집한다.
> ㄴ. 수량화된 자료와 분석 기법을 통해 가설을 검증한다.
> ㄷ. 연구자의 직관적 통찰을 통해 연구 대상의 의미를 파악한다.
> ㄹ. 사회·문화 현상이 자연 현상과 본질적으로 다르다고 전제한다.

① ㄱ, ㄴ   ② ㄱ, ㄷ   ③ ㄴ, ㄷ
④ ㄴ, ㄹ   ⑤ ㄷ, ㄹ

64 하중상

학생 A가 활용하고자 하는 사회·문화 현상의 연구 방법에 대한 설명으로 옳은 것은?

- 교사: 최근 사회적 관심거리가 되는 청소년 팬덤 현상을 탐구해 봅시다. 어떻게 탐구를 진행할지 계획을 이야기 해 볼까요?
- 학생 A: 저는 연예인 팬덤 현상을 보이는 청소년을 심층적으로 탐구하고 싶습니다. 팬클럽 활동을 열심히 하는 청소년 3명과 접촉하여 깊은 대화를 나누고 그들의 생생한 팬클럽 활동도 관찰할 생각입니다. 이 과정에서 연예인의 팬이 된 계기와 팬으로 살아가게 하는 동력 등을 파악하여, 연예인 팬덤 현상이 청소년들의 삶에서 어떤 의미인지를 파악하겠습니다.

① 객관적이고 정밀한 연구에 적합하다.
② 인간 행위를 내적 동기와 분리하여 연구한다.
③ 변인 간의 관계 규명을 통한 법칙 발견을 목적으로 한다.
④ 사회·문화 현상과 자연 현상이 본질적으로 같다고 전제한다.
⑤ 연구 과정에서 직관적 통찰을 통한 해석적 이해를 강조한다.

65 하중상

다음은 연구 계획서의 일부이다. 이와 관련한 사회·문화 현상의 연구 방법에 대한 옳은 설명을 〈보기〉에서 고른 것은?

- 연구 주제: 동아리 활동 참여 동기와 학교생활에서의 동아리 활동이 갖는 의미에 관한 연구
- 자료 수집 대상: 동아리 활동에 적극적으로 참여하는 3학년 학생 10명
- 자료 수집 방법: 10명의 학생을 대상으로 동아리 활동 참여 동기와 동아리 활동에 부여하는 의미에 대한 면접 시행

〈 보기 〉

ㄱ. 인간 행위에 대한 심층적 이해를 목적으로 한다.
ㄴ. 비공식적 자료를 중시하며, 귀납적 추론 과정을 거친다.
ㄷ. 사회·문화 현상과 자연 현상은 본질적으로 같다고 전제한다.
ㄹ. 인간의 정신적 영역과 같이 계량화하기 어려운 영역은 연구가 곤란하다.

① ㄱ, ㄴ   ② ㄱ, ㄷ   ③ ㄴ, ㄷ
④ ㄴ, ㄹ   ⑤ ㄷ, ㄹ

66 하중상

다음 연구 주제들을 탐구하기에 적합한 사회·문화 현상의 연구 방법에 대한 옳은 설명을 〈보기〉에서 고른 것은?

- 북한 이탈 주민의 생애사 연구
- 범죄 소년의 심리적 불안감에 대한 사례 연구

〈 보기 〉

ㄱ. 방법론적 이원론에 기초한다.
ㄴ. 다수 사례의 통계 분석이 용이하다.
ㄷ. 일기, 대화록, 편지 등을 중요하게 활용한다.
ㄹ. 현상에 대한 피상적 이해에 머무를 우려가 있다.

① ㄱ, ㄴ   ② ㄱ, ㄷ   ③ ㄱ, ㄹ
④ ㄴ, ㄷ   ⑤ ㄴ, ㄹ

67-68 빈출자료

다음 연구 사례를 읽고 물음에 답하시오.

을은 정서적 방임 상태에 놓인 아동들에게 놀이 치료가 지니는 의미를 이해하고자 하였다. 을은 아동들의 놀이 치료 과정을 6개월간 관찰하며 이들과 대화를 진행하였다. 이를 통해 놀이 치료 과정에서 나타나는 아동들의 감정 표출과 정서적 변화에 관한 자료를 수집, 해석하였다. 그 결과 을은 이들에게 놀이 치료는 자신의 내면을 마주하고 드러냄으로써 부정적인 감정을 치유하고 자아상을 변화시키는 경험이었음을 이해할 수 있었다.

67 하중상 •• 서술형

을이 활용한 사회·문화 현상의 연구 방법을 쓰고, 그 연구 방법이 지닌 장점 두 가지를 서술하시오.

68 하중상 빈출

을이 활용한 사회·문화 현상의 연구 방법에 대한 옳은 설명을 〈보기〉에서 고른 것은?

〈 보기 〉

ㄱ. 비공식적 자료의 수집을 중시한다.
ㄴ. 연구자의 직관적 통찰 및 감정 이입적 이해를 중시한다.
ㄷ. 연구자의 주관적 가치를 배제하여 객관성을 확보하는 데 유리하다.
ㄹ. 사회·문화 현상의 연구는 자연 현상의 연구 방법과 동일한 방법으로 진행해야 한다고 전제한다.

① ㄱ, ㄴ   ② ㄱ, ㄷ   ③ ㄴ, ㄷ
④ ㄴ, ㄹ   ⑤ ㄷ, ㄹ

69 (하(중)상)

사회·문화 현상의 연구 방법 A, B의 일반적 특징에 대한 옳은 설명을 〈보기〉에서 고른 것은?

사회·문화 현상을 연구할 때 언제나 통용되는 최선의 방법은 없다. 어떤 연구 방법을 선택할 것인지는 사회·문화 현상의 연구를 통해 무엇을 찾아내고자 하는지에 따라 결정된다. A는 계량화된 경험적 자료에 대한 분석을 통해 변수들 간의 일반적 법칙을 발견하고자 할 때 적절하다. 이에 비해 B는 사회적 경험이 만들어지는 과정에 중점을 두어 그 경험의 의미를 살펴보고 이해하고자 할 때 적절하다.

〈보기〉
ㄱ. A에서는 연구자와 연구 대상이 되는 사회·문화 현상을 분리할 수 있다고 본다.
ㄴ. B에서는 연구 대상자가 구성해 내는 생활 세계에 연구의 초점을 둔다.
ㄷ. A에서는 B에서와 달리 직관적 통찰과 감정 이입적 이해를 중시한다.
ㄹ. B는 A에 비해 객관적이고 정밀한 연구에 용이하다.

① ㄱ, ㄴ   ② ㄱ, ㄷ   ③ ㄴ, ㄷ
④ ㄴ, ㄹ   ⑤ ㄷ, ㄹ

70 (하(중)상)

㉠, ㉡에 해당하는 사회·문화 현상의 연구 방법에 대한 설명으로 옳지 않은 것은?

어떤 연구자가 인터넷 폭력 게임이 청소년의 학습 능력에 미치는 영향을 연구한다고 할 때, (㉠)을/를 통해 인터넷 폭력 게임과 청소년의 학습 능력 간에 나타나는 일정한 상관관계를 찾아낼 수도 있고, (㉡)을/를 통해 청소년들이 인터넷 폭력 게임에 빠지게 된 동기나 과정을 파악할 수도 있다.

① ㉠ – 정확하고 정밀한 연구가 가능하다.
② ㉠ – 자연 과학의 연구 방법을 사회·문화 현상에도 적용할 수 있다고 본다.
③ ㉡ – 객관적 법칙의 발견이 어렵다.
④ ㉡ – 주관적 가치가 개입될 가능성이 작다.
⑤ ㉡ – 수치화가 어려운 영역을 탐구할 수 있다.

71 (하(중)상)

사회·문화 현상의 연구 방법 (가), (나)를 구분하기 위한 질문으로 적절하지 않은 것은?

연구 방법	전제
(가)	사회·문화 현상에는 자연 현상과 달리 인간의 의도나 동기가 담겨 있으므로 자연 과학과는 다른 방법으로 연구해야 한다.
(나)	사회·문화 현상에는 법칙이 내재되어 있으므로 이를 밝혀내기 위해 자연 과학에서 사용하는 방법과 동일하게 연구해야 한다.

① 연구자와 연구 대상을 엄격히 분리하는가?
② 경험적 자료를 바탕으로 연구를 진행하는가?
③ 연구 대상자의 주관적 상황 인식을 중시하는가?
④ 직관적 통찰과 감정 이입적 이해를 강조하는가?
⑤ 변수와 변수 간의 관계 파악을 목적으로 하는가?

72 (하(중)상)

표는 사회·문화 현상의 연구 방법 A, B를 활용하기에 적합한 연구 주제를 정리한 것이다. A, B에 대한 옳은 설명만을 〈보기〉에서 있는 대로 고른 것은?

A의 활용에 적합한 연구 주제	B의 활용에 적합한 연구 주제
• 귀농인의 농촌 생활 과정 및 인생관 변화에 대한 연구 • 베이비붐 세대가 집을 소유하는 것에 대하여 부여하는 의미에 관한 연구	• 개인의 계층과 삶의 만족도 간의 관계에 대한 연구 • 형제자매의 수가 성장기의 개인의 사회성에 미치는 영향에 관한 연구

〈보기〉
ㄱ. A는 B와 달리 연구자 스스로를 연구 대상으로부터 철저하게 분리시키고자 한다.
ㄴ. B는 A와 달리 통계 분석을 위해 계량화된 자료를 선호한다.
ㄷ. B는 A와 달리 변인 간의 관계를 밝히는 것을 목적으로 한다.
ㄹ. A와 B는 모두 경험적 자료를 바탕으로 사회·문화 현상을 연구한다.

① ㄱ, ㄴ   ② ㄱ, ㄹ   ③ ㄴ, ㄷ
④ ㄱ, ㄷ, ㄹ   ⑤ ㄴ, ㄷ, ㄹ

73 하(중)상

다음 대화에 나타난 사회·문화 현상의 연구 방법 A, B에 대한 설명으로 옳은 것은?

- 갑: A는 사회·문화 현상의 규칙성을 발견하여 일반화하거나 미래의 결과를 예측하는 데 유용해.
- 을: B는 사회·문화 현상 속에서 인간 행동의 주관적인 의미를 깊이 있게 이해하고자 하는 연구에 적합해.
- 병: 맞아. A, B 모두 사회·문화 현상을 과학적으로 연구할 수 있는 방법이야.

① A는 B보다 직관적 통찰의 활용을 중시한다.
② A는 B보다 연구 과정에서 잠정적 결론의 검증을 경시한다.
③ B는 A보다 객관적인 법칙 발견이 용이하다.
④ B는 A보다 개념의 조작적 정의를 중시한다.
⑤ 일반적으로 A는 연역적 과정, B는 귀납적 과정을 통해 결론을 도출한다.

74 하(중)상

그림은 질문 (가)를 통해 양적 연구 방법과 질적 연구 방법을 구분한 것이다. (가)에 들어갈 수 있는 질문만을 〈보기〉에서 고른 것은?

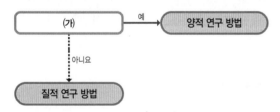

〈 보기 〉
ㄱ. 방법론적 이원론을 바탕으로 하는가?
ㄴ. 변수 간 관계에 대한 법칙 발견을 목적으로 하는가?
ㄷ. 연구자의 직관적 통찰과 감정 이입적 이해를 중시하는가?
ㄹ. 수량화된 자료의 분석을 통해 가설을 검증하는 절차를 거치는가?

① ㄱ, ㄴ　　② ㄱ, ㄷ　　③ ㄴ, ㄷ
④ ㄴ, ㄹ　　⑤ ㄷ, ㄹ

75 하(중)상

그림은 질문 (가)~(다)를 통해 사회·문화 현상의 연구 방법 A, B를 구분한 것이다. 이에 대한 옳은 설명만을 〈보기〉에서 있는 대로 고른 것은?

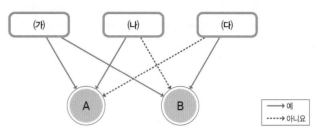

〈 보기 〉
ㄱ. (가)에 '경험적 자료를 통해 분석하는가?'가 들어갈 수 없다.
ㄴ. (나)가 '연구자는 연구 대상과 거리를 유지하는가?'이면 B는 방법론적 일원론을 전제한다.
ㄷ. (나)가 '개념의 조작적 정의를 중시하는가?'이면 (다)에 '비공식 자료를 중시하는가?'가 들어갈 수 있다.
ㄹ. (다)가 '사회적 맥락에서 행위에 담긴 의미의 이해를 중시하는가?'이면 (나)에 '연구자의 주관을 배제하기 어려운가?'가 들어갈 수 없다.

① ㄱ, ㄴ　　② ㄱ, ㄷ　　③ ㄷ, ㄹ
④ ㄱ, ㄴ, ㄹ　　⑤ ㄴ, ㄷ, ㄹ

빈출 76 하(중)상

(가), (나)에 해당하는 사회·문화 현상의 연구 방법의 일반적인 특징에 대한 설명으로 옳은 것은?

연구 주제	청소년의 이성 교제 탐구	
연구 방법	(가)	(나)
연구 설계 개요	이성 친구를 사귀면서 겪는 체험의 본질과 의미를 연구함으로써 청소년기의 이성 교제에 대해 깊이 있게 이해하고자 함	학교생활에의 적응 정도, 친구들과의 친밀감 형성 정도 등을 조사하여 이성 교제 여부와 학교생활 적응 간 상관관계를 분석하고자 함

① (가)는 규칙성 발견, 인과 관계 분석을 목적으로 한다.
② (가)는 연구 수행 과정에서 자료 수집과 해석 과정이 명확하게 구분되지 않는다.
③ (나)는 연구자와 연구 대상자 간 정서적 교감을 중시한다.
④ (나)는 (가)와 달리 연구의 모든 과정에서 연구자의 가치를 배제해야 한다.
⑤ (가)는 방법론적 일원론, (나)는 방법론적 이원론에 기초한다.

다음 내용을 읽고 물음에 답하시오.

> (가) 사회·문화 현상에 담긴 인간 행위의 동기와 의미를 파악하고자 하는 연구 방법으로, ㉠ 자료 수집 과정과 ㉡ 자료 분석 및 해석 과정의 구분이 모호한 측면이 있다.
>
> (나) 사회·문화 현상에 존재하는 규칙성을 파악하고자 하는 연구 방법으로, ㉢ 자료 수집 과정을 거쳐 ㉣ 자료 분석 과정이 진행된다.

77 하중상 • 서술형

(나)에 해당하는 사회·문화 현상의 연구 방법을 쓰고, 그 연구 방법이 지닌 한계 두 가지를 서술하시오.

빈출 78 하중상

(가), (나)에 해당하는 사회·문화 현상의 연구 방법의 일반적 특징에 대한 설명으로 옳은 것은?

① (가)는 연구 대상자의 주관적 세계를 이해하고자 한다.

② (나)는 사회·문화 현상은 자연 현상과 본질적으로 다르다는 점을 강조한다.

③ (가)는 (나)와 달리 감정 이입적 이해를 경시한다.

④ (가)는 (나)와 달리 법칙 발견을 통해 사회·문화 현상을 설명한다.

⑤ (나)는 (가)와 달리 경험적 자료를 바탕으로 연구를 진행한다.

79 하중상

밑줄 친 ㉠~㉣에 대한 옳은 설명만을 〈보기〉에서 있는 대로 고른 것은?

〈 보기 〉

ㄱ. ㉠은 비공식적 자료, 질적 자료 등을 수집하는 과정이다.

ㄴ. ㉡에서 연구자는 연구 대상자와 친밀한 관계를 유지해서는 안 된다.

ㄷ. ㉢은 통계 기법을 활용하여 인과 관계를 파악하는 단계이다.

ㄹ. ㉣은 연역적 접근법을 활용하여 양적 자료를 분석하는 단계이다.

① ㄱ, ㄴ   ② ㄱ, ㄹ   ③ ㄴ, ㄷ
④ ㄱ, ㄷ, ㄹ   ⑤ ㄴ, ㄷ, ㄹ

B 사회·문화 현상의 탐구 절차

80 하중상

그림은 양적 연구의 탐구 절차를 나타낸 것이다. (가), (나) 단계와 그에 대한 설명을 옳게 연결한 것은?

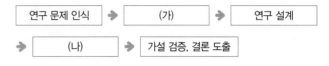

연구 문제 인식 ➡ (가) ➡ 연구 설계 ➡ (나) ➡ 가설 검증, 결론 도출

① (가) – 연구 문제에 대한 잠정적 결론을 설정한다.

② (가) – 수집한 자료를 통계적 기법으로 분류하고 분석한다.

③ (가) – 자료 분석 결과에 따라 가설의 수용 여부를 결정한다.

④ (나) – 무엇이 문제인지 인식하고 연구 주제를 설정한다.

⑤ (나) – 자료 수집 방법을 결정하는 등 구체적인 연구 계획을 세운다.

빈출 81 하중상

다음은 가설의 요건을 나타낸 것이다. 제시된 요건을 모두 충족하는 가설만을 〈보기〉에서 고른 것은?

〈가설의 요건〉

• 검증할 필요성이 있는 진술이어야 한다.

• 경험적 자료를 통해 검증이 가능해야 한다.

• 서로 다른 두 개념이나 변인 간 관계 설정이 명확해야 한다.

• 선행 조건이 주어지면 결과가 달성된다는 조건문 형식으로 표현되어야 한다.

〈 보기 〉

ㄱ. 출산을 기피할수록 출산율이 감소할 것이다.

ㄴ. 가구의 소득과 삶의 만족도는 관련이 있을 것이다.

ㄷ. 참여 학습의 기회가 증가할수록 학업 만족도가 증가할 것이다.

ㄹ. 부모의 허용적 양육 태도가 강할수록 자녀의 자아 존중감이 증가할 것이다.

① ㄱ, ㄴ   ② ㄱ, ㄷ   ③ ㄴ, ㄷ
④ ㄴ, ㄹ   ⑤ ㄷ, ㄹ

82 (하)중(상)

표는 제시된 가설을 검증하기 위해 갑~무가 수집한 자료를 정리한 것이다. 제시된 가설을 검증하기에 적합한 자료를 수집하지 <u>못한</u> 학생은?

학생	가설	수집한 자료
갑	도시보다 농촌의 청소년들의 유무선 통신 기기 이용률이 높을 것이다.	전국 모든 가구의 월평균 통신비 지출액, 지역별 유무선 통신 기기 보유율 조사 결과
을	남성보다 여성이 토론 과정에서 타인의 주장에 대해 수용적일 것이다.	토론에 참여한 남성과 여성이 타인의 주장을 수용한 정도에 대한 조사 결과
병	연령대가 높은 성인일수록 노후 생활의 안정성에 대해 부정적 인식이 높을 것이다.	노후 생활의 안정 정도에 대한 인식을 묻는 연령대별 설문 조사 결과
정	학력이 높을수록 창업 과정에서 고려해야 할 변수가 많다고 생각할 것이다.	학력별 창업 및 창업 준비 고려 사항에 대한 설문 조사 결과
무	소득 수준이 높은 부모일수록 자녀의 급식에 대해 관심 정도가 높을 것이다.	자녀의 급식에 대한 소득별 부모의 인식 및 관심 정도가 포함된 조사 결과

① 갑 ② 을 ③ 병 ④ 정 ⑤ 무

83 (하)중(상)

•• 서술형

〈가설 1〉과 〈가설 2〉가 지닌 문제점을 가설의 조건과 관련지어 각각 서술하시오.

> 〈가설 1〉 착한 행동을 많이 할수록 천국에 갈 확률이 높을 것이다.
> 〈가설 2〉 한 국가의 국내 총생산이 증가할수록 국가 경제가 성장할 것이다.

84-85 빈출자료*

(가)~(마)는 어떤 연구의 탐구 과정을 순서에 관계없이 나열한 것이다. 물음에 답하시오.

> (가) 등교 수업 실시 정도가 높을수록 중학생의 교우 관계 만족도가 높아짐을 확인하였다.
> (나) 등교 수업 실시 정도가 중학생의 ㉠ 교우 관계 만족도에 미치는 영향에 대해 연구하기로 하였다.
> (다) 통계 분석 결과 A 중학교 학생의 만족도 지수가 B 중학교 학생의 만족도 지수보다 10% 높았다.
> (라) ㉡ 두 학교 학년별 남학생 50명씩 총 300명을 대상으로 교우 관계 만족도에 대해 설문 조사하였다.
> (마) 전면 등교 수업을 실시하고 있는 A 중학교의 학생들과 원격 수업을 진행하고 있는 ㉢ B 중학교의 학생들을 연구 대상으로 선정하였다.

84 (하)중(상)

위 연구의 (가)~(마)를 사회·문화 현상의 탐구 절차에 맞게 순서대로 나열한 것은?

① (가) - (나) - (다) - (마) - (라)
② (나) - (가) - (다) - (라) - (마)
③ (나) - (마) - (라) - (다) - (가)
④ (마) - (가) - (다) - (라) - (나)
⑤ (마) - (라) - (나) - (가) - (다)

85 (하)중(상)
빈출

위 연구에 대한 옳은 분석만을 〈보기〉에서 있는 대로 고른 것은?

> 〈 보기 〉
> ㄱ. ㉠은 종속 변수에 해당한다.
> ㄴ. ㉡에서 표본의 대표성 문제가 발생한다.
> ㄷ. ㉢은 A 중학교 학생들과 ㉠을 비교 분석하기 위한 통제 집단을 의미한다.
> ㄹ. (다), (라), (마) 과정에서는 모두 연구자의 가치가 개입되어서는 안 된다.

① ㄱ, ㄴ ② ㄱ, ㄷ ③ ㄴ, ㄹ
④ ㄱ, ㄷ, ㄹ ⑤ ㄴ, ㄷ, ㄹ

86 (하❷상)

다음 연구에 대한 옳은 설명만을 〈보기〉에서 있는 대로 고른 것은?

> - 연구 주제: 청소년의 지속적인 봉사 활동이 청소년의 인성에 미치는 영향
> - 연구 가설: 청소년의 ㉠ 지속적인 봉사 활동 참여는 청소년의 건전한 인성 형성에 긍정적인 영향을 미칠 것이다.
> - 연구 대상: ○○ 봉사 기관에서 ㉡ 일주일에 1회씩 1년 이상 봉사 활동을 해 온 학생 500명(남 250명, 여 250명)과 ㉢ 지속적인 봉사 활동 경험이 없는 학생 500명(남 250명, 여 250명)
> - 자료 수집 방법: 설문 조사(공동체 의식, 관용 정신, 자아 존중감 등을 측정할 수 있는 문항 활용)
> - 분석 결과: 청소년의 지속적인 봉사 활동 참여는 청소년의 건전한 인성 형성에 긍정적인 영향을 미치고 있다.

〈 보기 〉

ㄱ. ㉠은 독립 변수에 해당한다.
ㄴ. ㉡은 통제 집단, ㉢은 실험 집단이다.
ㄷ. 연구자는 직관적 통찰을 통해 자료를 해석하였을 것이다.
ㄹ. 해당 연구에는 연구 대상의 주관적 가치를 측정하여 규칙성을 도출할 수 있는 연구 방법이 사용되었다.

① ㄱ, ㄴ   ② ㄱ, ㄹ   ③ ㄴ, ㄷ
④ ㄱ, ㄷ, ㄹ   ⑤ ㄴ, ㄷ, ㄹ

87 (하줌❸)

(가)~(마)는 한 연구의 연구 과정을 순서에 관계없이 나열한 것이다. 이에 대한 설명으로 옳지 않은 것은?

> (가) 다문화 가정 청소년의 사회 적응 방안을 알아보고자 하였다.
> (나) 청소년의 학교 적응 정도를 자체 제작한 검사 도구를 사용하여 측정하였다.
> (다) '다문화 가정 청소년 개인의 특성에 따라 학교 적응 정도가 다를 것이다.'라고 잠정적으로 추정하였다.
> (라) 다문화 가정 청소년의 학교 적응 정도는 성별, 출생 순위 등 개인의 특성에 따라 차이가 있음을 확인하였다.
> (마) ○○ 지역의 학교에 다니는 다문화 가정 청소년 100명을 대상으로 4주간 자체 검사 도구를 활용하여 연구하기로 세부 계획을 설계하였다.

① 위 연구는 사회·문화 현상을 예측하는 데 유용하다.
② 개념의 조작적 정의는 (나)에서 주로 이루어진다.
③ (다)는 가설 설정 단계에 해당한다.
④ (다), (마)에서는 연구자의 주관이 개입할 수 있다.
⑤ (가) → (다) → (마) → (나) → (라)의 순서로 진행될 것이다.

88 (하❷상)

다음은 사회·문화 현상의 연구 절차를 나타낸 것이다. 이에 대한 옳은 설명만을 〈보기〉에서 있는 대로 고른 것은?

> 연구 문제 인식 → 연구 설계 → 자료 수집 및 분석(해석) → 결론 도출

〈 보기 〉

ㄱ. 주로 귀납적 방법이 사용된다.
ㄴ. 연구 설계 과정에서 개념의 조작적 정의가 필수적으로 이루어진다.
ㄷ. 일반적으로 연구 주제에 대한 잠정적 결론을 설정하는 과정이 포함된다.
ㄹ. 자료 수집 과정에서는 면접법, 참여 관찰법, 문헌 연구법이 주로 사용된다.

① ㄱ, ㄴ   ② ㄱ, ㄹ   ③ ㄴ, ㄷ
④ ㄱ, ㄴ, ㄹ   ⑤ ㄴ, ㄷ, ㄹ

89 (하줌❸)

다음 연구에 대한 분석 및 추론으로 가장 적절한 것은?

> 연구자 갑은 행복감에 소득 수준과 물질주의 가치관이 미치는 영향을 연구하고자, 전국의 30세 이상 성인 중 1,000명을 대상으로 설문을 실시하였다. 분석 결과 삶에 대한 만족도는 월평균 수입 정도와 정(+)의 관계이지만, 삶에서 돈이 중요하다고 생각하는 정도와는 부(−)의 관계를 보였다. 또한 연구자 을은 회사에서 회사원 10명의 생활을 면밀히 관찰한 결과 행복감이 높은 회사원이 회사 업무에 더 열심히 참여한다고 결론지었다. 두 연구 결과를 종합적으로 고찰한 병은 회사원의 가계 소득 수준이 높을수록 회사 업무에도 열심히 한다고 결론지었다.

① 갑의 가설은 기각되었을 것이다.
② 갑의 연구는 사회·문화 현상의 상황적 맥락을 중시하였다.
③ 을의 연구는 변인 간의 관계를 규명하고자 하였다.
④ 병은 2차 자료를 활용하여 연구 결과를 도출하였다.
⑤ 갑과 을의 연구에서 독립 변인과 종속 변인의 조작적 정의가 이루어졌다.

자료 수집 방법

Ⓐ 질문지법, 실험법

1 질문지법 ┌→ 일반적으로 모집단을 대표할 수 있는 표본을 선정하여 자료를 수집하는데, 모집단은 연구 대상이 되는 집단 전체를, 표본은 모집단 중 실제 조사를 위해 선택한 대상자 집단을 의미한다.

의미	조사 내용을 질문지로 구성한 후 연구 대상자에게 답변을 얻어 자료를 수집하는 방법
특징	구조화된 자료 수집 방법으로, 통계 분석을 위한 양적 자료를 수집할 때 활용함
장점	• 비교적 짧은 시간에 다수의 대상자에게서 자료를 얻을 수 있음 • 조사 결과의 통계적인 분석과 비교 분석이 용이함
단점	문맹자에게 활용하기 어려우며, 질문지 회수율이 낮으면 자료의 신뢰도가 떨어질 수 있음

기출 Tip Ⓐ-2

질문지 작성 시 유의 사항

• 한 문항에는 한 가지 질문만 해야 한다.
• 응답 가능한 모든 보기를 제시해야 한다.
• 응답 보기 간에 중복된 내용이 없어야 한다.
• 특정 응답을 유도하는 질문을 하지 않아야 한다.
• 묻는 내용이 명료하지 않아 응답에 혼란을 주어서는 안 된다.

문항별 오류 내용 분석

• 문항 1: '정기적'의 의미가 모호함 ➡ 묻는 내용이 명료하지 않아 혼란을 줄 수 있음
• 문항 2: '1시간 이상~2시간 미만', '5시간 이상~6시간 미만' 인터넷 게임을 할 경우 선택 가능한 보기가 없음 ➡ 응답 가능한 모든 보기를 제시하지 못함
• 문항 3: 질문에서 인터넷 게임에 대한 부정적 내용을 언급함 ➡ 특정 응답을 유도하고 있음

2 질문지법 〈빈출자료〉 Link • 95-96번 문제

―(인터넷 게임 실태 조사를 위한 질문지 작성 시의 유의 사항)―

1. 당신은 인터넷 게임을 정기적으로 합니까?
   ① 예   ② 아니요
2. 당신은 하루에 인터넷 게임을 몇 시간 정도 합니까?
   ① 1시간 미만   ② 2시간 이상~5시간 미만   ③ 6시간 이상
3. 인터넷 게임은 중독성이 강한 것으로 알려져 있습니다. 당신은 심야 시간에 청소년이 인터넷 게임에 접속하는 것을 차단해야 한다고 생각합니까? └→ '예'의 답변을 유도하고 있다.
   ① 예   ② 아니요   ③ 모름

3 실험법 ┌→ 동일한 조건의 연구 대상을 실험 집단과 통제 집단으로 나누고, 실험 집단에 인위적인 자극을 가한 후 그 자극에 따른 변화를 통제 집단과 비교하여 파악한다.

의미	가상의 상황을 설정하여 인위적인 자극을 주고 그에 따른 변화를 관찰하여 자료를 수집하는 방법
장점	독립 변수와 종속 변수 간의 인과 관계를 비교적 정확히 파악할 수 있음 → 가설 검증을 통해 법칙을 찾아내는 데 유리함
단점	• 인간을 실험 대상으로 하므로 윤리적 문제가 발생할 수 있음 • 완벽히 통제된 실험이 어려움 →실험에 영향을 주는 외부 변수의 개입을 통제하기 어렵기 때문이다.

기출 Tip Ⓐ-3

독립 변수와 종속 변수

독립 변수	인위적인 자극이 되는 변수로 인과 관계에서 원인으로 작용함
종속 변수	독립 변수의 영향을 받아 변화하는 변수

기출 Tip Ⓐ-4

실험법의 연구 방법

연구 대상을 실험 집단인 (가) 집단과 통제 집단인 (나) 집단으로 구분 ➡ (가) 집단에만 소논문 쓰기 프로그램 적용(실험 처치) ➡ 사후 검사를 통해 (가) 집단과 (나) 집단의 문제 해결 능력 비교

4 실험법 〈빈출자료〉 Link • 97-98번 문제

―(실험법을 활용한 자료 수집 사례)―

갑은 전국 고등학생 중 50명을 모집하여, 이를 25명씩 두 개의 집단으로 분류하였다. 먼저 두 집단의 문제 해결 능력을 파악하기 위해 원인 분석 능력 지수, 대안 개발 능력 지수 등을 측정하는 검사를 실시하였다. 이후 (가) 집단에는 소논문 쓰기 프로그램을 실시하였고, (나) 집단에는 아무런 처치를 하지 않았다. (가) 집단에 대한 소논문 쓰기 프로그램이 끝난 후, 같은 검사를 다시 실시한 결과 (나) 집단에 비해 (가) 집단의 점수가 유의미하게 높게 나타났다.

Ⓑ 면접법, 참여 관찰법

1 면접법

의미	연구자가 연구 대상자와 대화하면서 질문을 통해 얻은 응답을 바탕으로 자료를 수집하는 방법
특징	심층적인 조사를 위해 소수를 대상으로 함
장점	• 무성의한 응답이나 악의적인 응답을 줄일 수 있으며, 문맹자에게도 실시할 수 있음 • 추가 질문을 할 수 있어 심층적인 자료 수집이 가능함
단점	• 시간과 비용이 많이 드는 편임 • 연구자의 편견이나 주관적 가치가 개입할 소지가 있음

2 참여 관찰법

의미	연구자가 연구 대상자와 직접 생활하거나 연구 대상 집단에 직접 참여하여 현상을 보고 듣고 느끼면서 자료를 수집하는 방법 ┌● 연구 대상자의 행동을 직접 관찰하고 대화한 내용을 기록하기 때문이다.
장점	• 자료의 실제성이 높음 → 생동감 있고 깊이 있는 자료를 수집할 수 있음 • 의사소통이 어려운 사람이나 집단을 조사할 때 유용함
단점	• 시간과 비용이 많이 드는 편임 ─● 관찰하고자 하는 현상이 나타날 때까지 기다려야 하기 때문이다. • 예상치 못한 돌발 상황이 발생할 경우 통제가 어려움 • 연구자의 편견이나 주관적 가치가 개입할 소지가 있음

3 면접법과 참여 관찰법 빈출자료 Link • 105-107번 문제

─(면접법과 참여 관찰법을 활용한 자료 수집 사례)─

(가) 초등학생의 체육 활동과 사회성 간의 관계를 연구하기 위해 초등학생 10명과 심층 인터뷰를 하여 방과 후 체육 활동이 교우 관계에 미치는 영향을 탐구하였다.

(나) 실내 놀이를 통해 나타나는 유아들의 특징을 살펴보고자 6개월간 어린이집에 머물며 유아들의 행동과 대화 내용, 놀이 상황 등 전반적인 상황을 모두 기록하였다.

기출 Tip B-3

질적 연구에 주로 활용되는 자료 수집 방법
• (가): 연구자가 소수 인원을 대상으로 심층 인터뷰를 진행 ➡ 면접법
• (나): 연구자가 연구 대상인 유아와 함께 생활하며 유아의 행동을 직접 관찰 ➡ 참여 관찰법

C 문헌 연구법

1 문헌 연구법의 의미와 특징

① 의미: 기존의 연구 결과물이나 통계 자료, 기록물 등을 참고하여 2차 자료를 수집하는 방법
② 특징: 연구 동향이나 연구 성과를 살펴본다는 점에서 모든 연구의 기초가 되기도 함

2 문헌 연구법의 장단점

장점	• 시·공간적 제약을 극복하여 자료를 수집할 수 있음 • 직접 조사하는 것보다 시간과 비용을 절약할 수 있음
단점	• 문헌의 신뢰도에 문제가 있으면 연구 자체에 문제가 생길 수 있음 • 문헌을 해석하는 과정에서 연구자의 주관이 개입될 수 있음

기출 Tip C-1

자료의 구분
• 1차 자료: 연구 진행 과정에서 연구 목적에 따라 연구 대상에게서 직접 구한 원자료
• 2차 자료: 기존의 자료를 활용하여 연구자가 자신의 연구 목적에 따라 새롭게 구성한 자료

개념 확인 문제

○ 정답과 해설 10쪽

90 다음 내용에 해당하는 자료 수집 방법을 〈보기〉에서 골라 기호를 쓰시오.

─〈 보기 〉─
ㄱ. 면접법   ㄴ. 실험법   ㄷ. 질문지법

(1) 가상의 상황을 설정하여 자료를 수집한다. ( )
(2) 대량의 구조화된 자료를 수집하기 용이하다. ( )
(3) 연구자의 편견과 주관적 가치가 개입할 소지가 있다. ( )

91 ( )은 연구자가 연구 대상자와 함께 생활하거나 연구 대상 집단에 직접 참여하여 현상을 보고 듣고 느끼면서 자료를 수집하는 방법이다.

92 문헌 연구법에 대한 설명이 맞으면 ○표, 틀리면 ×표를 하시오.

(1) 2차 자료의 수집에는 적합하지 않다. ( )
(2) 실험 집단과 통제 집단의 설정을 전제로 한다. ( )
(3) 시·공간적 제약을 극복하여 자료를 수집할 수 있다. ( )

93 다음 괄호 안의 내용 중 알맞은 말에 ○표를 하시오.

(1) 질문지법은 문맹자를 대상으로 자료를 수집할 수 (있다, 없다).
(2) (문헌 연구법, 참여 관찰법)은 실제성이 높은 생생한 자료를 수집하기에 용이하다.
(3) (면접법, 실험법)은 자료 수집 상황에 대한 통제 수준이 높은 자료 수집 방법이다.

난이도별 필수 기출

상 11문항
중 12문항
하 4문항

A 질문지법, 실험법

94 하중상

갑이 사용하려는 자료 수집 방법으로 옳은 것은?

> 갑은 전국 직장인 중에서 8,000명을 표본으로 삼아 인터넷으로 설문지를 배포한 후 그들의 여가 시간, 여가 유형 등을 조사하고 이를 연령별, 직업별, 남녀별로 분석하고자 한다.

① 면접법 ② 실험법 ③ 질문지법
④ 문헌 연구법 ⑤ 참여 관찰법

95-96 빈출자료

자료는 인터넷 게임 실태를 조사하기 위해 작성한 설문지의 일부이다. 물음에 답하시오.

> **인터넷 게임 실태 조사**
> 1. 당신은 인터넷 게임을 정기적으로 합니까?
>   ① 예   ② 아니요
> 2. 당신은 하루에 인터넷 게임을 몇 시간 정도 합니까?
>   ① 1시간 미만   ② 2시간 이상~5시간 미만
>   ③ 6시간 이상
> 3. 인터넷 게임은 중독성이 강한 것으로 알려져 있습니다. 당신은 심야 시간에 청소년이 인터넷 게임에 접속하는 것을 차단해야 한다고 생각합니까?
>   ① 예   ② 아니요   ③ 모름

95 하중상

위 설문지를 활용하는 자료 수집 방법에 대한 옳은 설명을 〈보기〉에서 고른 것은?

〈 보기 〉
ㄱ. 문맹자에게 실시하기 곤란하다.
ㄴ. 연구자의 편견이 개입되기 쉽다.
ㄷ. 계량화된 자료를 수집하는 데 적합하다.
ㄹ. 조사 대상자와의 정서적 교감이 중시된다.

① ㄱ, ㄴ ② ㄱ, ㄷ ③ ㄴ, ㄷ
④ ㄴ, ㄹ ⑤ ㄷ, ㄹ

96 하중상 ••서술형

위 설문지의 각 문항에 나타난 오류의 내용을 서술하시오.

97-98 빈출자료

다음 연구 사례를 읽고 물음에 답하시오.

> 갑은 전국의 고등학교 학생들 중 자발적으로 연구 참여에 동의한 학생 50명을 모집하여, 이를 25명씩 두 개의 집단으로 분류하였다. 먼저 두 집단의 문제 해결 능력을 파악하기 위해 원인 분석 능력 지수, 대안 개발 능력 지수 등을 측정하는 검사를 실시하였다. 이후 (가) 집단에는 소논문 쓰기 프로그램을 실시하였고, (나) 집단에는 아무런 처치를 하지 않았다. (가) 집단에 대한 소논문 쓰기 프로그램이 끝난 후, 같은 검사를 다시 실시한 결과 (나) 집단에 비해 (가) 집단의 점수가 유의미하게 높게 나타났다.

97 하중상

밑줄 친 부분에 나타난 자료 수집 방법의 단점으로 가장 적절한 것은?

① 연구자의 주관적 해석을 배제하기 어렵다.
② 자료 수집 과정에서 윤리적 문제가 발생할 수 있다.
③ 예상치 못한 돌발 상황이 발생할 경우 통제가 어렵다.
④ 언어적 상호 작용이 이루어지지 않을 경우 자료를 수집할 수 없다.
⑤ 계량화된 자료의 수집과 수집된 자료의 통계 분석이 용이하지 않다.

98 하중상 ••서술형

그림은 위 연구의 진행 과정을 나타낸 것이다. 물음에 답하시오.

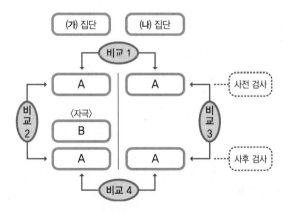

(1) A가 독립 변수와 종속 변수 중 무엇에 해당하는지 밝히고, A에 들어갈 변수의 내용은 무엇인지 각각 쓰시오.

(2) B에 해당하는 실험 처치의 내용을 서술하시오.

99 (하/중/**상**)

표는 실험을 통해 토론식 수업이 학업 성적에 미치는 영향을 연구한 결과를 나타낸 것이다. 이에 대한 설명으로 옳지 <u>않은</u> 것은?

구분	A 집단	B 집단
사례 수	20	20
남녀 비율	50:50	50:50
중간고사 평균 성적	82	81
평균 지능 지수	114	111
학습 방법	기존과 동일한 강의식 수업	새롭게 구성된 토론식 수업
기말고사 평균 성적	82	93

① A 집단은 실험 집단, B 집단은 통제 집단이다.

② 토론식 수업은 독립 변수이다.

③ 기말고사 평균 성적은 종속 변수를 조작적으로 정의한 것이다.

④ 토론식 수업이 학업 성적에 긍정적 영향을 준다는 결론을 내릴 수 있다.

⑤ 지능 지수가 비슷한 두 집단을 선정한 것은 연구 결과에 영향을 미치는 변수를 통제하기 위해서이다.

100 (하/**중**/상)

자료 수집 방법 A, B의 일반적 특징에 대한 설명으로 옳지 <u>않은</u> 것은? (단, A와 B는 각각 질문지법, 실험법 중 하나이다.)

> 갑은 청소년의 누리 소통망(SNS) 활동 자료를 수집하기 위해 청소년 1,000명을 선정하고 A를 활용하여 누리 소통망(SNS) 활동 경험과 활동 이유, 향후 계속적인 활동 여부, 활동하면서 느낀 문제점, 지원받고 싶은 사항 등을 조사하였다. 한편 을은 B를 활용하여 청소년 10명을 5명씩 두 개의 방에 각각 들어가게 한 후, 한 집단은 누리 소통망(SNS)으로 대화를 나누도록 하고 다른 집단은 직접 대화를 나누도록 하였다. 그리고 2시간 후에 그들에게 협동 과제를 주고, 과제 완성 시간을 파악하였다.

① A는 대량의 구조화된 자료를 수집하는 데 용이하다.

② B는 인위적으로 통제된 상황에서 변수의 효과를 관찰하기에 용이하다.

③ A는 B와 달리 조사 대상자와의 언어적 상호 작용이 필수적이다.

④ B는 A와 달리 조사 대상자와의 정서적 유대 관계의 형성이 필요하다.

⑤ A, B 모두 변수 간 인과 관계의 파악을 통해 법칙을 발견하는 데 용이하다.

B 면접법, 참여 관찰법

101 (하/**중**/상)

다음 연구에서 사용된 자료 수집 방법의 일반적인 특징으로 가장 적절한 것은?

> 줄임말을 활용하는 청소년과의 면담을 통해 줄임말을 어떻게 활용하며 그 과정에서 무엇을 느끼고 생각하는지 등에 관한 대화를 나눔으로써 줄임말의 활용이 청소년의 삶에 어떤 의미가 있는지 알아보았다.

① 시간과 비용을 절약할 수 있다.

② 수량화와 통계를 통한 분석이 용이하다.

③ 조사자의 주관적 의사가 개입될 가능성이 크다.

④ 조사 대상자와 함께 생활하면서 관찰과 기록이 이루어진다.

⑤ 주어진 상황에 일정한 조작을 가하고, 그로 인해 나타나는 행동의 변화를 관찰한다.

102 (하/중/**상**)

그림은 자료 수집 방법 A, B의 일반적인 특징을 연결한 것이다. 이에 대한 옳은 설명을 〈보기〉에서 고른 것은? (단, A, B는 각각 질문지법과 면접법 중 하나이다.)

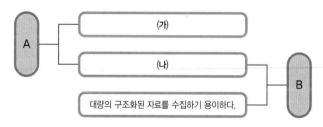

〈 보기 〉

ㄱ. A는 B와 달리 연구자의 주관적 가치가 개입할 소지가 없다.

ㄴ. B는 A보다 통계 분석을 위한 양적 자료 수집에 유리하다.

ㄷ. (가)에는 '인위적으로 통제된 상황에서 변수의 효과를 관찰하여 자료를 수집한다.'가 적절하다.

ㄹ. (나)에는 '언어적 의사소통이 필수적이다.'가 적절하다.

① ㄱ, ㄴ ② ㄱ, ㄷ ③ ㄴ, ㄷ

④ ㄴ, ㄹ ⑤ ㄷ, ㄹ

103 (하 중 상)

표는 자료 수집 방법 (가), (나)가 활용된 사례를 나타낸 것이다. 이에 대한 설명으로 옳은 것은?

자료 수집 방법	활용 사례
(가)	출산에 대한 우리 국민의 인식 실태를 미혼 남녀 3,000명을 대상으로 설문지를 작성하여 조사함
(나)	미혼 여성과 남성을 대상으로 결혼을 기피하는 이유를 파악하기 위해 심층적인 면담을 실시함

① (가)는 주로 질적 연구에서 활용된다.

② (나)는 연구자와 연구 대상자 간의 신뢰 형성이 중요하다.

③ 수량화된 자료를 얻는 데에는 (가)보다 (나)가 더 적합하다.

④ (나)와 달리 (가)는 문맹자를 대상으로 활용할 수 있다.

⑤ 소수를 대상으로 깊이 있는 자료를 수집하는 데에는 (나)보다 (가)가 더 적합하다.

빈출
104 (하 중 상)

그림에 나타난 자료 수집 방법 (가)~(다)의 일반적 특징에 대한 설명으로 옳은 것은? (단, (가)~(다)는 각각 실험법, 질문지법, 면접법 중 하나이다.)

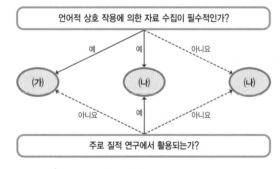

① (가)는 주로 대량의 2차 자료를 수집하는 데 쓰인다.

② (나)는 자료 수집 과정에서 연구자의 유연한 대처가 용이하다.

③ (나)는 (다)에 비해 자료 수집 상황에 대한 연구자의 조작 및 통제 정도가 높다.

④ (다)는 (가)와 달리 양적 자료 수집에 활용된다.

⑤ (다)는 (나)에 비해 연구자와 연구 대상자 간의 정서적 교감이 중시된다.

(가), (나)는 서로 다른 자료 수집 방법을 활용한 연구 사례이다. 물음에 답하시오.

> (가) 초등학생의 체육 활동과 사회성 간의 관계를 연구하기 위해 초등학생 10명과 심층 인터뷰를 하여 방과 후 체육 활동이 교우 관계에 미치는 영향을 탐구하였다.
>
> (나) 실내 놀이를 통해 나타나는 유아들의 특징을 살펴보고자 6개월간 어린이집에 머물며 유아들의 행동과 대화 내용, 놀이 상황 등 전반적인 상황을 모두 기록하였다.

빈출
105 (하 중 상)

(가), (나)에서 활용한 자료 수집 방법을 옳게 연결한 것은?

	(가)	(나)
①	면접법	실험법
②	면접법	참여 관찰법
③	실험법	참여 관찰법
④	질문지법	실험법
⑤	참여 관찰법	면접법

106 (하 중 상)

(나)에서 활용한 자료 수집 방법에 대한 옳은 설명을 〈보기〉에서 고른 것은?

〈 보기 〉

ㄱ. 시간과 비용이 비교적 적게 든다.

ㄴ. 현장의 생생한 자료를 얻을 수 있다.

ㄷ. 연구자의 주관이 개입될 가능성이 낮다.

ㄹ. 원시 부족 사회의 문화 연구에 흔히 사용된다.

① ㄱ, ㄴ   ② ㄱ, ㄷ   ③ ㄴ, ㄷ

④ ㄴ, ㄹ   ⑤ ㄷ, ㄹ

107 (하 중 상)

(가), (나)에서 활용한 자료 수집 방법의 공통적인 특징으로 적절하지 <u>않은</u> 것은?

① 질적 연구에서 주로 활용된다.

② 계량화된 자료 수집에 용이하지 않다.

③ 일상생활을 심층적으로 파악하기에 용이하다.

④ 독립 변수와 종속 변수의 관계를 검증하는 연구에 적합하다.

⑤ 연구자와 조사 대상자 간 신뢰감 형성의 중요성이 강조된다.

108 하 중 **상**

그림에 나타난 자료 수집 방법 A~C에 대한 옳은 설명을 〈보기〉에서 고른 것은? (단, A~C는 각각 질문지법, 실험법, 참여 관찰법 중 하나이다.)

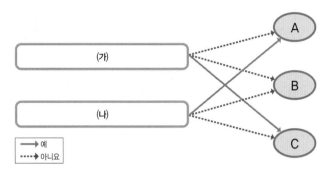

```
→ 예
┄┄▶ 아니요
```

〈 보기 〉

ㄱ. (가)에 '자료 수집 과정에서 연구자의 주관 개입 가능성이 높다는 문제점이 있는가?'가 들어갈 수 없다.

ㄴ. (가)가 '자료의 실제성이 확보되는가?'이면 C는 의사소통이 어려운 대상에게서 자료를 수집할 수 없다.

ㄷ. (나)에 '언어적 상호 작용을 필수로 하는가?'가 들어갈 수 있다.

ㄹ. (나)가 '문맹자에게 실시가 어려운가?'이면 (가)에 '가설 검증에 효과적인가?'가 들어갈 수 없다.

① ㄱ, ㄴ ② ㄱ, ㄷ ③ ㄴ, ㄷ
④ ㄴ, ㄹ ⑤ ㄷ, ㄹ

109 하 **중** 상

그림은 질문에 따라 자료 수집 방법 A~C를 구분한 것이다. 이에 대한 설명으로 옳은 것은? (단, A~C는 각각 질문지법, 면접법, 참여 관찰법 중 하나이다.)

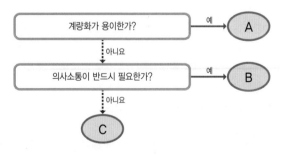

① A는 자료 조사 도구의 회수율이 낮으면 신뢰도가 떨어질 수 있다는 단점이 있다.

② 자료의 실제성을 확보하기에는 B가 가장 적합하다.

③ 다수를 대상으로 수량화된 자료를 수집하기에는 C가 가장 적합하다.

④ B는 C와 달리 연구자의 가치가 개입할 가능성이 낮다.

⑤ A는 B, C에 비해 경제적 효율성이 낮다.

110 하 **중** 상

자료 수집 방법 A~C에 대한 옳은 설명을 〈보기〉에서 고른 것은? (단, A~C는 각각 질문지법, 면접법, 참여 관찰법 중 하나이며, 각 연구는 연구 내용에 가장 적합한 자료 수집 방법을 사용하였다.)

연구 내용	자료 수집 방법
노숙인의 생활 관찰을 통한 일상생활 분석	A
청소년 10명을 대상으로 진로 선택 동기와 진로 선택에 이르는 과정 파악	B
성인 10,000명을 대상으로 퇴근 시간과 삶의 만족도 간 상관관계를 분석	C

〈 보기 〉

ㄱ. A는 C와 달리 자료의 실제성이 높다.

ㄴ. B는 A와 달리 연구자의 주관 개입 가능성이 높다.

ㄷ. C는 B에 비해 자료 수집의 구조화 정도가 높다.

ㄹ. C는 A, B와 달리 자료 수집 과정에서 언어적 상호 작용이 필수적이다.

① ㄱ, ㄴ ② ㄱ, ㄷ ③ ㄴ, ㄷ
④ ㄴ, ㄹ ⑤ ㄷ, ㄹ

빈출
111 하 중 **상**

자료 수집 방법 A~D의 일반적인 특징에 대한 설명으로 옳은 것은? (단, A~D는 각각 면접법, 실험법, 질문지법, 참여 관찰법 중 하나이다.)

- A와 달리 B에서는 언어적 상호 작용이 필수적이다.
- B와 달리 D에서는 연구 변수에 대한 인위적인 처치와 조작을 강조한다.
- C와 달리 A는 _____(가)_____라는 장점이 있다.
- C, D는 모두 양적 연구에서 흔히 사용된다.

① A는 문맹자에게 사용하기 어렵다.

② B는 기존 연구의 경향성 파악에 용이하다.

③ C는 일상생활을 심층적으로 파악하기에 용이하다.

④ 자료 수집 상황에 대한 통제 수준은 D 〉 C 〉 B 〉 A 순서이다.

⑤ (가)에는 "다수를 대상으로 자료를 수집하기에 용이하다."가 적절하다.

112 하/중/상

표는 자료 수집 방법 A~D의 일반적인 특징을 구분한 것이다. 이에 대한 설명으로 옳지 <u>않은</u> 것은? (A~D는 각각 질문지법, 면접법, 참여 관찰법, 실험법 중 하나이다)

구분 기준	자료 수집 방법	A	B	C	D
주로 양적 자료를 수집하는 데 사용됩니까?		×	○	×	○
조사 대상자와 언어를 매개로 상호 작용하는 것이 필수적입니까?		○	×	×	○

(○: 예, ×: 아니요)

① A는 글을 모르는 사람에게서도 자료를 수집할 수 있다.

② B는 조건을 엄격히 통제하기에 조작화의 정도가 가장 높다.

③ C는 시간과 비용이 적게 들어 가장 경제적인 방법이다.

④ D는 표본의 대표성이 높으면 연구 결과를 모집단으로 일반화할 수 있다.

⑤ A~D는 모두 문헌 연구법과 함께 사용할 수 있다.

C 문헌 연구법

113 하/중/상

그림에서 을과 병이 공통적으로 제안하는 자료 수집 방법에 대한 설명으로 옳지 <u>않은</u> 것은?

① 시간과 비용 측면에서 매우 효율적이다.

② 질적 연구와 양적 연구 모두에서 사용된다.

③ 기존의 연구 동향이나 성과 파악에 적합하다.

④ 2차 자료를 구하기 어려울 때 사용하기 용이하다.

⑤ 문헌의 신뢰도에 문제가 있을 경우 연구 자체에 문제가 생길 수 있다.

---

114 하/중/상

(가), (나)에 해당하는 자료 수집 방법에 대한 옳은 설명만을 〈보기〉에서 있는 대로 고른 것은?

(가) 이 자료 수집 방법은 계획적으로 어떤 조건을 만들어 변화를 주고 그에 따른 변화를 관찰하여 자료를 수집하는 방법이다. 이를 위해 인위적으로 특정 상황을 조성하여 그에 따른 행동이나 태도 등의 변화를 관찰하게 된다.

(나) 이 자료 수집 방법은 사회·문화 현상을 연구한 보고서, 일상에 대한 기록, 통계 자료 등 기존에 있는 자료를 활용하는 방법이다. 이는 관련 연구 동향을 파악하여 연구 문제나 가설을 설정할 때 많이 사용한다.

〈 보기 〉

ㄱ. (가)는 주로 변수 간의 상관관계를 파악할 목적으로 사용한다.

ㄴ. (나)는 질적 연구에서만 활용된다.

ㄷ. (가)는 (나)에 비해 시간과 비용 측면에서 효율적이다.

ㄹ. (나)는 (가)와 달리 2차 자료의 수집에 활용된다.

① ㄱ, ㄴ 　② ㄱ, ㄹ 　③ ㄴ, ㄷ

④ ㄱ, ㄴ, ㄹ 　⑤ ㄴ, ㄷ, ㄹ

---

115 하/중/상

다음에서 갑~병이 활용한 자료 수집 방법에 대한 설명으로 옳은 것은?

고등학생 갑, 을, 병은 지역 사회 공공 기관의 실태 연구를 위해 지역 행정 복지 센터를 연구 대상으로 결정했다. 갑은 행정 복지 센터의 기능과 변천사를, 을은 지역 주민들의 행정 복지 센터에 대한 인식을, 병은 행정 복지 센터 공무원의 의식과 태도를 조사하기로 하였다. 갑은 정부 간행물을 조사하였고, 을은 설문지를 배포하여 조사하였고, 병은 행정 복지 센터 공무원들을 인터뷰하여 조사하였다.

① 갑의 방법으로 수집한 자료는 1차 자료에 해당한다.

② 을의 방법은 병의 방법과 달리 연구자와 연구 대상자 간의 신뢰 형성이 중요하다.

③ 병의 방법은 갑의 방법에 비해 시간과 비용이 적게 든다.

④ 병의 방법은 을의 방법에 비해 조사자의 주관적 가치가 개입될 가능성이 낮다.

⑤ 을의 방법은 양적 연구에, 병의 방법은 질적 연구에 주로 사용된다.

116 하(중)상

갑이 수행한 연구에 대한 옳은 설명을 〈보기〉에서 고른 것은?

연구자 갑은 고등학생들의 성 고정 관념에 관한 연구들을 살펴보면서 부모나 교사, 대중 매체뿐만 아니라 성차별적인 내용이 내포된 미디어 자료가 고등학생들의 성 고정 관념 형성에 영향을 준다는 사실을 알았다. 갑은 직접 ○○ 고등학교를 방문하여 학교에서 사용 중인 양성평등적인 내용의 학습 자료가 고등학생들의 양성평등 의식 발달에 영향을 주는지 여부를 살펴보면서 상세한 기술을 하며 자료를 수집하였다.

〈 보기 〉
ㄱ. 1차 자료와 2차 자료가 모두 활용되었다.
ㄴ. 실제성이 높은 자료를 수집하기에 용이한 방법이 사용되었다.
ㄷ. 연구자가 설정한 상황을 바탕으로 인위적인 자극을 가하는 자료 수집 방법이 사용되었다.
ㄹ. 언어를 매개로 한 상호 작용이 필수적인 자료 수집 방법을 활용하여 자료를 수집하였다.

① ㄱ, ㄴ   ② ㄱ, ㄷ   ③ ㄴ, ㄷ
④ ㄴ, ㄹ   ⑤ ㄷ, ㄹ

빈출 117 하(중)상

그림은 자료 수집 방법의 고유한 특징과 공통점을 나타낸 것이다. ㉠~㉤에 들어갈 내용을 옳게 연결한 것을 〈보기〉에서 고른 것은?

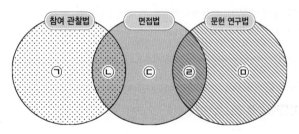

〈 보기 〉
ㄱ. ㉠ – 조작화 정도가 가장 강하다.
ㄴ. ㉡, ㉣ – 연구자의 주관이 개입될 가능성이 있다.
ㄷ. ㉢ – 의사소통이 어려운 경우에도 활용할 수 있다.
ㄹ. ㉤ – 기존 연구의 동향을 파악하기에 유리하다.

① ㄱ, ㄴ   ② ㄱ, ㄹ   ③ ㄴ, ㄷ
④ ㄴ, ㄹ   ⑤ ㄷ, ㄹ

118 하(중)상

연구 주제와 해당 연구에 가장 적합한 자료 수집 방법을 옳게 연결한 것은?

① 도시의 인구 현황 연구 – 면접법
② 마오리 부족의 문화 연구 – 실험법
③ 정책에 관한 국민의 선호도 연구 – 질문지법
④ 결혼 이민자의 현재 심리 상태 연구 – 문헌 연구법
⑤ 조선 시대 여성의 사회적 지위 연구 – 참여 관찰법

119~120 빈출자료˙

(가)~(마)는 서로 다른 자료 수집 방법을 활용한 연구 사례이다. 물음에 답하시오.

(가) 마라톤 선수들을 두 집단으로 나눈 후 한 집단에만 새로운 훈련 방법을 적용하여 그 효과를 측정하였다.
(나) 범죄를 저지르거나 가출을 시도한 청소년들과 정기적으로 만나 대화를 나눈 후에 청소년의 일탈 행위에 대한 보고서를 작성하였다.
(다) 아프리카 원주민들의 장례 풍습을 이해하기 위해 연구자가 현지에서 원주민들과 함께 생활하며 그들의 장례 문화를 관찰하고 기록하였다.
(라) ○○ 고등학교에 재학 중인 학생들의 자율 동아리 활동 만족도를 파악하기 위해 5단계 척도를 활용한 설문지를 제작하여 학생들에게 배부하였다.
(마) 조선 후기 천주교 확산의 양상을 알아보기 위해 ○○ 대학교 A 교수가 작성한 '조선 시대 종교에 관한 연구', '조선 후기 천주교 연구' 등의 논문 자료를 활용하였다.

빈출 119 하(중)상 ••서술형

(나), (라)에 활용된 자료 수집 방법의 공통적인 특징을 언어적 상호 작용 측면에서 서술하시오.

120 하(중)상

(가)~(마)에 활용된 자료 수집 방법에 대한 설명으로 옳은 것은?

① (가)는 질적 연구에 가장 많이 사용되는 자료 수집 방법이다.
② (나)는 문맹자에게 실시가 어렵지만, 시간과 비용을 절약할 수 있는 장점이 있다.
③ (다)는 시간과 비용 측면에서 효율적이고, 예상하지 못한 상황에 대한 통제가 쉽다.
④ (라)는 시간과 비용이 많이 들며, 소수의 응답자에게서 깊이 있는 정보 획득이 가능하다.
⑤ (마)는 주로 2차 자료의 수집용으로 활용되고, 양적 연구와 질적 연구에서 모두 사용될 수 있다.

사회·문화 현상의 탐구 태도와 연구 윤리

Ⓐ 사회·문화 현상의 탐구 태도

1 사회·문화 현상의 탐구 태도

객관적 태도	• 의미: 연구자가 자신의 주관적 가치나 이해관계를 떠나 제삼자의 관점에서 있는 그대로 사실을 관찰하는 태도 관찰을 통해 경험적으로 얻은 증거에 근거해야 한다. ┐ • 필요성: 연구자가 자신의 선입견, 주관적 가치, 이해관계 등을 연구에 개입시키면 연구 결과가 왜곡될 수 있음
개방적 태도	• 의미: 자신의 주장과 다른 주장이 존재할 수 있음을 인정하고, 자신의 주장에 대한 비판을 허용하며 타당성이 있는 다른 주장을 받아들이는 태도 • 필요성: 사회·문화 현상은 끊임없이 변화하고 상황에 따라 달라지므로, 연구는 언제든지 반증으로 진리가 아님이 밝혀질 수 있음 ┌ 논리적으로 완벽해 보이는 주장이라고 하더라도 경험적 증거로 확인되기 전까지는 하나의 가설로 받아들여야 한다.
상대주의적 태도	• 의미: 사회·문화 현상을 연구할 때 그 현상이 나타나는 사회의 특수성을 인식하고 그 현상이 지닌 고유한 가치와 의미를 그 사회의 맥락에서 이해하는 태도 • 필요성: 같은 사회·문화 현상이더라도 시대와 사회에 따라 다른 의미를 지닐 수 있음
성찰적 태도	• 의미: 사회·문화 현상을 수동적으로 받아들이지 않고 현상의 이면에 담겨 있는 의미를 이해하고, 그것의 발생 원인이나 결과 등에 관해 적극적이고 능동적으로 살펴보는 태도 • 필요성: 아무런 의문이나 반성 없이 사회·문화 현상을 무조건 수용하면 그 발생 원인이나 의미를 제대로 파악하기 어려움

연구 대상자의 관점을 중시한다. ●

● 연구자 자신이 연구 절차나 연구 방법 등을 제대로 지키고 있는지 되짚어 보게 한다.

2 사회·문화 현상의 탐구 태도 [빈출자료] Link • 128~129번 문제

─(사회·문화 현상을 탐구하는 다양한 태도)─

(가) 연구자 역시 특정 사회의 가치와 규범을 내면화하므로, 사회·문화 현상을 연구할 때 현상이 가진 사실에만 근거하여 파악해야 한다.

(나) 연구자는 올바른 절차를 거쳐 사회·문화 현상을 검증했을지라도 자신의 연구 결과에 대한 다른 연구자의 반증 가능성을 인정해야 한다.

기출 Tip Ⓐ-2

사회·문화 현상을 탐구하는 객관적 태도와 개방적 태도
• (가): 연구자가 사실에만 근거하여 사회·문화 현상을 파악할 것을 강조 ➡ 제삼자의 관점 중시 ➡ 객관적 태도
• (나): 연구자가 반증 가능성을 인정할 것을 강조 ➡ 사회·문화 현상의 연구에서 유연하고 수용적인 태도 중시 ➡ 개방적 태도

Ⓑ 사회·문화 현상 탐구에서의 가치 개입과 가치 중립

1 가치 개입과 가치 중립 ┌ 연구자도 사회 속의 행위자이므로 연구 과정에서 연구자의
가치나 감정을 완전히 배제하기는 어렵다.

① 가치 개입: 연구자가 자신의 주관이나 가치를 연구 과정에 개입하여 연구하는 것

② 가치 중립: 연구자의 주관적인 가치나 이해관계를 배제하고 객관적 증거에 따라 탐구하는 것 →
사실과 가치를 분리해야 함 ● 연구자가 자신의 주관에 따라 사회·문화 현상을 해석 및 연구할 경우
연구 결과가 왜곡될 수 있으므로 가치 중립이 필요하다.

기출 Tip Ⓑ-1

사실과 가치

사실	인간의 주관적인 평가가 개입되지 않고 경험적 근거에 의해 증명 가능한 것
가치	인간의 주관적인 평가가 개입되어 경험적 근거에 의해 증명할 수 없는 것

2 연구 과정에서의 가치 개입과 가치 중립

구분	가치문제	내용
연구 문제 인식	가치 개입	연구자가 자신이 관심 있고 중요시하는 문제를 연구 주제로 선정함
연구 설계	가치 개입	연구 주제에 적합하다고 생각하는 연구 대상을 상대로 어떤 자료 수집 방법을 사용할지 결정함
자료 수집 및 분석	가치 중립	연구자가 자신이 원하는 결론을 유도하거나 자신의 가치를 개입하면 왜곡된 결론이 도출되므로 엄격한 가치 중립이 요구됨
결론 도출	가치 중립	연구자는 존재하는 현상을 객관적으로 서술해야 함 → 현상 자체를 주관적으로 평가하여 좋다거나 나쁘다는 결론을 내려서는 안 됨
연구 결과의 활용	가치 개입	연구 결과를 적절하게 활용하기 위해 바람직한 가치 판단 및 가치 개입이 필요함

C 연구자가 지켜야 할 연구 윤리

1 연구 대상자에 관한 윤리

연구 목적을 알려 주는 것이 연구 결과에 크게 영향을 미치는 경우라면 사후에 연구 목적을 밝히고, 수집한 자료의 활용에 대하여 동의를 얻어야 한다.

연구 대상자의 자발적 참여	연구 대상자에게 연구의 성격과 목적, 내용 등에 관한 정보를 사전에 제공하고, 연구 대상자의 동의를 얻어 연구해야 함
연구 대상자의 인권 보호	• 자료 수집 과정에서 연구 대상자에게 수치심을 주는 질문을 하거나 강제로 답변을 요구하면 안 됨 • 자료 수집 과정에서 연구 대상자의 안전을 고려해야 함 → 연구 대상자에게 해로운 영향을 줄 수 있는 실험을 해서는 안 됨
연구 대상자의 사생활 보호	• 연구 대상자에게 사생활 노출이나 명예 훼손 등의 피해를 주지 말아야 함 • 연구 대상자의 익명성과 비밀을 보장해야 함 • 수집한 정보를 연구 이외의 목적으로 활용해서는 안 됨

2 연구 과정 및 연구 결과 활용에서의 윤리

특정한 답변을 유도하거나 자신이 원하는 결과에 도움이 될 만한 조사 대상자만을 골라 조사해서는 안 된다.

① 자료 수집 과정에서 자료를 편파적으로 수집하거나 의도적으로 조작해서는 안 됨

② 자료 분석 과정에서 고의로 자료를 선별하여 분석해서는 안 됨

③ 결과 발표 과정에서 연구 결과를 확대하거나 축소하여 결과를 왜곡해서는 안 됨

④ 연구 과정과 결과를 보고할 때 타인의 연구 결과를 도용하여 저작권을 침해해서는 안 됨

⑤ 연구 결과에 따라 정책 제안을 할 때 그 내용이 사회 다수에게 악영향을 미치거나 비윤리적으로 사용되지 않도록 유의해야 함

연구자는 다른 연구자가 수행한 연구를 활용할 경우 출처를 밝혀야 한다.

3 연구자가 지켜야 할 연구 윤리 〔빈출자료〕 Link • 146~147번 문제

(연구 윤리의 위반 사례)

• 교수 갑은 연구 프로젝트를 진행하면서 자신의 사회학 개론 강의를 수강하는 학생들을 연구 대상자로 선정하였다. 그러면서 갑은 자신의 연구에 대상자로 참여하지 않으면 학점을 받을 수 없다고 공지하였다.

• 을은 회사 내 성 불평등 문화에 관한 연구를 수행하기 위해 연구 대상자의 회사생활을 관찰하였다. 이후 을은 본인의 연구 결과를 발표하면서 자료의 사실성을 뒷받침하기 위해 연구 대상자의 직책과 이름을 공개하였다.

기출 Tip C-3
연구 윤리상의 문제점
• 갑은 교수의 권한을 이용하여 학생들의 연구 참여를 강요함 ➜ 연구 대상자의 자발적 참여를 보장해야 한다는 연구 윤리를 위배함
• 을은 연구 대상자의 개인 정보에 해당하는 직책과 이름을 공개함 ➜ 연구 대상자의 익명성을 보장해야 한다는 연구 윤리를 위배함

개념 확인 문제

○ 정답과 해설 14쪽

121 다음 괄호 안의 내용 중 알맞은 말에 ○표를 하시오.

(1) (개방적, 객관적) 태도는 연구자가 제삼자의 관점에서 있는 그대로 사실을 관찰하는 태도이다.

(2) 개방적 태도는 자신의 주장에 대한 비판을 (배제, 허용)하며 타당성이 있는 다른 주장을 받아들이는 태도이다.

122 사회·문화 현상의 탐구 태도와 그에 대한 설명을 옳게 연결하시오.

(1) 성찰적 태도 •   • ⊙ 각 사회의 맥락을 고려하여 이해함

(2) 상대주의적 태도 •   • ⓒ 현상의 이면에 담긴 의미를 살펴봄

123 (⊙   )은 연구자가 자신의 주관이나 가치를 연구 과정에 개입하여 연구하는 것을, (ⓒ   )은 연구자의 주관적 가치나 이해관계를 배제하고 객관적 증거에 따라 탐구하는 것을 말한다.

124 연구자가 지켜야 할 연구 윤리에 대한 설명이 맞으면 ○표, 틀리면 ×표를 하시오.

(1) 연구 대상자의 익명성을 보장해서는 안 된다.   (   )

(2) 연구 목적을 연구 대상자에게 공개해서는 안 된다.   (   )

(3) 수집한 자료를 연구 외의 목적으로 활용해서는 안 된다.   (   )

(4) 자료를 편파적으로 수집하거나 의도적으로 조작해서는 안 된다. (   )

난이도별 필수 기출

상 6문항
중 15문항
하 6문항

A 사회·문화 현상의 탐구 태도

125 하중상

객관적 태도에 입각한 연구자의 자세로 가장 적절한 것은?

① 사실과 가치를 엄격하게 분리해서는 안 된다.

② 제삼자의 눈으로 현상을 바라보아서는 안 된다.

③ 자신의 주장에 대한 지적을 겸허하게 받아들여야 한다.

④ 사회·문화 현상을 바라보는 관점이 다양할 수 있음을 인정 해야 한다.

⑤ 자신의 성별, 종교 등과 관련한 특정 가치가 연구 과정에 개입 되지 않도록 주의해야 한다.

빈출 126 하중상

밑줄 친 '이 태도'로 옳은 것은?

이 태도는 여러 가능성이 공존할 수 있음을 받아들이고 인정 하며 잠정적 진리관을 전제하고 있다. 이에 따르면 다른 사 람들의 비판을 기꺼이 허용하고 경험적 근거에 의해 검증하 고자 하며, 검증 결과에 따라 자신의 주장도 수정할 수 있다.

① 개방적 태도　　② 객관적 태도　　③ 분석적 태도

④ 성찰적 태도　　⑤ 상대주의적 태도

127 하중상

다음 글에서 연구자가 지닌 사회·문화 현상의 탐구 태도에 대한 옳은 설명만을 〈보기〉에서 고른 것은?

하층일수록 범죄율이 높다는 결론이 부적절하다는 지적에 공 감합니다. 제 연구에서 범죄율을 측정하는 데 생계형 범죄가 많이 포함된 것이 사실입니다. 탈세나 횡령과 같은 화이트칼 라 범죄를 포함하면 결론이 달라질 수 있다고 생각합니다.

〈 보기 〉

ㄱ. 사실로서의 특성만을 분석하려는 태도이다.

ㄴ. 여러 가능성이 공존할 수 있음을 인정하는 태도이다.

ㄷ. 사회·문화 현상을 역사적 맥락에서 이해하려는 태도이다.

ㄹ. 어떤 주장이 경험적으로 검증되기 전까지는 가설로 받아 들이는 태도이다.

① ㄱ, ㄴ　　② ㄱ, ㄷ　　③ ㄴ, ㄷ

④ ㄴ, ㄹ　　⑤ ㄷ, ㄹ

128~129 빈출자료

(가), (나)는 서로 다른 사회·문화 현상의 탐구 태도에 대한 설명이 다. 물음에 답하시오.

(가) 연구자 역시 특정 사회의 가치와 규범을 내면화하므로, 사회·문화 현상을 연구할 때 현상이 가진 사실에만 근거 하여 파악해야 한다.

(나) 연구자는 올바른 절차를 거쳐 사회·문화 현상을 검증했 을지라도 자신의 연구 결과에 대한 다른 연구자의 반증 가능성을 인정해야 한다.

128 하중상

(가)에 나타난 사회·문화 현상의 탐구 태도가 필요한 이유로 가장 적절한 것은?

① 사회·문화 현상은 끊임없이 변화하고 상황에 따라 달라지기 때문이다.

② 연구자가 자신의 이해관계를 연구에 개입시키면 연구 결과가 왜곡될 수 있기 때문이다.

③ 같은 사회·문화 현상이라도 시대와 사회에 따라 다른 의미 를 지닐 수 있기 때문이다.

④ 사회·문화 현상을 보이는 그대로 수용하면 그 발생 원인을 제대로 파악하기 어렵기 때문이다.

⑤ 사회·문화 현상을 수동적으로 받아들이면 현상의 이면에 담 겨 있는 의미를 이해하기 어렵기 때문이다.

빈출 129 하중상

(가), (나)에 나타난 사회·문화 현상의 탐구 태도에 대한 옳은 설명을 〈보기〉에서 고른 것은?

〈 보기 〉

ㄱ. (가)는 특정 현상이 그 사회에서 지니는 고유한 가치에 주목한다.

ㄴ. (나)는 사회·문화 현상 연구에서 연구자의 유연하고 수용 적인 태도를 강조한다.

ㄷ. (가)는 (나)에 비해 연구자의 엄격한 가치 중립을 강조한다.

ㄹ. (가)는 연구 대상자의 관점, (나)는 제삼자의 관점을 중시 한다.

① ㄱ, ㄴ　　② ㄱ, ㄹ　　③ ㄴ, ㄷ

④ ㄴ, ㄹ　　⑤ ㄷ, ㄹ

130 하(중)상

다음 글에서 강조하는 사회·문화 현상의 탐구 태도에 대한 진술로 가장 적절한 것은?

현대적 관점에서 우리의 막연한 느낌만으로 조상들의 민요를 제대로 해석하기란 쉬운 일이 아니다. 따라서 우리 조상들의 민요와 가락을 제대로 이해하려면 우리가 조상들의 생활로 되돌아가서 그들의 입장에 서서 바라보아야 한다.

① 제삼자의 입장에서 사실에 근거하여 연구해야 한다.
② 사회·문화 현상이 발생한 맥락이나 배경 속에서 연구하려는 태도를 가져야 한다.
③ 연구자의 주관적 가치나 편견, 이해관계 등을 배제한 중립적인 연구 태도를 가져야 한다.
④ 사회·문화 현상의 이면에 담겨 있는 발생 원인이나 원리 등에 대하여 능동적으로 살펴보려는 태도를 가져야 한다.
⑤ 다른 연구자의 주장이나 다른 연구의 결론을 경험적으로 실증될 때까지는 하나의 가설로서만 받아들이는 태도를 가져야 한다.

131 하(중)상

(가), (나)에서 강조하는 사회·문화 현상의 탐구 태도에 대한 설명으로 옳은 것은?

(가) 사회·문화 현상은 그 사회가 처해 있는 현실적 상황과 역사적·문화적 배경으로부터 자유로울 수 없다. 따라서 동일한 사회·문화 현상이라 하더라도 그 의미는 사회마다 다를 수 있으므로 이를 해석할 때에는 특수성을 고려해야 한다.
(나) 어떤 시점에서의 과학적 지식은 기존 자료의 가장 논리적인 해석에 불과하다. 그것은 새로운 사실들이 발견되거나 이용 가능한 자료들이 재해석됨에 따라 부정 또는 수정될 수 있는 것이다. 따라서 사회 과학자들은 자신의 연구 결과가 가지고 있는 불확실성을 인정해야 한다.

① (가)는 자신의 주장에 대하여 어떠한 비판도 허용하지 않는다.
② (가)는 이해관계를 떠나 사실을 있는 그대로 관찰할 것을 강조한다.
③ (나)는 다른 결론의 가능성이 있음을 인정하는 것이다.
④ (나)는 제삼자의 관점에서 현상을 탐구할 것을 강조한다.
⑤ (나)는 (가)와 달리 현상의 이면에 담긴 의미나 원리를 파악하려 한다.

132 하(중)상

다음은 결혼 나이가 점점 늦어지는 현상에 대한 연구자들의 주장이다. 갑~병에게 각각 요구되는 사회·문화 현상의 탐구 태도를 옳게 연결한 것은?

• 갑: 설문지를 돌려 제가 원하는 결과가 나올 때까지 조사를 계속하겠습니다.
• 을: 제 연구는 경험적 자료를 근거로 하므로, 저의 주장과 반대되는 주장은 절대로 인정할 수 없습니다.
• 병: 결혼은 어느 시대나 있는 보편적 현상이므로, 결혼 나이가 늦어지는 현상에 대한 사회적·시대적 상황을 고려할 필요가 없습니다.

	연구자	요구되는 탐구 태도
①	갑	성찰적 태도
②	을	객관적 태도
③	을	상대주의적 태도
④	병	개방적 태도
⑤	병	상대주의적 태도

133 하중(상)

사회·문화 현상의 탐구 태도 A~C에 대한 설명으로 옳은 것은?

• 사회·문화 현상은 그것이 발생한 사회적 맥락이나 배경 속에서 의미를 갖기 때문에 A가 필요하다.
• 과학적 연구의 결과일지라도 반증에 의해 얼마든지 진리가 아님이 밝혀질 수 있기 때문에 B를 가져야 한다.
• 연구자가 속한 사회나 시대의 지배적인 가치가 연구자도 모르는 사이에 연구에 개입될 수 있기 때문에 C가 더욱 요구된다.

① A는 사회·문화 현상의 특수성을 경시한다.
② B는 연구자 자신이 연구 절차나 연구 방법 등을 제대로 지키고 있는지를 되짚어 보게 한다.
③ A는 B와 달리 자신의 연구에 대한 비판과 지적을 겸허하게 수용해야 함을 강조한다.
④ B는 C와 달리 현상에 대한 깊이 있는 성찰을 중시한다.
⑤ A는 연구 대상자의 관점, C는 제삼자의 관점을 중시한다.

134 하 중 상

••서술형

다음 글을 읽고 물음에 답하시오.

> 연구자는 익숙한 현상을 당연하게 여기지 않고 의문을 던지며, 현상의 이면에 담긴 의미를 능동적으로 탐구해야 한다. 또한 연구 과정에서 연구자 자신이 연구 절차 등을 제대로 지키고 있는지 되짚어 보아야 한다.

(1) 위 글에서 강조하는 사회·문화 현상의 탐구 태도를 쓰시오.

(2) (1)과 같은 태도가 필요한 이유를 서술하시오.

135 하 중 상

(가)에 들어갈 내용으로 가장 적절한 것은?

> '행간(行間)을 읽는다.'라는 말이 있다. 글에 직접적으로 나타나 있지 않지만 그 글을 통하여 이야기하고자 하는 숨은 뜻을 읽어 낸다는 뜻이다. 이는 사회·문화 현상 탐구에도 적용된다. 엑스레이 촬영을 통해 우리 몸속을 살펴보듯이 사회·문화 현상을 탐구할 때 _____(가)_____가 필요하다.

① 사실과 가치를 엄격하게 분리하는 태도
② 자신의 주장에 대한 타인의 비판을 허용하는 태도
③ 여러 가지 가능성이 공존할 수 있음을 인정하는 태도
④ 현상이 발생한 사회의 맥락을 고려하여 탐구하는 태도
⑤ 현상의 이면에 담겨 있는 원리를 능동적으로 탐구하는 태도

136 하 중 상

갑, 을에게서 나타나는 사회·문화 현상의 탐구 태도를 옳게 연결한 것은?

> 갑: 왜 명절이면 주로 여자들이 음식을 차리고 남자들은 절을 하는 걸까? 왜 이러한 관습이 생겨나고 지금끼지 유지되는 걸까?
>
> 을: 인도인은 다른 사람의 침이나 손때로 인해 오염되었을 수 있는 도구로 음식을 먹는 것보다 깨끗이 씻은 자신의 손으로 음식을 먹는 것이 더 안전하다고 믿기 때문에 손으로 음식을 먹는 거야.

	갑	을
①	개방적 태도	객관적 태도
②	객관적 태도	성찰적 태도
③	객관적 태도	상대주의적 태도
④	성찰적 태도	객관적 태도
⑤	성찰적 태도	상대주의적 태도

B 사회·문화 현상 탐구에서의 가치 개입과 가치 중립

137~138 빈출자료•

다음 글을 읽고 물음에 답하시오.

> 연구자는 사회 현상의 연구 과정에서 가치 개입과 가치 중립의 문제에 직면한다. 이때 연구자는 학문적 객관성을 위해 가급적 (㉠)을 지켜야 한다.

137 하 중 상

••서술형

가치 개입과 가치 중립 중 ㉠에 해당하는 것이 무엇인지 쓰고, 그 의미를 서술하시오.

빈출 138 하 중 상

사회·문화 현상의 연구 과정에서 연구자에게 ㉠이 필수적으로 요구되는 단계만을 〈보기〉에서 있는 대로 고른 것은?

> 〈 보기 〉
> ㄱ. 가설 설정　　　　　ㄴ. 결론 도출
> ㄷ. 연구 주제 선정　　　ㄹ. 연구 결과의 활용
> ㅁ. 자료 수집 및 분석

① ㄱ, ㄴ　　　　② ㄴ, ㅁ　　　　③ ㄱ, ㄷ, ㄹ
④ ㄴ, ㄷ, ㅁ　　　⑤ ㄷ, ㄹ, ㅁ

139 하 중 상

(가)~(라)는 양적 연구 과정을 순서와 관계없이 나열한 것이다. 이 중 연구 과정에서 연구자의 가치 중립이 필수적인 과정만을 고른 것은?

> (가) 질문지를 돌려 자료를 수집하고, 이를 통계적 기법을 사용하여 분석하였다.
> (나) 형제자매가 있는 청소년이 그렇지 않은 청소년보다 더 행복한 것으로 드러났다.
> (다) 청소년 1,000명을 대상으로 질문지법을 사용하여 자료를 수집할 것을 결정하였다.
> (라) 형제자매가 있는 청소년이 그렇지 않은 청소년보다 더 행복할 것이라고 추정하였다.

① (가), (나)　　② (가), (다)　　③ (나), (다)
④ (나), (라)　　⑤ (다), (라)

140 (하(중)상)

⊙, ⓒ이 필수적으로 적용되어야 할 연구 단계만을 〈보기〉에서 있는 대로 고른 것은?

> 사회·문화 현상의 탐구에서 (⊙)은/는 연구자가 자신의 주관이나 가치를 연구 과정에 개입하여 연구하는 것을 의미한다. 이와 달리 (ⓒ)은/는 연구자의 주관적인 가치나 이해관계를 배제하고 객관적 증거에 따라 탐구하는 것으로, 사실과 가치를 분리해야 함을 강조한다.

〈 보기 〉
ㄱ. ⊙ – 자료 수집 방법을 결정한다.
ㄴ. ⊙ – 독립 변수와 종속 변수 간의 잠정적 관계를 설정한다.
ㄷ. ⓒ – 수집된 자료를 통계적으로 분석하여 가설을 검증한다.
ㄹ. ⓒ – 연구 결과를 사회 문제 해결에 어떻게 적용할지를 정한다.

① ㄱ, ㄴ ② ㄱ, ㄹ ③ ㄷ, ㄹ
④ ㄱ, ㄴ, ㄷ ⑤ ㄴ, ㄷ, ㄹ

141 (하(중)상)

(가)~(라)는 정보 격차를 주제로 수행한 연구 과정을 순서와 관계없이 나열한 것이다. 이에 대한 옳은 설명을 〈보기〉에서 고른 것은?

> (가) P 지역에서 선정된 6개 고등학교 학생 1,000명 중 부모도 응답 가능한 300명을 대상으로 질문지를 통해 자료를 수집하였다.
> (나) 경제 수준은 월평균 소득으로, 정보 지향적 인터넷 이용 정도는 인터넷 이용 시간 중 정보 검색 시간 비중으로 측정하기로 하였다.
> (다) 부모의 경제 수준이 높을수록 자녀의 정보 지향적 인터넷 이용 정도가 높아지고, 부모의 정보 지향적 인터넷 이용 정도가 높을수록 자녀의 정보 지향적 인터넷 이용 정도가 높아질 것이라고 가설을 설정하였다.
> (라) 부모의 월평균 소득에 따라 자녀의 정보 검색 시간 비중은 통계적으로 유의미한 차이가 나타나지 않았다. 반면 부모의 정보 검색 시간 비중이 높을수록 자녀의 정보 검색 시간 비중은 유의미하게 높아지는 것으로 나타났다.

〈 보기 〉
ㄱ. (나)는 연구자의 주관적 가치가 배제되는 단계이다.
ㄴ. (다)와 달리 (가)에서는 연구자의 가치 개입이 허용된다.
ㄷ. (라)는 엄격한 가치 중립이 요구되는 단계이다.
ㄹ. (다) → (나) → (가) → (라)의 순서로 연구가 진행되었다.

① ㄱ, ㄴ ② ㄱ, ㄹ ③ ㄴ, ㄷ
④ ㄴ, ㄹ ⑤ ㄷ, ㄹ

C 연구자가 지켜야 할 연구 윤리

142 (하(중)상)

(가)에 들어갈 대답으로 적절하지 않은 것은?

연구자가 지켜야 할 연구 윤리에는 무엇이 있을까?

(가)

① 연구 대상자의 동의를 받아 자료를 수집해야 해.
② 연구 대상자에게 연구와 관련된 정보를 제공해야 해.
③ 자료 분석 단계에서 고의로 자료를 선별하여 분석하지 않도록 해야 해.
④ 다른 연구자가 수행한 연구 결과를 활용할 경우 출처를 반드시 밝혀야 해.
⑤ 자료의 실제성 확보를 위해 연구 대상자의 개인 정보를 필수적으로 공개해야 해.

빈출 143 (하(중)상)

다음 사례에 대한 연구 윤리 측면에서의 평가로 가장 적절한 것은?

> 짐바르도 교수는 교도소 생활이 인간의 심리에 미치는 영향을 알아보려고 24명의 지원자를 선발하였다. 그리고 실제 교도소처럼 감옥 세트를 만들고, 참여자들이 진짜 감옥이라는 생각을 갖도록 눈을 가린 채 그곳으로 데려갔다. 실험이 시작된 지 이튿날 죄수 역할을 한 참여자들이 그곳의 대우에 불만을 품고 폭동을 일으켰고, 폭동은 실제처럼 진압되었으며 주동자들은 독방에 가두어졌다. 실험에 참여한 사람들은 심한 정서 장애를 겪기 시작했으며 결국 실험은 6일 만에 중단되었다.

① 연구 대상자의 인권을 침해하였다.
② 연구 대상자의 동의를 얻지 않았다.
③ 연구 대상자의 익명성을 보장하지 않았다.
④ 자료 수집 과정에서 왜곡된 자료를 수집하였다.
⑤ 타인의 연구 결과를 도용하여 저작권을 침해하였다.

144 (하중상)

다음 사례에서 위배된 연구 윤리로 가장 적절한 것은?

연구자 A는 개인 봉사 활동 실적이 대학 입시에 미치는 영향을 알아보기 위한 연구를 진행하였다. A는 연구 진행에 대한 동의를 받고 50명에게서 본인의 봉사 활동 시간, 입시 유형 및 합격 여부에 대한 자료를 수집하였다. 그리고 자신의 연구를 확장시키기 위해 별다른 설명 없이 50명이 지원한 대학명도 임의로 연구에 사용하였다. 이를 바탕으로 개인 봉사 활동 실적이 입시에 미치는 영향을 대학 유형별로 정리하여 발표하였다.

① 연구 대상자에게 연구 목적을 고지해야 한다.
② 연구 이외의 목적에 자료를 사용해서는 안 된다.
③ 자료를 의도적으로 조작하여 분석해서는 안 된다.
④ 연구 결과를 도용하거나 저작권을 침해해서는 안 된다.
⑤ 연구 대상자의 개인 정보를 동의 없이 사용해서는 안 된다.

145 (하중상)

다음 사례에 나타난 연구 윤리상의 문제점으로 적절한 것을 〈보기〉에서 고른 것은?

갑은 폭력적인 성향의 게임이 청소년의 심리 불안에 미치는 영향을 알아보기 위해 실험을 계획하였다. 실험에 참여할 학생들을 모집하기 위한 게시물에서 '게임 개선 및 평가 연구에 참여할 청소년을 모집합니다.'라고만 쓴 갑은 참가자들에게 연구 목적이 게임 개선과 평가에 있음을 강조하였다. 연구의 구체적인 계획을 모른 채 참가 원서를 내고 참여한 학생들은 폭력적인 성향의 게임에 장시간 노출되었다.

〈 보기 〉
ㄱ. 연구 목적을 정확하게 알려주지 않았다.
ㄴ. 연구 대상자의 안전을 고려하지 않았다.
ㄷ. 연구 대상자의 익명성을 보장하지 않았다.
ㄹ. 특정한 방향으로 결론을 유도하는 조작이 이루어졌다.

① ㄱ, ㄴ　　② ㄱ, ㄷ　　③ ㄴ, ㄷ
④ ㄴ, ㄹ　　⑤ ㄷ, ㄹ

146~147 빈출자료*

다음은 서로 다른 연구 사례를 나타낸 것이다. 물음에 답하시오.

- 교수 갑은 연구 프로젝트를 진행하면서 자신의 사회학 개론 강의를 수강하는 학생들을 연구 대상자로 선정하였다. 그러면서 자신의 연구에 대상자로 참여하지 않으면 학점을 받을 수 없다고 공지하였다.
- 을은 회사 내 성 불평등 문화에 관한 연구를 수행하기 위해 연구 대상자의 회사생활을 관찰하였다. 이후 을은 본인의 연구 결과를 발표하면서 자료의 사실성을 뒷받침하기 위해 연구 대상자의 직책과 이름을 공개하였다.

146 (하중상)

갑, 을의 연구 사례를 모두 활용하여 진행한 수업의 주제로 가장 적절한 것은?

① 개념의 조작적 정의의 필요성
② 연구자가 지켜야 할 연구 윤리
③ 사회 과학의 객관성과 상호 주관성
④ 사회·문화 현상을 탐구하는 개방적 태도
⑤ 사회·문화 현상 탐구에서의 가치 중립의 필요성

147 (하중상)

갑, 을의 연구 사례에 대한 연구 윤리 측면에서의 평가로 적절한 것을 〈보기〉에서 고른 것은?

〈 보기 〉
ㄱ. 갑은 연구 대상자의 자발적 참여를 보장하지 않았다.
ㄴ. 갑은 수집한 자료를 연구 목적 이외의 용도로 활용하였다.
ㄷ. 을은 연구 결과 발표 시 연구 대상자의 익명성을 보장하지 않았다.
ㄹ. 을은 갑과 달리 자료 분석 단계에서 자의적으로 자료를 조작하였다.

① ㄱ, ㄴ　　② ㄱ, ㄷ　　③ ㄴ, ㄷ
④ ㄴ, ㄹ　　⑤ ㄷ, ㄹ

148 하(중)상

갑, 을의 연구에 나타난 공통적인 문제점으로 가장 적절한 것은?

- 갑은 국내 100개 기업의 윤리성에 대한 연구를 수행한 후, 절친한 친구가 사장으로 있는 기업의 윤리성이 91위로 나오자 처음 계획과 달리 상위 30개 기업의 명단만 발표하였다.
- 아파트 3채를 소유하고 있는 을은 아파트 가격 변동에 대한 다양한 입장이 담긴 자료를 수집하여 연구한 후, 가격 상승을 뒷받침하는 자료만을 근거로 제시하면서 아파트 가격이 상승할 것이라는 예측을 발표하였다.

① 편파적으로 자료를 수집하였다.
② 연구 대상자의 자발적인 동의를 얻지 않았다.
③ 연구 대상자의 안전과 이익을 고려하지 않았다.
④ 연구 결과를 발표할 때 특정 자료를 은폐하였다.
⑤ 수집된 자료를 연구 이외의 목적으로 활용하였다.

149 하(중)상

연구 윤리 지침 (가)~(다)에 대한 옳은 설명만을 〈보기〉에서 있는 대로 고른 것은?

(가) 연구자는 기존 연구 결과를 부분적으로 사용할 경우 정확한 출처 또는 인용 표시를 해야 한다.
(나) 연구자는 연구를 위해 재정 지원을 받은 경우 이를 밝히고, 연구 지원금을 투명하게 관리해야 한다.
(다) 연구자는 사실에 부합하는 연구 결과를 도출할 수 있는 자료를 수집하고, 검증된 연구 자료에 근거하여 연구를 수행해야 한다.

〈 보기 〉
ㄱ. 자신과 친분이 있는 동료의 기존 연구 결과를 출처 표시 없이 사용하는 것은 (가)에 부합한다.
ㄴ. 연구를 재정적으로 지원한 단체의 익명성을 보장하는 것은 (나)에 부합한다.
ㄷ. 연구 의뢰자가 원하는 결과를 도출하기 위해 자료를 선택적으로 수집하는 것은 (다)에 위배된다.
ㄹ. (가)는 연구 결과 발표 단계에서, (다)는 자료 수집 및 분석 단계에서 지켜야 할 연구 윤리를 강조하고 있다.

① ㄱ, ㄴ　　　② ㄱ, ㄷ　　　③ ㄷ, ㄹ
④ ㄱ, ㄴ, ㄹ　　　⑤ ㄴ, ㄷ, ㄹ

150 하(중)상

갑, 을이 강조하는 연구 윤리에 대한 옳은 설명을 〈보기〉에서 고른 것은?

갑: 연구자는 연구 목적과 절차 등을 연구 대상자에게 공지하고 자료 수집에 대하여 허락을 받아야 합니다.
을: 연구자는 정직한 방법으로 자료를 수집해야 하며, 의도한 결론을 이끌어 내기 위해 자료를 왜곡하여 분석해서는 안 됩니다.

〈 보기 〉
ㄱ. 갑은 연구자가 연구 대상자에게 사전 동의를 받을 것을 강조할 것이다.
ㄴ. 다른 연구자의 연구물을 활용하는 경우 그 출처를 정확하게 밝히지 않는 것은 갑이 강조하는 윤리에 어긋난다.
ㄷ. 의도한 결과를 얻기 위해 자료를 조작하여 분석하는 것은 갑보다 을이 강조하는 연구 윤리에 어긋난다.
ㄹ. 갑은 연구 과정에서의 윤리를, 을은 연구 대상자에 대한 윤리를 강조하고 있다.

① ㄱ, ㄴ　　　② ㄱ, ㄷ　　　③ ㄴ, ㄷ
④ ㄴ, ㄹ　　　⑤ ㄷ, ㄹ

151 하(중)상 　　　•서술형

보고서는 갑이 수행한 연구의 과정을 정리한 것이다. 갑의 연구 과정에서 나타난 연구 윤리상의 문제점 두 가지를 서술하시오.

〈 연구 과정 보고서 〉
- 연구 초기: 다문화 가정 학생의 학교생활에 대한 연구를 시작하였음
- 자료 수집 과정: 해당 학생의 담임교사에게만 허락을 구한 후 학생과 면담을 하였음 → 면담 과정에서 신뢰 형성을 위해 학생들의 이야기에 공감하는 태도를 유지하였음
- 연구 종료 후: 해당 학교가 다문화 교육 계획 수립을 위해 자료를 요청함에 따라 면담 내용을 학교에 건네주었음

최고 수준 도전 기출 (01 ~ 04강)

152

A, B 현상의 일반적 특징을 다음과 같이 비교할 때 (가), (나)에 들어갈 수 있는 질문만을 〈보기〉에서 있는 대로 고른 것은?

질문＼＼현상	A	B
인간의 의도와 무관하게 나타나는가?	아니요	예
(가)	아니요	예
(나)	예	예

〈 보기 〉
ㄱ. 보편성이 나타나는가?
ㄴ. 확실성의 원리를 따르는가?
ㄷ. 존재 법칙의 지배를 받는가?
ㄹ. 경험적 자료를 바탕으로 연구할 수 있는가?

	(가)	(나)		(가)	(나)
①	ㄷ	ㄱ, ㄹ	②	ㄴ, ㄷ	ㄹ
③	ㄴ, ㄷ	ㄱ, ㄹ	④	ㄴ, ㄹ	ㄱ
⑤	ㄴ, ㄹ	ㄱ, ㄷ			

153

밑줄 친 ㉠~㉣과 같은 현상의 일반적인 특징에 대한 질문에 모두 옳게 답한 학생은?

아르헨티나 파타고니아의 국립공원에는 ㉠ 눈이 쌓이고 얼기를 반복하며 만들어진 거대한 빙하가 있다. 이 빙하가 이동하는 과정에서 일부가 떨어져 나가는 것은 지구 온난화로 빙하가 녹으면서 나타나는 현상인데, 빙하가 무너져 내릴수록 ㉡ 관광객은 증가하고 있다. 즉, 이산화 탄소를 배출하는 인간의 활동이 지구 온난화를 일으키고, ㉢ 온도가 상승함에 따라 발생하는 자연 경관을 보려고 사람들이 ㉣ 자동차와 비행기를 타고 여행하면서 또다시 이산화 탄소를 배출하는 것이다.

현상	질문	갑	을	병	정	무
㉠	확률의 원리의 적용을 받는 현상인가?	×	○	×	○	×
㉡	보편성과 특수성이 공존하는 현상인가?	○	×	×	○	○
㉢	당위 법칙의 지배를 받는 현상인가?	×	×	○	○	×
㉣	인간의 의지와는 무관하게 발생하는 현상인가?	○	×	○	×	×

(○: 예, ×: 아니요)

① 갑　② 을　③ 병　④ 정　⑤ 무

154

그림은 사회·문화 현상을 바라보는 관점 A, B의 특징을 구분한 것이다. (가)~(다)에 들어갈 수 있는 내용으로 옳은 것은? (단, A, B는 각각 기능론과 갈등론 중 하나이다.)

A는 사회 규범은 기존 질서 유지를 위한 기득권층의 의지가 반영되어 형성된다고 보고 그들이 사회 규범을 구성원들에게 강요함으로써 사회가 유지된다고 본다. 반면 B는 사회 규범은 전체 구성원의 이익과 사회의 원활한 작동을 위해 형성되었으며 이러한 사회 규범에 의해 사회의 존속이 가능하다고 본다.

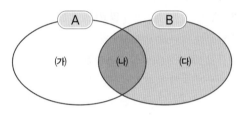

① (가) - 사회 변화를 부정적으로 바라보는 보수적 관점이다.
② (가) - 사회 유지에 필요한 기능의 상호 의존에 관심을 둔다.
③ (나) - 사회 구조에 대한 분석을 통해 사회 현상을 이해한다.
④ (다) - 사회 구성원의 상황 정의를 중시한다.
⑤ (다) - 집단 간 갈등을 필연적인 현상으로 본다.

155

그림은 질문 (가), (나)를 통해 사회·문화 현상을 이해하는 관점을 구분한 것이다. 이에 대한 설명으로 옳은 것은? (단, A, B는 각각 기능론과 갈등론 중 하나이다.)

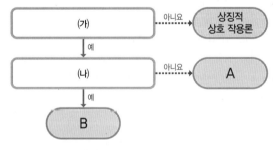

① (가)에 '인간을 자율적, 능동적 존재라고 여기는가?'가 들어갈 수 있다.
② (나)에 '사회 문제는 일시적이고 병리적인 현상인가?'가 들어간다면 A는 갈등론에 해당한다.
③ (나)에 '사회 갈등을 필연적 현상이라고 보는가?'가 들어간다면 B는 기능론에 해당한다.
④ A가 기능론이라면, (나)에 '사회의 각 부분들이 통합되어 사회 유지를 위한 기능을 수행하는가?'가 들어갈 수 있다.
⑤ B가 갈등론이라면, (나)에 '사회 제도를 일부 집단의 기득권을 재생산하는 수단으로 보는가?'가 들어갈 수 없다.

156

다음 글에 나타난 사회·문화 현상을 바라보는 관점의 입장에서 일관되게 응답한 학생은?

교육 제도와 학교에서의 상호 작용이 갖는 의미는 사람마다 다르다. 예를 들면, 교육을 통해 지적 호기심을 충족시키는 것을 중시하는 사람에게 교육은 자아실현의 수단이 되고, 고소득 직장을 갖기 위해 거쳐야 하는 과정으로 생각하는 사람에게 교육은 계층 상승의 수단이 된다.

진술 \ 학생	갑	을	병	정	무
거시적 수준의 일반 법칙 발견이 곤란하다.	○	○	×	○	×
상징을 통한 개인 간 상호 작용에 초점을 맞춘다.	○	×	○	○	×
개인들의 주관적 의미 규정에 따라 사회·문화 현상이 규정된다.	○	○	×	○	×
기득권층의 이익을 대변하는 논리로 이용될 우려가 있다.	○	×	○	×	×

(○: 예, ×: 아니요)

① 갑　　② 을　　③ 병　　④ 정　　⑤ 무

157

표는 사회·문화 현상을 이해하는 관점 A~C의 특징을 구분한 것이다. 이에 대한 옳은 설명만을 〈보기〉에서 있는 대로 고른 것은? (단, A~C는 각각 기능론, 갈등론, 상징적 상호 작용론 중 하나이다.)

특징	A	B	C
(가)	아니요	예	아니요
(나)	아니요	아니요	예
사회 행위자에 영향을 미치는 사회 구조적 측면을 간과하는가?	예	아니요	아니요

〈 보기 〉

ㄱ. (가)가 '갈등을 사회 병리 현상으로 보는가?'이면 B는 사회를 하나의 유기체로 바라보지 않는다.

ㄴ. (나)가 '사회의 안정은 지배 집단의 기득권 유지를 위한 것으로 보는가?'이면 C는 사회 변동을 긍정적으로 본다.

ㄷ. (가)가 '갈등을 사회의 본질적 속성으로 인식하는가?'이면 (나)에 '개인의 자율성과 능동성을 간과하는가?'가 들어갈 수 있다.

ㄹ. (나)가 '기득권 유지에 기여한다는 비판을 받는가?'이면 (가)에 '사회 구성원의 협동과 질서 유지 측면을 중시하는가?'가 들어갈 수 없다.

① ㄱ, ㄷ　　② ㄱ, ㄹ　　③ ㄴ, ㄹ
④ ㄱ, ㄴ, ㄷ　　⑤ ㄴ, ㄷ, ㄹ

158

자료에 대한 분석으로 옳은 것은?

■ 게임 규칙

1. 세 사람은 각각 기능론, 갈등론, 상징적 상호 작용론 중 하나에 부합하는 진술이 쓰인 카드를 1회당 한 장씩 받는다.

2. 2회째에 같은 관점의 진술이 쓰인 카드가 두 장이 되면 승점 2점을 받는다. 서로 다른 관점이 기술된 카드 두 장을 받은 사람들만 추가로 한 장의 카드를 더 받는다.

3. 세 장의 카드를 받은 사람 중, 같은 관점이 기술된 카드가 두 장이면 승점 1점을 받고, 세 장의 카드가 서로 다른 관점이 기술된 카드면 승점을 받을 수 없다.

2회째 갑, 을, 병이 받은 카드는 다음과 같다.

갑	을	병
사회 안정을 설명하는 데 유용하다.	사회 문제를 병리적 현상으로 본다.	사회 구조적 측면을 소홀히 한다.
인간 행동의 동기에 대한 의미와 해석을 중시한다.	집단 간 갈등을 사회의 필연적 속성으로 파악한다.	사회 규범을 기득권층의 권력 유지 수단으로 간주한다.

① 갑은 갈등론에 부합하는 진술이 쓰인 카드를 받으면 승점을 받을 수 없다.

② 을은 승점 2점을 받을 수 있다.

③ 병은 추가로 카드를 받지 못한다.

④ 갑과 을 모두 미시적 관점에 부합하는 진술이 쓰인 카드를 한 장 더 받으면 승점 1점을 받게 된다.

⑤ 3회째 갑, 을, 병이 받을 수 있는 승점의 합은 최대 4점이다.

159

표는 사회·문화 현상의 연구 방법 A, B를 비교한 것이다. 이에 대한 옳은 설명을 〈보기〉에서 고른 것은?

질문 \ 연구 방법	A	B
방법론적 일원론을 바탕으로 하는가?	예	아니요
(가)	아니요	예
(나)	예	아니요
(다)	㉠	㉡

〈 보기 〉

ㄱ. B는 A와 달리 개념의 조작적 정의를 활용한다.

ㄴ. (가)에는 '가설 검증 과정이 필요한가?'가 들어갈 수 있다.

ㄷ. (나)에는 '법칙 발견을 목적으로 하는가?'가 들어갈 수 있다.

ㄹ. (다)에 '경험적 자료를 바탕으로 연구를 진행하는가?'가 들어가면 ㉠과 ㉡은 모두 '예'이다.

① ㄱ, ㄴ　　② ㄱ, ㄷ　　③ ㄴ, ㄷ
④ ㄴ, ㄹ　　⑤ ㄷ, ㄹ

160

표는 A가 사용한 사회·문화 현상의 연구 방법에 대한 질문과 응답을 정리한 것이다. 주어진 질문에 모두 옳게 답한 학생은?

연구자 A는 독서 치료 프로그램이 어린이의 게임 과몰입을 극복하는 데 도움이 되는지 알아보고자 하였다. 이를 위하여 수도권에 있는 초등학생 중 게임 과몰입 학생을 학년별로 10명씩 선정하였고, 선정된 학생들을 대상으로 12회로 구성된 독서 치료 프로그램을 적용하였다. 독서 치료 프로그램의 효과를 검증하기 위해 '게임 이용 진단 검사', '자아 존중감 검사' 등을 독서 치료 프로그램의 적용 전후에 시행한 후 그 변화 정도를 통계 처리하였다. 자료를 검증한 결과 참여자 다수에게서 독서 치료 프로그램이 효과가 있는 것으로 나타났다.

질문	갑	을	병	정	무
인간 행위의 동기보다 행위 자체를 주된 분석 대상으로 삼는가?	○	×	○	○	×
연구자의 감정 이입적 이해를 중시하는가?	×	○	○	×	○
주로 참여 관찰법이나 면접법을 통해 자료를 수집하는가?	×	○	×	○	×
사회·문화 현상에 내재된 법칙 발견을 목적으로 하는가?	○	○	×	○	×

(○: 예, ×: 아니요)

① 갑   ② 을   ③ 병   ④ 정   ⑤ 무

161

밑줄 친 ⊙~⑩에 대한 옳은 설명을 〈보기〉에서 고른 것은?

갑은 청소년의 ⊙ 학교생활 만족도에 ⓒ 스포츠 참여 정도가 미치는 영향을 알아보기 위한 ⓒ 연구를 하였다. 이를 위하여 ○○ 지역에 거주하는 고등학교 재학생 1,000명을 대상으로 설문 조사를 실시하였다. ⓔ 질문지에는 '학교 애착 정도', '친구 및 교사와의 친밀도' 등을 파악하기 위한 문항이 포함되었다. ⑩ 조사 결과, 주당 스포츠 참여 시간이 1시간 미만인 학생들의 생활 만족도는 3.2점(5점 만점), 1시간 이상 3시간 미만인 학생들의 생활 만족도는 3.6점, 3시간 이상 5시간 미만인 학생들의 만족도는 4.1점, 5시간 이상인 학생들의 생활 만족도는 4.3점으로 나타났다.

〈 보기 〉

ㄱ. ⊙은 독립 변인, ⓒ은 종속 변인이다.
ㄴ. ⓒ은 방법론적 일원론에 기초한다.
ㄷ. ⓔ을 통해 개념의 조작적 정의가 이루어졌음을 알 수 있다.
ㄹ. ⑩으로 보아 가설이 기각되었다.

① ㄱ, ㄴ   ② ㄱ, ㄷ   ③ ㄴ, ㄷ
④ ㄴ, ㄹ   ⑤ ㄷ, ㄹ

162

밑줄 친 ⊙~⑭에 대한 설명으로 옳은 것은?

- ⊙ 연구 주제: 집단 상담과 학교생활 만족도 간 관계 분석
- 가설 설정: '집단 상담을 받은 고등학생은 받지 않은 고등학생에 비해 학교생활 만족도가 높을 것이다.'라는 ⓒ 가설을 세움
- 자료 수집
  - 연구 참여에 동의한 ○○ 고등학교 학생 100명을 무작위로 선정하여 50명씩 A, B 두 집단으로 나누고, ⓒ 학교생활 만족도에 대한 척도 검사를 실시함
  - 이후 ⓔ A 집단에는 집단 상담을 6개월간 실시하고, ⑩ B 집단에는 집단 상담을 실시하지 않았음
  - 6개월 후 다시 A, B 두 집단을 대상으로 학교생활 만족도에 대한 척도 검사를 실시함
- 가설 검증: 수집한 자료를 분석한 결과, ⑭ 가설을 채택함
- 결론: 고등학생의 학교생활 만족도 향상을 위해 집단 상담을 실시해야 한다.

① ⊙의 선정 과정에서 연구자의 주관적 가치가 개입되면 연구의 신뢰도가 낮아진다.
② ⓒ에서 독립 변수는 학교생활 만족도이다.
③ ⓒ에서는 2차 자료를 활용하여 자료를 수집하였다.
④ ⓔ은 실험 집단, ⑩은 통제 집단이다.
⑤ ⑭에 따르면 독립 변수와 종속 변수 간 부(-)의 관계가 나타남을 알 수 있다.

163

자료는 피자 가게 이용객을 대상으로 피자 서비스와 관련된 내용을 파악하기 위해 만든 질문지이다. 이에 대한 평가로 옳은 것은?

서비스 만족도 조사

질문 1. 저희 가게의 피자를 얼마나 자주 구입하십니까?
  ① 1회   ② 2~3회   ③ 4회 이상
질문 2. 저희 가게에서 만든 피자의 맛에 대해 어떻게 생각하십니까?
  ① 매우 만족   ② 만족   ③ 보통
  ④ 불만족   ⑤ 매우 불만족
질문 3. 저희 가게의 피자를 배달 주문하신 후 받기까지 보통 몇 분 정도 걸렸습니까?
  ① 30분 이하   ② 30분~50분   ③ 50분 이상

① 질문 1은 특정 응답을 유도하고 있다.
② 질문 1은 질문 2와 달리 한 질문에서 두 가지 내용을 묻는다.
③ 질문 2는 질문 3과 달리 질문이 모호해 응답하기가 곤란하다.
④ 질문 3은 답지가 모든 응답 가능성을 포함하지 못한다.
⑤ 질문 3은 질문 2와 달리 답지가 상호 배타적이지 않아 응답에 혼란을 줄 수 있다.

164

자료에 대한 설명을 옳은 것은? (단, A~C는 각각 면접법, 질문지법, 참여 관찰법 중 하나이다.)

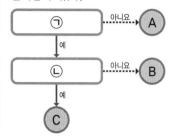

그림의 ㉠, ㉡에는 (가)~(라) 중 서로 다른 질문이 한 개씩 들어갈 수 있다.

(가) 수집한 자료는 주로 계량화된 형태로 분석되는가?
(나) 언어를 통한 상호 작용을 필수적으로 요구하는가?
(다) 연구 대상에 대해 심층적으로 파악하기 용이한가?
(라) 연구 대상의 일상생활에 함께 참여하여 현상을 직접 보고 느끼며 자료를 수집하는가?

① ㉠에 (가)가 들어갈 수 있다.
② ㉠에 (나)가 들어가면, ㉡에 (다)가 들어갈 수 없다.
③ ㉠에 (나), ㉡에 (가)가 들어가면, A는 B와 달리 질적 자료의 수집에 적합하다.
④ ㉠에 (다), ㉡에 (라)가 들어가면, B는 A보다 연구자의 주관이 개입될 가능성이 높다.
⑤ C가 참여 관찰법이면, ㉠에 (라), ㉡에 (나)가 들어갈 수 있다.

165

표는 자료 수집 방법 A~D를 분류한 것이다. 이에 대한 설명으로 옳은 것은? (단, A~D는 각각 면접법, 실험법, 질문지법, 참여 관찰법 중 하나이다.)

구분		심층적 자료의 수집에 주로 활용되는가?	
		예	아니요
(가)	예	A	B
	아니요	C	D

① (가)는 '연구자의 해석을 통해 결론을 도출하는 방법에서 주로 사용되는가?'가 적절하다.
② (가)가 '언어적 상호 작용에 의한 자료 수집이 필수적인가?'라면 A는 참여 관찰법, B는 질문지법이다.
③ (가)가 '자료 수집 시 연구 대상자의 응답이 필수 요건인가?'라면 B는 질문지법, C는 참여 관찰법이다.
④ A가 면접법이라면 (가)는 '예상하지 못한 상황이 발생할 경우 유연하게 대처하기 곤란한가?'가 적절하다.
⑤ B가 질문지법이라면 (가)는 '인위적으로 통제된 상황에서 변수의 효과를 관찰하는 방법인가?'가 적절하다.

166

두 자료를 함께 활용한 수업의 학습 목표로 가장 적절한 것은?

〈 △△ 여론 조사 기관의 TV 시청률 조사 결과 〉

연도	A 방송사	B 방송사	C 방송사	시청 안함	무응답
2017	40%	5%	33%	10%	12%
2018	24%	5%	26%	20%	25%

〈 조사 결과에 대한 각 방송사의 관련 기사 제목 〉

연도	A 방송사	B 방송사	C 방송사
2017	본 방송사 압도적 1위	(조사 결과 보도 안함)	국민 3명당 1명, C 방송사 가장 좋아해
2018	국민 4명당 1명, "A 방송사가 최고"	B 방송사에 대한 애정, 꾸준히 이어져	C 방송사, 국민 방송사 왕좌에 등극

① 과학적 탐구 절차에 따라 조사 계획을 세울 수 있다.
② 엄밀한 경험적 근거를 바탕으로 가설을 검증할 수 있다.
③ 자료 활용에 있어서의 가치 개입 여부를 파악할 수 있다.
④ 연구 대상자에 관한 연구 윤리의 필요성을 이해할 수 있다.
⑤ 사회·문화 현상 탐구에 필요한 개방적 태도를 가질 수 있다.

167

다음 연구에 대한 설명으로 옳은 것은?

연구자 갑은 친구인 을(공장 사장)로부터 임금 인상이 생산성 향상에 미치는 영향을 파악해 달라는 의뢰를 받았다. 우선 갑은 ㉠ 임금 상승이 생산성 향상으로 이어질 것이라는 잠정적 결론을 내렸다. 그리고 을의 공장에서 시간당 임금과 생산성이 동일한 두 팀을 선정하여 ㉡ A 팀과 달리 B 팀만 2시간 초과 근무를 실시하도록 하는 연구를 3개월간 진행하였다. 이때 B 팀 직원들의 초과 근무 시간에 대해서는 시급의 1.8배를 지급하기로 하였다. 이후 생산성을 비교한 결과 정규 근무 시간의 생산성은 두 팀 간 유의미한 차이가 발견되지 않았으나, B 팀의 초과 근무 시간의 생산성은 유의미한 정도로 증가하였음을 확인할 수 있었다. 갑은 을과 협의하여 을에게 유리하도록 초과 근무 시간의 생산성을 수정한 후 임금 인상이 생산성 향상에 기여하지 않는다는 보고서를 작성하였다.

① 연구 대상자의 익명성을 보장하지 않았다.
② 연구 과정에서 연구자의 이해관계가 배제되지 않았다.
③ 비구조화된 자료 수집 방법을 통해 질적 연구를 수행하였다.
④ 실험 결과는 초과 근무의 실시가 생산성 향상에 기여함을 뒷받침한다.
⑤ ㉠ 단계는 ㉡ 단계와 달리 연구자의 가치가 배제되어야 한다.

사회적 존재로서의 인간

A 개인과 사회의 관계를 바라보는 관점

1 사회 실재론과 사회 명목론

구분	사회 실재론	사회 명목론
기본 입장	• 사회는 개인의 단순한 합 이상이며, 개인은 사회를 이루는 구성 요소에 불과함 • 사회는 개인의 외부에 실제로 존재하며, 고유한 특성을 지니는 독립적 실체임	• 사회는 개인들의 집합체에 붙여진 이름에 불과함 → 사회는 명목상으로 존재함 • 사회는 개인의 이익을 실현하기 위한 수단에 불과함
주요 내용	• 사회는 개인의 사고와 행동을 구속함 • 사회·문화 현상을 이해할 때 사회 구조나 사회 제도를 탐구해야 함	• 개인은 자신의 자유 의지에 따라 행동함 • 사회·문화 현상의 분석 단위로 개인의 의식, 정서, 심리 상태를 중시함
관련 학설	사회 유기체설	사회 계약설
장점	사회가 개인의 행동에 어떤 영향을 미치는지 설명할 수 있음	개인의 자유 의지에 기초한 능동적인 행동을 설명할 수 있음
한계	• 인간의 주체적 행위를 설명하기 곤란함 • 전체를 위한 개인의 희생을 정당화하는 전체주의로 변질될 우려가 있음	• 사회 제도나 사회 구조가 개인의 행위에 미치는 영향력을 간과할 수 있음 • 극단적 이기주의를 초래할 우려가 있음

2 사회 실재론과 사회 명목론 [빈출자료] Link • 183-184번 문제

┌─(개인과 사회의 관계를 바라보는 사회 실재론과 사회 명목론의 입장)─

(가) 사회는 구성원 개인으로만 이루어져 있는 것은 아니다. 구성원들은 출생과 사망, 이주의 과정을 통해 사회에 존재하다 없어지기도 하지만, 사회는 여전히 생명력을 가지고 있다. 사회의 규범이나 문화, 민족성 등은 개인의 생각이나 행동에 영향을 미친다.

(나) 시민 사회는 인간의 노력으로 만들어지는 인위적인 산물이다. 사람들은 자연 상태에서 일어날 수 있는 분쟁을 해결하고, 자신들의 생명과 자유 그리고 재산을 더 안전하게 지키고 누리기 위해서 각자가 스스로 동의한 계약에 따라 시민 사회를 형성한다. 이때, 사회 구성원 각자가 시민 사회에 양도하는 권력은 시민 사회가 그 역할을 수행할 정도에 그쳐야 한다.

└─► 개인과 사회는 서로 영향을 주고받으므로, 사회 실재론과 사회 명목론을 조화롭게 취하여 균형 잡힌 시각으로 사회 현상을 이해해야 한다.

B 사회화와 사회화 기관

1 사회화

① 사회화: 한 개인이 다른 사람과의 상호 작용을 통해 그가 속한 사회에서 요구하는 행동 양식과 지식, 기능, 가치, 규범 등을 습득하는 과정 → 사회화는 평생에 걸쳐 이루어지며, 그 내용은 시대와 사회에 따라 다르게 나타난다.

② 사회화의 기능

개인적 차원	사회생활에 필요한 행동 양식을 습득하고, 자아 정체성과 인성을 형성하면서 사회적 존재로 성장함
사회적 차원	그 사회의 문화를 공유하고, 규범과 가치를 세대 간 전승함 → 사회의 유지 및 발전에 기여함

③ 사회화의 유형

재사회화	사회 변화나 새로운 환경에 적응하기 위해 이전과는 다른 지식이나 규범, 가치 및 기능 등을 습득하는 과정 예 정보 사회에 적응하기 위한 노인들의 컴퓨터 교육 등
예기 사회화	미래에 속하게 될 집단에서 요구되는 행동 양식을 미리 습득하는 과정 예 신입생 예비 교육 등
탈사회화	기존에 습득한 규범이나 생활 방식을 버리는 과정

기출 Tip Ⓐ-1

사회 유기체설과 사회 계약설

• 사회 유기체설: 사회를 생물 유기체에 비유하고, 사회 구성원으로서의 개인을 생물 유기체의 각 기관에 비유한 이론

• 사회 계약설: 국가는 개인 간의 계약에 따라 형성되었으므로, 국가의 의무는 개인의 자유와 권리를 보장하는 것이라고 설명하는 이론

기출 Tip Ⓐ-2

사회 실재론과 사회 명목론의 기본 입장

• (가): 사회는 개인의 사고와 행동에 영향을 미친다고 봄 → 개인의 자율성보다 사회의 구속성을 강조 → 사회 실재론

• (나): 사회는 명목상 존재한다고 봄 → 사회의 구속성보다 개인의 자율성을 강조 → 사회 명목론

► 원초적 사회화라고도 한다.

기출 Tip Ⓑ-1

1차적 사회화와 2차적 사회화

• 1차적 사회화: 영·유아기에 이루어지는 사회화로서 기초적 행동 양식을 습득하는 과정

• 2차적 사회화: 청소년기와 성년기에 기존에 익힌 사회화의 내용을 전문화하여 새로운 규범과 문화를 습득하는 과정

사회화 과정

구분	주요 사회화 내용
유아기	기본적인 욕구 충족 방법 및 정서적 반응 방식 습득
아동기	언어, 규칙, 가치관 습득
청소년기	지식과 기술 습득, 진로 및 직업 탐색
성인기	새로운 지식과 기술, 생활 양식 습득

언어적 상호 작용, 보상과 처벌의 경험, 모방과 동일시 등의 방법을 통해 사회화가 이루어진다.

2 사회화 기관

분류 기준	유형	내용
사회화의 내용	1차적 사회화 기관	인성의 기본 틀을 형성하고, 기초적인 행동 양식을 습득하는 데 영향을 미치는 기관 예 가족, 또래 집단 등
	2차적 사회화 기관	전문적 지식과 기능의 사회화를 담당하는 기관 예 학교, 직장, 대중 매체 등
형성 목적	공식적 사회화 기관	사회화 자체를 목적으로 설립된 기관 예 학교, 직업 훈련소 등
	비공식적 사회화 기관	사회화 이외의 목적으로 형성되었으나, 부수적으로 사회화 기능을 수행하는 기관 예 가족, 직장, 대중 매체 등

기출 Tip B-2
주요 사회화 기관의 특징

가족	가장 기초적이고 중요한 사회화 기관임
또래 집단	청소년기의 자아 정체성 형성에 큰 영향을 미침
학교	지속적이고 체계적으로 교육을 담당함
직장	업무에 필요한 지식과 기술을 배우고 조직 생활에 필요한 규범 등을 습득함
대중 매체	현대 사회에서 영향력이 커지고 있음

C 지위와 역할 → 지위와 역할은 고정된 것이 아니며, 사회 변화에 따라 지위에 대한 평가가 달라지거나 지위에 따른 역할이 변화하기도 한다.

1 지위 한 개인이 집단이나 사회 속에서 차지하는 위치

귀속 지위	개인의 능력이나 노력과 관계없이 자연적으로 가지게 되는 지위 예 딸, 아들, 맏이, 손녀 등
성취 지위	개인의 의지나 노력으로 후천적으로 얻게 되는 지위 예 어머니, 아버지, 아내, 남편, 학생 등

→ 전통 사회에서는 귀속 지위가 중요했지만, 현대 사회로 올수록 성취 지위의 중요성이 더 커지고 있다.

2 역할과 역할 갈등

① 역할: 일정한 지위에 대해 사회적으로 기대되는 행동 양식

② 역할 갈등 → 사회의 다원화로 인해 한 개인이 가지는 지위와 그에 따른 역할이 다양해지면서 역할 갈등이 증가하고 있다.

의미	둘 이상의 서로 다른 지위에 따른 역할을 동시에 수행해야 하는 상황에서 역할 간 충돌이 발생하여 나타나는 심리적 갈등 → 역할 갈등을 원만하게 해결하지 않으면 개인은 심리적 불안감을 느낄 수 있으며, 사회는 혼란에 빠질 수 있다.
해결 방안	• 개인적 측면: 역할의 우선순위 결정, 갈등을 일으키는 지위와 역할의 분석을 통한 타협점 모색 등 • 사회적 측면: 여러 역할을 동시에 수행할 수 있도록 돕는 사회 제도적 장치 마련 등

→ 동일한 지위를 가지고 있더라도 개인에 따라 역할 행동은 다양하게 나타난다.

기출 Tip C-2
역할 행동에 따른 보상과 제재

개인의 역할 행동이 사회적 기대에 부합하면 칭찬과 같은 보상이 따르지만, 역할을 제대로 수행하지 못하면 사회적 비난과 같은 제재가 따른다.

기출 Tip C-3
역할 갈등의 발생 원인 분석

갑에게 영화감독으로서 촬영을 해야 하는 역할과 자녀로서 부모님을 돌보아야 하는 역할이 동시에 요구됨 ➡ 한 개인의 서로 다른 지위에 따른 역할 간 충돌로 심리적 갈등이 나타나는 것 ➡ 역할 갈등

3 역할과 역할 갈등 [빈출자료] Link • 209~210번 문제

(영화감독과 자녀의 지위에 따른 역할 갈등의 사례)

영화감독의 꿈을 실현한 갑은 막바지 촬영을 진행하고 있었다. 그러던 중 갑은 부모님이 교통사고로 인해 병원에 입원하게 되었다는 소식을 전달받았다. 부모님의 병간호를 맡아 줄 사람을 구하기 어려운 상황에서 갑은 부모님의 간병을 위해 영화 촬영을 그만두어야 할지 고민에 빠졌다.

개념 확인 문제

◌ 정답과 해설 18쪽

168 사회 실재론에 대한 진술이면 '실', 사회 명목론에 대한 진술이면 '명'이라고 쓰시오.

(1) 사회는 개인의 사고와 행동을 구속한다. ( )

(2) 사회는 개인들의 집합체에 붙여진 이름에 불과하다. ( )

169 ㉠, ㉡에 들어갈 사회화의 유형을 각각 쓰시오.

(㉠)	사회 변화나 새로운 환경에 적응하기 위해 이전과는 다른 지식이나 규범, 기능 등을 습득하는 과정
(㉡)	미래에 속하게 될 집단에서 요구되는 행동 양식을 미리 습득하는 과정

170 다음 괄호 안의 내용 중 알맞은 말에 ◯표를 하시오.

(1) 공식적 사회화 기관에는 (가족, 학교)이/가 포함된다.

(2) (1차적, 2차적) 사회화 기관은 전문적인 기능의 사회화를 담당한다.

(3) (직장, 또래 집단)은 2차적 사회화 기관이자 비공식적 사회화 기관이다.

171 다음 설명이 맞으면 ◯표, 틀리면 ✕표를 하시오.

(1) 역할은 한 개인이 집단 속에서 차지하는 위치를 말한다. ( )

(2) 귀속 지위는 태어나면서부터 자연적으로 얻게 되는 지위이다. ( )

(3) 역할 갈등은 둘 이상의 서로 다른 지위에 따른 역할을 동시에 수행해야 하는 상황에서 비롯된다. ( )

A 개인과 사회의 관계를 바라보는 관점

172~173 빈출자료

다음 글을 읽고 물음에 답하시오.

> 개인이 형제, 배우자, 시민으로서 의무를 수행한다고 했을 때, 개인은 스스로의 행동과는 별도로 실제 존재하는 법과 관습 등에 의해 규정된 책무를 수행하는 것이다. 이러한 책무는 개인의 정서에 맞거나 개인의 내면에 받아들여지는 경우라 하더라도 자신이 만든 것이 아니므로 객관적이며, 외재적이다. 자신의 생각을 전달하기 위한 상징체계, 빛을 내거나 갚기 위한 금융 체계, 상업적인 관계를 위한 신용 도구, 직업을 수행하기 위한 행동 등이 모두 이에 해당한다. 이러한 유형의 행위와 사고는 개인이 원하든 원치 않든 강요되거나 강제되기도 하는데, 이것이 바로 사회적 사실의 본질적인 특징이다.

빈출
172 하 중 상

위 글에 나타난 개인과 사회의 관계를 바라보는 관점에 부합하는 진술로 옳은 것은?

① 실제로 존재하는 것은 개인뿐이다.
② 개인의 능동성이 사회의 구속성보다 우선한다.
③ 사회의 속성은 개개인의 속성으로 환원될 수 없다.
④ 조직의 역량은 구성원들의 능력을 합한 것과 같다.
⑤ 사회는 개인의 이익을 실현해 주는 수단에 불과하다.

173 하 중 상

위 글에 나타난 개인과 사회의 관계를 바라보는 관점에 대한 옳은 설명을 〈보기〉에서 고른 것은?

〈 보기 〉
ㄱ. 사회에 대한 개인의 불가항력성을 강조한다.
ㄴ. 사회 문제는 잘못된 사회 구조나 제도에서 비롯된다고 본다.
ㄷ. 공동체의 이익을 위한 개인의 희생은 정당화될 수 없다고 본다.
ㄹ. 사회는 개개인의 필요를 위해 합의된 도구적 존재라고 인식한다.

① ㄱ, ㄴ   ② ㄱ, ㄷ   ③ ㄴ, ㄷ
④ ㄴ, ㄹ   ⑤ ㄷ, ㄹ

174 하 중 상

다음 글에 나타난 개인과 사회의 관계를 바라보는 관점에 부합하는 견해로 적절한 것을 〈보기〉에서 고른 것은?

> 줄다리기를 할 때 반드시 산술적으로 힘이 센 팀이 승리하는 것은 아니다. 예를 들어 체격도 크고 힘이 센 사람들이 모인 팀이, 체격이 작고 힘도 약한 사람들이 모인 팀에게 지는 경우가 있다.

〈 보기 〉
ㄱ. 한 개인의 성향을 관찰하면 그 나라 국민의 성향을 알 수 있다.
ㄴ. 개인의 학습 태도보다 학교의 분위기가 성적에 더 큰 영향을 미친다.
ㄷ. 선거에서 투표할 때 정당보다는 후보자 개인의 자질을 더 중시한다.
ㄹ. 신입 사원은 시간이 지남에 따라 회사의 기존 문화에 동화되는 경향이 있다.

① ㄱ, ㄴ   ② ㄱ, ㄷ   ③ ㄴ, ㄷ
④ ㄴ, ㄹ   ⑤ ㄷ, ㄹ

175 하 중 상
•• 서술형

다음 글에서 강조하는 개인과 사회의 관계를 바라보는 관점을 쓰고, 그 장점에 대해 서술하시오.

> 사회는 물질적 환경의 구조와 비교할 수 있는 '확고함' 또는 '견고함'을 가지고 있다. 몇 개의 문이 있는 한 방에 서 있는 한 사람을 생각해 보자. 그 방의 구조는 그 사람의 활동 가능한 영역을 제한한다. 예를 들어, 벽과 문의 위치는 나가고 들어오는 경로를 한정한다. 사회도 방의 벽처럼 외재적이며, 우리가 할 수 있는 것에 대한 한계를 설정하면서 우리의 행동을 같은 방식으로 제한한다.

176 하 중 상

사회 명목론에 대한 옳은 설명만을 〈보기〉에서 있는 대로 고른 것은?

〈 보기 〉
ㄱ. 개인주의적 사상과 관련 있다.
ㄴ. 사회는 개인의 집합체에 불과하다고 본다.
ㄷ. 사회 유기체설보다 사회 계약설과 관련 깊다.
ㄹ. 사회는 독립적 실체로서 개인 외부에 실제로 존재한다고 본다.

① ㄱ, ㄴ   ② ㄱ, ㄹ   ③ ㄷ, ㄹ
④ ㄱ, ㄴ, ㄷ   ⑤ ㄴ, ㄷ, ㄹ

177~178 빈출자료

다음 글을 읽고 물음에 답하시오.

> 생명, 자유, 재산을 통틀어 소유권이라고 부른다. 결국 사회 이전 자연 상태에서 각 개인은 평등하게 생명, 자유, 재산에 대한 권리, 즉 소유의 권리를 향유한다. 그러면 왜 사람들은 사회를 형성하는가? 자연 상태에서는 자연법의 집행권, 곧 자연법의 위반자를 처벌할 수 있는 권리가 각 개인의 손에 위임된다. 그래서 자연 상태에서는 소유권의 보호는 매우 불확실하고 타인의 침해를 받을 우려가 있다. 이 때문에 사람들은 소유권의 보존을 위해 서로 결합하여 사회와 국가를 형성하게 된다. 즉, 이 이론은 개개인의 소유권 보호라는 목적을 위해 개인들 간에 계약을 맺어 사회와 국가가 형성되었다고 본다.

177 하 **중** 상

밑줄 친 '이 이론'과 관련 깊은 개인과 사회의 관계를 바라보는 관점에 대한 옳은 설명을 〈보기〉에서 고른 것은?

〈 보기 〉
ㄱ. 사회가 개인의 행동을 제약한다는 점을 강조한다.
ㄴ. 사회의 속성을 개인들의 속성으로 환원하여 설명한다.
ㄷ. 사회를 실체가 없는 허구적 개념에 불과한 것으로 간주한다.
ㄹ. 개인은 집단 전체와의 관련 속에서만 존재 의미를 지닌다고 본다.

① ㄱ, ㄴ   ② ㄱ, ㄷ   ③ ㄴ, ㄷ
④ ㄴ, ㄹ   ⑤ ㄷ, ㄹ

178 하 중 **상**

밑줄 친 '이 이론'과 관련 깊은 개인과 사회의 관계를 바라보는 관점의 한계로 적절한 것은?

① 지나칠 경우 전체주의로 변질될 수 있다.
② 극단적 이기주의를 초래할 가능성이 있다.
③ 사회를 위한 개인의 희생을 정당화할 우려가 있다.
④ 인간의 자유 의지에 기초한 능동적인 사고와 행위의 측면을 간과한다.
⑤ 개인의 이익 또는 권리를 보장하는 것에 대한 중요성을 설명하기 어렵다.

179 하 **중** 상

다음은 개인과 사회를 바라보는 관점에 대한 글이다. (가)에 들어갈 진술로 적절한 것을 〈보기〉에서 고른 것은?

> 어떤 사람들은 '본능', '의지', '모방 성향', '이기심과 합리적 선택'과 같은 구성원의 개인적인 특성을 기반으로 사회를 분석한다. 이러한 관점은 사회 구조가 개인의 특성과 행동을 집합한 결과라는 점을 전제한다. 그런데 이는 개인의 특성과 행동을 규정하는 근원적인 규범이 존재함을 무시하는 것이다. 이 점에서 나는 " _____(가)_____ "라는 주장에는 동의할 수 없다.

〈 보기 〉
ㄱ. 사회는 개인의 외부에서 독자적으로 작동한다.
ㄴ. 사회의 구속성이 개인의 능동성보다 우선한다.
ㄷ. 사회적 사실은 개인적 행위로 환원될 수 있다.
ㄹ. 사회 규범은 개인들이 옳다고 믿기에 존재한다.

① ㄱ, ㄴ   ② ㄱ, ㄷ   ③ ㄴ, ㄷ
④ ㄴ, ㄹ   ⑤ ㄷ, ㄹ

180 하 **중** 상

(가), (나)에 나타난 개인과 사회의 관계를 바라보는 관점에 대한 설명으로 옳은 것은?

> (가) 개인의 사고를 가능하게 하는 것은 그 사람이 아니고 사회적 공동체이다. 개인이 사고하는 원천은 개인 안에 있지 않고, 그가 살아가는 사회적 환경과 사회적 분위기에 크게 영향을 받는다.
>
> (나) 사회는 서로 일정한 상호 작용을 하는 개인들 간의 복합적인 관계망을 바탕으로 구성된다. 모든 사회 현상에 관한 이론은 개인의 본성과 그들 간의 상호 작용 형식을 밝힘으로써 가능해진다.

① (가)의 관점은 사회 현상의 원인을 사회적 사실에서 찾아야 한다고 본다.
② (나)의 관점은 사회 문제의 발생 원인을 제도적 측면에서 찾는다.
③ (가)의 관점은 (나)의 관점과 달리 사회의 특성은 개인적 행동이 반영된 결과로 본다.
④ (나)의 관점은 (가)의 관점과 달리 사회를 개인의 단순한 집합체 그 이상으로 본다.
⑤ (가), (나)의 관점 모두 사회가 개인에 대하여 불가항력적인 존재라고 생각한다.

181 하 중 **상**

표는 개인과 사회의 관계를 바라보는 관점을 파악하기 위한 질문과 답변을 나타낸 것이다. 하나의 관점에서 일관되게 응답한 학생은?

질문	학생 갑	을	병	정	무
사회가 개인의 총합 이상이라고 보는가?	○	×	○	×	○
사회 규범은 개인이 옳다고 믿기 때문에 존재한다고 보는가?	○	○	×	○	×
개인은 전체 사회와의 관련 속에서만 존재의 의미를 갖는다고 보는가?	×	○	○	×	○
사회는 그 자체를 구성하고 있는 부분 요소로 환원될 수 없다고 보는가?	○	×	○	○	×

(○: 예, ×: 아니요)

① 갑 ② 을 ③ 병 ④ 정 ⑤ 무

182 하 중 **상**

그림은 개인과 사회의 관계를 보는 관점 (가), (나)를 분류한 것이다. 이에 대한 옳은 설명만을 〈보기〉에서 있는 대로 고른 것은?

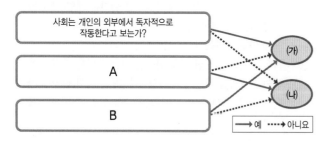

→ 예 ┈┈▶ 아니요

〈 보기 〉
ㄱ. (가)는 개인의 능동성보다 사회의 구속성을 중시한다.
ㄴ. (나)는 사회를 실체가 없는 허구적 개념에 불과한 것으로 본다.
ㄷ. A에는 '사회 문제 해결을 위해 개인의 의식 변화보다 제도적 개입을 강조하는가?'가 적절하다.
ㄹ. B에는 '사회가 개인으로 환원될 수 있다고 보는가?'가 적절하다.

① ㄱ, ㄴ ② ㄱ, ㄷ ③ ㄷ, ㄹ
④ ㄱ, ㄴ, ㄹ ⑤ ㄴ, ㄷ, ㄹ

183~184 빈출자료•

다음 내용을 읽고 물음에 답하시오.

(가) 사회는 구성원 개인으로만 이루어져 있는 것은 아니다. 구성원들은 출생과 사망, 이주의 과정을 통해 사회에 존재하다 없어지기도 하지만, 사회는 여전히 생명력을 가지고 있다. 사회의 규범이나 문화, 민족성 등은 개인의 생각이나 행동에 영향을 미친다.

(나) 시민 사회는 인간의 노력으로 만들어지는 인위적인 산물이다. 사람들은 자연 상태에서 일어날 수 있는 분쟁을 해결하고, 자신들의 생명과 자유 그리고 재산을 더 안전하게 지키고 누리기 위해서 각자가 스스로 동의한 계약에 따라 시민 사회를 형성한다. 이때, 사회 구성원 각자가 시민 사회에 양도하는 권력은 시민 사회가 그 역할을 수행할 정도에 그쳐야 한다.

183 하 **중** 상

(가), (나)에 나타난 개인과 사회의 관계를 바라보는 관점에 대한 옳은 설명을 〈보기〉에서 고른 것은?

〈 보기 〉
ㄱ. (가) – 사회는 개인으로 환원될 수 없다고 본다.
ㄴ. (가) – 사회는 개인들의 총량의 합과 같다고 본다.
ㄷ. (나) – 개인의 이익이 곧 사회 전체의 이익이라고 본다.
ㄹ. (나) – 개인의 자율성이 사회 변화에 미치는 영향력을 간과한다.

① ㄱ, ㄴ ② ㄱ, ㄷ ③ ㄴ, ㄷ
④ ㄴ, ㄹ ⑤ ㄷ, ㄹ

빈출 184 하 중 **상**

(가), (나)에 나타난 개인과 사회의 관계를 바라보는 관점에 대한 설명으로 옳은 것은?

① (가)는 사회 문제의 원인을 사회 제도에서 찾는다.
② (가)는 사회의 특성이 개인의 특성으로 환원될 수 있다고 본다.
③ (나)는 인간의 주체적이고 능동적인 사고와 행위의 측면을 간과한다는 한계가 있다.
④ 사회 유기체설은 (가)가 아닌 (나)의 입장을 뒷받침할 수 있는 사상적 배경이 된다.
⑤ (가)와 달리 (나)는 사회가 개인의 외부에 존재하며 독자적인 특성을 지니고 있다고 본다.

185 하 중 상

개인과 사회의 관계를 바라보는 갑, 을의 관점에 대한 옳은 설명을
〈보기〉에서 고른 것은?

갑: A 팀의 성적이 좋은 이유는 각 선수들이 자신의 한계를 극복하려는 노력이 있었기 때문이라고 봐.

을: 내 생각은 달라. A 팀이 전통적으로 가지던 팀 문화에 선수들이 영향을 받아 서로 융합되어 원래 개인의 기량보다 더 큰 능력을 발휘했다고 봐.

〈 보기 〉
ㄱ. 갑의 관점은 개인이 사회 구조로부터 자유로울 수 없다고 본다.
ㄴ. 을의 관점은 사회가 개인의 외부에 실재한다고 본다.
ㄷ. 갑의 관점과 달리 을의 관점은 개인의 능동성과 주체적 행동의 중요성을 강조한다.
ㄹ. 을의 관점과 달리 갑의 관점은 사회의 여러 특성은 사회 구성원인 개인의 특성에 따라 결정된다고 본다.

① ㄱ, ㄴ   ② ㄱ, ㄷ   ③ ㄴ, ㄷ
④ ㄴ, ㄹ   ⑤ ㄷ, ㄹ

186 하 중 상   •• 서술형

그림은 개인과 사회의 관계를 바라보는 두 관점을 도식화한 것이다. 물음에 답하시오.

(가)

A + B
+   +   =   [A] [B]
C + D   [C] [D]

(나)

A + B
+   +   →   (A B
C + D   C D)

* 실선은 점선보다 영향력이 크며, 선이 굵을수록 영향력이 강함을 나타낸다.

(1) (가), (나)에 해당하는 관점을 각각 쓰시오.

(2) (가), (나)에 해당하는 관점의 한계를 각각 <u>한 가지씩</u> 서술하시오.

B 사회화와 사회화 기관

187 하 중 상

㉠에 들어갈 용어에 대한 설명으로 옳지 <u>않은</u> 것은?

사람이 사회에서 살아가는 데 필요한 능력을 모두 갖추고 태어나는 것은 아니다. 본능에 따라 행동하던 갓난아이는 다른 사람들과의 상호 작용을 통해 사회 속에서 살아가는 데 필요한 많은 것을 배우고 익히며 성장한다. 이처럼 사회 속에서 성장하면서 자신이 속한 사회의 행동 방식과 사고방식을 학습하여 내면화하는 과정을 (㉠)(이)라고 한다.

① 사회마다 내용과 방법에 차이가 있다.
② 개인의 일생 중 특정 시기에만 이루어진다.
③ 개인의 자아 정체성 형성에 영향을 주기도 한다.
④ 사회의 유지와 존속 및 통합에 기여하기도 한다.
⑤ 보상과 처벌의 경험, 모방 등을 통해 이루어진다.

188 하 중 상

다음 사례를 통해 도출한 결론으로 가장 적절한 것은?

1920년 인도에서는 한 선교사가 늑대 굴에서 두 소녀를 발견하였는데, 두 소녀에게는 '카말라'와 '아말라'라는 이름이 붙여졌다. 처음에 이들은 늑대처럼 행동하였다. 그들은 네발로 걷고 뛰었으며 우유와 고기만을 먹었고 음식을 먹기 전에 냄새부터 맡았다. 물론 의사소통은 불가능하였고 이들이 낼 수 있었던 유일한 소리는 울부짖음뿐이었다. 아말라는 1년 후 죽었지만 카말라는 9년을 더 살았는데, 그동안의 교육에도 불구하고 약 30개의 어휘만 구사할 수 있었다.

① 인간은 자연과 더불어서 살아가는 동물적 존재이다.
② 인간은 사회화를 통해 사회적 존재로 성장해 나간다.
③ 사회에 따라 사회화의 내용과 방식은 다양하게 나타난다.
④ 인간은 선천적으로 인간 사회에 적응할 수 있는 능력을 가지고 태어난다.
⑤ 사회화의 내용은 해당 사회의 상황적 맥락이 아닌 개인의 의지에 의해서 규정된다.

189 (하)(중)상

(가), (나)에 나타난 사회화에 대한 설명으로 옳지 않은 것은?

> (가) 영·유아기에 이루어지는 사회화로, 개인이 사회적 존재로 성장하고 생활하는 데 필요한 기초적이고 중요한 행동 양식을 습득하는 과정이다.
> (나) 청소년기와 성년기에 들어선 후 영·유아기에 익힌 사회화의 내용을 심화하거나 전문화하여 새로운 규범과 문화를 습득한다.

① (가)는 주로 가족이나 또래 집단 등에 의해 이루어지는 사회화이다.
② (가)는 주로 주변 사람들에 대한 모방이나 동일시 등을 통해 이루어진다.
③ (나)를 통해 사회생활에 필요한 전문적인 지식과 기능을 습득한다.
④ (가)가 아닌 (나)를 통해 자아 정체성과 인성의 기본 틀을 형성한다.
⑤ (가)는 1차적 사회화, (나)는 2차적 사회화이다.

190 (하)(중)상

㉠에 해당하는 사례로 적절한 것을 〈보기〉에서 고른 것은?

> 사회화는 평생에 걸쳐 이루어진다. 일정 기간 사회에 필요한 기본적이고 전문적인 지식, 가치, 규범 등을 학습했다 하더라도 사회의 변화나 새로운 환경에 적응하기 위해서는 이전과는 다른 규범, 가치, 행동 양식을 학습해야 하는데, 이러한 과정을 (㉠)(이)라고 한다.

〈 보기 〉
ㄱ. 교사인 갑은 코로나19 상황에서 원격 수업 제작 기술을 새롭게 배웠다.
ㄴ. 공무원이 꿈인 을은 학원을 수강하고 시험 과목에 대해 전문적으로 학습하였다.
ㄷ. 홍보 팀 직원인 병은 사회적 거리두기 상황에서 비대면 홍보 방법에 대해 연수를 받았다.
ㄹ. 기업의 공개 채용에 합격한 정은 회사에서 부서 배치를 받기 전에 신입 사원 연수를 받았다.

① ㄱ, ㄴ　　　② ㄱ, ㄷ　　　③ ㄱ, ㄹ
④ ㄴ, ㄷ　　　⑤ ㄴ, ㄹ

191 (하)(중)상
••서술형

다음 글에 나타난 사회화의 유형을 쓰고, 그 의미를 서술하시오.

> 최근 회사생활에 염증을 느낀 갑은 귀농을 결정하였다. 갑은 귀농 전에 ○○시에서 운영하는 '귀농 종합 센터'를 다니면서 귀농에 관한 여러 가지 사항을 준비하는 것은 물론, 귀농과 관련된 교육 및 훈련을 받고 있다.

192 (하)(중)(상)

(가), (나)에 나타난 사회화의 유형에 대한 설명으로 옳지 않은 것은?

> (가) 노인 갑은 시대에 뒤처질 수는 없다는 생각에 손녀에게 열심히 컴퓨터 사용법을 배우고 있다.
> (나) 직장인 을은 내년에 해외 영업부 발령이 확정되어 영어 공부를 위해 회화 학원을 열심히 다니고 있다.

① (가)는 재사회화의 사례이다.
② (가)에는 비공식적 사회화 기관에 의한 사회화가 나타나 있다.
③ (나)는 북한 이탈 주민이 이전의 생활 습관을 버리는 것과 같은 유형의 사회화에 해당한다.
④ (나)에는 (가)와 달리 2차적 사회화 기관에 의한 사회화가 나타나 있다.
⑤ (가), (나)에 나타난 사회화는 모두 새로운 사회에 적응하는 데 도움이 된다.

193 (하)(중)상

사회화에 대해 옳게 설명한 학생은?

① 갑: 유아기의 주요 사회화 내용은 '기본적 욕구 충족 방법 및 정서적 반응 방식의 습득'이야.
② 을: 유아기와 아동기에 주로 가족에 의해 이루어지는 사회화 과정은 청소년기에 마무리되지.
③ 병: 사회화의 사회적 차원의 기능으로는 '사회적 소속감 형성 및 사회의 규범 내면화'를 들 수 있어.
④ 정: 예기 사회화는 급격한 사회 변화에 적응하기 위해 새롭게 등장한 정보나 가치 등을 습득하는 과정이야.
⑤ 무: 2차적 사회화는 개인이 사회적 존재로 성장하는 데 있어 기초적이고 중요한 규범과 가치를 습득하는 사회화 과정이야.

194 하(중)상

다음 글에 나타난 사회·문화 현상을 바라보는 관점에 부합하는 사회화에 대한 진술로 적절한 것은?

> 사회적 자원은 희소성을 가지고 있다. 특히 경제적 측면에서 자본은 가장 강력한 희소가치를 지니고 있다. 이러한 희소가치에 의해 이해관계가 발생하는데, 그 결과는 구조적으로 결정되어 있다. 즉 사회는 자본을 가진 집단과 그렇지 못한 집단으로 구분된다.

① 사회화의 과정에는 보편적 규범이 내재되어 있다.
② 사회화를 통해 지배 계급은 기존 질서를 재생산한다.
③ 사회화의 내용은 사회 질서와 균형에 필요한 것으로 구성된다.
④ 사회화를 통해 사회의 존속과 유지에 필요한 인재를 양성할 수 있다.
⑤ 개인이 사회화 과정에서 어떤 의미를 부여하고 해석하는지가 중요하다.

195 하(중)상

사회화를 바라보는 관점 (가), (나)에 대한 설명으로 옳은 것은?

> (가) 사회화란 특정 집단의 가치를 보편적인 가치인 것처럼 위장하여 사회 구성원에게 내재화시키는 과정이다. 이러한 과정을 통해 지배 집단에 유리한 기존 질서가 유지된다.
> (나) 인간은 상대방의 반응을 통해 자신의 행동 방식을 형성한다. 영·유아기에는 부모로부터 호의적인 반응을 불러일으키는 행동 방식을 선택한다. 점차 성장해 가면서는 친구, 교사 등 다른 사람의 반응이 어떤지를 보면서 각자 자기 나름대로의 행동 방식과 가치를 재구성하게 된다.

① (가)는 사회화의 내용이 사회적으로 합의된 것이라고 본다.
② (가)는 다른 사람과의 상호 작용을 통해 사회화가 이루어진다고 본다.
③ (나)는 사회화를 통해 사회의 모든 구성원이 동일한 행동 방식과 가치를 갖게 된다고 본다.
④ (나)는 (가)와 달리 사회화 과정에서 나타나는 개인의 자율성을 강조한다.
⑤ (가), (나) 모두 사회화를 사회 구조와 제도의 측면에서 바라본다.

196~197 빈출자료

그림은 사회화 기관의 유형 A~C를 구분한 것이다. 물음에 답하시오.

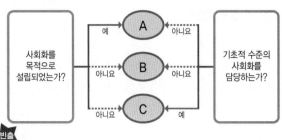

196 하(중)상

A~C에 대한 설명으로 옳은 것은?

① A는 1차적 사회화 기관에 해당한다.
② B는 2차적 사회화 기관이자 비공식적 사회화 기관이다.
③ C는 공식적 사회화 기관에 해당한다.
④ C는 A에 비해 담당하는 사회화의 과정과 내용이 체계적이다.
⑤ 가족은 A~C 중 B에 속한다.

197 하(중)상

A~C에 해당하는 사회화 기관의 사례를 (가)~(마)에서 찾아 옳게 연결한 것은?

> (가) 가족　　　(나) 학교　　　(다) 학원
> (라) 직장　　　(마) 또래 집단

	A	B	C
①	(가)	(다), (라)	(나), (마)
②	(나)	(다)	(가), (라), (마)
③	(나)	(다), (라)	(가), (마)
④	(나), (다)	(라)	(가), (마)
⑤	(나), (다)	(라), (마)	(가)

198 하(중)상 　　　　　　　　　•서술형

다음은 사회화 기관 A의 특징을 나타낸 것이다. 물음에 답하시오.

> • "사회화를 목적으로 형성되었는가?"라는 질문에 '아니요'로 답한다.
> • "주로 어린 시절의 인성 형성에 중요한 역할을 수행하는가?"라는 질문에 '아니요'로 답한다.

(1) 사회화의 내용과 형성 목적을 고려할 때 A가 어떤 사회화 기관에 속하는지 서술하시오.(단, 개념을 정확하게 제시할 것)

(2) A와 같은 유형에 속하는 사회화 기관의 사례를 두 가지 이상 제시하시오.

199 (하 중 상)

표는 사회화 기관의 유형 A~D를 기준에 따라 분류한 것이다. 이에 대한 설명으로 옳은 것은?

사회화의 내용에 따른 분류	A	(가)
	B	주로 기초적 수준의 사회화를 담당
설립 목적에 따른 분류	C	사회화를 목적으로 설립된 기관
	D	(나)

① A와 달리 B는 언어적 상호 작용을 필수로 하여 사회화를 수행한다.
② 학교는 A이자 C에 해당한다.
③ C와 달리 D는 2차적 사회화 기관이다.
④ (가)에는 '주로 체계적인 지식과 기능의 사회화를 담당'이 적절하지 않다.
⑤ (나)에는 '전문적으로 사회화의 기능을 수행하는 기관'이 적절하다.

빈출
200 (하 중 상)

다음은 수업 시간의 한 장면이다. A~D에 해당하는 사회화 기관의 유형에 대한 옳은 설명을 〈보기〉에서 고른 것은?

- 교사: 사회화 기관의 유형에 대해 발표해 볼까요?
- 갑: 가족은 사회화 기관의 형성 목적에 따라 B, 사회화의 내용에 따라 C에 해당합니다.
- 을: 시민 단체는 사회화 기관의 형성 목적에 따라 A, 사회화의 내용에 따라 C에 해당합니다.
- 병: 학교는 사회화 기관의 형성 목적에 따라 A, 사회화의 내용에 따라 D에 해당합니다.
- 교사: 한 사람을 제외하고 모두 옳게 발표했네요.

〈 보기 〉
ㄱ. 옳지 않게 발표한 사람은 을이다.
ㄴ. 회사 연수원은 A와 D에 해당한다.
ㄷ. 직장은 B와 C에 해당한다.
ㄹ. 재사회화는 B이면서 C인 사회화 기관이 전담한다.

① ㄱ, ㄴ ② ㄱ, ㄷ ③ ㄴ, ㄷ
④ ㄴ, ㄹ ⑤ ㄷ, ㄹ

빈출
201 (하 중 상)

표는 사회화 기관의 유형을 분류한 것이다. ㉠~㉥에 대한 설명으로 옳은 것은?

구분		㉠	
		공식적 사회화 기관	비공식적 사회화 기관
㉡	1차적 사회화 기관	㉢	㉣
	2차적 사회화 기관	㉤	㉥

① 구분 기준 ㉠은 '사회화의 내용', ㉡은 '설립 목적'이다.
② 가족, 또래 집단은 ㉢에 해당하는 사회화 기관이다.
③ ㉣에 해당하는 사회화 기관에는 대중 매체가 있다.
④ 학교, 학원, 직업 훈련소는 ㉤에 해당한다.
⑤ 재사회화를 담당하는 사회화 기관은 ㉥에만 존재한다.

202 (하 중 상)

자료에 대한 옳은 설명만을 〈보기〉에서 있는 대로 고른 것은?

〈자료 1〉

갑은 ㉠ 직장 생활 10년이 되는 해에 ㉡ 텔레비전에서 '행복'에 관한 명사 특강을 듣고 감명을 받았다. 이에 퇴사를 고민하던 중 ㉢ 가족과 ㉣ 대학교 친구들의 지지를 받고 용기를 내어, 사직서를 내고 프랑스로 여행을 떠났다. 갑은 여행 중 ㉤ 인터넷 플랫폼에 프랑스의 풍경 영상을 제작하여 올려 관심을 받았고, 이후 여행 크리에이터로 활동하게 되었다.

〈자료 2〉

구분		전문적 수준의 사회화를 담당하는가?	
		예	아니요
사회화를 목적으로 설립되었는가?	예	(가)	(나)
	아니요	(다)	(라)

〈 보기 〉
ㄱ. 갑은 (라)에 해당하는 ㉡을 통해 사회화를 경험하였다.
ㄴ. ㉢은 (라)에 해당하며, 원초적 사회화를 담당한다.
ㄷ. ㉣에서 진행하는 신입생 예비 교육 과정은 예기 사회화에 해당한다.
ㄹ. ㉠~㉤ 중 (다)에 해당하는 것은 두 개이다.

① ㄱ, ㄹ ② ㄴ, ㄷ ③ ㄷ, ㄹ
④ ㄱ, ㄴ, ㄷ ⑤ ㄱ, ㄴ, ㄹ

203 (하 중 상)

(가)~(라)는 갑의 사회화 과정을 나타낸 것이다. 이에 대한 설명으로 옳은 것은?

> (가) 화목한 가정에서 자란 갑은 부모님의 사랑을 받으며 유년 시절을 보냈다.
> (나) 고등학교에 입학한 갑은 ○○ 대학교에 진학하기 위해 열심히 공부하였다.
> (다) 취업을 준비 중이던 갑은 도전 정신을 강조하는 □□ 기업 대표의 텔레비전 강연을 듣고 감동하여 □□ 기업 입사 시험에 응시하였다.
> (라) 퇴직한 갑은 자녀들이 있는 △△국으로부터 이민 허가를 받은 후 주말마다 ○○ 대학교 평생 교육원에서 △△국의 언어를 배우고 있다.

① (가)에서는 2차적 사회화 기관을 통한 사회화가 이루어졌다.
② (라)에서는 예기 사회화가 나타났다.
③ (가), (라)에서는 모두 공식적 사회화 기관에 의한 사회화가 이루어졌다.
④ (나)에서는 (다)와 달리 비공식적 사회화 기관을 통한 사회화가 이루어졌다.
⑤ (나), (다)에서는 모두 재사회화가 나타났다.

ⓒ 지위와 역할

204 (하 중 상)

지위와 역할에 대한 설명으로 옳은 것은?

① 개인은 동시에 여러 개의 지위를 가질 수 없다.
② 개인이 가지는 지위는 시간의 흐름과 관계없이 동일하다.
③ 현대 사회로 오면서 성취 지위보다 귀속 지위의 중요성이 커지고 있다.
④ 동일한 지위와 역할을 가진 개인들에게는 동일한 역할 행동이 나타난다.
⑤ 개인이 가지는 지위와 역할이 다양해짐에 따라 역할 갈등을 겪는 사례도 많아지고 있다.

205 (하 중 상)

•• 서술형

㉠, ㉡에 들어갈 용어를 각각 쓰시오.

> 개인이 사회 속에서 차지하는 위치를 사회적 지위라고 한다. 사회적 지위는 크게 (㉠)와 (㉡)로 분류되는데, 전자의 사례로는 남성, 장녀 등이 있고 후자의 사례로는 학생, 영화배우 등이 있다.

206 (하 중 상)

다음에서 설명하는 지위에 해당하는 사례를 〈보기〉에서 고른 것은?

> 개인의 의지와 노력을 통해 후천적으로 획득하는 지위로서 현대 사회에서 그 중요성이 더욱 커졌다.

〈 보기 〉
ㄱ. 딸   ㄴ. 남자   ㄷ. 대학생   ㄹ. 농구 선수

① ㄱ, ㄴ   ② ㄱ, ㄷ   ③ ㄴ, ㄷ
④ ㄴ, ㄹ   ⑤ ㄷ, ㄹ

207 (하 중 상)

밑줄 친 ㉠~㉤에 대한 설명으로 옳지 <u>않은</u> 것은?

> 조선 시대 ㉠ 백정으로 태어난 갑은 갑오개혁이 일어나 신분 해방이 되고 나서 포목점에 ㉡ 점원으로 취업한 후에 특유의 성실함을 바탕으로 열심히 일을 하여 마침내 ㉢ 포목점 주인이 되었다. 그의 포목점은 번창하였고, ㉣ 노인이 된 갑은 우리나라를 대표하는 기업인 ㉤ ○○ 섬유의 회장이 되었다.

① ㉠은 개인의 의지와 상관없이 주어진 지위이다.
② ㉡은 ㉢과 달리 귀속 지위에 해당한다.
③ 지위 획득 방식을 기준으로 분류할 때 ㉣은 ㉠과 같은 유형의 지위에 해당한다.
④ ㉢, ㉤은 모두 갑이 후천적 노력을 통해 획득한 지위이다.
⑤ ㉠~㉤ 중 성취 지위는 세 개이다.

208 (하 중 상)

밑줄 친 ㉠과 같은 유형의 어려움이 나타난 사례로 가장 적절한 것은?

> • 유비: 관우야, 너는 왜 잡았던 조조를 그냥 놓아주었느냐?
> • 관우: 조조는 우리의 적이지만, 과거에 저를 돌보아 주었던 은혜를 저버릴 수 없어 그렇게 했습니다. 죄송합니다.
> • 장비: 정(情)이 깊어서 그랬으니 그냥 용서해 줍시다.
> • 제갈량: 안 됩니다. 관우는 의형제이기 이전에 폐하의 신하입니다. 명령을 어긴 것에 대해 벌하여 주십시오.
> • 유비: 참 판단하기 곤란하군. 관우, 자네는 도대체 왜 날 이런 ㉠ 어려움에 빠지게 하나?

① 갑은 대회에서 예선 탈락하여 실의에 빠졌다.
② 을은 회사에 지각하여 상사에게 꾸중을 들었다.
③ 병은 주식 폭락으로 투자했던 전 재산을 잃었다.
④ 정은 친구의 생일 파티에 갈지 시험공부를 할지 고민에 빠졌다.
⑤ 무는 의사가 될 것인지 변호사가 될 것인지를 선택하지 못하여 안절부절못하였다.

209~210 빈출자료

다음 사례를 읽고 물음에 답하시오.

> 오랜 기다림 끝에 영화감독의 꿈을 실현한 갑은 다음 달 극장 개봉을 목표로 열심히 영화 촬영을 진행하고 있었다. 그러던 중 갑은 부모님이 갑작스러운 교통사고로 인해 큰 부상을 입어 병원에 입원하게 되었다는 소식을 전달받았다. 부모님의 병간호를 맡아 줄 사람을 구하기 어려운 상황에서 갑은 부모님의 간병을 위해 영화 촬영을 그만두어야 할지 고민에 빠졌다.

209 하/중/상

위 사례에서 갑이 처한 상황에 대한 설명으로 옳은 것은?

① 역할 갈등을 겪고 있다.
② 재사회화를 경험하고 있다.
③ 연구 윤리를 위반하고 있다.
④ 일탈 행동을 일으키고 있다.
⑤ 예기 사회화를 경험하고 있다.

빈출
210 하/중/상

위 사례에 대한 옳은 설명을 〈보기〉에서 고른 것은?

〈 보기 〉
ㄱ. 갑이 지닌 지위 중 자녀는 성취 지위이고, 영화감독은 귀속 지위이다.
ㄴ. 갑은 하나의 지위에 따른 여러 역할 중 무엇을 선택해야 할지 고민에 빠져 있다.
ㄷ. 갑이 영화 촬영을 열심히 한 것은 영화감독으로서의 갑의 역할 행동에 해당한다.
ㄹ. 갑은 서로 다른 지위로부터 기대되는 역할의 상충에서 비롯된 갈등을 겪고 있다.

① ㄱ, ㄴ ② ㄱ, ㄷ ③ ㄴ, ㄷ
④ ㄴ, ㄹ ⑤ ㄷ, ㄹ

211 하/중/상

갑, 을이 겪고 있는 상황에 대한 분석으로 가장 적절한 것은?

> • 고등학생 갑: 경영학과와 문화 인류학과 중 어느 학과에 원서를 내야 할지 고민이 되네.
> • 직장인 을: 생일을 맞이한 딸에게 집에 일찍 가겠다고 약속했는데, 회사에서 긴급 업무를 오늘까지 처리하라고 하니 어떻게 해야 할지 고민이 되네.

① 갑은 복수의 성취 지위로 인해 발생한 심리적 갈등을 겪고 있다.
② 갑의 상황을 해결하기 위해서는 어떤 역할을 우선하는 것이 바람직한지에 대한 사회적 합의가 필요하다.
③ 을은 귀속 지위와 성취 지위에 따른 심리적 갈등을 겪고 있다.
④ 을의 상황을 해결하기 위해서는 갈등을 일으키는 지위와 역할을 분석하여 타협점을 모색할 필요가 있다.
⑤ 갑과 을은 모두 역할 갈등을 겪고 있다.

212 하/중/상

밑줄 친 ㉠~㉥에 대한 옳은 설명을 〈보기〉에서 고른 것은?

> 그는 ㉠ 귀족의 자제로 태어나 행복한 어린 시절을 보냈으며, 성인이 되어서는 자동차 공장의 ㉡ 사원으로 일하면서 ㉢ 자동차 조립을 담당하였다. 1926년 그는 평범한 일상생활에서 벗어나 새로운 인생을 개척하고자 초기 우편 비행 사업에 참여하여 ㉣ 야간 우편 비행 업무를 담당하였다. 그가 야간 우편 비행 조종사로 일하면서 집필한 『야간비행』은 1931년 프랑스의 문학상인 ㉤ 페미나상을 수상하였다. 제2차 세계 대전이 일어나자 그는 부모의 반대로 참전을 ㉥ 고민하였지만, 결국 조국을 위해 군용기 조종사로 참전하였다가 행방불명되었다.

〈 보기 〉
ㄱ. ㉠은 ㉡과 달리 갑의 귀속 지위이다.
ㄴ. ㉣은 갑의 역할 행동이다.
ㄷ. ㉤은 ㉢에 따른 보상이다.
ㄹ. ㉥은 갑이 가진 하나의 지위에서 상반된 역할들이 요구됨으로써 발생하는 역할 갈등이다.

① ㄱ, ㄴ ② ㄱ, ㄷ ③ ㄴ, ㄷ
④ ㄴ, ㄹ ⑤ ㄷ, ㄹ

213 하 중 **상**

밑줄 친 ㉠~㉤에 대한 설명으로 옳은 것은?

고등학생인 갑이 동아리 활동을 위해 친구들과 약속한 장소에 가야 하는 상황에서 갑자기 아버지께서 ㉠ 가족 행사에 참여할 것을 요구하셨다. 갑은 ㉡ 동아리 부장으로서 친구들과 약속을 지킬 것인지, 아니면 ㉢ 아들로서 아버지의 말씀에 따를 것인지를 ㉣ 고민하다가 가족들에게 양해를 구한 후, 약속 장소에 가서 ㉤ 동아리 활동에 참여하였다.

① ㉠은 공식적 사회화 기관이다.
② ㉡은 개인의 노력과 관계없이 얻게 된 지위이다.
③ ㉢은 ㉠에서 획득한 갑의 성취 지위이다.
④ ㉣은 갑의 역할 갈등에 해당한다.
⑤ ㉤은 ㉢으로서 갑의 역할에 해당한다.

214 하 중 **상**

다음 사례에 대한 옳은 분석만을 〈보기〉에서 있는 대로 고른 것은?

갑은 고등학교 졸업 후 호텔 주방에서 근무하다가 지난 2010년 A 대학교 외식조리학과에 입학했으나, 현업에 종사하느라 시간적 여유가 부족해 일과 학업을 병행하는 데 부담을 느껴 학업을 중도에 포기했다. 이후 외식 관련 회사를 경영하게 되면서 전문적인 지식을 필요로 했던 갑은 A 대학교의 2020년 수시 모집에 지원하여 경영학과에 합격했다. 갑은 직장인들을 위한 야간 별도반의 교육 과정을 우수한 성적으로 이수해 학사 학위를 받았다. 갑은 "성인 학습자 별도 교육 과정, 야간 수업 등 A 대학교의 성인 학습자에 대한 배려가 있어 졸업까지 할 수 있었다."라고 말했다.

〈 보기 〉
ㄱ. 갑은 역할에 대한 보상을 받았다.
ㄴ. 갑은 A 대학교에서 예기 사회화를 경험하였다.
ㄷ. 갑은 공식적 사회화 기관의 구성원이자 비공식적 사회화 기관의 구성원이었다.
ㄹ. 갑은 A 대학교 외식조리학과의 학업 과정에서 역할 갈등을 경험하였다.

① ㄱ, ㄴ   ② ㄱ, ㄷ   ③ ㄷ, ㄹ
④ ㄱ, ㄴ, ㄹ   ⑤ ㄴ, ㄷ, ㄹ

215 하 중 **상**

밑줄 친 ㉠~㉩과 관련 깊은 용어를 옳게 구분한 것만을 〈보기〉에서 있는 대로 고른 것은?

갑은 두 ㉠ 자녀의 아버지로서 ㉡ 회사 경영에 대해서 조언을 해 주는 ㉢ 경영 컨설팅 전문가이다. 어느 날 갑은 A 기업으로부터 컨설팅 의뢰를 받았는데 ㉣ 친구들과의 여행 일정과 시기가 겹쳐 의뢰를 수락할지 고민이 되었다. 그러나 갑은 일정을 조정하여 A 기업의 컨설팅을 진행하였고, 이에 ㉤ 경영자인 을로부터 큰 환대를 받았다. 을은 갑의 컨설팅에 고마움을 느끼고 갑의 ㉥ 대학교 졸업 예정인 자녀 한 명에게 A 기업의 이름으로 ㉦ 장학금을 지급하겠다는 제안을 하였다. 그러나 ㉧ A 기업의 일을 아버지가 도와주었다고 하여 자녀가 장학금을 받는 것은 문제가 있다고 생각한 갑은 고민 끝에 을의 제안을 받아들이지 않았다.

〈 보기 〉
ㄱ. ㉠ – 귀속 지위, ㉢ – 성취 지위
ㄴ. ㉡ – 역할 행동, ㉤ – 역할
ㄷ. ㉣ – 역할 갈등, ㉦ – 역할 행동에 대한 보상
ㄹ. ㉥ – 공식적 사회화 기관, ㉧ – 비공식적 사회화 기관

① ㄱ, ㄴ   ② ㄱ, ㄹ   ③ ㄴ, ㄷ
④ ㄱ, ㄷ, ㄹ   ⑤ ㄴ, ㄷ, ㄹ

216 하 중 **상**

표는 갑의 주간 일정을 나타낸 것이다. 이에 대한 분석으로 옳지 않은 것은?

월요일	○○고교 ㉠ 학생회장 모임
화요일	㉡ 어머니 생신
수요일	㉢ 사회·문화 시험공부(19시~22시)
목요일	성적 우수자로서 ㉣ 장학금 받는 날
금요일	자전거 동아리 모임(17시), ㉤ 가족회의(17시)

① 갑은 금요일에 역할 갈등을 경험하게 될 가능성이 있다.
② ㉠, ㉡은 모두 성취 지위의 사례로 적절하다.
③ ㉢을 실제로 수행한 것은 갑의 역할 행동이다.
④ ㉣은 갑의 역할에 의해 주어지는 것이다.
⑤ ㉤은 1차적 사회화 기관이자 비공식적 사회화 기관이다.

사회 집단과 사회 조직

A 사회 집단

1 사회 집단의 유형

구성원 간 접촉 방식에 따른 구분	1차 집단	• 의미: 구성원 간 직접적 접촉을 통한 전인격적 인간관계가 나타나는 집단 • 특징: 개인의 인성 형성에 큰 영향을 미침, 비공식적인 제재가 일반적임 • 사례: 가족, 또래 집단 등
	2차 집단	• 의미: 구성원 간 간접적 접촉과 수단적 만남이 이루어지는 집단 • 특징: 구성원 간 인간관계가 도구적·형식적임, 공식적 통제가 일반적임 • 사례: 학교, 회사, 정당 등
구성원의 결합 의지에 따른 구분	공동 사회 (공동체)	• 의미: 인간의 본질 의지에 의해 자연 발생적으로 형성된 집단 • 특징: 결합 자체가 목적임, 구성원 간 관계가 친밀하고 정서적임 • 사례: 가족, 친족, 전통적인 촌락 공동체 등
	이익 사회 (결사체)	• 의미: 구성원의 선택 의지에 의해 인위적으로 형성된 집단 • 특징: 특정 목적의 달성을 위해 결합함, 구성원 간 관계가 이해타산적임 • 사례: 학교, 회사, 정당, 국가 등
소속감의 유무에 따른 구분	내집단 (우리 집단)	• 의미: 자신이 속해 있으면서 소속감을 느끼는 집단 • 특징: 자아 정체성 형성 및 사회생활에 필요한 행동 기준의 학습을 도움 • 사례: 우리나라, 우리 학교, 우리 반, 우리 팀 등
	외집단 (그들 집단)	• 의미: 자신이 속해 있지 않으면서 이질감을 느끼는 집단 • 사례: 다른 나라, 다른 학교, 다른 반, 상대 팀 등

→ 사회가 분화되고 전문화되면서 그 수가 증가하고, 영향력도 커지고 있다.

→ 내집단 의식이 지나치게 강하면 집단 간 갈등을 일으켜 사회 통합을 저해할 수 있다.

→ 외집단과의 갈등은 내집단 의식의 강화 요인으로 작용하기도 한다.

2 준거 집단
→ 한 사람의 준거 집단을 알면 그 사람의 행동이나 특성을 이해하는 데 도움이 된다.

① 준거 집단: 한 개인이 자신의 신념, 태도, 가치 등을 규정하고 행동의 지침으로 삼는 집단

② 준거 집단의 특징: 소속 집단과 일치할 수도 있고, 불일치할 수도 있음
→ 한 개인이 실제로 소속하고 있는 집단

3 준거 집단 (빈출자료) Link • 232-233번 문제

(준거 집단과 소속 집단의 불일치 사례)

연예인이 되는 것이 꿈인 갑은 예술 고등학교에 입학하고 싶었지만, 부모님의 반대로 인문계 고등학교에 진학하였다. 인문계 고등학교 진학 후 갑은 교과 공부에 흥미를 느끼지 못하고 학교에 대한 불만 속에서 지냈다. 예술 고등학교에 진학한 친구들이 공연 연습 때문에 바쁘다는 말을 들으면 더욱 심란해져서 학교에 결석하는 횟수가 많아졌다.

B 사회 조직

1 사회 조직 → 일반적으로 공식 조직을 의미한다.

의미	사회 집단 중 구체적인 목표를 지니며, 그 목표를 달성하기 위한 구성원의 지위와 역할이 명확하며, 공식적인 규범과 절차가 체계적으로 규정되어 있는 사회 집단 예 회사, 학교 등
특징	공식적인 규범과 절차에 따른 구성원의 행동 통제, 형식적·수단적인 인간관계 등

2 비공식 조직 → 비공식 조직은 공식 조직의 구성원으로 이루어지며, 공식 조직과 상호 보완적 관계에 있다.

의미	공식 조직 내에서 공통의 관심사나 취미를 가진 구성원들이 자발적으로 만든 사회 집단 예 직장 내 동호회, 직장 내 동문회, 학교 내 봉사 모임 등
기능	• 순기능: 공식 조직에서의 긴장감 해소 및 사기 증진 → 공식 조직의 효율성 향상에 기여함 • 역기능: 공식 조직과 상충하는 목표를 추구하거나 친밀한 인간관계를 우선시할 경우 공식 조직의 효율성을 저해할 수 있음

3 자발적 결사체

의미	공통의 관심사나 목표를 가진 사람들이 자발적으로 만든 사회 집단
특징	비교적 자유로운 가입과 탈퇴, 1차 집단과 2차 집단의 성격 공존, 사회의 다원화에 기여 등

4 사회 조직 [빈출자료] Link • 245-246번 문제

(공식 조직, 비공식 조직, 자발적 결사체의 관계)

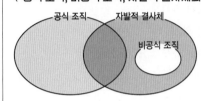

공식 조직에 해당하는 사회 조직은 공식 조직을 기반으로 출현하는 비공식 조직에 속하지 않는다. 자발적 결사체는 공식 조직 혹은 비공식 조직의 형태를 띨 수 있으며, 모든 비공식 조직은 자발적 결사체에 해당한다. 한편, 학교나 회사와 같이 자발적 결사체에 속하지 않는 공식 조직도 존재한다.

C 관료제와 탈관료제

1 관료제 → 산업화 이후 대규모 조직을 효율적으로 운영하기 위해 등장한 조직 체계

특징	업무의 세분화·전문화(→ 업무 수행의 효율성이 높음), 서열화된 위계질서(→ 구성원들의 권한과 책임 소재가 명확함), 규칙과 절차에 따른 업무 수행, 연공서열에 따른 보상 중시 등
문제점	목적 전치 현상, 인간 소외 현상, 무사안일주의, 조직의 경직성 등

→ 구성원이 바뀌더라도 지속적인 과업 수행이 가능하다.

→ 업무 수행에서 조직의 목적보다 규칙과 절차의 준수가 우선시되는 현상

→ 연공서열에 따른 승진과 보상으로 인해 업무 수행이 나태해질 경우 나타날 수 있다.

2 탈관료제

특징	유연한 조직 구조, 수평적 조직 체계, 능력과 성과에 따른 보상 중시 등
문제점	권한과 책임의 불명확성에 따른 갈등 발생, 조직의 안정성 저하 등

→ 관료제의 한계와 문제점을 극복하기 위한 새로운 조직의 필요성이 증가하면서 등장하였다.

3 관료제와 탈관료제 [빈출자료] Link • 257-258번, 261-262번 문제

(관료제 조직과 탈관료제 조직의 구성)

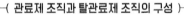

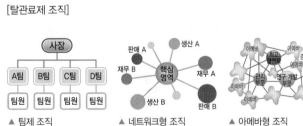

기출 Tip B-3
자발적 결사체의 종류

시민 단체	사회 문제의 해결과 공익 증진을 목적으로 만들어진 집단 예 환경 단체, 소비자 단체 등
이익 집단	특정 집단의 이익을 추구할 목적으로 만들어진 집단 예 노동조합, 직능 단체 등
친목 집단	취미나 친목을 목적으로 만들어진 집단 예 동호회, 동창회 등

기출 Tip C-2
탈관료제 조직

• 팀제 조직: 특정한 과업 수행을 위해 전문가로 팀을 구성하여 과업을 수행하는 조직 형태
• 네트워크형 조직: 독립성과 자율성을 가진 부서 업무 단위체가 핵심 영역을 중심으로 연결되어 긴밀하게 상호 협력하는 조직 형태
• 아메바형 조직: 조직의 형태를 특정하게 고정하지 않고 과업이나 목표에 따라 변경, 분할, 증식하는 유연한 조직 형태

기출 Tip C-3
관료제 조직과 탈관료제 조직의 구분

• 수직적 계층화와 기능상 분업 체계를 이룸 ➜ 관료제 조직
• 수평적 조직 체계와 유연한 조직 구조를 이룸 ➜ 탈관료제 조직

개념 확인 문제

◌ 정답과 해설 23쪽

217 다음 설명이 맞으면 ○표, 틀리면 ×표를 하시오.

(1) 1차 집단은 전인격적 인간관계에 기초한 집단이다. ( )

(2) 공동 사회는 구성원의 선택적 의지에 의해 형성된 집단이다. ( )

(3) 소속감의 유무를 기준으로 내집단과 외집단을 구분할 수 있다. ( )

218 한 개인이 자신의 신념, 태도, 가치 등을 규정하고 행동의 지침으로 삼는 집단을 ( )이라고 한다.

219 다음 괄호 안의 내용 중 알맞은 말에 ○표를 하시오.

(1) 회사 내 동호회는 (공식, 비공식) 조직에 해당한다.

(2) 자발적 결사체의 사례로 (학교, 시민 단체)를 들 수 있다.

220 관료제와 탈관료제의 특징을 옳게 연결하시오.

(1) 관료제 • • ⊙ 연공서열에 따른 보상 중시

(2) 탈관료제 • • ⓒ 능력과 성과에 따른 보상 중시

A 사회 집단

221 ⓗ⑤상

(가)와 구분되는 (나)의 특징에 대한 옳은 설명만을 〈보기〉에서 있는 대로 고른 것은?

> (가) 축구 경기를 보기 위해 축구장에 모인 관중
> (나) 국가 대표 축구팀을 응원하기 위해 자발적으로 결성된 응원 단체

〈 보기 〉
ㄱ. 본질 의지에 의해 형성된다.
ㄴ. 둘 이상의 구성원들이 모인다.
ㄷ. 지속적인 상호 작용이 일어난다.
ㄹ. 소속감과 공통의 관심사를 가진다.

① ㄱ, ㄴ   ② ㄱ, ㄷ   ③ ㄷ, ㄹ
④ ㄱ, ㄴ, ㄹ   ⑤ ㄴ, ㄷ, ㄹ

222 ⓗ⑤상

(가)에 들어갈 내용으로 가장 직질한 것은?

> 학교에서 같은 반 친구들과 함께 수업을 받고 있는 학생들은 사회 집단에 해당한다고 말할 수 있다. 하지만, 출근길에 지하철을 함께 타고 있는 승객들은 사회 집단에 해당한다고 말하기 어렵다. 그 이유는 _____ (가)

① 가입과 탈퇴가 자유롭지 않기 때문이다.
② 2차적인 인간관계가 나타나지 않기 때문이다.
③ 지속적인 상호 작용이 일어나지 않기 때문이다.
④ 구성원의 선택 의지에 따라 결합되었기 때문이다.
⑤ 구성원의 지위와 역할의 구분이 명확하지 않기 때문이다.

223 ⓗ⑤상

표는 사회 집단의 유형을 구분한 것이다. A~C에 들어갈 구분 기준을 옳게 연결한 것은?

구분 기준	유형
A	내집단, 외집단
B	1차 집단, 2차 집단
C	공동 사회, 이익 사회

① A - 구성원 간 접촉 방식
② A - 구성원의 소속감 유무
③ B - 구성원의 결합 의지
④ B - 구성원의 소속감 유무
⑤ C - 구성원 간 접촉 방식

224 ⓗ⑤상

다음은 한 학생이 정리한 필기노트이다. 사회 집단의 유형 ㉠, ㉡에 대한 설명으로 옳지 <u>않은</u> 것은?

> **수업 주제: 사회 집단의 유형**
> 1. (㉠): 구성원 간에 전인격적 인간관계가 나타나는 집단
> 2. (㉡): 구성원 간의 형식적이고 수단적 인간관계가 지배적인 집단

① ㉠에는 가족이 해당한다.
② ㉠의 성격을 가지는 이익 사회도 존재할 수 있다.
③ ㉡에는 학교, 정당이 해당한다.
④ ㉡은 ㉠과 달리 비공식적 통제가 일반적이다.
⑤ ㉠, ㉡은 구성원 간 접촉 방식을 기준으로 구분할 수 있다.

★빈출 225 ⓗ⑤상

그림은 질문을 통해 사회 집단 A, B를 구분한 것이다. 이에 대한 설명으로 옳은 것은? (단, A와 B는 각각 공동 사회, 이익 사회 중 하나이다.)

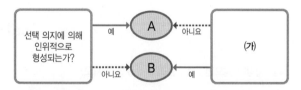

① 자발적 결사체는 A에 해당한다.
② B는 가입과 탈퇴가 자유롭다.
③ A는 B와 달리 결합 자체를 목적으로 한다.
④ A의 사례로 가족을, B의 사례로 회사를 들 수 있다.
⑤ (가)에는 '형식적 인간관계가 지배적인가?'가 들어갈 수 있다.

226 [하 중 상]

표는 사회 조직과 사회 집단을 분류한 것이다. (가), (나)에 해당하는 사례만을 옳게 짝지은 것은?

구분		직접적이고 친밀한 접촉을 하는가?	
		예	아니요
구성원의 의지와 무관하게 결합하는가?	예	(가)	
	아니요		(나)

① (가) – 가족, 정당
② (가) – 정당, 학교
③ (나) – 가족, 친족
④ (나) – 학교, 회사
⑤ (나) – 친족, 회사

227 [하 중 상]

㉠, ㉡에 들어갈 사회학적 개념을 옳게 연결한 것은?

집단을 구성하고 있는 구성원들의 애착심과 충성심이 강하며, 구성원 간에 우리라는 공동체 의식이 강한 집단을 (㉠)(이)라고 한다. 한편, (㉡)에 대한 배타적 감정은 개인이 자신이 속한 집단의 성격을 파악하게 해 주고, (㉠)의 구성원들이 결속해야 할 필요성도 느끼게 한다.

	㉠	㉡
①	내집단	외집단
②	1차 집단	2차 집단
③	공동 사회	이익 사회
④	공식 조직	비공식 조직
⑤	자발적 결사체	관료제 조직

228 [하 중 상]

다음은 한 학생의 수행 평가 답안이다. 이 학생이 받을 점수는?

* 다음은 사회 집단의 유형과 특징에 대한 내용이다. 내용이 옳으면 ○표, 틀리면 ×표를 하시오. (각 1점씩)

문항	내용	답안
1	1차 집단은 구성원 간의 친밀한 대면 접촉을 바탕으로 한다.	×
2	2차 집단의 구성원 간 인간관계는 수단적이고 형식적이다.	○
3	공동 사회는 구성원의 선택적 의지에 따라 형성된 집단이다.	×
4	학교, 회사, 정당, 시민 단체는 모두 이익 사회의 사례에 해당한다.	○
5	내집단은 개인이 소속감을 느끼고 있는 집단으로 공동체 의식이 강하게 나타난다.	○

① 1점 ② 2점 ③ 3점 ④ 4점 ⑤ 5점

229 [하 중 상]

사회 집단 A~F에 대한 옳은 설명을 〈보기〉에서 고른 것은? (단, A~F는 각각 내집단, 외집단, 1차 집단, 2차 집단, 공동 사회, 이익 사회 중 하나이다.)

• A는 B와 달리 구성원들이 실제 소속되어 있으면서 소속감을 가진 사회 집단의 유형이다.
• C는 D와 달리 공식적·형식적인 접촉을 하는 사회 집단의 유형이다.
• E와 F는 결합 의지의 유형에 따라 구분되는 사회 집단의 유형이다.

〈 보기 〉

ㄱ. A와 B의 경계는 상황에 따라 변화하지 않고 고정적이다.
ㄴ. C는 D와 달리 도덕, 관습 등의 비공식적인 제재 방식으로 구성원을 통제한다.
ㄷ. 사회가 복잡해지고 전문화될수록 D보다 C의 수가 증가한다.
ㄹ. E가 본질 의지에 따라 결합된 집단이라면, F는 E에 비해 수단적이고 형식적인 관계를 갖는다.

① ㄱ, ㄴ   ② ㄱ, ㄷ   ③ ㄴ, ㄷ
④ ㄴ, ㄹ   ⑤ ㄷ, ㄹ

230 [하 중 상]

밑줄 친 '이것'에 해당하는 사회 집단 및 사회 조직의 유형으로 옳은 것은?

미국의 심리학자 하이먼은 일찍이 "개인은 자신의 행위와 판단을 결정하는 데 있어서 하나의 비교 대상이 되는 사회 집단을 설정하고, 이것을 자신의 사회적 지위, 행복감, 사회 참여, 부의 정도, 사회적 혜택 등을 판단하는 기준으로 삼는다."고 하였다. 이에 따르면, 개인이 느끼는 경제·사회적 권리나 혜택에 대한 부정적 인식은 그 절대적 값보다는 자신이 설정한 이것과 비교해서 나타난 상대적 박탈감에 의해 훨씬 더 큰 영향을 받는다.

① 내집단
② 1차 집단
③ 준거 집단
④ 비공식 조직
⑤ 자발적 결사체

231 하중상

⊙에 들어갈 사회 집단에 대한 설명으로 옳지 않은 것은?

> • 교사: (⊙)에 해당하는 사회 집단에 대해 발표해 보세요.
> • 갑: 한 개인이 자신의 신념이나 태도 등을 정하는 기준으로 삼거나 행동이나 판단의 근거로 여기는 집단입니다.
> • 을: 한 개인의 (⊙)을/를 아는 것은 그 개인을 이해하는 데 중요한 길잡이가 됩니다.
> • 교사: 갑, 을이 발표한 내용 모두 맞습니다.

① 소속 집단이 아닌 경우에도 ⊙의 대상이 될 수 있다.
② ⊙과 소속 집단이 일치할 경우 안정감을 느낄 수 있다.
③ 소속 집단이 같은 서로 다른 개인의 ⊙은 모두 동일하다.
④ ⊙과 소속 집단의 불일치로 상대적 박탈감이 초래될 수 있다.
⑤ ⊙과 소속 집단의 불일치는 ⊙에 속하고자 노력하는 동기를 부여하기도 한다.

232~233 빈출자료

다음 사례를 읽고 물음에 답하시오.

> 연예인이 되는 것이 꿈인 갑은 ⊙ 예술 고등학교에 입학하고 싶었지만, 부모님의 반대로 ⓒ 인문계 고등학교에 진학하였다. 인문계 고등학교 진학 후 갑은 ⓒ 교과 공부에 흥미를 느끼지 못하고 학교에 대한 불만 속에서 지냈다. 예술 고등학교에 진학한 친구들이 공연 연습 때문에 바쁘다는 말을 들으면 ② 더욱 심란해져서 학교에 결석하는 횟수가 많아졌다.

빈출
232 하중상

위 사례에 대한 옳은 분석을 〈보기〉에서 고른 것은?

> 〈 보기 〉
> ㄱ. ⊙은 갑이 자신의 신념이나 태도를 규정하는 지침으로 삼는 집단이다.
> ㄴ. ⓒ은 갑의 준거 집단이다.
> ㄷ. ⓒ은 갑의 소속 집단이자 2차 집단이다.
> ㄹ. ⓒ, ②은 외집단의 존재로 인해 갑의 내집단 의식이 강화되는 상황을 나타낸다.

① ㄱ, ㄴ   ② ㄱ, ㄷ   ③ ㄴ, ㄷ
④ ㄴ, ㄹ   ⑤ ㄷ, ㄹ

---

233 하중상
●●서술형

밑줄 친 ⓒ, ②과 같은 결과가 나타난 이유를 〈제시어〉를 활용하여 서술하시오.

> 〈 제시어 〉
> • 소속 집단   • 준거 집단

---

234 하중상

밑줄 친 ⊙~⑩에 대한 설명으로 옳은 것은?

> 갑은 ⊙ ○○ 고등학교에 다니고 있는데, 평소 발명에 관심이 많아 ⓒ 교내 발명 동아리에 가입하기를 원하였다. 발명 동아리는 동아리 담당 교사 및 동아리 선배들의 면접을 통해 신입 부원을 선발하였는데, ⓒ 면접에서 높은 점수를 받지 못한 갑은 동아리에 들지 못하였고, 할 수 없이 ② 교내 다른 동아리에 들어가게 되었다. 이에 갑은 발명 동아리에 가입한 친구들에게 부러움을 느끼며, 자신이 발명 동아리에서 활동할 수 없음에 ⑩ 안타까움과 허탈함을 느꼈다.

① ⊙은 1차적 사회화 기관이자 공식적 사회화 기관이다.
② ⓒ은 갑의 내집단이자 준거 집단이다.
③ ⓒ은 갑의 역할에 대한 제재에 해당한다.
④ ②은 갑이 자신의 판단과 행동의 기준으로 삼는 집단이다.
⑤ ⑩의 원인은 갑의 소속 집단과 준거 집단 간 불일치에 있다.

B 사회 조직

235 하중상

다음은 교사의 판서 내용이다. ⊙에 들어갈 사회학적 개념에 대한 옳은 설명을 〈보기〉에서 고른 것은?

> (⊙)의 의미와 특징
> 1. 의미: 사회 집단 중에서 구체적인 목표를 지니고 있고, 그 목표를 달성하기 위한 구성원의 지위와 역할이 명확하며, 공식적인 규범과 절차가 체계적으로 규정되어 있는 사회 집단
> 2. 특징: 공식적인 규범과 절차에 따른 구성원의 행동 통제가 나타남

> 〈 보기 〉
> ㄱ. 공동 사회에 해당한다.
> ㄴ. 다른 집단과의 경계가 뚜렷하다.
> ㄷ. 또래 집단을 대표적 사례로 들 수 있다.
> ㄹ. 주로 형식적·수단적 인간관계가 형성된다.

① ㄱ, ㄴ   ② ㄱ, ㄷ   ③ ㄴ, ㄷ
④ ㄴ, ㄹ   ⑤ ㄷ, ㄹ

236 (하 중 상)

밑줄 친 단체에 해당되는 사회 집단 및 사회 조직의 유형만을 〈보기〉에서 있는 대로 고른 것은?

> ○○ 회사 내 '축구 사랑 동호회'는 회원들의 친목 도모와 건강 증진을 목적으로 하고 있다. ○○ 회사에 근무하면서 축구를 사랑하는 사람들 중 참여를 희망하는 사람들로 구성되어 있으며, 가입할 경우 회비는 월 10,000원이다.

〈 보기 〉
ㄱ. 공동 사회　　　　　　ㄴ. 이익 사회
ㄷ. 공식 조직　　　　　　ㄹ. 비공식 조직
ㅁ. 자발적 결사체

① ㄱ, ㄷ　　　② ㄴ, ㄷ　　　③ ㄹ, ㅁ
④ ㄱ, ㄴ, ㅁ　　　⑤ ㄴ, ㄹ, ㅁ

237~238 빈출자료

다음 글을 읽고 물음에 답하시오. (단, A, B는 각각 공식 조직과 비공식 조직 중 하나이다.)

> 일반적으로 사회 조직이라고 할 때에는 A를 의미한다. A는 특정한 목표를 달성하기 위하여 구성원들의 지위와 역할 분담 및 업무 수행의 절차가 명시적으로 규정되어 있는 조직이다. 한편 A 안에서 형성되는 또 다른 성격의 조직을 B라고 한다. B는 A와 다른 목적, 즉 개인적인 취미나 공통의 관심사를 중심으로 결합되며 구성원 간의 친밀한 인간관계가 나타난다.

237 (하 중 상)   ●●서술형

B에 해당하는 사회 조직의 유형을 쓰고, 그 긍정적 기능과 부정적 기능을 각각 한 가지씩 서술하시오.

238 빈출 (하 중 상)

사회 조직의 유형 A, B에 대한 설명으로 옳지 않은 것은?

① A에서는 주로 수단적이고 간접적인 접촉이 이루어진다.
② A는 B와 달리 본질 의지에 따라 결합된 공동 사회이다.
③ B는 A의 존재를 전제로 하는 자발적 결사체이다.
④ B의 활성화로 인해 A에서의 업무 공정성이 저해되기도 한다.
⑤ A의 사례로 회사를, B의 사례로 회사 내 동호회를 들 수 있다.

239 빈출 (하 중 상)

사회 집단과 사회 조직의 유형 A~C에 대한 설명으로 옳은 것은?

> • A의 성립은 B를 전제로 하며, A의 구성원은 항상 B의 구성원이 된다. A는 친목 도모를, B는 과업 달성을 중시한다.
> • 결합 의지에 따라 사회 집단을 구분할 때 A, B는 C로 분류된다.

① 대학 내 홍보 부서는 A에, 대학은 B에 해당한다.
② 종친회와 가족은 C에 해당한다.
③ A는 B에 비해 공식적 규범에 대한 의존도가 높다.
④ B는 A와 달리 구성원의 지위와 역할이 명확하지 않다.
⑤ A, B, C 모두 구성원의 특정 목적을 위해 인위적으로 만들어진다.

240 (하 중 상)

사회 집단 및 사회 조직의 유형 (가)~(라)에 대한 옳은 설명만을 〈보기〉에서 있는 대로 고른 것은?

(가)	(나)
• 구성원 간 인간관계 자체가 목적인 집단 • 구성원 간 전인격적 관계를 맺는 집단	• 수단적 만남과 간접적 접촉이 이루어지는 집단 • 구성원 간 공식적 인간관계가 나타나는 집단
(다)	(라)
조직의 공식 목표와 과업 달성을 위해 형성된 조직	공식 조직 내 친밀한 인간관계 형성을 목적으로 형성된 조직

〈 보기 〉
ㄱ. 사회가 전문화·다원화될수록 (가)에 비해 (나)의 역할이 강조된다.
ㄴ. (가)에 비해 (나)에서 비공식적 제재를 통한 통제가 지배적이다.
ㄷ. (다)는 (가)와 (나)의 성격을 동시에 가진다.
ㄹ. (라)는 (다)의 능률과 효율성을 높이는 데 기여할 수 있다.

① ㄱ, ㄴ　　　② ㄱ, ㄹ　　　③ ㄴ, ㄷ
④ ㄱ, ㄷ, ㄹ　　　⑤ ㄴ, ㄷ, ㄹ

241 하 중 상

다음 사회 집단들의 공통점으로 가장 적절한 것은?

- ○○ 환경 운동 단체
- △△ 회사 내 노동조합
- □□ 아파트 내 조기 축구회

① 구성원의 가입과 탈퇴가 자유롭다.
② 특정 목적 달성을 위한 지위와 역할이 명확하다.
③ 구성원의 의지와 무관하게 자연 발생적으로 형성된다.
④ 공식 조직을 기반으로 출현하는 비공식 조직에 속한다.
⑤ 공식 조직 내에서 구성원 간 친밀한 인간관계에 바탕을 두고 형성된다.

242 하 중 상

그림은 사회 집단의 유형을 구분한 것이다. 이에 대한 옳은 설명을 〈보기〉에서 고른 것은?

(가) 공식적 목표와 명시적 규범에 의해 운영되는 집단
(나) 공통의 관심을 가진 사람들이 자발적으로 만든 집단

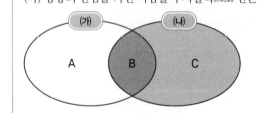

〈 보기 〉

ㄱ. 회사 내 노동조합은 A에 해당한다.
ㄴ. 학교, 시민 단체는 B에 해당한다.
ㄷ. 회사 내 산악회는 C에 해당한다.
ㄹ. 가족, 또래 집단은 A, B, C 어디에도 해당되지 않는다.

① ㄱ, ㄴ
② ㄱ, ㄷ
③ ㄴ, ㄷ
④ ㄴ, ㄹ
⑤ ㄷ, ㄹ

243 하 중 상

사회 집단 및 사회 조직 A, B에 대한 옳은 설명만을 〈보기〉에서 있는 대로 고른 것은?

현대 사회의 다양성과 복잡성 증가는 기존에 주어진 사회 집단이나 사회 조직 이외에 공통의 관심이나 목표를 가진 사람들이 자발적으로 결성한 집단인 A를 만드는 원인이 되었다. 한편, 공식 조직 내의 구성원들이 공통의 취미나 관심사로 모인 것을 B라고 한다.

〈 보기 〉

ㄱ. A에는 이익 집단, 시민 단체가 포함된다.
ㄴ. B는 공식 조직의 능률과 효율성을 증대시킬 수 있다.
ㄷ. A와 달리 B는 이익 사회에 속한다.
ㄹ. B와 달리 A는 가입과 탈퇴가 자유롭지 못하다.
ㅁ. 고등학교 동창회는 A로, 특정 기업 내에서 만들어진 고등학교 동창회는 A이면서 B로 볼 수 있다.

① ㄱ, ㄴ
② ㄱ, ㄹ
③ ㄴ, ㄷ
④ ㄱ, ㄴ, ㅁ
⑤ ㄷ, ㄹ, ㅁ

244 하 중 상

•• 서술형

자료는 사회 조직의 유형을 특성에 따라 구분한 것이다. 물음에 답하시오.(단, A~C는 각각 비공식 조직, 자발적 결사체인 공식 조직, 자발적 결사체가 아닌 공식 조직 중 하나이다.)

〈자료 1〉

유형	대표적 사례
A	㉠
B	시민 단체, 노동조합
C	회사 내 동호회, 시민 단체 내 친목회

〈자료 2〉

지위와 역할의 명확성 / 인간관계의 친밀성 / ㉡

(1) A~C에 해당하는 사회 조직의 유형을 각각 쓰시오.

(2) ㉠에 들어갈 사례를 두 가지 이상 제시하시오.

(3) ㉡에 들어갈 수 있는 기준을 한 가지만 서술하시오.

그림은 사회 집단의 범주를 도식화한 것이다. 물음에 답하시오.

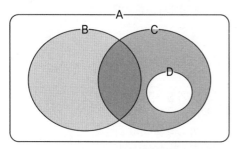

* 그림에 나타난 사회 집단의 관계는 개념상의 관계를 의미함
** A~D는 각각 사회 집단, 공식 조직, 자발적 결사체, 비공식 조직을 의미함

245 하중상

A~D에 해당하는 사례를 옳게 연결한 것은?

	A	B	C	D
①	가족	회사	학교	사내 동호회
②	극장 관객	가족	종친회	사내 동호회
③	극장 관객	종친회	팬클럽	동네 조기 축구회
④	야구 동호회	학교	팬클럽	사내 동호회
⑤	야구 동호회	학교	시민 단체	동네 조기 축구회

246 하중상

B~D에 대한 설명으로 옳은 것은?

① B는 D와 달리 과업 지향적인 사회 집단이다.
② B의 목표 달성이 D의 활성화로 인해 저해될 수 없다.
③ C와 D는 본질 의지에 따라 구성된 집단이다.
④ D는 B와 달리 구성원의 가입과 탈퇴가 자유롭지 않다.
⑤ 회사는 B, 회사 내 동호회는 C, 회사 내 노동조합은 D의 예로 들 수 있다.

247 하중상

(가)~(다)에 해당하는 사회 집단의 유형에 대한 옳은 설명을 〈보기〉에서 고른 것은?

(가) 구성원의 의도와 무관하게 형성된 집단이다.
(나) 공식적 조직 목표와 명시적 규범에 의해 운영되는 집단이다.
(다) 공통의 이해관계와 관심을 가진 사람들이 자발적으로 만든 집단이다.

〈 보기 〉

ㄱ. (가)는 (나)에 비해 비공식적이고 전인격적인 인간관계가 주로 나타난다.
ㄴ. 이익 집단은 (가), (다) 모두에 해당한다.
ㄷ. (다)는 (가)와 달리 구성원의 가입과 탈퇴가 자유롭다.
ㄹ. (나) 안에 존재하는 (다)는 모두가 비공식 조직이다.

① ㄱ, ㄴ   ② ㄱ, ㄷ   ③ ㄴ, ㄷ
④ ㄴ, ㄹ   ⑤ ㄷ, ㄹ

248 하중상

A~C에 해당하는 사회 집단에 대한 옳은 설명을 〈보기〉에서 고른 것은? (단, A~C는 각각 공동 사회, 비공식 조직, 자발적 결사체 중 하나이다.)

• 가족은 A에 해당하지만 시민 단체와 사내 동호회는 그렇지 않다.
• 사내 동호회는 B에 해당하지만 동네 조기 축구회는 그렇지 않다.
• 시민 단체와 동네 조기 축구회는 C에 해당하지만 가족은 그렇지 않다.

〈 보기 〉

ㄱ. A는 자발적인 동기로 결합된 집단이다.
ㄴ. B의 사례로 병원 내 노동조합을 들 수 있다.
ㄷ. C에는 1차 집단과 2차 집단의 기능이 공존할 수 있다.
ㄹ. B와 C는 모두 이익 사회에 포함되는 집단이다.

① ㄱ, ㄴ   ② ㄱ, ㄷ   ③ ㄴ, ㄷ
④ ㄴ, ㄹ   ⑤ ㄷ, ㄹ

249 (하/중/상)

밑줄 친 ㉠~㉣을 표의 (가)~(다)와 같이 분류할 때 그 사례가 옳게 연결된 것은?

> 갑은 동료 교사들과 ㉠ 학교 내 연극 동아리 활동을 하면서 '햄릿' 공연을 준비하고 있다. 또한 ㉡ ▲▲ 조기 축구회 총무로서 활동하는 동시에 ㉢ □□ 환경 연대라는 환경 단체에서 상임 위원으로 선출되어 활동하고 있다. 갑은 다양한 활동으로 바쁜 와중에도 주말 시간은 ㉣ 가족과 보내려고 노력한다.

질문 \ 분류	(가)	(나)	(다)
가입과 탈퇴가 자유로운가?	아니요	예	예
본질 의지에 의해 형성되는가?	예	아니요	아니요
구성원의 지위와 역할이 명확하게 규정되는가?	아니요	예	아니요

	(가)	(나)	(다)			(가)	(나)	(다)
①	㉠	㉢	㉡		②	㉡	㉠	㉢
③	㉡	㉠	㉣		④	㉣	㉡	㉢
⑤	㉣	㉢	㉠					

250 (하/중/상)

자료에 대한 설명으로 옳은 것은?

> 갑은 어려서부터 자연스럽게 자신의 지역 연고 팀인 프로야구 ㉠ ○○ 팀의 ㉡ 팬클럽에 가입하여 지금까지 회원으로 활동하고 있다. 그러다가 고교 졸업 후, 갑은 ㉢ □□ 대학교 생물학과에 진학하였다. 이후 학과 공부를 통해 동물의 권리에 관심을 가지게 된 갑은 ㉣ 동물 보호 단체에 가입하였고, 단체 활동을 하면서 회원들과 친밀하게 지냈다.

〈사회 집단 간 관계〉

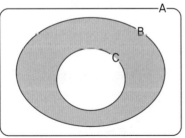

* A~C는 각각 비공식 조직, 이익 사회, 자발적 결사체 중 하나이다.

① B는 이익 사회, C는 비공식 조직에 해당한다.
② ㉡은 B와 C 모두에 해당한다.
③ ㉢은 A와 B 모두에 해당한다.
④ ㉣은 A, B, C 모두에 해당한다.
⑤ ㉠은 A, ㉡은 B에 해당한다.

251 (하/중/상)

표는 사회 집단 및 사회 조직 A~C를 질문을 통해 분류한 것이다. 이에 대한 옳은 설명을 〈보기〉에서 고른 것은?

질문	A	B	C
구성원의 선택 의지에 따라 인위적으로 형성되었는가?	○	○	○
공통의 관심사나 목표를 가진 사람들이 자발적으로 결성한 조직인가?	○	○	×
특정한 목표 달성과 과업 수행을 위해 의도적이고 합리적인 기준에 따라 만들어졌는가?	○	×	○

(○: 예, ×: 아니요)

〈 보기 〉
ㄱ. 가족, 친족, 민족과 같은 사회 집단은 A에 해당한다.
ㄴ. 공식 조직 내에 존재하며 공식 조직에서의 긴장감과 소외감을 해소하는 집단은 B에 해당한다.
ㄷ. 이익 집단, 시민 단체는 C에 해당한다.
ㄹ. A, B는 가입과 탈퇴가 자유롭다.

① ㄱ, ㄴ ② ㄱ, ㄷ ③ ㄴ, ㄷ
④ ㄴ, ㄹ ⑤ ㄷ, ㄹ

252 (하/중/상)

밑줄 친 ㉠~㉢에 대한 옳은 설명만을 〈보기〉에서 있는 대로 고른 것은?

> • 갑은 대학생이며 평소 관심이 많았던 ㉠ 환경 보호 단체인 냇가 살리기 운동에 가입하였다.
> • 을은 ㉡ 변호사 협회에 가입되어 있으며 올해 해당 협회의 이사직을 맡아 열심히 활동하고 있다.
> • 병은 건설 회사에서 부장으로 일하고 있다. 그의 유일한 즐거움은 ㉢ 사내 자전거 동호회에서 활동하며 매주 자전거를 타는 것이다.

〈 보기 〉
ㄱ. ㉡은 ㉠과 달리 공익을 추구한다.
ㄴ. ㉢은 자발적 결사체이면서 비공식 조직이다.
ㄷ. ㉢은 ㉠에 비해 1차 집단의 성격이 강하다.
ㄹ. ㉠, ㉡, ㉢은 모두 공동 사회이다.

① ㄱ, ㄴ ② ㄱ, ㄹ ③ ㄴ, ㄷ
④ ㄱ, ㄷ, ㄹ ⑤ ㄴ, ㄷ, ㄹ

253 (하/중/상)

다음은 갑과 을의 대화 내용이다. 밑줄 친 ㉠~㉺에 대한 설명으로 옳은 것은?

- 갑: 요즘 어떻게 지내? 이직한 ㉠ 회사는 괜찮아?
- 을: 좋아. ㉡ 회사 내 클래식 동호회가 있어서 가입했어. 너는 어때?
- 갑: 나는 ㉢ ○○ 환경 단체 활동 때문에 정신없어. 돌고래 수입에 반대하는 활동을 진행 중이야.
- 을: ㉣ ◇◇ 지역 조기 축구회에도 가입하지 않았어? 많이 바쁘겠구나. 그럼 ㉤ ▲▲ 대학교 총동창회에는 참석할 수 있어?
- 갑: 그날은 ㉥ 가족 행사도 있어서 바쁠 것 같아. 하지만 참석하려고 노력할게.

① ㉠, ㉢은 자발적 결사체이다.
② ㉡, ㉣은 비공식 조직이다.
③ ㉢은 ㉥과 달리 공식 조직이다.
④ ㉣, ㉥은 공동 사회이다.
⑤ ㉤은 ㉡과 달리 이익 사회이다.

254 (하/중/상)

표는 어느 호텔의 행사 일정을 나타낸 것이다. 밑줄 친 ㉠~㉣에 대한 설명으로 옳은 것은?

시간	행사	장소
10:00	㉠ ○○ 신문사 세미나	2F 연회장
11:00	㉡ △△ 기업 간부 회의	3F 회의실
13:00	㉢ 인권 운동 시민 연대 토론회	1F 대강당
15:00	㉣ '잘 잡아' 낚시 동호회 정기 모임	3F 회의실

① ㉠은 공식적 사회화 기관이다.
② ㉡은 인간관계 형성을 1차 목적으로 한다.
③ ㉠은 ㉣보다 전인격적 관계를 강조한다.
④ ㉡은 ㉢과 달리 운영의 효율성을 중시한다.
⑤ ㉢과 ㉣은 모두 가입과 탈퇴가 자유롭다.

255 (하/중/상)

다음 사례들을 통해 파악할 수 있는 내용으로 옳은 것은?

- ○○ 시민 단체의 총무인 갑은 다음 주에 예정된 기자 회견을 준비하느라고 바쁜 하루를 보내고 있다.
- □□ 회사에서 근무하고 있는 을은 회사 내에서 아이돌 댄스 동호회를 만들어 회장으로 활동하고 있다.

① 갑은 공식적 사회화 기관에 소속되어 있다.
② 갑은 공동 사회이자 비공식 조직인 집단에 소속되어 있다.
③ 을은 갑과 달리 공식 조직에 소속되어 있다.
④ 갑, 을 모두 자발적 결사체에 소속되어 있다.
⑤ 갑, 을 모두 전인격적인 접촉이 중심이 되는 집단에 소속되어 있다.

256 (하/중/상)

표는 한 가족의 주간 일정을 정리한 것이다. 이에 대한 옳은 설명만을 〈보기〉에서 있는 대로 고른 것은?

갑(회사원)	을(교수)	병(고등학생)
월: ㉠ 사내 축구 동호회 친선 경기 참가	월: 대학교 강의	화: 학생 봉사 단체 정기 모임 참석
수: 노동조합 조합원 총회 참석	목: ㉡ ○○ 종친회 참석	목: 학급 현장 체험 학습 참가
금: 가족회의	금: 가족회의	금: 가족회의

〈 보기 〉

ㄱ. ㉠, ㉡은 모두 선택 의지에 의해 형성되는 사회 집단이다.
ㄴ. 갑과 병은 모두 자발적 결사체에 포함되어 있다.
ㄷ. 갑, 을은 병과 달리 비공식 조직에 포함되어 있다.
ㄹ. 을, 병은 갑과 달리 1차적 사회화 기관과 공식 조직에 소속되어 있다.

① ㄱ, ㄴ   ② ㄱ, ㄹ   ③ ㄷ, ㄹ
④ ㄱ, ㄴ, ㄷ   ⑤ ㄴ, ㄷ, ㄹ

C 관료제와 탈관료제

257~258 빈출자료˙

그림은 사회 조직 유형을 나타낸 것이다. 물음에 답하시오.

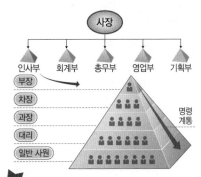

257 하중상 　　　　　　　•서술형

위 그림에 나타난 사회 조직 유형에서 발생할 수 있는 문제점을 **두 가지** 이상 서술하시오.

258 하중상

위 그림에 나타난 사회 조직 유형의 특징으로 옳지 <u>않은</u> 것은?

① 업무가 분업화되어 있다.
② 구성원 간 위계 서열이 엄격하다.
③ 연공서열에 따라 보상이 이루어진다.
④ 구성원들의 권한과 책임 소재가 명확하다.
⑤ 상향식 의사 전달에 의해 업무 처리가 이루어진다.

259 하중상

다음 글을 통해 알 수 있는 관료제의 문제점으로 가장 적절한 것은?

> 관료 조직을 보면 알 수 있듯이, 조직이 거대화하면 조직체의 공동 목표로 설정된 사실들이 조직 자체의 요청으로 되어 버려 개인의 힘으로는 어떻게 할 수 없는 수준으로 규범화되고, 결국 조직 앞에 개인은 무력한 존재가 되고 마는 것이다. 그리하여 거대하고 고도화된 조직은 그 목표 달성을 위한 능률이라는 규범 체계를 확립시켜, 소속 개인들이 개성 있는 인간으로서가 아니라 합리적으로 움직이는 기계의 부속품처럼 되기를 요구한다.

① 임기 보장과 연공서열에 따른 무사안일주의를 유발한다.
② 책임과 권한이 명확하게 구분되지 않아 갈등의 소지가 있다.
③ 규칙과 절차에 지나치게 집착하여 목적 전치 현상이 나타난다.
④ 조직의 안정성이 떨어져 구성원에게 심리적 불안감을 줄 수 있다.
⑤ 구성원을 조직의 주체가 아닌 객체로 여기면서 인간 소외 현상이 나타난다.

260 하중상

표는 A~C를 질문 (가)~(다)의 응답에 따라 분류한 것이다. 이에 대한 설명으로 옳은 것은? (단, A~C는 각각 1차 집단, 공동 사회, 관료제 중 하나이다.)

질문＼응답	예	아니요
(가)	A, C	B
(나)	–	A, B, C
(다)	B	A, C

① A가 1차 집단이라면 (가)에는 '간접적인 접촉이 중심이 되는 집단인가?'가 들어갈 수 있다.
② B가 관료제라면 (가)에는 '구성원 간의 친밀한 인간관계가 형성되는가?'가 들어갈 수 없다.
③ (나)에는 '뚜렷한 목표를 중심으로 결성한 집단인가?'가 들어갈 수 있다.
④ (다)에는 '둘 이상의 사람들이 소속감을 가지고 지속적인 상호 작용을 하는가?'가 들어갈 수 있다.
⑤ (다)에 '공식적 규범을 통해 구성원을 통제하는가?'가 들어가면 (가)에는 '인간관계 자체가 목적인가?'가 들어갈 수 있다.

261~262 빈출자료˙

제시된 두 그림은 사회 조직 유형을 나타낸 것이다. 물음에 답하시오.

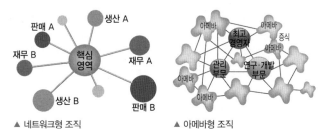

▲ 네트워크형 조직　　　　▲ 아메바형 조직

261 하중상 　　　　　　　•서술형

위 그림들에 공통적으로 나타난 사회 조직 유형을 쓰고, 그 특징을 **두 가지** 이상 서술하시오.

262 하중상

위 그림들에 공통적으로 나타난 사회 조직 유형의 특징에 대한 설명으로 옳지 <u>않은</u> 것은?

① 신속한 의사 결정이 가능하다.
② 수평적인 조직 체계가 형성된다.
③ 사회 변동에 유연하게 적응할 수 있다.
④ 능력과 성과에 따른 보상이 이루어진다.
⑤ 창의적 과업 수행보다 절차에 따른 업무 수행을 중시한다.

263 하중상

A, B 조직의 일반적인 특징에 대한 설명으로 옳지 않은 것은? (단, A, B 조직은 각각 관료제 조직과 탈관료제 조직 중 하나이다.)

구분	A 조직	B 조직
직원 수	100명	20,000명
조직 구성	사장 – 팀장(6명) – 팀원(85명), 사무 요원(8명)	회장 – 사장 – 부사장 – 이사(약 200명) – 부장 – 과장 – 대리 – 사원
근무 규정	팀 내의 자율 규칙을 적용함	직장 내규를 엄격히 적용함
의사 결정 권한	팀 구성 전체에 있음	상위 관리자에게 있음

① A는 B보다 수평적 조직 체계를 갖는다.
② A는 B와 달리 연공서열에 따른 보상을 강조한다.
③ A는 B에 비해 환경 변화에 유연하게 대처할 수 있다.
④ 개인의 창의성과 자율성은 B보다 A에서 존중된다.
⑤ B는 A에 비해 하향식 의사 결정 구조가 지배적이다.

264 하중상

조직 운영 원리를 (가)에서 (나)로 변화시켰을 때 나타날 수 있는 현상에 대해 옳게 진술한 사람만을 〈보기〉에서 있는 대로 고른 것은? (단, (가), (나)는 각각 관료제와 탈관료제 중 하나이다.)

(가)는 장기, (나)는 바둑에 비유된다. 장기의 말들은 각자의 위치와 가는 길이 정해져 있다. 바둑에도 룰이 있지만 각 알의 위치가 정해져 있는 것은 아니며, 필요한 경우 아무 데나 가서 자리를 잡을 수 있다. 그리고 장기의 말들은 차부터 졸까지 수직 계층화되어 있는 데 반해 바둑돌들은 모두 평등하다는 점에서 차이가 있다.

〈 보기 〉
• 갑: 상명 하달식 의사소통이 강화될 거야.
• 을: 연공서열보다 능력과 업적에 따른 보상 체계가 마련될 거야.
• 병: 신속한 의사 결정이 요구되면서 중간 관리층의 역할이 중요해질 거야.
• 정: 사회 변화에 대한 적응력이 높고, 조직 결성과 해체가 신축적으로 변할 거야.

① 갑, 을   ② 갑, 병   ③ 을, 정
④ 갑, 병, 정   ⑤ 을, 병, 정

265 하중상

다음 그림에 대한 설명으로 옳은 것은? (단, A, B는 각각 관료제와 탈관료제 중 하나이다.)

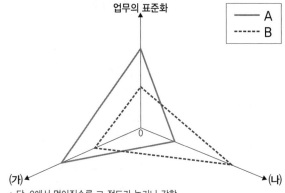

업무의 표준화

— A
---- B

(가)   (나)

* 단, 0에서 멀어질수록 그 정도가 높거나 강함

① A는 B와 달리 정보 사회의 특성을 반영하고 있다.
② B는 A에 비해 경력에 따른 보상을 더 중시한다.
③ A, B 모두 조직 운영의 효율성을 추구한다.
④ (가)에는 '의사 결정 권한의 분산 정도'가 들어갈 수 있다.
⑤ (나)에는 '권한과 책임의 명확성'이 들어갈 수 있다.

266 하중상

표는 사회 조직 유형 A, B의 일반적인 특징을 비교한 것이다. 이에 대한 옳은 설명만을 〈보기〉에서 있는 대로 고른 것은? (단, A, B는 각각 관료제와 탈관료제 중 하나이다.)

분류 기준	비교 결과
중간 관리층의 역할 비중 정도	(가)
조직 구성원의 재량권 정도	A 〉 B
(나)	A 〈 B

〈 보기 〉
ㄱ. A는 B와 달리 효율성을 중시한다.
ㄴ. B는 A에 비해 규약과 절차에 따른 과업 수행을 강조한다.
ㄷ. (가)에는 'A 〈 B'가 적절하다.
ㄹ. (나)에는 '업무의 세분화 정도'가 들어갈 수 있다.

① ㄱ, ㄴ   ② ㄱ, ㄷ   ③ ㄷ, ㄹ
④ ㄱ, ㄴ, ㄹ   ⑤ ㄴ, ㄷ, ㄹ

사회 구조와 일탈 행동

A 사회 구조

1 사회 구조의 특징 ┌→ 사회 구성원 간의 사회적 관계를 맺는 방식이 정형화되어 안정된 틀을 이룬 상태

지속성	사회 구성원들이 바뀌어도 쉽게 바뀌지 않고 유지됨
안정성	사회 구성원들은 구조화된 행동을 함으로써 사회적 관계를 안정적으로 유지함
강제성	사회 구성원들의 의지와는 상관없이 구조에 부합하는 특정 행동을 하도록 구속함
변동성	사회 구성원들의 행동이나 가치, 규범 등의 변화에 의해 그 성격이 달라질 수 있음

2 사회 구조의 특징 빈출자료 Link • 274-275번 문제

─(미국 사회의 변화를 통해 본 사회 구조의 변동성)─

건축 구조에서 구성 요소들은 무생물로서 고정되어 있고 오랜 세월에도 크게 변화하지 않는다. 하지만 사회 구조에서 개인이라는 요소들은 생명체로서 의식을 가지고 생각하고 행동한다. 예를 들어, 과거 미국 사회에서는 흑백 분리법으로 인해 버스 내 흑인과 백인 좌석이 분리되어 있었을 뿐만 아니라 흑인 좌석이라도 백인이 앉을 자리가 없으면 흑인이 좌석을 양보해야 했다. 그러나 흑인 인권 운동이 일어나면서 흑인을 차별하는 제도가 사라지게 되었다.

3 사회 구조와 개인의 행위의 관계

① 개인에 대한 사회 구조의 영향: 사회 구조는 개인의 사고와 행위를 구속하고 강제함 → 사회 구성원들의 행위를 예측할 수 있게 함

② 사회 구조에 대한 개인의 영향: 개인들의 행위에 의해 사회 구조가 변화할 수 있음
└→ 사회 구조가 일방적으로 개인에게 영향을 주는 것은 아니다.

B 일탈 행동

1 일탈 행동의 의미와 특징 ┌→ 비난, 처벌 등의 사회적 제재의 대상이 된다.

(1) 일탈 행동: 사회 규범에 어긋나는 행위 예 거짓말을 하는 것, 절도와 같은 범죄 등

(2) 일탈 행동의 특징: 일탈 행동을 판단하는 기준은 시대나 상황, 사회에 따라 다를 수 있음 ┐
└→ 같은 행동이라도 판단 기준에 따라 일탈 행동이 될 수도 있고 안 될 수도 있다.

2 일탈 행동의 영향

부정적 영향	• 개인적 차원: 사회 부적응을 유발할 수 있음 • 사회적 차원: 사회적 가치와 규범을 무너뜨려 사회의 통합과 존속을 저해할 수 있음
긍정적 영향	• 개인적 차원: 창의성 발휘의 통로가 될 수 있으며, 심리적 긴장 해소의 기회를 제공하기도 함 • 사회적 차원: 사회의 문제를 표출함으로써 사회 변화 및 발전의 원동력으로 작용하기도 함

C 일탈 행동을 설명하는 다양한 이론

1 아노미 이론

(1) 뒤르켐의 아노미 이론 →일탈 행동을 사회적 병리 현상으로 인식한다.

일탈 원인	급격한 사회 변동으로 사회 규범이 약화하거나 부재할 때 또는 기존의 규범과 새로운 규범이 혼재하면서 나타나는 아노미 상태에서 일탈 행동이 발생함
사례	노인을 공경해야 한다는 의식이 약화하면서 젊은이가 노인을 함부로 대하는 경우
해결 방안	사회적 합의에 바탕을 둔 지배적 규범을 확립함으로써 사회 통제 기능을 강화함
한계	일탈 행동이 발생하게 된 구체적인 맥락이나 과정을 간과함

기출 Tip Ⓐ-1

사회 구조의 형성 과정

> 사회적 상호 작용
> ⬇ 지속
> 사회적 관계
> ⬇ 정형화
> 사회 구조

기출 Tip Ⓐ-2

미국 사회의 변화와 사회 구조의 변동성

미국에서 흑백 분리법으로 인해 흑인 차별이 나타났었으나, 흑인 인권 운동을 통해 흑인을 차별하는 제도가 사라짐 ➡ 사회 구성원의 행동 변화에 의해 사회 구조의 성격이 바뀜 ➡ 사회 구조의 변동성

기출 Tip Ⓑ-1

범죄와 일탈 행동

범죄는 법을 위반하는 행위로, 모든 범죄는 일탈 행동에 해당한다. 하지만 사회 규범에 어긋나는 행동이라고 해서 모두 법적 제재의 대상이 되지는 않으므로, 모든 일탈 행동이 범죄인 것은 아니다.

일탈 행동의 발생 원인

개인 차원	개인의 신체적 특징이나 심리적 특성 등에서 일탈 행동의 원인을 찾음
사회 차원	사회적 환경이나 사회 구조 등 사회적 요인에서 일탈 행동의 원인을 찾음

과거에는 일탈 행동의 원인을 개인의 타고난 특성 탓으로 돌리기도 했지만, 오늘날에는 사회적 요인에 주목하여 일탈 행동을 설명하고 있다.

(2) 머튼의 아노미 이론

일탈 원인	문화적 목표의 달성을 위한 제도적 수단이 없을 때 아노미 상태에 빠지며, 이러한 상황에서 개인이 비합법적 수단을 사용해서 문화적 목표를 달성하려고 할 때 일탈 행동이 발생함
사례	선거에 당선되기 위해 금품과 향응을 제공하는 경우
해결 방안	문화적 목표와 제도적 수단 간의 괴리를 줄이기 위한 적절한 기회를 제공함
한계	문화적 목표에 상관없이 발생하는 일시적 범죄를 설명하기 어려움

2 차별 교제 이론

일탈 원인	일탈 행동을 하는 사람들과의 상호 작용을 통해 일탈 행동의 방법과 일탈적 가치 및 태도를 학습하여 사회화한 결과 일탈 행동이 발생함
사례	우범자들과 지속해서 교류함으로써 일탈자가 되는 경우
해결 방안	일탈 행위자와의 접촉을 차단하고, 정상적인 집단과의 교류를 촉진함
한계	우연적이고 충동적인 범죄를 설명하기 어려움

3 낙인 이론

일탈은 특정 행위 자체가 가지는 본질적 특성이 아니라, 사회가 특정 행위를 일탈로 규정지었기에 발생하는 것으로 본다.

일탈 원인	일탈 행동에 대한 부정적 반응과 차별적 제재로 인해 일탈 행동이 발생함
사례	전과자가 출소 후에 사회적 편견 때문에 다시 범죄를 저지르는 경우
특징	• 일탈 행동을 규정하는 객관적 기준이 없다고 인식함 • 1차적 일탈을 한 사람을 낙인찍으면 부정적 자아가 형성되어 2차적 일탈이 발생한다고 봄
해결 방안	사회적 낙인에 대한 신중한 접근을 강조함, 일탈 행위자의 올바른 정체성 회복을 지원함
한계	1차적 일탈의 원인을 설명하기 어려움, 일탈 행동을 합리화할 수 있음

4 일탈 행동을 설명하는 다양한 이론 [빈출자료] Link • 292~293번 문제

─(사회 계층과 범죄율 간 부(-)의 관계가 나타난다는 주장에 대한 견해)─

• 갑: 하위 계층은 상위 계층에 비해 문화적 목표와 합법적 수단 간 불일치로 인한 긴장의 정도가 더 커서 일탈 행동을 할 가능성이 높다고 봅니다.
• 을: 일탈자로 규정되는 중요한 변인은 사회적 위치에 따른 차별적 반응이라고 생각합니다. 하위 계층에 보다 엄격한 규범이 적용되고, 이들이 일탈자로서의 정체성을 형성하면서 일탈 경력이 강화된다고 봅니다.
• 병: 일탈 행동은 하위 계층의 부적응에 기인하는 것이 아니라 반사회적 성향을 지닌 타인들과 접촉한 결과입니다. 따라서 일탈에 동조하는 가치, 행위에 노출된 결과 일탈을 위한 기술 습득이 이루어진다고 봅니다.

기출 Tip ⓒ
일탈을 규정하는 객관적 기준의 인정 유무

일탈 이론	일탈 규정의 객관적 기준
아노미 이론, 차별 교제 이론	○
낙인 이론	×

기출 Tip ⓒ-3
1차적 일탈과 2차적 일탈
• 1차적 일탈: 개인이 호기심이나 실수 등으로 인해 최초로 저지른 일탈 행동
• 2차적 일탈: 1차적 일탈을 한 사람이 낙인으로 인해 일탈자라는 정체성을 형성하여 반복적으로 저지르는 일탈 행동

기출 Tip ⓒ-4
일탈 행동의 원인을 설명하는 각 이론의 입장
• 갑: 문화적 목표와 합법적 수단 간 괴리를 일탈 행동의 원인으로 봄 → 머튼의 아노미 이론
• 을: 차별적 제재를 일탈 행동의 원인으로 봄 → 낙인 이론
• 병: 일탈자와의 상호 작용을 통한 일탈 행동의 방식과 일탈적 가치의 학습을 일탈 행동의 원인으로 봄 → 차별 교제 이론

개념 확인 문제

○ 정답과 해설 28쪽

267 사회 구조에 대한 설명이 맞으면 ○표, 틀리면 ×표를 하시오.

(1) 사회 구성원들이 특정 행동을 하도록 구속한다. (　　)
(2) 사회 구성원이 바뀌어도 쉽게 바뀌지 않고 유지된다. (　　)
(3) 사회 구성원들의 행동에 의해서는 그 성격이 달라질 수 없다. (　　)

268 (　　　　　　　)은 범죄를 비롯하여 거짓말을 하는 것 등과 같이 사회 규범에 어긋나는 모든 행위를 일컫는 개념으로, 이를 판단하는 기준은 시대나 상황, 사회에 따라 다를 수 있다.

269 다음 일탈 이론에서 강조하는 일탈의 원인을 옳게 연결하시오.

(1) 머튼의 아노미 이론 •　　• ⊙ 사회적 규범의 약화 또는 부재
(2) 뒤르켐의 아노미 이론•　　• ⓒ 문화적 목표와 제도적 수단의 괴리

270 다음 괄호 안의 내용 중 알맞은 말에 ○표를 하시오.

(1) (낙인 이론, 차별 교제 이론)은 일탈 규정의 객관적 기준이 있다고 본다.
(2) 낙인 이론과 차별 교제 이론은 타인과의 상호 작용이 일탈 발생 과정에 미치는 영향을 (간과, 중시)한다.

A 사회 구조

271~272 빈출자료*

그림을 보고 물음에 답하시오.

| 사회적 상호 작용 | → 지속 | 사회적 관계 | → 정형화 | (㉠)의 형성 |

271 하 중 상
•• 서술형

㉠에 들어갈 사회학적 개념을 쓰고, 그 특징 <u>네 가지</u>를 서술하시오.

272 하 중 상

㉠에 들어갈 사회학적 개념에 대한 옳은 설명만을 〈보기〉에서 있는 대로 고른 것은?

〈 보기 〉

ㄱ. 사회 구성원들의 행동을 규제하고 구속한다.
ㄴ. 사회 구성원들이 일부라도 바뀌면 유지되기 어렵다.
ㄷ. 사회 구성원들의 행동 양식을 예측할 수 있게 한다.
ㄹ. 사회 구성원들의 가치관이 변할 경우 변동할 수 있다.

① ㄱ, ㄴ   ② ㄱ, ㄷ   ③ ㄴ, ㄹ
④ ㄱ, ㄷ, ㄹ   ⑤ ㄴ, ㄷ, ㄹ

273 하 중 상

다음 글을 통해 알 수 있는 사회 구조의 특징으로 가장 적절한 것은?

사람들은 자신의 행동과 말에 대해서 상대방으로부터 예상하지 못한 반응이 나올 경우 혼란스러워하고 당황스러워 한다. 예를 들면, 동네 어른께 공손하게 인사를 드렸는데 버릇없는 놈이라고 지팡이로 머리를 때린다면 그 사람은 매우 당황스럽고 혼란스러울 수밖에 없다. 이러한 일들이 일반적으로 일어나지 않는 것은 사회 구성원들이 대다수의 사람들이 당연한 것으로 받아들이는 행위를 하기 때문이다.

① 특정 기간에만 집약적으로 형성된다.
② 사회 구성원이 바뀌어도 오랜 기간 지속된다.
③ 사회 구성원 다수의 노력에 의해 변동이 가능하다.
④ 사회 구성원의 사고방식과 행동에 영향을 미치지 못한다.
⑤ 사회 구성원 간 안정적인 사회적 관계가 형성될 수 있게 한다.

274~275 빈출자료*

다음 글을 읽고 물음에 답하시오.

사회 구조는 안정적인 사회관계의 틀이라고 한다. 그런데 이 틀은 건축 구조처럼 아무런 움직임이나 변화 없이 고정적으로 유지되는 것은 아니다. 건축 구조에서 구성 요소들은 무생물로서 고정되어 있고 오랜 세월에도 크게 변화하지 않는다. 하지만 사회 구조에서 개인이라는 요소들은 생명체로서 의식을 가지고 생각하고 행동한다. 예를 들어, 과거 미국 사회에서는 흑백 분리법으로 인해 버스 내 흑인과 백인 좌석이 분리되어 있었을 뿐만 아니라 흑인 좌석이라도 백인이 앉을 자리가 없으면 흑인이 좌석을 양보해야 했다. 그러나 흑인 인권 운동이 일어나면서 흑인을 차별하는 제도가 사라지게 되었다.

274 하 중 상

위 글에서 강조된 사회 구조의 특징으로 가장 적절한 것은?

① 안정성   ② 변동성   ③ 상대성
④ 역사성   ⑤ 지속성

275 하 중 상

위 글에서 강조된 사회 구조의 특징에 대한 진술로 가장 적절한 것은?

① 사회 구조는 일방적으로 개인에게 영향을 미친다.
② 사회 구조는 구성원들의 노력에 의해 변화될 수 있다.
③ 사회 구조는 구성원들 간 상호 예측 가능성을 높인다.
④ 사회 구조는 구성원들 간 지속적인 상호 작용의 결과물이다.
⑤ 사회 구조는 구성원들이 바뀌어도 쉽게 변하지 않고 오랫동안 유지된다.

276 하 중 상

㉠에 제시된 사회 구조와 관련한 진술을 모두 옳게 판단한 학생은?

진술 \ 학생	갑	을	병	정	무
사회 구조는 구성원 간의 사회적 관계를 맺는 방식이 정형화되어 있지 않음을 보여 준다.	×	×	○	×	○
사회 구조는 사회 구성원들의 의지에 따라 형성되기도 하고, 개인 행위를 구속하기도 한다.	○	○	×	×	○
사회 구조는 사회 구성원들의 행동이나 가치, 규범 등의 변화에 의해 그 성격이 달라질 수 있다.	○	×	○	○	×

(단, 예는 ○, 아니요는 ×임.)

① 갑   ② 을   ③ 병   ④ 정   ⑤ 무

277 (하 중 상)

사회 구조를 바라보는 갑, 을의 관점에 대한 설명으로 옳지 <u>않은</u> 것은?

> 갑: 사회 구조가 없다면 사회 구성원들이 제각각 행동을 함으로써 우리 사회는 많은 혼란을 겪게 된다. 사회 구조가 존재함으로써 우리 사회의 각 부분이 안정적이면서도 효율적으로 작동할 수 있고, 사회 질서가 나타날 수 있다.
>
> 을: 사회 구조는 기득권 집단의 이익을 보장하기 위한 수단에 불과하다. 지배 집단은 자신의 지위를 유지하기 위해 사회 구조라는 억압 장치를 만들었다. 사회 구조의 강제력은 피지배 집단을 향해 작동할 뿐이고, 그러한 억압에 의해 표면적으로 사회 질서가 나타나는 것이다.

① 갑의 관점은 사회 구조가 일부 구성원의 필요에 의해 형성된다고 본다.

② 갑의 관점은 사회의 지배적 규범을 습득하는 것이 사회 존속에 필수적이라고 본다.

③ 을의 관점은 사회 구조가 불평등한 사회 질서를 유지하기 위한 장치라고 본다.

④ 을의 관점은 사회 구조로 인한 사회생활의 안정성이 특정 집단에 의해 작위적으로 만들어진 결과라고 본다.

⑤ 갑, 을의 관점은 모두 개인에 대한 사회 구조의 강제성을 인정한다.

Ⓑ 일탈 행동

278 (하 중 상)

밑줄 친 '이것'에 대한 옳은 설명만을 〈보기〉에서 있는 대로 고른 것은?

> '이것'은 일반적으로 규범이 허용하는 한도, 즉 규범의 관용 범위를 벗어나는 행동을 말하는데, 사람들의 눈살을 찌푸리게 하는 가벼운 행동부터 법에 따라 처벌받는 범죄까지 그 형태가 다양하다. 한편, 범죄는 이것에 속하지만, 모든 이것이 범죄인 것은 아니다.

〈 보기 〉
ㄱ. 사회적 제재의 대상에는 포함되지 않는다.
ㄴ. 행동이 이루어지는 상황 및 문화, 시대에 따라 다르게 판단될 수 있다.
ㄷ. 개인적 차원에서 볼 때 사회 구성원이 느끼는 심리적 긴장에서 벗어나는 기회를 제공하기도 한다.
ㄹ. 사회적 차원에서 볼 때 기존 사회 질서나 규범의 모순과 문제점을 표면에 드러내는 역할을 수행할 수 있다.

① ㄱ, ㄴ   ② ㄱ, ㄹ   ③ ㄴ, ㄷ
④ ㄱ, ㄷ, ㄹ   ⑤ ㄴ, ㄷ, ㄹ

★빈출 279 (하 중 상)

다음 사례들을 종합하여 내린 결론으로 가장 적절한 것은?

> • 1970년대 우리 사회에서는 장발을 금지하였지만, 오늘날에는 이를 문제 삼는 사람이 거의 없다.
> • 사람들은 길거리에서 수영복을 입는 것을 정상적인 행동으로 보지 않지만, 수영장에서 수영복을 입는 것은 정상적인 행동으로 본다.
> • 스코틀랜드에서는 남자들이 킬트라는 치마를 입고 다녀도 이를 이상하게 보지 않는다. 하지만 우리나라에서는 남자가 치마를 입는 것을 자연스러운 행동으로 보지 않는다.

① 일탈 행동은 불변의 원칙을 통해 규정된다.

② 일탈 행동이 증가할수록 사회적 안정성은 약화된다.

③ 일탈 행동은 기존의 사회 규범을 강화하는 데 기여할 수 있다.

④ 일탈 행동은 시간과 공간에 따라 달리 규정되는 상대성을 지닌다.

⑤ 일탈 행동의 규정은 사회적 요인뿐만 아니라 개인적 요인에 의해서도 이루어진다.

Ⓒ 일탈 행동을 설명하는 다양한 이론

280 (하 중 상)

다음 글에 나타난 일탈 이론에 대한 설명으로 옳은 것은?

> 인간은 본능적으로 그들의 욕망을 억제하기가 어렵다. 사람들은 오직 그들의 욕망을 제어하는 힘에 대하여 정당한 권위가 인정될 때에만 그들의 욕구를 제한하는 것에 동의한다. 즉, 이러한 욕망 제어 장치는 그들이 존중하고 인정하는 정당한 권위로부터 나온다. 그리고 이 권위는 사회 전체이거나 종교 규범, 법 등이 될 수 있다. 이러한 권위가 제대로 작동하지 못하거나 사라질 때 인간들의 욕구는 통제되지 않고 일탈 행동은 증가하게 된다. 특히 급격한 사회 변동기에는 사회가 개인들의 욕망을 제어하는 능력을 잃어버리기 쉽다.

① 일탈의 원인을 미시적 측면에서 바라본다.

② 일탈 행동을 규정하는 객관적 기준을 부정한다.

③ 일탈 행동이 후천적 학습의 결과라는 점을 강조한다.

④ 일탈 행동의 해결책으로 사회 규범의 통제력 회복을 강조한다.

⑤ 부정적 자아의 내면화로 인해 반복적인 일탈 행동이 일어난다고 본다.

자료를 읽고 물음에 답하시오.

- 판사: 판결을 내리기에 앞서 최후 변론하세요.
- 변호사: 피고인은 어려서 부모님을 잃고 혼자 두 동생을 키우며 생계를 이어가다 보니 학교도 제대로 다니지 못하였습니다. <u>돈을 벌고 싶었지만, 교육을 받지 못하여 돈을 벌 수 있는 방법도 많지 않았습니다. 그래서 생계유지를 위해 돈을 훔치게 되었고,</u> 지금 이 자리에 있게 된 것입니다. 피고인은 잘못을 깊이 반성하고 있으며, 다시 한번 기회가 주어진다면 앞으로 직업 훈련원에 다니면서 기술을 배워 다시는 사회적으로 물의를 일으키는 일이 없도록 하겠다고 합니다. 부디 피고인에게 떳떳한 형(兄)이자 당당한 사회인으로 살아갈 수 있는 기회를 허락해 주시기 바랍니다.

---

281 하중상

밑줄 친 내용과 관련 깊은 일탈 이론으로 옳은 것은?

① 갈등 이론
② 낙인 이론
③ 차별 교제 이론
④ 머튼의 아노미 이론
⑤ 뒤르켐의 아노미 이론

282 하중상 ●●서술형

밑줄 친 내용과 관련 깊은 일탈 이론에서 강조하는 일탈 행동의 해결 방안을 서술하시오.

283 하중상

밑줄 친 내용과 관련 깊은 일탈 이론에 대한 옳은 설명을 〈보기〉에서 고른 것은?

〈 보기 〉
ㄱ. 일탈 행동 자체보다 일탈 행동에 대한 사회적 반응을 중시한다.
ㄴ. 개인 행위보다는 사회 구조적 측면에서 일탈 행동의 발생 원인을 분석한다.
ㄷ. 문화적 목표를 달성하기 위한 제도적 수단의 부재로 인해 일탈 행동이 발생한다고 본다.
ㄹ. 낙인이 찍힌 사람은 부정적 자아를 갖게 됨으로써 2차적 일탈을 저지를 가능성이 높아진다고 본다.

① ㄱ, ㄴ
② ㄱ, ㄷ
③ ㄴ, ㄷ
④ ㄴ, ㄹ
⑤ ㄷ, ㄹ

---

284 하중상

(가), (나)에 나타난 일탈 이론에 대한 옳은 설명을 〈보기〉에서 고른 것은?

(가) 사람들은 사회가 지향하는 가치관에 동조하고 싶어 하지만, 이러한 목표를 달성하기 위한 제도적 수단이 모든 사람에게 주어지지는 않는다. 그래서 개인에 따라서는 목표와 수단 사이에 괴리가 생기기도 한다.
(나) 사회가 변화되면서 기존의 가치관이 지배적인 영향력을 상실한 채 남아 있고, 기존 가치관과 충돌하는 새로운 가치관이 등장하게 된다. 이 두 가치관이 공존할 때 개인들은 어떤 가치관을 따라야 할지 혼란을 경험하게 된다.

〈 보기 〉
ㄱ. 기말고사에서 좋은 성적을 얻기 위해 부정행위를 한 것은 (가)를 통해 설명할 수 있다.
ㄴ. (나)는 청소년 비행의 원인으로 불량 학생들과의 교류를 통한 일탈적 가치의 학습을 강조한다.
ㄷ. (가)는 (나)와 달리 일탈 행동의 해결 방안으로 사회 구성원 간 합의를 통한 규범의 재정립을 강조한다.
ㄹ. (가), (나) 모두 거시적 측면에서 일탈 문제를 분석한다.

① ㄱ, ㄴ
② ㄱ, ㄹ
③ ㄴ, ㄷ
④ ㄴ, ㄹ
⑤ ㄷ, ㄹ

285 하중상

㉠에 들어갈 일탈 이론에서 강조하는 일탈 행동의 해결 방안으로 적절한 것은?

〈연구 보고서〉
1. 면접 내용
- 연구자: 어떤 계기로 사기 범죄를 저지르게 되었습니까?
- 갑: 저는 절도죄로 교도소에 수감된 후 기존 수감자들과 어울리면서 사기 기법 등을 배웠습니다. 출소한 후, 교도소에서 습득한 사기 기술로 범죄를 저지르다가 결국 재수감되었습니다.
2. 연구의 시사점: 갑과 교도소 수감자들의 관계를 고려할 때 갑의 일탈 행동에 (㉠)을 적용할 수 있다.

① 정상적인 사회 집단과의 교류를 증진한다.
② 사회적 낙인에 대한 신중한 접근이 필요하다.
③ 사회적 합의에 바탕을 둔 지배적 규범을 확립한다.
④ 문화적 목표를 달성할 수 있는 적절한 기회를 제공한다.
⑤ 일탈 행위자의 부정적인 자아상이 바뀔 수 있도록 상담을 지속적으로 진행한다.

286 (하 중 상)

갑의 사례에 적용할 수 있는 일탈 이론에 대한 설명으로 옳은 것은?

> 갑이 장난삼아 참외 서리를 저지르자, 주위 사람들이 그를 '못된 놈'이라면서 멀리하였다. 이에 갑도 자신을 '못된 놈'이라고 생각하면서 계속하여 나쁜 짓을 하였다.

① 급격한 사회 변동으로 인해 일탈 행동이 발생한다고 본다.

② 차별적 제재가 일탈 행동을 강화하는 요인이 된다는 점을 강조한다.

③ 사회 구성원에 대한 지배 집단의 지나친 통제가 일탈 행동을 유발한다고 본다.

④ 개인이 일탈 행동에 대한 우호적 태도를 학습함으로써 일탈 행위자가 된다고 본다.

⑤ 일탈 행동에 대한 대책으로 정상적인 가치관을 가진 사람들과의 교류 확대를 중시한다.

287 (하 중 상) 빈출

일탈 이론 (가), (나)에 대한 설명으로 옳은 것은?

> (가)와 (나)는 일탈 행동의 원인을 사회학적으로 설명하는 대표적 이론에 속한다. (가)는 특정한 행위를 한 사람이 타자로부터 부정적인 평가를 받게 되면, 그는 부정적 자아 정체성을 형성하게 되어 일탈 행동을 반복하게 된다고 본다. (나)는 사회 구성원이 추구하는 문화적 목표와 이를 달성하기 위한 제도적 수단 간의 괴리가 일탈 행동의 원인이 된다고 본다.

① (가)는 일탈자로 규정하는 행위를 신중하게 해야 한다고 본다.

② (나)는 일탈자와의 접촉 차단을 일탈 행동의 해결 방안으로 중시한다.

③ (가)는 (나)와 달리 일탈을 규정하는 객관적 기준이 존재한다고 본다.

④ (가), (나) 모두 미시적 관점에서 일탈 행동의 원인을 설명하는 이론이다.

⑤ (가)는 낙인 이론, (나)는 차별 교제 이론에 해당한다.

288~289 빈출자료

다음 내용을 읽고 물음에 답하시오.

> (가) 일탈 행동도 사회화 과정을 거친다. 일탈 행동은 일탈자들과 빈번히 만나 의사소통하면서 학습된다. 단지 일탈 행동뿐만 아니라 그 행동을 정당화하는 태도와 가치까지 내면화하게 된다.
>
> (나) 일탈자에 대한 처벌은 행위에 상응하여 부여되는 것이 아니라 그 행위를 한 사람이 누구인가에 따라 결정된다. 일탈자로 규정되면 그는 일탈자로서의 정체성을 가지고 지속적으로 일탈 행동을 저지르게 된다.

288 (하 중 상) 빈출

(가), (나)에 나타난 일탈 이론의 공통적인 특징으로 적절한 것은?

① 차별적 제재를 일탈 행동의 원인으로 강조한다.

② 일탈 행동을 규정하는 객관적 기준이 존재한다고 본다.

③ 일탈 행동을 초래하는 사회 구조의 영향력을 강조한다.

④ 최초 일탈이 반복적 일탈로 이어지는 과정에 주목한다.

⑤ 일탈 행동이 타인들과의 상호 작용에서 비롯된다고 본다.

289 (하 중 상)

(가), (나)에 나타난 일탈 이론에 대한 옳은 설명만을 <보기>에서 있는 대로 고른 것은?

< 보기 >
ㄱ. (가)는 일탈 행동이 후천적 학습의 결과라는 점을 강조한다.
ㄴ. (나)는 일탈 행동을 사회적 병리 현상으로 인식한다.
ㄷ. (가)는 (나)와 달리 일탈 행동의 해결 방법으로 일탈 규정에 대한 신중한 접근을 강조한다.
ㄹ. (나)는 (가)와 달리 일탈 행동 자체보다 일탈 행동에 대한 사회적 반응을 중시한다.

① ㄱ, ㄴ   ② ㄱ, ㄹ   ③ ㄴ, ㄷ
④ ㄱ, ㄷ, ㄹ   ⑤ ㄴ, ㄷ, ㄹ

290 하 중 상

(가)~(다)에 제시된 사례를 설명하는 데 적합한 일탈 이론을 옳게 연결한 것은?

> (가) 전과자가 출소 후에 주변 사람들에게서 부정적인 평판을 받아 범죄를 계속 저지른다.
> (나) 자본주의 사회에서는 불황기에 실업자들의 생계형 범죄가 크게 증가한다.
> (다) 주변의 비행 청소년에 대해 "친구를 잘못 사귀어서 나쁜 행동을 배웠다."라고 이야기한다.

	(가)	(나)	(다)
①	낙인 이론	아노미 이론	차별 교제 이론
②	낙인 이론	차별 교제 이론	아노미 이론
③	아노미 이론	낙인 이론	차별 교제 이론
④	차별 교제 이론	낙인 이론	아노미 이론
⑤	차별 교제 이론	아노미 이론	낙인 이론

291 하 중 상

그림은 질문 (가), (나)를 통해 일탈 이론을 구분한 것이다. (가), (나)에 들어갈 질문으로 적합한 것을 〈보기〉에서 고른 것은?

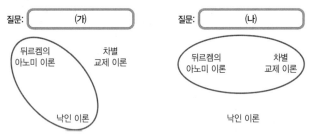

질문: (가)   질문: (나)

뒤르켐의 아노미 이론 / 차별 교제 이론 / 낙인 이론

* 함께 묶인 이론들은 각 질문에 대해 '예' 또는 '아니요'로 동일한 답변을 하게 되는 경우이다.

〈 보기 〉
ㄱ. 일탈 행동의 원인으로 구조적 측면을 강조하는가?
ㄴ. 차별적인 제재가 일탈 행동의 원인이라고 보는가?
ㄷ. 사회 통제 강화를 일탈 행동에 대한 대책으로 강조하는가?
ㄹ. 일탈 행동을 일탈자와의 상호 작용에 따른 학습의 산물로 인식하는가?

	(가)	(나)			(가)	(나)
①	ㄱ	ㄴ		②	ㄱ	ㄷ
③	ㄴ	ㄹ		④	ㄹ	ㄴ
⑤	ㄹ	ㄷ				

292~293 빈출자료*

다음은 사회 계층과 범죄율 간에 부(−)의 관계가 나타난다는 주장에 대한 갑~병의 견해이다. 물음에 답하시오.

> • 갑: 부를 획득하기 위한 합법적 수단은 계층에 따라 차등 분포되어 있다고 생각합니다. 하위 계층은 상위 계층에 비해 문화적 목표와 합법적 수단 간 불일치로 인한 긴장의 정도가 더 커서 일탈 행동을 할 가능성이 높다고 봅니다.
> • 을: 일탈자로 규정되는 과정에서 규범 위반 여부보다 더 중요한 변인은 개인의 사회적 위치에 따른 차별적 반응이라고 생각합니다. 즉, 하위 계층에 보다 엄격한 규범이 적용되고, 이들이 일탈자로서의 정체성을 형성하면서 일탈 경력이 강화된다고 봅니다.
> • 병: 일탈 행동이 하위 계층의 부적응에서 기인하거나 사회의 차별적 반응의 결과라는 주장에는 문제가 있다고 생각합니다. 일탈 행동은 반사회적 행동 성향을 지닌 타인들과 지속적으로 대면 접촉한 결과입니다. 따라서 일탈에 동조하는 가치, 태도, 행위에 노출된 결과 일탈을 위한 동기 부여와 기술 습득이 이루어진다고 봅니다.

292 하 중 상   •• 서술형

을, 병의 일탈 이론을 쓰고, 해당 이론에 부합하는 일탈 행동의 사례를 각각 제시하시오.

빈출 293 하 중 상

갑~병의 일탈 이론에 대한 설명으로 옳지 않은 것은?

① 갑의 이론에 부합하는 사례로 선거에서 승리하기 위해 부정한 청탁을 하는 것을 들 수 있다.
② '까마귀 노는 곳에 백로야 가지 마라.'는 병의 이론을 적용하여 일탈 행동을 설명하는 데 유용한 속담이다.
③ 을의 이론은 갑의 이론과 달리 일탈자가 되어가는 내면적 과정에 초점을 맞춘다.
④ 병의 이론은 을의 이론과 달리 일탈 행동이 발생하는 상호 작용 과정을 중시한다.
⑤ 갑, 병의 이론은 을의 이론과 달리 일탈을 규정하는 객관적 규범이 존재한다고 본다.

294 (하 중 상)

다음 대화에서 비행을 바라보는 갑~병의 이론적 관점에 대한 설명으로 옳은 것은?

> • 부모: 저는 우리 애에 대한 기대감으로 어려서부터 지원을 아끼지 않았습니다. 물론 기대한 만큼 공부를 잘하지는 못했지만 착한 아이였어요. 그런데 요즘 우리 애가 친구들과 어울려 다니면서 비행을 일삼고 있는데 무엇이 문제인가요?
> • 갑: 나쁜 친구들과 사귀면서 부정적인 행동 양식을 습득한 것이 문제입니다.
> • 을: 사회나 부모의 기대가 너무 높은데 정상적인 방법으로는 그것을 충족시킬 방법이 없기 때문에 자녀가 비행을 일삼는 것입니다.
> • 병: 나쁜 친구와 한두 번 어울린다고 문제아가 되는 것은 아닙니다. 오히려 부모가 자녀를 문제아로 보니까 자녀의 행동이 비행으로 보이는 것입니다.

① 갑은 일탈 행동의 원인을 차별적인 제재에서 찾는다.
② 병은 사회 변화에 따른 전통적인 규범의 해체가 일탈 행동의 원인이라고 본다.
③ 을은 병과 달리 일탈 행동의 원인을 개인적 차원에서 찾는다.
④ 병은 갑과 달리 일탈 행동이 문화적 목표와 제도적 수단 간 괴리에서 비롯된다고 본다.
⑤ 갑과 을은 일탈 행동을 규정하는 객관적인 사회 규범이 존재한다는 의견에 동의할 것이다.

295 (하 중 상)

그림은 일탈 이론 (가)~(다)를 질문에 따라 구분한 것이다. 이에 대한 설명으로 옳은 것은? (단, (가)~(다)는 각각 머튼의 아노미 이론, 차별 교제 이론, 낙인 이론 중 하나이다.)

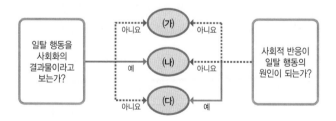

① (가)는 무규범 상태에서의 일탈을 설명하는 데 적합하다.
② (나)는 일탈 행동을 정당화하는 동기와 가치관이 일탈자에게 내면화되지 않는다고 본다.
③ (다)는 1차적 일탈을 저지른 사람에 대한 낙인으로 인해 부정적 자아가 형성되어 2차적 일탈이 발생한다고 본다.
④ (나)는 (다)와 달리 상호 작용 과정을 통해 발생하는 일탈에 주목한다.
⑤ (가), (나), (다)는 모두 일탈에 대한 보편적이고 객관적인 기준이 존재한다고 본다.

296 (하 중 상)

표는 일탈 이론 A~C를 질문에 따라 구분한 것이다. 이에 대한 옳은 설명만을 〈보기〉에서 있는 대로 고른 것은? (단, A~C는 각각 낙인 이론, 아노미 이론, 차별 교제 이론 중 하나이다.)

이론 \ 질문	(가)	(나)	(다)
A	예	아니요	아니요
B	아니요	아니요	예
C	아니요	예	아니요

〈 보기 〉
ㄱ. A는 아노미 이론, B는 낙인 이론이면 '일탈자와의 접촉 차단을 일탈에 대한 대책으로 보는가?'는 (나)에 적절하다.
ㄴ. B는 아노미 이론, C는 차별 교제 이론이면 '문화적 목표에 도달할 기회 제공을 일탈에 대한 대책으로 보는가?'는 (가)에 적절하다.
ㄷ. (가)가 '사회 규범의 통제력 회복을 일탈에 대한 대책으로 보는가?'라면 '일탈의 원인으로 구조적 요인을 강조하는가?'는 (나)에 적절하다.
ㄹ. (가)가 '일탈 행위에 대한 부정적 반응을 일탈의 원인으로 보는가?'이고, (다)가 '일탈 행위자와 접촉 없이 나타나는 일탈 행동을 설명하는 데 한계가 있는가?'라면 C는 아노미 이론이다.

① ㄱ, ㄴ ② ㄱ, ㄹ ③ ㄴ, ㄷ
④ ㄱ, ㄷ, ㄹ ⑤ ㄴ, ㄷ, ㄹ

297 (하 중 상)

다음은 어느 학생의 수행 평가 답안지이다. 학생이 얻게 될 점수는?

> * 문제: 일탈 행동에 대한 내용이 옳으면 ○표, 틀리면 ×표를 하시오. (문항당 각 1점씩)

문항	내용	답안
1	일탈 행동은 사회 변동의 원동력으로 작용할 수 있다.	×
2	차별 교제 이론은 미시적 관점에서 일탈 행동을 설명한다.	×
3	아노미 이론은 일탈을 규정하는 객관적인 기준이 없다고 본다.	○
4	낙인 이론은 상호 작용을 통한 2차적 일탈의 발생에 초점을 둔다.	○

① 0점 ② 1점 ③ 2점 ④ 3점 ⑤ 4점

298

그림은 A, B의 공통점과 차이점을 나타낸 것이다. 이에 대한 옳은 설명만을 〈보기〉에서 있는 대로 고른 것은? (단, A, B는 각각 사회 실재론, 사회 명목론 중 하나이다.)

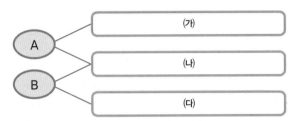

〈 보기 〉
ㄱ. A와 B는 모두 사회가 실체가 없는 허구적 개념에 불과하다는 주장에 동의한다.
ㄴ. (나)에는 '개인과 사회의 관계를 바라보는 관점이다.'가 들어갈 수 있다.
ㄷ. (가)에 '사회의 외재성을 중시한다.'가 들어간다면, B는 사회 제도에 대한 개인의 자율성을 강조한다.
ㄹ. A가 사회 명목론이라면 (다)에는 '사회 문제의 해결책으로 개인의 의식 개선을 강조한다.'가 들어갈 수 없다.

① ㄱ, ㄴ   ② ㄱ, ㄷ   ③ ㄴ, ㄹ
④ ㄱ, ㄷ, ㄹ   ⑤ ㄴ, ㄷ, ㄹ

299

(가), (나)에 나타난 개인과 사회의 관계를 보는 관점에 대한 설명으로 옳은 것은?

(가) 도심의 교통 혼잡 문제로 인해 사회적 자원이 낭비되고 있다. 이를 해결하기 위한 방안으로 운전자의 자발적 협조는 기대할 수 없으므로, 도심에 진입하는 차량에 대해 고액의 통행료를 부과하고 홀짝수로 구분하여 차량을 운행하도록 하는 제도를 실시해야 한다.
(나) 최근 현대인이 무분별한 생활 습관으로 인한 각종 질환의 증가, 사소한 증상으로도 병원을 찾는 경향, 금전적 이익을 위한 위장 입원 등으로 국민 건강 보험의 재정이 악화되고 있다. 이는 개인의 잘못된 행위에서 비롯된 것이므로 개인의 의식 개선 없이는 해결할 수 없다.

① (가)는 사회 현상의 분석을 위해 사회 구조를 탐구한다.
② (나)는 사회 유기체설에 기초하여 개인의 심리와 인식을 강조한다.
③ (가)와 달리 (나)는 사회가 개인의 외부에 실재한다고 본다.
④ (나)와 달리 (가)는 사회가 개인으로 환원될 수 있다고 본다.
⑤ (가), (나) 모두 개인의 자율 의지와 능동성을 강조한다.

300

그림은 사회화를 바라보는 관점 A~C를 구분한 것이다. 이에 대한 설명으로 옳은 것은? (단, A~C는 각각 기능론, 갈등론, 상징적 상호 작용론 중 하나이다.)

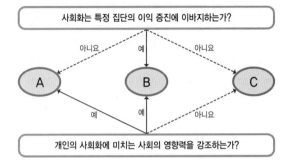

① A는 사회화를 통한 개인의 자아 관념 형성 과정을 강조한다.
② B는 사회화를 지배 계급이 피지배 계급에 자신들의 문화와 가치관을 전수하는 수단으로 간주한다.
③ C는 계급적 위치에 따라 다르게 나타날 수 있는 차별적 과정이 사회화라고 본다.
④ B는 A와 달리 사회화를 사회 전체가 필요로 하는 가치를 내면화하는 과정으로 본다.
⑤ C는 A, B와 달리 사회화 과정에서 개인이 지닌 자율성과 능동성을 부정한다.

301

표는 사회화 기관의 유형을 구분한 것이다. 이에 대한 옳은 설명을 〈보기〉에서 고른 것은? (단, (가), (나)는 질문에 대한 응답으로 각각 '예' 또는 '아니요' 중 하나이다.)

구분		기초적인 행동 양식을 습득하는가?	
		(가)	(나)
사회화를 목적으로 하는가?	예	A	B
	아니요	C	D

〈 보기 〉
ㄱ. (가)가 '예'인 경우 D에는 회사가 들어갈 수 없다.
ㄴ. (가)가 '아니요'인 경우 B에는 가족이 들어갈 수 있다.
ㄷ. (나)가 '예'인 경우 A에는 대학교가 들어갈 수 있다.
ㄹ. (나)가 '아니요'인 C에는 또래 집단이 들어갈 수 있다.

① ㄱ, ㄴ   ② ㄱ, ㄷ   ③ ㄴ, ㄷ
④ ㄴ, ㄹ   ⑤ ㄷ, ㄹ

302

다음 상황에 대한 옳은 분석만을 〈보기〉에서 있는 대로 고른 것은?

고등학생인 갑은 대입 원서 접수 기간을 앞둔 상황에서 진로와 관련해서 의견이 달라서 아버지인 을과 갈등을 겪었다. 이에 갑은 가족회의를 통해 갈등을 해결하자고 하였고 오랜 대화 결과 가족들은 갑의 의견을 존중해 주기로 하였다. 이에 갑은 대학 진학을 포기하고 미용 기술을 배웠다. 이후 갑은 유명한 헤어 디자이너가 되었고, 최근 개최된 국제 행사 진행에 참여하여 그 성실성을 인정받아 대통령 표창도 받았다.

〈 보기 〉
ㄱ. 갑은 자신의 역할 행동에 대한 보상을 받았다.
ㄴ. 갑은 역할 갈등을 겪었지만 합리적 방법으로 해결하였다.
ㄷ. 갑은 공식적 사회화 기관이자 2차적 사회화 기관에 해당하는 기관에 소속되었던 적이 있다.
ㄹ. 갑과 달리 을의 성취 지위는 제시되어 있지 않다.

① ㄱ, ㄴ ② ㄱ, ㄷ ③ ㄴ, ㄹ
④ ㄱ, ㄷ, ㄹ ⑤ ㄴ, ㄷ, ㄹ

303

밑줄 친 ㉠~㉇에 대한 설명으로 옳은 것은?

갑은 건축가가 되기를 원하는 아버지의 뜻에 따라 ㉠ 건축학과에 진학하였지만, 요리에 관심을 갖게 되면서 졸업 후 외식 사업에 뛰어들었다. 한때는 매출 부진으로 인해 자신이 세운 회사의 ㉡ 대표 이사 자리에서 해임되기도 했지만, 이후 재기를 도모하여 현재는 여러 브랜드를 소유할 정도로 ㉢ 사람들에게 널리 인정받는 ㉣ 기업인이 되었다. 또한 갑은 꿈을 찾는 청소년들을 위해 ㉤ 청소년 수련원에 후원금을 내고 있다. 최근에는 경쟁 관계에 있는 두 개의 ㉥ 방송사 프로그램에서 동시에 출연 제의를 받고 ㉦ 어느 쪽을 선택할지 고민하는 중이다.

① ㉠은 갑의 아버지의 내집단이자 준거 집단이다.
② ㉡과 ㉢은 각각 ㉣로서의 갑의 역할 행동에 대한 제재와 보상이다.
③ ㉤은 갑이 앞으로 얻게 될 지위에 요구되는 역할을 미리 학습하는 기관이다.
④ ㉥은 ㉠과 달리 역할 갈등을 해결하기 위해서 만들어진 공식적 사회화 기관이다.
⑤ ㉦은 갑이 복수의 성취 지위로 인해 겪고 있는 역할 갈등이다.

304

그림은 사회 집단 A, B를 질문 (가), (나)에 따라 구분한 것이다. 이에 대한 옳은 설명만을 〈보기〉에서 있는 대로 고른 것은? (단, A, B는 각각 1차 집단과 2차 집단 중 하나이다.)

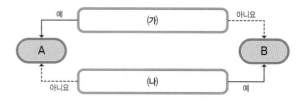

〈 보기 〉
ㄱ. A의 사례가 정당이면 B의 사례로 시민 단체가 적절하다.
ㄴ. (가)가 '공식적인 규범을 통한 통제가 일반적인가?'라면, 동호회는 B의 성격이 나타나는 집단으로 볼 수 있다.
ㄷ. (가)가 '근대 이후 점차 그 수가 증가하고, 영향력이 커지고 있는가?'라면 이익 집단은 B의 특성이 강한 집단이다.
ㄹ. (나)가 '전인격적 접촉이 중심이 되는가?'라면 (가)에는 '과업 지향적 접촉이 중심이 되는가?'가 들어갈 수 있다.

① ㄱ, ㄴ ② ㄱ, ㄷ ③ ㄴ, ㄹ
④ ㄱ, ㄷ, ㄹ ⑤ ㄴ, ㄷ, ㄹ

305

자료에 대한 옳은 설명만을 〈보기〉에서 있는 대로 고른 것은? (단, A~C는 각각 학교, 시민 단체, 사내 동호회 중 하나이다.)

〈자료 1〉
• A, B는 C와 달리 공통의 관심과 목표에 따라 자발적으로 결성된다.
• B, C는 A와 달리 사회 집단 중 목표와 경계가 뚜렷하고 규범과 절차가 체계화된 집단이다.

〈자료 2〉
아래 표는 A~C 중 (가)~(다)에 해당하는 사회 집단을 모두 나타낸 것으로, (가)~(다)는 각각 공식 조직, 비공식 조직, 자발적 결사체 중 하나이다.

구분	(가)	(나)	(다)
사회 집단	B, C	㉠	A

〈 보기 〉
ㄱ. ㉠에 해당하는 사회 집단의 수는 두 개이다.
ㄴ. A는 B와 달리 이익 사회에 해당한다.
ㄷ. C는 가입과 탈퇴가 자유롭다.
ㄹ. 노동조합은 (가), (나)에는 해당하지만 (다)에는 해당하지 않는다.

① ㄱ, ㄴ ② ㄱ, ㄹ ③ ㄴ, ㄷ
④ ㄱ, ㄷ, ㄹ ⑤ ㄴ, ㄷ, ㄹ

306

그림에 대한 옳은 설명만을 〈보기〉에서 있는 대로 고른 것은? (단, (가)~(라)는 각각 자발적 결사체, 공식 조직, 비공식 조직, 이익 사회 중 하나이고, A~E는 구체적인 사례이다.)

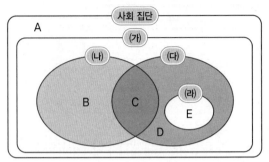

* 그림상에 나타난 사회 집단의 관계는 개념상의 관계를 의미함

〈 보기 〉

ㄱ. (나)는 공식 조직, (라)는 비공식 조직에 해당한다.
ㄴ. ○○ 마을 조기 축구회는 A에 들어갈 수 있다.
ㄷ. 회사는 B, 시민 단체는 C에 들어갈 수 있다.
ㄹ. B, C, D, E는 모두 선택 의지에 의해 형성된 집단이다.

① ㄱ, ㄴ   ② ㄱ, ㄹ   ③ ㄴ, ㄷ
④ ㄱ, ㄷ, ㄹ   ⑤ ㄴ, ㄷ, ㄹ

307

다음은 갑, 을이 자신이 속해 있던 사회 집단을 시기별로 각각 두 개씩 작성한 것이다. 이에 대한 옳은 분석을 〈보기〉에서 고른 것은?

〈갑〉

시기	소속 집단
A	가족, ㉠ 유치원
B	미술 학원, 청소년 봉사 단체
C	농구 동호회, 환경 운동 단체

〈을〉

시기	소속 집단
A	가족, ㉡ 같은 아파트 내 또래 집단
B	학교, 교내 게임 동호회
C	회사, 출판인 협회

〈 보기 〉

ㄱ. ㉠, ㉡은 모두 개인의 선택적 의지와 무관하게 자연 발생적으로 형성된 집단이다.
ㄴ. 을이 작성한 내용 중 공식 조직의 개수는 B 시기보다 C 시기가 많다.
ㄷ. 갑, 을이 작성한 내용 중 B 시기에는 비공식 조직이 각각 한 개씩 존재한다.
ㄹ. 갑, 을이 작성한 내용 중 C 시기에는 이익 사회의 개수가 각각 두 개이며, 자발적 결사체의 개수는 갑이 더 많다.

① ㄱ, ㄴ   ② ㄱ, ㄷ   ③ ㄴ, ㄷ
④ ㄴ, ㄹ   ⑤ ㄷ, ㄹ

308

다음 게임에 대한 설명으로 옳은 것은?

〈게임 규칙〉 A 상자 안에서 뽑은 카드의 내용이 '이익 사회', '공식 조직', '자발적 결사체', '비공식 조직' 중 하나에만 해당하면 1점, 두 개에만 해당하면 2점, 세 개에만 해당하면 3점, 네 개 모두에 해당하면 4점을 부여한다. 게임 참여자는 카드를 두 장씩 순서대로 뽑는데, 한 번 뽑은 카드는 다시 상자에 넣지 않는다. 상자에서 뽑은 카드 두 장으로 얻은 점수가 높은 사람이 승자가 된다. (단, 동점일 경우 승자는 없다.)

〈게임 진행〉 갑과 을이 게임에 참여하였고, 갑이 먼저 ㉠ 카드 두 장을 뽑은 후 을이 ㉡ 카드 두 장을 뽑았다.

① ㉠이 카드 1과 카드 2면 갑이 승자가 된다.
② ㉡ 중 한 장이 카드 1이면 갑은 승자가 될 수 없다.
③ 카드 2보다 카드 4를 통해 얻는 점수가 더 크다.
④ 갑이 카드 두 장을 뽑아 얻을 수 있는 최대 점수는 5점이다.
⑤ 카드 5가 포함된 카드 두 장으로 얻을 수 있는 최소 점수는 3점이다.

309

밑줄 친 ㉠~㉻에 대한 옳은 설명을 〈보기〉에서 고른 것은?

㉠ 고등학교에 다니는 갑은 과제를 위해 가족 구성원에 대해 조사하였다. ㉡ A 회사를 다니고 있는 ㉢ 아빠는 ㉣ 노동조합의 조합장이며, ㉤ ○○ 종친회 활동에 참여하고 있다. B 대학의 ㉥ 교수로 있는 ㉦ 엄마는 ㉧ B 대학 총동문회의 부회장이며, ㉨ B 대학 내 볼링 동호회에서 활동하고 있다. ㉩ C 시민 단체에서 일하는 ㉪ 누나는 주말에는 ㉫ □□ 아파트 내 영화 동호회와 ㉬ 공인 회계사를 준비하는 직장인 모임, ㉭ 시민 단체에 근무하는 직장인 모임 활동으로 바쁘다.

〈 보기 〉

ㄱ. ㉤은 ㉩, ㉫과 달리 공동 사회이다.
ㄴ. ㉬, ㉭은 ㉪의 소속 집단이다.
ㄷ. ㉢, ㉥, ㉦은 ㉠과 달리 성취 지위이다.
ㄹ. ㉠, ㉡, ㉣, ㉧은 비공식 조직, ㉨은 공식 조직이다.

① ㄱ, ㄴ   ② ㄱ, ㄷ   ③ ㄴ, ㄷ
④ ㄴ, ㄹ   ⑤ ㄷ, ㄹ

310

그림에 대한 옳은 설명을 〈보기〉에서 고른 것은? (단, A, B는 각각 관료제와 탈관료제 중 하나이다.)

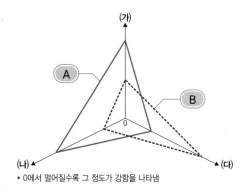

* 0에서 멀어질수록 그 정도가 강함을 나타냄

〈 보기 〉

ㄱ. A가 관료제라면, (가)에는 '자율성 및 창의성 중시'가 들어 갈 수 없다.

ㄴ. B가 관료제라면, (다)에는 '중간 관리층의 역할 비중'이 들 어갈 수 있다.

ㄷ. (나)가 '부서 간 경계의 명확성'이라면 (가)에는 '의사 결정 의 분권화 정도'가 들어갈 수 있다.

ㄹ. (다)가 '조직 체계의 유연성'이라면 A는 구성원 간 2차적 관계, B는 구성원 간 1차적 관계가 지배적일 것이다.

① ㄱ, ㄴ   ② ㄱ, ㄷ   ③ ㄴ, ㄷ

④ ㄴ, ㄹ   ⑤ ㄷ, ㄹ

311

다음 글의 내용에 부합하는 진술을 〈보기〉에서 고른 것은?

국어사전에는 매년 상당수의 새로운 단어가 추가되고, 오랫 동안 쓰이지 않는 단어는 삭제된다. 표준어의 목록 역시 변 화하는 것은 지극히 자연스러운 일이다. 그러나 표준어의 변 화는 실제의 언어생활을 그때그때 반영하지 못한다. 어떠한 말이 표준으로 인정될 만큼 충분한 사회적 공감대를 얻었는 지를 판단하는 일은 한두 사람이 개인적으로 할 수 있거나 단기간에 결정할 수 있는 일이 아니기 때문이다. 그러나 여 러 사람이 널리 쓰는 말은 방언이었다 하더라도 표준어가 되 는 경우가 있다. 많은 사람이 오랜 세월 사용하다 보니 본래 의 표준어를 몰아내고 방언이 표준어가 되기도 하는 것이다.

〈 보기 〉

ㄱ. 사회 구조는 힘의 원리를 반영한다.

ㄴ. 사회 구조는 고정불변한 것이 아니다.

ㄷ. 사회 구조는 집단 간 경쟁의 결과이다.

ㄹ. 사회 구조는 구성원들 간 합의의 산물이다.

① ㄱ, ㄴ   ② ㄱ, ㄷ   ③ ㄴ, ㄷ

④ ㄴ, ㄹ   ⑤ ㄷ, ㄹ

312

그림에 대한 옳은 설명을 〈보기〉에서 고른 것은? (단, A~C는 각각 뒤르켐의 아노미 이론, 낙인 이론, 차별 교제 이론 중 하나이다.)

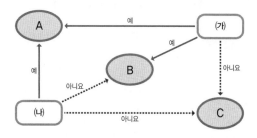

〈 보기 〉

ㄱ. (가)가 '일탈 행동의 판단에 객관적 기준이 있다고 보는 가?'라면, C는 일탈자로서의 자아 형성 과정에 주목한다.

ㄴ. (나)가 '급속한 사회 변동으로 인한 규범의 부재를 일탈의 원인으로 보는가?'라면 A는 뒤르켐의 아노미 이론이다.

ㄷ. (가)에 '미시적 관점에서 일탈 행동을 보는가?'와 (나)에 '문화적 목표와 제도화된 수단 간의 괴리가 일탈의 원인 인가?'가 동시에 들어갈 수 있다.

ㄹ. (가)가 '타인과의 상호 작용에서 일탈 행동이 비롯된다고 보는가?'이고, (나)가 '일탈자와의 교류 과정에서 일탈 행 동이 학습된다고 보는가?'라면 B는 차별 교제 이론이다.

① ㄱ, ㄴ   ② ㄱ, ㄷ   ③ ㄴ, ㄷ

④ ㄴ, ㄹ   ⑤ ㄷ, ㄹ

313

다음은 일탈 이론 A~C에 대한 수행 평가 및 채점 결과이다. 이에 대한 설명으로 옳은 것은? (단, A~C는 각각 차별 교제 이론, 머튼 의 아노미 이론, 낙인 이론 중 하나이다.)

학생	수행 평가 과제
갑	A와 구분되는 B의 특징 두 가지 서술하기
을	B와 구분되는 C의 특징 두 가지 서술하기

〈각 학생의 서술 및 교사의 채점 결과〉

학생	서술 내용	점수
갑	1. 거시적 관점에서 일탈 행동을 바라본다. 2. 일탈 행동이 사회화되는 과정에 주목한다.	㉠
을	1. 2차적 일탈의 발생 과정에 주목한다. 2. 타인들과의 상호 작용이 일탈 발생 과정 에 미치는 영향을 중시한다.	2점

* 교사는 각 학생별로 서술 하나가 맞을 때마다 1점씩 부여함

① ㉠은 0점이다.

② A는 일탈 행동의 대책으로 사회 규범 확립을 중시한다.

③ B는 차별적 교제를 일탈 행동의 원인으로 강조한다.

④ C는 일탈자가 되어 가는 내면적 과정에 초점을 둔다.

⑤ A, C는 B와 달리 아노미로 인해 일탈 행동이 발생한다고 본다.

문화의 이해

Ⓐ 문화의 의미

문화인 것	인간의 행위 중 후천적으로 학습된 행동
문화가 아닌 것	인간의 행위 중 본능이나 선천적·유전적 요인에 따른 행동, 개인의 독특한 습관이나 버릇

1 좁은 의미의 문화와 넓은 의미의 문화

좁은 의미	공연이나 예술 등 특정 분야에 관련된 것 또는 교양 있거나 세련된 것 예 문화 행사, 문화생활, 문화 시민, 문화 상품권 등
넓은 의미	한 사회의 구성원이 공유하는 의식주, 가치, 규범과 관련된 행동 양식이나 사고방식 등의 모든 생활 양식 예 한국 문화, 전통문화, 청소년 문화, 혼인 문화 등

2 문화의 의미 빈출자료 Link • 323~325번 문제

─(일상생활에서 사용되는 문화의 의미)───

• 갑: 지난 수요일은 '문화가 있는 날'이어서 친구들과 미술관에 다녀왔어. 조선 시대 서민 문화를 주제로 한 작품들이 전시되어 있어 그 시대의 생활상을 한눈에 볼 수 있었어.
• 을: 오랜만에 문화생활을 해서 정말 좋았겠다. 나는 지난 주말에 원시 부족 문화를 다룬 텔레비전 프로그램을 시청했는데, 자연과 조화를 이루는 부족민들의 삶이 인상 깊었어.

Ⓑ 문화의 속성

문화의 보편성의 사례	모든 사회에는 언어, 결혼, 종교, 의복 등과 같은 생활 양식이 존재함
문화의 특수성의 사례	사회마다 결혼식을 진행하는 구체적인 모습은 다르게 나타남

1 문화의 보편성과 특수성

① 문화의 보편성: 어느 사회에서나 공통으로 나타나는 생활 양식이 있음
② 문화의 특수성: 각 사회의 문화는 다른 사회의 문화와 구분되는 고유한 특징을 가짐

└•문화는 각 사회가 처한 자연환경이나 사회적 상황에 따라 다양하게 나타난다.

2 문화의 속성

문화의 공유성	• 의미: 문화는 한 사회의 구성원이 공통으로 가지는 생활 양식임 • 특징: 같은 사회의 구성원들은 특정한 상황에서 서로의 행동을 이해하고 예측할 수 있음 → 문화는 사회 구성원 간에 원활한 상호 작용을 가능하게 함 • 사례: 우리나라 사람이 '미역국 먹는 날'하면 생일을 떠올리는 것
문화의 학습성	• 의미: 문화는 선천적으로 타고나는 것이 아니라 후천적으로 학습되는 생활 양식임 • 특징: 인간은 학습을 통해 언어, 가치, 규범 등을 익히며 사회에 적응함 • 사례: 쌍둥이더라도 서로 다른 사회에서 자라면 다른 사고방식과 행동 양식을 보이는 것
문화의 축적성	• 의미: 문화는 세대 간 전승되며, 새로운 요소가 추가되기도 하면서 더욱 풍부해짐 • 특징: 문화가 발전할 수 있는 원동력이 됨 •문화는 언어와 문자를 통해 한 세대에서 다음 세대로 전승된다. • 사례: 새로운 재료나 비법이 더해져 김치의 종류가 다양해진 것
문화의 전체성 (총체성)	• 의미: 문화 요소들은 상호 유기적인 관계를 맺으며 하나의 전체를 이룸 • 특징: 문화의 어느 한 부분에 변화가 생기면 연쇄적으로 다른 부분에도 영향을 미침 • 사례: 분유, 세탁기 등의 발명이 여성들의 경제 활동 참여 확대에 영향을 미친 것
문화의 변동성	• 의미: 문화는 고정불변한 것이 아니라 시간이 흐르면서 형태와 내용이 끊임없이 변화함 • 사례: 손 편지 대신 전자 우편, 누리 소통망(SNS) 등을 통해 소통이 이루어지는 것

└•인간은 새로운 환경에의 적응 또는 새로운 욕구 충족을 위해 변화를 추구한다.

3 문화의 속성 빈출자료 Link • 337~338번 문제

─(윷놀이를 통해 본 문화의 속성)───

(가) 윷놀이는 놀이 규칙이 쉬워서 어린아이도 몇 번만 설명해 주면 쉽게 이해할 수 있다.
(나) 윷의 재료는 과거와 많이 달라졌다. 예전에는 나무토막을 다듬어서 윷을 만들었는데, 요즘에는 공장에서 플라스틱으로 윷을 만들기도 한다.
(다) 우리나라 사람들은 명절에 가족들이 모이면 자연스레 윷놀이하며 즐겁게 지낸다. 남녀노소 누구나 즐기는 윷놀이를 통해 명절의 진정한 의미를 공유한다.

기출 Tip Ⓐ-1
문화의 어원
문화(culture)는 경작이나 재배를 의미하는 라틴어 'cultura'에서 유래되었다. 이를 통해 자연환경에 인위적인 힘을 가해 생존에 필요한 자원을 확보하려는 인간의 행위로부터 문화가 발달하였음을 알 수 있다.

기출 Tip Ⓐ-2
문화의 의미 구분
• 문화가 있는 날, 문화생활에서의 문화 ➡ 예술적인 것이나 세련된 것을 의미함 ➡ 좁은 의미의 문화
• 조선 시대 서민 문화, 원시 부족 문화에서의 문화 ➡ 생활 양식의 총체를 의미함 ➡ 넓은 의미의 문화

기출 Tip Ⓑ-2
물질문화와 비물질문화

물질문화	구성원의 욕구 충족을 위한 도구, 기술에 해당하는 문화 요소 예 옷, 요리 등
비물질문화	구성원이 지닌 태도나 신념의 옳고 그름을 판단하는 데 사용되는 문화 요소 예 예술, 철학, 제도 등

기출 Tip Ⓑ-3
윷놀이에 나타난 문화의 속성
• (가): 후천적으로 윷놀이의 규칙을 습득함 ➡ 학습성
• (나): 시간이 흐름에 따라 윷의 재료가 변화함 ➡ 변동성
• (다): 우리나라 사람들이 윷놀이 문화를 공유함 ➡ 공유성

C 문화를 바라보는 관점과 태도

1 문화를 바라보는 관점

> 개별 문화 요소만을 분리하여 바라볼 경우 해당 문화가 지닌 의미를 제대로 이해하기 어려울 수 있다.

총체론적 관점	특정 문화 현상의 의미를 다른 문화 요소나 전체 문화와의 관련성 속에서 이해하려는 관점 → 문화에 대한 편협하고 왜곡된 이해를 방지할 수 있음
비교론적 관점	서로 다른 문화 간 유사성과 차이점을 분석하여 문화의 보편성과 특수성을 이해하려는 관점 → 자기 문화에 대한 객관적 이해를 가능하게 함, 다른 문화에 대한 이해의 폭 확대에 기여함
상대론적 관점	한 사회의 문화를 그 사회의 자연환경, 사회적·역사적 맥락 등을 고려하여 이해하려는 관점 → 특정 기준에 따라 문화를 평가하지 않으므로 다른 문화를 편견 없이 이해할 수 있음

> 세계화·개방화 시대에 더욱 요구되는 관점이다.

> 문화는 그 문화가 발생한 사회의 맥락 속에서 의미와 가치를 지니기 때문이다.

국수주의와 문화 제국주의

국수주의	자기 나라의 전통이 다른 나라보다 뛰어난 것으로 믿고, 그것을 유지하고 발전시켜 나가기 위해 다른 나라나 민족을 배척하는 태도
문화 제국주의	자기 문화의 우월성을 강조하면서 자신의 문화를 다른 문화에 강요하는 것

2 문화를 이해하는 태도

① 자문화 중심주의

> 고유문화를 보존하고 독자적으로 계승하는 데 도움을 준다.

의미	자기 문화만을 우월한 것으로 여기고 그것을 기준으로 다른 문화를 낮게 평가하는 태도
장점	자기 문화에 대한 자부심을 높이고 집단 내 결속력을 강화할 수 있음
문제점	국수주의나 문화 제국주의로 변질될 수 있음, 국제적 고립을 초래할 수 있음

② 문화 사대주의

> 자기 문화를 최고로 여겨 다른 문화와의 교류를 거부할 경우 고유문화의 발전이 어려워질 수 있다.

의미	다른 문화를 우월한 것으로 여기고 추종하면서 자기 문화를 열등하게 평가하는 태도
장점	다른 문화의 좋은 점을 받아들여 자기 문화가 발전하는 계기가 될 수 있음
문제점	다른 문화를 무분별하게 수용할 경우 자기 문화의 주체성을 상실할 수 있음

문화 이해 태도의 특징 비교

- 자문화 중심주의와 문화 사대주의: 문화 간 우열이 존재한다고 봄. 특정 사회의 문화를 기준으로 타 문화를 평가할 수 있다고 봄
- 문화 상대주의: 문화 간 우열이 존재하지 않는다고 봄, 특정 사회의 문화를 기준으로 타 문화를 평가할 수 없다고 봄
  > 문화를 평가의 대상이 아닌 이해의 대상으로 인식한다.

③ 문화 상대주의

> 문화는 서로 다른 자연환경, 역사적 배경, 사회적 맥락에 따라 형성되었기 때문이다.

의미	모든 문화는 각자 나름의 고유한 가치가 있다고 보는 태도
장점	여러 문화가 공존할 수 있는 기초가 됨 → 문화의 다양성을 보존하는 데 기여할 수 있음
유의점	극단적 문화 상대주의로 치우치지 않도록 유의해야 함

> 서로 다른 문화 사이에 나타날 수 있는 갈등과 분쟁을 예방할 수 있다.

> 자유, 평등, 생명 존중 등 인류의 보편적 가치를 부정하는 문화까지도 받아들이는 태도

3 문화를 이해하는 태도 `빈출자료` Link • 347-348번 문제

┌(○○ 부족의 나체 문화를 이해하는 태도)
- 갑: ○○ 부족이 나체로 살아가는 미개한 모습이 불쌍했어요. 그런 기후에는 우리 전통 모시옷이 제격이죠.
- 을: 우리의 전통 모시옷도 미개한 것은 마찬가지죠. 서구인들이 착용하는 옷이 가장 편리하고 무더위를 막는 데도 최고예요. 서구식 의복을 입어야 ○○ 부족 사람들도 문화인이 될 것입니다.
- 병: ○○ 부족이 나체로 살아가는 것은 그곳의 환경에 가장 효율적이고 합리적으로 적응한 것입니다.

기출 Tip **C**-3

문화를 이해하는 다양한 태도

- 갑: 자기 문화를 기준으로 ○○ 부족의 문화를 낮게 평가함 ➡ 자문화 중심주의
- 을: 서구 문화를 기준으로 자기 문화를 낮게 평가함 ➡ 문화 사대주의
- 병: ○○ 부족의 문화를 그 나름의 가치를 지닌 문화로 인식함 ➡ 문화 상대주의

개념 확인 문제

○ 정답과 해설 33쪽

314 좁은 의미의 문화와 넓은 의미의 문화의 사례를 옳게 연결하시오.

(1) 좁은 의미의 문화 •　　　　• ㉠ 문화인, 문화생활, 문화 행사

(2) 넓은 의미의 문화 •　　　　• ㉡ 전통문화, 한국 문화, 청소년 문화

315 다음 진술과 관련 있는 문화의 속성을 각각 쓰시오.

(1) 문화는 시간이 흐름에 따라 지속적으로 변화한다. (　　　　)

(2) 문화는 사회 구성원 간 원활한 상호 작용의 토대가 된다. (　　　　)

(3) 문화는 새로운 문화 요소가 추가되면서 더욱 풍부해진다. (　　　　)

316 다음 설명이 맞으면 ○표, 틀리면 ×표를 하시오.

(1) 총체론적 관점은 문화 요소 간의 유기적 관계에 초점을 둔다. (　　)

(2) 비교론적 관점은 자기 문화에 대한 객관적 이해를 어렵게 한다. (　　)

317 다음 괄호 안의 내용 중 알맞은 말에 ○표를 하시오.

(1) (문화 사대주의, 자문화 중심주의)는 국수주의로 변질될 수 있다.

(2) 문화 상대주의는 각 사회의 문화를 (이해, 평가)의 대상으로 인식한다.

(3) 문화 사대주의는 타 문화를 기준으로 자기 문화를 (높게, 낮게) 평가한다.

난이도별 필수 기출

상 12문항
중 20문항
하 13문항

A 문화의 의미

318 하중상

㉠에 들어갈 개념의 사례로 옳은 것은?

> (㉠)은/는 '경작이나 재배' 또는 '육체와 정신의 돌봄'이라는 뜻을 가진 라틴어 'cultura'에서 유래하였다. 이는 자연환경에 인위적인 힘을 가해 생존에 필요한 자원을 확보하려는 인간의 행위에서 (㉠)이/가 발달하였음을 말해 준다.

① 긴장하면 다리를 떠는 것
② 하품을 하면 눈물이 나는 것
③ 명절에 어른들께 큰절을 올리는 것
④ 코에 먼지가 들어갔을 때 재채기를 하는 것
⑤ 배가 고플 때 배에서 꼬르륵 소리가 나는 것

319 하중상

다음은 어느 학생의 하루 생활을 나타낸 것이다. 밑줄 친 ㉠~㉣ 중 문화에 해당하는 것만을 있는 대로 고른 것은?

> • 등교 전: 학교에 가기 위해 ㉠ 교복을 입었다.
> • 점심시간: 너무 배가 고팠지만, 질서 유지를 위해 급식실에서 ㉡ 줄을 섰다.
> • 방과 후: 친구들과 오랜만에 ㉢ 영화를 보았다.
> • 취침 전: 책을 읽다 잠이 와서 ㉣ 살짝 졸았다.

① ㉠, ㉡   ② ㉠, ㉣   ③ ㉢, ㉣
④ ㉠, ㉡, ㉢   ⑤ ㉡, ㉢, ㉣

320 하중상

다음 사례들에서 공통적으로 사용된 문화의 의미에 대한 설명으로 옳지 않은 것은?

> • 문화인   • 문화 행사   • 문화 상품권

① 상대적으로 특별하다는 의미가 담겨 있다.
② 예술적이고 교양 있거나 세련된 것을 말한다.
③ 한 사회의 구성원들이 공유하는 행동 양식이다.
④ 정신적 또는 물질적으로 진보된 상태를 의미한다.
⑤ '문화 선진국'에서의 '문화'와 같은 의미의 문화이다.

321 하중상

밑줄 친 '문화' 중 그 의미가 다르게 사용된 하나는?

① 그는 대표적인 문화계 인사이다.
② 도시에는 농촌보다 문화 시설이 더 많다.
③ 청소년 문화는 대중 매체의 영향을 많이 받는다.
④ 개고기를 먹는 것은 문화인의 행동으로 볼 수 없다.
⑤ 저소득층은 상대적으로 문화적 혜택에서 소외되기 쉽다.

322 하중상

밑줄 친 '문화'에 대한 설명으로 옳은 것은?

> 어떤 사회에서 일어나는 현상을 올바르게 인식하기 위해서는 그 사회의 문화에 대한 이해가 있어야 한다.

① 인간의 모든 행동을 의미한다.
② '좁은 의미'의 문화를 의미한다.
③ 한 사회의 구성원이 공유하는 사고방식을 의미한다.
④ 더 세련되고 교양 있는 것 또는 더 진보한 것을 의미한다.
⑤ '민족 문화'의 문화가 아닌 '문화가 있는 날'의 문화와 같은 의미이다.

323~325 빈출자료

다음 대화를 읽고 물음에 답하시오.

> 갑: 지난 수요일은 '㉠ 문화가 있는 날'이어서 친구들과 미술관에 다녀왔어. 조선 시대 서민 ㉡ 문화를 주제로 한 작품들이 전시되어 있어 그 시대의 생활상을 한눈에 볼 수 있었어.
>
> 을: 오랜만에 ㉢ 문화생활을 해서 정말 좋았겠다. 나는 지난 주말에 원시 부족 ㉣ 문화를 다룬 텔레비전 프로그램을 시청했는데, 자연과 조화를 이루는 부족민들의 삶이 인상 깊었어.

323 (하 중 상) · 서술형

밑줄 친 ㉠~㉣ 중 좁은 의미의 문화로 사용된 사례를 모두 찾아 쓰고, 그렇게 생각한 이유를 서술하시오.

빈출 324 (하 중 상)

밑줄 친 ㉠~㉣에 대한 옳은 진술만을 〈보기〉에서 있는 대로 고른 것은?

〈 보기 〉
ㄱ. ㉠은 신문의 '문화면'에서의 문화와 같은 의미로 사용되었다.
ㄴ. ㉣은 생활 양식의 총체라는 의미로 사용되었다.
ㄷ. ㉠과 달리 ㉡에는 인간의 모든 행동이 포함된다.
ㄹ. ㉢은 ㉣과 달리 비물질문화를 포함한다.

① ㄱ, ㄴ   ② ㄱ, ㄷ   ③ ㄴ, ㄹ
④ ㄱ, ㄷ, ㄹ   ⑤ ㄴ, ㄷ, ㄹ

325 (하 중 상)

밑줄 친 ㉠~㉣에 대한 설명으로 옳은 것은?

① ㉠은 '동아시아 문화'에서 사용된 문화의 의미와 동일하다.
② ㉡은 정신적 또는 예술적으로 높은 수준에 도달한 것을 의미한다.
③ ㉢에는 ㉠과 달리 '세련되고 교양 있는'과 같은 평가적 의미가 내포되어 있다.
④ ㉢은 ㉣과 달리 일시적이고 우연적인 행위는 포함하지 않는다.
⑤ ㉠, ㉢은 좁은 의미, ㉡, ㉣은 넓은 의미의 문화를 나타낸다.

326 (하 중 상)

밑줄 친 ㉠, ㉡에 대한 옳은 설명을 〈보기〉에서 고른 것은?

> 인간은 자연환경에 적응하는 과정에서 의식주와 관련하여 다양한 생활 양식을 만들어 내는데, 이러한 생활 양식이 공통된 특징을 보이면서 지리적으로 분포하는 범위를 ㉠ 문화권이라고 한다. 한편 해당 지역에서는 고유한 생활 양식 중 일부를 ㉡ 문화 상품으로 개발하여 경제적 이익을 얻기도 한다.

〈 보기 〉
ㄱ. ㉠의 '문화'는 평가적 의미를 내포하고 있다.
ㄴ. ㉡의 '문화'는 고상하거나 세련된 것을 가리킨다.
ㄷ. ㉡과 달리 ㉠의 '문화'는 한 사회의 생활 양식 그 자체를 의미한다.
ㄹ. ㉠, ㉡의 '문화'는 모두 문화를 특정한 분야의 발전 단계로 본다.

① ㄱ, ㄴ   ② ㄱ, ㄷ   ③ ㄴ, ㄷ
④ ㄴ, ㄹ   ⑤ ㄷ, ㄹ

B 문화의 속성

327 (하 중 상)

다음 글을 통해 알 수 있는 내용으로 적절한 것을 〈보기〉에서 고른 것은?

> 세계 어느 지역이든 가옥이 존재하며, 각 지역에서는 다양한 형태의 가옥들이 발달하였다. 한대 기후 지역에서는 주위에서 쉽게 구할 수 있는 눈과 얼음을 이용하여 얼음집을 짓고, 호수나 강이 많은 지역에서는 수상 가옥을 짓는다.

〈 보기 〉
ㄱ. 문화는 일정한 기준에 의해 우열을 가릴 수 있다.
ㄴ. 문화는 보편성은 지니지만, 특수성은 지니지 않는다.
ㄷ. 지역과 공간을 초월한 공통된 문화 요소가 존재한다.
ㄹ. 문화는 독특한 자연 환경이나 상황에 따라 다르게 나타난다.

① ㄱ, ㄴ   ② ㄱ, ㄷ   ③ ㄴ, ㄷ
④ ㄴ, ㄹ   ⑤ ㄷ, ㄹ

328 하 중 상

다음 두 사례에서 공통적으로 부각된 문화의 속성으로 옳은 것은?

> • A국에서는 축의금을 낼 때 붉은 봉투를 사용한다. 그들은 붉은색이 사악한 기운을 물리치고 행운을 가져다주는 복의 이미지라고 인식하기 때문이다.
> • B국에서 기혼 여성은 전통적으로 두건을 착용해야 한다. B국 사람들에게 두건은 기혼 여성으로서의 표식이자 가족의 생계를 책임지는 사람임을 나타내는 상징물이다.

① 공유성   ② 학습성   ③ 축적성
④ 전체성   ⑤ 변동성

329 하 중 상

다음 사례에서 부각된 문화의 속성이 미치는 영향으로 적절한 것을 〈보기〉에서 고른 것은?

> 우리나라 사람은 '미역국 먹는 날'이라고 하면 대부분 생일을 떠올린다. 이는 생일에 미역국을 먹는 문화가 우리에게 있기 때문이다. 반면, 시험 보는 날에는 미역국을 잘 먹지 않는다. 똑같은 미역국이라도 어떤 날 먹느냐에 따라서 그 의미가 다르다는 것을 알기 때문이다.

〈 보기 〉
ㄱ. 원만한 사회생활을 어렵게 한다.
ㄴ. 새로운 요소가 추가된 문화를 전승할 수 있게 한다.
ㄷ. 사회 구성원들이 사고와 행동의 동질성을 형성하게 한다.
ㄹ. 같은 사회의 구성원들이 서로의 행동을 이해하고 예측할 수 있게 한다.

① ㄱ, ㄴ   ② ㄱ, ㄹ   ③ ㄴ, ㄷ
④ ㄴ, ㄹ   ⑤ ㄷ, ㄹ

330 하 중 상

• • 서술형

표는 문화의 속성을 정리한 것이다. 물음에 답하시오.

속성	의미
(가)	문화는 사회화 과정을 통해 후천적으로 습득됨
(나)	문화는 한 사회 구성원들이 공통으로 가지는 생활 양식임

(1) (가), (나)에 해당하는 문화의 속성을 각각 쓰시오.

(2) (가), (나)에 해당하는 문화의 속성이 부각된 사례를 각각 서술하시오.

331 하 중 상

밑줄 친 부분에 나타난 문화의 속성에 대한 설명으로 옳은 것은?

> 일부 동물은 학습할 수 있는 능력이 있다고 하지만, 동물이 학습한 내용은 다음 세대의 동물에게 전해지기 어렵다. 이에 비해 인간의 문화는 언어와 문자를 통해 한 세대에서 다음 세대로 전승되고 시간이 지남에 따라 새로운 요소가 추가되기도 하면서 풍부해진다.

① 인간은 선천적으로 문화를 가지고 태어난다.
② 문화는 오랜 세월 동안의 경험이 쌓여져 복잡해진 결과이다.
③ 문화는 한 사회 구성원들이 공통으로 가지는 생활 양식이다.
④ 문화의 요소들은 서로 유기적인 관계를 맺으며 긴밀하게 연결된다.
⑤ 문화의 형태는 끊임없이 변화하지만, 문화의 내용은 시간의 흐름과 관계없이 유지된다.

332 하 중 상

다음 두 사례에서 공통적으로 부각된 문화의 속성에 대한 진술로 가장 적절한 것은?

> • 힌두교를 믿는 사람들이 굶주려도 암소를 잡아먹지 않는 행동을 이해하려면 그 사회의 종교와 농경 생활을 살펴보아야 한다. 암소를 성스러운 존재로 여기는 종교적 의미 부여는 암소가 농경 생활과 일상생활에 여러 가지로 유용하다는 사실에 기인한다.
> • 고온 다습한 우리나라에서는 벼농사가 발달하였다. 이에 따라 쌀을 주식으로 하는 식생활 문화가 형성되었고, 볏짚을 이용하여 초가집을 짓고 생활하였다. 쥐불놀이나 지신밟기 등의 민속놀이나 농악, 각종, 노동요 등 민속 음악에서도 벼농사와의 연관성을 찾아볼 수 있다.

① 문화는 상징체계를 통해 축적되어 간다.
② 문화는 계승되고 발전되어 가는 현상이다.
③ 문화는 요소 간의 상호 의존성을 전제로 한다.
④ 문화는 선천적이기보다는 후천적으로 습득된다.
⑤ 문화는 시간의 흐름에 따라 기존 요소가 사라지거나 새로운 요소가 추가된다.

333 하 중 상

(가)에 들어갈 내용으로 적절한 것만을 〈보기〉에서 있는 대로 고른 것은?

인터넷이 보급되면서 우리 생활에 '인터넷'이라는 항목이 단순히 추가된 것일까? 아니다. 인터넷이 보급되면서 정치적으로는 참여 민주주의가 확산되었고, 경제적으로는 저작권과 마케팅에 대변혁이 요구되었다. 사회 운동 측면에서도 인터넷의 폭발력을 이용한 독립 매체들이 들어서게 되었고 문화적인 거리가 가까워지면서 각국의 문화 충돌 또는 공생(共生)이 가속화되고 있다. 이 모든 것의 출발점이 인터넷이고, 그 결과들도 서로서로 계속 영향을 미치게 된다. 이처럼 문화는 _____(가)_____.

〈 보기 〉

ㄱ. 사회 구성원 간 원활한 상호 작용의 토대가 된다.
ㄴ. 각 부분들이 상호 밀접한 관련을 가지고 전체를 이룬다.
ㄷ. 한 부분의 변동이 다른 부분의 연쇄적 변동을 초래한다.
ㄹ. 인간의 학습 능력과 상징체계를 통해 다음 세대에 전달된다.

① ㄱ, ㄷ   ② ㄱ, ㄹ   ③ ㄴ, ㄷ
④ ㄱ, ㄴ, ㄹ   ⑤ ㄴ, ㄷ, ㄹ

334 하 중 상

(가), (나)에서 설명하는 문화의 속성을 옳게 연결한 것은?

(가) 문화는 원활한 사회생활을 위한 공동의 장(場)을 제공하며, 다른 사람의 행동과 사고에 대한 이해와 예측을 할 수 있게 한다.
(나) 문화를 구성하는 다양한 문화 요소들은 상호 유기적인 관계를 맺으며 하나의 전체를 이루기 때문에 문화의 어느 한 부분에 변화가 생기면 연쇄적으로 다른 부분에도 영향을 미친다.

	(가)	(나)
①	공유성	전체성
②	공유성	축적성
③	전체성	학습성
④	축적성	전체성
⑤	학습성	축적성

빈출 335 하 중 상

표는 문화의 속성 A~C가 부각된 사례를 나타낸 것이다. 이에 대한 설명으로 옳은 것은? (단, A~C는 각각 공유성, 전체성, 축적성 중 하나이다.)

속성	사례
A	분유, 세탁기 등이 발명되면서 여성들의 경제 활동 참여가 확대되었으며, 양성평등 의식이 확산되었다.
B	북아메리카에서 유럽계 여성에게 단발은 자유의 상징으로 여겨졌지만, 원주민 여성에게 단발은 상중(喪中)임을 의미했다.
C	(가)

① A는 문화가 다음 세대로 계승되면서 점점 새로운 요소가 늘어나 더욱 풍부해짐을 의미한다.
② B는 한 문화 요소의 변화가 다른 문화 요소의 연쇄적 변화를 가져옴을 의미한다.
③ B의 사례로 기성세대가 청소년들이 만들어 사용하는 줄임말의 의미를 알지 못하는 것을 들 수 있다.
④ C는 문화적 특성은 타고난 것이 아니라 후천적 학습을 통해 획득한 결과임을 의미한다.
⑤ (가)에는 재외동포 2세가 한국을 방문하였으나 한국어를 몰라 의사소통에 불편함을 경험하는 사례가 들어갈 수 있다.

336 하 중 상

•• 서술형

다음은 문화의 속성과 관련하여 인터넷에 검색한 내용이다. 물음에 답하시오.

… 즉, 문화는 인간이 새로운 환경에 적응하거나 새로운 욕구를 충족하기 위해 변화를 추구함을 보여 준다. 예전에는 자신이 지원한 대학교에 직접 가서 합격자 명단을 확인하였는데, 요즘에는 인터넷으로 합격자 명단을 확인하는 것을 그 예로 들 수 있다.

(1) 인터넷 검색창에 들어갈 문화의 속성을 쓰시오.

(2) (1)의 의미를 서술하시오.

다음은 윷놀이와 관련한 내용이다. 물음에 답하시오.

> (가) 윷놀이는 놀이 규칙이 쉬워서 어린아이도 몇 번만 설명
> 해 주면 규칙을 쉽게 이해할 수 있다.
> (나) 윷의 재료는 과거와 많이 달라졌다. 예전에는 나무토막
> 을 다듬어서 윷을 만들었는데, 요즘에는 공장에서 플라
> 스틱으로 윷을 만들기도 한다.
> (다) 우리나라 사람들은 명절에 가족들이 모이면 자연스레
> 윷놀이하며 즐겁게 지낸다. 남녀노소 누구나 즐기는 윷
> 놀이를 통해 명절의 진정한 의미를 공유한다.

337 하중상

(가)~(다)에 나타난 문화의 속성을 옳게 연결한 것은?

	(가)	(나)	(다)
①	변동성	축적성	전체성
②	전체성	변동성	공유성
③	전체성	학습성	축적성
④	학습성	공유성	축적성
⑤	학습성	변동성	공유성

338 하중상

(가)~(다)에 나타난 문화의 속성에 대한 설명으로 옳은 것은?

① (가)는 같은 사회에 속한 구성원들의 행동을 예측 가능하게
한다.
② (나)는 인간은 학습을 통해 언어, 가치, 규범 등을 익히며 사
회에 적응함을 보여 준다.
③ (다)는 문화가 세대 간 계승되고 발전하는 현상임을 보여 준다.
④ (나)는 (가)와 달리 문화가 고정되어 있지 않고 지속적으로
변화함을 보여 준다.
⑤ (다)는 (가), (나)와 달리 한 문화 요소의 변화가 다른 문화
요소에 연쇄적 변화를 가져옴을 보여 준다.

339 하중상

(가)~(다)에 부각된 문화의 속성에 대한 설명으로 옳지 않은 것은?

> (가) 결혼 이민자가 다문화 가정 지원 기관에서 우리나라의
> 전통 예절을 배웠다.
> (나) 단순한 백김치에 고춧가루 등 갖은 양념이 추가되면서
> 김치의 종류가 다양해졌다.
> (다) 요즘에는 손 편지 대신 전자 우편, 누리 소통망(SNS) 등
> 을 통해 소통이 주로 이루어진다.

① (가)는 사회화 과정을 통해 개인의 사회적 행동이 형성됨을
보여 준다.
② (가)는 문화가 타고나는 것이 아니라 후천적으로 습득되는
것임을 보여 준다.
③ 문화가 세대 간 전승을 통해 복잡하고 다양해지는 것은 (나)
를 통해 설명된다.
④ 기성세대가 청소년들이 만들어 사용하는 줄임말의 의미를
알지 못하는 것은 (나)가 부각된 사례로 적합하다.
⑤ (다)는 문화가 시간의 흐름에 따라 기존 요소가 사라지거나
변화함을 보여 준다.

340 하중상

표는 문화의 속성과 그 속성이 부각된 사례를 정리한 것이다. (가)
~(라)에 해당하는 문화의 속성을 옳게 연결한 것은?

속성	사례
(가)	훈민정음이 자음은 원래 17자였으나, 지금은 14자만 사용되는 것
(나)	우리나라에서 2월에 꽃다발을 들고 다니는 사람들을 보면 졸업식이 있다고 생각하는 것
(다)	쌍둥이로 태어난 자매가 서로 다른 나라로 입양되면서 성인이 되었을 때 생활 양식에 큰 차이가 나타나게 되는 것
(라)	우리나라의 전통 가옥이 온돌 난방 방식의 효율성을 높이기 위해 집의 천장이 낮게 지어짐에 따라 자연스럽게 앉아서 생활하는 방식이 정착된 것

① (가) - 공유성　　　　② (나) - 전체성
③ (다) - 학습성　　　　④ (라) - 축적성
⑤ (라) - 변동성

341 하 중 상

문화의 속성과 그 속성이 부각된 사례를 잘못 연결한 것은?

① 공유성 - 우리나라 사람들은 설날이 되면 떡국을 끓여 먹는다.

② 축적성 - 오늘날의 온돌 문화는 우리 민족의 지혜가 오랫동안 쌓여 온 결과이다.

③ 학습성 - 우리나라에서 오래 살고 있는 미국인이 직접 김치를 담가 먹는다.

④ 전체성 - 동양 문화권의 어린아이들은 후천적으로 젓가락의 사용법을 배워 익히고 젓가락을 이용해서 식사를 한다.

⑤ 변동성 - 우리나라에서 주거 양식은 과거에 한옥이 주를 이루었지만, 최근에는 아파트와 같은 서양식 건축 형태로 바뀌고 있다.

342 하 중 상

다음은 한 학생이 작성한 서술형 평가의 답안이다. 이 학생이 얻을 총 점수는?

제1학기 중간고사	〈서술형 평가〉	○교시
	사회·문화	

각 문항에 제시된 의미에 해당하는 문화의 속성을 쓰시오. (문항당 1점)

문항	의미	답안
1	문화는 후천적으로 습득된다.	공유성
2	문화의 구성 요소들은 유기적으로 연관되어 있다.	학습성
3	문화는 사회 구성원들의 삶에서 공통으로 나타난다.	축적성
4	문화는 세대 간 전승 과정에서 그 내용이 풍부해진다.	전체성
5	문화는 시간이 흐르면서 새로운 형태를 갖추게 된다.	변동성

① 1점 ② 2점 ③ 3점 ④ 4점 ⑤ 5점

C 문화를 바라보는 관점과 태도

343 하 중 상

다음은 문화 관련 수업 시간에 제시된 글의 일부이다. 이 수업의 주제로 가장 적절한 것은?

> 한 사회의 문화는 다양한 요소들로 구성되어 있으며, 각 요소는 개별적으로 존재하는 것이 아니라 다른 문화 요소와 상호 유기적인 관계를 맺으면서 하나로서의 전체를 이루고 있다. 따라서 어떤 문화 현상을 제대로 이해하기 위해서는 다른 문화 요소와 연관 지어 바라보고 전체 문화의 맥락 속에서 의미를 파악해야 한다.

① 비교론적 관점은 왜 필요한가?

② 상대론적 관점은 왜 필요한가?

③ 총체론적 관점은 왜 필요한가?

④ 문화 사대주의의 문제점은 무엇인가?

⑤ 자문화 중심주의의 문제점은 무엇인가?

344 하 중 상

다음 글에 나타난 문화를 바라보는 관점에 대한 설명으로 옳은 것은?

> 한국의 살풀이춤과 스페인의 플라멩코 춤은 모두 '한(恨)'이라는 슬픈 정서를 표현한다는 공통점이 있다. 하지만 춤의 동작을 살펴보면 차이가 존재한다. 한국의 살풀이춤은 멈춤과 움직임이 교차되면서 나타나는 차분한 곡선의 표현이 특징인 반면, 스페인의 플라멩코 춤은 즉흥적이고 화려한 기교와 구두로 무대 바닥을 치는 강력한 몸짓이 특징이다.

① 문화의 특수성을 이해하는 데에는 적합하지 않다.

② 자기 문화를 객관적으로 이해할 수 있도록 해 준다.

③ 다른 문화에 대한 이해를 어렵게 한다는 한계가 있다.

④ 전체 문화와의 관련성 속에서 문화 요소가 지닌 의미를 이해하고자 한다.

⑤ 문화 현상을 그 문화가 발생한 사회적 맥락을 고려하여 이해하고자 한다.

345 하(중)상

다음 글에 나타난 문화를 바라보는 관점에 대한 옳은 설명만을
〈보기〉에서 있는 대로 고른 것은?

> 나라마다 또는 지역마다 언어의 구조가 다르고 용법도 다르
> 다. 친족 관계를 중요시하는 나라에서는 호칭이나 존대법이
> 세분화되어 있고, 그렇지 않은 나라에서는 호칭법이 발달되
> 어 있지 않다. 예를 들어 한국에서는 친사촌, 이종사촌, 고종
> 사촌, 외사촌 등 사촌의 유형이 구분되어 있지만, 미국에서
> 는 이러한 구분 없이 모두를 사촌(cousin)이라고 칭한다.

〈 보기 〉

ㄱ. 문화의 보편성과 특수성을 이해하는 데 도움을 준다.
ㄴ. 서로 다른 문화 간의 유사성과 차이점을 분석하고자 한다.
ㄷ. 문화 간 비교를 통해 자문화에 대한 객관적 시각을 갖게
   한다.
ㄹ. 해당 문화를 향유하는 사회 구성원의 입장에서 문화의
   의미를 파악하는 데 초점을 둔다.

① ㄱ, ㄴ   ② ㄱ, ㄷ   ③ ㄷ, ㄹ
④ ㄱ, ㄴ, ㄷ   ⑤ ㄴ, ㄷ, ㄹ

346 하(중)상

•서술형

다음을 읽고 물음에 답하시오.

> ☆ 용어 사전 ☆
>
> ⓐ : 한 사회의 문화를 그 사회의 자연환경, 사회
> 적 상황, 역사적 맥락 등을 고려하여 이해하려는 관점
> 을 말한다. 특히 오늘날과 같이 다른 사회의 문화를 접
> 할 기회가 많은 세계화·개방화 시대에 그 중요성이 커
> 지고 있다.

(1) ⓐ에 들어갈 문화를 바라보는 관점을 쓰시오.

(2) (1)의 필요성을 서술하시오.

다음 내용을 읽고 물음에 답하시오.

> • 갑은 주택의 문화적 의미에 대해 연구하였다. 그 결과 갑은
>   주택이 경제적 의미뿐만 아니라 사회적 성향, 자연조건, 자
>   원의 영향과 밀접하게 관련되어 있다는 사실을 규명하였다.
> • 을은 A국과 B국의 프로야구 응원 문화를 조사하였다. 조
>   사 과정에서 A국은 개인적으로 응원을 하는 반면, B국은
>   관중이 집단적으로 응원을 하는 특징이 있다는 점에 주목
>   하였다.

347 하(중)상

갑과 을이 가진 문화 이해의 관점을 옳게 연결한 것은?

	갑	을
①	비교론적 관점	상대론적 관점
②	비교론적 관점	총체론적 관점
③	상대론적 관점	비교론적 관점
④	총체론적 관점	비교론적 관점
⑤	총체론적 관점	상대론적 관점

빈출 348 하(중)상

갑과 을이 가진 문화 이해의 관점에 대한 설명으로 옳은 것은?

① 갑의 관점은 모든 문화는 고유한 가치를 지닌다고 본다.
② 을의 관점은 문화가 부분이 아닌 전체로서의 의미를 갖는다
  고 본다.
③ 갑의 관점은 을의 관점과 달리 자문화를 객관적으로 파악할
  수 있게 한다.
④ 을의 관점은 갑의 관점과 달리 문화에 대한 왜곡된 이해를
  방지하는 데 기여한다.
⑤ 을의 관점은 갑의 관점과 달리 여러 문화를 비교함으로써 문
  화의 보편성과 특수성을 파악한다.

349 하/중/상

(가), (나)에 적용된 문화를 바라보는 관점에 대한 옳은 설명을 〈보기〉에서 고른 것은?

> (가) 젊은 세대의 결혼 기피는 취업난, 높은 결혼 및 주거 비용, 자녀 양육 및 교육비 부담 등이 복합적으로 작용하였기 때문이라고 볼 수 있다.
> (나) 한국과 일본의 장례는 모두 삼일장을 기본으로 하고 부의금을 받는다는 공통점이 있다. 다만 한국은 곡소리로 슬픔을 표현하지만, 일본은 아무리 슬퍼도 조문객 앞에서 울음을 속으로 삼키며 조용하게 장례를 지낸다.

〈 보기 〉

ㄱ. (가)에 적용된 관점은 문화에 대한 편협하고 왜곡된 이해를 방지하는 데 기여한다.
ㄴ. (나)에 적용된 관점은 문화가 보편성과 특수성을 동시에 지님을 전제로 한다.
ㄷ. (가)에 적용된 관점은 (나)에 적용된 관점과 달리 해당 문화를 향유하는 사람들의 관점에서 문화의 의미를 파악한다.
ㄹ. (나)에 적용된 관점은 (가)에 적용된 관점과 달리 문화 요소 간의 유기적 관계에 초점을 둔다.

① ㄱ, ㄴ   ② ㄱ, ㄷ   ③ ㄴ, ㄷ
④ ㄴ, ㄹ   ⑤ ㄷ, ㄹ

350 하/중/상

다음 사례에서 다리우스의 부하들이 지닌 문화 이해의 태도에 대한 옳은 진술을 〈보기〉에서 고른 것은?

> 고대 페르시아의 왕 다리우스는 여행을 하던 중 만난 칼라시아족이 죽은 조상의 시신을 먹는다는 것을 알게 되었다. 시신을 화장하는 장례 문화 속에서 자란 다리우스의 부하들은 이를 보고 칼라시아족을 야만족이라고 비난하였다.

〈 보기 〉

ㄱ. 자기 문화의 정체성을 약화시킬 우려가 크다.
ㄴ. 외래문화 수용을 통한 문화 발전을 이루기 쉽다.
ㄷ. 국수주의로 이어져 국제적 고립을 초래할 수 있다.
ㄹ. 사회 구성원 간의 결속력을 강화시켜 사회 통합에 기여할 수 있다.

① ㄱ, ㄴ   ② ㄱ, ㄷ   ③ ㄴ, ㄷ
④ ㄴ, ㄹ   ⑤ ㄷ, ㄹ

351 빈출 하/중/상

밑줄 친 사람들이 지닌 문화 이해의 태도에 대한 옳은 설명을 〈보기〉에서 고른 것은?

> 조선 시대 많은 지식인들은 중국이 세상의 중심이라는 중화사상을 맹신하여 중국을 대(大)중화, 조선을 소(小)중화로 여겨 중국을 떠받들었다.

〈 보기 〉

ㄱ. 문화의 다양성 확보에 유리하다.
ㄴ. 선진 문물의 수용으로 문화 발전에 기여할 수 있다.
ㄷ. 자기 문화의 정체성과 고유문화가 상실될 우려가 있다.
ㄹ. 문화 제국주의로 변질될 가능성이 높은 문화 이해 태도이다.

① ㄱ, ㄴ   ② ㄱ, ㄷ   ③ ㄴ, ㄷ
④ ㄴ, ㄹ   ⑤ ㄷ, ㄹ

352 하/중/상

다음 글의 A씨가 가진 문화 이해의 태도에 부합하는 진술에만 '○'를 표시한 학생은?

> 20세기 초 미국인들은 북극 사람들을 '날고기를 먹는 사람'이란 뜻의 에스키모라 부르며 조롱하였지만, 북극 사람들은 자신을 '사람'이란 뜻의 이누이트라 불렀다. 1922년 미국인 A씨는 미국인의 시선이 아닌 이누이트의 시선으로 북극 사람들의 삶을 기록한 다큐멘터리를 제작하였다.

진술	갑	을	병	정	무
문화의 다양성 보존에 기여한다.	○			○	○
자기 문화의 주체성을 상실할 가능성이 크다.		○		○	
서로 다른 문화 간에 우열이 있음을 인정한다.		○	○	○	
사회적 환경과 맥락을 고려한 문화 이해를 강조한다.	○				○
다른 사회에 자기 문화의 수용을 강요할 가능성이 높다.			○		○

① 갑   ② 을   ③ 병   ④ 정   ⑤ 무

353 (하)(중)(상)

표는 문화 이해의 태도 A, B의 공통점과 차이점을 나타낸 것이다. 이에 대한 설명으로 옳은 것은? (단, A, B는 각각 문화 사대주의와 자문화 중심주의 중 하나이다.)

구분	A	B
공통점	(가)	
차이점	다른 사회의 문화를 기준으로 자기 문화의 가치를 평가 절하한다.	(나)

① A는 외부 사회의 문화를 수용하는 데 소극적이다.
② B는 문화 제국주의를 정당화할 우려가 있다.
③ A는 B와 달리 각 사회의 문화가 지닌 상대성을 부정한다.
④ (가)는 '다른 사회의 문화를 향유 주체의 입장에서 이해한다.'가 들어갈 수 있다.
⑤ (나)는 '절대적인 기준에 따라 문화 간 우열을 평가한다.'가 들어갈 수 있다.

354 (하)(중)(상)

밑줄 친 ㉠, ㉡에 대해 문화 이해의 태도와 관련지어 옳게 설명한 학생은?

- 오리엔탈리즘(Orientalism)이란 유럽이 동양과 서양을 문명과 문명, 야만과 지성으로 나누는 이분법적인 사고 틀을 말한다. 오리엔탈리즘은 철저하게 ㉠ 서양의 관점에서 바라본 동양에 대한 이미지이다. 서양의 관점에서 동양은 미지의 신비로운 곳이며, 문명화되지 않은 야만 사회이다. 이러한 동양에 대한 서양의 시각이 서양의 대중문화를 통해 동양에 그대로 인식된다.
- ㉡ 20대 소비자의 관점에서는 같은 옷이라도 한글보다 영어로 표기된 것을 더 선호하는 것으로 나타났다. 한 의류 디자인학과 연구 팀은 우리나라 20대 소비자를 대상으로 패션 용어 표기에 따른 소비자 반응 차이를 분석하였다. 그 결과 소비자들은 '편한 검정 면바지'보다는 '블랙 코튼 이지 팬츠'를, 또 그보다는 'black cotton easy pants'의 가격을 더 높게 평가하였다.

① 갑: ㉠은 우수한 선진 문화를 적극적으로 수용해야 된다는 인식을 중시할 거야.
② 을: ㉠은 문화를 평가의 대상이 아닌 이해의 대상이라고 생각하는 것 같아.
③ 병: ㉡은 새로운 문물을 수용하는 데 적극적일 가능성이 커.
④ 정: ㉡은 자기 문화의 정체성을 유지하는 데 유리하게 작용할 수 있어.
⑤ 무: ㉠, ㉡은 모두 문화의 상대성을 올바르게 인식하고 있는 것 같아.

 빈출자료
355~357

다음 대화를 읽고 물음에 답하시오.

- 갑: ○○ 부족이 나체로 살아가는 미개한 모습이 불쌍했어요. 옷이 더위와 위험으로부터 신체를 보호하는 것임을 모르는 그들의 무지가 안타까웠어요. 그런 기후에는 우리의 전통 모시옷이 제격이죠.
- 을: 우리의 전통 모시옷도 미개한 것은 마찬가지죠. 서구인들이 착용하는 옷이 가장 편리하고 무더위를 막는 데도 최고예요. 서구식 의복을 입어야 ○○ 부족 사람들도 문화인이 될 것입니다.
- 병: ○○ 부족이 옷을 입지 않고 나체로 살아가는 것은 그들이 그곳의 환경에 가장 효율적이고 합리적으로 적응한 결과입니다.

355 (하)(중)(상)

갑~병이 지닌 문화 이해의 태도를 옳게 연결한 것은?

	갑	을	병
①	문화 사대주의	자문화 중심주의	문화 상대주의
②	문화 상대주의	문화 사대주의	자문화 중심주의
③	문화 상대주의	자문화 중심주의	문화 사대주의
④	자문화 중심주의	문화 사대주의	문화 상대주의
⑤	자문화 중심주의	문화 상대주의	문화 사대주의

356 (하)(중)(상)
•서술형

갑~병이 지닌 문화 이해의 태도를 '문화를 평가하는 절대적 기준의 유무'를 기준으로 비교하여 서술하시오.

357 (하)(중)(상)

갑~병이 지닌 문화 이해의 태도에 대한 옳은 설명을 〈보기〉에서 고른 것은?

〈 보기 〉
ㄱ. 갑의 태도는 자기 문화를 가장 우월한 것으로 평가한다.
ㄴ. 병의 태도는 문화를 문명과 야만으로 나누어 이해하고자 한다.
ㄷ. 갑, 을의 태도는 모두 문화를 평가하는 절대적 기준이 있다고 본다.
ㄹ. 을의 태도는 갑, 병의 태도와 달리 문화의 다양성을 보존하는 데 기여할 수 있다.

① ㄱ, ㄴ　　　② ㄱ, ㄷ　　　③ ㄴ, ㄷ
④ ㄴ, ㄹ　　　⑤ ㄷ, ㄹ

358 ⓗ춤⬤

표는 문화 이해의 태도 A~C를 비교한 것이다. 이에 대한 설명으로 옳지 <u>않은</u> 것은? (단, A~C는 각각 자문화 중심주의, 문화 사대주의, 문화 상대주의 중 하나이다.)

구분	A	B	C
자기 문화의 주체성을 잃기 쉽다.	㉠	아니요	㉡
문화 간에 우열이 존재한다고 본다.	아니요	㉢	㉣

① ㉠에는 '아니요', ㉡에는 '예'가 들어가야 한다.
② ㉢과 ㉣에는 모두 '예'가 들어가야 한다.
③ A는 B와 달리 문화 다양성을 유지하는 데 도움이 된다.
④ B는 C와 달리 집단 내 결속력을 높이는 데 도움이 된다.
⑤ C는 A, B와 달리 다문화 사회에서 문화 간의 이해를 방해하여 사회 통합을 저해할 수 있다.

359 ⓗ⬤상

그림은 문화 이해의 태도 A~C를 구분한 것이다. 이에 대한 설명으로 옳은 것은? (단, A~C는 각각 문화 사대주의, 문화 상대주의, 자문화 중심주의 중 하나이다.)

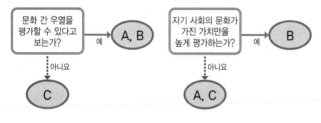

① A는 다른 사회에 자기 문화를 이식하는 것을 당연시한다.
② B는 문화의 차이를 발전 수준의 차이로 인식한다.
③ C는 다른 사회의 문화가 지닌 고유한 가치를 부정한다.
④ C는 한 사회의 문화를 제삼자의 입장에서 이해하고자 한다.
⑤ A는 B와 달리 자기 문화의 정체성 유지에 기여할 수 있다.

360 ⓗ춤상

문화 이해 태도 A~C에 대한 설명으로 옳지 <u>않은</u> 것은? (단, A~C는 각각 문화 사대주의, 자문화 중심주의, 문화 상대주의 중 하나이다.)

> 타 문화를 받아들임에 있어서 A는 B에 비해 수용적이지만, 자기 문화의 정체성을 보존하는 데는 B가 A보다 유리하다. 한편 문화의 다양성 신장을 위해서는 A, B보다 C가 유리하다.

① A의 사례로 선진국의 교육 방식을 맹목적으로 추종하는 것을 들 수 있다.
② B는 국수주의에 빠질 위험이 있다는 비판을 받는다.
③ C는 문화를 우열 평가가 아닌 이해의 대상으로 간주한다.
④ A, B는 C와 달리 문화의 우열을 정하는 기준이 있다고 본다.
⑤ C는 A, B와 달리 집단 내의 일체감과 통합을 약화시킨다.

361 ⓗ춤⬤

표는 질문과 응답을 통해 문화 이해의 태도를 구분한 것이다. (가)~(다)에 들어갈 질문으로 적절한 것을 〈보기〉에서 고른 것은?

질문 \ 태도	문화 사대주의	문화 상대주의	자문화 중심주의
(가)	예	아니요	아니요
(나)	아니요	예	아니요
(다)	예	아니요	예

〈 보기 〉

ㄱ. 자문화의 주체성이 약화되기 쉬운가?
ㄴ. 문화 다양성을 보존하는 데 기여하는가?
ㄷ. 절대적 기준에 비추어 문화를 평가하는가?

	(가)	(나)	(다)			(가)	(나)	(다)
①	ㄱ	ㄴ	ㄷ		②	ㄱ	ㄷ	ㄴ
③	ㄴ	ㄷ	ㄱ		④	ㄷ	ㄱ	ㄴ
⑤	ㄷ	ㄴ	ㄱ					

362 ⓗ춤상

다음 사례들을 종합하여 교사가 설명할 학습 내용으로 가장 적절한 것은?

> • 인도의 여아 살해 풍습
> • 이슬람의 명예 살인 풍습
> • 이로코이족과 후론족의 식인 풍습

① 다른 문화를 바라볼 때 특정 기준을 중심으로 평가해서는 안 된다.
② 자기 문화의 우월함만을 강조하면 자기 문화를 객관적으로 보기 어렵다.
③ 반드시 그 문화가 속한 사회의 맥락과 특수성을 우선 고려하여 이해해야 한다.
④ 문화를 이해할 때 여러 문화의 공통점을 중심으로 인간 문화의 보편성을 파악해야 한다.
⑤ 인류의 보편적 가치에 위배되는 문화까지도 그 나름의 가치를 인정하는 것은 바람직하지 않다.

현대 사회의 문화 양상

A 하위문화의 의미와 기능

1 하위문화의 의미와 특징

→ 한 사회에서 지배적인 영향을 끼치는 문화라는 의미에서 지배 문화라고도 불린다.

① 하위문화: 한 사회 내의 일부 구성원들만이 공유하여 다른 구성원들과 구분되는 문화 **예** 지역 문화, 세대 문화, 반문화 등
② 하위문화의 특징: 사회가 다원화될수록 다양해짐, 시간과 공간에 따라 상대적인 성격을 띰
→ 하위문화는 주류 문화의 범주를 어떻게 규정 하느냐에 따라 상대적으로 규정할 수 있다.

2 하위문화의 기능

순기능	• 구성원의 다양한 문화적 욕구 충족에 기여함 → 사회 전체의 문화를 풍부하게 함으로써 사회의 문화적 다양성을 증대시키는 요인이 됨 • 같은 하위문화를 누리는 구성원의 문화 정체성과 소속감을 높이는 데 기여함
역기능	서로 다른 하위문화 간의 차이를 인정하지 않을 경우 문화적 갈등이 발생할 수 있음

기출 Tip Ⓐ-1
주류 문화(전체 문화)의 의미와 특징

의미	한 사회의 구성원 대부분이 공유하는 문화
특징	• 사회 변동에 따라 하위 문화가 되기도 함 • 하위문화의 총합으로 설명할 수 없음

B 하위문화의 유형

1 다양한 하위문화

① 지역 문화 ┐→ 각 지역 사람들이 서로 다른 자연환경이나 역사적 배경, 사회적 상황 등에 각기 다른 방식으로 적응하는 과정에서 지역 간에 문화적 차이가 나타난다.

의미	한 사회를 구성하는 여러 지역 사회에서 나타나는 고유한 생활 양식
기능	• 지역 주민의 정체성 및 유대감 형성에 기여할 수 있음 • 지역의 고유성을 보존하고 전체 사회의 문화적 다양성을 높일 수 있음

② 세대 문화 ┐→ 현대 사회에서는 세대를 구분하는 연령의 범위가 좁아지면서 다양한 세대 문화가 나타나고 있다.

의미	공통의 체험을 토대로 한 특정 범위의 연령층이 공유하는 문화 **예** 청소년 문화, 노인 문화 등
기능	• 순기능: 같은 세대에 속하는 사람들의 일체감과 정체성 형성에 이바지할 수 있음 • 역기능: 세대 갈등을 유발할 수 있음

③ 반문화

의미	사회의 지배적인 문화에 저항하고 대립하는 문화 **예** 히피 문화, 비행 청소년 집단 문화 등
특징	• 반문화에 대한 규정은 시대나 사회에 따라 달라질 수 있음 • 주류 문화에 의해 일탈로 규정되기도 함
기능	• 순기능: 주류 문화의 변동을 유도하여 새로운 문화 형성의 계기가 되기도 함 • 역기능: 사회적 혼란과 집단 간 갈등을 초래하여 사회 통합을 저해할 수 있음

기출 Tip Ⓑ-1
주류 문화와 반문화의 관계
반문화는 주류 문화에 적대적인 경우가 많아 사회 갈등을 초래하기도 하지만, 주류 문화에 대한 성찰의 계기를 마련하여 사회가 바람직한 방향으로 변화하는 데 도움을 주기도 한다.

청소년 문화의 특징
청소년 문화는 기성세대의 문화에 비판적이고 새로운 것을 추구하는 변화 지향적인 성격이 강하며, 충동적·모방적인 성향을 보이기도 한다.

2 다양한 하위문화 [빈출자료] Link • 376-377번 문제

┌─ **(하위문화의 사례)** ─

(가) 강릉 단오제는 단옷날을 전후하여 펼쳐지는 강릉 지방의 향토 제례 의식이자 공동 축제이다. 축제를 통해 주민들은 서로 화합함으로써 기쁨과 즐거움을 느낀다.

(나) 오늘날 많은 청소년들이 '생일 선물'을 '생선'으로, '재미없다'를 '노잼'으로 줄여 말하며 그들만의 유대감을 형성한다.

(다) 1960년대 미국에서 히피 집단은 전쟁과 폭력 반대, 자연으로의 복귀 등을 주장하면서 정부 정책에 도전하며 그들만의 문화를 향유하였다.

기출 Tip Ⓑ-2
하위문화의 유형
• (가): 강릉 지역 주민들이 공동의 축제를 향유함 ➡ 지역 문화
• (나): 청소년 세대들이 줄임말 문화를 공유함 ➡ 세대 문화
• (다): 히피 집단이 자신들만의 문화를 공유하며 주류문화에 대립하고 저항함 ➡ 반문화

C 대중문화와 대중 매체

1 대중문화의 의미와 기능

• 대중의 지위가 상승하여 대중의 문화적 역량이 높아지고, 대중 매체가 발달하면서 형성되었다.

① 대중문화: 한 사회 내의 불특정 다수가 공유하는 문화 예 가요, 영화, 드라마 등

② 대중문화의 특징: 대중 매체를 통해 넓은 범위에 빠르게 확산됨, 대중이 일상생활에서 쉽게 접하고 즐길 수 있음, 대량으로 생산되고 다수에 의해 대량으로 소비됨 등

③ 대중문화의 기능

• 대중문화는 대중의 수준과 기호를 반영한다.
• 대중문화는 소수의 특권층이 누리던 문화적 혜택을 다수가 누릴 수 있게 한다.

| 순기능 | 대중에게 오락 및 휴식 제공, 문화의 민주화에 기여, 사회 문제에 대한 대중의 관심 증대 등 |
| 역기능 | 사회 구성원의 생활 양식 및 가치관의 획일화, 지나치게 상업성을 추구할 경우 문화의 질 저하, 대중의 정치적 무관심 조장, 정보 왜곡 및 여론 조작의 수단으로 악용 가능 등 |

• 대중 매체를 통해 동일한 정보를 동시에 제공하기 때문이다.

2 대중문화의 의미와 기능 빈출자료 Link • 384~385번 문제

┌(텔레비전 예능 프로그램을 통해 본 대중문화의 순기능과 역기능)

• 갑: 여러 방송사에서 요리와 여행을 예능 프로그램 소재로 삼고 있어. □□ 프로그램은 다양한 국내 여행지를 알려주었고, ☆☆ 프로그램은 캠핑 문화의 대중화를 이끌었지. 그리고 집밥 요리법을 알려주는 △△ 프로그램은 성별과 나이에 상관없이 요리에 대한 부담을 줄이고 간편하고 재미있게 요리에 접근할 수 있는 기회를 줘서 바람직하다고 생각해.

• 을: 여행 예능 프로그램에서 출연자들이 자연스럽게 먹고 쓰고 마시는 것들은 대부분 광고를 위한 협찬에 불과해. 또한 요즘 음식 예능 프로그램은 우리 사회가 당면한 정치적·사회적 문제점은 외면한 채 즐거움과 같은 순간적인 만족을 줌으로써 현실 도피를 유도하기도 해.

• 대중 매체가 제공하는 지식이나 정보를 여러 매체를 통해 비교하여 수용해야 한다.

3 대중문화를 수용하는 바람직한 자세
대중문화의 비판적 수용, 대중문화의 지나친 상업성 경계, 대중문화의 주체적 생산자로서의 역할 수행 등

• 대중은 문화의 소비자이자 생산자로서 건전한 대중문화를 만들기 위해 노력해야 한다.

4 대중 매체의 종류

• 정보 전달 속도는 느린 편이다.

인쇄 매체	문자와 사진을 이용하여 정보 전달, 깊이 있는 정보 전달 가능 예 신문, 잡지 등
음성 매체	소리를 이용하여 정보 전달, 적은 비용으로 넓은 범위에 정보 전달 가능 예 라디오 등
영상 매체	소리와 영상을 이용하여 정보 전달 예 텔레비전 등
뉴 미디어	문자, 사진, 소리, 영상 등을 이용하여 정보 전달, 정보 복제 및 전송에 용이 예 인터넷, 스마트폰 등

기출 Tip C-2
대중문화의 순기능과 역기능

• 갑: 예능 프로그램을 통해 대중에게 다양한 정보가 전달된다고 봄 ➡ 대중문화가 문화의 민주화에 이바지함을 강조 ➡ 대중문화의 순기능 중시

• 을: 예능 프로그램이 광고의 영향을 많이 받으며, 현실 도피를 유도한다고 봄 ➡ 대중문화의 지나친 상업성 추구와 대중의 정치적 무관심 조장을 우려 ➡ 대중문화의 역기능 중시

기출 Tip C-4
대중 매체의 발달 과정

일방향 매체

신문, 라디오, 텔레비전 등 정보가 대중에게 일방적으로 전달되는 매체

⬇

쌍방향 매체

인터넷, 스마트폰 등 정보 전달이 쌍방향으로 이루어지는 매체

과거에는 대중문화가 주로 일방향 매체를 통해 생산되었고, 대중은 문화를 소비하는 수준에 머물렀다. 이후 쌍방향 매체의 비중이 커지고 대중이 문화의 생산에 참여하게 되면서 대중문화의 생산자와 소비자 간 경계가 점차 모호해지고 있다.

개념 확인 문제

○ 정답과 해설 38쪽

363 다음 괄호 안의 내용 중 알맞은 말에 ○표를 하시오.

(1) 하위문화는 시간이 흐름에 따라 주류 문화로 변화할 수 (있다, 없다).

(2) 하위문화는 사회의 문화적 다양성을 (감소, 증대)시키는 요인이 된다.

364 ㉠~㉢에 들어갈 하위문화의 유형을 각각 쓰시오.

(㉠)	한 사회의 지배적인 문화를 거부하거나 이에 저항하는 문화
(㉡)	공통의 체험을 토대로 한 특정 범위의 연령층이 공유하는 문화
(㉢)	한 사회를 구성하는 여러 지역 사회에서 나타나는 고유한 생활 양식

365 대중문화의 역기능으로 옳은 것을 〈보기〉에서 골라 기호를 쓰시오.

┌〈 보기 〉
ㄱ. 정보 왜곡 방지   ㄴ. 문화의 획일화 초래
ㄷ. 정치적 무관심 조장   ㄹ. 문화의 민주화에 기여

366 대중 매체에 대한 설명이 맞으면 ○표, 틀리면 ×표를 하시오.

(1) 인쇄 매체는 심층적인 정보 전달에 유리하다. (   )

(2) 뉴 미디어는 인쇄 매체에 비해 정보 복제 및 전송에 용이하다. (   )

(3) 인쇄 매체, 음성 매체, 영상 매체는 뉴 미디어와 달리 쌍방향 매체에 해당한다. (   )

A 하위문화의 의미와 기능

367 하 중 상

•서술형

다음 글을 읽고 물음에 답하시오.

> 같은 가족 내에서도 아버지와 딸의 생활 양식이 다르듯이, 한 사회 내에서도 지역이나 직업, 나이 등에 따라 다양한 문화적 특징이 나타날 수 있다. 한 사회의 구성원 대부분이 공유하는 문화를 주류 문화라고 하며, 한 사회 내의 일부 구성원이 공유하는 문화를 (㉠)(이)라고 한다.

(1) ㉠에 들어갈 용어를 쓰시오.

(2) (1)의 특징을 두 가지 이상 서술하시오.

368 하 중 상

다음 글을 통해 파악할 수 있는 내용으로 가장 적절한 것은?

> '마작'은 중국 사람 대다수가 즐기는 보드게임이다. 마작은 4명의 대국자가 136개의 마작 패를 이용해 복잡한 게임 규칙에 따라 일정한 조합의 패를 먼저 맞추어 내밀면 이기는 게임이다. 마작의 어원은 이 게임의 모체가 되는 '마댜오'라는 놀이에서부터 온 것인데, 마댜오에서는 물소의 뼈에 대나무로 안을 댄 골패를 사용했다. 마작이라는 이름은 이 골패를 섞을 때 대나무숲에서 시끄럽게 지저귀는 참새 떼와 같은 소리가 난다고 해서 생겨난 것이라고 한다. 현재 마작은 세계적으로도 인기가 많으며 세계 대회까지 치러지고 있다. 그러나 우리나라에서는 마작을 즐기는 사람들이 그리 많지 않고, 주로 장년층이나 노년층 중에 마작을 즐기는 마니아들이 있는 정도이다.

① 반문화가 주류 문화로 변화될 수 있다.
② 반문화는 전체 사회의 개선을 자극하기도 한다.
③ 상류층이 즐기는 문화는 하위문화로 보기 어렵다.
④ 한 사회 내에 있는 모든 하위문화의 총합이 주류 문화이다.
⑤ 특정 사회의 주류 문화는 다른 사회의 하위문화가 될 수 있다.

369 하 중 상

㉠의 기능으로 옳지 않은 것은?

> (㉠)의 유형과 특징
> 1. 유형: 지역 문화, 세대 문화, 반문화 등
> 2. 특징: 사회가 다원화될수록 다양해짐, 시간과 공간에 따라 상대적인 성격을 띰

① 주류 문화를 강화하기 위한 문화 일체화를 강조한다.
② 주류 문화를 보완할 수 있는 대안을 제시하기도 한다.
③ 기존에 존재하지 않았던 새로운 문화의 창조에 기여한다.
④ 주류 문화에서 얻을 수 없는 다양한 욕구를 충족시켜 준다.
⑤ 해당 문화를 공유하는 사람들의 소속감과 유대감을 높여 준다.

370~371 빈출자료

그림은 갑국의 음식 문화 a, b가 속하는 영역을 나타낸 것이다. 물음에 답하시오.

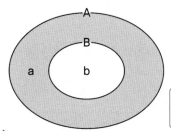

A: 갑국의 소수 민족인 ○○ 민족이 향유하는 문화
B: 갑국 사람들이 모두 향유하는 문화

빈출 370 하 중 상

갑국의 음식 문화 a, b에 대한 옳은 설명을 <보기>에서 고른 것은?

> < 보기 >
> ㄱ. a는 갑국의 전체 사회가 추구하는 가치에 부합할 때 비로소 존재할 수 있다.
> ㄴ. b는 갑국 사람들에게 지배적인 영향력을 미친다.
> ㄷ. b는 a와 달리 갑국 사회에 문화 다양성을 제공한다.
> ㄹ. a, b는 모두 해당 문화를 공유하는 구성원들의 문화적 일체감을 형성하는 요인이다.

① ㄱ, ㄴ   ② ㄱ, ㄷ   ③ ㄴ, ㄷ
④ ㄴ, ㄹ   ⑤ ㄷ, ㄹ

371 하 중 상

갑국의 음식 문화 a, b에 대한 설명으로 옳지 않은 것은?

① 갑국에서 a는 하위문화에 해당한다.
② 갑국에서 a는 문화 다양성을 높이는 데 기여할 수 없다.
③ 갑국에서 b는 주류 문화에 해당한다.
④ 갑국에서 b는 ○○ 민족에게 문화적 동질감을 저해하는 요인이 되지 않는다.
⑤ a, b는 모두 ○○ 민족에게 주류 문화로서의 성격을 갖는다.

B 하위문화의 유형

372 하중상

그림의 (가)~(다)는 청소년과 기성세대에 나타나는 문화가 속하는 영역을 나타낸 것이다. 이에 대한 설명으로 옳은 것은?

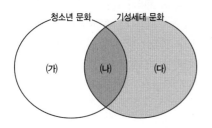

① (가)에 속하는 문화는 기성세대가 전혀 경험하지 않은 것이다.
② (나)에 속하는 문화가 적어질수록 사회 통합의 가능성이 높아진다.
③ (나)에 속하는 문화가 많아질수록 청소년과 기성세대 간에 공감대 형성이 수월하다.
④ (다)에 속하는 문화가 (나)로 옮겨갈 경우, 이는 기성세대 문화의 반문화적 특징을 보인다.
⑤ (가), (다)에 속하는 문화가 많아질수록 (나)에 속하는 문화가 감소한다.

373 하중상

밑줄 친 '히피 문화'에 대한 옳은 설명만을 〈보기〉에서 있는 대로 고른 것은?

> 히피 집단은 1960년대에 미국에서 기존의 사회 통념, 제도, 가치관 등에 저항하면서 전쟁과 폭력 반대, 인간성의 회복, 자연으로의 복귀 등을 주장했던 사람들을 말한다. 이들은 기존의 주류 문화에 동조하기를 거부하며 자신들만의 공동체를 형성하였으며, 베트남 전쟁 참전을 위한 징집을 거부하는 등 정부 정책에 도전하며 전쟁과 폭력을 반대하였다. 그뿐만 아니라 자연과 공존하는 생활 태도를 지향하였으며 인권, 평화 등과 같은 새로운 가치 질서를 확산시켜 나갔다. 이러한 히피 집단의 문화는 히피 문화라는 이름으로 불려졌다.

〈 보기 〉
ㄱ. 한 사회의 구성원 대부분이 공유하는 문화이다.
ㄴ. 독자성이 강하고 주류 문화에 저항하는 반문화의 성격을 갖는다.
ㄷ. 기존 체제에 대한 적대적인 성향 때문에 사회 갈등을 초래하였을 수 있다.
ㄹ. 주류 문화의 변동을 유도하여 새로운 문화 형성의 계기가 되었다는 긍정적인 평가를 받기도 하였다.

① ㄱ, ㄴ ② ㄱ, ㄷ ③ ㄷ, ㄹ
④ ㄱ, ㄴ, ㄹ ⑤ ㄴ, ㄷ, ㄹ

빈출 374 하중상

(가), (나)에 대한 옳은 설명을 〈보기〉에서 고른 것은? (단, A, B는 각각 하위문화와 반문화 중 하나이다.)

> (가) 한 사회 내의 일부 구성원들만이 공유하는 문화
> (나) 한 사회의 지배적인 문화를 거부하거나 저항하는 사람들이 공유하는 문화

〈 보기 〉
ㄱ. (가)는 주류 문화와 구별되는 특성을 갖는다.
ㄴ. (나)는 사회 변동을 이끄는 역할을 하기도 한다.
ㄷ. (가)는 (나)와 달리 사회에 따라 상대적으로 규정된다.
ㄹ. (나)는 (가)와 달리 해당 문화를 향유하는 구성원들 간의 유대감을 높인다.

① ㄱ, ㄴ ② ㄱ, ㄷ ③ ㄴ, ㄷ
④ ㄴ, ㄹ ⑤ ㄷ, ㄹ

375 하중상

다음은 서술형 평가 문제에 대한 학생의 답안이다. 밑줄 친 ㉠~㉤ 중 옳지 않은 것은?

> **서술형 평가**
> ◎ 문제: 하위문화의 유형 A~C의 특징을 비교하시오.
>
> > A: 주류 구성원들의 규범에 정면으로 반대하거나 대립하는 문화
> > B: 한 사회를 구성하는 여러 지역 사회에서 나타나는 고유한 생활 양식
> > C: 공통의 경험을 바탕으로 형성된 일정 범위의 연령층이 공유하는 생활 양식
>
> ◎ 학생 답안
> A는 ㉠ 사회 갈등의 원인으로 작용할 수도 있지만 사회 변화의 원동력이 되기도 한다. B는 ㉡ 교통·통신의 발달로 그 문화적 특성이 약화되고 있으며, ㉢ 지역마다 다른 사투리를 예로 들 수 있다. C는 ㉣ 나이와 시대적 경험이 결합하여 나타나는 것으로 최근 사회 변동의 가속화로 인해 ㉤ 다양성이 뚜렷하게 약화되고 있다.

① ㉠ ② ㉡ ③ ㉢ ④ ㉣ ⑤ ㉤

376~377 빈출자료°

다음은 하위문화의 유형별 사례를 나타낸 것이다. 물음에 답하시오.

> (가) 강릉 단오제는 단옷날을 전후하여 펼쳐지는 강릉 지방의 향토 제례 의식이자 공동 축제이다. 축제를 통해 주민들은 서로 화합함으로써 기쁨과 즐거움을 느낀다.
>
> (나) 오늘날 많은 청소년들이 '생일 선물'을 '생선'으로, '재미없다'를 '노잼'으로 줄여 말하며 그들만의 유대감을 형성한다.
>
> (다) 1960년대 미국에서 히피 집단은 전쟁과 폭력 반대, 자연으로의 복귀 등을 주장하면서 정부 정책에 도전하며 그들만의 문화를 향유하였다.

빈출
376 하 중 상

(가)~(다)에 해당하는 하위문화의 유형을 옳게 연결한 것은?

	(가)	(나)	(다)
①	반문화	세대 문화	지역 문화
②	반문화	지역 문화	세대 문화
③	세대 문화	반문화	지역 문화
④	지역 문화	반문화	세대 문화
⑤	지역 문화	세대 문화	반문화

377 하 중 상

(가)~(다)에 해당하는 하위문화의 유형에 대한 옳은 설명만을 〈보기〉에서 있는 대로 고른 것은?

〈 보기 〉
ㄱ. (가)는 다른 지역과의 접촉이 증가할수록 문화 간 이질성이 강화되는 경향이 있다.
ㄴ. (나)는 같은 세대에 속하는 구성원들의 유대감 형성에 기여한다.
ㄷ. (다)는 사회 변동을 촉진하는 요인이 되기도 한다.
ㄹ. (가)는 (다)와 달리 집단 간 갈등을 초래하여 사회 통합을 저해할 수 있다.

① ㄱ, ㄴ   ② ㄱ, ㄹ   ③ ㄴ, ㄷ
④ ㄱ, ㄷ, ㄹ   ⑤ ㄴ, ㄷ, ㄹ

빈출
378 하 중 상

A~C 문화에 대한 옳은 설명을 〈보기〉에서 고른 것은? (단, A~C 문화는 각각 주류 문화, 하위문화, 반문화 중 하나이다.)

> 한 사회 내의 구성원 대다수가 공유하는 문화가 있는데, 이를 A 문화라고 한다. 문화는 사회마다 다를 뿐 아니라 같은 사회 내에서도 다양한 양상으로 나타나는데, A 문화 내에 수많은 B 문화가 존재한다. B 문화는 한 사회 내의 특정 집단 구성원들만이 공유하는 문화를 의미한다. 또한 그 사회의 지배적인 문화에 반대하고 저항하는 C 문화도 있다. C 문화에 대한 규정은 사회마다 달라지기 때문에 상대적인 특징을 갖는다.

〈 보기 〉
ㄱ. 사회가 복잡해지고 다양해질수록 B 문화의 종류도 다양해질 가능성이 높다.
ㄴ. C 문화는 사회의 주류 집단에 의해 일탈로 규정되기도 한다.
ㄷ. A 문화는 모든 B 문화의 총합이라고 할 수 있다.
ㄹ. B, C 문화를 향유하는 집단은 A 문화를 향유하지 않는다.

① ㄱ, ㄴ   ② ㄱ, ㄷ   ③ ㄴ, ㄷ
④ ㄴ, ㄹ   ⑤ ㄷ, ㄹ

379 하 중 상

그림은 A~C의 일반적인 특징을 비교한 것이다. 이에 대한 설명으로 옳지 않은 것은? (단, A~C는 각각 주류 문화, 하위문화, 반문화 중 하나이다.)

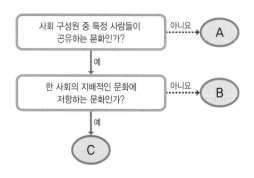

① 사회가 다원화될수록 B의 수는 증가한다.
② C는 사회 안정보다 사회 변동을 지향한다.
③ B는 사회가 변화함에 따라 A가 되기도 한다.
④ B와 C 모두 문화적 다양성 증대에 이바지한다.
⑤ 사회 내의 모든 B와 C를 합치면 A와 일치한다.

C 대중문화와 대중 매체

380 하 중 상

㉠의 등장 배경으로 적절하지 <u>않은</u> 것은?

> (㉠)은/는 다수의 사람이 일상생활 속에서 자연스럽게 즐기고 누리는 문화를 말하며, 그 예로는 가요, 영화, 드라마, 프로 스포츠 등이 있다.

① 보통 선거가 확립되었다.
② 문화에 대한 사회 구성원들의 욕구가 커졌다.
③ 기술 발달로 대중 매체가 사회 전반에 보급되었다.
④ 의무적으로 교육을 받아야 하는 대상과 범위가 확대되었다.
⑤ 산업화로 사회 구성원들의 물질적 여유와 여가가 급감하였다.

381 하 중 상

다음은 한 학생의 수행 평가 답안이다. 이 학생이 얻을 점수는?

> ※ 대중문화의 특징에 대한 설명이 맞으면 ○표, 틀리면 ×표를 하시오. (단, 맞으면 1점, 틀려도 감점 없음)
>
> | 문제 | 답안 |
> |---|---|
> | 1. 고급문화의 대중화에 기여하였다. | ○ |
> | 2. 대중에게 오락 및 휴식을 제공한다. | ○ |
> | 3. 불특정 다수의 기호를 반영하지 못한다. | ○ |
> | 4. 지나치게 상업성을 추구할 경우 문화의 질적 저하를 초래할 우려가 있다. | × |

① 0점 　② 1점 　③ 2점 　④ 3점 　⑤ 4점

382 하 중 상

다음 내용에서 공통적으로 추론할 수 있는 대중문화의 역기능으로 가장 적절한 것은?

> • 방송사가 사회적 쟁점에 대한 토론을 진행하면서 찬성 입장을 가진 전문가만 초청할 경우 시청자들은 그 쟁점에 대해 찬성 입장을 가지게 될 수 있다.
> • 이라크전 당시 미국의 대표적 방송사들은 미영 연합군 중심의 보도를 함으로써 전쟁에서 피해를 입은 이라크 민간인의 영상이나 사진을 미국 국민들이 볼 수 없게 통제하였다.

① 자극적이고 폭력적인 문화를 확산시킨다.
② 대중의 의사를 조작하는 수단이 될 수 있다.
③ 정치적 논쟁을 유발해서 사회 통합을 저해한다.
④ 지배적인 문화에 도전하는 문화를 발전시킨다.
⑤ 정부 정책에 대한 비판적인 시각을 확산시킨다.

383 하 중 상
•• 서술형

다음 글에서 파악할 수 있는 대중문화의 역기능을 서술하시오.

> 교사인 갑은 수학여행에서 학생들이 장기 자랑을 하는 것을 보고 깜짝 놀랐다. 참가 학생 대다수가 특정 아이돌 그룹의 춤만을 그대로 흉내 내었기 때문이다.

384~385 빈출자료˚

다음은 예능 프로그램에 대한 갑, 을의 견해이다. 물음에 답하시오.

> 갑: 여러 방송사에서 요리와 여행을 예능 프로그램 소재로 삼고 있어. □□ 프로그램은 다양한 국내 여행지를 알려주었고, ☆☆ 프로그램은 캠핑 문화의 대중화를 이끌었지. 그리고 집밥 요리법을 알려주는 △△ 프로그램을 보고 시청자들이 이를 따라 했어. 성별과 나이에 상관없이 요리에 대한 부담을 줄이고 간편하고 재미있게 요리에 접근할 수 있는 기회를 줘서 바람직하다고 생각해.
> 을: 여행 예능 프로그램에서 출연자들이 먹고 쓰는 것들은 대부분 광고를 위한 협찬이야. 여가 활동용 의류나 캠핑 도구는 물론 외국 유명 여행지에 가서 마시는 음료까지 광고를 위한 거지. 요즘 음식 예능 프로그램은 우리 사회가 당면한 정치적·사회적 문제점은 외면한 채 즐거움과 같은 순간적인 만족을 줌으로써 현실 도피를 유도하기도 해.

384 하 중 상
빈출

갑이 강조하고 있는 대중문화의 기능으로 가장 적절한 것은?

① 문화의 획일화를 초래할 수 있다.
② 대중의 정치적 무관심을 완화시킨다.
③ 문화적 혜택을 일부 계층에 집중시킨다.
④ 대중에게 다양한 지식과 정보를 전달한다.
⑤ 대중의 무비판적이고 수동적인 문화 수용 태도를 양산한다.

385 하 중 상

갑, 을의 견해에 대한 분석으로 옳은 것은?

① 갑은 대중문화가 상업적 성격을 띠기 쉽다고 본다.
② 을은 대중문화가 오락성에 치우쳐 정치적 무관심을 조장할 수 있다고 본다.
③ 갑은 을과 달리 선정적인 문화가 유통되어 대중문화의 질이 낮아지고 있음을 강조하고 있다.
④ 을은 갑과 달리 대중문화가 새로운 지식과 정보를 전달하여 기존 문화를 혁신할 수 있다고 본다.
⑤ 갑, 을 모두 대중문화에 대한 대중 매체의 영향력을 인정하지 않고 있다.

386 (하/중/상)

다음 사례를 통해 추론할 수 있는 바람직한 대중문화의 수용 자세로 가장 적절한 것은?

> 2005년 뉴올리언스에 홍수가 일어났을 때 많은 사람이 집과 식량을 잃었다. 이때 미국의 두 언론사가 비슷한 사진 장면에 대한 머리기사를 상반되게 작성하여 눈길을 끌었다. 두 사진은 모두 편의점에서 식량을 가지고 나오는 장면인데, 흑인이 등장하는 곳에서는 식품 '약탈'로 표현하고 백인이 등장하는 곳에서는 식품 '발견'이라는 표현을 사용한 것이다.
> – 깨끗한 미디어를 위한 교사 운동, 「청소년을 위한 미디어 여행」

① 대중 매체가 전달하는 내용은 가급적 수용해야 한다.
② 대중문화는 자신만의 주관적 시선으로 바라보아야 한다.
③ 문화 상품의 생산 과정에는 되도록 개입하지 않아야 한다.
④ 대중문화의 부정적 기능보다 긍정적 기능에 주목해야 한다.
⑤ 같은 사건에 대한 여러 대중 매체의 시각을 비교해 보아야 한다.

387 (하/중/상)

•• 서술형

자료를 보고 물음에 답하시오.

> **대중 매체의 발전사**
> 책, 신문 등과 같은 (㉠)를 시작으로 발달한 대중 매체는 라디오, 음반 등의 (㉡)를 거쳐 텔레비전, 영화 등의 (㉢)로 발달하였다. 오늘날에는 인터넷, 스마트폰 등과 같이 디지털 기술을 이용한 (㉣)가 등장하였다.

(1) ㉠~㉣에 들어갈 대중 매체의 유형을 각각 쓰시오.

(2) ㉣의 일반적인 특징을 ㉠~㉢의 일반적인 특징과 비교하여 두 가지 이상 서술하시오.

388 (하/중/상)

다음 글에 나타난 대중 매체의 유형이 확산되면서 일어나는 변화에 대한 설명으로 옳지 않은 것은?

> 직장인 갑은 아침 출근 시간에 스마트폰으로 일기 예보와 주요 뉴스를 접한다. 회사에서는 쉬는 시간에 틈틈이 누리 소통망(SNS)을 이용하여 자주 만나지 못하는 친구들과 대화를 주고받는다. 늦은 퇴근길 전철 안에서는 스마트폰을 이용해 방송 시간을 놓쳐서 미처 보지 못한 예능 프로그램을 찾아 시청하거나 자기 계발에 도움이 될 전자책을 읽는다. 주말에는 취미로 로봇을 조립하고 그 제작 과정을 담은 동영상을 누리 소통망(SNS)에 올려 동일한 취미를 가진 외국 사람들과 교류하기도 한다.

① 대중 매체의 기능적 융합이 이루어진다.
② 정보 수용에 대한 시간적 제약이 줄어든다.
③ 비대면적 접촉을 통한 사회적 상호 작용이 활발해진다.
④ 정보의 생산자와 정보의 소비자 간 경계가 명확해진다.
⑤ 대중 매체를 통해 사회적 관계를 맺는 공간적 범위가 확대된다.

389 (하/중/상)

그림은 대중 매체 A, B의 일반적인 특징을 비교한 것이다. 이에 대한 옳은 설명을 〈보기〉에서 고른 것은? (단, A, B는 각각 인쇄 매체, 뉴 미디어 중 하나이다.)

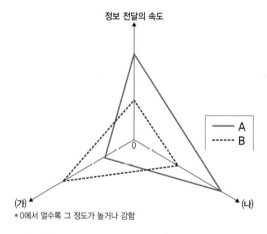

* 0에서 멀수록 그 정도가 높거나 강함

〈 보기 〉
ㄱ. A는 B보다 정보 확산의 시·공간적 제약이 작다.
ㄴ. B는 A보다 정보 생산자와 소비자 간의 경계가 뚜렷하다.
ㄷ. (가)에는 '정보 재가공의 용이성'이 적절하다.
ㄹ. (나)에는 '정보의 신뢰성'이 적절하다.

① ㄱ, ㄴ   ② ㄱ, ㄷ   ③ ㄴ, ㄷ
④ ㄴ, ㄹ   ⑤ ㄷ, ㄹ

390 (하 중 상)

(가), (나)에 해당하는 특징을 옳게 연결한 것은? (단, A~C는 각각 인쇄 매체, 영상 매체, 뉴 미디어 중 하나이다.)

> '정보 전달에서 일방향적 속성이 강한가?'라는 질문을 통해 A와 B를 구분할 수 있다. 하지만 '시청각 정보 제공이 가능한가?'라는 질문으로 B와 C를 구분할 수 없다. 표는 대중 매체 A~C를 대중 매체의 특징 (가), (나)를 기준으로 비교한 것이다.

대중 매체의 특징	비교 결과
(가)	A > B
(나)	B > C

① (가) – 정보 전달의 신속성
② (가) – 정보 획득 시 사용 가능한 감각의 다양성
③ (가) – 정보 전달 시 문맹자의 정보 접근 가능성
④ (나) – 정보의 복제와 재가공의 용이성
⑤ (나) – 정보 전달자와 수용자 간 구분의 명확성

391 (하 중 상)

표는 대중 매체 (가)~(다)를 질문에 따라 구분한 것이다. 이에 대한 설명으로 옳은 것은? (단, (가)~(다)는 각각 신문, TV, 인터넷 중 하나이다.)

구분	(가)	(나)	(다)
시청각 정보를 제공할 수 있는가?	예	아니요	㉠
정보 생산자와 소비자의 구분이 불명확한가?	아니요	㉡	예

① ㉠, ㉡에는 모두 '아니요'가 적절하다.
② (가)는 (나)에 비해 문맹자의 정보 접근 가능성이 높다.
③ (나)는 (다)에 비해 정보 전달의 신속성이 높다.
④ (다)는 (가)에 비해 정보 전달의 쌍방향성이 낮다.
⑤ (다)는 (가), (나)와 달리 전통적인 매체에 해당한다.

392 (하 중 상)

표에 제시된 A~D의 일반적인 특징에 대한 설명으로 옳지 않은 것은? (단, A~D는 신문, 라디오, TV, 인터넷 중 하나이다.)

항목 / 대중 매체	양방향성	시각 정보	청각 정보
A	–	○	×
B	–	○	○
C	+	○	○
D	–	×	○

* ○는 있음을, ×는 없음을, +는 높음을, –는 낮음을 나타냄

① A는 복잡하고 심층적인 정보 전달에 유용하다.
② C는 정보의 복제와 전송이 용이하다.
③ A는 B에 비해 현장감을 살린 정보 전달이 용이하다.
④ C는 D보다 정보 생산자와 소비자 간의 경계가 모호하다.
⑤ A는 신문, B는 TV, C는 인터넷, D는 라디오이다.

393 (하 중 상)

밑줄 친 ㉠~㉤에 대한 옳은 설명을 〈보기〉에서 고른 것은?

> ### 폭주족 문화에 대한 연구
> 1. 연구 목적
>   폭주족이 가지고 있는 ㉠ 반(反)문화적 특징과 ㉡ 주류문화와 대립하고 있는 양상을 살펴본다. 또한 비교 연구를 통해 ㉢ 대중 매체에서 다루는 폭주족의 이미지와 실제 폭주족들의 생활 모습의 차이를 살펴보고 그 이유를 이해하고자 한다.
> 2. 조사 방법
>   • 폭주족 근절 캠페인 활동 중인 ㉣ 문화인 연합 대표와 인터뷰
>   • 폭주족을 관찰하여 그들만이 가진 ㉤ 규범이나 가치 등을 도출

〈 보기 〉
ㄱ. ㉠은 ㉡에 대해 저항적 성격을 갖는다.
ㄴ. 현대 사회에서 ㉢이 대중문화에 미치는 영향력은 약화되고 있다.
ㄷ. ㉣에서의 문화는 넓은 의미의 문화로 사용되었다.
ㄹ. ㉤과 같은 문화 요소는 비물질문화에 해당한다.

① ㄱ, ㄴ   ② ㄱ, ㄹ   ③ ㄴ, ㄷ
④ ㄴ, ㄹ   ⑤ ㄷ, ㄹ

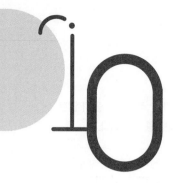

10

문화 변동의 양상과 대응

Ⓐ 문화 변동의 요인

문화 변동: 새로운 요소의 등장이나 다른 문화와의 접촉을 통해 문화가 끊임없이 변화하는 현상

1 내재적 요인 한 사회의 내부에서 등장하여 문화 변동을 초래하는 요인

발명	이전에는 없었던 새로운 문화 요소를 만들어 내는 것 예 전구, 전화, 자동차의 발명 등
발견	이미 존재하고 있었지만 알려지지 않았던 것을 찾아내는 것 예 불, 바이러스의 발견 등

발명: 물질적인 것뿐만 아니라 종교, 가치관, 제도 등 비물질적인 것도 발명의 대상이 될 수 있다.

2 외재적 요인(문화 전파)

① 문화 전파: 한 사회가 다른 사회의 문화와 교류하거나 접촉하는 과정에서 새로운 문화 요소가 전달되는 것

② 문화 전파의 유형

직접 전파	전쟁, 교역 등을 통해 사람이 다른 문화와 직접 접촉하여 문화 요소가 전해지는 것 예 중국과의 교류를 통해 우리나라에 한자가 전파된 것
간접 전파	문화 요소가 인쇄물, 텔레비전, 인터넷 등과 같은 매개체를 통해 간접적으로 전파되는 것 → 상호 인적 교류가 없는 집단들 간에도 간접 전파를 통한 문화 변동이 이루어질 수 있음 예 우리나라 드라마가 인터넷을 통해 퍼지면서 한류 문화가 전 세계로 전파된 것
자극 전파	외부 사회의 문화 요소에서 아이디어를 얻어 새로운 문화 요소를 만들어 내는 것 예 신라 시대에 설총이 중국의 한자에서 아이디어를 얻어 이두를 만들어 낸 것

└ 직접 전파와 간접 전파는 모두 자극 전파의 원인이 될 수 있다.

3 외재적 요인(문화 전파) 빈출자료 Link • 401-402번 문제

(체로키 문자를 통해 본 문화 전파의 사례)

체로키 인디언들은 백인들과 접촉하기 전까지는 고유의 문자가 없었다. 그런데 이 부족의 한 인디언이 백인들과 접촉하면서 영어에서 아이디어를 얻어 체로키 문자를 발명하였다. 그는 영어에서 극히 일부의 알파벳을 따 왔고, 다른 것들은 변형시켰다. 그는 심지어 영어를 쓸 줄도 몰랐지만, 이것들로 체로키의 알파벳을 만들었고, 체로키족은 문자를 가지게 되었다.

기출 Tip Ⓐ-3

자극 전파에 의한 문화 변동

체로키 인디언이 영어에서 아이디어를 얻어 체로키 문자를 발명함 ➜ 외부 사회의 문화 요소에서 아이디어를 얻어 새로운 문화 요소를 창조한 것 ➜ 자극 전파

Ⓑ 문화 변동의 양상

1 내재적 변동 발명이나 발견으로 인해 한 사회의 문화 체계 내에서 일어나는 문화 변동

2 접촉적 변동(문화 접변) 두 사회가 장기간에 걸쳐 전면적인 접촉을 함으로써 일어나는 변동

① 외래문화의 강제적 이식 여부에 따른 구분

강제적 문화 접변	정복이나 식민 지배와 같은 상황에서 지배 사회의 문화 요소를 피지배 사회의 문화 체계 속에 강제로 이식함으로써 나타나는 문화 변동
자발적 문화 접변	한 사회가 스스로의 필요에 의해 다른 사회의 문화 요소를 받아들임으로써 나타나는 문화 변동

② 문화 접변의 결과에 따른 구분

문화 공존(문화 병존)	서로 다른 사회의 문화 요소가 한 사회의 문화 체계 속에서 나란히 존재하는 것
문화 동화	한 사회의 문화가 다른 사회의 문화 체계 속에 흡수되어 정체성을 상실하는 것
문화 융합	한 사회의 기존 문화가 외래문화와 결합하여 기존 문화 요소의 성격을 지니면서도 새로운 성격을 지닌 제3의 문화가 형성되는 것

기출 Tip Ⓑ-2

문화 접변의 성격

구분	자문화의 정체성 상실	제3의 문화 형성
문화 공존	×	×
문화 동화	○	×
문화 융합	×	○

3 접촉적 변동(문화 접변) 빈출자료 Link • 413~415번 문제

(문화 접변의 결과)

(가) 우리나라에는 전통 종교와 천주교, 개신교, 불교 등의 외래 종교가 각각 자리 잡고 있다.

(나) 우리나라의 전통 음식인 떡에 서양에서 들어온 케이크가 결합한 떡케이크가 새롭게 등장하였다.

(다) 알래스카의 원주민인 '에야크(Eyak)족'이 사용하던 토속어는 영어를 공용어로 쓰게 되면서 사라졌다.

기출 Tip B-3
문화 접변의 양상과 결과
- (가): 우리나라에 전통 종교와 외래 종교가 공존함 ➡ 서로 다른 문화가 한 문화 체계 안에서 나란히 존재 ➡ 문화 공존
- (나): 우리나라의 떡과 서양의 케이크가 결합하여 떡케이크가 만들어짐 ➡ 서로 다른 문화가 결합하여 새로운 문화 형성 ➡ 문화 융합
- (다): 에야크족이 영어를 공용어로 사용하면서 토속어가 사라짐 ➡ 한 사회의 문화가 다른 사회의 문화로 흡수되어 정체성 상실 ➡ 문화 동화

C 문화 변동 과정의 문제점과 대응 방안

1 문화 변동 과정에서 발생하는 문제점

아노미 현상	문화 변동 과정에서 기존의 전통적 규범과 가치관이 무너졌으나, 이를 대체할 새로운 규범이 아직 정립되지 못하여 혼란과 무규범 상태에 빠지는 아노미 현상이 나타날 수 있음
문화 지체	물질문화의 빠른 변동 속도를 비물질문화의 변동 속도가 따라가지 못하여 나타나는 문화 요소 간의 부조화 현상인 문화 지체가 나타날 수 있음
집단 간 갈등	새로운 문화를 수용하려는 집단과 기존 문화를 유지하려는 집단 간에 갈등이 발생할 수 있음
문화 정체성 혼란	외래문화가 문화 변동을 주도할 경우 고유문화의 정체성이 약화할 수 있음

2 문화 변동 과정에서 발생하는 문제점 빈출자료 Link • 423~424번 문제

(문화 지체의 사례)

- 과학 기술이 급속하게 발달하면서 드론 등 새로운 기계가 널리 쓰이는 시대가 되었지만, 관련 법규가 미비하여 여러 가지 문제가 발생하고 있다.
- 자동차를 자체 생산하면서 대부분의 한국 가정은 자가용을 소유하고 편리하게 이용하고 있다. 그러나 많은 운전자가 교통 법규를 준수하지 않아 자동차 사고율은 높은 편이다.

기출 Tip C-2
문화 지체의 발생 원인과 해결 방안
물질문화와 비물질문화 간 변동 속도의 차이 ➡ 문화 지체 발생 ➡ 새로운 제도나 관념 문화의 정립을 통한 대응 필요

3 문화 변동의 문제점에 대한 대응 방안 문화 변동에 능동적으로 대처하는 자세 확립, 새로운 문화 요소의 비판적 수용, 물질문화의 변동에 적응할 수 있는 새로운 가치나 규범 확립 등

새로운 문화 요소 중 자기 문화에 필요하다고 판단되는 것은 적극적으로 수용하면서도 자문화의 정체성을 유지하기 위해 노력해야 한다.

개념 확인 문제

○ 정답과 해설 41쪽

394 문화 변동의 요인과 그 사례를 옳게 연결하시오.

(1) 발명 •
• ㉠ 불과 바이러스를 찾아낸 것

(2) 발견 •
• ㉡ 전화와 자동차를 만들어 낸 것

394 다음 설명이 맞으면 ○표, 틀리면 ✕표를 하시오.

(1) 서적, 인터넷 등 매개체에 의해 문화 요소가 전해지는 것은 (간접, 직접) 전파에 해당한다.

(2) 체로키족이 백인과 접촉하면서 영어에서 아이디어를 얻어 체로키 문자를 만들어 낸 것은 (발명, 자극 전파)의 사례이다.

(3) (강제적, 자발적) 문화 접변은 지배 사회의 문화 요소를 피지배 사회의 문화 체계 속에 이식함으로써 나타나는 문화 변동에 해당한다.

396 다음 사례에 나타난 문화 접변의 결과를 〈보기〉에서 골라 기호를 쓰시오.

〈 보기 〉
ㄱ. 문화 공존   ㄴ. 문화 동화   ㄷ. 문화 융합

(1) 우리나라에 전통 종교와 외래 종교가 각각 자리 잡고 있다. ( )

(2) 다른 나라에서 새로 들어온 종교가 기존의 종교를 대체하였다. ( )

(3) 인도의 불교문화와 서양의 문화가 만나 제3의 성격을 지닌 간다라 미술이 나타났다. ( )

397 물질문화의 빠른 변동 속도를 비물질문화의 변동 속도가 따라가지 못하여 나타나는 문화 요소 간의 부조화 현상을 ( )라고 한다.

A 문화 변동의 요인

398 하 중 상

문화 변동의 요인 A, B에 대한 옳은 설명을 〈보기〉에서 고른 것은?

문화는 고정된 형태로 존재하는 것이 아니라 끊임없이 변화하며, 이러한 변화가 한 사회의 문화 체계 전반에서 나타나는 현상을 문화 변동이라고 한다. 문화 변동의 요인 중 A는 이미 존재하고 있었지만 알려지지 않은 문화 요소를 찾아내는 것을, B는 이전에 없었던 새로운 문화 요소를 만들어 내는 것을 의미한다.

〈 보기 〉

ㄱ. A의 사례로 활의 원리를 응용하여 현악기를 고안한 것을 들 수 있다.
ㄴ. B는 사상이나 제도와 같은 비물질문화의 요소를 만들어 내는 것도 포함한다.
ㄷ. B는 A와 달리 문화 변동의 내재적 요인이다.
ㄹ. A는 발견, B는 발명에 해당한다.

① ㄱ, ㄴ   ② ㄱ, ㄷ   ③ ㄴ, ㄷ
④ ㄴ, ㄹ   ⑤ ㄷ, ㄹ

빈출 399 하 중 상

(가), (나)에 나타난 문화 변동에 대한 설명으로 옳은 것은?

(가) 1878년 에디슨이 축음기를 만들어 소리를 녹음하고 재생하는 데 성공하였다. 이후 많은 사람들이 음악을 쉽게 접할 수 있게 되었다.
(나) 1960년대에 일본에 파견되었던 우리나라 기술자에 의해 일본식 라면 제조 기술이 국내에 도입되었다. 그 후 우리나라에서 인스턴트 라면이 생산되기 시작하였다.

① (가)는 이미 존재하고 있었지만 알려지지 않은 어떤 것을 찾아낸 사례이다.
② (나)는 다른 사회 구성원 간의 직접적 접촉을 통해 문화 요소가 전파된 사례이다.
③ (가)와 달리 (나)에서는 문화 변동 과정에서 새로운 문화 요소가 창조되었다.
④ (나)와 달리 (가)에서는 매개체를 통한 문화 변동이 나타났다.
⑤ (가)에서는 외재적 요인, (나)에서는 내재적 요인에 의한 문화 변동이 나타났다.

400 하 중 상

다음 사례에서 파악할 수 있는 문화 변동의 요인으로 옳은 것은?

중국의 한자에서 아이디어를 얻어 신라 초기부터 발달한 것으로 추측되는 이두는 대체로 의미부는 한자의 훈을 취하고, 형태는 음을 취하여 우리말을 표현하였다.

① 발견   ② 발명   ③ 간접 전파
④ 자극 전파   ⑤ 직접 전파

401~402 빈출자료*

(가), (나)는 문화 변동과 관련한 사례이다. 물음에 답하시오.

(가) 1830년대 의학자들은 오래전부터 진통제로 사용된 버드나무 껍질의 성분이 살리신산이라는 점을 밝혀냈다. 이후 살리신산의 부작용을 최소화하기 위해 아세트산을 합성하여 1897년 오늘날의 아스피린을 만들어 냈다.
(나) 체로키 인디언들은 백인들과 접촉하기 전까지는 고유의 문자가 없었다. 그런데 이 부족의 한 인디언이 백인들과 접촉하면서 영어에서 아이디어를 얻어 체로키 문자를 발명하였다. 그는 영어에서 극히 일부의 알파벳을 따 왔고, 다른 것들은 변형시켰다. 그는 심지어 영어를 쓸 줄도 몰랐지만 이것들로 체로키의 알파벳을 만들었고, 체로키족은 문자를 가지게 되었다.

401 하 중 상   •• 서술형

밑줄 친 부분에 해당하는 문화 변동의 요인을 쓰고, 그렇게 생각한 이유를 서술하시오.

빈출 402 하 중 상

(가), (나)에 나타난 문화 변동에 대한 옳은 설명을 〈보기〉에서 고른 것은?

〈 보기 〉

ㄱ. (가)는 자극 전파에 의한 문화 변동이다.
ㄴ. (나)에는 발견에 의한 문화 변동은 나타나 있지 않다.
ㄷ. (가)는 (나)와 달리 내재적 요인에 의한 문화 변동에 해당한다.
ㄹ. (가), (나)에서는 모두 문화 전파에 의한 문화 변동이 나타나 있다.

① ㄱ, ㄴ   ② ㄱ, ㄷ   ③ ㄴ, ㄷ
④ ㄴ, ㄹ   ⑤ ㄷ, ㄹ

403 하 중 상

표는 문화 변동의 요인을 구분한 것이다. (가)~(다)에 들어갈 수 있는 문화 변동의 요인을 옳게 연결한 것은?

질문 \ 문화 변동 요인	(가)	(나)	(다)
문화 변동의 외재적 요인인가?	예	아니요	예
매개체를 통해 문화 요소가 전달되는가?	아니요	아니요	예

	(가)	(나)	(다)
①	발견	직접 전파	발명
②	발명	직접 전파	간접 전파
③	간접 전파	자극 전파	발견
④	자극 전파	발명	간접 전파
⑤	직접 전파	발견	자극 전파

빈출 404 하 중 상

그림은 질문에 따라 문화 변동의 요인 A~D를 분류한 것이다. 이에 대한 옳은 설명만을 〈보기〉에서 있는 대로 고른 것은? (단, A~D는 각각 발견, 발명, 자극 전파, 직접 전파 중 하나이다.)

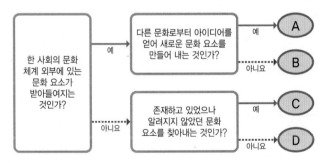

〈 보기 〉
ㄱ. 문익점에 의해 중국에서 우리나라로 목화가 전래된 것은 A에 해당한다.
ㄴ. 부족 간 혼인에 의한 문화 변동은 B에 의한 문화 변동이다.
ㄷ. 불과 전기는 모두 C에 의해 등장한 문화 요소이다.
ㄹ. A에 의한 문화 변동은 D에 의한 문화 변동과 달리 문화 창조에 해당한다.

① ㄱ, ㄷ　　② ㄱ, ㄹ　　③ ㄴ, ㄷ
④ ㄱ, ㄴ, ㄹ　　⑤ ㄴ, ㄷ, ㄹ

B 문화 변동의 양상

405 하 중 상

다음 두 사례에 나타난 문화 변동의 양상을 구분하기 위한 질문으로 가장 적절한 것은?

- 일본은 광복 직전까지 조선인에게 일본식 성씨를 정하여 쓰도록 강요하였다.
- 하와이에 이민을 간 이민자들은 미국 문화에 익숙하도록 스스로 미국의 문화를 학습하였다.

① 알려지지 않았던 문화 요소를 찾아냈는가?
② 강제적 힘에 의해 문화 변동이 이루어졌는가?
③ 내재적인 요인에 의해 문화 변동이 나타났는가?
④ 문화 변동의 결과 해당 사회의 문화적 정체성이 상실되었는가?
⑤ 두 사회 구성원들 간의 직접적인 접촉에 의해 문화 변동이 나타났는가?

406 하 중 상

(가), (나)에 나타난 문화 변동에 대한 옳은 설명을 〈보기〉에서 고른 것은?

(가) 아메리카의 나바호족은 멕시코인과 적극적으로 교류하면서 직조 기술, 금속 세공술 등을 배워 자신들의 고유 문화와 결합한 공예 양식을 발전시켰다.
(나) 일제 강점기 때 일본은 우리 민족에게 신사 참배 및 일본식 성명 사용 등을 강요하였다. 그러나 우리 민족은 이를 강하게 거부하며 우리 문화를 지키고자 노력하였다.

〈 보기 〉
ㄱ. (가)는 외부의 강제적인 힘에 의해 일어난 문화 변동이다.
ㄴ. (나)에서는 문화 접변에 대항하는 문화적 저항이 나타났다.
ㄷ. (가)에서는 (나)와 달리 구성원의 주체적인 의지에 따른 문화 변동이 나타났다.
ㄹ. (나)에서는 (가)와 달리 내재적 요인에 의한 문화 변동이 나타났다.

① ㄱ, ㄴ　　② ㄱ, ㄷ　　③ ㄴ, ㄷ
④ ㄴ, ㄹ　　⑤ ㄷ, ㄹ

407 한(중)상

다음 사례에 나타난 문화 변동의 양상에 대한 옳은 분석을 〈보기〉에서 고른 것은?

> 역사적으로 한 국가나 민족이 피정복민에게 문화를 강요함으로써 피정복민의 문화에 많은 변화를 가져온 사례가 많다. 에스파냐에 정복당했던 멕시코 인디언들이나 필리핀 사람들이 자신들이 갖고 있던 고유의 다양한 종교를 밀어내고 가톨릭으로 개종한 것도 이 사례에 해당한다. 현재 이 두 나라는 가톨릭 문화를 형성하고 있다.

〈 보기 〉

ㄱ. 강제적 문화 접변이 나타났다.
ㄴ. 서로 다른 두 문화가 공존하고 있다.
ㄷ. 직접 전파로 인해 문화 변동이 일어났다.
ㄹ. 문화 변동의 결과 제3의 문화가 창조되었다.

① ㄱ, ㄴ   ② ㄱ, ㄷ   ③ ㄴ, ㄷ
④ ㄴ, ㄹ   ⑤ ㄷ, ㄹ

408 한(중)상

다음 사례에 나타난 문화 변동의 양상에 대한 분석으로 옳지 <u>않은</u> 것은?

> 햄버거는 원래 우리나라에 없었던 서구 음식이다. 햄버거가 우리나라에 들어온 후 한국인이 좋아하고 익숙한 음식인 밥과 김치를 곁들인 밥버거와 김치버거가 만들어졌다.

① 우리 문화의 정체성이 상실되었다.
② 문화의 다양성을 높이는 결과를 가져온다.
③ 외재적 요인에 의한 문화 변동에 해당한다.
④ 문화 전파를 통해 제3의 문화가 형성된 사례이다.
⑤ 동일한 유형의 문화 접변 사례로 서양식 예식과 전통 폐백 문화가 결합한 우리나라의 결혼 문화를 들 수 있다.

409 한(중)상

표에 제시된 질문과 응답을 통해 파악할 수 있는 문화 접변의 결과에 해당하는 사례로 적절한 것은?

질문	응답
문화 변동 과정에서 제3의 문화가 형성되는가?	예
문화 변동 과정에서 자기 문화의 정체성이 상실되는가?	아니요

① 필리핀에서 고유어인 타갈로그어와 영어가 공용어로 사용되는 것
② 청나라를 건국한 만주족이 중국어를 사용하면서 만주어를 잊게 된 것
③ 서구 문화와의 접촉으로 인해 자신들의 전통 복장을 버리고 서구식 복장만을 입게 된 것
④ 아프리카인들의 고유한 음악 요소와 유럽식 악기 연주가 결합되어 재즈 음악이 만들어진 것
⑤ 아프리카 원주민들이 서양 문화와 접촉하면서 토속 신앙을 잊어버리고 서양 종교인 기독교를 믿게 된 것

410 한/중(상)

표는 문화 접변의 결과 A, B를 구분한 것이다. 이에 대한 설명으로 옳은 것은?

구분	A	B
의미	한 사회의 문화가 다른 사회의 문화로 흡수되거나 대체되는 현상	서로 다른 사회의 문화 요소가 결합하여 새로운 문화를 형성하는 현상
사례	(가)	(나)

① A는 B와 달리 문화 변동 이후에도 자문화의 정체성이 유지된다.
② A, B는 모두 간접 전파를 전제로 발생하는 현상이다
③ A는 내재적 변동, B는 접촉적 변동에 의해 나타난다.
④ (가)에는 라틴아메리카의 원주민이 원래 사용하던 언어 대신 포르투갈어나 에스파냐어를 사용하는 것이 들어갈 수 있다.
⑤ (나)에는 우리나라에서 토착 종교와 외래 종교가 함께 존재하는 것이 들어갈 수 있다.

411 하 중 상

(가), (나) 사례에 나타난 문화 변동에 대한 옳은 설명을 〈보기〉에서 고른 것은?

(가) 우리나라의 결혼식은 대체로 서양의 결혼 예식과 전통 폐백 의례가 결합된 형태를 띤다.
(나) 미국 맨해튼에 존재하는 차이나타운에서 중국인들이 그들의 문화를 유지하며 하나의 지역 문화를 형성하고 있다.

〈 보기 〉
ㄱ. (가)는 한 사회의 문화가 다른 사회의 문화에 흡수되어 그 정체성을 상실하는 것을 의미한다.
ㄴ. (가)와 같은 문화 변동의 사례로 한 사회 안에 한의학과 양의학이 함께 있는 것을 들 수 있다.
ㄷ. (나)의 사례는 한 사회의 하위문화로서 이해할 수도 있다.
ㄹ. (나)는 서로 다른 문화가 한 사회의 문화 체계 속에서 나란히 존재하는 현상을 의미한다.

① ㄱ, ㄴ　　　② ㄱ, ㄷ　　　③ ㄴ, ㄷ
④ ㄴ, ㄹ　　　⑤ ㄷ, ㄹ

412 하 중 상

그림은 문화 접변의 결과 A~C를 분류한 것이다. 이에 대한 옳은 설명을 〈보기〉에서 고른 것은? (단, A~C는 각각 문화 동화, 문화 융합, 문화 공존 중 하나이다.)

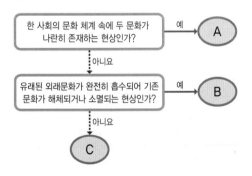

〈 보기 〉
ㄱ. 재미 교포 사회에서 미국 명절과 한국 명절을 모두 지내는 것은 A의 사례이다.
ㄴ. 백인들이 미국으로 이주해 온 뒤 미국에 살던 원주민들의 문화가 사라져 버린 것은 B의 사례이다.
ㄷ. A는 문화 융합, B는 문화 동화에 해당한다.
ㄹ. A~C는 모두 제3의 문화 형성을 통해 문화의 다양성 확대에 영향을 끼치고 있다.

① ㄱ, ㄴ　　　② ㄱ, ㄷ　　　③ ㄴ, ㄷ
④ ㄴ, ㄹ　　　⑤ ㄷ, ㄹ

413~415 빈출자료˙

다음은 문화 접변의 결과에 해당하는 사례들이다. 물음에 답하시오.

(가) 우리나라에는 전통 종교와 천주교, 개신교, 불교 등의 외래 종교가 각각 자리 잡고 있다.
(나) 우리나라의 전통 음식인 떡에 서양에서 들어온 케이크가 결합한 떡케이크가 새롭게 등장하였다.
(다) 알래스카의 원주민인 '에야크(Eyak)족'이 사용하던 토속어는 영어를 공용어로 쓰게 되면서 사라졌다.

413 하 중 상

(가)~(다)에 나타난 문화 접변의 결과를 옳게 연결한 것은?

	(가)	(나)	(다)
①	문화 공존	문화 동화	문화 융합
②	문화 공존	문화 융합	문화 동화
③	문화 동화	문화 공존	문화 융합
④	문화 융합	문화 공존	문화 동화
⑤	문화 융합	문화 동화	문화 공존

414 하 중 상　　　　˙˙서술형

(가)~(다)에 나타난 문화 접변의 결과를 '자기 문화의 정체성 유지 여부'를 기준으로 비교하여 서술하시오.

415 하 중 상

(가)~(다)에 나타난 문화 접변의 결과에 대한 설명으로 옳은 것은?

① (가)는 서로 다른 문화가 합쳐져 새로운 문화가 나타난 결과이다.
② (나)는 서로 다른 문화 요소가 고유한 형태를 유지하면서 함께 존재하는 현상이다.
③ (다)는 한 문화가 다른 문화에 흡수되어 그 문화 고유의 성격을 잃어버린 결과이다.
④ (나)는 (다)보다 자기 문화의 정체성을 상실할 우려가 크다.
⑤ (다)는 (가)보다 문화의 다양성 보존에 유리하다.

(가)~(다)의 사례에 해당하는 문화 접변의 결과 A~D를 옳게 연결한 것은?

> (가) 아메리카 원주민 부족들이 유럽의 백인 문화와 접촉하면서 자기 문화를 상실하였다.
> (나) 전통 민간 신앙인 칠성신을 모시는 칠성각이 불교 사찰과 결합하여 새로운 불교문화가 나타났다.
> (다) 다민족 국가인 싱가포르에서는 원주민의 언어인 말레이어뿐만 아니라 영어, 중국어 등도 공용어로 함께 사용된다.

문화 접변의 결과	자기 문화의 정체성 유지	제3의 문화 형성
A	○	○
B	○	×
C	×	○
D	×	×

(○: 예, ×: 아니요)

	(가)	(나)	(다)			(가)	(나)	(다)
①	A	B	C		②	A	D	B
③	B	D	C		④	D	A	B
⑤	D	C	A					

자료에 나타난 문화 변동에 대한 설명으로 옳은 것은?

> 갑국과 을국은 장기간에 걸쳐 전면적인 문화 교류를 하였고, 그 결과 아래와 같은 변동이 일어났다.
>
> | 구분 | 갑국 | 을국 |
> |---|---|---|
> | 변동 전 | ○, □, △ | ●, ■, ▲ |
> | 변동 후 | ○, □, ■, ▲ | ○, ■, ▲ |
>
> * ○, ●은 의복 문화, □, ■은 음식 문화, △, ▲은 주거 문화를 나타냄
> ** ■는 □와 ■가 혼합되어 나타난 새로운 음식 문화임

① 을국은 의복 문화, 음식 문화, 주거 문화 모두에서 문화 변동이 나타났다.
② 갑국은 을국과 달리 주거 문화에서 문화 동화가 나타났다.
③ 갑국은 을국과 달리 음식 문화에서 문화 융합이 나타났다.
④ 을국은 갑국과 달리 의복 문화에서 자문화의 정체성을 유지하였다.
⑤ 을국은 갑국과 달리 음식 문화에서 강제적 문화 접변에 의한 문화 변동이 나타났다.

문화 접변의 결과 A~C에 대한 설명으로 옳지 않은 것은? (단, A~C는 각각 문화 동화, 문화 융합, 문화 공존 중 하나이다.)

> 〈문화 교류의 양상〉
>
> | 갑국 | 교류 ⇔ | 을국 |
> |---|---|---|
> | 소고기 육수에 밀로 만든 면을 넣은 소고기 밀국수를 먹음 | | 쌀로 만든 면에 각종 채소를 곁들인 볶음 쌀국수를 먹음 |
>
> 〈문화 접변의 결과〉
>
> | A | B | C |
> |---|---|---|
> | 갑국에서는 소고기 밀국수와 을국의 볶음 쌀국수가 동시에 유행 | 을국에서는 고유의 볶음 쌀국수가 사라지고 갑국의 소고기 밀국수 요리만 남음 | 갑국과 을국 모두에서 밀로 만든 면과 소고기, 채소를 볶은 퓨전 밀국수가 유행 |

① A는 문화 동화라고 볼 수 있다.
② B는 문화 다양성의 약화를 가져올 수 있다.
③ C는 제3의 새로운 문화 창조가 나타난다.
④ A는 B와 달리 각각의 개별적인 문화적 특성이 나란히 존재한다.
⑤ A, B, C 모두 문화 전파로 인해 발생하는 문화의 외재적 변동 결과이다.

자료에 나타난 문화 관련 개념을 〈보기〉에서 고른 것은?

> ◑ 문화 인류학 교양 강좌 안내 ◑
> 1. 아메리카 인디언들이 역사와 생활
>   – 서구적 생활 방식과 문화를 그대로 따르면서 사라진 인디언 고유의 생활 방식 재조명하기
> 2. 커피와 음식 문화
>   – 동양과 서양의 교역을 통해 새롭게 등장한 퓨전 음식을 문화적으로 분석하기

〈 보기 〉
ㄱ. 간접 전파   ㄴ. 문화 동화   ㄷ. 문화 공존
ㄹ. 문화 융합   ㅁ. 직접 전파

① ㄱ, ㄴ, ㄹ   ② ㄱ, ㄷ, ㄹ   ③ ㄱ, ㄷ, ㅁ
④ ㄴ, ㄹ, ㅁ   ⑤ ㄷ, ㄹ, ㅁ

420 하중상

다음 사례에 대한 옳은 분석만을 〈보기〉에서 있는 대로 고른 것은?

> 19세기 미국의 서부 개척 시대에 독일에서 건너와 광부로 일
> 하던 한 청년이 질기고 두꺼운 텐트용 천으로 바지를 만들어
> 입었고, 이 바지가 인기를 끌면서 청바지가 유행하게 되었
> 다. 우리나라에서는 6·25 전쟁 때 미군들에 의해 미국 문화
> 가 들어왔는데 이때 청바지도 전해졌다고 한다. 1960년대에
> 는 청바지가 통기타 등과 어우러지면서 청년 문화의 아이콘
> 이 되었고, 지금은 남녀노소 누구나 즐겨 입는 옷이 되었다.

〈 보기 〉

ㄱ. 미국에서 청바지는 외재적 요인으로 등장한 문화 요소이다.
ㄴ. 우리나라에서의 청바지는 직접 전파를 통해 등장한 문화
    요소이다.
ㄷ. 1960년대 우리나라 청바지는 특별한 의미를 지닌 상징물
    이 되기도 하였다.
ㄹ. 우리나라 청바지 문화는 1960년대에는 하위문화였으나
    지금은 주류 문화에 해당한다.

① ㄱ, ㄷ　　　② ㄱ, ㄹ　　　③ ㄴ, ㄹ
④ ㄱ, ㄴ, ㄷ　　　⑤ ㄴ, ㄷ, ㄹ

C 문화 변동 과정의 문제점과 대응 방안

421 하중상

다음 사례에 대한 옳은 분석을 〈보기〉에서 고른 것은?

> 조선 후기 급격한 사회 변동 과정에서 서구 사회로부터 만민
> 평등사상이 유입되고 사회 내부에서도 신분 질서에 대하여
> 비판적인 사상이 생겨났다. 오랜 기간 조선 사회의 질서를
> 유지해 온 기존 규범을 따르지 않는 사람들이 증가하여 기존
> 규범의 사회 구성원에 대한 통제력이 약화되고 있는 가운데,
> 변화된 사회에서 요구되는 새로운 규범은 미처 확립되지 못
> 하면서 조선 사회에는 많은 혼란이 발생하였다.

〈 보기 〉

ㄱ. 문화 변동에 따른 부작용으로 아노미 현상이 나타났다.
ㄴ. 새로운 문화에 저항하는 세력으로 인해 사회 혼란이 야기
    되었다.
ㄷ. 사회 통제의 역할을 담당했던 전통적인 규범의 기능이
    약화되었다.
ㄹ. 물질문화와 비물질문화 간 발달 속도의 차이에서 비롯된
    사회 문제가 발생하였다.

① ㄱ, ㄴ　　　② ㄱ, ㄷ　　　③ ㄴ, ㄷ
④ ㄴ, ㄹ　　　⑤ ㄷ, ㄹ

422 하중상

밑줄 친 현상의 사례로 옳은 것만을 〈보기〉에서 있는 대로 고른 것은?

> 문화 변동 과정에서 비물질문화의 변동 속도가 물질문화의
> 변동 속도를 따라잡지 못하는 부조화 현상이 발생할 수 있다.

〈 보기 〉

ㄱ. 드론이 대중화되면서 초상권이나 사생활 침해 등의 사회
    문제가 발생하고 있다.
ㄴ. 의학 기술의 발달로 노인 인구는 증가하였지만 노인 복
    지 대책은 미흡한 상황이다.
ㄷ. 온라인 강의 수업은 증가하고 있지만 이를 뒷받침할 교
    육용 소프트웨어는 부족한 실정이다.
ㄹ. 아파트 보급률은 증가하고 있지만 공동 주택 사용에 관
    한 예절이 정립되지 않아 주민 간 분쟁이 늘고 있다.

① ㄱ, ㄴ　　　② ㄱ, ㄷ　　　③ ㄷ, ㄹ
④ ㄱ, ㄴ, ㄹ　　　⑤ ㄴ, ㄷ, ㄹ

423~424 빈출자료

다음 사례들을 읽고 물음에 답하시오.

> • 과학 기술이 급속하게 발달하면서 드론 등 새로운 기계가
>   널리 쓰이는 시대가 되었지만, 관련 법규가 미비하여 여러
>   가지 문제가 발생하고 있다.
> • 자동차를 자체 생산하면서 대부분의 한국 가정은 자가용을
>   소유하고 편리하게 이용하고 있다. 그러나 많은 운전자가
>   교통 법규를 지키지 않아 자동차 사고율은 높은 편이다.

423 하중상　　　•서술형

위 사례들에서 공통으로 나타난 문화 변동의 문제점을 일컫는 용어
를 쓰고, 그 발생 원인을 서술하시오.

424 하중상

위 사례들에서 공통으로 나타난 현상에 대한 설명으로 옳은 것은?

① 물질문화와 비물질문화의 조화를 계기로 나타나는 현상이다.
② 문화 변동 속도가 빠를수록 발생 가능성이 낮아지는 경향이
   있다.
③ 간접 전파에 의한 문화 변동 과정에서는 나타날 수 없는 현
   상이다.
④ 문화 변동 과정에서 가치관의 부재로 인해 나타나는 무규범
   상태를 말한다.
⑤ 물질문화의 변동에 적응할 수 있는 새로운 가치나 규범의 정
   립을 통해 대응해 나갈 수 있다.

425

밑줄 친 ㉠~㉑에 대한 옳은 설명을 〈보기〉에서 고른 것은?

- ㉠ 세종 문화 회관에서 ㉡ 대중문화를 상징하는 이미지를 담아낸 '헌트 페인팅' 작품들이 전시되었다. 작가는 이 작품들을 통해 대중이 얼마나 많은 ㉢ 소비문화에 노출되어 있는지를 표현하고자 했다. ㉣ 문화인으로서의 삶을 추구하는 사람들이 늘어남에 따라 전시가 흥행할 것으로 기대된다.
- 정부는 ㉤ 문화 시설을 쉽게 즐길 수 있도록 ㉥ '문화가 있는 날'을 지정하여 주요 고궁 등을 무료로 관람할 수 있도록 하고 있다. 또한 '문화가 있는 날'을 '한복 입기 좋은 날'로 정해 ㉦ 한복 문화 확산에 앞장선다고 밝혔다.

〈 보기 〉
ㄱ. ㉣에서 '문화'는 생활 양식의 총체를 의미한다.
ㄴ. ㉠과 ㉥에서 '문화'는 모두 좁은 의미로 사용되었다.
ㄷ. ㉡과 달리 ㉦에서 '문화'는 넓은 의미로 사용되었다.
ㄹ. ㉠~㉦에서 '문화'가 좁은 의미로 사용된 것은 네 개이다.

① ㄱ, ㄴ 　② ㄱ, ㄷ 　③ ㄴ, ㄷ
④ ㄴ, ㄹ 　⑤ ㄷ, ㄹ

426

(가)~(마)에 대한 학생들의 발표 내용으로 옳지 않은 것은?

- 과제: '문화의 속성'을 설명하는 데 적절한 주제 조사하기

모둠	문화의 속성	조사 주제
1	학습성	(가)
2	변동성	(나)
3	(다)	우리나라의 민간 신앙이 복잡해지고 풍부해진 과정
4	(라)	조선 시대의 음식에 영향을 준 당시의 유교 문화와 농경문화
5	(마)	우리나라 청소년 특유의 언어에 대한 청소년과 성인의 이해 양상 차이

① 갑: (가)에는 '이주민의 거주 지역별 사투리 사용 실태'가 적절해요.
② 을: (나)에는 '서로 다른 나라에서 자란 일란성 쌍둥이 형제의 사고방식 차이 비교'가 적절해요.
③ 병: (다)는 인류 문명의 발달을 가능하게 하는 바탕이 되어요.
④ 정: (라)는 문화 요소 간 유기적 관계가 있음을 보여 주어요.
⑤ 무: (마)는 동일한 문화 체계 내에서 원활한 의사소통의 토대가 될 수 있어요.

427

밑줄 친 ㉠~㉣에 대한 분석으로 옳은 것은?

모든 사회에는 ㉠ 음식 문화가 있다. 다시 말해 ㉡ 모든 문화는 사람들이 어떤 음식을 언제, 어떻게 먹을 것인가를 규정하고 음식과 식사에 특정한 의미를 부여한다. 또한 ㉢ 기후나 지형에 따라 소금에 절이거나, 말리는 등의 방법으로 식재료의 보관 기간을 늘리고자 하였다. 한편, ㉣ 우리나라에서 '산나물'은 예전에는 가난의 상징이었지만, 경제 성장을 이룬 오늘날에는 웰빙(well-being) 문화의 상징으로 변화하였다.

① ㉠에서의 '문화'는 웰빙 문화에서의 '문화'와 같이 좁은 의미로 사용되었다.
② ㉡은 문화 요소 중 '규범'과 '상징'을 포함하고 있지 않다.
③ ㉢은 자연적·인문적 환경의 상이성으로 인해 나타나는 현상이다.
④ ㉣은 문화의 학습성을 통해 설명할 수 있다.
⑤ ㉣에 부각된 문화의 속성은 문화의 요소가 상호 관련성을 맺고 있다고 본다.

428

(가), (나)에 나타난 문화 이해의 관점에 대한 옳은 설명만을 〈보기〉에서 있는 대로 고른 것은?

(가) 장례 문화를 연구하던 갑은 시신을 바로 땅에 묻지 않고 풀 같은 것으로 덮는 임시 무덤인 초분(草墳)을 조사하였다. 조사 과정에서 초분이 자연 환경적 원인 및 민간 신앙과 어떻게 관련되어 있는지에 주목하였다.

(나) 을은 남태평양의 여러 섬에서 나타나는 선물 문화를 연구한 결과, 선물의 형태가 각 지역의 특성에 따라 다양하지만 선물을 주고받는 것은 어느 사회에서나 사회를 유지하는 데 중요한 기능을 한다는 결론을 내렸다.

〈 보기 〉
ㄱ. (가)는 개별 문화 요소가 그 사회에서 담당하는 기능을 다른 문화 요소와 연관 지어 이해하고자 한다.
ㄴ. (나)는 자문화를 객관적으로 이해하는 데 효과적이다.
ㄷ. (가)는 (나)와 달리 모든 문화는 고유한 가치를 지닌다고 본다.
ㄹ. (나)는 (가)와 달리 서로 다른 문화 간의 공통점과 차이점을 파악하고자 한다.

① ㄱ, ㄴ 　② ㄱ, ㄷ 　③ ㄷ, ㄹ
④ ㄱ, ㄴ, ㄹ 　⑤ ㄴ, ㄷ, ㄹ

429

문화 이해의 태도 A~C에 대한 옳은 설명만을 〈보기〉에서 있는 대로 고른 것은? (단, A~C는 각각 문화 사대주의, 문화 상대주의, 자문화 중심주의 중 하나이다.)

- '문화의 수준을 평가하는 절대적 기준이 있는가?'는 A와 B를 구분할 수 없는 질문이다.
- '자기 문화의 정체성을 상실할 우려가 큰가?'는 A와 C를 구분할 수 있는 질문이다.
- _____(가)_____는 B와 C를 구분할 수 있는 질문이다.

〈 보기 〉
ㄱ. A에 비해 C는 문화의 다양성 보존에 유리하다.
ㄴ. B에 비해 A는 선진 문물의 수용에 적극적이다.
ㄷ. B와 달리 C는 문화 제국주의를 정당화하는 태도이다.
ㄹ. (가)에 '국수주의를 초래할 수 있는가?'가 들어갈 수 있다.

① ㄱ, ㄴ   ② ㄱ, ㄷ   ③ ㄷ, ㄹ
④ ㄱ, ㄴ, ㄹ   ⑤ ㄴ, ㄷ, ㄹ

430

그림은 문화 이해의 태도를 구분한 것이다. A~C에 대한 설명으로 옳은 것은? (단, A~C는 각각 자문화 중심주의, 문화 사대주의, 문화 상대주의 중 하나이다.)

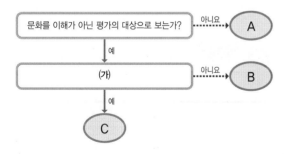

① A는 자기 문화의 정체성을 약화시킨다.
② (가)에는 "문화의 다양성 보존에 기여하는가?"가 들어갈 수 있다.
③ (가)가 '다른 문화의 수용에 적극적인가?'라면 B는 자문화 중심주의이다.
④ B가 자문화 중심주의라면 (가)에는 "자기 문화에 대한 비판적 성찰을 저해하는가?"가 적절하다.
⑤ (가)가 "다른 문화의 우수성을 맹목적으로 믿는가?"라면 C는 문화 제국주의로 흐를 위험이 크다.

431

다음은 뉴스를 보고 갑과 을이 나눈 대화이다. 이에 대한 분석으로 옳은 것은?

- 뉴스: "○○국에서 15살의 한 소녀가 사망했습니다. 소녀의 가족들은 자신들이 인정하지 않은 남자와 사랑에 빠진 소녀를 명예 살인한 것으로 드러났습니다."
- 갑: 가족의 명예를 위해 살인을 하는 것은 ○○국의 전통적 관습이래. 그 나라의 가치 있는 문화로서 존중해 주어야 해.
- 을: 우리나라의 가족 문화가 세계 어느 나라의 가족 문화보다 우월한 것 같아. ○○국은 야만적 측면이 있는 가족 문화 대신 우리나라의 가족 문화를 수용해야 된다고 봐.

① 갑은 인류의 보편적 가치를 고려하지 않는다는 비판을 받을 수 있다.
② 갑이 지닌 문화 이해 태도는 문화 상대주의를 정면으로 거부하는 것이다.
③ 을이 지닌 문화 이해 태도는 타국과의 문화 교류 확대에 유리하다.
④ 갑은 을과 달리 비교론적 관점을 취하고 있다.
⑤ 을은 갑과 달리 그 사회의 고유한 맥락 속에서 문화를 이해하고 있다.

432

표는 하위문화의 유형을 구분한 것이다. A~C에 대한 설명으로 옳은 것은? (단, A~C는 각각 세대 문화, 반문화, 지역 문화 중 하나이다.)

구분	A	B	C
의미	한 사회를 구성하는 여러 지역 사회에서 나타나는 고유한 생활 양식	(가)	주류 구성원들의 가치나 규범을 반대하거나 지배적 문화에 대립하는 문화
특징	최근 교통·통신의 발달로 문화적 특성이 약화됨	(나)	(다)

① B와 달리 C는 사회가 다원화될수록 주류 문화로 수렴되는 경향을 보인다.
② 주류 문화는 A~C의 총합으로 구성된다.
③ (가)에 '공통의 체험을 토대로 한 특정 범위의 연령층이 공유하는 문화'가 들어갈 수 있다.
④ (나)에 '세대 갈등으로 이어지기도 함'이 들어갈 수 없다.
⑤ (다)에 '사회 갈등의 원인으로 작용할 수도 있지만 사회 변화의 원동력이 되기도 함'이 들어갈 수 없다.

433

표에 대한 옳은 분석만을 〈보기〉에서 있는 대로 고른 것은? (단, A국에는 갑~병 지역만 존재하며, 세 지역의 인구는 비슷하다.)

〈A국에 존재하는 주거 문화 요소〉

구분	갑 지역	을 지역	병 지역
T 시기	a, b	b, c	b, d
T+1 시기	a, b, c	a, d	b, d
T+2 시기	a, b, c	a, c	a, c, d

〈 보기 〉

ㄱ. T 시기에 b는 A국의 전체 문화 요소에 해당한다.
ㄴ. T+1 시기에 c는 A국의 하위문화 요소에 해당한다.
ㄷ. T 시기보다 T+1 시기에 A국의 주거 문화 요소가 많다.
ㄹ. T+1 시기보다 T+2 시기에 A국의 세 지역 간 주거 문화의 동질성이 강하다.

① ㄱ, ㄴ ② ㄱ, ㄷ ③ ㄷ, ㄹ
④ ㄱ, ㄴ, ㄹ ⑤ ㄴ, ㄷ, ㄹ

434

A~C의 일반적인 특징에 대한 옳은 설명만을 〈보기〉에서 있는 대로 고른 것은? (단, A~C는 각각 주류 문화, 반문화, 반문화의 성격이 없는 하위문화 중 하나이다.)

구분	A	B	C
한 사회의 구성원 대부분이 공유하는 문화인가?	예	아니요	아니요
한 사회의 지배적인 문화에 저항하고 대립하는 문화인가?	아니요	(가)	(나)

〈 보기 〉

ㄱ. A는 B, C와 달리 사회에 따라 상대적으로 규정된다.
ㄴ. A, B, C 모두 해당 문화를 향유하는 구성원들 공통의 정체성 향상에 기여한다.
ㄷ. (가)가 '예'일 경우, A는 C의 총합으로 설명할 수 있다.
ㄹ. (나)가 '예'일 경우, C는 기존의 지배적인 문화를 대체하기도 한다.

① ㄱ, ㄷ ② ㄱ, ㄹ ③ ㄴ, ㄹ
④ ㄱ, ㄴ, ㄷ ⑤ ㄴ, ㄷ, ㄹ

435

대중문화를 바라보는 갑~병의 견해에 대한 분석으로 옳은 것은?

- 갑: 오늘날 누구나 약간의 비용만 부담하면 클래식 음악, 뮤지컬 등 수준 높은 문화를 즐길 수 있게 되었어.
- 을: 거리에 나가 보면 너나 할 것 없이 유명 연예인을 따라 똑같은 머리 모양과 복장을 하고 있는 것이 문제야.
- 병: 사람들이 텔레비전 오락 프로그램이나 드라마에 빠져 뉴스를 외면하고 신문의 연예, 스포츠 기사만 즐겨 보는 것은 문제야.

① 갑은 지나친 상업성 추구로 인한 대중문화의 질적 저하를 우려하고 있다.
② 을은 대중문화가 개성을 상실한 획일적 인간을 양산하고 있다고 본다.
③ 병은 사람들이 대중문화를 통해 정치적 무관심을 극복하고 있다고 본다.
④ 갑, 을 모두 대중문화의 오락 및 여가 기능이 약화되고 있다는 점을 강조한다.
⑤ 갑~병 모두 대중문화가 사람들의 일상생활에 미치는 영향력을 간과하고 있다.

436

그림은 대중 매체 A~C의 일반적인 특징을 비교한 것이다. 이에 대한 설명으로 옳은 것은? (단, A~C는 각각 종이 신문, 라디오, SNS 중 하나이다.)

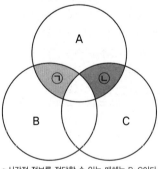

⊙: A와 B만의 공통점
ⓛ: A와 C만의 공통점

＊시각적 정보를 전달할 수 있는 매체는 B, C이다.

① A는 B, C에 비해 심층적인 정보 전달에 유리하다.
② C가 종이 신문이라면, B는 A에 비해 정보의 비동시적 수용 가능성이 높다.
③ ⊙에는 '정보의 생산자와 소비자 간의 경계가 불분명하다.'가 적절하다.
④ B가 SNS라면, ⓛ에는 '복합 감각 정보의 전달이 가능하다.'가 적절하다.
⑤ ⓛ이 '정보 생산자의 익명성이 낮다.'라면, C는 A와 달리 문맹자의 정보 접근 가능성이 높다.

437

그림은 문화 변동의 요인 A~E를 구분한 것이다. 이에 대한 설명으로 옳은 것은? (단, A~E는 각각 발견, 발명, 간접 전파, 자극 전파, 직접 전파 중 하나이다.)

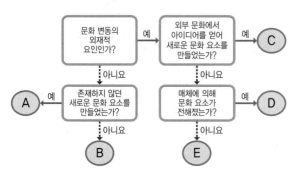

① 활을 활용하여 현악기를 개발한 것은 A가 아닌 B의 사례로 적절하다.
② A, C를 통해 기존에 없었던 문화 요소가 창조된다.
③ E는 D보다 문화 전파의 공간적 제약이 작다.
④ D, E는 C와 달리 외부 문화와의 접촉을 전제로 한다.
⑤ A, B, C와 달리 D, E는 문화 지체 현상을 초래할 수 있다.

438

그림의 (나) 지역에서 나타날 수 있는 문화 접변의 결과 A~E에 대한 설명으로 옳은 것은?

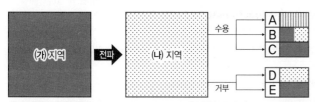

* ■ ▨ ▥는 문화 요소이다.

① A는 전파된 문화 요소가 수용 지역의 문화 체계 안에서 그대로 정착하여 하나의 특질로 나타난 결과이다.
② B는 (가) 지역의 문화 요소보다 (나) 지역의 문화 요소가 우수하다고 인식될 때에만 나타나는 현상이다.
③ C는 전통문화가 외래문화 체계 속으로 흡수되어 나타난 결과이다.
④ D는 문화 접변을 통해 (나) 지역에서 (가) 지역의 문화 요소에 대한 이질감이 완화됨을 보여 준다.
⑤ E는 자발적 문화 접변 과정을 통해 문화가 대체되었음을 보여 준다.

439

자료에 대한 분석으로 옳은 것은?

> • T 시기 이후 A 사회에 B 사회의 텔레비전 드라마 시청 열풍이 불어 B 사회의 음식 문화가 A 사회에 널리 소개되었다.
> • T 시기 이후 B 사회와 C 사회 간에는 대규모 유학생 교류가 이루어지면서 각 사회의 음식 문화가 상대국에 소개되었다.
> T 시기로부터 시간이 흘러 T+1 시기에 A 사회~C 사회에는 아래 표와 같은 문화 요소가 나타났다.
>
> | 구분 | A 사회 | B 사회 | C 사회 |
> |---|---|---|---|
> | T 시기 | a | b | c |
> | T+1 시기 | a, b | b | d |
>
> * a, b, c는 각국의 고유한 음식 문화이며, d는 b, c의 특성을 지니면서도 새로운 특성이 추가된 음식 문화이다.

① A 사회와 달리 C 사회에서는 자발적 문화 접변이 나타났다.
② A 사회와 달리 C 사회에서는 간접 전파에 의한 문화 변동이 나타났다.
③ A 사회에서는 문화 공존, C 사회에서는 문화 동화가 나타났다.
④ B 사회와 달리 C 사회에서는 문화 전파로 인해 고유한 음식 문화의 정체성이 사라졌다.
⑤ T 시기에 비해 T+1 시기에 A 사회~C 사회 간에 음식 문화의 동질성이 강하다.

440

밑줄 친 ㉠~㉤에 대한 설명으로 옳은 것은?

> ㉠ 중국과의 접촉을 통해 우리나라에 한자가 전래된 것은 대략 기원전 2세기경으로 추정된다. 이후 ㉡ 우리나라에서는 한자의 음과 훈을 빌려 표기하는 이두를 만들어 사용했지만 불편함이 있었다. 조선 시대에 이르러 세종대왕이 우리말에 맞는 ㉢ 한글을 창제하여 비로소 우리 고유의 글자를 사용하게 되었다. ㉣ 한글은 한때 사대부 등에 의해 경시되기도 했지만 오늘날 여러 나라에서 가르칠 정도로 그 위상이 높아졌다. 특히 최근에는 한류의 인기에 힘입어 ㉤ 동남아 지역에서 한국어 교육 수요가 증가하고 있다.

① ㉠은 물질문화의 간접 전파에 해당한다.
② ㉡은 문화 전파와 발명이 함께 발생한 사례이다.
③ ㉢은 외재적 요인에 의한 문화 변동이다.
④ ㉣은 문화 지체 현상에 해당한다.
⑤ ㉤은 강제적 문화 접변에 의한 문화 동화이다.

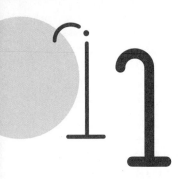

사회 불평등 현상의 이해

Ⓐ 사회 불평등 현상의 의미

1 사회 불평등 현상의 의미와 특징

> • 사람들은 한정된 사회적 자원을 가지기 위해 경쟁하거나 대립하는데, 그 결과 부, 권력, 명예 등과 같이 사회에서 사람들이 가치 있다고 여기는 사회적 자원이 불평등하게 분배된다.

① 사회 불평등 현상: 사회적 자원이 차등적으로 분배되어 개인이나 집단의 위치가 서열화되어 있는 현상

② 사회 불평등 현상의 특징: 어느 사회에서나 나타나는 보편적인 현상임, 사회 구성원의 태도나 가치관, 생활 양식 등에 영향을 줌
> • 사회적 자원은 어느 사회에서나 희소하기 때문이다.

기출 Tip Ⓐ-2
다양한 영역의 사회 불평등 간 관계
어느 한 영역의 불평등은 그것으로 그치는 것이 아니라, 다른 영역의 불평등에 영향을 끼치기도 한다.

2 다양한 영역의 사회 불평등

경제적 불평등	소득과 재산 등이 차등 분배됨으로써 나타나는 불평등 → 빈부 격차라고도 함
정치적 불평등	권력의 획득과 행사의 차이로 나타나는 불평등
사회·문화적 불평등	신분과 자격, 명예, 교육 수준, 지식 소유 등 여러 가지 사회·문화적 생활의 기회와 수준의 차이로 나타나는 불평등

Ⓑ 사회 불평등 현상을 바라보는 관점

기출 Tip Ⓑ-1, 2
사회 불평등 현상을 바라보는 바람직한 관점
기능론적 관점과 갈등론적 관점은 일정한 유용성과 함께 한계를 지니므로, 두 관점을 조화하여 균형 있게 사회 불평등 현상을 이해해야 한다.

1 기능론

기본 입장	사회 불평등 현상은 보편적이며 사회의 유지와 발전을 위해 불가피한 현상임
전제	직업마다 기능적 중요도에 차이가 있음 → 사회에서 가치 있다고 생각하는 자리를 자격 있는 사람으로 채우기 위해서는 기능적으로 중요한 일을 하는 사람에게 더 많은 보상을 주어야 하므로 사회적 자원을 차등 분배하는 것이 당연함
희소 자원의 배분 방식	• 희소 자원을 배분하는 방식은 사회의 효율적인 운영을 위한 사회 구성원 전체의 합의를 통해 결정됨 • 개인의 능력이나 노력, 사회적 기여도 등에 따라 사회적 희소 자원이 합리적으로 배분됨
사회적 기능	개인에게 성취동기를 부여하고 경쟁을 유발함으로써 인재를 적재적소에 배치하는 데 기여함
한계	• 사회 불평등 현상을 정당한 것으로 여겨 문제를 개선하려는 노력을 소홀히 할 수 있음 • 기득권층에 유리한 사회 구조를 간과할 수 있음 • 개인의 귀속적 요인이 사회 불평등에 미치는 영향력을 간과할 수 있음 • 사회 불평등 현상이 개인의 성취동기를 감소시킬 수 있음을 간과한다는 비판을 받음

2 갈등론 → 지배 집단과 피지배 집단 간의 대립 관계에서 사회 불평등 현상을 이해한다.

기본 입장	사회 불평등 현상은 보편적이지만 불공정한 현상임 → 사회 불평등 현상을 사회 구조의 근본적 개혁을 통해 제거해야 할 대상으로 인식함 → 갈등론은 사회 불평등을 불가피한 현상이 아니라고 본다.
전제	직업의 기능적 중요도에 차이가 없음 → 직업의 기능적 중요도는 지배 집단의 판단에 불과함
희소 자원의 배분 방식	• 희소 자원을 배분하는 방식은 개인의 사회적 기여도와 무관하게 지배 집단의 가치가 반영되어 결정됨 • 권력이나 사회적·경제적 배경 등에 의해 사회적 희소 자원이 지배 집단에 유리한 방향으로 불공정하게 배분됨
사회적 기능	기존의 불평등한 계층 구조를 재생산함 → 개인이 각자의 능력을 최대한 발휘할 수 있는 기회를 제한함, 집단 간 대립과 갈등을 유발하여 사회 전체의 발전을 저해함
한계	• 차등 보상이 사회적인 능률을 높일 수 있다는 점을 간과할 수 있음 • 집단 간 갈등과 대립을 지나치게 부각하여 사회 통합을 저해할 수 있음 • 개인의 성취동기가 지위 변동에 미치는 영향력을 간과할 수 있음

3 사회 불평등 현상을 바라보는 관점 빈출자료 Link • 457-458번 문제

(명문 대학 입시를 바라보는 기능론적 관점과 갈등론적 관점)

• 갑: 부모님의 경제적 도움이 있더라도 학생 본인이 노력하지 않으면 명문 대학에 들어갈 수 없어. 명문 대학 입학은 학생의 노력에 대한 정당한 보상이야.

• 을: 그렇지 않아. 명문 대학에 입학하는 데 있어 부모님의 경제력이 결정적으로 작용해. 학생이 아무리 노력해도 부모님이 도와주지 못하면 명문 대학 입학은 힘든 것이 현실이야.

기출 Tip B-3
사회 불평등 현상을 바라보는 기능론과 갈등론의 입장
• 갑: 명문 대학 입학을 학생의 노력에 대한 보상으로 인식함 ➡ 희소가치가 개인의 사회적 기여도에 따라 차등 분배됨을 강조 ➡ 기능론
• 을: 명문 대학 입학에 부모의 경제력이 영향을 미친다고 인식함 ➡ 개인의 귀속적 요인이 사회 불평등에 미치는 영향력을 강조 ➡ 갈등론

C 사회 불평등 현상을 설명하는 이론

1 계급론과 계층론

기출 Tip C-1
여러 측면의 불평등 간 관계를 설명하는 계급론과 계층론의 입장

계급론	경제적인 측면이 사회적·정치적 측면의 불평등을 가져오는 결정적인 요인임
계층론	경제적·사회적·정치적 측면이 서로 영향을 주고받지만, 기본적으로 각 측면의 기원은 독립적임

구분	계급론(일원론적 관점)	계층론(다원론적 관점)
의미	계급은 경제적 요인인 생산 수단의 소유 여부에 따라 구분된 위치 혹은 집단임	계층은 경제적 계급, 사회적 지위, 정치적 권력 등 다양한 요인에 따라 서열화된 위치나 집단임
층위	자본가 계급 – 노동자 계급	상류층 – 중류층 – 하류층
특징	• 이분법적·불연속적으로 계급을 구분함 • 두 계급은 지배와 피지배 관계에 있음 → 계급 간 갈등과 대립이 불가피함 • 같은 계급에 속한 사람들 간에는 계급 의식이 강하게 나타나고, 다른 계급에 대해서는 적대감을 보임	• 복합적·연속적으로 계층을 구분함 • 계층 간 경계가 명확하지 않음 → 같은 계층에 속한 사람들 간 계층 의식이 미약하고, 다른 계층에 대해 적대감이 약함 • 현대 사회의 지위 불일치 현상을 설명하기에 적합함 ┗ 개인이 가진 여러 지위 중 하나 이상이 동일한 수준에 있지 않은 현상
학자	마르크스(Marx, K.)	베버(Weber, M.)

2 계급론과 계층론 빈출자료 Link • 466-467번 문제

(그림으로 보는 계급과 계층)

▲ 계급   ▲ 계층

┌→ 계층 간 수직 이동이 극히 제한적이라고 본다.

• 계급론: 경제적 요인을 기준으로 층위를 구분함 → 사회 계층 구조를 불연속적으로 구분된 상태로 봄

• 계층론: 경제적, 정치적, 사회적 요인 등을 기준으로 층위를 구분함 봄 → 사회 계층 구조를 연속선상에 서열화된 상태로
┗→ 자유로운 사회 이동을 설명하기 용이하다.

개념 확인 문제

정답과 해설 46쪽

441 사회 불평등 현상에 대한 설명이 맞으면 ○표, 틀리면 ×표를 하시오.

(1) 특정 사회에 국한되어 나타나는 현상이다. ( )

(2) 사회 구성원의 태도나 가치관, 생활 양식 등에 영향을 준다. ( )

442 다음 괄호 안의 내용 중 알맞은 말에 ○표를 하시오.

(1) (기능론, 갈등론)은 사회 불평등을 불가피한 현상으로 본다.

(2) 기능론은 사회적 희소가치의 (균등, 차등) 분배를 중시한다.

(3) 갈등론은 직업의 기능적 중요도에 차이가 (있다, 없다)고 본다.

443 사회 불평등 현상을 바라보는 기능론의 한계에 해당하면 '기'를, 갈등론의 한계에 해당하면 '갈'을 쓰시오.

(1) 기득권층에 유리한 사회 구조를 간과할 수 있다. ( )

(2) 집단 간 대립을 지나치게 부각하여 사회 통합을 저해할 수 있다. ( )

444 사회 불평등 현상을 설명하는 이론의 특징을 옳게 연결하시오.

(1) 계급론• •㉠ 복합적·연속적으로 층위를 구분함

(2) 계층론• •㉡ 이분법적·불연속적으로 층위를 구분함

A 사회 불평등 현상의 의미

445 하 중 상

다음 내용에 해당하는 용어에 대한 옳은 설명만을 〈보기〉에서 있는 대로 고른 것은?

> 사회적 자원이 차등적으로 분배되어 개인이나 집단의 위치가 서열화되어 있는 현상을 의미한다.

〈 보기 〉
ㄱ. 모든 사회에서 동일한 형태로 나타난다.
ㄴ. 사회 구성원의 태도나 가치관, 생활 양식 등에 큰 영향을 미친다.
ㄷ. 현대에는 사회의 다양한 영역에서 복합적인 관련성을 가지고 나타난다.
ㄹ. 부, 권력, 명예 등과 같은 사회적 자원이 갖는 희소성이 원인이 되어 나타난다.

① ㄱ, ㄴ   ② ㄱ, ㄷ   ③ ㄷ, ㄹ
④ ㄱ, ㄴ, ㄹ   ⑤ ㄴ, ㄷ, ㄹ

빈출
446 하 중 상

(가)~(다)는 다양한 영역의 사회 불평등 현상을 나타낸 것이다. 이에 대한 옳은 설명만을 〈보기〉에서 있는 대로 고른 것은?

> (가) 소득이나 재산 등의 차이로 나타나는 불평등
> (나) 권력의 소유와 행사의 차이로 나타나는 불평등
> (다) 사회·문화적 생활의 향유 기회와 수준의 차이로 나타나는 불평등

〈 보기 〉
ㄱ. 근대 사회에서 (나)는 나타나지 않았다.
ㄴ. (가)는 (나)를 유발하는 원인이 될 수도 있다.
ㄷ. 빈부 격차는 (나)보다는 (가)에 해당한다.
ㄹ. (가)~(다)는 모두 사회적 희소가치 때문에 나타난다.

① ㄱ, ㄴ   ② ㄱ, ㄹ   ③ ㄴ, ㄷ
④ ㄱ, ㄷ, ㄹ   ⑤ ㄴ, ㄷ, ㄹ

447 하 중 상

다음은 수업 시간의 모습을 나타낸 것이다. 이에 대한 설명으로 옳지 않은 것은?

> • 교사: 오늘의 발표 주제는 (A)입니다. 각자 준비해 온 내용을 발표해 봅시다.
> • 갑: 희소성이 있는 사회적 자원이 차등 분배되어 개인이나 집단의 위치가 서열화되는 현상을 의미합니다.
> • 을: 그 유형으로는 ㉠ 경제적 불평등, ㉡ 정치적 불평등, ㉢ 사회·문화적 불평등이 있습니다.
> • 병: 특징으로는 _____ (가) _____

① A는 사회 불평등 현상이다.
② A는 어느 사회에서나 나타나는 보편적인 현상이다.
③ ㉠은 ㉡에 영향을 미칠 수 없다.
④ ㉢의 예로 신분과 자격, 명예, 교육 기회와 수준 등의 불평등을 들 수 있다.
⑤ (가)에는 '사회 구성원인 개인의 태도나 가치관, 생활 양식에 영향을 미칩니다.'가 들어갈 수 있다.

B 사회 불평등 현상을 바라보는 관점

448 하 중 상

다음 내용에 나타난 사회 불평등 현상을 바라보는 관점에 부합하는 진술을 〈보기〉에서 고른 것은?

> 사회 불평등은 개인의 능력과 노력 차이 때문에 나타나므로 그 결과를 자연스럽게 받아들여야 한다.

〈 보기 〉
ㄱ. 계층 구조는 인간의 잠재력 발휘를 저해한다.
ㄴ. 특정 집단의 합의에 의해 희소가치가 분배된다.
ㄷ. 사회에 대한 기여도에 따라 직업을 서열화할 수 있다.
ㄹ. 사회 불평등은 인재를 적재적소에 배치하는 데 기여한다.

① ㄱ, ㄴ   ② ㄱ, ㄷ   ③ ㄱ, ㄷ
④ ㄴ, ㄹ   ⑤ ㄷ, ㄹ

449 하 중 상 ••서술형

다음 글에 나타난 사회 불평등 현상을 바라보는 관점을 쓰고, 이 관점의 입장을 '차등 분배'와 관련지어 서술하시오.

> 의사가 다른 직업보다 더 많은 보수를 받는 것은 당연하다. 왜냐하면 의사는 생명을 다루는 중요한 일을 하지만, 다른 직업의 일은 의사의 일보다 중요한 것은 아니기 때문이다.

450~451 빈출자료

다음은 사회 불평등 현상을 바라보는 관점을 나타낸 자료이다. 물음에 답하시오.

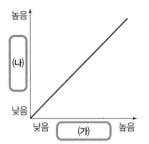

이 관점은 사회에서 가치 있다고 생각하는 자리를 자격 있는 사람으로 채우기 위해서는 더 많은 보상을 제공해야 한다고 본다. 이 관점에서 주장하는 내용을 그림으로 표현하면 오른쪽과 같다.

450 하중상

위 자료의 (가), (나)에 들어갈 수 있는 내용을 옳게 연결한 것은?

	(가)	(나)
①	부모의 경제력	사회 불평등 정도
②	균등 분배 정도	사회 발전 가능성
③	균등 분배 정도	자녀의 성공 가능성
④	차등 분배 정도	사회 갈등 정도
⑤	차등 분배 정도	개인의 성취동기

빈출
451 하중상

밑줄 친 '이 관점'에 대한 설명으로 옳은 것은?

① 사회 불평등 현상을 보편적이지만 제거해야 할 대상이라고 본다.

② 지배 집단과 피지배 집단 간의 대립 관계에서 사회 불평등 현상을 이해한다.

③ 사회적 지위나 직업에는 중요도에 따른 위계 체계가 존재하지 않는다고 본다.

④ 희소가치의 차등 분배 수준이 높을수록 사회의 발전 가능성이 높아진다고 본다.

⑤ 부모의 경제적 지위가 높을수록 자녀의 사회적 성공 가능성이 높아진다고 본다.

452 하중상

다음 글에 나타난 사회 불평등 현상을 바라보는 관점에 부합하는 진술을 〈보기〉에서 고른 것은?

개인의 능력과 노력에 따라 직업이 결정된다는 말은 옳지 않다. 고등학교에서 성적이 우수한 학생이더라도 경제적으로 가난하다면 선택할 수 있는 진로의 범위는 좁아질 것이다. 의대, 약대와 같이 등록금이 비싼 대학보다는 상대적으로 집안 사정에 도움이 될 수 있는 진로를 선택할 가능성이 높다.

〈 보기 〉

ㄱ. 사회에서 사람들이 하는 일은 기능적으로 중요도가 다르다.

ㄴ. 사회 불평등 현상은 보편적인 현상으로서 사회의 존속을 위해 불가피하다.

ㄷ. 지배 집단은 그들의 이익에 부합하는 분배 기준에 따라 사회적 자원을 분배한다.

ㄹ. 사회 불평등 현상은 권력 또는 가정의 사회·경제적 배경의 차이를 원인으로 발생한다.

① ㄱ, ㄴ   ② ㄱ, ㄷ   ③ ㄴ, ㄷ

④ ㄴ, ㄹ   ⑤ ㄷ, ㄹ

빈출
453 하중상

표에 나타난 사회 불평등 현상을 바라보는 관점에 부합하는 진술로 가장 적절한 것은?

질문	응답
1. 사회 불평등 현상이 사회적 대립 관계를 나타낸다고 생각합니까?	예
2. 직업의 중요도에 따른 차별적 보상이 정당하다고 생각합니까?	아니요
3. 특정 집단의 빈곤 원인이 사회 구조에 있다고 생각합니까?	예

① 사회 불평등 현상은 인재를 적재적소에 배치한다.

② 사회 불평등 현상은 차등적 보상 체계의 결과물이다.

③ 사회적 희소가치는 지배 집단의 권력과 강제에 따라 배분된다.

④ 사회 불평등 현상은 개인과 사회가 최선의 기능을 수행하게 한다.

⑤ 사회 불평등 현상은 사회 구성원들에게 동기를 부여하여 자질을 최대한 발휘하게 한다.

454~455 빈출자료

다음 글을 읽고 물음에 답하시오.

> 여성의 경제 활동 참가율이 지속적으로 높아지고 있지만 여성에게 있어 승진은 여전히 '좁은 문'이다. 여성은 능력이 있어도 현실적으로 고위직으로의 승진에 제한을 받는 경우가 많다. 이는 고위직으로 갈수록 남성 중심적인 문화가 지배적이고, 사회 구조적으로 남성 중심의 권력 체계가 여성들의 권력이나 부에 대한 접근을 제한하기 때문이다.

454 한중상

위 글에 나타난 사회 불평등 현상을 바라보는 관점의 한계로 가장 적절한 것은?

① 집단 간 갈등이 발생하는 원인을 설명할 수 없다.
② 기득권층의 이익을 대변하는 논리로 이용될 우려가 있다.
③ 사회 구성 요소가 제 기능을 발휘하면 사회 불평등이 해결될 것이라고 낙관적으로 전망하게 된다.
④ 빈곤의 원인이 개인에게 있다고 생각하여 사회 불평등을 해소하기 위한 제도 개선을 소홀히 할 수 있다.
⑤ 개인의 노력과 능력에 따라 보상을 달리하는 것이 사회적인 능률을 높일 수 있다는 점을 간과할 수 있다.

 455 한중상

위 글에 나타난 사회 불평등 현상을 바라보는 관점에 대한 옳은 설명을 〈보기〉에서 고른 것은?

〈 보기 〉
ㄱ. 사회 불평등 현상을 해결하기 위해 구조적 개혁을 강조한다.
ㄴ. 차등적 보상 체계는 사회 분화에 따른 합리적 결과라고 본다.
ㄷ. 사회 불평등 현상이 개인의 성취동기를 자극하는 요인이라고 본다.
ㄹ. 개인의 노력과 능력이 사회적 지위의 변동에 미치는 영향력을 간과한다.

① ㄱ, ㄴ   ② ㄱ, ㄹ   ③ ㄴ, ㄷ
④ ㄴ, ㄹ   ⑤ ㄷ, ㄹ

456 한중상

다음 주장에 대한 반박으로 가장 적절한 것은?

> 교육 수준이 높은 사람은 교육 수준이 낮은 사람보다 전문적인 업무를 담당하므로 더 높은 소득을 얻는 것이 당연하다.

① 성과급 도입에 적극적으로 찬성해야 한다고 생각한다.
② 직업의 기능적 중요도에 걸맞게 대우해야 한다고 생각한다.
③ 개인의 노력에 따라 소득을 차등 배분해야 한다고 생각한다.
④ 교육 수준에도 가정 배경이 결정적 영향을 미친다고 생각한다.
⑤ 전문적인 업무를 담당하는 인력에 대한 차등 대우는 이미 사회적 합의가 반영된 것이라고 생각한다.

457~458 빈출자료

다음 대화를 보고 물음에 답하시오.

> 갑: 학생 본인이 노력하지 않으면 명문 대학에 들어갈 수 없어. 명문 대학 입학은 학생의 노력에 대한 정당한 보상이야.
> 을: 그렇지 않아. 명문 대학에 입학하는 데 있어 부모님의 경제력이 결정적으로 작용해. 학생이 아무리 노력해도 부모님이 도와주지 못하면 명문 대학 입학은 힘든 것이 현실이야.

빈출 457 한중상

사회 불평등 현상을 보는 갑의 관점에 부합하는 진술로 옳은 것은?

① 어느 직업이든 그 중요성에는 차이가 없다.
② 불평등한 보상 체계는 집단 갈등의 원인이 된다.
③ 차등 분배는 개인이 최선의 기능을 수행하도록 한다.
④ 희소가치는 권력이나 가정 배경에 따라 차등 분배된다.
⑤ 사회 불평등 현상은 지배 집단의 기득권 유지 노력의 결과이다.

458 한중상

사회 불평등 현상을 보는 갑과 을의 관점에 대한 옳은 설명만을 〈보기〉에서 있는 대로 고른 것은?

〈 보기 〉
ㄱ. 갑의 관점은 사회적 합의를 통해 개인의 노력과 능력을 차등 분배의 기준으로 정하였다고 본다.
ㄴ. 갑의 관점은 을의 관점과 달리 사회 불평등 현상이 인재를 적재적소에 배치하는 결과를 가져온다고 본다.
ㄷ. 을의 관점은 갑의 관점과 달리 직업별 기능적 중요도에 따른 차등 분배를 인정하지 않는다.
ㄹ. 갑, 을의 관점 모두 사회 불평등 현상을 보편적이고 불가피한 현상으로 본다.

① ㄱ, ㄴ   ② ㄱ, ㄹ   ③ ㄷ, ㄹ
④ ㄱ, ㄴ, ㄷ   ⑤ ㄴ, ㄷ, ㄹ

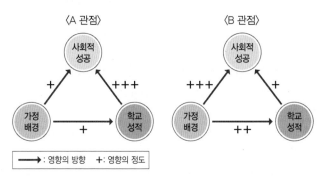

459~460 빈출자료*

그림은 사회 불평등 현상을 바라보는 관점 A, B를 도식화하여 나타낸 것이다. 물음에 답하시오.

〈A 관점〉 〈B 관점〉

사회적 성공
가정 배경
학교 성적

━━━ : 영향의 방향   + : 영향의 정도

459 하 중 상

A 관점과 대비되는 B 관점의 특징으로 적절한 것을 〈보기〉에서 고른 것은?

〈 보기 〉

ㄱ. 직업의 기능적 중요도 차이를 인정한다.
ㄴ. 불평등한 사회 구조에 의해 희소 자원이 분배된다는 입장이다.
ㄷ. 사회 불평등으로 인해 불평등한 계층 구조가 재생산된다고 본다.
ㄹ. 사회 불평등 현상을 사회적으로 보편적이고 불가피한 현상으로 여긴다.

① ㄱ, ㄴ   ② ㄱ, ㄷ   ③ ㄴ, ㄷ
④ ㄴ, ㄹ   ⑤ ㄷ, ㄹ

460 하 중 상

사회 불평등 현상을 바라보는 관점 A, B에 대한 설명으로 옳은 것은?

① A는 희소가치가 개인의 사회적 기여도에 따라 분배된다고 본다.
② B는 사회적 합의에 의해 희소가치의 분배 기준이 결정된다고 본다.
③ A는 B와 달리 희소가치의 차등 분배 수준과 사회 갈등 정도 사이에 정(+)의 관계가 있다고 본다.
④ B는 A와 달리 희소가치의 차등 분배 수준과 개인의 성취동기 사이에 정(+)의 관계가 있다고 본다.
⑤ A와 B는 개인의 성취동기가 지위 변동에 미치는 영향력을 간과한다는 공통점이 있다.

461 하 중 상   ••서술형

다음은 임금 격차를 주제로 한 두 사람의 대화이다. 물음에 답하시오.

갑: 좀 더 힘들고 위험한 직업을 가진 사람이 상대적으로 덜 힘들고 위험하지 않은 직업을 가진 사람보다 더 많은 임금을 받는 것은 당연해.
을: 그렇지 않아. 임금 격차의 원인은 자본가의 노동력 차별 정책에 의해서 발생하는 거야. 노동력 차별을 통해 임금 비용을 극소화하고 이윤을 극대화하기 위한 거야.

(1) 갑, 을의 주장에 나타난 사회 불평등 현상을 바라보는 관점을 각각 쓰시오.

(2) 갑, 을의 관점에서 인식하는 사회 불평등 현상의 발생 원인을 비교하여 서술하시오.

C 사회 불평등 현상을 설명하는 이론

462 하 중 상

㉠에 들어갈 이론에 대한 옳은 설명을 〈보기〉에서 고른 것은?

• 교사: 사회 불평등 현상을 설명하는 이론 가운데 (㉠)에 대해 아는 대로 설명해 보세요.
• 갑: 일원론적 관점에서 사회 불평등 현상을 이해합니다.
• 을: 같은 계급에 속한 사람들 사이에 나타나는 강한 귀속 의식을 강조합니다.
• 교사: 모두 옳게 설명하였습니다.

〈 보기 〉

ㄱ. 생산 수단의 소유 여부로 계급을 구분한다.
ㄴ. 사회 계층 구조를 연속선상에 서열화된 상태로 본다.
ㄷ. 경제적 측면이 사회적·정치적 불평등을 가져온다고 인식한다.
ㄹ. 다원화된 사회의 불평등을 이해하는 데 유용하다는 평가를 받는다.

① ㄱ, ㄴ   ② ㄱ, ㄷ   ③ ㄴ, ㄷ
④ ㄴ, ㄹ   ⑤ ㄷ, ㄹ

빈출
463 하중상

다음과 같이 사회 불평등 현상을 설명하는 이론에 대한 옳은 설명만을 〈보기〉에서 있는 대로 고른 것은?

> 사회는 재산, 권력, 위신에 기초하여 계층화된다. 재산의 차이는 '계급'을, 권력의 차이는 '파당'을, 위신의 차이는 '지위 집단'을 만들어 낸다. 어떤 사람이 이들 중 한두 가지 차원에서 상층에 속하더라도 나머지 다른 차원에서는 하층에 속할 수 있다.

〈 보기 〉
ㄱ. 다원론적 관점에서 사회 불평등 현상을 바라본다.
ㄴ. 현대 사회의 지위 불일치 현상을 설명하기 용이하다.
ㄷ. 동일한 계층적 위치에 속한 구성원 간의 귀속 의식을 강조한다.
ㄹ. 사회 불평등 현상을 연속적으로 서열화되어 있는 상태로 파악한다.

① ㄱ, ㄴ ② ㄱ, ㄷ ③ ㄷ, ㄹ
④ ㄱ, ㄴ, ㄹ ⑤ ㄴ, ㄷ, ㄹ

464 하중상

그림은 사회 불평등 현상을 설명하는 두 이론을 구분한 것이다. (가)에 들어갈 질문으로 적절한 것은?

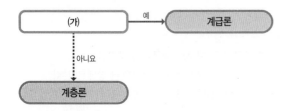

① 지위 불일치 현상을 설명하기에 적합한가?
② 다원론적 관점에서 사회 불평등에 접근하는가?
③ 사회 불평등을 복합적·연속적으로 구분하는가?
④ 집단 간 적대감과 집단 내 소속 의식을 강조하는가?
⑤ 다양한 요인에 의해 사회 불평등이 발생한다고 보는가?

465 하중상

(가), (나)는 사회 불평등 현상을 설명하는 이론이다. 이에 대한 설명으로 옳은 것은?

> (가) 경제적, 정치적, 사회적 요인을 종합하여 사회 계층을 상층, 중층, 하층으로 구분한다.
> (나) 생산 수단의 소유 여부를 기준으로 삼아 사회 계층을 지배층과 피지배층으로 구분한다.

① (가)는 사회 불평등 현상을 불연속적으로 구분되어 있는 상태로 본다.
② (나)는 경제적 요인에 의한 사회 불평등 현상의 발생 가능성을 부정한다.
③ (가)는 (나)에 비해 지위 불일치 현상을 설명하기 용이하다.
④ (나)는 (가)에 비해 내부 구성원 간의 귀속 의지를 간과한다.
⑤ (가), (나) 모두 일원론이 아닌 다원론에 기초하여 사회 불평등 현상을 설명한다.

466~467 빈출자료°

(가), (나)는 사회 불평등 현상을 설명하는 서로 다른 이론에서 인식하는 사회 계층 구조를 나타낸 것이다. 물음에 답하시오.

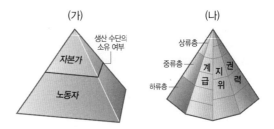

466 하중상 ••서술형

사회 불평등 현상을 설명하는 이론 (가), (나)를 각각 쓰고, 두 이론을 '소속 의식' 측면에서 비교하여 서술하시오.

빈출
467 하중상

사회 불평등 현상을 설명하는 이론 (가), (나)에 대한 설명으로 옳지 않은 것은?

① (가)는 자신의 계급에 대해 강한 계급 의식을 가진다고 본다.
② (나)는 현대 사회의 지위 불일치 현상을 설명하기에 적합하다.
③ (가)는 (나)와 달리 불연속적으로 계급을 구분한다.
④ (나)는 (가)와 달리 사회적 불평등 구조가 궁극적으로 양극화된다고 본다.
⑤ (가), (나)는 모두 사회 불평등의 원인이 사회적 희소 자원의 차등 분배 때문이라고 본다.

468 하 중 상

사회 불평등 현상을 설명하는 이론 A, B에 대한 설명으로 옳은 것은?

> A와 달리 B는 경제적 요인뿐만 아니라 다양한 요인을 기준으로 사회 불평등 현상을 설명한다. 또한 B는 사회적 관계를 지배–피지배 관계나 적대 관계로 보지 않으며, 동일 계층에 속하더라도 그 구성원들의 심리적 귀속감이 명료하지 않다고 본다는 점에서 A와 구별된다.

① A는 개인적 능력에 의한 계층 이동이 자유롭다고 본다.
② B는 계층을 불연속적으로 구분한다.
③ A와 달리 B는 경제적 요인에 다른 요인들이 종속된다고 주장한다.
④ 다원화된 현대 사회의 불평등 현상을 설명하기에는 B보다 A가 적합하다.
⑤ 가난하지만 사회적 명성이 높은 교육자의 사례를 설명하는 데에는 A보다 B가 적합하다.

469 하 중 상

표는 사회 불평등 현상을 설명하는 이론 A, B를 구분한 것이다. (가), (나)에 들어갈 질문으로 적절한 것을 〈보기〉에서 골라 옳게 연결한 것은?

질문＼이론	응답 A	응답 B
위신, 명예 및 권력의 차이를 사회적 위계의 근거로 보는가?	예	아니요
(가)	아니요	예
(나)	예	아니요

〈 보기 〉
ㄱ. 동일 계층 집단 구성원 간의 연대 의식을 강조하는가?
ㄴ. 사회 계층 구조를 연속선상에 서열화된 것으로 보는가?
ㄷ. 사회·정치적 불평등은 경제적 불평등에 종속되는 것이라고 보는가?
ㄹ. 한 사람의 지위가 계층화의 여러 차원에 따라 달라질 수 있다고 보는가?

	(가)	(나)		(가)	(나)
①	ㄱ, ㄴ	ㄷ, ㄹ	②	ㄱ, ㄷ	ㄴ, ㄹ
③	ㄴ, ㄷ	ㄱ, ㄹ	④	ㄴ, ㄹ	ㄱ, ㄷ
⑤	ㄷ, ㄹ	ㄱ, ㄴ			

470 하 중 상

다음 대화에서 밑줄 친 '한 사람'에 해당하는 학생은?

> • 교사: 사회 불평등을 설명하는 이론 A, B에 대해 이야기해 볼까요?
> • 갑: A는 지위 불일치 현상을 설명할 수 있어 현대 사회의 불평등 현상을 설명하는 데 더 적합하다고 생각됩니다.
> • 을: A는 B와 달리 다원론적인 구분 기준을 사용한다는 평가를 받아요.
> • 병: A는 이분법적이고 불연속적인 구분을, B는 연속적이고 서열적인 구분을 강조해요.
> • 정: B는 A와 달리 지배와 피지배 관계로 인한 갈등과 대립이 불가피하다고 봐요.
> • 무: A, B 모두 경제적 측면을 구분 기준으로 사용한다는 공통점을 갖고 있어요.
> • 교사: 한 사람을 제외하고 모두 옳게 발표했어요.

① 갑   ② 을   ③ 병   ④ 정   ⑤ 무

빈출 471 하 중 상

표는 질문 (가)~(다)를 활용하여 사회 불평등 현상을 설명하는 두 이론 A, B를 비교한 것이다. 이에 대한 설명으로 옳은 것은? (단, A, B는 각각 계급론과 계층론 중 하나이다.)

이론＼질문	(가)	(나)	(다)
A	예	아니요	아니요
B	아니요	예	아니요

① A가 계층론이면 (가)는 "사회 불평등 구조 내에서 서열을 구분하는 기준이 다양한가?"가 적절하다.
② A가 계층론이면 (나)는 "지위 불일치의 가능성을 인정하는가?"가 적절하다.
③ (나)가 "사회 불평등 현상을 연속적·서열적 개념으로 파악하는가?"이면, A는 계층론이다.
④ (나)가 "사회 불평등 구조가 궁극적으로 양극화된다고 보는가?"이면, B는 계층론이다.
⑤ (다)는 "경제적 요인을 사회 불평등 현상의 원인으로 고려하는가?"가 적절하다.

02 사회 이동과 사회 계층 구조

Ⓐ 사회 이동

1 사회 이동의 유형
→ 개인이나 집단의 계층적 위치가 변화하는 현상

구분 기준	유형	내용
이동 방향	수평 이동	동일한 계층 내에서의 위치 변화
	수직 이동	계층적 위치가 높아지거나 낮아지는 변화
세대 범위	세대 내 이동	한 개인의 생애 동안에 나타나는 계층적 위치의 변화 예 하위직 공무원이 열심히 노력하여 고위직 공무원이 된 경우
	세대 간 이동	두 세대 이상에 걸쳐서 이루어지는 계층적 위치의 변화 예 가난한 농부의 아들이 대기업의 회장이 된 경우 → 세대 간에 수직 이동이 나타난 경우만을 의미한다.
이동 원인	개인적 이동	한 개인의 능력이나 노력에 따른 계층적 위치의 변화
	구조적 이동	사회 변동으로 인해 사회 구조가 바뀌면서 발생하는 계층적 위치의 변화

→ 평사원이 임원으로 승진한 경우와 같은 상승 이동과 사장이 실업자로 전락한 경우와 같은 하강 이동으로 구분할 수 있다.

기출 Tip Ⓐ-2

갑이 겪은 사회 이동의 유형
· 부모 세대에 비해 계층적 지위가 상승함 ➡ 수직 이동, 세대 간 이동
· 신분제 폐지로 천민 신분에서 벗어남 ➡ 구조적 이동
· 개인의 노력에 의해 백정에서 양의사가 됨 ➡ 개인적 이동

2 사회 이동의 유형 (빈출자료) Link • 480~481번 문제

┌─(사회 이동의 사례)
갑은 백정이었던 아버지의 신분을 물려받아 백정으로 살다가 갑오개혁으로 신분제가 폐지되면서 천민의 신분에서 벗어났다. 제중원 의학교에 입학하게 된 갑은 끈기 있게 노력하였고, 졸업 시험에 통과하여 한국인 최초의 양의사가 되었다.

Ⓑ 사회 계층 구조
→ 사회의 희소한 자원이 차등적으로 분배되고 그러한 불평등이 지속되면서 일정한 형태로 고정된 구조로, 사회 구성원의 행동 양식과 사고방식 등에 커다란 영향을 미치고 한번 형성되면 오랜 기간 유지된다.

1 계층 구성원의 비율에 따른 계층 구조의 구분
현실적으로 존재하기 어려우며, 이론상으로만 존재하는 극단적 형태의 계층 구조이다.

수직형 계층 구조	모든 사회 구성원이 서로 다른 계층에 속해 수직선상에 배열된 형태의 계층 구조
수평형 계층 구조	모든 사회 구성원이 같은 계층을 이루고 있어 수평선상에 배열된 형태의 계층 구조
피라미드형 계층 구조	계층 구성원의 비율이 하층이 가장 높고, 상층으로 갈수록 낮아지는 계층 구조 → 신분제에 기초한 전통 사회나 초기 산업 사회에서 주로 나타남, 소수의 상층이 사회적 희소 자원을 독점함
다이아몬드형 계층 구조	계층 구성원의 비율이 상층이나 하층보다 중층이 높은 형태의 계층 구조 → 중간 계층 구성원의 비율이 높아진 산업 사회에서 주로 나타남, 사회 통합에 유리한 계층 구조임

불평등이 심하게 나타나 사회가 불안정할 수 있다. ●

기출 Tip Ⓑ-1, 2

다양한 계층 구조의 모습

▲ 피라미드형 계층 구조   ▲ 다이아몬드형 계층 구조

▲ 폐쇄적 계층 구조   ▲ 개방적 계층 구조

기출 Tip Ⓑ-1

타원형 계층 구조와 모래시계형 계층 구조
· 타원형 계층 구조: 다이아몬드형 계층 구조에 비해 중상층과 중하층의 비율이 증가한 형태의 계층 구조 → 사회의 안정성이 높음
· 모래시계형 계층 구조: 중층의 비율이 현저히 낮고 소수의 상층과 다수의 하층이 존재하는 계층 구조 → 사회가 불안정할 수 있음
· 정보화 낙관론자들은 타원형 계층 구조, 정보화 비관론자들은 모래시계형 계층 구조가 형성될 것으로 전망한다.

2 계층 간 이동 가능성에 따른 계층 구조의 구분
중층이 상층과 하층 사이에서 완충 역할을 함에 따라 사회가 비교적 안정적이다.

폐쇄적 계층 구조	계층 간 상승 이동이나 하강 이동이 엄격하게 제한된 계층 구조 → 귀속 지위 중시, 사회의 역동성이 낮게 나타남 예 고대 노예제, 인도의 카스트제 등
개방적 계층 구조	다른 계층으로 상승하거나 하강할 수 있는 가능성이 열려 있는 계층 구조 → 성취 지위 중시, 사회의 역동성이 높게 나타남 예 신분제가 폐지된 근대 이후 대부분의 사회

개념 확인 문제

○ 정답과 해설 50쪽

472 사회 이동의 구분 기준과 그에 따른 유형을 옳게 연결하시오.

(1) 세대 범위 •

(2) 이동 방향 •

(3) 이동 원인 •

• ㉠ 수평 이동, 수직 이동

• ㉡ 개인적 이동, 구조적 이동

• ㉢ 세대 내 이동, 세대 간 이동

473 다음 괄호 안의 내용 중 알맞은 말에 ○표를 하시오.

(1) 피라미드형 계층 구조는 (하층, 층층)의 비중이 가장 높다.

(2) (피라미드형, 다이아몬드형) 계층 구조는 사회의 안정성이 높다.

(3) (개방적, 폐쇄적) 계층 구조에서는 성취 지위보다 귀속 지위가 중시된다.

A 사회 이동

474 하 중 상

다음 사례에서 파악할 수 있는 사회 이동의 유형만을 짝지은 것은?

미국에서 공부하고 30살에 귀국한 갑은 중소기업 사장인 아버지의 대를 이어 중소기업 사장이 되었다. 그런데 무리하게 사업 확장을 시도하다가 10년도 되지 않아 회사가 망하는 바람에 갑은 모든 재산을 잃고 실업자로 전락하였다.

① 수평 이동, 구조적 이동
② 수평 이동, 개인적 이동
③ 구조적 이동, 세대 내 이동
④ 구조적 이동, 세대 간 이동
⑤ 세대 간 이동, 세대 내 이동

475 하 중 상

•• 서술형

다음 사례에서 장영실이 경험한 사회 이동의 유형을 '이동 방향'을 기준으로 분류하여 서술하시오.

조선 세종 때의 과학자 장영실은 노비의 아들로 태어나 어머니와 함께 관청에서 노비 생활을 하였다. 그러나 그는 뛰어난 재능을 인정받아 세종의 명으로 중국에 가서 각종 기계를 연구하였으며, 1432년 노비의 신분에서 벗어나 정5품 관직에 오르게 되었다.

476 하 중 상

(가)~(다)에 해당하는 내용을 옳게 연결한 것은?

사회 이동은 이동 원인에 따라서는 (가)와 (나)로 나눌 수 있다. (가)는 개인의 능력이나 노력에 의해 계층적 위치가 변화하는 것이며, (나)는 급격한 사회 변동 등으로 인해 계층적 위치가 변화하는 것인데, (나)의 원인으로는 (다) 등이 있다.

	(가)	(나)	(다)
①	개인적 이동	구조적 이동	승진, 좌천
②	개인적 이동	구조적 이동	혁명, 전쟁
③	구조적 이동	개인적 이동	승진, 좌천
④	구조적 이동	개인적 이동	혁명, 전쟁
⑤	세대 내 이동	세대 간 이동	승진, 좌천

빈출 477 하 중 상

다음 사례에 나타난 사회 이동의 유형만을 〈보기〉에서 있는 대로 고른 것은?

가난한 농부의 아들로 태어난 갑은 정비공으로 일하였으나 적은 월급으로 가족의 생계를 꾸려갈 수가 없었다. 이에 갑은 법조인이 되기로 결심하고 열심히 공부하여 3년 후 사법고시에 합격하였다. 이후 사법 연수원 성적이 우수하였던 갑은 판사로 임명되었고, 판사로서 책무를 성실히 수행하고 열심히 노력한 결과 대법원장의 직위까지 오르게 되었다.

〈 보기 〉
ㄱ. 수직 이동
ㄴ. 개인적 이동
ㄷ. 구조적 이동
ㄹ. 세대 내 이동

① ㄱ, ㄴ
② ㄱ, ㄷ
③ ㄷ, ㄹ
④ ㄱ, ㄴ, ㄹ
⑤ ㄴ, ㄷ, ㄹ

478 하 중 상

표는 사회 이동의 유형을 나타낸 것이다. (가)~(라)에 해당하는 사례로 옳은 것만을 〈보기〉에서 있는 대로 고른 것은?

구분	개인적 이동	구조적 이동
수직 이동	(가)	(나)
수평 이동	(다)	(라)

〈 보기 〉
ㄱ. (가) - 평사원이 임원으로 승진한 것
ㄴ. (나) - 미국에서 노예 제도가 철폐되어 흑인이 노예 신분에서 벗어난 것
ㄷ. (다) - A 중학교 교사가 전근을 신청하여 B 중학교 교사가 된 것
ㄹ. (라) - 프랑스 혁명 이후 부르주아 계급이 사회의 주도 세력이 된 것

① ㄱ, ㄴ
② ㄱ, ㄹ
③ ㄷ, ㄹ
④ ㄱ, ㄴ, ㄷ
⑤ ㄴ, ㄷ, ㄹ

479 하(중)상

표는 사회 이동의 유형을 정리한 것이다. (가)~(마)에 대한 설명으로 옳은 것은?

구분 기준	종류	내용
(가)	수평 이동	동일한 계층 내에서의 위치 변화
	(나)	계층적 위치가 높아지거나 낮아지는 변화
세대 범위	세대 내 이동	한 개인의 생애 동안에 나타나는 계층적 위치의 변화
	(다)	두 세대 이상에 걸쳐서 이루어지는 계층적 위치의 변화
(라)	개인적 이동	한 개인의 능력이나 노력에 따른 계층적 위치의 변화
	(마)	사회 구조가 바뀌면서 발생하는 계층적 위치 변화

① (가)에는 '이동 원인'이 적절하다.
② (나)의 사례로 사장이 실업자로 전락한 경우를 들 수 있다.
③ 부모와 자녀 간 계층 이동은 (다)를 통해 설명할 수 없다.
④ (라)에는 '이동 방향'이 적절하다.
⑤ (마)는 사회 변동을 수반하지 않는다는 특징이 있다.

480~481 빈출자료˙

다음 사례를 읽고 물음에 답하시오.

갑은 백정이었던 아버지의 신분을 물려받아 백정으로 살다가 갑오개혁으로 신분제가 폐지되면서 천민의 신분에서 벗어났다. 제중원 의학교에 입학하게 된 갑은 끈기 있게 노력하였고, 졸업 시험에 통과하여 한국인 최초의 양의사가 되었다.

480 하(중)상

위 사례에 나타나 있는 사회 이동의 유형이 아닌 것은?

① 수평 이동   ② 수직 이동   ③ 개인적 이동
④ 구조적 이동   ⑤ 세대 간 이동

빈출 481 하중(상)

위 사례에 나타나 있는 사회 이동의 유형에 대한 분석으로 옳은 것은?

① 갑은 세대 간 이동을 경험하지는 않았다.
② 갑은 수직 이동과 구조적 이동을 모두 경험하였다.
③ 갑은 계층적 위치가 낮아지는 이동을 경험하였다.
④ 갑이 졸업 시험에 통과하여 양의사가 된 것은 구조적 이동에 속한다.
⑤ 제시된 사례에는 이동 원인 측면에서 갑작스러운 외환 위기로 인한 경제적 몰락과 같은 양상의 사회 이동이 나타나 있지 않다.

482 하(중)상

표는 아버지의 계층과 자녀의 계층을 비교한 것이다. 이에 대한 옳은 분석을 〈보기〉에서 고른 것은? (단, 아버지의 계층의 상층 인구는 100명, 중층 인구는 200명, 하층 인구는 100명이다.)

(단위: %)

구분		아버지의 계층		
		상층	중층	하층
자녀의 계층	상층	70	10	10
	중층	20	70	20
	하층	10	20	70
계		100	100	100

〈 보기 〉
ㄱ. 아버지의 계층을 세습한 자녀보다 그렇지 않은 자녀가 많다.
ㄴ. 세대 간 하강 이동한 자녀보다 세대 간 상승 이동한 자녀가 많다.
ㄷ. 세대 간 이동한 자녀는 아버지의 계층이 상층~하층 중 중층일 때 가장 많다.
ㄹ. 아버지의 계층이 중층일 때, 세대 간 상승 이동한 자녀보다 세대 간 하강 이동한 자녀가 많다.

① ㄱ, ㄴ   ② ㄱ, ㄷ   ③ ㄴ, ㄷ
④ ㄴ, ㄹ   ⑤ ㄷ, ㄹ

483 하(중)상

표는 갑국의 부모와 자녀 간 계층을 비교한 것이다. 이에 대한 분석으로 옳지 않은 것은? (단, 자녀 세대 중 부모가 같은 사람은 없다.)

(단위: %)

구분		부모의 계층			계
		상층	중층	하층	
자녀의 계층	상층	11	7	8	26
	중층	5	25	17	47
	하층	2	4	21	27
계		18	36	46	100

① 자녀 세대의 계층 구조는 다이아몬드형 계층 구조이다.
② 자녀 세대로의 계층 세습 비율은 부모 세대 계층 중 중층이 가장 높다.
③ 자녀 세대에서 부모의 계층을 세습한 사람보다 세대 간 이동한 사람이 많다.
④ 자녀 세대에서 세대 간 하강 이동한 사람보다 세대 간 상승 이동한 사람이 많다.
⑤ 자녀 세대 계층별 인구 중 부모와 계층이 일치하는 사람의 비율은 상층이 가장 낮다.

B 사회 계층 구조

484~485 빈출자료

그림은 사회 계층 구조 (가), (나)를 나타낸 것이다. 물음에 답하시오.

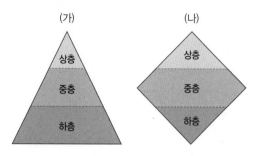

(가)   (나)

484 하 중 상

(나)에 나타난 계층 구조에 대한 설명으로 옳은 것은?

① 소수의 상층이 다수의 하층을 지배하는 구조이다.
② 계층 구성원이 상층으로 갈수록 적어지는 구조이다.
③ 사회의 안정성이 비교적 높은 경향을 보이는 구조이다.
④ 사회 구성원이 모두 같은 계층을 이루고 있는 구조이다.
⑤ 정보화 비관론자들이 형성될 것으로 전망하는 구조이다.

485 하 중 상

(가), (나)에 나타난 사회 계층 구조에 대한 옳은 설명을 〈보기〉에서 고른 것은?

〈 보기 〉
ㄱ. (가)는 폐쇄적 계층 구조에 해당한다.
ㄴ. (나)는 선진화된 복지 사회에서 주로 나타난다.
ㄷ. (가)는 (나)보다 사회 통합에 더 유리한 구조이다.
ㄹ. (가), (나)를 구분하는 기준은 '계층 구성원의 비율'이다.

① ㄱ, ㄴ   ② ㄱ, ㄷ   ③ ㄴ, ㄷ
④ ㄴ, ㄹ   ⑤ ㄷ, ㄹ

486 하 중 상

•• 서술형

다음 글을 통해 알 수 있는 '계층 간 이동 가능성' 측면에서의 미국 사회의 계층 구조를 쓰고, 그렇게 생각한 이유를 서술하시오.

갑은 미국의 대학 입학 자격시험(SAT) 점수가 낮아 원하던 대학에 진학하지 못하였으며, 식당 종업원으로 일하며 모은 돈 5만 달러를 증권 중개인에게 맡겼지만 석 달 만에 몽땅 잃게 되었다. 갑은 절망하지 않고 금융 공부를 하여 증권사 직원으로 채용되었고, 수익을 많이 올리는 증권 중개인 중의 한 사람으로 급성장하였다. 갑은 현재 TV 출연과 책 지술을 통해 부와 명예를 함께 얻고 있다.

487 하 중 상

그림에 나타난 사회 계층 구조 (가), (나)에 대한 옳은 설명을 〈보기〉에서 고른 것은?

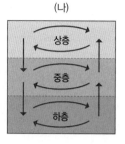

(가)   (나)

〈 보기 〉
ㄱ. (가)의 사례로 인도의 카스트 제도를 들 수 있다.
ㄴ. (나)는 일반적으로 사회 이동이 자유롭고 개방적인 사회에서 주로 나타난다.
ㄷ. (가)에서는 성취 지위, (나)에서는 귀속 지위가 중시된다.
ㄹ. (가)에 비해 (나)에서 사회의 역동성이 낮게 나타난다.

① ㄱ, ㄴ   ② ㄱ, ㄷ   ③ ㄴ, ㄷ
④ ㄴ, ㄹ   ⑤ ㄷ, ㄹ

488 하 중 상

다음은 수업 시간의 모습을 나타낸 것이다. 이에 대한 설명으로 옳은 것은?

• 교사: 계층 구조는 계층 이동 가능성에 따라 A와 B로 구분됩니다. A와 B에 대하여 발표해 보세요.
• 갑: A는 귀속 지위 중심의 계층 구조입니다.
• 을: B에서는 서로 다른 계층 간 혼인이 자유롭게 허용됩니다.
• 병:    (가)
• 교사: 한 사람을 제외하고 모두 옳게 발표했습니다.

① 옳지 않게 발표한 학생은 갑이다.
② 신분제가 폐지된 근대 이후 대부분의 사회는 A에 해당한다.
③ B에서 자녀의 계층은 부모의 계층과 일치할 수 없다.
④ A는 피라미드형 계층 구조, B는 다이아몬드형 계층 구조에 해당한다.
⑤ (가)에 'A와 B는 모두 수직 이동이 활발합니다.'가 들어갈 수 있다.

489 하 중 상

그림은 사회 계층 구조 (가)~(다)를 구분한 것이다. 이에 대한 설명으로 옳은 것은? (단, (가)~(다)는 각각 다이아몬드형 계층 구조, 폐쇄형 계층 구조, 모래시계형 계층 구조 중 하나이다.)

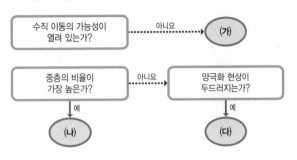

① 피라미드형 계층 구조는 항상 (가)에 해당한다.
② (나)는 사회 안정성이 낮은 계층 구조이다.
③ (다)는 정보화 비관론자들이 전망하는 계층 구조이다.
④ (다)에 비해 (나)에서 사회 통합이 더 요구된다.
⑤ (나), (다)는 (가)와 달리 신분제 사회에서 주로 나타난다.

490 하 중 상

표는 갑국과 을국의 계층 구성 비율을 나타낸 것이다. 이에 대한 분석으로 옳은 것은?

구분	갑국	을국
상층 비율 / 중층 비율	1/2	2/5
중층 비율 / 하층 비율	2	5/3
하층 비율 / 상층 비율	㉠	㉡

① ㉠은 '1/2', ㉡은 '2/3'이다.
② 갑국은 하층의 비율이 가장 높다.
③ 을국의 계층 구조는 피라미드형이다.
④ 갑국은 을국에 비해 중층의 비율이 높다.
⑤ 을국은 갑국에 비해 상층의 비율이 낮다.

491~492 빈출자료

자료는 갑국의 세대별 계층 구조를 분석하는 과정을 나타낸 것이다. 물음에 답하시오.

갑국의 세대 간 계층 이동 현황을 분석한 결과는 아래와 같다. 갑국의 사회 계층은 상층, 중층, 하층으로만 구분되며, A~C는 각각 상층, 중층, 하층 중 하나이다.

〈세대 간 계층별 구성 비율의 상대적 비〉

구분	A	B	C
부모 세대 해당 계층 대비 자녀 세대 해당 계층의 상대적 비	0.5	1	2

〈세대 간 계층 이동 현황〉
(단위: %)

구분	A	B	C
부모 세대 해당 계층 대비 부모와 자녀의 계층 일치 비율	25	100	50

 * 모든 부모의 자녀는 1명이고, 부모 세대의 계층 구조는 다이아몬드형임
 ** A는 C보다 높은 계층이며, 부모 세대의 계층 구성비에서 A는 B와 C를 합한 것의 1.5배임

위의 자료를 세대 간 이동에 따른 계층 구성 비율을 나타내는 표로 정리하면 아래와 같다.

(단위: %)

부모 세대 / 자녀 세대	상층	중층	하층	계
상층	10			10
중층		15		㉠
하층			15	㉡
계		㉢		100

491 하 중 상

표의 ㉠~㉢에 들어갈 수치를 옳게 연결한 것은?

	㉠	㉡	㉢		㉠	㉡	㉢
①	10	30	60	②	30	10	60
③	30	60	60	④	60	30	10
⑤	60	60	30				

492 하 중 상

갑국의 자녀 세대에 나타난 계층 구조에 대한 설명으로 옳은 것은?

① 사회 불평등이 해소된 계층 구조이다.
② 사회 안정 실현에 유리한 계층 구조이다.
③ 모든 사회 구성원이 수직선상에 배열된다.
④ 소수의 상층이 사회적 희소 자원을 독점한다.
⑤ 하층에 속하는 구성원의 비율이 가장 낮게 나타난다.

493 하중상

표는 갑국의 세대 간 이동에 따른 계층 구성 비율을 나타낸 것이다. 이에 대한 분석으로 옳은 것은?

(단위: %)

구분		부모 세대		
		상층	중층	하층
자녀 세대	상층	6	5	4
	중층	5	10	15
	하층	1	35	19

① 갑국에서는 세대 간 수직 이동 비율이 계층 대물림 비율보다 높다.

② 부모 세대의 계층 구조는 자녀 세대의 계층 구조에 비해 사회 통합에 불리하다.

③ 부모 세대 계층 대비 자녀 세대 계층 일치 비율이 가장 높은 계층은 중층이다.

④ 자녀 세대의 계층 구조는 부모 세대의 계층 구조에 비해 개방적 계층 구조의 형태를 가진다.

⑤ 세대 간 계층 이동을 한 사람의 비율은 하층 부모를 둔 자녀가 상층 부모를 둔 자녀의 4배 이상이다.

494 하중상

표는 갑국의 부모 세대와 자녀 세대 간 계층 이동을 나타낸 것이다. 이에 대한 분석으로 옳은 것은?

구분	자녀 세대 해당 계층 비율(%)	부모 세대 계층 비율 대비 자녀 세대 계층 비율의 상대적 비	부모 세대 해당 계층 대비 부모와 자녀의 계층 일치 비율의 상대적 비
A	20	4/3	2/3
B	60	12/5	4/5
C	20	1/3	1/3

* A~C는 각각 상층, 중층, 하층 중 하나에 해당하고, 부모 세대의 계층 구조는 피라미드형 계층 구조이다.
** 모든 부모의 자녀는 1명씩이다.

① 세대 간 계층 유지 비율이 계층 이동 비율보다 작다.

② 부모 세대 중층에서는 자녀 세대 하층으로만 세대 간 이동이 나타났다.

③ 자녀 세대 중층에서 세대 간 상승 이동을 한 사람이 하강 이동을 한 사람보다 적다.

④ 자녀 세대 계층 대비 부모와 자녀의 계층 일치 비율이 가장 높은 계층은 하층이다.

⑤ 부모 세대 상층에서 자녀 세대 하층으로, 부모 세대 하층에서 자녀 세대 상층으로 세대 간 이동이 나타나지 않았다.

495~496 빈출자료°

자료는 갑국의 세대 간 계층 이동을 나타낸 것이다. 물음에 답하시오.

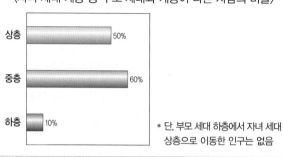

〈부모 세대 계층 대비 자녀 세대 계층의 비율〉

중층	200%
하층	50%

* 단, 부모 세대 중층 인구는 상층 인구의 3배, 부모 세대 하층 인구는 중층 인구의 2배임

〈자녀 세대 계층 중 부모 세대와 계층이 다른 사람의 비율〉

상층 50%
중층 60%
하층 10%

* 단, 부모 세대 하층에서 자녀 세대 상층으로 이동한 인구는 없음

495 하중상

갑국 부모 세대와 자녀 세대의 계층 구조를 옳게 연결한 것은?

	부모 세대	자녀 세대
①	모래시계형 계층 구조	다이아몬드형 계층 구조
②	피라미드형 계층 구조	모래시계형 계층 구조
③	피라미드형 계층 구조	다이아몬드형 계층 구조
④	다이아몬드형 계층 구조	모래시계형 계층 구조
⑤	다이아몬드형 계층 구조	피라미드형 계층 구조

빈출
496 하중상

위 자료에 대한 옳은 분석만을 〈보기〉에서 있는 대로 고른 것은?

〈 보기 〉

ㄱ. 부모 세대의 계층 대비 계층 대물림 비율은 하층에서 가장 높다.

ㄴ. 부모 세대와 자녀 세대의 계층이 대물림된 비율은 50%를 넘는다.

ㄷ. 세대 간 하강 이동을 한 사람보다 세대 간 상승 이동을 한 사람이 더 많다.

ㄹ. 자녀 세대의 계층 구조는 부모 세대의 계층 구조보다 사회 통합에 유리하다.

① ㄱ, ㄷ ② ㄱ, ㄹ ③ ㄴ, ㄷ

④ ㄱ, ㄴ, ㄹ ⑤ ㄴ, ㄷ, ㄹ

다양한 사회 불평등 현상

Ⓐ 사회적 소수자 차별 문제

1 사회적 소수자 신체적 또는 문화적 특성 때문에 사회의 다른 구성원으로부터 차별을 받으며, 자신이 차별받는 집단에 속해 있다는 의식을 지닌 사람들

2 사회적 소수자의 특징 → 단순히 수가 적다고 해서 사회적 소수자로 규정되는 것은 아니다.

규정 기준의 다양성	성, 연령, 장애, 인종, 민족, 국적, 문화 등 다양한 요인에 의해 규정됨
시·공간적 상대성	시대, 장소, 소속 집단의 범주 등을 기준으로 상대적으로 규정됨

└→ 특정 시대나 사회에서 사회적 소수자로 규정된 사람들이 다른 시대나 사회에서는 사회적 소수자로 규정되지 않을 수도 있다.

3 사회적 소수자의 특징 [빈출자료] Link • 505~506번 문제

┌─ **(아파르트헤이트에 의한 사회적 소수자 차별 사례)** ─┐

과거 남아프리카 공화국에서는 백인 정권의 유색 인종 차별 정책인 아파르트헤이트가 시행되었다. 당시 전체 인구의 10%에 불과한 백인들이 주요 요직을 차지하였으며, 대다수에 해당하는 흑인들을 억압하였다.

4 사회적 소수자 문제의 해결 방안

개인적 측면	• 사회적 소수자에 대한 편견과 고정 관념을 버려야 함 • 사회적 소수자를 동등한 사회 구성원으로 인정하고 존중하며, 공존의 자세를 지녀야 함
사회적 측면	• 사회적 소수자를 차별하는 법과 제도를 개선해야 함 • 적극적 우대 조치와 같은 실질적인 지원책을 마련해야 함 [예] 장애인 의무 고용제

Ⓑ 성 불평등 문제

1 성 불평등 생물학적 성과 사회적 성에 근거하여 사회적 지위, 권력, 위신 등에서 특정 성이 차별받는 현상

생물학적 성	태어날 때 결정되는 유전적·신체적 특징에 근거한 성
사회적 성	사회·문화적인 환경 속에서 획득·형성되는 성

2 성 불평등 문제의 양상

① 정치적 측면: 고위 공직자나 국회 의원의 성비 불균형 등

② 경제적 측면: 성별에 따른 취업 및 승진 기회 제한, 성별 임금 격차 등

③ 사회·문화적 측면: 성차별적인 관념과 언행, 대중 매체에 의해 왜곡된 여성상과 남성상 등

3 성 불평등 문제의 양상 [빈출자료] Link • 517~518번 문제

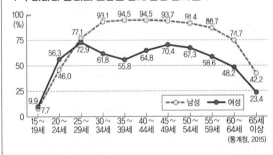

(우리나라 남녀의 연령별 경제 활동 참가율)

(통계청, 2015)

• 남성의 경제 활동 참가율: 30세 이후 크게 증가하여 계속 비슷한 수준을 유지한다.

• 여성의 경제 활동 참가율: 출산과 육아가 주로 이루어지는 30~34세부터 급격히 낮아지며, 40대가 되면 다시 높아지는 M자형 구조를 보인다.

└→ 우리 사회에서 출산과 육아의 책임이 여전히 여성에게 있음을 보여 준다.

4 성 불평등의 원인

┌→ 직업 구조 안에서 남성은 지배적·주도적인 일을 주로 하고, 여성은 보조 업무나 지원 업무를 담당함

가부장제적 사회 구조	남성 중심의 지배 구조가 사회 전반으로 확산 → 성별 분업이 이루어짐
차별적 사회화	성별에 따라 서로 다른 기준을 적용받음 → 그 사회가 용인하는 여성다움 혹은 남성다움을 학습하면서 성장함

└→ 사회 전반에 자리 잡은 성별에 대한 선입견과 편견을 토대로 남성과 여성이 서로 다른 성 정체성과 성 역할을 습득하는 사회화 과정

기출 Tip Ⓐ-1

사회적 소수자의 성립 요건

• 식별 가능성: 신체적 또는 문화적으로 다른 집단과 구별됨
• 권력의 열세: 사회적 권한의 행사에서 주류 집단보다 열세에 있음
• 사회적 차별: 소수자 집단이라는 이유만으로 차별을 받음
• 집합적 정체성: 스스로 차별받는 집단의 일원이라는 인식을 가짐

기출 Tip Ⓐ-3

사회적 소수자의 특징

과거 남아프리카 공화국에서 백인들에 비해 수가 많았던 흑인들이 사회적 소수자로 규정됨 ➡ 사회적 소수자는 수적으로 반드시 소수를 의미하지는 않음

기출 Tip Ⓐ-4

적극적 우대 조치

의미	사회적 소수자에 대한 차별을 시정하기 위해 소수자 집단에 특혜를 부여하는 정책
의의	오랫동안 차별받아 온 특정 집단에 특혜를 부여하여 실질적인 기회의 평등을 구현함

└→ 적극적 우대 조치로 인해 역차별 문제가 발생할 수 있다.

기출 Tip Ⓑ-2

유리 천장과 유리 벽

유리 천장	여성이라는 이유로 고위직으로 승진하는 과정에서 눈에 보이지 않는 장벽에 부딪히게 되는 현상
유리 벽	여성이 핵심 업무로부터 수평적으로 분리되는 현상

5 성 불평등 문제의 해결 방안 ┌→ 개인의 인식 전환과 함께 제도적 개선이 이루어질 때 성 불평등
　　　　　　　　　　　　　　　　　　　문제를 해소하고 사회 발전을 도모할 수 있다.

개인적 측면	• 성에 대한 편견 및 고정 관념을 버리고 양성평등 의식을 함양해야 함 • 성별의 차이를 인정하되 차별로 이어지지 않도록 상호 존중하는 자세를 지녀야 함
사회적 측면	• 양성평등 원칙에 어긋나는 법과 제도를 개선해야 함 • 학교 교육, 대중 매체 등을 통해 양성평등 의식을 함양할 수 있도록 제도적으로 지원해야 함

Ⓒ 빈곤 문제

1 빈곤의 원인과 영향 ┌→ 인간의 기본적인 욕구를 충족하는 데 필요한 자원이나 소득의
　　　　　　　　　　　　결핍이 지속되는 상태로, 빈곤의 구체적인 내용은 고정된 것이
　　　　　　　　　　　　아니라 시대와 사회에 따라 변화한다.

원인	• 개인적 측면: 근로 능력의 상실, 성취동기의 부족 등 • 사회적 측면: 사회 보장 제도의 미비, 교육 불평등 등
영향	• 개인적 측면: 건강 악화, 상대적 박탈감 유발, 심리적 위축, 사회적 관계 축소 및 단절 등 • 사회적 측면: 범죄 증가, 사회 불안 및 구성원 간 갈등 유발 등

2 빈곤의 유형 ┌→ 절대적 빈곤과 상대적 빈곤은 모두
　　　　　　　　　상대적 박탈감을 유발할 수 있다.

구분	절대적 빈곤	상대적 빈곤
의미	최소한의 생활을 유지하는 데 필요한 자원이나 소득이 절대적으로 부족한 상태	사회 구성원 대다수가 누리는 생활 수준을 영위하지 못하는 상태
판단 기준	일반적으로 최저 생활에 드는 금액을 기준으로 측정함 → 우리나라에서는 최저 생계비를 기준으로 절대적 빈곤을 파악함	대부분의 국가에서 중위 소득의 일정 비율을 기준으로 측정함 → 우리나라에서는 중위 소득의 50%를 기준으로 상대적 빈곤을 파악함
특징	• 생존에 필요한 자원의 결핍과 관련이 있음 → 사회 발전이 더딘 저개발국에서 주로 나타남 • 경제가 성장하면 절대적 빈곤이 감소하는 경향이 있음	• 부의 불평등과 관련이 있음 → 사회 발전으로 빈부 격차가 커진 국가에서 주로 나타남 • 사회의 생활 수준이 전반적으로 높아질수록 상대적 빈곤선도 상향 조정됨

3 빈곤 문제의 해결 방안 ┌→ 경제 성장은 절대적 빈곤의 해소에 기여할 수 있지만, 성장의 혜택이
　　　　　　　　　　　　　　고루 분배되지 않을 경우 상대적 빈곤이 심화할 수 있다.

개인적 측면	• 빈곤에 처한 개인이 빈곤에서 벗어나려는 자활 의지를 갖추어야 함 →ⓔ 직업 훈련이나 교육 등의 • 소득이 있을 때 미리 저축함으로써 경제적 어려움에 대비해야 함　참여를 통한 직업 능력 향상 • 공존의 가치관과 공동체 의식을 바탕으로 나눔과 기부를 실천해야 함
사회적 측면	• 빈곤층이 최소한의 기본적인 생활을 유지할 수 있도록 경제적으로 지원해야 함 • 빈부 격차를 완화하고 소득 분배의 형평성을 높여야 함 → 누진세 제도, 최저 임금제 등 마련 • 일자리를 창출하고 직업 훈련의 기회를 제공해야 함　└→ 과세 대상 금액의 크기가 커질수록 　　　　　　　　　　　　　　　　　　　　　　　　　　높은 세율을 적용하는 것

기출 Tip Ⓒ-1
빈곤의 원인에 관한 상반된 시각

개인적 차원에서 빈곤의 원인을 찾는 시각
빈곤이 게으름, 무절제, 성취 동기 부족 등 개인적 노력이나 능력 등의 부족에 기인한 것으로 봄

⇕

사회 구조적 차원에서 빈곤의 원인을 찾는 시각
계급, 성, 인종 등에 의한 불평등한 사회 구조가 특정 집단의 빈곤 탈출에 불리하게 작용한 결과로 봄

기출 Tip Ⓒ-2
최저 생계비와 중위 소득
• 최저 생계비: 국민이 건강하고 문화적인 생활을 유지하는 데 필요한 최소한의 비용
• 중위 소득: 전체 가구를 소득 순으로 일렬로 나열했을 때 한가운데 위치한 가구의 소득

개념 확인 문제

○ 정답과 해설 53쪽

497 (　　　　　　　)는 신체적 또는 문화적 특성 때문에 사회의 다른 구성원으로부터 차별을 받으며, 자신이 차별받는 집단에 속해 있다는 의식을 지닌 사람들을 말한다.

498 성 불평등에 대한 설명이 맞으면 ○표, 틀리면 ×표를 하시오.

(1) 사회·문화적 측면에서는 나타나지 않는다. 　　　　　　(　　)

(2) 가부장제적 사회 구조와 차별적 사회화를 원인으로 발생한다. (　　)

499 (㉠　　　　　　)은 최소한의 생활 수준을 유지하는 데 필요한 자원의 부족한 상태를 의미하고, (㉡　　　　　　)은 사회 구성원 대다수가 누리는 생활 수준을 영위하지 못하는 상태를 의미한다.

500 다음 괄호 안의 내용 중 알맞은 말에 ○표를 하시오.

(1) 우리나라는 절대적 빈곤선으로 (중위 소득, 최저 생계비)을/를 활용한다.

(2) (상대적, 절대적) 빈곤은 사회 발전이 더딘 저개발국에서 주로 나타난다.

A 사회적 소수자 차별 문제

501 하⑤상

•• 서술형

다음은 교사의 판서 내용이다. 물음에 답하시오.

> **(㉠)의 의미와 특징**
>
> 1. 의미: 신체적 또는 문화적 특성 때문에 사회의 다른 구성원으로부터 차별을 받으며, 자신이 차별받는 집단에 속해 있다는 의식을 지닌 사람들
> 2. 특징
>   – 성, 연령, 장애, 인종 등 다양한 요인에 의해 규정됨
>   – 시대, 장소 등을 기준으로 상대적으로 규정됨

(1) ㉠에 들어갈 용어를 쓰시오.

(2) (1)의 성립 요건 네 가지를 서술하시오.

502 하⑤상

(가)에 들어갈 대답으로 적절하지 **않은** 것은?

사회적 소수자에 대해 설명해 줄 수 있니?

(가)

① 인원수의 많고 적음을 기준으로 구분되는 개념이야.
② 시대나 장소 등에 따라 만들어지는 상대적인 개념이야.
③ 신체적·문화적으로 다른 집단과 구별되는 뚜렷한 차이가 있어.
④ 자신이 차별받는 집단에 속해 있다는 집단의식을 지니고 있어.
⑤ 특정 집단에 속한다는 이유만으로 차별의 대상이 되는 사람들을 말해.

503 하⑤상

밑줄 친 ㉠~㉢에 대한 설명으로 옳은 것은?

> 사회적 소수자가 발생하는 과정은 세 단계로 이루어진다. 첫 번째는 그 사회의 주류 집단이 ㉠ "우리는 사회적 소수자들과 다르다."라고 인식하는 것이다. 이때 서로 다르다고 인식되는 주요 대상은 성별, 피부색, 문화 등이다. 두 번째는 ㉡ "우리는 정상이고, 그들은 비정상이다."라고 판단하는 것이다. 이 단계에서 '우리'는 '그들'에 대하여 배타적인 태도를 갖게 된다. 마지막은 ㉢ "우리는 그들보다 더 많은 사회적 가치를 차지할 권리가 있다."라고 주장하는 것이다. 이 단계에서 주류 집단인 '우리'는 법과 제도를 통해 '그들'을 사회적 가치의 배분에서 배제한다.

① ㉠은 후천적 요소에 근거하지 않는다.
② ㉠은 사회적 소수자의 집합적 정체성을 보여 준다.
③ 권력의 크기는 ㉡의 핵심적인 기준이 된다.
④ ㉡은 사회적 소수자에 대한 차별이 개인의 능력 차이에서 비롯됨을 보여 준다.
⑤ ㉢은 사회 통합에 기여한다.

빈출 504 하⑤상

다음은 한 학생의 형성 평가 답안이다. 이 학생이 얻을 점수는?

형성 평가

사회적 소수자에 대한 설명이 맞으면 ○, 틀리면 ×로 표시하시오. (각 문항당 1점, 틀려도 감점 없음)

설명	학생 답안
(1) 사회적·경제적으로 약자의 위치에 있는 사람들이다.	○
(2) 사회 내에서 상대적으로 인원수가 적으면 사회적 소수자가 된다.	×
(3) 사회적·문화적 특징 때문에 사회에서 불평등한 대우를 받는 사람들이다.	○
(4) 특정 사회에서 사회적 소수자로 규정된 사람들이 다른 사회에서는 사회적 소수자로 규정되지 않을 수도 있다.	×

① 0점 ② 1점 ③ 2점 ④ 3점 ⑤ 4점

505~506 빈출자료•

다음 사례를 읽고 물음에 답하시오.

> 과거 남아프리카 공화국에서는 백인 정권의 유색 인종에 대한 차별 정책인 아파르트헤이트가 시행되었다. 당시 남아프리카 공화국에서는 전체 인구의 10%에 불과한 백인들이 주요 요직을 차지하였으며, 대다수에 해당하는 흑인들을 착취하고 억압하였다.

505 (하)중상

밑줄 친 '흑인들'이 사회적 소수자였는지를 파악하기 위한 질문으로 적절하지 않은 것은?

① 주류 집단에 비해 수적으로 소수(少數)였는가?
② 주류 집단에 비해 권력 측면에서 열세에 있었는가?
③ 해당 집단에 속한다는 이유만으로 차별을 받았는가?
④ 스스로 차별받는 집단의 일원이라는 인식을 가졌는가?
⑤ 주류 집단과 신체적·문화적으로 구별되는 특징이 있었는가?

506 (하)중상

위 사례를 통해 내린 결론으로 가장 적절한 것은?

① 사회적 소수자가 되는 기준은 절대적이다.
② 사회적 소수자를 규정짓는 결정적인 기준은 문화적 특징이다.
③ 사회적 소수자는 반드시 집단의 크기에 의해 결정되는 것은 아니다.
④ 시대가 바뀌어도 사회적 소수자를 구분하는 기준은 바뀌지 않고 유지된다.
⑤ 한 사회의 사회적 소수자는 다른 사회에서도 사회적 소수자일 가능성이 높다.

507 (하)중상

다음 사례를 통해 파악할 수 있는 사회적 소수자의 특징으로 가장 적절한 것은?

> A국 출신인 갑은 B국으로 이주하여 공장에서 노동자로 일하게 되었는데, 인종과 국적, 종교 등을 이유로 차별과 무시를 당하기 일쑤였다. 몇 년 동안 기술을 배운 갑은 A국으로 돌아가 자국의 기업에 취직을 하였고, 우수한 인재로 대우를 받았다.

① 사회적 소수자는 집합적 정체성을 가진다.
② 사회적 소수자는 단일 요인에 의해 규정된다.
③ 사회적 소수자는 다른 집단에 비해 권력의 우위에 있다.
④ 사회적 소수자는 선천적 요인에 의해서는 규정되지 않는다.
⑤ 사회적 소수자는 사회적 상황에 따라 상대적으로 규정된다.

508 하(중)상

밑줄 친 사람들이 사회적 소수자에 해당하는 이유로 적절한 것은?

> 갑국과 을국은 같은 민족이 만든 국가이지만, 갑국은 부유한 반면 을국은 가난하다. 갑국에서는 노동력 부족 문제가 심각해지자 을국으로부터 대규모 이주 노동자를 받아들였고, 그들은 갑국의 경제 성장에 크게 기여하였다. 하지만 그들은 여전히 교육 수준, 임금 수준 등에 있어 갑국 국민들에 비해 현저하게 낮은 상태에 있다. 이에 을국 출신 이주 노동자들은 자신들이 받고 있는 차별을 폐지하기 위한 운동을 전개하고 있다.

① 주류 집단에 의해 역차별을 받고 있다.
② 주류 집단에 비해 인구 측면에서 소수이다.
③ 주류 집단으로부터 적극적 우대 조치를 받고 있다.
④ 민족이 다르다는 이유로 주류 집단으로부터 배척당하고 있다.
⑤ 사회적 희소가치의 배분에 있어서 주류 집단에 비해 열악한 대우를 받고 있다.

509 하(중)상

다음 글에서 강조하는 사회적 소수자 문제의 해결 방안으로 가장 적절한 것은?

> 사회적 소수자 문제를 낳은 배경에는 차이를 '다름'으로 받아들이지 않고, 정상인과 비정상인으로 구분 짓는 사회적 소수자에 대한 배타적 태도가 자리 잡고 있다. 배타적 태도에 기반한 사회적 담론이 사회적 소수자 문제를 제대로 보지 못하는 원인임을 인식하고, 이를 극복하기 위해 힘써야 한다.

① 의식 개혁보다는 제도 개선에 주력해야 한다.
② 사회적 소수자를 시혜의 대상으로 인식해야 한다.
③ 사회적 소수자와 주류 집단을 엄격히 구분해야 한다.
④ 사회적 소수자와 그렇지 않은 사람의 차이를 부정해야 한다.
⑤ 사회적 소수자에 대한 편견을 버리고 공존하려는 자세를 가져야 한다.

510 (하)중상

다음에 해당하는 제도에 대한 설명으로 옳지 않은 것은?

> 종래 사회로부터 차별을 받아 온 특정 집단에 대해 특혜를 주는 사회 정책으로, 단순히 공평한 대우를 하는 것을 넘어 적극적으로 우대하는 것이다.

① 사회 통합의 실현에 기여한다.
② 역차별 논란이 제기되기도 한다.
③ 서로 다른 것을 다르게 대우하는 것이다.
④ 실질적 평등보다 형식적 평등을 지향한다.
⑤ 여성 할당제와 장애인 의무 고용제가 이에 해당한다.

511 하(중)상

다음은 우리나라 법률에 나타난 사회적 소수자 관련 내용이다. 이에 대한 옳은 분석만을 〈보기〉에서 있는 대로 고른 것은?

- 현존하는 차별을 없애기 위하여 특정한 사람이나 특정한 사람들의 집단을 잠정적으로 우대하는 행위는 평등권을 침해하는 차별 행위가 아니다.
- 장애인의 실질적 평등권을 실현하고 장애인에 대한 차별을 시정하기 위하여 취하는 조치는 차별로 볼 수 없다.
- 현존하는 남녀 간의 고용 차별을 없애거나 고용 평등을 촉진하기 위하여 잠정적으로 특정 성을 우대하는 조치는 정당하다.

〈 보기 〉

ㄱ. 역차별 문제가 제기될 수도 있다.
ㄴ. 차별에 대한 판단 기준이 절대적이라고 본다.
ㄷ. 사회적 소수자에 대한 적극적 우대 조치를 정당화하는 근거가 된다.
ㄹ. 사회적 소수자에 대한 우대를 통해 실질적인 기회의 평등을 구현하는 데 기여한다.

① ㄱ, ㄴ   ② ㄱ, ㄷ   ③ ㄴ, ㄹ
④ ㄱ, ㄷ, ㄹ   ⑤ ㄴ, ㄷ, ㄹ

512 하(중)상

다음은 적극적 우대 조치에 대한 갑과 을의 입장이다. 이에 대한 옳은 설명을 〈보기〉에서 고른 것은?

갑: 사회적 소수자 집단이 받아 온 오랜 차별의 결과를 해소하기 위해 교육이나 고용 등에 있어서 현재의 사회적 소수자 집단 구성원에게 가산점을 부여하거나 할당제를 적용하는 것은 바람직하다.

을: 사회적 희소가치의 배분에서 소외되고 있다고 해서 사회적 소수자 집단의 구성원을 우대하는 것은 사회적 소수자가 아닌 집단의 구성원들을 차별하고 그들의 정당한 권리를 침해하는 것이다.

〈 보기 〉

ㄱ. 갑은 사회적 소수자 간 역량 차이를 고려해야 함을 강조하고 있다.
ㄴ. 을은 적극적 우대 조치로 인해 역차별이 발생할 수 있음을 지적하고 있다.
ㄷ. 갑은 을에 비해 실질적 평등의 실현을 강조하고 있다.
ㄹ. 을은 갑과 달리 능력을 중심으로 사회적 희소가치가 배분되어야 한다는 점을 간과하고 있다.

① ㄱ, ㄴ   ② ㄱ, ㄷ   ③ ㄴ, ㄷ
④ ㄴ, ㄹ   ⑤ ㄷ, ㄹ

B 성 불평등 문제

513 하(중)상

㉠에 들어갈 현상에 대한 옳은 설명을 〈보기〉에서 고른 것은?

(㉠)은/는 생물학적 성과 사회적 성에 근거하여 사회적 지위, 권력, 위신 등에서 특정한 성에 대한 편견과 차별이 존재하는 상태를 말한다.

〈 보기 〉

ㄱ. 차별적 사회화를 통해 해결할 수 있다.
ㄴ. 심화될 경우 사회 통합을 저해할 수 있다.
ㄷ. 성별 분업의 약화를 원인으로 발생하는 현상이다.
ㄹ. 문제 해결을 위해 양성평등 의식의 함양이 강조된다.

① ㄱ, ㄴ   ② ㄱ, ㄷ   ③ ㄴ, ㄷ
④ ㄴ, ㄹ   ⑤ ㄷ, ㄹ

빈출 514 하(중)상

밑줄 친 ㉠, ㉡에 대한 옳은 분석을 〈보기〉에서 고른 것은?

㉠ 유리 천장(glass ceiling)'은 여성이라는 이유로 고위직으로 승진하는 과정에서 눈에 보이지 않는 장벽에 부딪히게 되는 현상을 말한다. '유리 천장 지수'는 각 나라별 여성들의 고위직 진출을 가로막는 방해 요소를 수치화한 것으로, 지수가 클수록 장벽이 낮음을 의미한다. 한편 같은 직급이더라도 승진에 유리한 핵심 업무가 있을 수 있는데, 여성이 핵심 업무로부터 수평적으로 분리되는 현상을 ㉡ 유리 벽으로 표현한다.

〈 보기 〉

ㄱ. ㉠은 조직의 공식적인 규정을 통해 이루어지는 여성에 대한 차별이다.
ㄴ. ㉠은 ㉡과 달리 남성과 여성의 능력 차이에서 비롯된다.
ㄷ. ㉡은 ㉠을 초래하는 원인이 될 수 있다.
ㄹ. ㉠, ㉡이 제거되면 사회적 자원의 배분 과정에서 공정성이 제고될 것이다.

① ㄱ, ㄴ   ② ㄱ, ㄷ   ③ ㄴ, ㄷ
④ ㄴ, ㄹ   ⑤ ㄷ, ㄹ

515 하 중 상

표는 성 불평등 현상에 대한 질문과 학생의 답변을 나타낸 것이다. 모든 질문에 옳게 답변한 학생은?

질문 \ 구분	갑	을	병	정	무
생물학적 성은 유전적·신체적 특징에 근거하는가?	○	×	○	×	×
사회적 성은 문화적으로 형성되고 사회화를 통해 내면화되는가?	○	×	○	×	×
유리 벽은 유리 천장을 초래하는 1차적 원인이 될 수 있는가?	○	×	○	○	×
성별에 따른 차별적 사회화 과정을 거치면서 성 불평등 현상이 축소되는가?	○	×	×	○	○

(○: 예, ×: 아니요)

① 갑　　② 을　　③ 병　　④ 정　　⑤ 무

516 하 중 상

표는 갑국과 을국의 시기별 남녀 평균 임금 격차를 나타낸 것이다. 이에 대한 옳은 분석만을 〈보기〉에서 있는 대로 고른 것은? (단, 제시된 각 연도의 남성 평균 임금은 변함이 없다.)

구분	2000년	2010년	2020년
갑국	60	40	20
을국	40	37	45

* 남녀 평균 임금 격차는 남성 평균 임금을 100으로 볼 때, 여성 평균 임금과의 격차를 의미한다.

〈 보기 〉
ㄱ. 2000년 을국의 여성 평균 임금은 남성 평균 임금의 50% 미만이다.
ㄴ. 2020년에 남녀 임금 격차를 해소하기 위한 정책은 을국보다 갑국에 더 필요하다.
ㄷ. 갑국의 여성 평균 임금은 2000년에 비해 2020년이 2배이다.
ㄹ. 2010년 대비 2020년의 여성 평균 임금 증가율은 갑국이 을국보다 높다.

① ㄱ, ㄴ　　② ㄱ, ㄹ　　③ ㄷ, ㄹ
④ ㄱ, ㄴ, ㄷ　　⑤ ㄴ, ㄷ, ㄹ

517~518 빈출자료

그래프는 우리나라 남녀의 연령별 경제 활동 참가율 변화를 나타낸 것이다. 물음에 답하시오.

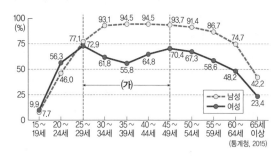

(통계청, 2015)

517 하 중 상 ·서술형

위 그래프의 (가)에 나타난 현상을 발생 원인과 관련지어 서술하시오.

518 하 중 상

위 그래프에 대한 옳은 분석을 〈보기〉에서 고른 것은?

〈 보기 〉
ㄱ. 전체 인구 중 15~19세의 경제 활동 참가율은 17.6%이다.
ㄴ. 경제 활동 참가율은 모든 연령대에서 여성이 남성보다 낮다.
ㄷ. 출산, 육아로 인해 여성의 경제 활동 참가율이 M자 형태로 나타난다.
ㄹ. 모든 연령대 중 35~39세에 여성과 남성의 경제 활동 참가율 격차가 가장 크게 나타난다.

① ㄱ, ㄴ　　② ㄱ, ㄷ　　③ ㄴ, ㄷ
④ ㄴ, ㄹ　　⑤ ㄷ, ㄹ

519 하 중 상

표는 갑국 남녀 근로자의 정규직과 비정규직 비율 변화를 나타낸 것이다. 이에 대한 옳은 분석을 〈보기〉에서 고른 것은? (단, 남녀 근로자의 수는 2015년 이후 각각 지속적으로 증가하였다.)

(단위: %)

성별	2015년		2016년		2017년	
	정규직	비정규직	정규직	비정규직	정규직	비정규직
남자	73.6	26.4	73.4	26.6	73.5	26.5
여자	59.8	40.2	60.1	39.9	59.8	40.2

〈 보기 〉
ㄱ. 2015년 비정규직 근로자의 수는 남자가 여자보다 적다.
ㄴ. 2016년 전체 근로자 중 정규직 비율은 60.1%를 넘는다.
ㄷ. 2015년과 2017년의 여자 비정규직 근로자 수는 같다.
ㄹ. 2015년~2017년 여자 근로자의 과반수는 정규직이다.

① ㄱ, ㄴ　　② ㄱ, ㄷ　　③ ㄴ, ㄷ
④ ㄴ, ㄹ　　⑤ ㄷ, ㄹ

520 (하 중 상)

다음 대화에 나타난 갑, 을의 관점에 대한 설명으로 옳은 것은?

> 갑: 성 역할 분담은 남성이 가부장적인 지배 질서를 유지하기 위해 여성의 역할을 육아와 가사 노동의 틀 안에 묶어둔 결과야.
> 을: 아니야. 남성은 직장에서 일을 하고 여성은 가사를 맡는 식으로 성 역할을 상호 보완적으로 분담하는 것은 사회적 필요에 의한 자연스러운 현상이야.

① 갑의 관점은 사회 규범이 지배 집단의 강제를 통해 형성된다고 본다.
② 을의 관점은 학교 교육이 성 불평등 문제를 양산한다고 볼 것이다.
③ 을의 관점은 남성이 지배적 역할을, 여성이 수동적 역할을 하도록 강요받는 구조가 문제라고 본다.
④ 갑의 관점은 을의 관점과 달리 성 불평등 문제를 일시적인 교란 상태로 인식한다.
⑤ 갑, 을의 관점은 모두 개인의 행위에 미치는 사회 구조의 영향력을 간과한다.

521 (하 중 상)

다음 글에서 강조하는 성 불평등의 발생 원인에 대한 옳은 진술을 〈보기〉에서 고른 것은?

> 전통적으로 남성은 바깥일 등의 공적 영역을, 여성은 가사와 양육 등의 사적 영역을 나누어 담당하는 성별 분업이 이루어졌다. 그런데 공적 영역에 더 중요한 가치를 부여함으로써 사회적 위세와 권위가 남성에게 집중되었으며, 여성을 남성에게 의존하는 수동적인 존재로 간주하였다. 또한 직업 구조 안에서도 남성은 지배적·주도적 일을 주로 담당하였으나, 여성은 보조 업무나 지원 업무를 담당하는 등 다양한 사회적 기회를 박탈당하였다.

〈 보기 〉
ㄱ. 남성과 여성의 역할을 명확히 구분하였다.
ㄴ. 남성 중심적인 가부장제가 왜곡된 성 역할 형성에 기여하였다.
ㄷ. 여성 스스로의 소극적인 문제 인식이 성 불평등 현상을 촉발시켰다.
ㄹ. 남자와 여자가 그 사회가 용인하는 남성다움 혹은 여성다움을 학습하면서 성장하였다.

① ㄱ, ㄴ   ② ㄱ, ㄷ   ③ ㄴ, ㄷ
④ ㄴ, ㄹ   ⑤ ㄷ, ㄹ

522 (하 중 상)

다음 글의 내용을 옳게 해석한 학생을 〈보기〉에서 고른 것은?

> 사람들은 출생과 더불어 그 사회가 문화적·규범적으로 용인하는 여성다움 혹은 남성다움을 학습하면서 성장하기 마련이다. 정상적인 성 역할에서 벗어나는 행동을 할 때에는 주변에서 손가락질을 받거나 더 나아가 사회적 제재를 받기도 한다. 이 과정을 거쳐 사람들은 성 역할을 내면화한다. 여자로 또는 남자로 태어나는 것이 아니라 여자로 또는 남자로 만들어지는 것이다.

〈 보기 〉
• 갑: 성 역할의 구분을 사회화의 산물로 보고 있어.
• 을: 시대가 변하더라도 성 역할은 달라질 수 없음을 강조하고 있어.
• 병: 남성에게는 성 역할의 구분이 억압적 요소로 작용하지 않는다고 보고 있어.
• 정: 성 역할에는 남성과 여성에 대한 사회적 평가가 담겨 있음을 보여 주고 있어.

① 갑, 병   ② 갑, 정   ③ 을, 병
④ 을, 정   ⑤ 병, 정

523 (하 중 상)

다음 글을 통해 파악할 수 있는 문제점으로 가장 적절한 것은?

> 만화 '○○○'에 등장하는 남성 캐릭터는 모험가, 과학자를 꿈꾼다. 그러나 여성 캐릭터는 앞치마를 두르고 맛있는 쿠키를 구워서 친구들에게 대접한다. 이런 만화를 보고 자란 남자아이는 당연히 여성이 요리를 해 줄 것이라고 기대하고, 여자아이는 그 모습에 자신을 비추어 보며 살게 될 수도 있을 것이다.

① 역차별로 인한 사회적 문제가 부각된다.
② 신체적 조건에 의한 남녀 간의 차이가 부정된다.
③ 남성 중심적인 가부장제적 사회 구조가 위협받는다.
④ 차별적인 사회화 과정을 통해 왜곡된 성 역할과 규범이 고착화된다.
⑤ 경제적 측면에서의 성 불평등 양상만이 부각되어 성차별적 사회 구조가 심화된다.

524 (하 ⬤중 상)

다음 두 자료에서 공통적으로 추론할 수 있는 문제점을 해결하기 위한 방안으로 가장 적절한 것은?

> - 우리나라의 여성 월평균 임금이 남성 월평균 임금의 60% 수준에 불과함을 보여 주는 그래프
> - 우리나라 여성 국회 의원 비율이 스웨덴과 노르웨이의 절반에 미치지 못함을 보여 주는 통계 자료

① 남성과 여성에 관한 고정관념을 고착화시킨다.
② 양성평등 원칙에 어긋나는 법과 제도를 수용한다.
③ 전통적 성 역할을 강조하는 부모의 양육 태도를 존중한다.
④ 성별의 차이와 성차별을 모두 인정하려는 자세를 가진다.
⑤ 학교 교육과 대중 매체를 통해 양성평등 의식을 함양할 수 있도록 제도적으로 지원한다.

ⓒ 빈곤 문제

525 (하 ⬤중 상)

밑줄 친 '이것'에 대한 설명으로 옳지 <u>않은</u> 것은?

> <u>이것</u>은 인간의 기본적 욕구를 충족하는 데 필요한 자원이나 소득의 결핍이 지속되는 상태로, 그 구체적인 내용은 시대와 사회에 따라 변화한다.

① 범죄의 발생 원인이 될 수 있다.
② 심할 경우 인간의 생존을 위협하기도 한다.
③ 저개발국과 선진국 모두에서 나타날 수 있다.
④ 경제 성장이 일정 단계에 도달하면 완전히 해소된다.
⑤ 사회 구성원 간 갈등과 사회 불안을 심화시킬 수 있다.

526 (하 ⬤중 상)

빈곤을 바라보는 (가), (나) 관점에 대한 설명으로 옳은 것은?

> 빈곤의 책임을 개인에게 돌리는 입장과 빈곤이 사회의 구조적 힘에 의해 생산된다고 보는 입장이 있다. 두 입장은 각각 (가) 희생자 비난하기와 (나) 시스템 비난하기로 불리기도 한다.

① (가)는 사회적 지위를 개인의 능력과 노력의 산물로 본다.
② (가)는 계급이나 성, 인종 등의 사회 구조적 힘이 자원 배분 방식을 결정한다고 보는 입장이다.
③ (나)는 빈곤 문제의 대책으로 개인의 의식 개혁을 강조한다.
④ (나)는 가난한 사람 스스로가 자신의 가난을 책임져야 한다는 점을 중시한다.
⑤ (가)보다 (나)의 관점이 조화와 균형을 더욱 강조한다.

527 (하 ⬤중 상)

빈곤의 유형 A, B에 대한 설명으로 옳은 것은?

> 사회학자들은 빈곤을 두 가지 유형으로 구분한다. A는 최저 생활이라는 관념에 근거를 두고 있다. 사회적 생존에 필요한 기본적인 재화의 가격, 즉 최저 생계비에 근거해 빈곤선을 결정하는 것이다. 이 빈곤선보다 수입이 낮은 사람이나 가구를 빈곤 상태에 있다고 말한다. B는 다른 사람의 소득과 비교된 것인데, 대체로 중위 소득의 50% 미만의 소득으로 생활하는 것으로 정의된다.

① A는 상대적 박탈감의 원인이 되지 않는다.
② 후진국과 달리 선진국에서는 B가 나타나지 않는다.
③ 평균 가구 소득이나 중위 소득이 높아지면 B의 빈곤선도 높아진다.
④ A는 B와 달리 객관적인 기준에 의해 빈곤으로 분류된다.
⑤ 최저 생계비와 중위 소득이 같을 경우 A, B에 해당하는 가구 수는 동일하다.

빈출 528 (하 ⬤중 상)

표는 빈곤의 유형 A, B를 구분한 것이다. 이에 대한 옳은 설명을 〈보기〉에서 고른 것은? (단, A, B는 각각 상대적 빈곤과 절대적 빈곤 중 하나이다.)

구분	A	B
최소한의 생활 수준을 유지하거나 영위하는 데 필요한 소득을 갖지 못한 상태를 의미합니까?	아니요	예
(가)	예	예
(나)	예	아니요

〈 보기 〉

ㄱ. B는 저개발국에서 부각되는 빈곤의 유형이다.
ㄴ. A는 B와 달리 사회마다 기준선이 되는 금액이 동일하다.
ㄷ. (가)에는 '상대적 박탈감을 유발할 수 있습니까?'가 들어갈 수 있다.
ㄹ. (나)에는 '소득 수준이 높은 국가에서 나타납니까?'가 들어갈 수 있다.

① ㄱ, ㄴ   ② ㄱ, ㄷ   ③ ㄴ, ㄷ
④ ㄴ, ㄹ   ⑤ ㄷ, ㄹ

529 하 중 상

그림은 질문을 통해 빈곤의 유형 A, B를 구분한 것이다. 이에 대한 설명으로 옳은 것은? (단, A, B는 각각 상대적 빈곤과 절대적 빈곤 중 하나이다.)

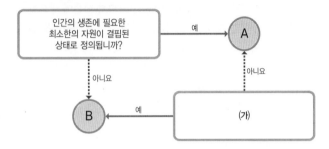

① A는 B와 달리 선진국에서는 나타나지 않는다.
② A는 B와 달리 소득의 불평등 정도를 측정하는 데 활용된다.
③ 우리나라에서는 A, B 모두 객관적인 기준에 따라 분류한다.
④ A에 따른 빈곤율과 B에 따른 빈곤율의 합이 그 나라 전체의 빈곤율이다.
⑤ (가)에는 '우리나라에서는 가구 소득이 최저 생계비 미만인 상태를 의미합니까?'가 들어갈 수 있다.

530 하 중 상

표는 A국과 B국의 연도별 빈곤층 비율 변화를 나타낸 것이다. 이에 대한 옳은 분석만을 〈보기〉에서 있는 대로 고른 것은?

(단위: %)

국가 구분 연도	A국		B국	
	2015년	2020년	2015년	2020년
절대적 빈곤층 비율	10	10	10	5
상대적 빈곤층 비율	10	20	20	20

〈 보기 〉

ㄱ. 2015년 A국에서는 절대적 빈곤선과 상대적 빈곤선이 일치한다.
ㄴ. 2015년 B국에서는 A국보다 주관적으로 빈곤을 느끼는 가구의 비율이 높다.
ㄷ. 2020년 A국에서 사회의 전반적 소득 분포를 고려한 빈곤층 비율은 5년 전과 동일하다.
ㄹ. 2020년 B국에서 최저 생활을 유지하는 데 필요한 소득이 절대적으로 부족한 빈곤층 비율은 5년 전에 비해 줄었다.

① ㄱ, ㄴ   ② ㄱ, ㄹ   ③ ㄴ, ㄷ
④ ㄱ, ㄷ, ㄹ   ⑤ ㄴ, ㄷ, ㄹ

531 하 중 상

자료에 대한 분석으로 옳지 않은 것은?

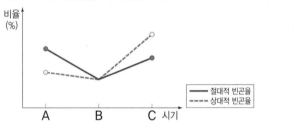

갑국에서 절대적 빈곤율은 가구 소득이 최저 생계비 미만인 가구의 비율, 상대적 빈곤율은 중위 소득의 50% 미만인 가구의 비율을 의미한다. 그리고 갑국의 최저 생계비는 가구 규모와 상관없이 금액이 일정하다. 아래 그래프는 갑국의 전체 가구 중 빈곤율을 나타낸 것이다.

① A 시기의 중위 소득은 최저 생계비의 2배보다 작다.
② 절대적 빈곤과 상대적 빈곤 모두에 해당되는 가구 비율은 B 시기가 가장 낮다.
③ B 시기의 최저 생계비 미만 가구 수와 중위 소득 50% 미만 가구 수는 같다.
④ C 시기에는 전체 가구 소득 중 상대적 빈곤 가구의 소득 점유 비중이 절대적 빈곤 가구의 소득 점유 비중보다 높다
⑤ A 시기의 최저 생계비는 C 시기의 최저 생계비보다 낮다.

532 하 중 상

그래프는 갑국의 빈곤율 변화를 나타낸 것이다. 이에 대한 옳은 분석을 〈보기〉에서 고른 것은?

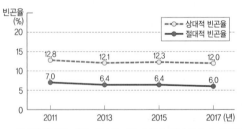

* 절대적 빈곤율: 전체 가구 중 가구 소득이 최저 생계비 미만인 가구의 비율
** 상대적 빈곤율: 전체 가구 중 가구 소득이 중위 소득의 50% 미만인 가구의 비율

〈 보기 〉

ㄱ. 2011년에 상대적 빈곤 가구는 모두 절대적 빈곤 가구이다.
ㄴ. 2013년 대비 2015년에 상대적 빈곤 가구 수는 증가했고, 절대적 빈곤 가구 수는 변함이 없다.
ㄷ. 2017년에 상대적 빈곤 가구 수는 절대적 빈곤 가구 수의 2배이다.
ㄹ. 제시된 모든 연도에서 중위 소득 대비 최저 생계비의 비율은 50% 미만이다.

① ㄱ, ㄴ   ② ㄱ, ㄷ   ③ ㄴ, ㄷ
④ ㄴ, ㄹ   ⑤ ㄷ, ㄹ

533 하 중 상

자료에 대한 옳은 분석을 〈보기〉에서 고른 것은? (단, 갑국에서 모든 가구의 구성원 수는 동일하다.)

갑국에서는 소득이 최저 생계비 미만인 가구를 절대적 빈곤 가구로, 소득이 중위 소득의 50% 미만인 가구를 상대적 빈곤 가구로 정의한다. 아래 그래프는 갑국의 해당 연도 최저 생계비를 100으로 보았을 때 중위 소득 50%의 정도를 나타낸 것이다.

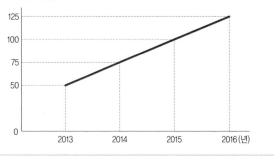

〈 보기 〉

ㄱ. 2013년의 절대적 빈곤 가구는 모두 상대적 빈곤 가구이다.

ㄴ. 2014년 최저 생계비는 중위 소득의 1.5배이다.

ㄷ. 2015년의 절대적 빈곤 인구와 상대적 빈곤 인구는 같다.

ㄹ. 2016년 최저 생계비가 100만 원이라면 중위 소득은 250만 원이다.

① ㄱ, ㄴ   ② ㄱ, ㄷ   ③ ㄴ, ㄷ
④ ㄴ, ㄹ   ⑤ ㄷ, ㄹ

534 하 중 상

••서술형

자료를 보고 물음에 답하시오.

아래 표는 갑국의 빈곤 탈출률과 빈곤 진입률을 나타낸 것이다. 단, 갑국의 1990년 전체 가구 수는 1,000가구이며, 빈곤층 가구의 비율은 10%이다. 또한 가구별 구성원 및 전체 가구 수는 변동이 없다.

(단위: %)

구분	2000년	2010년
빈곤 탈출률	30	20
빈곤 진입률	20	10

* 빈곤 탈출률: 10년 전 빈곤층 가구 중 조사 연도에 비빈곤층인 가구 비율
** 빈곤 진입률: 10년 전 비빈곤층 가구 중 조사 연도에 빈곤층인 가구 비율

(1) 갑국의 2000년 빈곤층 가구 수를 계산하시오.

(2) 갑국의 2010년 비빈곤층 가구 수를 계산하시오.

535 하 중 상

다음 글의 입장에 부합하는 빈곤 문제의 해결 방안으로 적절하지 않은 것은?

개인의 노력만으로는 빈곤 문제를 해결하는 데 한계가 있으므로 다양한 제도적 측면의 방안이 필요하다.

① 빈곤에서 벗어나려는 자활 의지를 갖춘다.

② 빈곤층에게 기초 생활비, 교육비 등을 제도적으로 지원한다.

③ 실업자에게 실업 수당 등을 제공하여 기본적인 생활을 유지할 수 있도록 지원한다.

④ 일할 수 있는 사람에게 일자리를 제공하거나 일자리를 얻을 수 있는 능력을 갖추도록 직업 교육 체계를 정립한다.

⑤ 노동자의 생활 안정을 위해 임금의 최저 수준을 정하고 사용자에게 그 수준 이상의 임금을 지급하도록 법으로 강제한다.

536 하 중 상

빈곤 문제의 해결과 관련하여 다음 사례가 시사하는 바로 가장 적절한 것은?

1983년 방글라데시에서 빈민들을 위한 은행인 그라민 뱅크(Grameen Bank)가 문을 열었다. 그라민 뱅크는 담보 없이 서민들에게 돈을 빌려준다. 그럼에도 불구하고 대출금 상환율이 매우 높다. 비결은 대출 원칙에 있다. 우선 은행은 '가정이 있는 빈곤층 여성'에게 대출을 해 준다. 이들은 가족의 생계를 돌보기 위해 열심히 일하고 있으며 그만큼 대출금을 갚아나가는 도덕성도 높다는 게 이유이다. 둘째, 대출을 원하는 사람은 반드시 다섯 명이 한 조가 되는 그룹에 가입해야 한다. 셋째, 대출자는 자신이 빌린 돈으로 어떤 일을 해 수익을 낼 것인지를 미리 밝혀야 한다. 대출자들은 일주일에 한 번씩 모임을 열고, 서로의 활동을 격려한다. 그 결과 거래 고객의 64%가 최악의 빈곤에서 벗어날 수 있었다.

① 소득이 있을 때 미리 저축해야만 경제적 어려움에 대비할 수 있다.

② 빈곤 문제를 해결하기 위해서는 빈민에 대한 경제적 지원이 필수적이다.

③ 빈민을 양산하는 사회 구조와 빈민에 대한 제도적인 차별을 철폐해야 한다.

④ 빈곤 극복을 위한 가장 중요한 요소는 빈곤을 극복하고자 하는 빈민의 의지이다.

⑤ 빈민에 대한 지원과 빈민 개인의 자활 노력이 결합될 때 빈곤 문제가 효과적으로 해결될 수 있다.

사회 복지와 복지 제도

┌→ 구성원의 기본적인 삶의 요건을 충족하며 안전하고 행복한
  삶을 보장하기 위한 제도나 정책 등의 사회적 노력

A 사회 복지에 대한 인식 변화

초기 자본주의 사회	• 빈곤의 책임이 개인에게 있다고 봄 ┌→ 은혜를 베푸는 차원에서 나타나는 복지 • 종교 단체 등 민간단체의 자선 활동에 의한 시혜적 복지가 중심이 됨 • 빈곤층의 빈곤 해결이 복지의 목적이었음 → 사후 처방적 복지의 성격이 강함

⬇ ┌→ 빈부 격차의 확대, 대량 실업의 발생 등이 심각한 사회 문제로 대두되었기 때문이다.

현대 사회	• 빈곤에 대한 사회적 책임이 강조됨 → 복지 국가 이념이 전 세계로 확산됨 • 빈곤 구제뿐만 아니라 모든 국민의 인간다운 생활과 삶의 질 보장이 복지의 목적이 되고 있음 → 사후 처방적 복지뿐만 아니라 사전 예방적 복지도 강조되고 있음

└→ 복지의 대상이 모든 국민으로 확대되었다.

기출 Tip A

사회 복지 이념을 실현하기 위한 노력

바이마르 헌법 (1919)	독일에서 국민이 국가로부터 인간다운 생활을 보장받을 권리를 최초로 규정함
사회 보장법 (1935)	미국에서 뉴딜 정책의 일환으로 본격적인 복지 국가를 지향함
베버리지 보고서 (1942)	영국에서 현대적 의미의 사회 보장 제도를 확립함

└→ 빈곤 해결에 대한 국가의 책임을 강조하였으며, 영국에서 '요람에서 무덤까지'로 표현되는 복지 제도의 발달에 이바지하였다.

B 우리나라 복지 제도의 유형

1 사회 보험

┌→ 사회 복지의 이념을 구체적으로 실현하기 위해 마련한 제도로, 우리나라는 사회 보험, 공공 부조,
  사회 서비스 등의 사회 보장 제도를 통해 사회 복지 이념을 구체적으로 실현하고 있다.

의미	국민에게 발생할 수 있는 사회적 위험을 보험의 방식으로 대비함으로써 국민의 건강과 소득을 보장하는 제도 → 모든 국민을 대상으로 함
비용 부담	가입자와 사용자 또는 국가가 공동 부담 → 수혜자 부담 원칙이 적용됨
특징	• 상호 부조의 원리와 강제 가입의 원칙이 적용됨 • 금전적 지원을 원칙으로 함 ┌→ 이와 달리 민간 보험은 개인적 필요에 따라 임의로 가입한다. • 수혜 정도와 무관하게 부담 능력별로 보험료를 차등 징수함 → 소득 재분배 효과가 있음 • 미래의 위험에 대비하는 사전 예방적 성격이 강함
종류	국민연금, 국민 건강 보험, 고용 보험, 산업 재해 보상 보험, 노인 장기 요양 보험 등

기출 Tip B-2

노인 장기 요양 보험

고령이나 노인성 질병 등으로 일상생활을 혼자서 수행하기 어려운 노인 등에게 신체 활동 지원 또는 가사 활동 지원 등의 장기 요양 급여를 제공하여 노후의 건강 증진 및 생활 안정을 도모하기 위한 제도

2 사회 보험 빈출자료 Link • 545~546번 문제

┌ (우리나라의 사회 보험 제도)

국민연금	노령, 사망, 장애 등으로 인해 소득이 없어졌을 때 연금 등을 지급함으로써 국민의 생활 안정과 복지 증진을 목적으로 하는 제도
국민 건강 보험	국민의 질병 및 부상에 대한 예방, 진단, 치료, 재활 및 건강 증진에 대한 보험 급여를 통해 국민의 건강을 향상하기 위한 제도
산업 재해 보상 보험	업무와 관련하여 질병, 장애, 사망 등의 재해가 발생할 경우 치료비와 생계비를 보장하여 재활 및 사회 복귀를 촉진하는 제도
고용 보험	실업 보험 사업과 고용 안정 및 직업 능력 개발 사업 등을 통해 근로자의 생활 안정과 구직 활동을 촉진하는 제도

3 공공 부조

기출 Tip B-3

국민 기초 생활 보장 제도

생활이 어려운 저소득 가구에 필요한 급여를 제공하여 최저 생활을 보장하고 자활을 조성하는 제도

기초 연금 제도

노인 세대의 안정된 노후 생활을 지원하기 위한 제도로, 65세 이상인 노인 중 가구의 소득 인정액이 선정 기준 이하인 노인에게 매월 연금을 지급하는 제도

의미	생활이 어려운 국민의 최저 생활을 보장하고 자립을 지원하기 위해 금전적·물질적 급여를 제공하는 제도 → 생활 유지 능력이 없거나 생활이 어려운 국민을 대상으로 함
비용 부담	국가 및 지방 자치 단체가 전액 부담 → 조세 부담 능력이 있는 국민이 낸 세금을 재원으로 한다.
특징	• 금전적 지원을 원칙으로 함 • 이미 발생한 사회적 위험에 대한 사후 처방적 성격이 강함 • 사회 보험보다 소득 재분배 효과가 큼 ────→ 공공 부조는 세금을 재원으로 생활이 어려운 계층을 지원하므로, 사회 보험에 비해 소득 재분배 효과가 크다. • 대상자 선정 과정에서 부정적인 낙인이 발생할 수 있음 • 수혜자의 근로 의욕이 저하될 우려가 있음
종류	국민 기초 생활 보장 제도, 기초 연금 제도, 의료 급여 제도 등

└→ 생활을 유지할 능력이 없거나 생활이 어려운 저소득층에 국가가 의료 서비스를 제공하는 제도

4 공공 부조 빈출자료 Link • 549-550번 문제

(국민 기초 생활 보장 제도의 급여 체계)

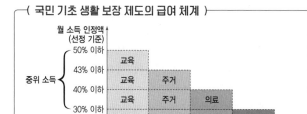

우리나라의 국민 기초 생활 보장 제도는 기초 생활 수급자의 가구 여건에 맞는 지원을 하기 위해 급여별로 선정 기준이 다층화되어 있으며, 상대적 빈곤층을 대상으로 선정한다.

5 사회 서비스 ┌→ 수혜자의 자활 능력을 길러 주고 생활의 어려움을 실질적으로 해결하는 데 도움을 준다.

의미	도움이 필요한 국민에게 상담, 재활, 돌봄, 관련 시설 이용 등을 통해 삶의 질이 향상되도록 지원하는 제도 → 국가, 지방 자치 단체, 민간 부문의 도움이 필요한 모든 국민을 대상으로 함
비용 부담	수혜자 부담을 원칙으로 하나 일정 소득 수준 이하의 국민은 비용의 전부 또는 일부를 국가나 지방 자치 단체가 부담함
특징	비금전적 형태의 서비스 제공을 원칙으로 함
종류	노인 돌봄, 산모·신생아 건강 관리 지원, 가사·간병 방문 지원 등

C 복지 제도의 한계와 생산적 복지

→ 과도한 복지는 근로 의욕을 저하시켜 사회 전체의 생산성과 효율성을 떨어뜨린다.

1 복지 제도의 한계 국가 재정 악화, 복지병 발생, 제도 운용상의 미비점 존재 등
└→ 복지 제도의 확대는 국민의 조세 부담을 높이고, 국가 재정을 악화시키는 요인으로 작용한다.

2 생산적 복지 소외 계층이 자활 사업에 참여하거나 노동하는 것을 조건으로 복지를 지원하는 새로운 형태의 복지 제도 → 경제적 효율성과 복지의 형평성을 동시에 추구함 예 근로 장려 세제
└→ 일할 능력이 있는 사람의 근로 의욕을 높여 경제 활동 참여를 장려함으로써 경제적 효율성을 달성하고 사회적 약자도 보호한다.

3 생산적 복지 빈출자료 Link • 566-567번 문제

(근로 장려 세제)

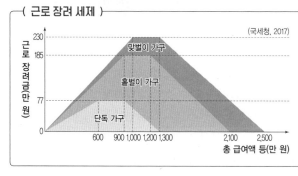

근로 장려 세제는 일정 요건을 충족하는 저소득 근로자 가구에 가구원 구성과 총급여액 등에 따라 산정된 근로 장려금을 지급하여 근로를 장려하고 실질 소득을 지원하는 근로 연계형 소득 지원 제도이다.

기출 Tip C-1
복지 제도의 역할

개인적 측면	최소한의 인간다운 생활 보장, 경제적·사회적 자립 기회 제공 등
사회적 측면	사회 구성원 간 연대 의식 고취, 사회 안정과 통합 달성에 기여 등

복지 제도 운용상의 한계

복지 제도의 미비점으로 인해 도움이 필요한 사람이 실질적인 혜택을 받지 못하는 경우가 발생하며, 복지 제도를 악용하여 급여를 부정 수급하는 등의 도덕적 해이가 나타난다.

기출 Tip C-2
생산적 복지의 성격

생산적 복지는 보편적 복지와 선별적 복지의 한계를 극복하기 위해 등장한 근로 연계 복지로, 경제적 효율성 달성과 사회적 약자 보호를 동시에 지향한다.

개념 확민 문제

○ 정답과 해설 57쪽

537 다음 설명이 맞으면 ○표, 틀리면 ×표를 하시오.

(1) 초기 자본주의 사회의 복지는 사후 처방적 성격이 강하였다. ( )

(2) 현대 사회에서는 빈곤에 대한 사회적 책임이 약화되고 있다. ( )

538 사회 보장 제도의 유형과 그 종류를 옳게 연결하시오.

(1) 사회 보험 •　　　　　• ㉠ 국민연금, 국민 건강 보험

(2) 공공 부조 •　　　　　• ㉡ 기초 연금 제도, 의료 급여 제도

(3) 사회 서비스 •　　　　　• ㉢ 노인 돌봄, 가사·간병 방문 지원

539 다음 괄호 안의 내용 중 알맞은 말에 ○표를 하시오.

(1) 사회 보험은 (강제, 임의) 가입을 원칙으로 한다.

(2) 공공 부조는 (사전 예방적, 사후 처방적) 성격이 강하다.

(3) 사회 서비스는 (금전적, 비금전적) 지원을 원칙으로 한다.

(4) 공공 부조는 사회 보험에 비해 소득 재분배 효과가 (크다, 작다).

540 (　　　　　)는 소외 계층이 자활 사업에 참여하거나 노동하는 것을 조건으로 복지를 지원하는 새로운 형태의 복지 제도이다.

A 사회 복지에 대한 인식 변화

541 하 중 상

초기 자본주의 사회의 복지와 달리 변화된 현대 사회의 복지에 대한 옳은 설명만을 〈보기〉에서 있는 대로 고른 것은?

〈 보기 〉
ㄱ. 빈곤에 대한 사회적 책임이 강조된다.
ㄴ. 국민의 삶의 질 향상을 사회 복지의 목적으로 한다.
ㄷ. 자선적·시혜적 성격에 한정된 사회 복지가 실시된다.
ㄹ. 사전 예방적 복지와 달리 사후 처방적 복지는 약화되었다.

① ㄱ, ㄴ   ② ㄱ, ㄷ   ③ ㄷ, ㄹ
④ ㄱ, ㄴ, ㄹ   ⑤ ㄴ, ㄷ, ㄹ

542 하 중 상

다음은 베버리지 보고서의 주요 내용을 정리한 것이다. 이에 대한 평가로 가장 적절한 것은?

사회를 위협하는 5대 해악 중 궁핍은 소득 보장으로, 질병은 의료 보장으로, 무지는 의무 교육으로, 불결은 주택 정책으로, 나태는 노동 정책으로 대처해야 한다. 이 중에서 사회 보장의 궁극적인 목표는 소득의 보장을 통한 궁핍 예방이며, 이러한 궁핍의 원인은 실업, 질병 등에 의한 소득의 중단에 있다.

① 복지 국가를 지향해야 함을 밝히고 있다.
② 개인적 차원에서 복지 문제에 접근하고 있다.
③ 사전 예방적 성격이 약한 정책을 선호하고 있다.
④ 사회 보장의 영역을 빈곤 구제에 한정하고 있다.
⑤ 사회 복지를 위한 민간단체의 역할을 강조하고 있다.

543 하 중 상

(가)~(다)에 대한 설명으로 옳지 않은 것은?

(가) 미국의 사회 보장법   (나) 독일의 바이마르 헌법
(다) 영국의 베버리지 보고서

① (가)는 뉴딜 정책의 일환으로 시작되었다.
② (나)는 국민이 국가로부터 인간다운 생활을 보장받을 권리를 최초로 규정하였다.
③ (다)는 현대적 의미의 사회 보장 제도를 확립하였다.
④ (다)는 '요람에서 무덤까지'로 표현되는 복지 제도의 발달에 이바지하였다.
⑤ (가)~(다)는 모두 빈곤의 책임이 개인에게 있음을 강조하였다.

B 우리나라 복지 제도의 유형

544 하 중 상   ••서술형

다음은 우리나라의 사회 보장 제도를 나열한 것이다. 물음에 답하시오.

• 국민연금   • 고용 보험
• 국민 건강 보험   • 산업 재해 보상 보험

(1) 위 제도들을 포함하는 사회 보장 제도의 유형을 쓰시오.

(2) (1)의 특징을 두 가지 이상 서술하시오.

545~546 빈출자료*

(가), (나)는 우리나라에서 시행하는 사회 보장 제도에 대한 설명이다. 물음에 답하시오.

(가) 노령, 장애, 사망 시 본인 및 가족에게 노령 연금, 장애 연금, 유족 연금 등을 지급함으로써 국민의 생활 안정과 복지 증진을 목적으로 하는 제도
(나) 업무와 관련하여 질병, 장애, 사망 등의 재해가 발생할 경우 본인의 치료비와 본인 및 가족의 생계비를 보장하여 재활 및 사회 복귀를 촉진하는 제도

545 하 중 상

(가), (나)에 해당하는 사회 보장 제도를 옳게 연결한 것은?

	(가)	(나)
①	국민연금	고용 보험
②	국민연금	산업 재해 보상 보험
③	고용 보험	산업 재해 보상 보험
④	국민 건강 보험	국민연금
⑤	산업 재해 보상 보험	국민 건강 보험

빈출 546 하 중 상

(가), (나)에 해당하는 사회 보장 제도의 공통적인 특징으로 가장 적절한 것은?

① 선별적 복지의 성격을 지닌다.
② 개인적 필요에 따른 임의 가입을 원칙으로 한다.
③ 사전 예방적 성격보다 사후 처방적 성격이 강하다.
④ 생활 유지 능력이 없거나 생활이 어려운 국민을 대상으로 한다.
⑤ 수혜 정도와 무관하게 대상자의 부담 능력에 따라 보험료를 차등 징수한다.

547 하 중 **상**

표는 갑국의 국민연금 수급자 현황을 나타낸 것이다. 이에 대한 분석으로 옳은 것은?

(단위: 만 명)

구분	2015년	2017년	2019년
노령 연금	310	330	350
장애 연금	7	8	9
유족 연금	50	60	70
계	367	398	429

① 국민연금 수급액은 2019년이 가장 많다.

② 노령 연금 수급자 수는 2015년 이후 감소하였다.

③ 유족 연금 수급자 수는 장애 연금 수급자 수와 달리 2015년 이후 증가하였다.

④ 2017년 대비 2019년 국민연금 수급자 중 유족 연금 수급자의 비중은 증가하였다.

⑤ 2015년 대비 2017년 노령 연금 수급자 증가율과 2015년 대비 2019년 유족 연금 수급자 증가율은 같다.

★빈출 548 하 중 **상**

다음 법률에 기초한 사회 보장 제도에 대한 옳은 설명을 〈보기〉에서 고른 것은?

제1조 이 법은 노인에게 기초 연금을 지급하여 안정적인 소득 기반을 제공함으로써 노인의 생활 안정을 지원하고 복지를 증진함을 목적으로 한다.

제3조 ① 기초 연금은 65세 이상인 사람으로서 소득 인정액이 보건복지부 장관이 정하여 고시하는 금액 이하인 사람에게 지급한다.

제4조 ② 국가와 지방 자치 단체는 필요한 비용을 부담할 수 있도록 조성하여야 한다.

〈 보기 〉

ㄱ. 소득 재분배 효과가 크다.

ㄴ. 강제 가입을 원칙으로 한다.

ㄷ. 금전적 지원을 원칙으로 한다.

ㄹ. 상호 부조의 원리에 따라 운영된다.

① ㄱ, ㄴ   ② ㄱ, ㄷ   ③ ㄴ, ㄷ

④ ㄴ, ㄹ   ⑤ ㄷ, ㄹ

549~550 빈출자료

자료는 A국의 국민 기초 생활 보장 제도와 관련 있는 사례를 나타낸 것이다. 물음에 답하시오.

일용직 근로자인 갑은 아내와 둘이서 한 가구를 이루어 다른 사람의 주택을 임차하여 어렵게 살아가고 있는데, 2019년 현재 아래 그림과 같이 가구 소득을 기준으로 맞춤형 급여를 지급하고 있는 복지 제도의 수급자로 선정되어 의료 급여 등을 받고 있다.

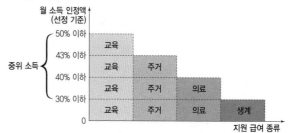

* 중위 소득: 전체 가구를 소득 순으로 일렬로 배열하였을 때 한가운데에 위치한 가구의 소득

549 하 **중** 상

•• 서술형

A국의 중위 소득이 200만 원일 때 월 소득 인정액 75만 원인 1인 노인 가구가 다음의 '에너지 이용권 제도'의 혜택을 받을 수 있는지 여부를 쓰고, 그 이유를 서술하시오.

'에너지 이용권 제도'는 A국 정부가 국민 기초 생활 보장법상의 의료 급여 수급자 중에서 노인, 영유아 또는 장애인을 포함하는 가구를 대상으로 전기, 도시가스, 지역난방, 연탄, 등유 등을 구입할 수 있는 이용권을 지급하여 겨울철 난방비를 지원해 주는 제도이다.

★빈출 550 하 중 **상**

위 자료에 대한 옳은 분석 및 추론만을 〈보기〉에서 있는 대로 고른 것은??

〈 보기 〉

ㄱ. 갑은 주거 급여를 받고 있을 것이다.

ㄴ. 갑은 생계 급여를 받고 있을 것이다.

ㄷ. 갑은 국민 기초 생활 보장 제도의 적용을 받고 있을 것이다.

ㄹ. A국의 중위 소득이 200만 원이라면, 갑의 가구 월 소득 인정액은 80만 원 이하일 것이다.

① ㄱ, ㄴ   ② ㄱ, ㄷ   ③ ㄴ, ㄹ

④ ㄱ, ㄷ, ㄹ   ⑤ ㄴ, ㄷ, ㄹ

551 (하/중/상)

자료는 갑국의 국민 기초 생활 보장 제도를 나타낸 것이다. 이에 대한 옳은 설명을 〈보기〉에서 고른 것은?

〈2018년 중위 소득(월)〉				
구분	1인 가구	2인 가구	3인 가구	4인 가구
중위 소득 (달러)	1,600	2,800	3,800	4,600

〈2018년 급여 종류별 수급자 선정 기준〉				
구분	생계 급여	의료 급여	주거 급여	교육 급여
중위 소득 기준	30% 이하	40% 이하	45% 이하	50% 이하

* 중위 소득: 전체 가구를 소득 순으로 나열했을 때 한가운데 위치한 가구의 소득

〈 보기 〉

ㄱ. 선별적 복지보다는 보편적 복지의 성격이 강하다.
ㄴ. 주거 급여의 대상자는 반드시 생계 급여의 대상자가 된다.
ㄷ. 3인 가구로 월 소득액이 1,800달러인 가구는 교육 급여만 받을 수 있다.
ㄹ. 생계 급여의 대상자는 의료 급여, 주거 급여, 교육 급여를 모두 받을 수 있다.

① ㄱ, ㄴ   ② ㄱ, ㄷ   ③ ㄴ, ㄷ
④ ㄴ, ㄹ   ⑤ ㄷ, ㄹ

552 (하/중/상)

표는 우리나라의 사회 보장 제도 A, B를 비교한 것이다. 이에 대한 옳은 분석을 〈보기〉에서 고른 것은? (단, A, B는 각각 사회 보험과 공공 부조 중 하나이다.)

구분	비교
소득 재분배 효과	A 〈 B
(가)	A 〉 B

〈 보기 〉

ㄱ. A는 선별적 복지 이념을 바탕으로 한다.
ㄴ. B의 경우 비용은 국가와 지방 자치 단체가 전액 부담하는 것을 원칙으로 한다.
ㄷ. A와 달리 B는 사전 예방적 성격이 강하다.
ㄹ. (가)에는 '수혜자의 범위'가 들어갈 수 있다.

① ㄱ, ㄴ   ② ㄱ, ㄷ   ③ ㄴ, ㄷ
④ ㄴ, ㄹ   ⑤ ㄷ, ㄹ

553 (하/중/상)

자료에 대한 설명으로 옳은 것은?

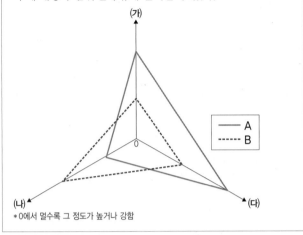

우리나라 사회 보장 제도 중 A와 B는 각각 사회 보험, 공공 부조 중 하나이다. A와 B에 대한 일반적 특징을 비교할 경우 '수혜 대상자 범위'는 (가)에 들어갈 수 있다.

* 0에서 멀수록 그 정도가 높거나 강함

① A는 B와 달리 의무 가입을 원칙으로 한다.
② B는 A와 달리 소득 재분배 효과가 나타난다.
③ (가)에는 '복지 비용 중 정부 재정이 차지하는 비중'이 들어갈 수 있다.
④ (나)에는 '위험에 대한 사전 예방적 성격'이 들어갈 수 있다.
⑤ (다)에는 '선별적 복지 이념의 추구 정도'가 들어갈 수 있다.

554 (하/중/상)

표는 A 지역의 65세 이상 인구 중 공적 연금 수급자 비율을 나타낸 것이다. 이에 대한 옳은 분석만을 〈보기〉에서 있는 대로 고른 것은?

(단위: %)

구분	국민연금 수급자	기초 연금 수급자
남자	47.5	36.2
여자	41.2	61.4
전체	43.3	53.0

〈 보기 〉

ㄱ. 국민연금 수급자 수는 여자가 남자보다 많다.
ㄴ. 상호 부조의 원리가 적용되는 제도의 수급자는 65세 이상 인구의 과반수이다.
ㄷ. 전체 수급자 비율은 사회 보험에 해당하는 제도보다 공공 부조에 해당하는 제도가 높다.
ㄹ. 소득을 고려하여 수혜자를 선정하는 제도의 경우 65세 이상 인구 중 남자의 수급자 비율이 40%가 되지 않는다.

① ㄱ, ㄴ   ② ㄱ, ㄷ   ③ ㄷ, ㄹ
④ ㄱ, ㄷ, ㄹ   ⑤ ㄴ, ㄷ, ㄹ

555 (하 중 상)

다음 제도들의 공통적인 특징으로 가장 적절한 것은?

- 독거노인을 위한 가사 및 외출 도우미 서비스
- 거동이 불편한 장애인을 위한 목욕 도우미 서비스
- 문화 시설이 부족한 지역을 찾아가는 도서관 서비스

① 강제 가입을 원칙으로 한다.
② 금전적 지원을 원칙으로 한다.
③ 미래의 위험에 보험의 방식으로 대처한다.
④ 수혜자의 소득 정도에 비례하여 비용을 부담한다.
⑤ 취약 계층에 자활의 기회를 제공하는 것을 목적으로 한다.

 556 (하 중 상)

자료는 우리나라에서 시행되고 있는 사회 보장 제도와 관련한 안내문이다. 이 제도의 일반적인 특징에 대한 옳은 설명만을 〈보기〉에서 있는 대로 고른 것은?

> **아이 돌봄 사업**
> - 사업 목적: 만 12세 이하 아동을 둔 맞벌이 가정 등에 아이 돌보미가 직접 방문하여 아동을 안전하게 돌봐 주는 제도로 아이의 복지 증진과 보호자의 일·가정 양립을 통한 가족 구성원의 삶의 질 향상을 목적으로 함
> - 서비스 이용 요금
>   - 정부 지원 가정: 소득 수준에 따라 이용 요금의 일부를 정부에서 지원
>   - 정부 미지원 가정: 이용 요금 전액을 본인 부담으로 하여 서비스 이용 가능

〈 보기 〉
ㄱ. 비금전적 지원을 원칙으로 한다.
ㄴ. 상호 부조의 원리를 기반으로 한다.
ㄷ. 다른 사회 보장 제도에 비해 소득 재분배 효과가 크다.
ㄹ. 수혜자의 필요에 부합하는 차별화된 지원을 중요시한다.

① ㄱ, ㄴ   ② ㄱ, ㄹ   ③ ㄴ, ㄷ
④ ㄱ, ㄷ, ㄹ   ⑤ ㄴ, ㄷ, ㄹ

557 (하 중 상)

A, B 제도를 포함하는 우리나라 사회 보장 제도의 유형을 옳게 연결한 것은?

- 갑은 2급 장애인으로 집에서 식사 준비, 빨래, 청소 등을 할 때 많은 어려움을 겪고 있다. 갑은 일상생활과 사회 활동이 어려운 저소득층에게 가사와 간병 서비스를 지원하는 A 제도가 있다는 사실을 알게 되었다.
- 올해 70세인 을은 가족 없이 혼자 살면서 몸이 불편하여 일을 할 수가 없어 생계유지가 어렵다. 을은 소득 인정액이 일정 수준 이하인 65세 이상의 노인에게 연금을 지급하는 B 제도의 혜택을 받고 있다.

	A 제도	B 제도
①	공공 부조	사회 보험
②	공공 부조	사회 서비스
③	사회 보험	공공 부조
④	사회 서비스	공공 부조
⑤	사회 서비스	사회 보험

558~559 빈출자료*

그림은 우리나라 사회 보장 제도 A~C를 구분한 것이다. 물음에 답하시오. (단, A~C는 각각 사회 보험, 공공 부조, 사회 서비스 중 하나이다.)

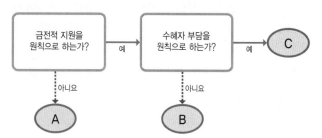

558 (하 중 상)

A~C에 해당하는 사례만을 옳게 짝지은 것은?

① A - 국민연금, 기초 연금 제도
② B - 고용 보험, 산업 재해 보상 보험
③ B - 노인 돌봄, 가사·간병 방문 지원
④ C - 국민 건강 보험, 노인 장기 요양 보험
⑤ C - 의료 급여 제도, 국민 기초 생활 보장 제도

559 (하 중 상)

•• 서술형

A~C의 일반적인 특징을 '복지 수혜 대상'을 기준으로 비교하여 서술하시오.

560 (하)(중)상

우리나라 사회 보장 제도 A~C에 대한 옳은 분석만을 〈보기〉에서 있는 대로 고른 것은? (단, A~C는 각각 공공 부조, 사회 보험, 사회 서비스 중 하나이다.)

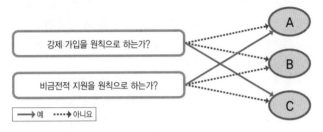

강제 가입을 원칙으로 하는가?

비금전적 지원을 원칙으로 하는가?

━━▶ 예   ┄┄▶ 아니요

〈 보기 〉

ㄱ. '지방 자치 단체가 비용을 부담한다.'는 특징은 A와 B에 모두 나타날 수 있다.

ㄴ. '상호 부조의 성격이 강하다.'는 특징은 A와 달리 C에는 나타나지 않는다.

ㄷ. '소득 재분배 효과가 있다.'는 특징은 B와 C에 모두 나타날 수 있다.

ㄹ. '사전 예방적 성격이 강하다.'는 특징은 C보다 B에서 더 두드러지게 나타난다.

① ㄱ, ㄴ   　② ㄱ, ㄷ   　③ ㄴ, ㄹ
④ ㄱ, ㄷ, ㄹ   　⑤ ㄴ, ㄷ, ㄹ

561 (하)(중)(상)

㉠~㉢에 해당하는 우리나라 사회 보장 제도의 일반적인 특징에 대한 설명으로 옳은 것은? (단, ㉠~㉢은 각각 공공 부조, 사회 보험, 사회 서비스 중 하나이다.)

▶ 복지 상담 Q&A

태풍 수해로 집이 침수되었고 어머니께서 다니던 회사도 폐업했습니다. 중학생인 동생도 있는데 어떻게 하면 좋을까요?

▶ 답변하기

┗ 재직 중 어머니는 (㉠)에 가입되어 있을 거예요. 고용 센터에서 실업 급여를 신청하세요.

┗ (㉡)에는 소득과 재산 기준을 충족하면 최저 생활 보장을 위해 필요한 급여를 지급하는 제도들이 있어요.

┗ 예민한 시기의 동생이 걱정되네요. (㉢)에는 청소년의 심리 상담을 지원하는 사업이 있어요. 단, 본인 부담금이 발생할 수 있어요.

① ㉠은 가입자의 수혜 정도에 따라 비용이 산출된다.
② ㉡은 상호 부조의 원리가 적용된다.
③ ㉠은 ㉢과 달리 민간단체를 통해 운영되기도 한다.
④ ㉡은 ㉠에 비해 소득 재분배 효과가 크다.
⑤ ㉠은 ㉡, ㉢에 비해 수혜 대상의 범위가 좁다.

ⓒ 복지 제도의 한계와 생산적 복지

562 (하)(중)상

다음 글을 활용한 수업의 주제로 가장 적절한 것은?

1970년대 이후 과도한 복지로 인해 일하지 않고 복지 제도에 의존하여 생활하려는 사람들이 늘어났다. 이처럼 사회 복지의 증진을 추구하는 과정에서 사회 전체의 효율성이 크게 저하되는 현상이 나타났다.

① 복지병의 발생
② 복지 제도의 역할
③ 생산적 복지의 문제점
④ 복지 국가 이념의 확산 배경
⑤ 베버리지 보고서의 등장 배경

563 (하)(중)상

다음 글을 통해 내릴 수 있는 결론으로 가장 적절한 것은?

중앙 부처, 지방 자치 단체, 공기업 등이 장애인을 위해 벌이는 사업은 60여 가지가 넘는데, 그 대상자 선정 기준은 장애인 등록증이다. 건강이 좋아져 장애를 면했거나 사망하면 등록증을 당연히 반납해야 한다. 그러나 최근 5년간 반납했어야 할 등록증은 33만 4,000개였지만 회수된 것은 35%인 11만 9,000개였다. 나머지는 악용될 가능성이 있는 것이다. 실제로 감사원이 미반납된 장애인 등록증이 철도 할인에 사용된 적이 있는지 알아봤더니, 최근 3년간 1만 6,000건이 부정 사용된 사실을 파악했다.

① 복지 혜택의 수혜 대상자를 줄여야 한다.
② 복지 제공이 국가의 책임이라는 인식을 버려야 한다.
③ 근로 의욕을 고취시킬 수 있는 정책을 마련해야 한다.
④ 미래의 위험에 대비하여 현재의 복지를 포기해야 한다.
⑤ 복지 수혜자의 도덕적 해이를 막을 대책을 세워야 한다.

564 하⟨중⟩상

밑줄 친 '제3의 길'에 대한 옳은 설명을 〈보기〉에서 고른 것은?

유럽의 사회 민주주의자들이 내세우고 있는 <u>제3의 길</u>은 요람에서 무덤까지로 일컫는 전통적 사회 민주주의와 국가의 간섭을 최소화하려는 신자유주의를 절충한 것이다. 이는 개인에게 경쟁력과 취업 가능성을 제공하는 교육과 직업 훈련의 필요성을 특히 강조한다.

〈 보기 〉
ㄱ. 복지병 발생의 원인이 된다.
ㄴ. 효율성과 형평성을 동시에 추구한다.
ㄷ. 복지 혜택 수급자들의 자립을 지원한다.
ㄹ. 사회적 약자의 보호를 우선적으로 추구한다.

① ㄱ, ㄴ   ② ㄱ, ㄷ   ③ ㄴ, ㄷ
④ ㄴ, ㄹ   ⑤ ㄷ, ㄹ

565 하⟨중⟩상   ••서술형

다음 글을 읽고 물음에 답하시오.

모든 사람을 대상으로 하는 보편적 복지는 형평성은 높지만 비용이 많이 들고, 복지병을 유발한다는 문제가 있다. 이와 달리 사회적 지원이 꼭 필요한 대상만을 선정하여 지원하는 선별적 복지는 효율성이 높고 비용 절감의 효과가 있지만, 형평성이 떨어져 계층 간 차별 의식을 심화한다는 문제가 있다. 이에 새로운 대안으로 등장한 것이 (㉠)이다. 소외 계층이 자활 사업에 참여하거나 노동하는 것을 조건으로 복지를 지원하는 새로운 형태의 복지 제도인 (㉠)의 사례로, 일정 요건을 충족하는 저소득 근로자 가구에 가구원 구성과 총급여액 등에 따라 산정된 근로 장려금을 지급하여 근로를 장려하고 실질 소득을 지원하는 제도인 근로 장려 세제를 들 수 있다.

(1) ㉠에 들어갈 용어를 쓰시오.

(2) (1)의 목적을 서술하시오.

566~567 빈출자료•

그림은 갑국에서 시행되고 있는 근로 장려 세제를 나타낸 것이다. 물음에 답하시오.

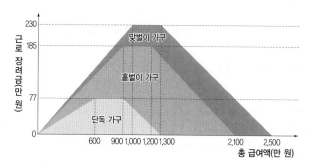

566 하⟨중⟩상

위와 같은 제도를 시행하는 목적으로 가장 적절한 것은?

① 시혜적 복지의 성격을 강화하고자 한다.
② 복지 혜택을 늘려 도덕적 해이를 막고자 한다.
③ 근로와 복지를 연계시켜 근로 의욕을 높이고자 한다.
④ 모든 빈곤층에 조건 없이 복지 혜택을 제공하고자 한다.
⑤ 소득 재분배를 통해 복지 수혜자의 범위를 넓히고자 한다.

빈출 567 하⟨중⟩상

위 그림에 대한 옳은 분석을 〈보기〉에서 고른 것은?

〈 보기 〉
ㄱ. 총급여액이 높을수록 근로 장려금도 증가한다.
ㄴ. 맞벌이 가구의 총급여액이 1,700만 원이라면 지급되는 근로 장려금은 230만 원을 넘지 않는다.
ㄷ. 홑벌이 가구는 총 급여액이 1,000만 원일 때보다 1,200만 원일 때 근로 장려금을 포함한 총소득이 더 적다.
ㄹ. 총급여액이 900만 원일 때 홑벌이 가구가 받는 근로 장려금은 단독 가구가 받는 근로 장려금의 두 배 이상이다.

① ㄱ, ㄴ   ② ㄱ, ㄷ   ③ ㄴ, ㄷ
④ ㄴ, ㄹ   ⑤ ㄷ, ㄹ

568

사회 불평등 현상을 보는 관점 A, B에 대한 설명으로 옳은 것은?

구분	관점 A	관점 B
사회 불평등 현상의 발생 원인은 무엇인가?	사회적 역할의 중요도에 따른 보상의 차등 분배	(가)
희소가치의 배분 방식은 어떻게 결정되는가?	(나)	기존 권력 유지를 위한 기득권 집단의 결정

① A는 사회 불평등 현상이 지배와 피지배 관계에서 비롯된다고 본다.
② B는 사회 불평등 현상을 불가피한 것으로 본다.
③ A는 B와 달리 개인의 성취동기가 지위 변동에 미치는 영향력을 간과한다는 한계가 있다.
④ (가)에는 '개인의 능력 차이에 따른 보상의 차등 분배'가 적절하다.
⑤ (나)에는 '효율적인 사회 운영을 위한 사회 구성원들의 합의'가 적절하다.

569

그림은 차등 분배 기대치와 사회 발전 간의 관계를 바라보는 관점 A, B를 비교한 것이다. 이에 부합하는 진술로 옳지 않은 것은? (단, A와 B는 각각 기능론과 갈등론 중 하나이다.)

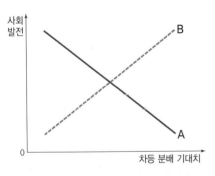

① A - 사회 불평등 현상은 사회적 분배 체계의 구조적 변화를 통해 해결할 수 있다.
② A - 지위 획득을 위해 오랜 시간과 많은 노력을 투자한 사람일수록 사회적 지위가 높다.
③ B - 사회 불평등 현상은 사회 발전을 위해 필수적이다.
④ B - 사회 구성원들의 합의에 의해 사회적 희소가치의 배분 기준이 정해진다.
⑤ A, B - 사회 불평등 현상은 보편적으로 나타나는 현상이다.

570

자료에 대한 옳은 분석만을 〈보기〉에서 있는 대로 고른 것은?

"사회 불평등 현상을 설명하는 요인을 다차원적으로 보는가?"라는 질문에 A는 '예', B는 '아니요'로 답한다. 표는 갑, 을이 사회 불평등 현상을 설명하는 이론 A, B를 주어진 진술에 따라 구분한 것으로, 모두 옳게 구분한 사람은 한 명이다.

진술 \ 학생	갑	을
같은 계층 범주에 속하는 사람들 간 연대 의식이 뚜렷하다고 본다.	A	B
(가)	A	A
(나)	B	A, B

〈 보기 〉
ㄱ. 진술에 따라 A, B를 모두 옳게 구분한 학생은 갑이다.
ㄴ. A는 B와 달리 지위 불일치 현상을 설명하기에 용이하다.
ㄷ. (가)에는 '복합적으로 층위를 구분한다.'가 적절하다.
ㄹ. (나)에는 '경제적 요인을 사회 불평등 현상의 원인으로 고려한다.'가 적절하다.

① ㄱ, ㄴ   ② ㄱ, ㄹ   ③ ㄷ, ㄹ
④ ㄱ, ㄴ, ㄷ   ⑤ ㄴ, ㄷ, ㄹ

571

자료는 계급론과 계층론에 따라 갑~정의 계층을 비교한 것이다. 이에 대한 분석 및 추론으로 옳은 것은?

〈생산 수단의 소유 여부〉

조사 대상	갑	을	병	정
생산 수단의 소유 여부	소유	미소유	소유	미소유

〈재산 측면의 계층 대비 위신, 권력 측면의 계층〉

조사 대상	갑		을		병		정	
비교 측면	위신	권력	위신	권력	위신	권력	위신	권력
재산 측면의 계층 대비 위치	일치	한 계층 낮음	일치	한 계층 낮음	두 계층 낮음	일치	한 계층 높음	두 계층 높음

* 계층론에 따른 계층은 재산, 위신, 권력 측면에서 상층, 중층, 하층으로만 구분된다.
** 권력 측면의 계층은 을이 갑, 병보다 낮다.

① 계급론에 따르면 을과 정은 자본가 계급에 속한다.
② 계급론에 따르면 을과 병은 공통의 계급적 연대 의식을 가진다.
③ 계층론에 따르면 두 측면에서 을과 정의 계층적 위치가 같다.
④ 계층론에 따르면 재산과 위신의 계층적 위치 모두 갑이 정보다 높다.
⑤ 계층론에 따르면 위신과 권력 간 지위 불일치가 나타나는 사람은 2명이다.

572

(가)~(다) 사례에 나타난 사회 이동에 대한 설명으로 옳은 것은?

> (가) 과일가게 주인이었던 갑이 업종을 변경하여 생선가게 주인이 된 사례
> (나) 혁명으로 인해 신분 제도가 철폐되면서 귀족 신분이었던 을이 평민으로 전락한 사례
> (다) 평범한 회사원으로 사회생활을 시작한 병이 성실성과 능력을 인정받아 회사의 대표 이사가 된 사례

① (가)와 같은 사회 이동은 폐쇄적 계층 구조에서는 나타날 수 없다.
② (나)는 사회 이동이 나타난 세대 범위를 기준으로 구분할 경우 세대 내 이동에 해당하지 않는다.
③ (다)는 구조적 이동이면서 동시에 상승 이동에 해당한다.
④ (나), (다) 모두 수직 이동에 해당한다.
⑤ (가), (나)와 달리 (다)는 기존 계층 구조의 변화를 수반하는 사회 이동에 해당한다.

573

자료에 대한 옳은 분석만을 〈보기〉에서 고른 것은?

> (가)는 갑국 부모 세대와 자녀 세대의 계층 간 구성비를, (나)는 자녀 세대 계층 대비 부모와 자녀의 계층 일치 비율을 나타낸다.

(가)

구분	부모 세대	자녀 세대
$\frac{A+B}{A+C}$	$\frac{9}{7}$	$\frac{3}{2}$
$\frac{A+C}{B+C}$	$\frac{7}{4}$	$\frac{2}{3}$

(나)

일치 비율	
A	84%
B	30%
C	40%

> 단, 갑국의 계층은 A~C로 구성되고, A~C는 각각 상층, 중층, 하층 중 하나이며, 모든 부모의 자녀는 1명씩이다. 그리고 부모 세대와 자녀 세대의 계층 구조는 각각 피라미드형과 다이아몬드형 중 하나이다.

〈 보기 〉

ㄱ. 세대 간 하강 이동한 자녀보다 세대 간 상승 이동한 자녀가 많다.
ㄴ. 하층 부모를 둔 상층 자녀의 수와 중층 부모를 둔 하층 자녀의 수는 같다.
ㄷ. 중층 부모를 둔 자녀의 세대 간 상승 이동 비율은 세대 간 하강 이동 비율의 3배이다.
ㄹ. 세대 간 상승 이동한 사람의 수는 하층 부모를 둔 자녀보다 중층 부모를 둔 자녀가 많다.

① ㄱ, ㄴ ② ㄱ, ㄷ ③ ㄴ, ㄷ
④ ㄴ, ㄹ ⑤ ㄷ, ㄹ

574

표는 갑국의 1980년 대비 2010년의 세대 내 이동 유형별 비율을 나타낸 것이다. 이에 대한 옳은 분석을 〈보기〉에서 고른 것은?

(단위: %)

1980년의 계층	A			B			C			계
세대 내 이동 유형	상승	하강	동일	상승	하강	동일	상승	하강	동일	
비율	5	5	20	20	0	20	0	20	10	100

* A~C는 각각 상층, 중층, 하층 중 하나이다.
** 2010년의 계층 구성비는 A:B:C=2:1:10이다.

〈 보기 〉

ㄱ. 상층에서 하층으로의 세대 내 이동은 나타나지 않았다.
ㄴ. 2010년보다 1980년의 계층 구조가 사회 통합에 유리하다.
ㄷ. 2010년 하층 중 세대 내 수직 이동을 경험하지 않은 비율은 해당 계층의 50% 미만이다.
ㄹ. 1980년 계층 대비 2010년에 각 계층별로 계층적 지위가 유지된 비율은 중층이 하층보다 높다.

① ㄱ, ㄴ ② ㄱ, ㄹ ③ ㄴ, ㄷ
④ ㄴ, ㄹ ⑤ ㄷ, ㄹ

575

다음 두 사례에 공통적으로 해당하는 내용을 〈보기〉에서 고른 것은?

> • 우리나라의 「장애인 고용 촉진 및 직업 재활법」은 장애인이 그 능력에 맞는 직업 생활을 통해 인간다운 생활을 할 수 있도록 장애인의 고용 촉진 및 직업 재활을 꾀하는 것을 목적으로 만들어졌다. 이 법률에 따르면 국가 및 지방 자치 단체, 50인 이상의 근로자를 고용하는 사업주는 장애인을 일정 비율 이상 의무적으로 고용해야 한다.
> • 미국의 어퍼머티브 액션은 흑인, 히스패닉, 여성 등 사회적 소수자에게 대학 입학, 취업 등에서 혜택을 주는 제도로, 대입 전형 시 소수 인종 출신자에게 가산점을 주거나 대학 입학 정원의 일정 비율을 그들에게 배정하는 방식으로 실시된다.

〈 보기 〉

ㄱ. 제도적 측면에서 차별을 개선하는 방안이다.
ㄴ. 사회적 차별을 시정하기 위한 적극적 우대 조치에 해당한다.
ㄷ. 사회적 소수자에 대한 편견과 고정 관념을 없애고자 하는 개인적 노력에 해당한다.
ㄹ. 사회적 소수자를 우대하여 나타날 수 있는 역차별 문제를 해소하고자 하는 제도이다.

① ㄱ, ㄴ ② ㄱ, ㄷ ③ ㄴ, ㄷ
④ ㄴ, ㄹ ⑤ ㄷ, ㄹ

Ⅳ

576

표는 성 불평등 문제와 관련한 진술 (가)~(라)와 그에 대한 학생 갑~정의 답변을 나타낸 것이다. 이에 대한 옳은 설명을 〈보기〉에서 고른 것은?

구분	진술	갑	을	병	정
(가)	사회적 성은 사회 변동에의 영향을 받지 않는다.	×	○	○	×
(나)	차별적 사회화는 성 불평등 문제의 원인에 해당한다.	○	×	○	○
(다)	남성다움과 여성다움은 생물학적 성에 의해 결정된다.	○	×	×	×
(라)	사회적 성은 후천적이기보다는 선천적으로 결정된다.	×	○	×	×

(○: 예, ×: 아니요)

〈 보기 〉

ㄱ. 갑은 두 가지 진술에 옳은 답을 하였다.
ㄴ. 을은 (다)에 대해서만 옳은 답을 하였다.
ㄷ. 병은 (가), (나), (다)에 옳은 답을 하였다.
ㄹ. (가)~(라) 모두에 옳은 답을 한 학생은 정이다.

① ㄱ, ㄴ ② ㄱ, ㄷ ③ ㄴ, ㄷ
④ ㄴ, ㄹ ⑤ ㄷ, ㄹ

577

자료에 대한 옳은 분석만을 〈보기〉에서 있는 대로 고른 것은?

표는 갑국의 성차별 경험자의 학력별, 지역별 비율을 나타낸 것이다. 단, 갑국의 성차별 경험자 수는 여성이 남성의 2배이다.

(단위: %)

구분	학력			지역	
	중졸 이하	고졸	대졸 이상	도시	농촌
남성	50	15	35	40	60
여성	50	25	25	30	70

〈 보기 〉

ㄱ. 성차별 경험자 수는 농촌이 도시의 2배이다.
ㄴ. 여성 전체 인구는 남성 전체 인구의 2배이다.
ㄷ. 성차별 경험자 중 농촌의 중졸 이하 학력이 차지하는 비율은 여성이 남성보다 높다.
ㄹ. 중졸 이하 학력의 남성 성차별 경험자 수는 대졸 이상 학력의 여성 성차별 경험자 수와 같다.

① ㄱ, ㄴ ② ㄱ, ㄹ ③ ㄷ, ㄹ
④ ㄱ, ㄴ, ㄷ ⑤ ㄴ, ㄷ, ㄹ

578

자료에 대해 옳게 분석한 학생의 수는?

표는 갑국의 절대적 빈곤 가구 비율과 상대적 빈곤 가구 비율의 변화를 나타내며, 2020년에 최저 생계비는 중위 소득의 50% 미만이다. 단, A, B는 각각 절대적 빈곤 가구와 상대적 빈곤 가구 중 하나이며, 모든 가구의 구성원 수는 동일하다.

구분	2010년	2015년	2020년
A	5%	6%	10%
B	7%	6%	5%

* 절대적 빈곤 가구: 소득이 최저 생계비 미만인 가구
** 상대적 빈곤 가구: 소득이 중위 소득의 50% 미만인 가구

〈 학생들의 분석 내용 〉

• 갑: 2010년에는 최저 생계비가 중위 소득보다 큽니다.
• 을: 2015년에는 전체 가구의 6%가 빈곤 가구입니다.
• 병: 2020년 상대적 빈곤선은 절대적 빈곤선의 2배입니다.
• 정: 2020년 전체 가구 소득 중 A의 소득 비중은 10% 이상입니다.

① 0명 ② 1명 ③ 2명 ④ 3명 ⑤ 4명

579

자료에 대한 옳은 분석만을 〈보기〉에서 있는 대로 고른 것은?

갑국과 을국 모두 2020년 가구별 월 소득은 모든 가구에서 2015년 대비 10% 상승하였다. 또한, 갑국과 을국 모두 최저 생계비는 2015년과 2020년에 각각 400만 원이며, 가구별 구성원 수는 동일하다. 2015년 갑국과 을국의 가구별 월 소득을 나타내면 다음과 같다.

〈2015년 갑국의 가구별 월 소득〉 (단위: 만 원)

가구	A	B	C	D	E	F	G	H	I	J	K
소득	100	200	300	400	500	600	700	800	900	1,000	1,100

〈2015년 을국의 가구별 월 소득〉 (단위: 만 원)

가구	L	M	N	O	P	Q	R	S	T	U	V
소득	50	100	200	100	500	550	650	800	900	1,200	1,500

* 갑국과 을국은 모두 가구 월 소득이 최저 생계비 미만인 가구를 절대적 빈곤 가구로, 중위 소득의 50% 미만인 가구를 상대적 빈곤 가구로 구분한다.

〈 보기 〉

ㄱ. 2015년 갑국의 절대적 빈곤 가구 수와 상대적 빈곤 가구 수는 같다.
ㄴ. 갑국의 상대적 빈곤 가구 수는 2015년과 2020년이 같다.
ㄷ. 을국의 상대적 빈곤 가구 수는 2015년보다 2020년에 많다.
ㄹ. 2020년 갑국과 을국의 절대적 빈곤 가구 수는 같다.

① ㄱ, ㄴ ② ㄱ, ㄷ ③ ㄴ, ㄹ
④ ㄱ, ㄷ, ㄹ ⑤ ㄴ, ㄷ, ㄹ

580

자료에 대한 분석으로 옳은 것은?

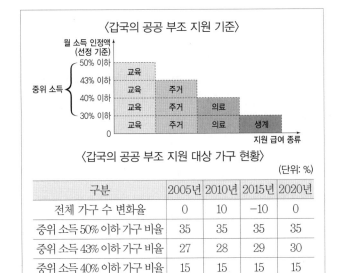

〈갑국의 공공 부조 지원 기준〉

월 소득 인정액 (선정 기준)

중위 소득
- 50% 이하: 교육
- 43% 이하: 교육, 주거
- 40% 이하: 교육, 주거, 의료
- 30% 이하: 교육, 주거, 의료, 생계

지원 급여 종류

〈갑국의 공공 부조 지원 대상 가구 현황〉

(단위: %)

구분	2005년	2010년	2015년	2020년
전체 가구 수 변화율	0	10	-10	0
중위 소득 50% 이하 가구 비율	35	35	35	35
중위 소득 43% 이하 가구 비율	27	28	29	30
중위 소득 40% 이하 가구 비율	15	15	15	15
중위 소득 30% 이하 가구 비율	5	5	5	5

① 전체 가구 수는 2005년이 가장 적다.

② 교육 급여만 받는 가구 비율은 2015년이 2020년보다 낮다.

③ 교육, 주거 급여만 받는 가구 수는 2005년이 2020년보다 많다.

④ 2010년 교육, 주거, 의료 급여만 받는 가구 수는 2020년 교육, 주거, 의료, 생계 급여 모두를 받는 가구 수의 2배 이하이다.

⑤ 교육, 주거, 의료, 생계 급여를 모두 받는 가구 비율은 제시된 모든 연도에서 같다.

581

자료는 우리나라 사회 보장 제도의 유형 (가), (나)의 특징을 도식화 한 것이다. 이에 대한 옳은 분석을 〈보기〉에서 고른 것은?

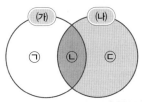

(가)의 사례로는 65세 이상 노인 중 소득 인정액이 선정 기준 이하인 노인에게 매달 연금을 지급하는 제도를, (나)의 사례로는 업무와 관련하여 재해가 발생할 경우 치료비와 생계를 보장하는 제도를 들 수 있다.

〈가〉 〈나〉
㉠ ㉡ ㉢

〈 보기 〉

ㄱ. 국민 기초 생활 보장 제도는 (가)에 해당한다.

ㄴ. (가)는 (나)와 달리 필요한 비용을 국가와 지방 자치 단체가 전액 부담한다.

ㄷ. ㉠에는 '소득 재분배 효과가 있다.', ㉡에는 '상호 부조의 원리를 바탕으로 한다.'가 적절하다.

ㄹ. ㉢에는 '사후적 구제를 중시한다.'가 적절하다.

① ㄱ, ㄴ ② ㄱ, ㄷ ③ ㄴ, ㄷ

④ ㄴ, ㄹ ⑤ ㄷ, ㄹ

582

자료는 갑국 성별 노인 인구 중 사회 보장 제도 (가)~(다)의 수급자 비율을 나타낸 것이다. 이에 대한 분석으로 옳은 것은?

(가) 국가가 가구 소득 인정액이 기준액 이하인 가구의 기초 생활 보장을 위해 급여를 지급하고, 자활을 지원하는 제도

(나) 가입자와 고용주 등이 분담해서 마련한 기금으로 노령, 장애 등에 대한 연금을 지급하여 생활 안정을 도모하는 제도

(다) 고령이나 노인성 질병 등으로 일상생활을 혼자서 수행하기 어려운 사람들에게 장기 요양 급여를 지급하는 제도

〈(가)~(다)의 수급자 비율〉

구분	(가)	(나)	(다)
남성 노인	4.6%	54.0%	5.5%
여성 노인	7.0%	26.5%	12.0%

① (나)는 (다)와 달리 상호 부조 원리가 적용된다.

② 남성 노인 인구의 경우 선별적 복지 성격이 강한 제도의 수급자 비율은 10.1%이다.

③ 강제 가입 원칙이 적용되는 제도의 경우, 전체 노인 수급자 중 성별 비율은 남성이 여성의 2배 이상이다.

④ 수혜자 비용 부담 원칙이 적용되지 않는 제도의 경우, 여성 노인 인구의 수급자 비율이 남성 노인 인구의 수급자 비율보다 높다.

⑤ 소득 재분배 효과가 있는 제도의 경우, 남성 노인 인구의 수급자 비율과 여성 노인 인구의 수급자 비율이 모두 10% 미만이다.

583

다음은 우리나라 사회 보장 제도 A~C를 〈자료〉와 같이 구분한 것이다. 이에 대한 일반적인 진술로 옳은 것은? (단, A~C는 각각 사회 보험, 공공 부조, 사회 서비스 중 하나이다.)

제도	사례
A	독거노인 갑(72세)은 노인 돌보미가 주 1회 방문하여 제공하는 가사 지원, 활동 지원을 받고 있다.
B	을(66세)은 가구 소득 인정액이 선정 기준액 이하로 판정되어 매월 일정 금액을 정부로부터 받고 있다.
C	국민 건강 보험에 가입된 병(57세)은 노인성 질환으로 어려움을 겪고 있어 장기 요양 급여를 받고 있다.

〈자료〉

질문 \ 제도	A	B	C
(가)	아니요	예	예
(나)	예	아니요	아니요

① 수혜 대상자의 범위는 A가 C보다 넓다.

② 소득 재분배 효과는 B가 C보다 크다.

③ C는 B에 비해 사전 예방적 성격이 약하다.

④ (가)에는 '수혜자 부담 원칙이 적용되는가?'가 적절하다.

⑤ (나)에는 '금전적 지원을 원칙으로 하는가?'가 적절하다.

15 사회 변동과 사회 운동

A 사회 변동의 의미와 요인

1 사회 변동 시간의 경과에 따라 인간의 생활 방식, 의식 구조, 사회적 관계, 사회 구조 등이 총체적으로 변화하는 현상 → 모든 사회에서 보편적으로 나타남, 어느 한 영역에서 나타난 변화가 다른 영역에서의 변화를 유발하기도 함, 변동 속도가 점차 빨라지는 경향이 나타남

→ 사회 변동은 사회 전반에 걸친 구조적 변화이지만, 변동 속도나 규모 등은 사회를 구성하는 영역마다 다르게 나타난다.

2 사회 변동의 요인

과학과 기술의 발달	• 증기 기관의 발명은 산업 사회로의 변화를 촉진하였음 • 정보 통신 기술의 발전은 정보 사회로의 변화를 촉진하였음
가치관이나 이념의 변화	• 계몽사상과 천부 인권 사상은 시민 혁명에 영향을 끼쳐 근대 사회로 나아갈 수 있게 하였음 • 프로테스탄트 윤리의 확산은 자본주의의 형성과 발전을 촉진하였음
기타	자연환경의 변화, 인구 변화, 새로운 문화 요소의 전파, 정부 정책의 변화 등

신이 부여한 자신의 직업에 근면, 성실하게 임하여 얻은 부는 신이 준 구원의 징표라고 본 윤리

→ 지구 온난화에 따른 기후 변화가 신·재생 에너지 개발과 환경친화적인 생산 체제로의 변화를 초래한 것을 들 수 있다.

B 사회 변동을 설명하는 다양한 이론

기출 Tip B-1

그림으로 표현한 진화론과 순환론

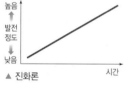
▲ 진화론

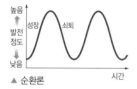
▲ 순환론

1 사회 변동의 방향에 관한 관점

① 진화론

기본 입장	• 사회는 일정한 방향으로 변동하며, 변동이 곧 진보와 발전임 → 사회 변동을 긍정적인 것으로 여긴다. • 사회는 단순하고 미분화된 상태에서 복잡하고 분화된 상태를 향하여 변화함
의의	사회 발전의 양상을 설명하는 데 유용함
한계	사회가 퇴보하거나 멸망하는 사례를 설명하기 어려움, 사회의 다양한 변화 가능성을 부정함, 서구 제국주의 역사를 정당화하는 수단으로 악용될 수 있음

→ 서구 사회가 가장 진화한 사회라고 전제하기 때문이다.

② 순환론

기본 입장	• 인류 문명은 생성, 성장, 쇠퇴, 해체의 과정을 되풀이하며 순환함 • 사회는 특정한 방향으로 지속해서 진보하는 것이 아니라, 발전과 퇴보를 반복함
의의	장기적인 측면에서 반복되는 사회 변동을 설명하고 해석하는 데 유용함
한계	단기적인 사회 변동을 설명하기 어려움, 미래 사회의 변동을 예측하여 대응하는 데 적합하지 않음, 인간 행위의 역동성과 자율성을 과소평가함

→ 과거 문명에 대한 사후 분석에 치중하기 때문이다.

기출 Tip B-2

사회 변동을 바라보는 진화론과 순환론의 관점

• (가): 인간 정신과 사회가 세 가지 단계로 발전한다고 봄 ➡ 사회 변동을 곧 사회 발전이나 진보로 인식하는 것 ➡ 진화론
• (나): 두 유형의 엘리트가 순환적으로 교체되는 과정을 역사로 봄 ➡ 사회 변동은 주기적으로 동일한 과정을 반복한다고 보는 것 ➡ 순환론

2 사회 변동의 방향에 관한 관점 [빈출자료] Link • 599-600번 문제

─(사회 변동의 방향을 보는 사회학자들의 입장)─

(가) 사회학자 콩트는 인간 정신과 사회가 세 가지 단계를 밟아 발전한다고 보았다. 즉 '신학적 단계'로부터 '형이상학적 단계'를 거쳐 '실증적 단계'로 진화한다는 것이다.

(나) 사회학자 파레토는 엘리트의 유형을 사자형과 여우형으로 구분하고, 두 유형의 엘리트가 순환하여 정치권력을 획득하는 과정을 거쳐 엘리트가 교체되는 것이 역사라고 보았다.

3 사회 변동에 관한 구조적 관점

① 기능론 → 사회 구조가 갖는 항상성에 주목하며, 사회 변동이 일시적·병리적 현상임을 강조한다.

기본 입장	사회 변동은 사회가 일시적 불균형을 극복하고 전체적인 균형과 안정을 되찾는 과정임
의의	사회의 질서와 안정을 바탕으로 한 점진적인 사회 변동 과정을 설명하는 데 유용함
한계	사회 변화보다 사회 안정을 중시하는 보수적 관점임, 급격한 사회 변동을 설명하기 어려움

② 갈등론 ┌─• 사회 구조가 갖는 내재적 갈등에 주목하며 사회 변동을 불평등한 사회 구조를
　　　　　　개선하고 더 나은 사회로 발전해 나가는 과정이라고 본다.

기본 입장	사회 변동은 사회적 희소가치를 둘러싼 집단 간 갈등 속에서 나타나는 자연스러운 현상임
의의	혁명과 같은 급격한 사회 변동을 설명하는 데 유용함
한계	사회 변동을 갈등과 대립의 산물로만 이해하여 사회의 안정과 질서를 간과함

C 사회 운동과 사회 변동

1 사회 운동의 의미와 특징

① 사회 운동: 사회 문제를 해결하거나 사회 체제를 바꾸기 위하여 대중이 자발적으로 하는 조직적·집단적 행위 예 노동 운동, 환경 운동, 소비자 운동, 인권 운동, 민주화 운동 등

② 사회 운동의 특징: 뚜렷한 목표와 이념이 있음, 목표 달성을 위한 구체적 활동 방법과 조직을 가짐

③ 사회 운동의 역할: 사회 구조적 모순과 갈등을 드러내고 그에 대한 해결책을 제시함으로써 사회 변동을 유발하는 동력이 됨

┌─• 새로운 사회 질서를 실현하기 위한 사회 운동에 해당한다.

2 사회 운동의 유형

┌─• 사회 체계의 일부분을 바꾸려는 제한적인 목표를 가진다.

개혁적 사회 운동	• 내용: 기본적으로 기존 사회 질서에 만족하지만 어떤 개혁이 필요할 때 발생함 • 사례: 사형제 폐지, 소비자 주권 향상 등과 같은 각종 시민 단체의 운동 등
혁명적 사회 운동	• 내용: 기존 사회 질서에 불만을 가지고 급진적인 변동을 추구할 때 발생함 • 사례: 절대 왕정이라는 구제도를 타파한 프랑스 혁명 등
복고적(반동적) 사회 운동	• 내용: 급격한 사회 변동에 대항하여 기존의 질서를 고수하고자 할 때 발생함 • 사례: 조선 후기에 일어난 위정척사 운동 등

• 기존 사회에 새로운 이질적인 요소가 개입하여 기존의 구성원이 위협을 느낄 때 나타나기 쉽다.

3 사회 운동의 유형 (빈출자료) Link • 613~614번 문제

┌(사회 운동의 유형별 사례)

(가) ○○ 시민 단체는 지구 온난화 예방을 위해 재생 에너지 사용을 독려하는 캠페인을 벌이면서 정부에 관련 제도를 마련할 것을 촉구하고 있다.

(나) 1789년 프랑스에서는 구제도의 모순에 맞서 시민의 자유와 권리를 보장받기 위한 프랑스 혁명이 발생하였고, 이를 통해 절대 왕정이 종식되었다.

(다) 산업 혁명 시기에 방적 작업의 기계화로 대량 생산이 가능해지면서 많은 노동자가 일자리를 잃고 실업자가 되었다. 이에 1811년 영국에서는 저임금에 시달리던 영국의 노동자들이 공장에 불을 지르고 기계를 파괴하는 이른바 '기계 파괴 운동'이 전개되었다.

기출 Tip C-1

사회 운동의 변화

과거
주로 경제적 불평등이나 노동 문제의 해결을 목적으로 함

↓

최근
시민의 다양한 요구를 충족하고 대안적인 가치를 제시하는 새로운 형태의 사회 운동이 등장함 예 환경 운동, 여성 운동, 반전 평화 운동, 소비자 운동 등

• 현재의 사회 문제를 현 체제 내에서 해결할 수 없다고 인식하여 체제 자체를 변화시키려 한다.

기출 Tip C-3

사회 운동의 유형

• (가): 환경 측면에서의 부분적인 개혁 요구 ➡ 개혁적 사회 운동
• (나): 프랑스 혁명을 통해 기존의 사회 체제 타파 ➡ 혁명적 사회 운동
• (다): 급격한 사회 변화에 대항하여 기존 질서를 고수하려는 기계 파괴 운동 전개 ➡ 복고적 사회 운동

개념 확인 문제

○ 정답과 해설 63쪽

584 (　　　　　　　)은 시간의 경과에 따라 인간의 생활 방식, 의식 구조, 사회적 관계, 사회 구조 등이 총체적으로 변화하는 현상으로, 과학과 기술의 발달, 가치관이나 이념의 변화 등을 요인으로 발생한다.

585 다음 괄호 안의 내용 중 알맞은 말에 ○표를 하시오.

(1) (진화론, 순환론)은 사회 변동이 발전과 진보를 의미한다고 본다.
(2) (진화론, 순환론)은 사회 변동을 흥망성쇠의 주기적 반복으로 인식한다.
(3) 순환론은 인간 행위의 자율성을 (과소, 과대) 평가한다는 비판을 받는다.

586 사회 변동에 관한 구조적 관점과 그 의의를 옳게 연결하시오.

(1) 기능론 •　　　　• ㉠ 급격한 사회 변동을 설명하는 데 유용함
(2) 갈등론 •　　　　• ㉡ 점진적 사회 변동을 설명하는 데 유용함

587 사회 운동에 대한 설명이 맞으면 ○표, 틀리면 ×표를 하시오.

(1) 사회 운동은 뚜렷한 목표와 이념을 지닌다. 　　　　(　)
(2) 사회 운동은 목표 달성을 위한 체계적 조직을 가진다. 　(　)
(3) 복고적 사회 운동의 대표적 사례로 프랑스 혁명을 들 수 있다. 　(　)

A 사회 변동의 의미와 요인

588 하 중 상

자료를 통해 파악할 수 있는 현대 사회 변동의 특징으로 가장 적절한 것은?

> 인류의 약 50만 년 역사를 하루로 생각한다면 농업은 밤 11시 56분에 시작되었으며, 문명은 11시 57분부터 존재하기 시작하였을 뿐이다. 근대 사회의 발전은 11시 59분 30초에 시작되었고, 나머지 30초 동안에 엄청난 변동이 일어났다.
>
> – 앤서니 기든스, 「현대 사회학」

① 사회 변동의 속도가 매우 빠르다.
② 변동의 범위가 매우 좁게 일어난다.
③ 물질 영역보다 비물질 영역의 변화 속도가 빠르다.
④ 사회 변동이 특정 분야에서만 한정적으로 일어난다.
⑤ 사회 변동의 속도와 모습은 사회마다 다르게 나타난다.

빈출
589 하 중 상

(가), (나)에 나타난 사회 변동의 요인을 옳게 연결한 것은?

> (가) 프로테스탄트 윤리는 자본주의가 형성되고 발전하는 데 사상적 바탕을 제공하였다.
> (나) 지구 온난화에 따른 기후 변화는 신·재생 에너지 개발과 환경친화적인 생산 체제로의 변화를 초래하였다.

	(가)	(나)
①	정부 정책의 변화	자연환경의 변화
②	과학과 기술의 발달	문화 요소의 전파
③	과학과 기술의 발달	정부 정책의 변화
④	가치관과 이념의 변화	자연환경의 변화
⑤	가치관과 이념의 변화	문화 요소의 전파

590 하 중 상

다음 대화에 대한 옳은 분석 및 추론을 〈보기〉에서 고른 것은?

> • 교사: 근대 사회로의 변동을 초래한 원인을 설명해 보세요.
> • 갑: 사회 변동의 주된 원인은 증기 기관의 발명입니다. 증기 기관의 발명은 새로운 생산 방식의 변화를 가져오고, 새로운 사고와 생활 양식을 창출하였습니다. 이처럼 사회 변동은 물질적 발전을 통해 이루어집니다.
> • 을: 저는 갑과 생각이 다릅니다. 천부 인권, 자유주의 이념, 계몽사상이 시민 혁명의 이론적 토대가 되면서 근대 사회는 민주주의를 지향하는 사회로 이행하였습니다. 이와 같이 정신, 사고, 가치관의 변화가 사회 구조의 전반적인 변동을 초래합니다.
> • 교사: 두 사람의 설명은 모두 맞습니다. 이를 종합적으로 고려할 때 _____(가)_____

〈 보기 〉
ㄱ. 갑은 정보 사회의 등장 원인으로 컴퓨터와 인터넷의 발달을 제시할 것이다.
ㄴ. 갑은 을과 달리 과학과 기술의 발달을 사회 변동의 요인으로 강조한다.
ㄷ. 을은 갑과 달리 비물질문화가 사회 변동에 미치는 영향력을 과소평가한다.
ㄹ. (가)에는 '비물질문화만이 사회 변동의 요인이 될 수 있습니다.'가 들어갈 수 있다.

① ㄱ, ㄴ   ② ㄱ, ㄷ   ③ ㄴ, ㄷ
④ ㄴ, ㄹ   ⑤ ㄷ, ㄹ

B 사회 변동을 설명하는 다양한 이론

591 하 중 상

밑줄 친 '이 관점'에 대한 설명으로 옳은 것은?

> '사회는 지속적으로 발전할 것인가?'라는 질문에 대한 사회 변동의 방향을 설명하는 관점 중 이 관점의 답은 긍정적이다. 이 관점은 사회가 단순하고 미분화된 상태에서 복잡하고 분화된 상태를 향해 변화한다고 본다.

① 운명론적 시각으로 사회 변동을 바라본다.
② 사회 변동이 진보와 발전을 의미한다고 인식한다.
③ 사회 변동 방향을 예측하여 대응하기에 적합하지 않다.
④ 사회 변동이 일정한 방향을 가지고 있다는 것을 부정한다.
⑤ 지난 역사 속에서 반복된 사회 변동을 설명하기에 유용하다.

592 (하 중 상)

다음 주장에 부합하는 사회 변동을 바라보는 관점에 대한 설명으로 옳은 것은?

> "사회 변동은 기계적 연대에 기초한 단순 사회가 유기적 연대를 바탕으로 하는 복잡 사회로 변화해 가는 과정이다."
>
> – 뒤르켐

① 사회 변동을 부정적으로 바라본다.
② '역사는 돌고 돈다.'고 보는 것과 같은 입장이다.
③ 사회 변동을 흥망성쇠의 주기적 반복으로 인식한다.
④ 사회 변동이 여러 방향에서 일어날 수 있다고 여긴다.
⑤ 비서구 사회와 서구 사회를 우열 관계로 전제하여 설명한다.

593 (하 중 상)

다음 글에 나타난 사회 변동의 방향을 바라보는 관점에 대한 비판으로 가장 적절한 것은?

> 사회 변동은 다음과 같은 특징을 지닌다. 첫째, 생물이 진화하는 것처럼 사회 또한 단순한 상태에서 복잡한 상태로 변화한다. 둘째, 단순한 사회에서 복잡한 사회로의 이행은 환경에의 적응 능력이 향상되는 것을 뜻하며, 이는 발전된 단계로의 진보를 의미한다. 셋째, 사회의 발전 과정, 즉 단선적인 진화는 어느 사회에서나 발견되는 보편적인 원칙이다.

① 사회 각 부분 간의 상호 의존성을 경시한다.
② 사회 변동을 비정상적인 현상으로 간주한다.
③ 사회 변동을 갈등과 대립의 관계로만 파악한다.
④ 국가의 생성과 쇠퇴의 현상을 확인하는 데만 주력한다.
⑤ 서구 제국주의 역사를 정당화하는 수단으로 악용될 수 있다.

594 (하 중 상)

다음 글에 나타난 사회 변동의 방향을 바라보는 관점에 부합하는 진술을 〈보기〉에서 고른 것은?

> 봄이 오면 여름이 오고, 곧 서늘한 바람과 함께 가을과 겨울이 오며 다시 봄으로 이어진다. 호황과 불황은 주기적 변화를 반복하는데, 이 사회도 흥망성쇠를 거듭한다.

〈 보기 〉
ㄱ. 사회 변동은 일정한 방향을 가진다.
ㄴ. 사회 변동은 곧 발전과 진보를 의미한다.
ㄷ. 사회는 생성, 성장, 쇠퇴, 해체의 과정을 반복한다.
ㄹ. 사회 변동은 적자생존의 진화 과정을 따르지 않는다.

① ㄱ, ㄴ   ② ㄱ, ㄷ   ③ ㄴ, ㄷ
④ ㄴ, ㄹ   ⑤ ㄷ, ㄹ

595~596 빈출자료˙

다음 글을 읽고 물음에 답하시오

> 14세기 아랍인인 이븐 칼둔은 아랍의 베두인족을 중심으로 한 이슬람 문명의 흥망성쇠를 연구하였는데, 상이한 성격을 가진 유목민인 베두인족과 쾌락 추구적인 정착민 사이에 벌어지는 갈등을 분석하였다. 그의 변동 이론에 따르면 베두인족은 안락한 도시 생활을 선망하여 기회가 있을 때마다 정착민을 공격, 정복한다. 정복자가 된 후 이들은 점차 정착 생활에 물들게 되어 제3세대부터는 호화로운 생활과 안일한 삶이 지배하며 부패해진다. 결국 정착 유목민들은 언젠가는 다시 난폭하고 강력한 다른 베두인족 유목민에 의하여 정복당하게 된다.

595 (하 중 상)

위 글에 나타난 사회 변동의 방향을 바라보는 관점에 대한 설명으로 옳지 않은 것은?

① 과거 문명에 대한 사후 분석에 치중한다는 평가를 받는다.
② 단기적 사회 변동 과정을 설명하기 어렵다는 한계가 있다.
③ 사회 변동이 곧 진보와 발전을 의미하지는 않는다고 본다.
④ 미래의 사회 변동을 예측하고 대응하는 데 적합하다는 평가를 받는다.
⑤ 지난 역사를 근거로 하여 문명의 흥망성쇠를 확인하고 설명하는 데 유용하다.

596 (하 중 상)

위 글에 나타난 사회 변동의 방향을 바라보는 관점에 대한 옳은 설명을 〈보기〉에서 고른 것은?

〈 보기 〉
ㄱ. 사회 변동을 진보와 발전의 과정으로 본다.
ㄴ. 인간의 주체적 행동을 과소평가하는 경향이 있다.
ㄷ. 과거에 나타난 흥망성쇠의 역사를 설명하는 데 적합하다.
ㄹ. 서구 강대국의 식민 정책을 정당화하는 근거로 활용될 수 있다.

① ㄱ, ㄴ   ② ㄱ, ㄷ   ③ ㄴ, ㄷ
④ ㄴ, ㄹ   ⑤ ㄷ, ㄹ

597 하 중 상

사회 변동의 방향을 바라보는 갑, 을의 관점에 대한 설명을 옳게 연결한 것은?

사회 변동은 언제나 발전적인 방향으로의 변화를 의미합니다.

갑

사회 변동은 진보의 과정일 수도 있지만, 필연적으로 퇴보의 과정이 나타나기 마련입니다.

을

① 갑 – 사회 변동이 일정한 방향성을 갖고 있지 않다고 본다.
② 갑 – 미래의 사회 변동을 예측하고 대응하기에 부적합하다.
③ 을 – 사회 변동을 운명론적 시각에서 이해한다.
④ 을 – 과거에 비해 쇠퇴한 사회의 변동 과정을 설명하기 어렵다는 점에서 비판을 받는다.
⑤ 갑, 을 – 사회 변동에 대해 부정적인 입장을 갖고 있다.

598 하 중 상

사회 변동의 방향을 바라보는 관점 A, B에 대한 옳은 설명을 〈보기〉에서 고른 것은?

과거 다수의 중국인과 서구인은 사회 변동의 방향에 대해 다른 관점을 가지고 있었다. 중국인은 무질서의 시기가 있으면 질서의 시기가 있고 번영의 시기가 지나면 쇠퇴의 시기가 오는 것이 인간사의 일반적 과정이라고 보았다. 한편, 서구인은 변동이 곧 진보이며 그 과정은 무한히 지속될 것이라고 인식하여 사회 변동을 긍정적으로 보았다. 이를 사회 변동 이론에 적용해 보면 중국인의 관점은 A에, 서구인의 관점은 B에 가깝다.

〈 보기 〉

ㄱ. A에 따르면 현대 사회는 전통 사회보다 우월한 것이다.
ㄴ. A에 따르면 사회 변동이 항상 발전을 의미하지는 않는다.
ㄷ. B에 따르면 사회는 복잡한 형태에서 단순한 형태로 변화한다.
ㄹ. A, B에 따르면 사회 변동에는 일정한 양상이 나타난다.

① ㄱ, ㄴ   ② ㄱ, ㄷ   ③ ㄴ, ㄷ
④ ㄴ, ㄹ   ⑤ ㄷ, ㄹ

599~600 빈출자료

(가), (나)는 사회 변동의 방향을 바라보는 두 사회학자의 주장이다. 물음에 답하시오.

(가) 사회학자 콩트는 인간 정신과 사회가 세 가지 단계를 밟아 발전한다고 보았다. 즉, 모든 현상을 신의 의지와 같은 초자연적 법칙에 따라 설명하려는 '신학적 단계'로부터 현상 세계를 신의 의지 대신에 이성적 능력을 통해 발견할 수 있는 추상적 논리로 설명하려던 '형이상학적 단계'를 거쳐 초자연적 법칙이나 추상적 논리와 같은 궁극적 본질에 의존하지 않고 관찰과 실험 및 비교를 통한 과학적인 방법으로 경험적 사실 간의 법칙적 관계를 수립하려는 '실증적 단계'로 진화한다는 것이다.

(나) 사회학자 파레토는 엘리트의 유형을 힘으로 대결하려 하고 기존 집단을 유지하려는 본능이 강한 사자형과 말과 조작을 선호하고 새로운 결합을 이루려는 본능이 강한 여우형으로 구분하고, 인류 역사는 그 두 유형의 엘리트가 순환하여 정치권력을 획득하는 과정이라고 보았다. 파레토는 이러한 과정을 거쳐 엘리트가 순환적으로 교체되는 것이 곧 역사라고 보았다.

599 하 중 상   ••서술형

(가), (나)에 나타난 사회 변동을 바라보는 관점을 쓰고, 각 관점이 지닌 한계를 각각 두 가지씩 서술하시오.

600 하 중 상

(가), (나)에 나타난 사회 변동을 바라보는 관점에 대한 옳은 설명만을 〈보기〉에서 있는 대로 고른 것은?

〈 보기 〉

ㄱ. (가)는 사회가 일정한 방향성을 가지고 단계적으로 변동한다고 본다.
ㄴ. (가)는 제국주의를 정당화하는 수단으로 악용될 수 있다는 비판을 받는다.
ㄷ. (나)는 사회가 생성, 성장, 쇠퇴, 해체의 과정을 반복한다고 인식한다.
ㄹ. (나)는 (가)와 달리 사회 변동을 긍정적인 것으로 본다.

① ㄱ, ㄴ   ② ㄱ, ㄹ   ③ ㄷ, ㄹ
④ ㄱ, ㄴ, ㄷ   ⑤ ㄴ, ㄷ, ㄹ

601 하 중 상

그림은 사회 변동을 바라보는 관점 A, B의 공통점과 차이점을 나타낸 것이다. 이에 대한 설명으로 옳지 <u>않은</u> 것은? (단, A, B는 각각 진화론과 순환론 중 하나이다.)

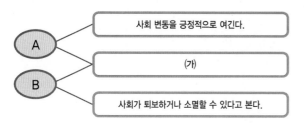

① A는 현대 사회가 전통 사회보다 우월하다고 본다.
② A는 사회 변동에 의해 사회가 더 복잡하게 분화된다고 본다.
③ B는 운명론적 시각을 갖는다.
④ B는 미래를 예측하여 대응하는 데 한계가 있다는 비판을 받는다.
⑤ (가)에 '사회는 항상성을 가지고 있다고 본다.'가 들어갈 수 있다.

602 하 중 상

표는 사회 변동을 바라보는 관점 A, B를 질문 (가), (나)를 활용하여 구분한 것이다. 이에 대한 옳은 설명을 〈보기〉에서 고른 것은? (단, A, B는 각각 진화론과 순환론 중 하나이다.)

질문＼관점	A	B
(가)	아니요	예
(나)	예	아니요

〈 보기 〉

ㄱ. A가 진화론이면 (가)에는 '서구 사회가 비서구 사회보다 더 분화되었다고 보는가?'가 적절하다.
ㄴ. B가 순환론이면 (나)에는 '사회 구조 속에 갈등적 요소가 내재한다고 보는가?'가 적절하다.
ㄷ. (나)가 '사회 변동은 주기적으로 동일한 과정을 반복하는가?'이면 A는 순환론이다.
ㄹ. (가)가 '제국주의를 정당화하는 근거로 사용되었는가?'이면, (나)에는 '사회 변동 과정에서 문명이 퇴보할 수 있는가?'가 적절하다.

① ㄱ, ㄴ ② ㄱ, ㄷ ③ ㄴ, ㄷ
④ ㄴ, ㄹ ⑤ ㄷ, ㄹ

603 하 중 상

사회 변동을 바라보는 관점 (가), (나)에 대한 설명으로 옳은 것은?

(가) 이 관점은 인류 문명은 생성, 성장, 쇠퇴, 해체의 과정을 되풀이하면서 순환한다고 본다. 즉, 사회는 발전과 퇴보를 반복한다는 것이다. 일부 역사가들은 이러한 견해를 기반으로 특정 문명의 흥망성쇠를 논하기도 한다.

(나) 이 관점은 생물이 단순한 형태에서 복잡한 형태로 진화하는 것처럼 사회도 일정한 방향성을 가지고 변동하며, 모든 단계는 이전 단계보다 복잡하고 분화된 것이라고 주장한다. 즉, 사회마다 속도의 차이는 있지만 결국 모든 사회가 같은 경로로 진화한다고 본다.

① (가)는 사회 변동을 질서와 안정을 추구하는 것으로만 파악한다.
② (나)는 사회 변동을 운명론적 관점으로만 설명한다.
③ (가)는 (나)와 달리 사회 변동의 방향에 대해서 설명한다.
④ (가)는 (나)와 달리 인간 행위의 역동성과 자율성을 과소평가한다는 비판을 받는다.
⑤ (나)는 (가)와 달리 지난 역사를 근거로 문명의 흥망성쇠를 설명하기에 유용하다.

604 빈출 하 중 상

그림은 사회 변동을 설명하는 관점 (가), (나)를 표현한 것이다. 이에 대한 옳은 설명만을 〈보기〉에서 있는 대로 고른 것은?

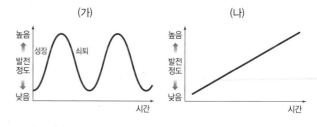

〈 보기 〉

ㄱ. (가)는 서구 중심주의적 사고를 반영한다는 비판을 받는다.
ㄴ. (나)는 사회 변동이 단일한 방향성을 가진다고 설명한다.
ㄷ. (가)는 (나)와 달리 미래 사회의 변동을 예측하는 데 한계를 갖는다.
ㄹ. (나)는 (가)와 달리 사회 변동의 방향 측면에서 사회 변동을 설명한다.

① ㄱ, ㄴ ② ㄱ, ㄹ ③ ㄴ, ㄷ
④ ㄱ, ㄷ, ㄹ ⑤ ㄴ, ㄷ, ㄹ

605 (하(중)상)

다음 글에 나타난 사회 변동을 바라보는 구조적 관점에 부합하는 진술로 가장 적절한 것은?

> 파슨스는 사회가 상호 의존적인 4개의 하위 체계로 구성되어 있으며, 각각의 하위 체계가 주어진 고유한 기능적 요건을 충족할 경우에만 사회 질서와 통합을 유지할 수 있다고 하였다.

① 사회는 생성, 성장, 쇠퇴의 과정을 반복하며 변화해 간다.
② 사회는 어떤 사회를 막론하고 늘 변화하는 역동적 체제이다.
③ 갈등, 부조화, 권력 관계, 계급 관계 등이 사회 변동을 초래하는 원동력이다.
④ 사회는 경쟁과 투쟁의 장이며, 피지배 집단은 기득권에 도전하여 사회를 변화시키려 한다.
⑤ 사회 변동이란 사회의 부분이나 전체가 갈등과 마찰을 극복하며 균형을 찾아가는 과정이다.

606~607 빈출자료°

다음 글을 읽고 물음에 답하시오.

> 우리 사회는 그동안 유교적 권력 구조가 사회 곳곳을 지배해 왔다고 볼 수 있습니다. 지금 나타나고 있는 사회 문제들은 강압적인 권력 구조 속에서 그동안 억눌려 있던 갈등의 표출이라고 할 수 있습니다.

606 (하(중)상)   ••서술형

위 글에 나타난 사회 변동을 바라보는 구조적 관점을 쓰고, 그 의의와 한계를 각각 서술하시오.

607 (하(중)상)
빈출

위 글에 나타난 사회 변동을 바라보는 구조적 관점에 대한 옳은 설명을 〈보기〉에서 고른 것은?

〈 보기 〉
ㄱ. 급격한 사회 변동을 설명하기 어렵다.
ㄴ. 사회 변동을 자연스러운 현상으로 본다.
ㄷ. 사회 안정보다 사회 변화를 중요시한다.
ㄹ. 보수적 성향의 이론이라는 비판을 받는다.

① ㄱ, ㄴ   ② ㄱ, ㄷ   ③ ㄴ, ㄷ
④ ㄴ, ㄹ   ⑤ ㄷ, ㄹ

---

608 (하(중)상)

그림은 사회 변동을 바라보는 관점을 구분한 것이다. 이에 대한 설명으로 옳은 것은? (단, (가), (나)는 각각 기능론과 갈등론 중 하나이다.)

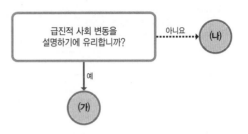

① (가)는 사회 질서 이면에 숨어 있는 모순과 갈등에 주목한다.
② (가)는 사회 변동이 갈등을 극복하면서 균형 상태를 되찾아 가는 과정이라고 본다.
③ (나)는 협동과 조화를 경시하는 경향이 있다.
④ (나)는 전쟁이나 혁명과 같은 사건을 설명하기에 유리하다.
⑤ (가), (나) 모두 보수적인 성향을 띤다.

---

609 (하(중)상)

사회 변동을 바라보는 갑과 을의 관점에 대한 옳은 설명을 〈보기〉에서 고른 것은?

> 갑: 생명 유기체와 마찬가지로 사회 구조에서도 항상성이 나타납니다. 만약 사회에 불균형이 발생하면 사회의 각 부분들이 이를 해결하는 방향으로 작동하여 사회는 결국 균형과 안정을 회복합니다.
>
> 을: 희소가치를 소유한 지배 집단은 현 상황을 유지하고자 하지만, 그렇지 못한 집단은 도전을 통해 불평등한 사회 구조를 변화시키고자 합니다. 이 때문에 사회에는 늘 갈등이 발생하며, 이러한 과정에서 사회는 변동합니다.

〈 보기 〉
ㄱ. 갑의 입장은 점진적 사회 변동 과정을 설명하는 데 유용하다.
ㄴ. 을의 입장은 사회의 여러 부분이 균형을 이루면서 상호 통합되어 있다는 점을 전제로 한다.
ㄷ. 을의 입장은 갑의 입장과 달리 사회는 지배 집단의 강제에 대한 피지배 집단의 저항으로 변동된다고 본다.
ㄹ. 갑의 입장은 미시적 관점, 을의 입장은 거시적 관점에 해당한다.

① ㄱ, ㄴ   ② ㄱ, ㄷ   ③ ㄴ, ㄷ
④ ㄴ, ㄹ   ⑤ ㄷ, ㄹ

C 사회 운동과 사회 변동

610 하중상 ··서술형

자료를 보고 물음에 답하시오.

> **(㉠   )의 의미와 특징**
> - 의미: 사회 문제를 해결하거나 사회 체제를 바꾸기 위하여 대중이 자발적으로 하는 조직적·집단적 행위
> - 특징: 뚜렷한 목표와 이념이 있음, 목표 달성을 위한 구체적인 활동 방법과 조직을 가짐

(1) ㉠에 들어갈 용어를 쓰시오.

(2) (1)의 역할을 사회 변동과 관련지어 서술하시오.

611 하중상

사회 운동에 대한 설명으로 옳지 않은 것은?

① 대체로 우발적이고 일시적으로 발생한다.
② 구성원들의 역할이 공식적으로 분담되어 있다.
③ 뚜렷한 목표와 그 목표를 달성하기 위한 구체적인 활동 방법이 존재한다.
④ 일반적으로 사회 변동을 유발하며, 때로는 사회 변동 속도를 늦추기도 한다.
⑤ 급격한 사회 변동에 대항하여 기존 질서를 고수하고자 할 때 발생하기도 한다.

612 하중상

다음은 한 학생이 작성한 사회 운동에 대한 형성 평가의 답안이다. 이 학생이 받을 점수는?

< 형성 평가 >

사회 운동에 대한 설명이 옳으면 '○', 틀리면 '×'로 표시하시오. (한 문제당 배점은 1점)

문항	내용	답안
1	사회 운동은 사회 변동을 유발하는 원동력이 되기도 한다.	○
2	노동 운동, 환경 운동, 소비자 운동, 민주화 운동은 사회 운동의 예로 적절하다.	×
3	사회 운동은 목표와 이념을 달성하기 위한 구체적 활동 방법을 가지고 있지 않다.	○
4	사회 운동은 사회 문제를 해결하거나 사회 체제를 바꾸기 위한 대중의 지속적·집합적인 노력을 의미한다.	×

① 0점   ② 1점   ③ 2점   ④ 3점   ⑤ 4점

613~614 빈출자료•

(가)~(다)는 사회 운동의 사례를 나타낸 것이다. 물음에 답하시오.

> (가) ○○ 시민 단체는 지구 온난화 예방을 위해 재생 에너지 사용을 독려하는 캠페인을 벌이면서 정부에 재생 에너지 확대를 위한 제도를 마련할 것을 촉구하고 있다.
> (나) 1789년 프랑스에서는 구제도의 모순에 맞서 시민의 자유와 권리를 보장받기 위한 프랑스 혁명이 발생하였고, 이를 통해 절대 왕정이 종식되었다.
> (다) 산업 혁명 시기에 방적 작업의 기계화로 대량 생산이 가능해지면서 많은 노동자가 일자리를 잃고 실업자가 되었다. 이에 1811년 영국에서는 저임금에 시달리던 영국의 노동자들이 공장에 불을 지르고 기계를 파괴하는 이른바 '기계 파괴 운동'이 전개되었다.

613 하중상

(가)~(다)에 나타난 사회 운동의 유형을 옳게 연결한 것은?

	(가)	(나)	(다)
①	개혁적 사회 운동	복고적 사회 운동	혁명적 사회 운동
②	개혁적 사회 운동	혁명적 사회 운동	복고적 사회 운동
③	복고적 사회 운동	개혁적 사회 운동	혁명적 사회 운동
④	혁명적 사회 운동	개혁적 사회 운동	복고적 사회 운동
⑤	혁명적 사회 운동	복고적 사회 운동	개혁적 사회 운동

614 빈출 하중상

(가)~(다)에 나타난 사회 운동에 대한 옳은 설명만을 <보기>에서 있는 대로 고른 것은?

< 보기 >

ㄱ. (나)는 기존 사회 질서에 불만을 가지고 급진적인 변동을 추구할 때 발생한다.
ㄴ. (가)는 (다)와 달리 기존의 질서를 고수하기 위한 사회 운동에 해당한다.
ㄷ. (다)는 (가), (나)와 달리 뚜렷한 목표와 그 목표를 달성하기 위한 구체적인 계획을 가지고 있다.
ㄹ. (가)~(다)는 모두 대중의 자발적·조직적 행위를 전제로 한다.

① ㄱ, ㄴ   ② ㄱ, ㄹ   ③ ㄷ, ㄹ
④ ㄱ, ㄴ, ㄷ   ⑤ ㄴ, ㄷ, ㄹ

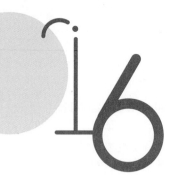

현대 사회의 변화와 전 지구적 수준의 문제

A 세계화와 정보화

┌ 국가 간 상호 의존성이 증대하면서
어느 한 지역의 문제가 전 세계적
으로 영향을 미치게 되었다.

국제기구, 강대국, 다국적 기업의 영향력 •
확대로 인해 나타날 수 있다.

1 세계화 다양한 측면에서 전 세계가 상호 의존하면서 삶의 공간이 전 지구로 확대되는 현상

변화 양상	• 경제적 측면: 전 세계의 단일 시장화, 생산자의 넓은 시장 확보, 소비자의 상품 선택의 폭 확대 등 ↔ 국가 간 빈부 격차 심화, 경쟁력 없는 기업 및 산업 도태 등 • 정치적 측면: 지구촌 문제에 공동 대응, 인권 등의 가치 확산 등 ↔ 개별 국가의 주권 침해 우려 등 • 사회·문화적 측면: 다양한 문화의 체험·향유 기회 확대, 새로운 문화 창출의 기회 확대 등 ↔ 고유문화의 훼손, 문화의 획일화 등 ┌ 강대국 중심의 문화가 일방적으로 전파되는 과정에서 나타난다.
대응 방안	• 경제적 측면: 국제 경쟁력 향상을 위한 경제 주체의 노력 필요, 세계화에 따른 양극화 대비 등 • 정치적 측면: 다른 문화를 존중하는 관용의 자세와 문화 상대주의적 태도 함양, 외래문화의 비판적 수용, 우리 문화의 창조적 계승 노력 등 • 사회·문화적 측면: 인류의 보편적 가치 추구, 지구촌 문제 해결을 위한 세계 공동체 의식 함양 등

┌• 정보 사회에서는 지식과 정보가 부가 가치를 창출하는 중요한 원천으로 자리 잡는다.

2 정보화 지식과 정보의 생산, 유통, 소비가 생활의 중심이 되는 현상

변화 양상	• 경제적 측면: 지식과 정보 관련 산업 발달, 다품종 소량 생산 방식의 확산, 재택근무 실현 등 • 정치적 측면: 시민의 정치 참여 증가, 직접 민주 정치의 실현 가능성 증대 등 • 사회·문화적 측면: 탈관료제와 같은 수평적 사회 조직 증가, 정보의 생산자와 소비자로서 대중의 역할 확대, 가상공간에서 맺는 사회적 관계 증가 등
문제점	정보 격차, 사생활 침해, 인터넷 중독, 사이버 범죄, 정보 홍수 및 정보 오남용 문제, 특정 집단이나 권력자에 의한 정보의 통제와 감시, 인간 소외 등 ┌• 예 해킹, 악성 루머 유포, 저작권 침해 등
대응 방안	• 개인적 차원: 정보 사회에 필요한 지식·기능 습득, 정보의 비판적 수용, 정보 윤리 의식 함양 등 • 제도적 차원: 정보 인프라 구축, 정보 격차 완화 방안 마련, 사이버 범죄 방지를 위한 제도 마련 등

새로운 정보 기술에 접근할 수 있는 능력의 정도에 •
따라 경제적·사회적 격차가 나타나는 현상

불법 다운로드, 유해 정보 유통, 악성 댓글 달기 등 •
타인의 권리를 침해하는 행위를 하지 않아야 한다.

B 저출산·고령화와 다문화적 변화

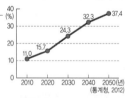
1 저출산·고령화

저출산	출산율이 적정 수준보다 낮은 현상
고령화	전체 인구에서 노인 인구가 차지하는 비율이 증가하는 현상

원인	• 저출산: 자녀 양육에 대한 경제적 부담 증가, 결혼에 관한 가치관 변화, 여성의 사회 진출 증가 등 • 고령화: 의료 기술 발달과 생활 수준 향상에 따른 평균 수명의 연장, 저출산 현상의 심화 등
문제점	생산 가능 인구 감소에 따른 노동력 하락으로 국민 경제의 활력 저하, 인구 정체나 인구 감소에 따른 소비 위축과 저성장 초래, 노후 소득 감소에 따른 노인의 빈곤 문제 발생, 노인을 대상으로 한 복지 지출 증가로 국가 재정 악화, 노인 부양 책임 및 일자리를 둘러싼 세대 간 갈등 심화 등
대응 방안	일·가정 양립을 위한 제도적 지원 강화(→ 출산 보조금과 양육 수당 지급, 국공립 어린이집 개설 확대 등), 노인 일자리 창출 및 정년 연장에 대한 사회적 합의, 노후 소득 보장을 위한 연금 제도 개선, 고령화에 따른 산업 구조 개편(→ 고령 친화 산업 육성) 등

2 다문화적 변화 ┌• 교통·통신 기술의 발달과 함께 세계화가 진행되면서 서로
다른 문화권에 속한 사람들 간의 접촉이 빈번해졌다.

① 다문화적 변화: 다양한 인종, 종교, 언어 등 서로 다른 문화적 배경을 가진 사람들이 함께 살아가는 다문화 사회로 변화하는 현상

② 다문화 사회의 영향과 대응 방안 ┌• 우리나라에서는 산업 구조의 고도화와 저출산에 따른 노동력의 공백을
메우는 과정에서 외국인 노동자의 유입이 급격히 늘어났다.

영향	• 긍정적 영향: 문화 다양성 확대, 저출산·고령화에 따른 노동력 부족 문제 해소에 기여 등 • 부정적 영향: 이주민의 사회 부적응, 문화의 차이에 대한 이해 부족에 따른 집단 간 대립과 갈등, 이주민에 대한 편견과 차별에 따른 인권 침해 등 발생 우려
대응 방안	• 개인적 차원: 관용의 자세를 토대로 문화 다양성 존중, 이주민에 대한 편견 및 차별 지양 등 • 사회적 차원: 이주민에 대한 편견 및 차별을 막을 수 있는 법적·제도적 장치 마련, 다문화 정책 마련, 기존 사회 구성원과 외국인 이주민을 대상으로 한 다문화 교육 강화 등

3 다문화적 변화 [빈출자료] Link • 639~640번 문제

→ 용광로 이론은 동화주의, 샐러드 볼 이론은 다문화주의와 관련 깊다.

(용광로 이론과 샐러드 볼 이론)

다문화 사회에 관한 대표적 이론에는 용광로 이론과 샐러드 볼 이론이 있다. 용광로 이론은 동일성의 논리를 바탕으로 이민자가 새로운 사회에 정착하는 과정에서 해당 주류 문화에 융해되어 자신의 언어와 문화, 사회적 특성을 포기하고 기존 사회의 일원이 되어야 한다고 본다. 반면, 샐러드 볼 이론은 샐러드가 채소와 과일 각각의 고유한 색을 유지하면서도 동등하게 뒤섞여 전체적인 맛과 조화를 이루듯이, 다양한 민족이 자신의 문화를 유지하면서도 다른 문화들과 조화를 이루어 새로운 문화를 형성해 나가야 한다고 본다.

C 전 지구적 수준의 문제와 지속 가능한 사회

1 전 지구적 수준의 문제
한 지역이나 한 국가의 문제가 다른 국가나 전 지구적 차원에까지 영향을 미치는 문제 예 환경 문제, 자원 문제, 전쟁과 테러 등

→ 예 기후 변화 협약, 생물 다양성 협약 등의 체결

환경 문제	• 양상: 지구 온난화, 사막화, 열대 우림 파괴, 황사 및 미세 먼지 발생, 토양·수질·대기 오염 등 • 해결 방안: 자연과 공존하려는 인식 확립, 환경친화적 상품 개발, 국제 사회의 유기적 협력 등
자원 문제	• 양상: 에너지 자원 고갈 문제, 식량 및 물 부족 문제, 한정된 자원을 둘러싼 국가 간 분쟁 발생 등 • 해결 방안: 자원 절약 및 재활용, 신·재생 에너지 개발, 성장 위주 정책과 소비 위주 문화 개선 등
전쟁과 테러	• 양상: 민족 간 대립, 이념 및 종교 갈등, 정치적·경제적 이해관계의 충돌 등을 계기로 발생 • 해결 방안: 분쟁 당사자 간 평화적 갈등 해결, 국제기구의 적극적 개입을 통한 분쟁 중재 등

→ 특정 목적을 가진 개인이나 단체가 살인, 납치, 유괴, 저격, 약탈 등 다양한 방법의 폭력을 행사하여 사회적 공포를 일으키는 행위로서, 최근 불특정 다수를 대상으로 한 테러가 증가하고 있다.

2 지속 가능한 사회와 세계 시민 의식

① 지속 가능한 사회와 세계 시민

지속 가능한 사회	미래 세대가 자신들의 필요를 충족시키기 위해 갖추어야 할 여건을 저해하지 않으면서, 현재 세대가 필요로 하는 다양한 욕구를 충족시키는 사회
세계 시민	특정 국가의 국민으로서만이 아니라 인류 공동체의 구성원으로서 세계 공동체 의식을 가지고 지구촌 문제 해결을 위해 협력하는 사람

② 지속 가능한 사회를 위한 노력

전 지구적 수준의 문제에 대한 국제적 협력	장기적 목표에 대한 국가 간의 이해와 합의를 바탕으로 전 지구적 수준의 문제에 대한 국제 공조를 강화하고 합의 내용을 준수해야 함
세계 시민 의식 함양	시민 각자가 전 지구적 수준의 문제에 관심을 갖고 해결책을 찾기 위해 능동적·적극적으로 노력하는 세계 시민으로서의 자질을 함양해야 함

기출 Tip B-3
동화주의와 다문화주의

동화주의	이주민 문화와 주류 문화의 문화적 동질성 추구 → 이주민을 통합의 대상으로 인식
다문화주의	이주민 문화와 주류 문화의 문화적 이질성 존중 → 이주민을 공존의 주체로 인식

동화주의는 이주민의 주류 사회 동화를, 다문화주의는 이주민 문화의 고유성 인정 및 다양한 문화 공존을 정책 목표로 삼는다.

기출 Tip C-1
전 지구적 수준에서 나타나는 문제의 특징
• 특정 지역이나 특정 국가의 노력만으로는 해결하기 어려움
• 현재 세대뿐만 아니라 미래 세대에까지 치명적인 영향을 미칠 수 있음
• 자연적 원인에서 비롯된 것도 있지만 대부분 인간의 욕망에서 비롯하였음

기출 Tip C-2
세계 시민의 자세
• 전 지구적 수준의 문제에 지속적인 관심을 가져야 함
• 국가를 초월한 반성과 참여 및 연대를 할 수 있어야 함
• 특정한 이해관계를 초월하여 인권, 평화 등과 같은 보편적인 가치를 추구해야 함
• 편견 없는 사고와 열린 마음으로 다양한 문화를 이해하고 존중하는 자세를 갖추어야 함

개념 확인 문제

○ 정답과 해설 66쪽

615 다음 괄호 안의 내용 중 알맞은 말에 ○표를 하시오.

(1) 세계화로 인해 국가 간 상호 의존성이 (심화, 완화)되었다.

(2) 정보화에 따른 변화로 다품종 소량 생산 방식이 (축소, 확산)되었다.

(3) 정보화에 대한 (개인적, 제도적) 차원의 대응 방안으로 정보 윤리 의식을 함양하는 것을 들 수 있다.

616 다음 설명이 맞으면 ○표, 틀리면 ×표를 하시오.

(1) 저출산·고령화가 지속될 경우 노동 생산성은 높아질 것이다. (   )

(2) 다문화 사회에서는 문화의 차이에 따른 갈등이 발생할 수 있다. (   )

617 다음 설명에 해당하는 전 지구적 수준의 문제를 쓰시오.

• 양상: 지구 온난화에 따른 기상 이변, 사막화, 토양·수질·대기 오염 등
• 해결 방안: 자연과 더불어 살아가려는 인식 확산, 기후 변화 협약 및 생물 다양성 협약 등 체결

618 지속 가능한 사회를 만들기 위해서는 인류 공동체의 구성원으로서 세계 공동체 의식을 가지고 지구촌 문제 해결을 위해 협력하는 사람인 (   )으로서의 자질을 함양해야 한다.

A 세계화와 정보화

619 하 중 상

다음 글에 나타난 현대 사회의 변동 양상이 등장하게 된 배경으로 적절한 것만을 〈보기〉에서 있는 대로 고른 것은?

오늘날에는 지구촌이라는 말을 사용할 정도로 전 세계가 여러 면에서 연관되어 있다. 자본 시장이 연결되면서 어느 한 나라의 경제적 부실은 다른 나라에도 치명상을 입힌다. 미국의 비우량 주택 담보 대출 문제로 시작된 미국 자본 시장의 부실 문제는 단순히 미국 내에서 끝나지 않고 유럽과 아시아에도 영향을 미쳐 세계 금융 위기를 불러왔다. 자본, 노동, 상품이 모두 국경을 넘나드는 시대에 이제 위험은 어디서 시작하여 어디서 끝날지 예측하기가 더욱 어려워졌다.

〈 보기 〉
ㄱ. 다국적 기업의 활동
ㄴ. 정보 통신 기술의 발달
ㄷ. 국가 간 상호 의존성 약화
ㄹ. 세계 무역 기구(WTO)의 출범

① ㄱ, ㄴ　　　　② ㄱ, ㄷ　　　　③ ㄷ, ㄹ
④ ㄱ, ㄴ, ㄹ　　　⑤ ㄴ, ㄷ, ㄹ

620 하 중 상

다음 질문에 대해 잘못 답변한 사람은?

▶ 지식 Q&A
세계화의 긍정적 영향에 대해 알려주세요.

▶ 답변하기
└ 갑: 지구촌의 문제를 해결하기 위한 국제 협력이 증신될 수 있어요.
└ 을: 다양한 문화를 접하는 과정에서 새로운 문화가 창출될 수 있어요.
└ 병: 민주주의나 인권과 같은 보편적 가치가 세계적으로 확산될 수 있어요.
└ 정: 전 세계가 단일 시장이 되면서 소비자의 상품 선택의 폭이 확대될 수 있어요.
└ 무: 국제기구, 강대국, 다국적 기업의 영향력이 확대됨에 따라 개별 국가의 자율성과 독립성이 강화될 수 있어요.

① 갑　　② 을　　③ 병　　④ 정　　⑤ 무

621 하 중 상

다음 사례를 통해 추론할 수 있는 세계화의 특징으로 가장 적절한 것은?

말리는 해마다 100톤이 넘는 목화를 생산해 온 아프리카 최대의 목화 생산지이다. 하지만 이 나라에서는 목화 재배를 포기하는 농민들이 계속 늘고 있다. 그 이유는 목화 값이 폭락한 데 비해 목화 재배에 필요한 비료의 값은 크게 올랐기 때문이다. 이러한 배경에는 세계화가 있다. 값싼 미국산 목화가 세계 시장에 쏟아지자 전 세계 목화 값이 폭락했다. 관련 다큐멘터리를 찍은 제작진은 "말리 현지에서 만난 농민들의 얼굴에는 그늘이 드리워져 있었다."며, 세계화의 물결 속에서 생계를 유지해 주는 수단을 잃어버린 채 고통 받고 있는 말리의 비참한 현실을 전했다.

① 세계화는 상대적 빈곤감을 감소시킨다.
② 세계화는 국가 간 상호 의존성을 감소시킨다.
③ 세계화는 생산자와 소비자 모두에게 같은 만족감을 실현시킨다.
④ 세계화는 가난한 국가가 경제 발전을 달성하는 기회가 될 수 있다.
⑤ 세계화는 경쟁력이 낮은 약소국의 산업에 어려움을 가중시킬 수 있다.

622 하 중 상

다음 글에 나타난 세계화의 문제점에 대응하기 위한 방안으로 가장 적절한 것은?

세계화로 우리들은 우리나라에서 생산되지 않는 다양한 재화를 저렴한 가격에 소비할 수 있게 되었다. 그러나 세계화로 전 세계 모든 사람들의 삶의 질이 높아지고 부유해진 것은 아니다. 세계에서 부국과 빈국의 경제력 차이는 1920년 3:1 수준이었으나 1992년에는 72:1로 그 격차가 커졌다.

① 공정 무역을 확대하여 불평등한 무역 구조를 개선해야 한다.
② 각 지역의 고유문화가 지닌 특성을 인정하고 보존해야 한다.
③ 자국의 유치산업을 보호하기 위해 각국의 무역 장벽을 폐지해야 한다.
④ 우리 문화의 정체성을 잃지 않도록 외래문화를 비판적으로 수용해야 한다.
⑤ 지구촌이라는 공동체의 구성원으로서 인류 전체의 보편적 가치를 추구해야 한다.

623 (하 중 **상**)

밑줄 친 사회의 일반적인 특징에 대한 옳은 설명만을 〈보기〉에서 있는 대로 고른 것은?

이 사회에서는 인간의 주요 활동이 정보 통신 기술이 제공하는 서비스의 지원을 받아 이루어진다. 구체적으로 이 사회는 많은 양의 정보가 신속하게 처리되고 전달·공급되며, 대부분의 고용이 지식과 정보의 생산, 처리, 유통과 관련된 정보 산업에 집중되는 사회를 가리킨다. 이때 정보라 함은 인간의 지적 활동의 결과로 얻어지는 무형의 생산물을 말한다.

〈 보기 〉

ㄱ. 비대면적 접촉이 증대한다.
ㄴ. 다품종 소량 생산 방식이 경시된다.
ㄷ. 탈관료제와 같은 수평적 조직이 감소한다.
ㄹ. 부의 원천으로서 지식과 정보의 중요성이 커진다.

① ㄱ, ㄴ 　　② ㄱ, ㄹ 　　③ ㄴ, ㄷ
④ ㄱ, ㄷ, ㄹ 　　⑤ ㄴ, ㄷ, ㄹ

624 (하 **중** 상)

다음 글을 통해 알 수 있는 정보 사회의 특징으로 가장 적절한 것은?

디지털 시대의 프로슈머는 아날로그 시대의 프로슈머보다 훨씬 적극적이다. 아날로그 시대의 프로슈머는 제품 평가를 통해 생산 과정에 의견을 반영하거나 타깃 마케팅의 대상이 되는 등 간접적인 영향력을 행사하는 데 그쳤다. 반면에 디지털 시대의 프로슈머는 보다 직접적인 방법으로 자신의 의견을 반영한다. 이들은 인터넷을 통해 활발하게 의견을 개진하고 불매 운동이나 사이버 시위를 벌이기도 한다.

① 탈관료 조직이 점차 발달한다.
② 소비자 주권의 실현이 용이해진다.
③ 소품종 대량 생산 방식이 일반화된다.
④ 직접 민주 정치의 참여 기회가 확대된다.
⑤ 정보 생산자와 소비자의 역할이 엄격히 분리된다.

625 (하 **중** 상)
●●서술형

㉠에 들어갈 현대 사회의 변동 양상을 쓰고, 그에 따른 문제점을 두 가지 이상 서술하시오.

지식과 정보의 생산, 유통, 소비가 생활의 중심이 되는 현상인 (㉠)은/는 정치적 영역, 경제적 영역, 사회·문화적 영역 등 다양한 분야에 변화를 가져왔다.

626 (하 중 **상**)

다음 글을 통해 추론할 수 있는 정보화에 따른 문제점으로 적절한 것을 〈보기〉에서 고른 것은?

영국의 철학자 제러미 벤담이 제안한 파놉티콘은 바깥쪽으로 원주를 따라서 죄수를 가두는 밝은 방이 있고, 중앙에는 감시를 위한 어두운 원형 공간이 있는 원형 감옥이다. 어둡게 유지된 중앙의 감시 공간을 통하여 간수는 죄수들의 일거수 일투족을 감시하지만 죄수들은 그 사실을 알 수가 없다. 이 파놉티콘은 우리가 사는 정보 사회에도 나타나고 있는데, 정보 사회의 전자 파놉티콘은 '중앙'이 뚜렷하지 않은 경우가 많다.

〈 보기 〉

ㄱ. 개인의 사생활이 침해될 위험성이 높아질 수 있다.
ㄴ. 대면 접촉의 부족으로 인간 소외가 발생할 수 있다.
ㄷ. 정보의 흐름이 분산되면서 정보를 통제하기 곤란해질 수 있다.
ㄹ. 특정 개인이나 집단이 정보를 독점하는 문제가 나타날 수 있다.

① ㄱ, ㄴ 　　② ㄱ, ㄹ 　　③ ㄴ, ㄷ
④ ㄴ, ㄹ 　　⑤ ㄷ, ㄹ

627 (하 **중** 상)

밑줄 친 ㉠~㉣에 대한 설명으로 옳은 것은?

정보화로 인한 여러 가지 문제점이 표출되고 있다. 먼저, ㉠ 권한을 가진 특정인이 개인 정보를 유출하거나 침해하는 일이 일어나고, ㉡ 가짜 뉴스와 같은 검증되지 않은 정보들이 무분별하게 유통되고 있다. 또한 ㉢ 정보 격차로 인해 빈부 격차가 발생하고 있으며, ㉣ 대면 접촉 부족으로 인한 인간 소외 등이 문제로 제시되고 있다.

① ㉠은 특정 집단에 정보 통제 및 감시 권한을 부여함으로써 해결할 수 있다.
② ㉡은 정보 이용자 수를 크게 늘림으로써 해결할 수 있다.
③ ㉢은 정보 통신 교육, 정보 인프라 확대를 통해 발생 가능성을 줄일 수 있다.
④ ㉣은 정보에 대한 접근 기회를 확대함으로써 해결할 수 있다.
⑤ ㉡은 ㉢과 달리 정보 소외 계층에 정보 통신 기기를 보급함으로써 해결할 수 있다.

628 하(중)상

표는 산업 사회와 정보 사회의 일반적인 특징을 비교한 것이다. 그 내용 중 옳지 <u>않은</u> 것은?

	구분	산업 사회	정보 사회
①	부의 원천	노동, 자본 중시	지식, 정보 중시
②	조직 형태	관료제 중심	탈관료제 중심
③	지배적인 생산 방식	다품종 소량 생산 방식	소품종 대량 생산 방식
④	대중 매체	일방향 매체 사용	쌍방향 매체 보편화
⑤	접촉 방식	대면적 접촉 위주	비대면적 접촉 증가

629 하(중)상

표는 비교 기준에 따라 A, B 사회의 특징을 비교한 것이다. 이에 대한 옳은 설명을 〈보기〉에서 고른 것은? (단, A, B 사회는 각각 산업 사회와 정보 사회 중 하나이다.)

비교 기준	비교 결과
가정과 일터의 분리 정도	A 〉 B
(가)	B 〉 A
(나)	A 〉 B

〈 보기 〉

ㄱ. A는 B에 비해 사회 변화의 속도가 빠르다.
ㄴ. B는 A에 비해 정보의 생산자와 소비자 간의 구분이 뚜렷하다.
ㄷ. (가)에는 '업무 방식의 표준화 정도'가 적절하지 않다.
ㄹ. (나)에는 '면대면 접촉의 비중'이 적절하다.

① ㄱ, ㄴ ② ㄱ, ㄷ ③ ㄴ, ㄷ
④ ㄴ, ㄹ ⑤ ㄷ, ㄹ

630~631 빈출자료

그림은 A, B의 일반적인 특징을 비교한 것이다. 물음에 답하시오. (단, A, B는 각각 정보 사회와 산업 사회 중 하나이다.)

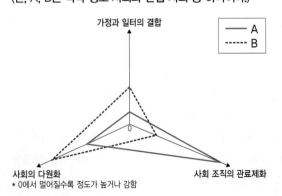

가정과 일터의 결합
—— A
------ B

사회의 다원화
* 0에서 멀어질수록 정도가 높거나 강함

사회 조직의 관료제화

630 하(중)상

A에 비해 B가 '높음' 또는 '큼'으로 평가되는 비교 기준이 <u>아닌</u> 것은?

① 하위문화의 다양성 정도
② 의사 결정의 분권화 정도
③ 시민의 정치 참여 방법의 다양성
④ 양방향 미디어의 보편적 사용 정도
⑤ 사회적 관계를 맺는 공간적 제약 정도

631 하(중)상 빈출

A, B에 대한 옳은 설명만을 〈보기〉에서 있는 대로 고른 것은?

〈 보기 〉

ㄱ. A는 B에 비해 직업의 동질성 정도가 크다.
ㄴ. A는 B에 비해 사회 변동의 속도가 빠르다.
ㄷ. B는 A에 비해 관료제 조직의 비중이 높다.
ㄹ. B는 A에 비해 다품종 소량 생산의 비중이 높다.

① ㄱ, ㄴ ② ㄱ, ㄹ ③ ㄴ, ㄷ
④ ㄱ, ㄷ, ㄹ ⑤ ㄴ, ㄷ, ㄹ

B 저출산·고령화와 다문화적 변화

632 하(중)상 ••서술형

(가), (나)에 해당하는 현상의 발생 원인을 각각 서술하시오.

(가) 출산율이 적정 수준보다 낮은 현상
(나) 전체 인구에서 노인 인구가 차지하는 비율이 증가하는 현상

633 하중상

그림은 우리나라 노년 부양비와 인구 구성비 추계를 나타낸 것이다. 이러한 현상이 지속될 경우 나타날 수 있는 상황으로 적절하지 <u>않은</u> 것은?

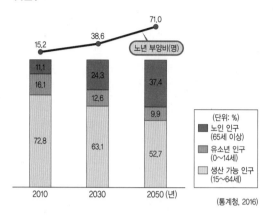

(통계청, 2016)

① 국민 경제의 활력이 떨어질 것이다.
② 고령 친화 산업에 대한 수요가 늘어날 것이다.
③ 노인을 대상으로 한 복지 비용이 증가할 것이다.
④ 생산 가능 인구가 줄어 노동 생산성이 하락할 것이다.
⑤ 노인 부양 책임을 둘러싼 세대 간 갈등이 완화될 것이다.

634 하중상

자료는 우리나라 제3차 저출산·고령화에 대한 기본 계획의 일부이다. 이에 대한 옳은 설명만을 〈보기〉에서 있는 대로 고른 것은?

구분	주요 내용
(가)	부모 여건과 가구 특성에 맞는 어린이집 운영 확대
(나)	주택 연금 등 활성화를 통한 노후 대비 제고
(다)	남성과 여성의 육아 공동 분담 인식 문화 정착
(라)	난임 시술·검사에 대해 건강 보험 적용 확대

〈 보기 〉

ㄱ. (가) – 일·가정 양립을 위한 제도적 지원에 해당한다.
ㄴ. (나) – 노후 소득 보장을 강화하는 정책이 제시되어 있다.
ㄷ. (다) – 저출산 극복을 위한 노력에 해당한다.
ㄹ. (라) – 임신·출산에 대한 개인의 경제적 책임을 강화하는 정책이 제시되어 있다.

① ㄱ, ㄴ ② ㄱ, ㄹ ③ ㄷ, ㄹ
④ ㄱ, ㄴ, ㄷ ⑤ ㄴ, ㄷ, ㄹ

635 빈출 하중상

표는 갑국의 인구 관련 지표를 나타낸 것이다. 이에 대한 옳은 분석을 〈보기〉에서 고른 것은? (단, 제시된 모든 기간에 15~64세 인구는 일정하다.)

구분	2010년	2015년	2020년
유소년 부양비	20	15	10
노년 부양비	20	25	30

* 유소년 부양비 = 0세~14세 인구 / 15세~64세 인구×100
** 노년 부양비 = 65세 이상 인구 / 15세~64세 인구×100

〈 보기 〉

ㄱ. 2010년과 2015년의 전체 인구는 동일하다.
ㄴ. 2020년 0~14세 인구는 2010년의 절반이다.
ㄷ. 2020년 65세 이상 인구는 2010년의 2배 규모이다.
ㄹ. 전체 인구 중 65세 이상 인구 비율은 2015년이 가장 높다.

① ㄱ, ㄴ ② ㄱ, ㄷ ③ ㄴ, ㄷ
④ ㄴ, ㄹ ⑤ ㄷ, ㄹ

636 하중상

그림은 우리나라에 거주하는 외국인 주민 수와 비중의 변화를 나타낸 것이다. 이러한 변화에 따라 나타날 수 있는 결과로 적절하지 <u>않은</u> 것은?

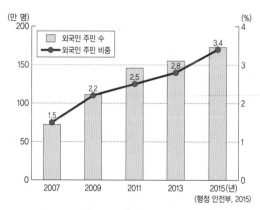

(행정 안전부, 2015)

① 노동력 부족 문제가 완화될 수 있다.
② 풍부한 문화적 경험을 하게 될 수 있다.
③ 인종적·문화적 다양성이 감소할 수 있다.
④ 외국인 근로자에 대한 인권 침해 문제가 발생할 수 있다.
⑤ 문화의 차이에 대한 이해 부족으로 집단 간 갈등을 겪게 될 수 있다.

637 하중상

밑줄 친 사회에 대응하기 위한 사회·구조적 차원의 노력으로 옳은 것만을 〈보기〉에서 있는 대로 고른 것은?

> 오늘날 교통·통신 기술의 발달로 서로 다른 문화권에 속한 사람들 간의 접촉이 빈번해지면서 다양한 인종·종교·문화를 가진 사람들이 함께 공존하는 사회가 나타난다.

〈 보기 〉
ㄱ. 국제결혼 이민자를 위한 정착 프로그램 운영
ㄴ. 외국인 이주민에 대한 편견이나 차별을 비판적으로 성찰
ㄷ. 외국인과 내국인이 소통할 수 있는 문화 축제 개최 및 운영
ㄹ. 다양성에 대한 긍정적인 인식과 그에 바탕을 둔 관용의 윤리 의식 함양

① ㄱ, ㄴ　　② ㄱ, ㄷ　　③ ㄷ, ㄹ
④ ㄱ, ㄴ, ㄹ　　⑤ ㄴ, ㄷ, ㄹ

638 하중상

밑줄 친 ㉠~㉢에 해당하는 옳은 설명을 〈보기〉에서 고른 것은?

> 다양한 문화를 가진 사람들이 함께 어우러져 살아가는 사회를 다문화 사회라고 한다. 다문화 사회는 정치 영역, ㉠ 경제 영역의 변화를 끌어내고 있으며, ㉡ 문화 영역에서도 큰 변화를 가져오고 있다. 그러나 다문화적 변화로 인해 다양한 ㉢ 문제점도 발생하고 있다.

〈 보기 〉
ㄱ. ㉠은 외국인 근로자의 유입을 통해 우리 경제가 발전을 이루는 데 도움이 된다.
ㄴ. ㉡은 문화 다양성을 강화하여 문화 발전의 가능성을 높일 수 있다.
ㄷ. ㉢의 해결 방안 중 하나인 다문화 교육은 이주민에게만 시행해야 효과적이다.
ㄹ. ㉢에 해당하는 사례로 다양한 문화를 접할 수 있는 다문화 축제를 즐길 수 있게 된 것을 들 수 있다.

① ㄱ, ㄴ　　② ㄱ, ㄷ　　③ ㄴ, ㄷ
④ ㄴ, ㄹ　　⑤ ㄷ, ㄹ

639~640 빈출자료°

다음 글을 읽고 물음에 답하시오.

> 다문화 사회에 관한 대표적인 이론에는 A 이론과 B 이론이 있다. A 이론은 동일성의 논리를 바탕으로 이민자가 새로운 사회에 정착하는 과정에서 해당 주류 문화에 융해되어 자신의 언어와 문화를 포기하고 기존 사회의 일원이 되어야 한다고 본다. 반면 B 이론은 샐러드가 채소와 과일 각각의 고유한 맛과 색을 유지하면서도 전체적인 맛과 조화를 이루듯이, 다양한 민족이 자신의 문화를 유지하면서도 다른 문화들과 조화를 이루어 새로운 문화를 형성해 나가야 한다고 본다.

639 하중상 빈출

B 이론에 따른 다문화 정책의 방향으로 가장 적절한 것은?

① 이주자의 취업을 위해 일자리를 마련한다.
② 이주자에게 한국 문화를 무상으로 가르친다.
③ 이주자에게 내국인과 똑같은 사회적 권리를 부여한다.
④ 이주자의 한국 사회 적응을 돕는 상담 센터를 운영한다.
⑤ 이주자뿐만 아니라 내국인에게도 다문화 교육을 권장한다.

640 하중상

A, B 이론에 대한 설명으로 옳은 것은?

① A 이론은 문화 간 충돌에 따른 갈등을 예방할 수 있다는 장점이 있다.
② B 이론은 한 문화를 다른 문화에 일방적으로 동화시킨다는 비판을 받을 수 있다.
③ B 이론에 따른 다문화 정책의 사례로 '결혼 이민자를 위한 김치 담그기 교육 시행'을 들 수 있다.
④ A 이론은 B 이론과 달리 문화 동화를 통한 사회 통합을 강조한다.
⑤ A 이론에 따른 다문화 정책이 시행될 때보다 B 이론에 따른 다문화 정책이 시행될 때 이주민들의 문화적 정체성이 유지되기 어렵다.

C 전 지구적 수준의 문제와 지속 가능한 사회

641 하중상

전 지구적 수준의 문제에 대한 설명으로 옳지 않은 것은?

① 자연적 원인에 의해 발생하기도 한다.
② 자원 문제, 환경 문제 등이 이에 해당한다.
③ 특정 국가의 노력만으로 해결하기 어렵다.
④ 대부분 인간의 욕망에서 비롯된 문제들이다.
⑤ 현재 세대와 달리 미래 세대에는 영향을 미치지 않는다.

642 하(중)상

밑줄 친 계획에 대한 옳은 설명을 〈보기〉에서 고른 것은?

REED+ 계획이란 개발 도상국의 산지 개발 및 삼림 황폐화를 방지하여 탄소 배출량을 줄이고자 국제 연합 기후 변화 협약이 개발한 접근법이다. REED+ 규범을 준수한 개발 도상국은 검증된 감축 실적에 따라 국제 연합을 통해 보상을 받는다.

〈 보기 〉
ㄱ. 개별 국가의 노력만을 강조한다는 한계가 있다.
ㄴ. 개발 도상국의 환경 보호 참여를 유도하기 위한 제도적 장치이다.
ㄷ. 보상이 충분하지 않을 경우 개발 도상국의 산지 개발이 지속될 것이다.
ㄹ. 미래 세대의 필요가 아닌 현재 세대의 이익만을 위한 국제적 노력에 해당한다.

① ㄱ, ㄴ   ② ㄱ, ㄷ   ③ ㄴ, ㄷ
④ ㄴ, ㄹ   ⑤ ㄷ, ㄹ

빈출 643 하(중)상

다음 글에 나타난 현대 사회의 문제를 해결하기 위한 방안으로 적절하지 <u>않은</u> 것은?

국제 환경 단체인 '지구 생태 발자국 네트워크'는 8월 8일을 2016년 지구 생태 용량 초과의 날로 발표하였다. 지구 생태 용량 초과의 날이란 인간의 활동이 지구 환경에 미치는 부담을 수치화한 것으로, 지구가 한 해 동안 재생할 수 있는 수준의 생태 자원을 인류가 모두 소진해 버린 날을 의미한다. 지구 생태 용량 초과의 날은 매년 빨라지고 있으며, 이날 이후부터 쓰는 자원은 고스란히 지구에 지는 '생태적 빚'이 된다.

① 친환경적인 대체 자원을 개발하기 위한 투자를 확대한다.
② 더 적은 자원으로 상품을 생산할 수 있는 기술을 개발한다.
③ 자원의 절약 및 재활용을 위한 인류 공동의 노력을 전개한다.
④ 자원의 한계와 생태계의 수용 능력을 고려한 경제 개발을 추구한다.
⑤ 자원 활용의 효율성을 높이기 위해 성장 위주의 정책과 소비 위주의 문화를 지향한다.

644 하(중)상

다음 사례에 나타난 전 지구적 수준의 문제에 대한 설명으로 옳지 <u>않은</u> 것은?

2015년 프랑스 파리의 축구 경기장과 공연장, 음식점 등 총 여섯 곳에서 총기 난사 등이 발생하여 130명 이상이 사망하고, 300명 이상이 부상을 당하였다. 이후 한 극단주의 단체는 성명을 통해 해당 공격이 자신들의 소행이라고 주장하였다.

① 이해관계가 없는 불특정 다수를 대상으로는 일어나지 않는다.
② 인간의 존엄성을 비롯한 인류 공통의 가치가 저해되는 계기가 된다.
③ 특정 목적의 달성을 위해 살인, 납치 등의 폭력을 행사하는 행위이다
④ 문제의 해결 방안으로 국제기구의 적극적 개입을 통한 분쟁 중재가 강조된다.
⑤ 종교·민족·인종적 갈등, 경제적 이해관계의 대립 등 다양한 요인에 의해 발생한다.

645 하(중)상

㉠에 해당하는 사람이 가져야 할 자세로 적절한 것만을 〈보기〉에서 있는 대로 고른 것은?

전 지구적 차원의 문제를 해결하기 위해서는 '나'라는 존재가 지구촌을 구성하는 책임 있는 시민이라는 인식이 필요하다. 이처럼 더불어 사는 지구촌을 만들기 위해 공동체 의식을 바탕으로 지구촌 문제에 관심을 두고 그 문제를 해결하기 위해서 적극적으로 행동하는 사람을 (㉠)(이)라고 한다.

〈 보기 〉
ㄱ. 인류를 하나의 공동 운명체로 여겨야 한다.
ㄴ. 보편적 가치를 추구하기보다는 자신과 관련된 특정한 이해관계를 우선 고려해야 한다.
ㄷ. 전 지구적 수준의 문제에 지속적인 관심을 가지며 국가를 초월한 연대를 추구해야 한다.
ㄹ. 서로 다른 인종, 종교, 민족 등에서 비롯된 여러 불평등 현상을 있는 그대로 받아들여야 한다.

① ㄱ, ㄴ   ② ㄱ, ㄷ   ③ ㄷ, ㄹ
④ ㄱ, ㄴ, ㄹ   ⑤ ㄴ, ㄷ, ㄹ

V

646

표는 사회 변동의 방향에 관한 관점 A, B를 구분한 것이다. 이에 대한 옳은 설명을 〈보기〉에서 고른 것은?

질문 \ 관점	A	B
사회는 생성과 몰락의 과정을 반복하는가?	예	아니요
사회 변동은 일정한 방향을 가지고 있는가?	㉠	㉡
(가)	아니요	예

〈 보기 〉

ㄱ. ㉠은 '아니요', ㉡은 '예'이다.

ㄴ. A는 근대화론의 이론적 근거가 된다.

ㄷ. A는 B와 달리 미래의 사회 변동에 대한 대응이 곤란하다는 비판을 받는다.

ㄹ. (가)에는 '과거의 사회 변동만을 설명한다는 비판을 받는가?'가 들어갈 수 있다.

① ㄱ, ㄴ   ② ㄱ, ㄷ   ③ ㄴ, ㄷ

④ ㄴ, ㄹ   ⑤ ㄷ, ㄹ

647

자료에 대한 설명으로 옳은 것은?

- 교사: 사회 변동의 방향을 바라보는 관점에는 A, B가 있습니다. 이에 대하여 발표해 보세요.
- 갑: A는 서구 사회가 진보된 사회임을 전제합니다.
- 을: B는 사회 변동이 항상 발전을 의미하지는 않는다는 점을 간과합니다.
- 병: _____(가)_____
- 정: B는 미래 사회의 변동 방향에 대한 예측에 한계가 있습니다.
- 교사: 한 사람을 제외하고는 모두 옳게 발표했네요.

① A는 사회가 주기적으로 동일한 과정을 반복하며 변동하는 것으로 본다.

② A는 사회 변동 과정에서 나타나는 사회의 쇠락을 설명하기가 용이하다.

③ B는 서구 중심적 사고라는 비판을 받는다.

④ B는 사회가 변동할 때 성장 과정이 나타남을 부정한다.

⑤ (가)에는 'A는 사회가 미분화된 상태에서 분화된 상태로 변동한다고 봅니다.'가 들어갈 수 있다.

648

표는 질문 (가)~(다)를 활용하여 사회 변동을 바라보는 관점 A, B를 구분한 것이다. 이에 대한 설명으로 옳은 것은? (단, A, B는 각각 기능론과 갈등론 중 하나이다.)

관점 \ 질문	(가)	(나)	(다)
A	예	예	아니요
B	아니요	예	예

① A가 기능론이면, (가)에는 '사회 변동의 불가피성을 강조하는가?'가 적절하다.

② B가 갈등론이면, (나)에는 '급격한 사회 변동을 설명하기에 용이한가?'가 적절하다.

③ (나)에는 '사회 변동을 미시적 측면에서 보는가?'가 적절하다.

④ (가)가 '사회 구조가 갖는 항상성에 주목하는가?'이면, (다)에는 '사회 안정을 중시하는 보수적 관점인가?'가 적절하다.

⑤ (다)가 '사회 변동을 병리적 현상으로 간주하는가?'라면, (가)는 '사회 변동을 갈등과 대립이라는 속성으로 파악하는가?'가 적절하다.

649

표는 갑국과 을국이 자국민의 인터넷 이용률을 조사한 것이다. 이에 대한 옳은 분석만을 〈보기〉에서 있는 대로 고른 것은?

(단위: %)

구분		갑국	을국
성별	남성	71.7	80.4
	여성	70.3	79.6
학력별	고졸 미만	39.8	76.3
	고졸(중퇴 포함)	52.5	79.4
	대졸 이상(대학 중퇴 포함)	87.7	84.3
소득 수준별	2만 달러 미만	60.0	49.9
	2만~5만 달러 미만	87.3	55.6
	5만~10만 달러 미만	72.5	75.6
	10만 달러 이상	80.2	82.9

〈 보기 〉

ㄱ. 갑국은 성별에 따른 정보 격차보다 학력에 따른 정보 격차가 뚜렷하다.

ㄴ. 을국은 학력에 따른 정보 격차보다 성별에 따른 정보 격차를 개선하기 위한 정책이 시급하다.

ㄷ. 인터넷을 이용하는 남성 수와 여성 수는 모두 갑국보다 을국이 많다.

ㄹ. 을국은 갑국과 달리 소득 수준과 인터넷 이용률 간의 양(+)의 상관관계가 나타난다.

① ㄱ, ㄴ   ② ㄱ, ㄹ   ③ ㄴ, ㄷ

④ ㄱ, ㄷ, ㄹ   ⑤ ㄴ, ㄷ, ㄹ

650

그림에 대한 옳은 설명만을 〈보기〉에서 있는 대로 고른 것은? (단, A, B는 각각 산업 사회와 정보 사회 중 하나이다.)

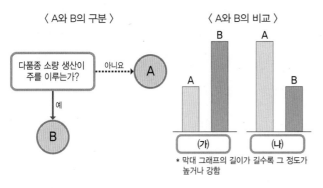

〈 A와 B의 구분 〉

〈 A와 B의 비교 〉

* 막대 그래프의 길이가 길수록 그 정도가 높거나 강함

〈 보기 〉

ㄱ. A는 B에서와 달리 가상공간의 등장으로 인해 소비자와 생산자 간의 공간적 제약이 극복된다.
ㄴ. B는 A에 비해 직업의 동질성 정도가 낮다.
ㄷ. (가)에 '가정과 일터의 결합 정도'가 들어갈 수 있다.
ㄹ. (나)에 '구성원 간 비대면 접촉 비중'이 들어갈 수 있다.

① ㄱ, ㄴ ② ㄱ, ㄹ ③ ㄴ, ㄷ
④ ㄱ, ㄷ, ㄹ ⑤ ㄴ, ㄷ, ㄹ

651

자료에 대한 옳은 분석만을 〈보기〉에서 있는 대로 고른 것은?

표는 ○○시 A, B 두 지역의 유소년 부양비와 노년 부양비를 나타낸다. 단, ○○시는 A, B 두 지역으로만 구성되어 있다.

구분	유소년 부양비	노년 부양비
A 지역	20	30
B 지역	26	24
○○시 전체	22	28

* 유소년 부양비 = 0세~14세 인구 / 15세~64세 인구×100
** 노년 부양비 = 65세 이상 인구 / 15세~64세 인구×100

〈 보기 〉

ㄱ. 0~14세 인구는 B 지역이 A 지역보다 많다.
ㄴ. 15~64세 인구는 A 지역이 B 지역의 2배이다.
ㄷ. ○○시의 경우 65세 이상 인구가 0~14세 인구보다 많다.
ㄹ. 각 지역의 전체 인구 중 65세 이상 인구가 차지하는 비율은 A 지역이 B 지역보다 높다.

① ㄱ, ㄴ ② ㄱ, ㄷ ③ ㄴ, ㄹ
④ ㄱ, ㄴ, ㄹ ⑤ ㄴ, ㄷ, ㄹ

652

갑국과 을국의 다문화 정책에 대한 분석으로 옳은 것은?

• 갑국은 이주민들의 다양한 언어, 문화, 민족 등을 존중함으로써 서로의 문화적 정체성을 인정하고 함께 어우러질 수 있는 사회적 풍토를 형성하는 것을 정책 목표로 삼고 있다. 이를 위해 이주민들이 개최하는 문화 행사를 적극적으로 지원한다.
• 을국은 자기 문화의 우월성에 기초하여 이주민들의 문화를 주류 문화에 동화시키는 것을 정책의 궁극적인 목표로 삼고 있다. 이를 위해 이주민들이 을국의 언어를 학습하고, 을국의 문화를 받아들이도록 하는 문화 사업에 예산을 적극적으로 지원한다.

① 갑국은 을국과 달리 이주민을 흡수 통합의 대상으로 인식하고 있다.
② 을국보다 갑국에서 이주민에 대한 차별이 나타날 위험성이 더 크다.
③ 을국은 갑국에 비해 주류 사회 구성원이 자국의 문화적 정체성을 상실할 우려가 크다.
④ 갑국과 을국은 모두 이주민과의 문화적 동질화를 추구한다.
⑤ 갑국은 문화 상대주의를, 을국은 자문화 중심주의를 정책의 바탕으로 하고 있다.

653

밑줄 친 ㉠에 대한 설명으로 옳지 않은 것은?

㉠ 지속 가능한 발전은 1987년 세계 환경 개발 위원회(WCED)에서 처음 사용한 개념이다. '우리의 미래(Our Common Future)'라는 보고서에서 지속 가능한 발전을 "미래의 세대가 그들의 필요를 충족시킬 수 있는 가능성을 손상시키지 않는 범위에서 현재 세대의 필요를 충족시키는 개발"로 정의내렸다.

① ㉠을 위해 세계 시민 의식 함양의 필요성이 강조된다.
② 경제적 측면에서 ㉠은 형평성보다 효율성을 강조한다.
③ ㉠의 사례로 자원 재활용 및 청정에너지 개발을 들 수 있다.
④ 생태계의 회복력과 수용 능력을 고려한 경제 개발은 ㉠에 기여한다.
⑤ ㉠은 자연을 인간의 욕구를 충족하는 수단으로 여기는 태도를 통해서는 달성하기 어렵다.

Memo

01 사회·문화 현상의 이해

개념 확인 문제   5쪽

1 (1) ◯ (2) × (3) ◯

2 간학문적

3 (1) – ㉠ (2) – ㉡

4 (1) 있다 (2) 거시적
(3) 상징적 상호 작용론

난이도별 필수 기출   6~15쪽

5 ②   **6** ②   **7** ③   **8** ①

9 사회·문화 현상은 시대나 장소를 초월하여 동일한 현상이 나타나는 보편성과 시대나 사회적 상황에 따라 그 구체적인 모습이 다르게 나타나는 특수성을 함께 지닌다.

10 ③   **11** ③

12 (1) ㉠: 사회·문화 현상, ㉡: 자연 현상
(2) 사회·문화 현상은 가치 함축적인 현상으로 당위 법칙을 따른다. 또한 개연성과 확률의 원리가 작용하며, 보편성과 특수성이 공존한다는 등의 특징이 있다.

13 ③   **14** ①   **15** ②   **16** ③   **17** ④

18 ②   **19** ②   **20** ③   **21** ①   **22** ⑤

23 ③   **24** ③   **25** ②   **26** ④   **27** ④

28 ③

29 갈등론. 갈등론은 사회 속에 존재하는 지배와 피지배의 관계와 갈등의 측면을 이해하는 데 유용하다.

30 ③   **31** ④   **32** ②   **33** ①

34 (1) 갑: 기능론, 을: 갈등론
(2) 기능론은 기득권층의 이익을 대변하는 논리로 이용될 우려가 있다는 비판을 받기도 하며, 갈등론은 지나치게 갈등을 강조함으로써 현실 속에 존재하는 협동과 조화의 현상을 경시한다는 비판을 받기도 한다.

35 ②   **36** ⑤   **37** ⑤   **38** ⑤   **39** ③

40 ①   **41** ④   **42** ③   **43** ②   **44** ③

45 (1) A: 갈등론, B: 상징적 상호 작용론, C: 기능론
(2) 상징적 상호 작용론은 개인 행위자의 상호 작용에 영향을 미치는 사회 구조나 제도의 힘을 경시한다는 한계점이 있다.
(3) '거시적 관점에 해당하는가?', '사회 구조와 제도를 중시하는가?' 등

46 ④   **47** ②   **48** ②   **49** ①

02 사회·문화 현상의 연구 방법과 탐구 절차

개념 확인 문제   17쪽

50 ㉠ 양적 연구 방법 ㉡ 질적 연구 방법

51 (1) – ㉡ (2) – ㉠

52 (다) – (가) – (나) – (라) – (마)

53 (1) 가설 설정 (2) 질적 연구

난이도별 필수 기출   18~25쪽

54 ②   **55** ②   **56** ②   **57** ⑤   **58** ②

59 ④

60 자아 존중감은 '자아 존중감 지수'로, SNS 중독 정도는 '주간 SNS 활동 빈도'로 조작적으로 정의하였다

61 ③   **62** ④   **63** ⑤   **64** ⑤   **65** ①

66 ②

67 질적 연구 방법. 질적 연구 방법은 계량화하기 어려운 영역을 연구할 수 있고, 행위 이면에 담긴 의미를 심층적으로 이해하는 데 유용하다.

68 ①   **69** ①   **70** ④   **71** ②   **72** ⑤

73 ⑤   **74** ④   **75** ③   **76** ②

77 양적 연구 방법. 양적 연구 방법은 계량화하기 어려운 인간의 주관적이고 정신적인 영역을 연구하기에 제약이 있으며, 사회·문화 현상을 지나치게 단순화하고 기계적으로 인식한다는 한계가 있다.

78 ①   **79** ③   **80** ①   **81** ⑤   **82** ①

83 〈가설 1〉에서 '착한 행동'이나 '천국에 갈 확률'은 경험적으로 파악할 수 없다. 즉, 〈가설 1〉은 검증이 불가능한 것으로서 가설의 조건을 충족하지 못한다. 한편, 〈가설 2〉에서 한 국가의 국내 총생산이 증가할수록 국가 경제가 성장하는 것은 일반적인 사실에 해당한다. 즉, 〈가설 2〉는 검증의 필요성이 없는 것으로서 가설의 조건을 충족하지 못한다.

84 ③   **85** ①   **86** ②   **87** ②   **88** ②

89 ④

03 자료 수집 방법

개념 확인 문제   27쪽

90 (1) ㄴ (2) ㄷ (3) ㄱ

91 참여 관찰법

92 (1) × (2) × (3) ◯

93 (1) 없다 (2) 참여 관찰법 (3) 실험법

난이도별 필수 기출   28~33쪽

94 ③   **95** ②

96 1번 문항은 '정기적'이라는 표현의 구체적 기간을 제시해 주지 않아 묻는 내용이 명료하지 못하며, 2번 문항은 하루에 '1시간 이상~2시간 미만', '5시간 이상~6시간 미만' 게임하는 사람은 응답 가능한 보기가 없으므로 보기가 포괄성을 갖추지 못하였다. 3번 문항은 가치가 개입된 내용을 넣어 질문함으로써 특정한 응답을 유도하고 있다는 문제점이 있다.

97 ②

98 (1) A는 종속 변수이며, 문제 해결 능력(원인 분석 능력 지수, 대안 개발 능력 지수)이 이에 해당한다.
(2) B에 해당하는 실험 처치의 내용은 (가) 집단에만 소논문 쓰기 프로그램을 실시한 것이다.

99 ①   **100** ④   **101** ③   **102** ④   **103** ②

104 ②   **105** ②   **106** ④   **107** ④   **108** ⑤

109 ①   **110** ②   **111** ④   **112** ②   **113** ④

114 ②   **115** ②   **116** ①   **117** ②   **118** ③

119 (나)에 활용된 면접법과 (라)에 활용된 질문지법은 자료 수집 과정에서 조사 대상자와의 언어적 상호 작용이 필수적이라는 공통적인 특징이 있다.

120 ⑤

04 사회·문화 현상의 탐구 태도와 연구 윤리

개념 확인 문제   35쪽

121 (1) 객관적 (2) 허용

122 (1) – ㉡ (2) – ㉠

123 ㉠ 가치 개입 ㉡ 가치 중립

124 (1) × (2) × (3) ◯ (4) ◯

난이도별 필수 기출   36~41쪽

125 ⑤   **126** ①   **127** ④   **128** ②   **129** ③

130 ②   **131** ②   **132** ⑤   **133** ⑤

134 (1) 성찰적 태도
(2) 아무런 의문이나 반성 없이 사회·문화 현상을 무조건 수용하고 당연시하면 그 현상의 발생 원인이나 의미를 제대로 파악하기 어렵기 때문에 성찰적 태도가 필요하다.

135 ⑤   **136** ⑤

137 가치 중립. 가치 중립은 연구자의 주관적인 가치나 이해관계를 배제하고 객관적 증거에 따라 탐구하는 것을 말한다.

138 ②   **139** ①   **140** ④   **141** ⑤   **142** ⑤

143 ①   **144** ⑤   **145** ①   **146** ②   **147** ②

148 ④   **149** ③   **150** ②

151 갑은 연구 과정에서 연구 대상자의 자발적 동의를 얻지 않았으며, 연구 결과를 연구 이외의 목적에 사용하였다.

최고수준 도전 기출 (01 ~ 04강)   42~45쪽

152 ③   **153** ⑤   **154** ④   **155** ②   **156** ④

157 ②   **158** ①   **159** ②   **160** ①   **161** ②

162 ④   **163** ⑤   **164** ④   **165** ②   **166** ②

167 ②

개념 확인 문제 47쪽

168 (1) 실 (2) 명

169 ㉠ 재사회화 ㉡ 예기 사회화

170 (1) 학교 (2) 2차적 (3) 직장

171 (1) × (2) ○ (3) ○

난이도별 필수 기출 48~57쪽

172 ③ **173** ① **174** ④

175 사회 실재론. 사회 실재론은 사회가 개인의 행동에 미치는 영향을 설명할 수 있다.

176 ④ **177** ③ **178** ② **179** ⑤ **180** ①

181 ③ **182** ① **183** ② **184** ① **185** ④

186 (1) (가): 사회 명목론, (나): 사회 실재론

(2) 사회 명목론은 사회 구조나 사회 제도가 개인의 행위에 미치는 영향력을 간과할 수 있다는 한계를 지니며, 사회 실재론은 인간의 주체적이고 능동적인 행위를 설명하기 곤란하다는 한계를 지닌다.

187 ② **188** ② **189** ④ **190** ②

191 예기 사회화. 예기 사회화는 미래에 속하게 될 집단에서 요구하는 행동 양식을 미리 학습하는 것을 말한다.

192 ③ **193** ① **194** ② **195** ④ **196** ②

197 ④

198 (1) A는 2차적 사회화 기관이자 비공식적 사회화 기관에 속한다.

(2) 2차적 사회화 기관이자 비공식적 사회화 기관에 속하는 사례에는 직장, 대중 매체 등이 있다.

199 ② **200** ① **201** ④ **202** ② **203** ②

204 ⑤

205 ㉠: 귀속 지위, ㉡: 성취 지위

206 ⑤ **207** ② **208** ③ **209** ① **210** ⑤

211 ④ **212** ① **213** ④ **214** ③ **215** ④

216 ④

개념 확인 문제 59쪽

217 (1) ○ (2) × (3) ○

218 준거 집단

219 (1) 비공식 (2) 시민 단체

220 (1) - ㉠ (2) - ㉡

난이도별 필수 기출 60~69쪽

221 ③ **222** ③ **223** ② **224** ④ **225** ①

226 ④ **227** ① **228** ④ **229** ⑤ **230** ①

231 ④ **232** ②

233 갑은 소속 집단과 준거 집단이 일치하지 않기 때문에 소속 집단에 대해 불만을 가지게 된 것이다.

234 ⑤ **235** ④ **236** ⑤

237 비공식 조직. 비공식 조직은 공식 조직에서 느낄 수 있는 긴장감을 줄이고 사기를 증진하여 공식 조직의 효율성 향상에 기여하는 긍정적 기능이 있다. 반면, 친밀한 인간관계를 내세워 공식 조직의 규칙과 절차를 깨뜨릴 경우 공식 조직의 효율성을 저해할 수 있는 부정적 기능이 있다.

238 ② **239** ⑤ **240** ② **241** ① **242** ⑤

243 ④

244 (1) A: 자발적 결사체가 아닌 공식 조직, B: 자발적 결사체인 공식 조직, C: 비공식 조직

(2) 자발적 결사체가 아닌 공식 조직의 사례로 회사, 학교 등을 들 수 있다.

(3) ㉡에는 공식 조직에 비해 자발적 결사체에서 높거나 강한 특징이 들어가야 하므로, '가입과 탈퇴의 자유 정도'가 들어갈 수 있다.

245 ④ **246** ① **247** ② **248** ⑤ **249** ⑤

250 ⑤ **251** ④ **252** ③ **253** ③ **254** ①

255 ④ **256** ①

257 관료제에서는 목적 전치 현상, 인간 소외 현상, 무사안일주의, 조직의 경직성 등과 같은 문제점이 나타날 수 있다.

258 ⑤ **259** ⑤ **260** ⑤

261 탈관료제. 탈관료제는 유연한 조직 구조와 수평적 조직 체계가 나타나며, 능력과 성과에 따른 보상을 중시하는 등의 특징이 있다.

262 ⑤ **263** ② **264** ③ **265** ③ **266** ⑤

개념 확인 문제 71쪽

267 (1) ○ (2) ○ (3) ×

268 일탈 행동

269 (1) - ㉡ (2) - ㉠

270 (1) 차별 교제 이론 (2) 중시

난이도별 필수 기출 72~77쪽

271 사회 구조. 사회 구조는 사회 구성원이 바뀌어도 쉽게 바뀌지 않고 유지된다는 점에서 지속성을 지니며, 사회 구성원들이 구조화된 행동을 함으로써 안정적인 사회적 관계를 유지한다는 점에서 안정성을 지닌다. 또한 사회 구조는 사회 구성원들의 의지와는 상관없이 특정 행동을 하도록 구속한다는 점에서 강제성을 지니며, 사회 구성원들의 행동이나 가치, 규범 등의 변화에 의해 그 성격이 달라질 수 있다는 점에서 변동성을 지닌다.

272 ④ **273** ⑤ **274** ② **275** ② **276** ①

277 ① **278** ⑤ **279** ④ **280** ④ **281** ④

282 머튼의 아노미 이론은 문화적 목표를 달성할 수 있는 기회를 충분히 제공하여 문화적 목표와 제도적 수단 간의 괴리를 줄이는 것을 일탈 행동의 해결 방안으로 강조한다.

283 ③ **284** ② **285** ① **286** ② **287** ①

288 ⑤ **289** ② **290** ① **291** ④

292 을의 이론: 낙인 이론, 병의 이론: 차별 교제 이론. 낙인 이론의 사례로는 호기심에 비행을 저질렀는데 주변 사람들이 비행 청소년으로 낙인찍은 까닭에 비행을 반복하게 된 것을 들 수 있고, 차별 교제 이론의 사례로는 비행 청소년들과 어울리면서 일탈 행위를 배워 비행을 저지르는 것을 들 수 있다.

293 ④ **294** ⑤ **295** ③ **296** ② **297** ②

최고수준 도전 기출 (05~07강) 78~81쪽

298 ⑤ **299** ① **300** ② **301** ⑤ **302** ②

303 ② **304** ③ **305** ② **306** ④ **307** ④

308 ① **309** ③ **310** ① **311** ④ **312** ①

313 ④

개념 확인 문제 83쪽

314 (1) - ㉠ (2) - ㉡

315 (1) 변동성 (2) 공유성 (3) 축적성

316 (1) ○ (2) ×

317 (1) 자문화 중심주의 (2) 이해 (3) 낮게

난이도별 필수 기출 84~93쪽

318 ③ **319** ④ **320** ③ **321** ③ **322** ③

323 ㉠, ㉡. 문화가 있는 날에서의 문화와 문화생활에서의 문화는 공연이나 예술 분야에 관련된 것 또는 교양 있거나 세련된 것을 의미하므로, 좁은 의미의 문화로 볼 수 있다.

324 ① **325** ⑤ **326** ③ **327** ⑤ **328** ④

329 ⑤

330 (1) (가): 문화의 학습성, (나): 문화의 공유성

(2) 문화의 학습성이 부각된 사례로 쌍둥이더라도 서로 다른 사회에서 자라면 다른 사고방식과 행동 양식을 보이는 것을 들 수 있고, 문화의 공유성이 부각된 사례로 우리나라 사람들이 '미역국 먹는 날'이라고 하면 생일을 떠올리는 것을 들 수 있다.

331 ② **332** ⑤ **333** ③ **334** ① **335** ③

기출PICK

15개정 교육과정

정답과 해설

사회·문화
653제

visang

ABOVE IMAGINATION

우리는 남다른 상상과 혁신으로
교육 문화의 새로운 전형을 만들어
모든 이의 행복한 경험과 성장에 기여한다

완자

기출 PICK

정답과 해설

사회·문화

정답과 해설

1 사회·문화 현상의 이해

5 제시된 현상들은 모두 자연 현상에 해당한다. ㄱ, ㄷ. 자연 현상은 인간의 가치 판단과 무관하게 존재하는 몰가치적인 현상으로, 스스로의 원리에 따라 사실 그대로 존재한다는 점에서 존재 법칙의 지배를 받는다.
바로알기 | ㄴ. 자연 현상은 인과 관계가 분명하게 나타난다. ㄹ. 자연 현상은 일정한 원인이 있으면 그에 따른 특정 결과가 반드시 발생한다는 점에서 필연성으로 설명할 수 있다.

6 ㉠은 사회·문화 현상이다. ① 철새의 이동 경로를 조사하는 것, ③ 비가 올 때 우산과 우비를 쓰는 것, ④ 대통령 선거를 실시하는 것, ⑤ 조력 발전소를 건설하는 것은 모두 인간의 의지가 개입되어 나타나는 현상이므로, 사회·문화 현상의 사례에 해당한다.
바로알기 | ② 나무 위에서 누에가 고치를 만드는 것은 인간의 의지와 관계없이 나타나는 현상이므로, 자연 현상의 사례에 해당한다.

7 ㉡ 자신의 이익만을 좇아 이리저리 옮겨 다니는 사람을 지칭하는 것과 ㉢ 철새의 위치와 속도, 날갯짓 횟수 등을 분석하는 것은 인간의 의지가 반영된 행동이므로, 사회·문화 현상에 해당한다.
바로알기 | ㉠ 철새가 일정한 대형으로 무리 지어 이동하는 것과 ㉣ 철새가 V자 대형으로 날 때 에너지 소모를 줄이는 효과가 있는 것은 인간의 의지와 상관없이 자연적으로 발생하는 현상이므로, 자연 현상에 해당한다.

8 사회·문화 현상은 원인과 결과가 확률적으로 관련을 맺고 있어 예외적인 현상이 나타날 수 있으므로 일정한 조건 아래에서 어떤 현상이 일어날 가능성이 있다는 것, 즉 개연성으로 설명할 수 있다.
바로알기 | ②, ④ 사회·문화 현상은 인간의 의지와 주관적 가치가 개입되어 나타나는 가치 함축적인 현상이다. ③ 사회·문화 현상은 자연 현상에 비해 인과 관계가 명확하지는 않지만, 자연 현상과 마찬가지로 법칙성을 발견하는 것이 가능하다. ⑤ 사회·문화 현상은 보편성과 특수성이 모두 나타난다.

9 **모범 답안** 사회·문화 현상은 시대나 장소를 초월하여 동일한 현상이 나타

나는 보편성과 시대나 사회적 상황에 따라 그 구체적인 모습이 다르게 나타나는 특수성을 함께 지닌다.

10 제시된 내용들은 과시적 소비에서는 수요 법칙이 적용되지 않고, 교육 수준이 낮음에도 경제적 성공을 이룬 사람이 있음을 보여 준다. 이처럼 사회·문화 현상은 일정한 조건에서도 예외적인 현상이 나타날 수 있으므로, 개연성의 원리가 작용한다.
바로알기 | ① 당위 법칙이 적용되는 것은 사회·문화 현상의 특징에 해당하지만, 제시된 내용과 관련이 적다. ② 사회·문화 현상은 예외적인 현상이 나타날 수 있기 때문에 현상에 대한 예측이 어렵다. ④ 사회·문화 현상은 확률의 원리가 적용된다는 점에서 인과 관계가 불분명하다. ⑤ 사회·문화 현상은 가치가 개입되어 나타나는 현상으로서 가치 판단을 내릴 수 있다.

11 사회·문화 현상은 인간의 의지와 가치가 개입되어 나타나는 ㉠ 가치 함축적인 현상으로, 사회 규범적 의미를 갖는다는 점에서 ㉡ 당위 법칙을 따른다. 또한 사회·문화 현상은 특정 조건에서 특정 결과가 발생할 가능성만 갖는다는 점에서 ㉢ 개연성의 원리가 작용한다.

개념 보충

사회·문화 현상의 특징	
가치 함축성	인간의 의지와 가치가 내포되어 있음
당위 법칙	'마땅히 그러해야 한다'와 같이 사회의 규범적 요구가 반영되어 나타남
개연성과 확률의 원리	원인과 결과가 확률적으로 관련을 맺고 있어 예외적인 현상이 나타날 수 있음
보편성과 특수성의 공존	시대와 사회를 초월하여 동일하게 나타나면서도 구체적인 모습은 시대와 사회에 따라 다르게 나타나기도 함

12 **모범 답안** (1) ㉠: 사회·문화 현상, ㉡: 자연 현상
(2) 사회·문화 현상은 가치 함축적인 현상으로 당위 법칙을 따른다. 또한 개연성과 확률의 원리가 작용하며, 보편성과 특수성이 공존한다는 등의 특징이 있다.

13 ㉠, ㉡, ㉣은 사회·문화 현상, ㉢은 자연 현상이다. ③ 자연 현상은 스스로의 원리에 따라 있는 그대로 존재하므로 존재 법칙을 따른다. 이와 달리 사회·문화 현상은 규범적 의미가 작용하므로 당위 법칙을 따른다.
바로알기 | ① ㉠, ㉡은 모두 사회·문화 현상으로서 가치 함축적인 현상이다. ② 사회·문화 현상은 자연 현상과 달리 개연성으로 설명된다. ④ ㉠, ㉣은 모두 사회·문화 현상이므로 개연성의 원리가 작용한다. ⑤ ㉡, ㉣은 모두 사회·문화 현상이므로 보편성과 특수성이 공존한다.

14 ㉠은 자연 현상, ㉡, ㉢, ㉣은 사회·문화 현상이다. ① 사회·문화 현상은 '마땅히 그러해야 한다.'와 같이 인간이 마땅히 지켜야 할 법칙, 즉 당위 법칙의 지배를 받는다. 이와 달리 자연 현상은 존재 법칙의 지배를 받는다.
바로알기 | ②, ③ ㉡, ㉢은 모두 사회·문화 현상이다. 사회·문화 현상은 예외적인 현상이 나타날 수 있어 예측이 용이하지 않으며, 시대나 사회적 상황에 따라 특수성이 나타나기도 한다. ④ ㉢, ㉣은 모두 사회·문화 현상으로 개연성이 나타난다. ⑤ 자연 현상과 사회·문화 현상은 모두 인간이 경험할 수 있는 연구 대상이 되므로 경험적 자료로 연구할 수 있다.

15 ㉠은 자연 현상, ㉡, ㉢, ㉣은 사회·문화 현상이다. ② 자연 현상은 일정한 원인이 있으면 그에 따른 특정 결과가 반드시 발생한다는 점에서, 예외적인 현상이 나타날 수 있는 사회·문화 현상에 비해 인과 관계가 분명하다.

바로알기 | ① 자연 현상은 사회·문화 현상과 달리 몰가치적이다. ③ ㉡, ㉢은 모두 사회·문화 현상으로 보편성과 특수성이 공존한다. ④ ㉡, ㉣은 모두 사회·문화 현상으로 당위 법칙을 따른다. ⑤ 자연 현상(㉠)은 사회·문화 현상(㉡, ㉢, ㉣)과 달리 확실성의 원리가 적용된다.

16 ㄴ. 사회·문화 현상은 원인과 결과가 확률적으로 관계를 맺고 있어 예외적인 현상이 나타날 수 있으므로 확률의 원리가 작용한다. 이와 달리 자연 현상은 확실성의 원리가 작용한다. ㄷ. ㉡, ㉢은 모두 사회·문화 현상으로, 시대나 장소를 초월하여 동일한 현상이 나타나는 보편성과 시대나 사회적 상황에 따라 구체적인 모습이 다르게 나타나는 특수성이 공존한다.

바로알기 | ㄱ. 자연 현상은 사회·문화 현상과 달리 필연성의 원리가 적용된다. ㄹ. ㉢, ㉣은 모두 사회·문화 현상으로 당위 법칙이 적용된다.

17

〈자료 1〉
한파가 기승을 부렸던 제주도에는 ㉠3일 동안 폭설이 쏟아졌다. 담당 기관은 ㉡제설 작업에 나섰지만, ㉢폭설과 활주로 측면으로 몰아치는 강풍으로 비행기의 이착륙이 어려워지자 결국 ㉣제주 공항의 운영 중단을 결정하였다.
(사회·문화 현상 - 기승을 부렸던, 자연 현상 - ㉠, 사회·문화 현상 - ㉡, 자연 현상 - 어려워지자, 사회·문화 현상 - ㉣)

〈자료 2〉

질문	예	아니요
개연성의 원리가 작용하는가?	(가)	(나)
존재 법칙을 통해 설명되는가?	(다)	(라)

〈자료 1〉에서 ㉠, ㉢은 자연 현상, ㉡, ㉣은 사회·문화 현상이다. 또한 〈자료 2〉에서 사회·문화 현상은 자연 현상과 달리 개연성의 원리가 작용하며, 자연 현상은 사회·문화 현상과 달리 존재 법칙을 통해 설명되므로 (가), (라)에는 사회·문화 현상, (나), (다)에는 자연 현상이 들어갈 수 있다. 이를 종합할 때 (가)에는 ㉡, ㉣, (나)에는 ㉠, ㉢, (다)에는 ㉠, ㉢, (라)에는 ㉡, ㉣이 해당한다.

18 (가)에는 사회·문화 현상, (나)에는 자연 현상이 나타나 있다. ㄱ. '내진 설계를 통해 건설된 것', '정부 관계자가 안전하다고 밝힌 것'을 통해 (가)에는 가치 함축성을 지닌 사회·문화 현상이 나타나 있음을 알 수 있다. ㄷ. 사회·문화 현상이 나타난 (가)에 비해 자연 현상이 나타난 (나)에서 원인과 결과가 엄격한 법칙으로 발생하므로, 인과 관계의 발견이 용이하다.

바로알기 | ㄴ. 자연 현상이 나타난 (나)에는 몰가치성은 나타나지만, 시대나 사회에 따른 구체적 모습이 다르게 나타나는 특수성은 나타나 있지 않다. ㄹ. 사회·문화 현상이 나타난 (가)에서는 보편성과 특수성이 공존하고, 자연 현상이 나타난 (나)에서는 보편성이 나타나므로 (가), (나) 모두 보편성을 통해 설명할 수 있다.

19 ㉠은 황사의 특징으로서 자연 현상, ㉡은 황사에 대한 대응책으로서 사회·문화 현상에 해당한다. ② 사회·문화 현상은 시대나 장소를 초

월하여 나타나는 보편성과 시대나 사회적 상황에 따라 그 구체적인 모습이 다르게 나타나는 특수성이 함께 나타난다.

바로알기 | ① 자연 현상은 인간의 의지와는 관계없이 나타난다. ③ 자연계의 원리에 따라 스스로 발생하고 존재하는 현상은 자연 현상이다. ④ 자연 현상은 일정한 조건하에서는 일정한 결과가 항상 나타나므로, 사회·문화 현상에 비해 법칙 발견이 쉽다. ⑤ 개연성의 원리가 작용하는 사회·문화 현상은 필연성의 원리가 작용하는 자연 현상에 비해 인과 관계가 분명하지 않다.

20 첫 번째 사례는 자연 현상이 사회·문화 현상에 영향을 미치고 있음을, 두 번째 사례와 세 번째 사례는 사회·문화 현상이 자연 현상에 영향을 미치고 있음을 보여 준다. 이처럼 자연 현상과 사회·문화 현상은 별개로 존재하는 것이 아니라 서로 영향을 미치며 밀접하게 관련되어 있음을 알 수 있다.

바로알기 | ① 사회·문화 현상은 다양한 변수가 영향을 미치므로 예측이 용이하지 않다. ②, ④, ⑤는 자연 현상과 사회·문화 현상에 대한 옳은 설명이지만, 제시된 사례와는 관련이 적다.

21 제시된 그림은 성 불평등 현상을 사회학, 경제학, 법학, 정치학의 다양한 관점에서 연구하고 있음을 나타낸다. 이처럼 최근에는 다양한 분야가 밀접한 관계를 맺고 있는 사회·문화 현상을 총체적으로 이해하기 위해 개별 학문의 연구 성과를 종합하는 간학문적 탐구가 이루어지고 있다.

22 간학문적 탐구 경향은 개별 학문만으로 접근하기 어려운 복잡하고 다양한 사회·문화 현상에 종합적으로 접근하는 경향으로, 개별 학문의 관점이나 연구 성과를 종합하여 탐구함으로써 개별 학문의 경계를 넘어 사회·문화 현상을 총체적으로 인식하고자 한다.

바로알기 | ㄱ. 주제에 따라 차별화된 연구 방법이 나타나고 있는지는 제시된 그림을 통해 파악할 수 없다. ㄴ. 제시된 그림에서는 특정 현상을 주제로 여러 학문을 종합하여 연구 활동을 하는 경향이 강조되므로, 학문의 세분화가 나타나 있다고 볼 수 없다.

23 을은 실업의 원인으로 산업 구조 변화와 경기 불황을 강조하므로, 사회 구조적 측면을 강조하는 거시적 관점에서 실업 문제를 바라보고 있음을 알 수 있다. ② 거시적 관점은 사회라는 큰 체계 속에서 사회·문화 현상을 이해하므로 인간의 자율성과 능동성을 간과하기 쉽다. ④, ⑤ 거시적 관점은 사회 문제의 원인이 산업 구조의 변화와 같은 사회 구조에 있다고 보므로 실업 문제에 관한 사회적 책임을 강조하며, 실업 문제의 해결 방안으로 사회 제도의 개선을 중시할 것이다.

바로알기 | ③은 미시적 관점에 대한 설명이다.

24 갑은 미시적 관점, 을은 거시적 관점에서 실업 문제를 바라보고 있다. ㄷ. 미시적 관점은 개인 간 상호 작용을 중시하므로, 거시적 관점과 달리 인간 행위에 담긴 의미에 주목한다.

바로알기 | ㄱ. 미시적 관점은 사회 제도나 구조가 아닌 일상생활에서 일어나는 개인 간의 상호 작용에 초점을 둔다. ㄹ. 사회라는 큰 체계 속에서 사회·문화 현상을 이해하는 것은 거시적 관점에만 해당하는 설명이다.

25 ④ 기능론은 사회가 유기체처럼 상호 의존적인 다양한 부분으로 구성되어 있으며, 각 부분은 사회 구성원 전체가 보편적으로 합의한 규범에 따라 사회의 안정과 질서 유지에 필요한 기능을 수행한다고 본다.
바로알기 | ① 기능론은 사회 구조적 측면을 중시하는 거시적 관점에 해당된다. ②, ③은 갈등론에 대한 설명이다. ⑤ 기능론은 사회 구성원들 간의 유기적인 협력 관계를 중시한다.

26 제시된 글은 사회 유기체설에 기초하여 사회·문화 현상을 바라보고 있으므로, 기능론에 해당한다. ㄱ, ㄷ. 기능론에 따르면 사회의 구성 요소들은 상호 의존적 관계에 있으며, 이러한 구성 요소들이 사회 전체의 존속과 통합에 필요한 고유의 기능을 수행할 때 사회가 조화와 균형을 이룬다. ㄹ. 기능론에 따르면 사회 문제나 갈등은 사회의 구성 요소가 제 기능을 수행하지 못해 발생하는 병리적인 현상이므로, 부분적인 치료와 개선을 통해 사회의 조화와 균형을 되찾을 수 있다.
바로알기 | ㄴ. 기능론에 따르면 사회는 사회 전체의 합의에 기초하여 안정과 질서를 유지한다.

27 밑줄 친 '그들'은 '기능적 상호 의존성'과 '규범 혹은 규칙의 체계'에 의해 사회가 유지된다고 보므로, 기능론의 입장을 지닌다. ㄴ. 기능론에서는 사회 구성원 전체의 합의에 의해 사회 각 부분의 기능과 역할이 분배된다고 본다. ㄹ. 기능론은 사회 안정과 합의를 지나치게 강조한다는 점에서 기득권층의 이익을 대변하는 논리로 이용될 우려가 있다는 비판을 받는다.
바로알기 | ㄱ. 기능론은 사회의 다양한 부분들이 사회 전체의 존속과 통합을 위해 기능을 수행하며 상호 연관되어 있다고 보므로, 사회 구조의 힘을 강조한다. ㄷ은 상징적 상호 작용론에 대한 설명이다.

28 갈등론은 사회 제도와 각 요소의 기능이 부와 권력 등의 사회적 희소가치를 획득한 지배 집단이 자신들의 이익을 규정해 놓은 것에 불과하다고 본다. 또한 지배 집단은 기존의 지배 관계를 유지하기 위해 자신들의 가치를 반영한 법을 통해 피지배 집단을 억압하거나 착취하고, 피지배 집단은 이에 도전하므로 사회적 희소가치를 둘러싼 집단 간 갈등과 대립은 필연적으로 발생한다고 본다. 따라서 갈등론은 집단 간 갈등을 사회의 본질적인 속성으로 인식하며, 이러한 갈등은 사회 변화와 사회 발전의 원동력이 된다고 본다.
바로알기 | ③은 기능론에 부합하는 진술이다.

29 **모범 답안** 갈등론. 갈등론은 사회 속에 존재하는 지배와 피지배의 관계와 갈등의 측면을 이해하는 데 유용하다.

30 제시된 글은 지배 집단이 피지배 집단을 억압하고 착취한다고 보므로, 갈등론적 관점이 나타나 있다. 병. 노인 소외 문제의 원인으로 기득권층이 부와 권력을 이용하여 노인을 소외시키는 것을 강조하므로, 갈등론의 입장이다. 정. 사회 갈등을 자연스러운 현상으로 인식하며 사회 변화와 사회 발전의 원동력으로 보므로, 갈등론의 입장이다.
바로알기 | 갑. 사회가 유기체와 유사한 성격을 지닌다고 보는 것은 기능론의 입장이다. 을. 갈등론에서는 학교 교육이 기존의 불평등 구조를 정당화시키는 수단이라고 본다. 학교 교육이 사회 통합을 위한 순기능을 담당한다고 보는 것은 기능론의 입장이다.

31 갑은 기능론, 을은 갈등론의 관점에서 학교 교육을 바라보고 있다. ㄱ. 기능론은 사회가 본질적으로 조화와 균형을 이루고 있으며, 스스로 균형을 유지하려는 속성을 지닌다고 본다. ㄴ. 기능론은 사회가 유기체처럼 상호 의존적인 다양한 요소로 구성되어 있으며, 각 구성 요소들이

사회 전체가 합의한 규범에 따라 기능을 수행함으로써 사회의 질서와 안정을 이룬다고 본다. ㄷ. 갈등론은 갈등이 사회 변화와 사회 발전의 원동력이 된다고 보므로, 사회 안정보다는 사회 변동을 강조한다.
바로알기 | ㄹ. 사회적 상호 작용을 통한 의미 부여를 중시하는 관점은 상징적 상호 작용론이다.

32 ② 갈등론은 사회적 희소가치가 지배 집단만의 합의에 의해 불평등하게 배분됨을 강조하므로, 학교 교육에서 교육 내용은 특정 집단의 합의에 따른 것이라고 본다.
바로알기 | ① 객관적 사회 조건보다 주관적 상황 정의를 중시하는 관점은 상징적 상호 작용론이다. ③ 행위 주체인 개인의 능동성과 자율성을 강조하는 관점은 상징적 상호 작용론이다. ④ 기능론은 갈등론과 달리 사회 구성 요소들이 사회의 유지와 존속에 기여한다고 본다. ⑤ 기능론과 갈등론은 모두 교육 문제를 사회 구조적 측면에서 파악한다. 교육 문제를 학생과 교사 간에 나타나는 상호 작용의 측면에서 파악하는 관점은 상징적 상호 작용론이다.

33 갑은 기능론적 관점, 을은 갈등론적 관점을 지니고 있다. ㄱ. 기능론에서는 사회의 각 부분이 사회 전체가 합의한 규범에 따라 사회의 안정과 질서 유지에 필요한 기능을 수행한다고 본다. ㄴ. 갈등론에서는 부와 권력 등의 사회적 희소가치를 기득권층인 지배 집단이 독점하는 불평등한 분배 구조로 인해 사회 문제가 발생한다는 점을 강조한다.
바로알기 | ㄷ. 사회 구성원들이 상호 작용을 통해 일상생활 경험에 의미를 부여함을 강조하는 것은 상징적 상호 작용론에 대한 설명이다. ㄹ. 기능론만이 사회를 유기체로 간주하는 관점에 해당한다.

34 **모범 답안** (1) 갑: 기능론, 을: 갈등론
(2) 기능론은 기득권층의 이익을 대변하는 논리로 이용될 우려가 있다는 비판을 받기도 하며, 갈등론은 지나치게 갈등을 강조함으로써 현실 속에 존재하는 협동과 조화의 현상을 경시한다는 비판을 받기도 한다.

35 법의 역할에 대해 갑은 갈등론적 관점, 을은 기능론적 관점을 지니고 있다. ② 갈등론은 지배 집단이 사회적 희소가치를 강제적으로 분배한 결과 구조적 불평등이 생겼다고 보므로, 법이 사회 전체의 합의가 아닌 특정 집단의 합의를 통해 형성되었다고 본다.
바로알기 | ① 사회가 유기체와 유사한 특성을 지닌다고 보는 것은 기능론의 입장이다. ③ 개인의 능동성과 자율성을 강조하는 것은 상징적 상호 작용론의 입장이다. ④ 기능론과 갈등론은 모두 사회 구조적 측면에서 법의 역할을 설명한다. ⑤ 기능론은 갈등론과 달리 사회의 변동보다는 안정을 중시한다.

36 구성원 간의 합의된 가치나 규범을 지키지 않는 행위를 사회 질서를 깨뜨리는 행위로 간주하는 것은 기능론의 입장이다. 따라서 A는 갈

등론, B는 기능론이다. ⑤ 기능론은 사회 각 부분 간에 나타나는 상호 의존성과 사회의 안정성을 강조하므로, 갈등론과 달리 혁명과 같은 급격한 사회 변동을 설명하기 어렵다는 한계가 있다.

바로알기 | ① 개인들 행위의 주관적인 동기와 의미 해석에 초점을 두어 현상을 보는 관점은 상징적 상호 작용론이다. ② 사회를 지배와 피지배 관계로 보는 관점은 갈등론이다. ③ 기능론은 사회의 통합과 안정, 조화와 균형을 중시한다. ④ 갈등론은 사회 갈등과 사회 변동의 중요성을 강조하지만, 기능론은 사회 갈등과 사회 변동의 중요성을 간과한다.

37 밑줄 친 '이 이론'은 상징적 상호 작용론이다. ⑤ 상징적 상호 작용론은 개인들의 일상적인 상호 작용을 중시하며, 이 과정에서 발생하는 주관적인 의미 규정과 해석에 초점을 맞춘다.

바로알기 | ① 상징적 상호 작용론은 개인의 자율성과 능동성을 중시하므로, 개인보다 사회를 우선시한다고 보기 어렵다. ② 상징적 상호 작용론은 개인 간 상호 작용에 초점을 둔다는 점에서 개인에게 미치는 사회 구조의 힘을 강조한다고 보기 어렵다. ③은 기능론, ④는 갈등론에 대한 설명이다.

개념 보충

상징적 상호 작용론	
사회 인식	사회는 개인 간 일상적인 상호 작용 과정에서 주관적인 의미 규정과 해석을 주고받으며 형성되고 변화함
특징	사회·문화 현상을 받아들이는 개인들의 상황 정의에 따라 그 현상의 의미가 달라짐
장점	사회·문화 현상을 심층적으로 이해할 수 있음
한계	개인의 행위에 영향을 미치는 사회적 측면을 소홀히 함

38 저출산 문제에 대해 갑과 을은 개인 측면을 강조하므로, 상징적 상호 작용론의 관점을 취하고 있다. ⑤ 상징적 상호 작용론은 사회 구조보다 일상생활에서 일어나는 개인 간 상호 작용에 초점을 둔다는 점에서 개인의 행위에 영향을 미치는 사회 구조나 사회 제도와 같은 거시적인 구조를 소홀히 한다는 비판을 받기도 한다.

바로알기 | ① 상징적 상호 작용론은 사회적 행위자인 개인의 행위에 초점을 맞추어 사회·문화 현상을 이해한다. ② 상징적 상호 작용론은 개인의 주체적 능동성을 중시하는 경향이 있다. ③, ④는 기능론과 갈등론을 비롯한 거시적 관점에 대한 설명이다.

39 ㉠은 상황 정의이다. 상황 정의란 행위 주체가 자신이 처해 있는 특정 상황에 대하여 해석하고 의미를 부여하는 것으로, 상징적 상호 작용론은 인간이 각자의 상황 정의를 바탕으로 행위를 선택하고, 의미 전달의 수단으로서 상징을 활용하여 타인과 상호 작용을 한다고 본다.

40 제시된 글은 인간이 각자의 상황 정의를 바탕으로 행위를 선택한다는 점을 강조하므로, 상징적 상호 작용론의 관점에서 사회·문화 현상을 바라보고 있다. ㄱ, ㄴ. 상징적 상호 작용론은 개인의 일상 세계에 관심을 두므로 개인들의 일상생활을 주로 관찰하며, 사회·문화 현상에 의미를 부여하는 개인의 자율적 사고와 행위에 초점을 맞춘다.

바로알기 | ㄷ은 기능론과 갈등론을 비롯한 거시적 관점에 대한 설명이다. ㄹ은 기능론에 대한 설명이다.

41 ④ 상징적 상호 작용론은 개인 간 상호 작용이나 개인의 행위에 초점을 두므로, 사회 문화 현상에 내재해 있는 상호 주관적인 동기와 의미 해석을 중시한다.

바로알기 | ① 상징적 상호 작용론은 일상 속 개인의 자율성 및 능동성을

중시한다. ②는 갈등론에 대한 설명이다. ③은 기능론과 갈등론을 비롯한 거시적 관점에 대한 설명이다. ⑤는 기능론에 대한 설명이다.

42 학생은 사회·문화 현상은 주관적인 의미 규정과 해석을 주고받는 과정이라는 진술에 'O'로 표시하였고, 학생 답안이 모두 옳았음을 고려할 때 A는 상징적 상호 작용론이다. 따라서 (가)에는 상징적 상호 작용론에 부합하는 진술이 들어가야 한다. ③ 상징적 상호 작용론은 개인 행위자의 상호 작용에 영향을 미치는 사회적 측면을 소홀히 한다는 점에서 사회 구조의 영향력을 경시한다는 비판을 받으므로, 제시된 진술은 (가)에 들어갈 수 있다.

바로알기 | ①은 갈등론, ②, ④, ⑤는 기능론에 부합하는 진술이므로 (가)에 들어갈 수 없다.

43 세대 갈등의 원인으로 갑은 역할 체계의 붕괴와 구성원 간 상호 의존성 약화를 강조하므로 기능론적 관점을, 을은 개별 행위자들의 주관적 해석과 의미 부여의 차이를 강조하므로 상징적 상호 작용론적 관점을 취하고 있다. ② 기능론에서는 사회 구성원 간의 합의된 가치와 규범을 중요하게 여기므로, 지배적으로 인정되는 규범을 따르는 것이 사회의 유지와 존속에 필수적이라고 본다.

바로알기 | ① 사회 구조로부터 자유로운 능동적 개인에 의해 사회·문화 현상이 발생한다고 보는 것은 상징적 상호 작용론의 입장이다. ③ 특정 집단의 합의에 기초한 사회 규범이 기존의 사회 구조를 유지하는 역할을 한다고 보는 것은 갈등론의 입장이다. ④ 상징적 상호 작용론은 기능론과 달리 특정 현상의 의미는 개인들의 인식에 따라 상대적으로 규정된다고 본다. ⑤ 기능론은 상징적 상호 작용론과 달리 사회가 스스로 균형을 유지하려는 속성을 지니고 있다고 본다.

44 서로 다른 계급 간 이익이 양립할 수 없다고 보는 A는 갈등론이고, 주관적인 의미와 상황 맥락을 강조하는 B는 상징적 상호 작용론이다. ㄴ. 갈등론은 상징적 상호 작용론과 달리 집단 간 갈등에서 비롯된 사회 구조적 변혁이 사회 발전의 원동력이 된다고 본다. ㄷ. 상징적 상호 작용론은 개인의 행위에 초점을 두어 사회·문화 현상을 이해하므로, 갈등론과 달리 사회 구성원이 자신의 상황에 대해 각자 의미를 부여하고 해석하는 상황 정의에 주목한다.

바로알기 | ㄱ, ㄹ. 사회 문제를 병리적인 현상으로 보는 것과 전체 구성원들의 합의에 의해 사회 내 역할이 분배된다고 보는 것은 기능론의 입장이다.

45 **모범 답안** (1) A: 갈등론, B: 상징적 상호 작용론, C: 기능론
(2) 상징적 상호 작용론은 개인 행위자의 상호 작용에 영향을 미치는 사회 구조나 제도의 힘을 경시한다는 한계점이 있다.
(3) '거시적 관점에 해당하는가?', '사회 구조와 제도를 중시하는가?' 등

46 갑은 상징적 상호 작용론, 을은 기능론, 병은 갈등론의 관점에서 아동 학대 문제를 바라보고 있다. ㄱ. 상징적 상호 작용론은 개인의 행위에 영향을 미치는 사회 구조나 사회 제도의 측면을 간과한다는 한계가 있다. ㄴ. 기능론은 사회 안정과 합의를 지나치게 강조함에 따라 기득권층의 이익을 대변하는 논리로 이용될 우려가 있다는 비판을 받기도 한다. ㄷ. 갈등론은 거시적 관점에서 사회·문화 현상을 설명하며 상징적 상호 작용론과 달리 계급 간 지배와 피지배의 관계에서 나타나는 사회 구조적 모순에 의해 사회 문제가 발생한다는 점을 강조한다.

바로알기 | ㄹ. 기능론과 갈등론은 모두 거시적 관점에 해당한다.

47 (가)에는 상징적 상호 작용론에만 해당하는 질문이, (나)에는 기능론에만 해당하는 질문이 들어가야 한다. ㄱ. 상징적 상호 작용론에 따르

면 사람들은 자신에게 주어진 상황에 대해 의미를 부여하고 해석하는 상황 정의를 토대로 다른 사람과 상호 작용을 하므로, (가)에는 주어진 질문이 들어갈 수 있다. ㄷ. 기능론에서는 사회 집단 간 문제를 사회 구성 요소가 제 기능을 제대로 수행하지 못해 발생하는 병리적 현상으로 보므로, 주어진 질문은 (나)에 들어갈 수 있다.

바로알기 | ㄴ. 사회 유기체설을 바탕으로 사회는 자동 안정화 기능에 의해 항상성을 가지고 있다고 보는 것은 기능론만의 특징이므로, 주어진 질문은 (가)에 들어갈 수 없다. ㄹ. 사회라는 큰 체계 속에서 사회·문화 현상을 이해하는 것은 기능론과 갈등론의 공통적인 특징이므로, 주어진 질문은 (나)에 들어갈 수 없다.

48 ② 개인보다 사회 구조에 대한 이해를 우선시하는 관점은 기능론과 갈등론이므로, C는 상징적 상호 작용론이다. 상징적 상호 작용론은 사회적 상호 작용을 통한 의미 부여를 중시한다.

바로알기 | ① (가)에 대해 두 관점이 '예'로 답해야 하는데, 개인행동에 영향을 미치는 사회 구조의 강제력을 간과하는 것은 상징적 상호 작용론만의 특징이므로, 주어진 질문은 (가)에 들어갈 수 없다. ③ 사회 유기체설을 바탕으로 하는 것은 기능론의 특징이므로, A는 기능론이다. 기능론은 사회가 특정 집단만의 합의가 아닌 전체 구성원의 합의에 따라 만들어진다고 본다. ④ B가 기능론이라면 (나)에는 기능론의 특징을 묻는 질문이 들어갈 수 없다. 그런데 기능론은 기득권을 유지하려는 집단의 논리로 악용될 수 있으므로, 주어진 질문은 (나)에 들어갈 수 없다. ⑤ C가 상징적 상호 작용론이라면 (나)에는 상징적 상호 작용론의 특징을 묻는 질문이 들어갈 수 없다. 그런데 상징적 상호 작용론은 개인의 상황 정의에 대한 이해를 강조하므로, 주어진 질문은 (나)에 들어갈 수 없다.

49 개인의 행동은 특정 집단의 가치가 반영된 사회 규범에 의해 강제되는 것이라고 보는 것은 갈등론의 입장이고, 개인의 행동이 개인 외부에서 독립적으로 작동하는 강제력에 의해 규제된다고 보는 것은 기능론과 갈등론의 입장이다. 따라서 A는 갈등론, B는 상징적 상호 작용론, C는 기능론이다. ① 갈등론은 갈등이 사회 변화와 사회 발전의 원동력이 된다고 보므로, 갈등의 긍정적 측면을 강조한다.

바로알기 | ② 사회 갈등을 병리적 현상으로 이해하는 것은 기능론의 입장이다. ③ 기능론은 사회를 사회 구조적 관점에서 분석한다. ④ 기능론과 갈등론은 상징적 상호 작용론과 달리 사회 제도의 영향력을 중시한다. ⑤ 개인의 행동은 상황에 대한 주관적 해석에 기초하여 이루어진다고 보는 것은 상징적 상호 작용론만의 입장이다.

사회·문화 현상의 연구 방법과 탐구 절차

개념 확인 문제   17쪽

50 ㉠ 양적 연구 방법 ㉡ 질적 연구 방법   **51** (1) – ㉡ (2) – ㉠

52 (다) – (가) – (나) – (라) – (마)   **53** (1) 가설 설정

(2) 질적 연구

난이도별 필수 기출
18~25쪽

54 ②	**55** ②	**56** ②	**57** ⑤	**58** ②	**59** ④
60 해설 참조		**61** ③	**62** ④	**63** ⑤	**64** ⑤
65 ①	**66** ②	**67** 해설 참조		**68** ①	**69** ①
70 ④	**71** ②	**72** ⑤	**73** ⑤	**74** ④	**75** ③
76 ②	**77** 해설 참조		**78** ①	**79** ②	**80** ①
81 ⑤	**82** ①	**83** 해설 참조		**84** ③	**85** ①
86 ②	**87** ②	**88** ②	**89** ④		

54 밑줄 친 '이 연구 방법'은 양적 연구 방법이다. ㄱ, ㄷ. 양적 연구 방법은 사회·문화 현상에 존재하는 일반적인 법칙을 발견하여 규칙성을 도출하는 데 목적을 두며, 개념의 조작적 정의를 통해 수집된 계량화된 자료를 통계 분석하여 가설을 검증하는 과정을 거친다.

바로알기 | ㄴ은 질적 연구 방법에 대한 설명이다. ㄹ. 양적 연구 방법은 방법론적 일원론에 기반하여 사회·문화 현상을 탐구한다.

55 제시된 연구 주제들은 독립 변수와 종속 변수 간의 상관관계를 파악하기 위한 것이므로, 양적 연구 방법을 활용하기에 적절하다. ② 양적 연구 방법은 가설을 설정하고 자료를 수집하여 가설을 검증하는 일련의 과정을 거쳐 진행되므로, 연역적 연구의 과정을 거치게 된다.

바로알기 | ① 양적 연구 방법은 통계 분석 기법을 활용하여 자료를 분석하므로 조사 결과의 비교 분석이 용이하다. ③ 양적 연구 방법에서는 질문지법과 실험법을 주로 사용한다. 참여 관찰법과 면접법은 질적 연구에서 주로 사용한다. ④ 양적 연구 방법은 사회·문화 현상 역시 개념의 조작적 정의를 통한 계량화가 가능하다고 본다. ⑤ 양적 연구 방법은 구체적·개별적 사례로부터 법칙을 발견하지는 않는다.

개념 보충

양적 연구 방법

전제	사회·문화 현상도 자연 현상의 연구 방법과 동일한 방법으로 연구할 수 있음 → 방법론적 일원론 강조
목적	사회·문화 현상에 내재한 일반적인 법칙을 발견하고자 함
특징	• 개념의 조작적 정의를 통해 계량화된 자료를 수집함 • 수집된 자료를 통계 분석하여 인과 관계를 파악함

56 제시된 내용은 양적 연구 방법에 대한 설명이다. ㄱ, ㄷ. 개인의 학력과 소득 간 관계, 조기 영어 교육과 영어 실력 간 관계를 파악하기 위한 연구는 계량화된 자료의 수집과 통계 분석을 통해 변수 간 관계를 파악하는 양적 연구 방법을 적용하기에 적합하다.

바로알기 | ㄴ, ㄹ. 이주 노동자의 한국 사회 적응 과정, 중증 외상 환자를 돌보는 의료진의 고충을 파악하기 위한 연구는 감정 이입적 이해를 추구하는 질적 연구 방법을 적용하기에 적합하다.

57 ⊙은 개념의 조작적 정의이다. 양적 연구에서는 개념의 조작적 정의에 의해 수치화된 자료를 수집하고, 이를 통계 기법을 활용하여 분석한 결과를 토대로 결론을 도출한다.

58 개념의 조작적 정의는 추상적 개념을 구체적 개념으로 표현할 수 있는 대표적 지표를 선정하는 과정으로, 수집한 자료를 통계적으로 분석하는 과정을 거치는 양적 연구에 필요한 과정이다. 개념의 조작적 정의는 인간의 주관적 인식이나 태도에 대해서도 적용이 가능하다는 특징이 있다.
바로알기 | ② 일반적으로 개념의 조작적 정의는 자료를 분석하는 단계가 아닌 연구 설계 단계에서 이루어진다.

59 겉으로 드러난 인간의 행동만이 객관적으로 관찰될 수 있다고 보며, 개념의 조작적 정의를 중시하는 것은 양적 연구 방법이다. ④ 양적 연구 방법은 인간의 주관적이고 정신적인 영역을 연구하는 데 제약이 있다는 점에서 사회·문화 현상에 대한 피상적인 사실 파악에 그칠 우려가 있다는 한계를 지닌다.
바로알기 | ① 양적 연구 방법은 계량화된 자료를 이용하므로 정확하고 정밀한 연구가 가능하다. ② 양적 연구 방법은 계량화된 자료 수집과 통계 분석에 용이한 공식적인 통계 자료 등을 선호하므로, 비공식적인 자료를 중시한다고 보기 어렵다. ③ 양적 연구 방법은 일반화나 인과 법칙의 발견을 통해 사회·문화 현상을 예측하기에 용이하다. ⑤ 양적 연구 방법은 연구자의 가치나 이해관계가 개입될 가능성이 낮으며, 일반화나 인과 법칙 발견이 용이하다.

60 **모범 답안** 자아 존중감은 '자아 존중감 지수로, SNS 중독 정도는 '주간 SNS 활동 빈도'로 조작적으로 정의하였다.

61 ① 변수 간 인과 관계 파악을 위한 양적 연구가 진행되었으므로, 방법론적 일원론에 기초한 연구이다. ② 자아 존중감이 높을수록 SNS 중독 정도가 낮다는 가설을 세웠으므로, 변인 간 부(−)의 상관관계를 설정하였다. ④ 자료 분석 결과 변인 간 부(−)의 상관관계가 나타났으므로, 가설이 수용되는 결과를 통해 검증되었음을 알 수 있다. ⑤ 가설에서 원인이 되는 추상적 개념인 자아 존중감을 측정 가능한 개념인 자아 존중감 지수로 나타냈으므로, 독립 변수에 대한 개념의 조작적 정의가 이루어졌다.
바로알기 | ③ 제시된 연구에서는 대규모 인원을 대상으로 설문 조사를 함으로써 계량화가 가능한 양적 자료를 수집하였다.

62 ④ '게임 이용 진단 검사', '자아 존중감 검사', '자기 통제력 검사'는 게임 과몰입의 극복 정도를 알아보기 위한 검사이고, 게임 과몰입의 극복 정도는 결과에 해당하는 종속 변인이므로 ⑩은 조작적으로 정의한 종속 변인을 파악하기 위한 검사에 해당한다.
바로알기 | ① 수도권에 있는 초등학생 중 인터넷 게임에 과몰입하지 않은 어린이도 있으므로, ⓒ은 표본 집단에 해당하지 않는다. ② ⓒ '게임 행동 진단 척도 검사'는 실험 집단을 구성하기 위한 검사일 뿐 사전 검사에 해당하지 않는다. 한편, ⑩ '게임 이용 진단 검사', '자아 존중감 검사', '자기 통제력 검사'는 독서 치료 프로그램의 적용 전과 이후에 모두 시행하였으므로 사전 검사와 사후 검사 모두에 해당한다. ③ 학년별로 10명씩 선정된 게임 과몰입 학생들은 모두 독서 프로그램에 참여하였으므로 실험 집단에 해당하며, 독서 프로그램을 실시하지 않은 통제 집단은 제시되어 있지 않다. 즉, ⓒ은 실험 집단과 통제 집단으로 분류한 것이 아니다. ⑤ 제시된 연구는 수도권에 있는 초등학생 중에서만 표본을 선정하

였기 때문에 표본이 모집단의 특성을 대표하지 못하므로, ⓐ을 인터넷 게임 과몰입 어린이 전체에게 일반화하기는 어렵다.

63 제시된 글은 개별 현상의 의미 파악에 주목하므로, 질적 연구 방법을 강조하고 있다. ㄷ. 질적 연구 방법은 직관적 통찰을 통해 연구 대상인 인간의 행위 속에 담긴 주관적 동기와 의미를 해석하고 심층적으로 이해하고자 한다. ㄹ. 질적 연구 방법은 사회·문화 현상이 자연 현상과 본질적으로 다르므로, 자연 과학과는 다른 방법으로 연구해야 한다는 방법론적 이원론을 전제로 한다.
바로알기 | ㄱ, ㄴ은 양적 연구 방법에 대한 설명이다.

개념 보충

질적 연구 방법	
전제	사회·문화 현상은 자연 현상의 연구와 다른 방법으로 연구해야 함 → 방법론적 이원론 강조
목적	사회·문화 현상에 담긴 인간 행위의 동기와 의미를 파악하고자 함
특징	• 일기나 대화록 등과 같은 비공식적인 자료를 중시함 • 연구자의 직관적 통찰과 감정 이입적 이해를 추구함

64 A는 연예인 팬덤 현상을 보이는 청소년을 심층적으로 탐구하기 위해 면접법과 참여 관찰법으로 자료를 수집하려고 하므로, 질적 연구 방법을 활용하고자 한다. ⑤ 질적 연구 방법은 연구자의 지식과 판단 능력에 의존하여 의미를 파악하는 직관적 통찰을 통한 인간 내면의 해석적 이해를 강조한다.
바로알기 | ① 질적 연구 방법은 자료의 계량화가 어려우므로, 객관적이고 정밀한 연구에 적합하지 않다. ②, ③, ④는 양적 연구 방법에 대한 설명이다.

65 비교적 소수를 대상으로 면접법을 활용하여 질적 자료를 수집하고자 하므로, 질적 연구 방법을 활용하려는 것을 알 수 있다. ㄱ. 질적 연구 방법은 직관적 관찰을 통해 사회·문화 현상에 담긴 인간 행위의 동기와 의미를 심층적으로 파악하고자 한다. ㄴ. 질적 연구 방법은 인간 행위의 의미를 탐구할 수 있는 일기, 편지, 대화록 등의 비공식적 자료를 중요하게 여긴다. 또한 구체적 사례를 수집하고 이를 분석하여 현상의 의미를 이해하는 귀납적 추론 과정을 거친다.
바로알기 | ㄷ. 질적 연구 방법은 사회·문화 현상과 자연 현상은 본질적으로 다르다고 전제한다. ㄹ. 질적 연구 방법은 직관적 통찰과 감정 이입적 이해를 통해 연구를 진행하므로, 인간의 정신적 영역과 같이 계량화하기 어려운 영역도 연구할 수 있다.

66 제시된 연구 주제들은 인간 행위의 심층적 이해를 목적으로 하므로, 질적 연구 방법을 활용하기에 적합하다. ㄱ, ㄷ. 질적 연구 방법은 사회·문화 현상은 자연 현상 연구와 다른 방법으로 연구해야 한다는 방법론적 이원론에 기초하며, 인간 행위의 의미를 깊이 탐구할 수 있는 일기, 편지, 대화록, 관찰 일지 등의 비공식적 자료를 중요하게 활용한다.
바로알기 | ㄴ. 질적 연구 방법은 면접법, 참여 관찰법을 통해 소수를 대상으로 자료를 수집하므로, 다수 사례를 통계 분석하기에 용이하지 않다. ㄹ은 양적 연구 방법에 대한 설명이다.

67 **모범 답안** 질적 연구 방법. 질적 연구 방법은 계량화하기 어려운 영역을 연구할 수 있고, 행위 이면에 담긴 의미를 심층적으로 이해하는 데 유용하다.

68 을이 활용한 연구 방법은 질적 연구 방법이다. ㄱ. 질적 연구 방법은 행위자들의 주관적 세계에 대한 이해를 돕는 대화록, 편지, 일기 등

의 비공식적 자료를 중시한다. ㄴ. 질적 연구 방법은 현상 전체를 꿰뚫어 보는 연구자의 직관적 통찰과 연구자가 연구 대상자의 처지가 되어 공감대를 형성하여 대상을 이해하는 감정 이입적 이해를 중시한다.

바로알기 | ㄷ. 질적 연구 방법은 연구자의 주관이 개입될 소지가 있어 객관성을 확보하는 데 불리할 수 있다. ㄹ. 질적 연구 방법은 사회·문화 현상의 연구는 자연 현상의 연구 방법과 다른 방법으로 진행해야 한다고 전제한다.

69 A는 양적 연구 방법, B는 질적 연구 방법이다. ㄱ. 양적 연구 방법에서는 연구자의 주관적 가치를 배제하고 객관적인 태도로 연구하므로, 연구자와 연구 대상이 되는 사회·문화 현상을 분리할 수 있다고 본다. ㄴ. 질적 연구 방법에서는 인간의 내면을 심층적으로 연구하고자 하므로, 연구 대상자가 구성해 내는 생활 세계에 연구의 초점을 둔다.

바로알기 | ㄷ. 질적 연구 방법은 직관적 통찰과 감정 이입적 이해를 중시한다. ㄹ. 양적 연구 방법은 질적 연구 방법에 비해 객관적이고 정밀한 연구에 용이하다.

70 ㉠은 양적 연구 방법, ㉡은 질적 연구 방법이다. ①, ② 양적 연구 방법은 통계적 분석 기법을 활용하므로 정확하고 정밀한 연구가 가능하며, 자연 과학의 연구 방법을 사회·문화 현상에도 적용할 수 있다는 방법론적 일원론에 기초한다. ③, ⑤ 질적 연구 방법은 직관적 통찰을 통해 수치화가 어려운 영역을 탐구할 수 있다는 장점이 있지만, 연구 결과의 일반화가 용이하지 않아 객관적 법칙의 발견이 어렵다는 한계가 있다.

바로알기 | ④ 질적 연구 방법은 연구자의 직관적 통찰과 감정 이입적 이해에 의존하여 연구를 진행하므로, 연구자의 주관적 가치가 개입될 가능성이 크다.

71 (가)는 질적 연구 방법, (나)는 양적 연구 방법이다. ① 연구자와 연구 대상을 엄격히 분리하는 것은 양적 연구 방법, 그렇지 않은 것은 질적 연구 방법이다. ③ 연구 대상자의 주관적 상황 인식을 중시하는 것은 질적 연구 방법, 그렇지 않은 것은 양적 연구 방법이다. ④ 직관적 통찰과 감정 이입적 이해를 강조하는 것은 질적 연구 방법, 그렇지 않은 것은 양적 연구 방법이다. ⑤ 변수와 변수 간의 관계 파악을 목적으로 하는 것은 양적 연구 방법, 그렇지 않은 것은 질적 연구 방법이다.

바로알기 | ② 양적 연구 방법과 질적 연구 방법은 모두 경험적 자료를 바탕으로 연구를 진행한다.

72 A는 질적 연구 방법, B는 양적 연구 방법이다. ㄴ. 양적 연구 방법은 통계 분석을 위해 개념의 조작적 정의를 바탕으로 수집한 계량화된 자료를 선호한다. ㄷ. 양적 연구 방법은 독립 변인과 종속 변인 간의 관계를 밝히는 것을 목적으로 한다. ㄹ. 양적 연구 방법과 질적 연구 방법은 모두 인간 행위와 관련된 경험적 자료를 바탕으로 사회·문화 현상을 연구한다.

바로알기 | ㄱ. 양적 연구 방법은 질적 연구 방법과 달리 연구자 스스로를 연구 대상으로부터 분리시키고자 한다.

73 A는 양적 연구 방법, B는 질적 연구 방법이다. ⑤ 양적 연구 방법은 일반적인 법칙을 통해 가설을 설정하고, 자료를 수집하여 그 가설을 검증하는 연역적 과정을 거친다. 반면, 질적 연구 방법은 구체적인 사례를 수집하고 그 사례를 해석함으로써 결론을 도출하는 귀납적 과정을 거친다.

바로알기 | ① 질적 연구 방법은 양적 연구 방법보다 직관적 통찰의 활용을 중시한다. ② 양적 연구 방법은 질적 연구 방법보다 연구 과정에서 잠

정적 결론에 해당하는 가설의 검증을 중시한다. ③, ④ 양적 연구 방법은 질적 연구 방법보다 일반화를 통한 객관적인 법칙 발견이 용이하며, 추상적인 개념을 측정 가능하도록 구체적으로 정의하는 개념의 조작적 정의를 중시한다.

74 (가)에는 양적 연구 방법만의 특징을 묻는 질문이 들어가야 한다. ㄴ, ㄹ. 양적 연구 방법은 질적 연구 방법과 달리 독립 변수와 종속 변수 간 관계에 대한 법칙 발견을 목적으로 하며, 개념의 조작적 정의를 토대로 수량화된 자료의 분석을 통해 가설을 검증하는 절차를 거치므로, 주어진 질문은 (가)에 들어갈 수 있다.

바로알기 | ㄱ. 양적 연구 방법은 질적 연구 방법과 달리 방법론적 일원론에 기초하므로, 주어진 질문은 (가)에 들어갈 수 없다. ㄷ. 연구자의 직관적 통찰과 감정 이입적 이해를 중시하는 것은 질적 연구 방법만의 특징이므로, 주어진 질문은 (가) 들어갈 수 없다.

75 ㄷ. 개념의 조작적 정의를 중시하는 것은 양적 연구 방법이므로 A는 양적 연구 방법, B는 질적 연구 방법이다. 질적 연구 방법은 양적 연구 방법과 달리 일기나 편지 등의 비공식 자료를 중시하므로, 주어진 질문은 (다)에 들어갈 수 있다. ㄹ. 사회적 맥락에서 행위에 담긴 의미의 이해를 중시하는 것은 질적 연구 방법이므로 A는 양적 연구 방법, B는 질적 연구 방법이다. 질적 연구 방법은 양적 연구 방법과 달리 연구자의 주관이 개입될 소지가 있으므로, 주어진 질문은 (나)에 들어갈 수 없다.

바로알기 | ㄱ. 양적 연구 방법과 질적 연구 방법은 모두 경험적 자료를 통해 사회·문화 현상을 분석하므로, 주어진 질문은 (가)에 들어갈 수 있다. ㄴ. 연구자가 연구 대상과 거리를 유지하여 객관적으로 탐구하는 것은 양적 연구 방법이므로 A는 양적 연구 방법, B는 질적 연구 방법이다. 질적 연구 방법은 사회·문화 현상은 자연 과학과는 다른 방법으로 연구해야 한다는 방법론적 이원론을 전제한다.

76 (가)는 행위 이면에 담긴 의미의 심층적 이해를 목적으로 하므로 질적 연구 방법, (나)는 변수 간의 인과 관계 파악을 목적으로 하므로 양적 연구 방법이다. ② 질적 연구 방법은 연구 수행 과정에서 직관적 통찰과 심층적 이해가 중시되며, 자료 수집과 해석 과정이 명확하게 구분되지 않는다.

바로알기 | ① 규칙성 발견, 인과 관계 분석을 목적으로 하는 것은 양적 연구 방법이다. ③ 연구자와 연구 대상자 간 정서적 교감을 중시하는 것은 질적 연구 방법이다. ④ 양적 연구 방법도 연구 주제 선정 단계, 연구 결과의 활용 단계 등에서는 연구자의 가치가 개입될 수 있다. ⑤ 질적 연구 방법은 방법론적 이원론, 양적 연구 방법은 방법론적 일원론에 기초한다.

개념 보충

양적 연구 방법과 질적 연구 방법의 장점과 단점		
구분	양적 연구 방법	질적 연구 방법
장점	정확하고 정밀한 연구가 가능함, 법칙 발견에 용이함	계량화하기 어려운 분야의 심층적인 이해가 가능함
단점	사회·문화 현상에 대한 피상적인 연구에 그칠 수 있음	연구 결과의 일반화가 어려움, 연구자의 주관이 개입될 수 있음

77 **모범 답안** 양적 연구 방법. 양적 연구 방법은 계량화하기 어려운 인간의 주관적이고 정신적인 영역을 연구하기에 제약이 있으며, 사회·문화 현상을 지나치게 단순화하고 기계적으로 인식한다는 한계가 있다.

78 (가)는 질적 연구 방법, (나)는 양적 연구 방법이다. ① 질적 연구 방법은 사회·문화 현상을 구성하는 인간의 행위 속에 담긴 주관적 동기와

의미를 해석하고 이해하는 데 중점을 두며, 연구 대상자의 주관적 세계를 이해하고자 한다.
바로알기 | ② 사회·문화 현상과 자연 현상이 본질적으로 다르다는 점을 강조하는 것은 질적 연구 방법이다. ③ 질적 연구 방법은 양적 연구 방법과 달리 감정 이입적 이해를 중시한다. ④ 질적 연구 방법은 연구자의 직관적 통찰을 통해 인간의 내면을 심층적으로 이해하고자 한다. 법칙 발견을 통해 사회·문화 현상을 설명하는 것은 양적 연구 방법이다. ⑤ 양적 연구 방법과 질적 연구 방법은 모두 경험적 자료를 바탕으로 연구를 진행한다.

79 ㄱ. ㉠은 질적 연구 방법에서의 자료 수집 과정으로서 주로 일기나 편지 등의 비공식적 자료, 질적 자료 등을 수집하는 과정이다. ㄹ. ㉣은 양적 연구 방법에서의 자료 분석 과정으로서 연역적 접근법을 활용하여 양적 자료를 분석하는 단계이다.
바로알기 | ㄴ. ㉡은 질적 연구 방법에서의 자료 분석 및 해석 과정으로서 연구자는 연구 대상자와 친밀한 관계에서 연구를 수행한다. ㄷ. ㉢은 양적 연구 방법에서의 자료 수집 과정인 데 반해 통계 기법을 활용하여 인과 관계를 파악하는 단계는 자료 분석 과정이다.

80 (가)는 가설 설정 단계, (나)는 자료 수집 및 분석 단계이다. ① 가설 설정 단계에서 연구자는 연구 주제와 관련 있는 기존 이론과 연구물을 검토하여 연구 문제에 대한 잠정적 결론인 가설을 설정한다.
바로알기 | ② 수집한 자료를 통계적 기법으로 분류하고 분석하는 단계는 자료 분석 단계이다. ③ 자료 분석 결과에 따라 가설의 수용 여부를 결정하는 단계는 가설 검증 단계이다. ④ 무엇이 문제인지 인식하고 연구 주제를 설정하는 단계는 연구 문제 인식 단계이다. ⑤ 자료 수집 방법을 결정하는 등 구체적인 연구 계획을 세우는 단계는 연구 설계 단계이다.

81 ㄷ은 참여 학습의 기회와 학업 만족도, ㄹ은 부모의 허용적 양육 태도와 자녀의 자아 존중감이라는 서로 다른 두 변인 간 관계가 명확하게 설정되어 있으며 검증 필요성이 있고, 경험적 자료를 통해 검증이 가능하므로 가설의 조건을 충족하고 있다.
바로알기 | ㄱ. 출산을 기피할수록 출산율이 감소하는 것은 일반적인 사실이므로 검증할 필요성이 없다는 점에서 가설의 조건을 충족하지 못하고 있다. ㄴ. 가구의 소득과 삶의 만족도가 어떻게 관련되어 있는지가 명확하게 제시되어 있지 않다는 점에서 가설의 조건을 충족하지 못하고 있다.

82 ② 수집한 자료를 통해 토론 과정에서 남성과 여성이 타인의 주장을 수용한 정도를 각각 파악하여 비교함으로써 가설을 검증할 수 있다. ③ 수집한 자료를 통해 노후 생활의 안정 정도에 대한 연령대별 인식을 파악하여 비교함으로써 가설을 검증할 수 있다. ④ 수집한 자료를 통해 학력에 따른 창업 및 창업 준비 고려 사항에 대한 인식을 파악하여 비교함으로써 가설을 검증할 수 있다. ⑤ 수집한 자료를 통해 자녀의 급식에 대한 소득별 부모의 인식 및 관심 정도를 파악하여 비교함으로써 가설을 검증할 수 있다.
바로알기 | ① 전국 모든 가구의 월평균 통신비 지출액, 지역별 유무선 통신 기기 보유율 조사 결과만으로는 청소년들의 유무선 통신 기기 이용률을 파악할 수 없다. 또한 농촌과 도시로 나누어 자료를 수집해야 하는데, 그러한 조사 과정이 없으므로 연구 가설을 검증하기에 적합한 자료를 수집하였다고 볼 수 없다.

83 **모범 답안** 〈가설 1〉에서 '착한 행동'이나 '천국에 갈 확률'은 경험적으로 파악할 수 없다. 즉, 〈가설 1〉은 검증이 불가능한 것으로서 가설의 조건을 충족하지 못한다. 한편, 〈가설 2〉에서 한 국가의 국내 총생산이 증가할수록 국가

경제가 성장하는 것은 일반적인 사실에 해당한다. 즉, 〈가설 2〉는 검증의 필요성이 없는 것으로서 가설의 조건을 충족하지 못한다.

84 제시된 연구는 등교 수업 실시 정도와 중학생의 교우 관계 만족도 간 관계 파악을 위해 진행한 양적 연구로서 '(나) 연구 주제 선정 – (마) 연구 설계 – (라) 자료 수집 – (다) 자료 분석 – (가) 결론 도출'의 과정을 거치며 연구가 진행된다.

85 ㄱ. '교우 관계 만족도'는 등교 수업 실시 정도에 영향을 받는 종속 변수에 해당한다. ㄴ. 모집단은 중학생 전체인데, 표본은 A, B 두 중학교의 남학생 중에서만 추출하였다. 즉, 표본 집단이 모집단의 성격을 대표하지 못하므로, 표본의 대표성 문제가 발생한다.
바로알기 | ㄷ. 제시된 연구에서는 실험 처치가 이루어지지 않았으므로, B 중학교 학생들은 통제 집단에 해당하지 않는다. ㄹ. (다) 자료 분석 단계와 (라) 자료 수집 단계에서는 연구자의 가치가 배제되어야 하지만, (마) 연구 설계 단계에서는 자료 수집 방법 등을 결정하는 과정에서 연구자의 가치가 개입될 수 있다.

86 ㄱ. 청소년의 지속적인 봉사 활동 참여는 청소년의 인성에 영향을 주는 요인이므로, 독립 변수에 해당한다. ㄹ. 제시된 연구에서는 청소년의 인성이라는 주관적 가치를 구체적으로 측정하기 위해 설문 조사를 진행하여 자료를 수집하였다. 즉, 해당 연구는 주관적 가치를 측정하여 청소년의 지속적인 봉사 활동 참여와 청소년의 인성 간에 규칙성이 있는지를 도출할 수 있는 양적 연구 방법이 사용되었음을 알 수 있다.
바로알기 | ㄴ. 제시된 연구는 실험법이 아닌 질문지법을 통해 자료를 수집하였으므로, 통제 집단이나 실험 집단이 설정될 수 없다. ㄷ. 제시된 연구에는 양적 연구 방법이 사용되었다. 즉, 연구자는 개념의 조작적 정의를 거쳐 질문지법으로 수집한 수량화된 자료를 통계 분석하였을 뿐, 직관적 통찰을 통해 자료를 해석하지는 않았다.

87 제시된 연구는 다문화 가정 청소년의 특성과 학교 적응 정도 간의 관계 파악을 위해 진행된 양적 연구 사례로 (가)는 연구 주제 선정 단계, (나)는 자료 수집 단계, (다)는 가설 설정 단계, (라)는 가설 검증 단계, (마)는 연구 설계 단계에 해당한다. ① 제시된 연구는 양적 연구 방법을 사용하였으므로, 변수와 변수 간의 관계를 규명함으로써 사회·문화 현상을 예측하는 데 유용하다. ③ (다)는 연구 주제에 관한 잠정적 결론을 설정하는 과정이 나타나므로, 가설 설정 단계에 해당한다. ④ (다) 가설 설정 단계와 (마) 연구 설계 단계에서는 연구자의 주관이 개입할 수 있다. ⑤ 제시된 연구는 '(가) 연구 주제 선정 → (다) 가설 설정 → (마) 연구 설계 → (나) 자료 수집 → (라) 가설 검증'의 순서로 진행된다.
바로알기 | ② 개념의 조작적 정의는 추상적 개념을 측정 가능한 지표로 바꾸는 과정으로, (마) 연구 설계 단계에서 주로 이루어진다.

88 제시된 내용은 질적 연구의 탐구 절차를 나타낸다. ㄱ. 질적 연구에서는 주로 구체적이고 특수한 여러 사례에 대한 관찰로부터 시작하여 공통된 요소를 추려내고 결론을 도출하는 귀납적 방법이 사용된다. ㄹ. 질적 연구는 자료 수집 과정에서 모든 연구의 기초가 되는 문헌 연구법, 질적 자료의 수집이 용이한 참여 관찰법과 면접법이 주로 사용된다.
바로알기 | ㄴ. 질적 연구 방법은 사회 현상을 해석하는 데 중점을 두므로, 반드시 수량화된 자료를 수집할 필요가 없다. 따라서 연구 설계 과정에서 개념의 조작적 정의가 필수적으로 이루어지지는 않는다. ㄷ. 일반적으로 연구 주제에 대한 잠정적 결론, 즉 가설을 설정하는 과정은 양적 연구에 포함된다.

89 갑은 종속 변수인 행복감에 영향을 미치는 소득 수준과 물질주의

가치관을 독립 변수로 하여 두 변수 간의 상관관계를 규명하고자 하였으므로 양적 연구 방법을 사용하였다. 을은 회사원 10명의 회사생활을 관찰하면서 자료를 수집하였으므로 질적 연구 방법을 사용하였다. 한편, 병은 갑과 을의 연구 결과를 토대로 결론을 도출하였다. ④ 병은 갑과 을이 수집한 자료를 토대로 연구를 진행하였으므로, 2차 자료를 활용하여 연구 결과를 도출하였다.

바로알기 | ① 갑이 세운 연구 가설이 나타나 있지 않으므로, 갑의 가설이 기각되었는지 여부를 알 수 없다. ② 갑의 연구는 양적 연구 방법을 사용하였다. 사회·문화 현상의 상황적 맥락을 중시한 것은 질적 연구 방법의 특징이다. ③ 을의 연구는 질적 연구 방법을 사용하였으므로, 직관적 통찰과 감정적 이입에 따른 현상의 심층적 이해를 추구하였다. 변인 간의 관계를 규명하고자 하는 것은 양적 연구 방법의 특징이다. ⑤ 갑의 연구에서는 독립 변인인 소득 수준과 물질주의 가치관은 각각 '월평균 수입 정도'와 '삶에서 돈이 중요하다고 생각하는 정도'로, 종속 변인인 행복감은 '삶에 대한 만족도'로 조작적 정의가 이루어졌다. 하지만, 을의 연구에서는 개념의 조작적 정의가 이루어지지 않았다.

O3 자료 수집 방법

개념 확인 문제 27쪽

90 (1) ㄴ (2) ㄷ (3) ㄱ **91** 참여 관찰법 **92** (1) × (2) × (3) ○

93 (1) 없다 (2) 참여 관찰법 (3) 실험법

난이도별 필수 기출 28~33쪽

94 ③ **95** ② **96** 해설 참조 **97** ②

98 해설 참조 **99** ① **100** ④ **101** ③ **102** ④

103 ② **104** ② **105** ② **106** ④ **107** ④ **108** ⑤

109 ① **110** ② **111** ④ **112** ③ **113** ④ **114** ②

115 ⑤ **116** ① **117** ④ **118** ③ **119** 해설 참조

120 ⑤

94 갑은 대규모 인원인 직장인 8,000명을 대상으로 인터넷 설문지를 배포하여 자료를 수집하고자 하므로, 질문지법을 사용하고자 한다. 질문지법은 조사 내용에 관한 질문지를 작성한 후 조사 대상자가 해당 질문지에 답하게 하는 자료 수집 방법으로, 양적 자료 수집에 용이하다.

95

인터넷 게임 실태 조사
1. 당신은 인터넷 게임을 정기적으로 합니까? → '정기적'이라는 표현이 어느 정도 기간을 의미하는 지가 명확하지 않음 　① 예　　　　② 아니요
2. 당신은 하루에 인터넷 게임을 몇 시간 정도 합니까? 　① 1시간 미만　　② 2시간 이상~5시간 미만 → 1시간 이상~2시간 미만, 5시간 이상~6시간 미만에 해당하는 보기가 없음 　③ 6시간 이상
3. 인터넷 게임은 중독성이 강한 것으로 알려져 있습니다. 당신은 청소년이 심야 시간 인터넷 게임에 접속하는 것을 차단해야 한다고 생각합니까? 　① 예　　　　② 아니요　　　　③ 모름 → 가치가 개입된 내용을 넣어 특정 응답을 유도하고 있음

제시된 설문지를 활용하는 자료 수집 방법은 질문지법이다. ㄱ. 질문지법은 문자로 작성된 질문 문항에 조사자가 응답하는 방식으로 자료를 수집하므로, 문맹자에게 실시하기 곤란하다. ㄷ. 질문지법은 답변 내용을 수치화하는 것이 가능하므로, 계량화된 자료의 수집에 적합하다.

바로알기 | ㄴ. 질문지법은 구조화된 조사 도구인 질문지를 활용해서 자료를 수집하므로, 연구자의 편견이 개입되기 어렵다. ㄹ. 질문지법은 조사 대상자가 질문지의 문항에 답변하는 방식으로 자료 수집이 진행되므로, 연구자와 조사 대상자 간 정서적 교감이 중시되지는 않는다.

개념 보충

질문지법	
의미	조사 내용을 질문지로 구성한 후 조사 대상자에게 답변을 얻어 자료를 수집하는 방법
장점	• 다수에게서 자료를 수집하는 데 유리함 • 조사 결과의 통계 처리와 비교 분석이 용이함
단점	• 문맹자에게 활용하기 곤란함 • 연구 대상자가 무성의하게 응답할 가능성이 있음

96 [모범 답안] 1번 문항은 '정기적'이라는 표현의 구체적 기간을 제시해 주지 않아 묻는 내용이 명료하지 못하며, 2번 문항은 하루에 '1시간 이상~2시간 미만', '5시간 이상~6시간 미만' 게임하는 사람은 응답 가능한 보기가 없으므로 보기가 포괄성을 갖추지 못하였다. 3번 문항은 가치가 개입된 내용을 넣어 질문함으로써 특정한 응답을 유도하고 있다는 문제점이 있다.

97 제시된 연구 사례에서는 동일한 조건의 연구 대상을 (가) 집단과 (나) 집단으로 나누고, (가) 집단에만 실험 처리를 한 후 그 자극에 따른 변화를 통제 집단과 비교하여 파악하는 방법으로 자료를 수집하였으므로, 밑줄 친 부분에 나타난 자료 수집 방법은 실험법이다. ② 실험법은 인간을 대상으로 한다는 점에서 윤리적인 문제가 발생할 수 있다는 한계가 있다.
바로알기 | ① 실험법은 조건을 엄격히 통제하기 때문에 연구자의 주관적 해석을 배제할 수 있다. ③은 참여 관찰법의 단점에 해당한다. ④ 자료 수집 과정에서 언어적 상호 작용이 반드시 이루어져야 하는 자료 수집 방법은 질문지법과 면접법이다. ⑤ 실험법은 계량화된 자료 수집과 수집된 자료의 통계 분석이 용이하다.

[개념 보충]

실험법

의미	가상의 상황을 설정하여 인위적인 자극을 주고 그에 따른 변화를 관찰하여 자료를 수집하는 방법
장점	변수 간의 인과 관계를 비교적 정확히 파악할 수 있음
단점	• 인간을 실험 대상으로 하므로 윤리적 문제가 생길 수 있음 • 완벽히 통제된 실험이 어려움

98 [모범 답안] (1) A는 종속 변수이며, 문제 해결 능력(원인 분석 능력 지수, 대안 개발 능력 지수)이 이에 해당한다.
(2) B에 해당하는 실험 처치의 내용은 (가) 집단에만 소논문 쓰기 프로그램을 실시한 것이다.

99 ② 제시된 연구는 토론식 수업이 학업 성적에 미치는 영향을 알아보기 위해 진행되었으므로 토론식 수업은 독립 변수, 학업 성적은 종속 변수이다. ③ 기말고사 평균 성적은 추상적 개념인 학업 성적을 측정 가능하도록 구체화한 것이고, 학업 성적은 종속 변수에 해당한다. 즉, 기말고사 평균 성적은 종속 변수를 조작적으로 정의한 것이다. ④ 토론식 수업을 받은 B 집단의 성적은 크게 상승한 반면, 강의식 수업을 받은 A 집단의 성적은 변화가 없었으므로 토론식 수업이 학업 성적에 긍정적 영향을 준다는 결론을 내릴 수 있다. ⑤ 지능 지수가 비슷한 두 집단을 선정한 것은 토론식 수업 방식 이외의 변수가 학업 성적에 미치는 영향을 배제하기 위해서이다.
바로알기 | ① 기존의 강의식 수업을 받은 A 집단은 실험 처리를 하지 않은 통제 집단, 새롭게 구성된 토론식 수업을 받은 B 집단은 실험 처치를 한 실험 집단이다.

100 A는 질문지법, B는 실험법이다. ① 질문지법은 대규모 인원을 대상으로 구조화된 질문지를 활용하여 자료를 수집하므로, 대량의 구조화된 자료를 수집하는 데 용이하다. ② 실험법은 실험 상황을 만들어 인위적인 조작을 가한 후 그에 따른 행동이나 태도 등의 변화를 관찰하므로, 인위적으로 통제된 상황에서 변수의 효과를 관찰하기에 용이하다. ③ 질문지법은 조사자가 작성한 질문지에 조사 대상자가 응답하는 방식으로 자료를 수집하므로, 실험법과 달리 조사 대상자와의 언어적 상호 작용이 필수적이다. ⑤ 질문지법과 실험법은 모두 양적 연구 방법에서 주로 사용하는 자료 수집 방법으로, 변수 간 인과 관계의 파악을 통해 법

칙을 발견하는 데 용이하다.
바로알기 | ④ 조사 대상자와의 정서적 유대 관계의 형성이 필요한 자료 수집 방법은 면접법과 참여 관찰법이다.

101 제시된 연구에서 사용된 자료 수집 방법은 면접법이다. ③ 면접법은 연구자가 연구 대상자와의 깊이 있는 대화를 통해 자료를 수집하므로, 자료 수집 과정에서 조사자의 주관이 개입될 가능성이 크다.
바로알기 | ① 면접법은 연구에 적합한 면접 대상을 선정하고, 면접을 진행하는 과정에서 많은 시간과 비용이 소요된다. ②는 질문지법과 실험법의 특징이다. ④는 참여 관찰법, ⑤는 실험법의 특징이다.

[개념 보충]

면접법

의미	연구자가 연구 대상자와 대화하면서 질문을 통해 얻은 응답을 바탕으로 자료를 수집하는 방법
장점	• 소수의 응답자로부터 깊이 있는 정보를 수집하기에 용이함 • 조사 대상자의 반응에 유연하게 대처할 수 있음
단점	• 시간과 비용이 많이 드는 편임 • 연구자의 주관이 개입할 소지가 있음

102 대량의 구조화된 자료를 수집하기에 용이한 것은 질문지법의 특징이므로 A는 면접법, B는 질문지법이다. ㄴ. 질문지법은 수집한 자료가 대부분 계량화되어 있으므로, 면접법보다 통계 분석을 위한 양적 자료 수집에 유리하다. ㄹ. 질문지법과 면접법은 모두 언어적 의사소통이 필수적이므로, (나)에는 주어진 질문이 적절하다.
바로알기 | ㄱ. 면접법은 조사자가 조사 대상자와 대화하는 과정에서 감정 이입이 이루어질 경우 질문지법과 달리 연구자의 주관적 가치가 개입할 소지가 있다. ㄷ. 인위적으로 통제된 상황에서 변수의 효과를 관찰하여 자료를 수집하는 것은 실험법의 특징이므로, (가)에는 주어진 질문이 적절하지 않다.

103 (가)는 질문지법, (나)는 면접법이다. ② 면접법은 깊이 있는 정보를 수집하기 위해 연구자와 연구 대상자 간의 신뢰를 형성하는 것이 중요하다.
바로알기 | ① 질문지법은 수치화된 자료를 수집하므로 주로 양적 연구에서 활용된다. ③ 수량화된 자료를 얻는 데에는 구조화된 설문 문항을 배포한 후 응답하도록 하여 자료를 수집하는 질문지법이 조사 대상자와 깊이 있는 대화를 통해 자료를 수집하는 면접법보다 더 적합하다. ④ 면접법은 질문지법과 달리 문자가 아닌 대화를 통해 자료를 수집하므로, 문맹자를 대상으로 활용할 수 있다. ⑤ 소수를 대상으로 깊이 있는 자료를 수집하는 데에는 면접법이 적합하다. 질문지법은 다수를 대상으로 자료를 수집하는 데 적합하다.

104 언어적 상호 작용에 의한 자료 수집이 필수적인 것은 질문지법과 면접법의 특징이며, 주로 질적 연구에 활용되는 것은 면접법의 특징이다. 따라서 (가)는 질문지법, (나)는 면접법, (다)는 실험법이다. ② 면접법은 조사 대상자와 대화를 통해 자료를 수집하는 과정에서 추가 질문을 하거나 상황에 따라 질문을 바꾸는 등 연구자의 유연한 대처가 용이하다.
바로알기 | ① 질문지법은 주로 대량의 1차 자료를 수집하는 데 사용된다. 2차 자료의 수집이 용이한 자료 수집 방법은 문헌 연구법이다. ③ 자료 수집 상황에 대한 연구자의 조작 및 통제 정도는 인위적으로 통제된 상황에서 자료를 수집하는 실험법이 면접법에 비해 높다. ④ 질문지법과 실험법은 모두 양적 자료 수집에 활용된다. ⑤ 면접법은 실험법에 비해 연구자와 연구 대상자 간의 정서적 교감이 중시된다.

105 (가)는 초등학생 10명과의 심층 인터뷰를 통해 자료를 수집하였으므로 면접법을, (나)는 6개월간 어린이집에 머물며 유아들의 행동을 관찰하면서 자료를 수집하였으므로 참여 관찰법을 활용하였다.

106 ㄴ. 참여 관찰법은 연구자가 연구 대상과 함께 생활하거나 연구 대상의 활동에 참여하면서 현상을 직접 관찰하여 자료를 수집하므로, 현장의 생생한 자료를 얻을 수 있다. ㄹ. 참여 관찰법은 언어적 의사소통이 불가능한 대상에게서도 자료를 수집할 수 있기 때문에 원시 부족 사회의 문화 연구에 흔히 사용된다.
바로알기 | ㄱ. 참여 관찰법은 현장에 직접 가서 오랜 시간 동안 현상을 관찰해야 하므로 시간과 비용이 비교적 많이 든다. ㄷ. 참여 관찰법은 관찰 내용을 기록하는 과정에서 연구자의 주관이 개입될 가능성이 높다.

개념 보충	
참여 관찰법	
의미	연구자가 연구 대상자와 함께 생활하거나 직접 관찰하여 현상을 보고 듣고 느끼면서 자료를 수집하는 방법
장점	• 의사소통이 어려운 대상에게도 활용할 수 있음 • 실제성이 높은 생생한 자료의 수집에 용이함
단점	• 관찰하고자 하는 현상이 나타날 때까지 기다려야 함 • 예상하지 못한 변수의 통제가 어려움

107 ① 면접법과 참여 관찰법은 인간 행위의 동기와 의미를 파악하고자 하는 질적 연구에서 주로 활용된다. ② 면접법은 소수의 조사 대상자와의 대화를 통해 깊이 있는 자료를 수집하고, 참여 관찰법은 그 현장에 직접 가서 조사 대상자를 관찰하면서 자료를 수집한다. 따라서 면접법과 참여 관찰법은 계량화된 자료 수집에 용이하지 않다. ③ 면접법과 참여 관찰법은 모두 질적 자료의 수집이 용이하므로, 조사 대상자의 일상생활을 심층적으로 파악하기에 용이하다. ⑤ 면접법은 조사 대상자와 대화하는 과정에서, 참여 관찰법은 조사 대상자의 행동을 관찰하는 과정에서 연구자와 조사 대상자 간 신뢰감 형성의 중요성이 강조된다.
바로알기 | ④ 면접법과 참여 관찰법은 질적 자료의 수집이 용이한 자료 수집 방법으로서 독립 변수와 종속 변수의 관계를 검증하는 양적 연구에 적합하지 않다.

108 ㄷ. 질문지법은 언어적 상호 작용을 필수로 하므로 A는 질문지법이 되고, B와 C는 각각 실험법과 참여 관찰법 중 하나가 된다. 따라서 주어진 질문은 (나)에 들어갈 수 있다. ㄹ. 문맹자에게 실시가 어려운 것은 질문지법이므로 A가 질문지법이다. 가설 검증에 효과적인 것은 질문지법과 실험법이므로, 주어진 질문은 (가)에 들어갈 수 없다.
바로알기 | ㄱ. 참여 관찰법은 자료 수집 과정에서 연구자의 주관 개입 가능성이 높다는 문제점이 있으므로, 주어진 질문은 (가)에 들어갈 수 있다. ㄴ. 자료의 실제성이 확보되는 것은 참여 관찰법의 특징이므로, C는 참여 관찰법이다. 참여 관찰법은 언어가 다른 사회의 사람이나 유아처럼 언어적 의사소통이 불가능한 대상에게서도 자료를 수집할 수 있다.

109 계량화가 용이한 것은 질문지법의 특징이고, 면접법은 참여 관찰법과 달리 의사소통이 반드시 필요한 자료 수집 방법이다. 따라서 A는 질문지법, B는 면접법, C는 참여 관찰법이다. ① 질문지법은 조사 대상자가 무성의하게 응답하거나 조사 도구인 질문지의 회수율이 낮으면 신뢰도가 떨어질 수 있다.
바로알기 | ② 자료의 실제성을 확보하기에는 참여 관찰법이 가장 적합하다. ③ 다수를 대상으로 수량화된 자료를 수집하기에는 질문지법이 가장 적합하다. ④ 면접법과 참여 관찰법은 모두 연구자의 가치가 개입할

가능성이 높다. ⑤ 질문지법은 비교적 짧은 시간에 다수의 대상자에게서 자료를 얻을 수 있으므로, 면접법과 참여 관찰법에 비해 시간과 비용 측면에서 경제적 효율성이 높다.

110 A는 참여 관찰법, B는 면접법, C는 질문지법이다. ㄱ. 참여 관찰법은 연구자가 현상이 발생하는 현장에 가서 직접 관찰하면서 자료를 수집하므로, 질문지법에 비해 자료의 실제성이 높다. ㄷ. 질문지법은 미리 구조화된 조사 도구인 질문지를 활용하여 자료를 수집하므로, 면접법에 비해 자료 수집의 구조화 정도가 높다.
바로알기 | ㄴ. 면접법과 참여 관찰법은 모두 연구자의 주관 개입 가능성이 높다. ㄹ. 질문지법과 면접법은 참여 관찰법과 달리 자료 수집 과정에서 언어적 상호 작용이 필수적이다.

111 언어적 상호 작용이 필수적인 것은 질문지법과 면접법의 특징이므로, B는 질문지법과 면접법 중 하나이다. 또한 연구 변수에 대한 인위적인 처치와 조작을 강조하는 것은 실험법의 특징이므로, D는 실험법이다. 한편, 양적 연구에서 흔히 사용되는 것은 질문지법과 실험법의 특징이므로, C는 질문지법이다. 따라서 A는 참여 관찰법, B는 면접법이다. ④ 자료 수집 상황에 대한 통제 수준은 인위적인 통제 상황에서 자료를 수집하는 실험법이 가장 높고, 현상을 있는 그대로 관찰하여 자료를 수집하는 참여 관찰법이 가장 낮다. 또한 구조화된 조사 도구를 사용하는 질문지법은 면접법에 비해 자료 수집 상황에 대한 통제 수준이 높다. 따라서 자료 수집 상황에 대한 통제 수준은 실험법 〉 질문지법 〉 면접법 〉 참여 관찰법 순서이다.
바로알기 | ① 참여 관찰법은 연구 대상의 행동을 관찰하여 자료를 수집하므로, 문맹자에게도 사용할 수 있다. ② 기존 연구의 경향성 파악에 용이한 자료 수집 방법은 문헌 연구법이다. ③ 일상생활을 심층적으로 파악하기에 용이한 자료 수집 방법은 면접법과 참여 관찰법이다. ⑤ 참여 관찰법은 질문지법과 달리 다수를 대상으로 자료를 수집하기에 용이하지 않다. 따라서 (가)에는 주어진 질문이 적절하지 않다.

112 주로 양적 자료를 수집하는 데 사용되는 것은 질문지법과 실험법의 특징이고, 조사 대상자와 언어를 매개로 상호 작용하는 것이 필수적인 것은 질문지법과 면접법의 특징이다. 따라서 A는 면접법, B는 실험법, C는 참여 관찰법, D는 질문지법이다. ① 면접법은 대화를 통해 자료를 수집하므로 글을 모르는 사람에게서도 자료를 수집할 수 있다. ② 실험법은 독립 변수 이외의 다른 변수가 종속 변수에 영향을 미치지 않도록 자료 수집 조건을 엄격히 통제하므로, 자료의 조작화 정도가 가장 높다. ④ 질문지법은 모집단에서 표본을 추출하여 연구를 진행하는 양적 연구에서 주로 사용되므로, 선정한 표본의 대표성이 높으면 연구 결과를 모집단으로 일반화할 수 있다. ⑤ 문헌 연구법은 관련 연구 동향을 파악하여 연구 문제나 가설을 설정할 때 사용한다는 점에서 면접법, 실험법, 참여 관찰법, 질문지법과 함께 사용할 수 있다.
바로알기 | ③ 참여 관찰법은 연구자가 현상이 발생하는 현장에 직접 가서 관찰해야 하므로 시간과 비용이 많이 드는 편이다.

113 저출산 문제를 연구하기 위해 을은 통계 자료를, 병은 연구 논문을 찾아볼 것을 제안하고 있다. 이는 기존의 자료를 활용하는 것이므로, 을과 병이 공통적으로 제안하는 자료 수집 방법은 문헌 연구법에 해당한다. 문헌 연구법은 최근 연구 동향이나 현재까지의 연구 성과를 살펴볼 때 유리한 자료 수집 방법으로 기존에 있는 자료를 활용하기에 시간과 비용 측면에서 효율적이라는 장점이 있지만, 문헌 자료의 신뢰성이 낮으면 연구 신뢰도가 낮아져 연구 자체에 문제가 생길 수 있다는 단점

이 있다. 이러한 문헌 연구법은 통계 자료를 활용할 경우 양적 연구에서, 일기나 편지 등을 활용할 경우 질적 연구에서 사용되므로, 질적 연구와 양적 연구 모두에서 사용된다는 특징이 있다.

바로알기 | ④ 문헌 연구법은 기존의 연구 결과물이나 통계 자료 등을 참고하여 2차 자료를 구하는 자료 수집 방법이다.

개념 보충

문헌 연구법

의미	기존 연구의 결과물이나 역사적인 문헌을 통해 자료를 수집하는 방법
장점	• 시간과 비용 측면에서 효율성이 높음 • 기존의 연구 동향을 파악하기가 쉬움
단점	• 자료의 신뢰도에 문제가 있으면 연구 자체에 문제가 생길 수 있음 • 문헌 해석 시 연구자의 주관이 개입될 가능성이 있음

114 (가)는 실험법, (나)는 문헌 연구법이다. ㄱ. 실험법은 실험 처치를 통해 얻은 자료를 분석함으로써 독립 변수와 종속 변수 간 상관관계를 파악할 목적으로 사용한다. ㄹ. 문헌 연구법은 기존 자료를 토대로 한 2차 자료의 수집에 활용된다. 이와 달리 실험법은 1차 자료의 수집에 활용된다.

바로알기 | ㄴ. 문헌 연구법은 질적 연구에서뿐만 아니라 양적 연구에서도 활용된다. ㄷ. 문헌 연구법은 기존의 자료를 활용하므로, 실험법에 비해 시간과 비용 측면에서 효율적이다.

115 갑은 정부 간행물을 조사하였으므로 문헌 연구법을, 을은 설문지를 배포하여 조사하였으므로 질문지법을, 병은 행정 복지 센터 공무원들을 인터뷰하여 조사하였으므로 면접법을 사용하였다. ⑤ 질문지법은 통계 분석을 위해 수량화된 자료를 수집하므로 양적 연구에, 면접법은 조사 대상자로부터 깊이 있는 답변을 듣고 이를 토대로 자료를 수집하므로 질적 연구에 주로 사용된다.

바로알기 | ① 문헌 연구법으로 수집한 자료는 정부 간행물과 같은 1차 자료를 토대로 연구자가 새롭게 구성한 2차 자료에 해당한다. ② 면접법은 질문지법에 비해 연구자와 연구 대상자 간의 신뢰 형성이 중요하다. ③ 면접법은 기존 자료를 활용하는 문헌 연구법에 비해 시간과 비용이 많이 든다. ④ 면접법은 질문지법에 비해 조사자의 주관적 가치가 개입될 가능성이 높다.

116 갑이 성 고정 관념에 관한 기존 연구를 살펴본 것은 문헌 연구법, ○○ 고등학교에 직접 방문하여 학생들의 행동을 관찰한 것은 참여 관찰법을 활용한 것이다. ㄱ. 갑이 ○○ 고등학교를 방문하여 고등학생들에게서 수집한 자료는 연구자가 직접 수집한 1차 자료이고, 연구를 위해 살펴본 고등학생들의 성 고정 관념에 관한 연구들과 성차별적 내용이 내포된 미디어 자료를 활용하여 수집한 자료는 2차 자료이다. 따라서 갑의 연구에는 1차 자료와 2차 자료가 모두 활용되었다. ㄴ. 갑은 ○○ 고등학교 학생들의 행동을 직접 관찰하여 자료를 수집하였으므로, 갑의 연구에는 실제성이 높은 자료를 수집하기에 용이한 자료 수집 방법인 참여 관찰법이 사용되었다.

바로알기 | ㄷ. 갑의 연구에는 연구자가 설정한 상황을 바탕으로 인위적인 자극을 가하는 자료 수집 방법인 실험법이 사용되지 않았다. ㄹ. 갑은 언어를 매개로 한 상호 작용이 필수적인 자료 수집 방법 면접법과 질문지법이 아닌 문헌 연구법과 참여 관찰법을 활용하여 자료를 수집하였다.

117 ㄴ. 참여 관찰법과 면접법은 자료 수집 과정에서 연구자의 편견이나 주관이 개입될 가능성이 있으며, 문헌 연구법도 연구자가 문헌을 해석하는 과정에서 연구자의 주관이 개입될 가능성이 있다. ㄹ. 문헌 연구

법은 기존 연구 동향이나 현재까지의 연구 성과를 파악하기에 유리하다.

바로알기 | ㄱ. 참여 관찰법은 현상이 발생하는 현장에서 있는 그대로 관찰하여 자료를 수집하므로 조작화 정도가 약하다. ㄷ. 면접법은 조사 대상자와 대화를 통해 자료를 수집하므로, 의사소통이 어려운 경우에는 활용할 수 없다.

118 ③ 정책에 관한 국민의 선호도는 조사 내용을 설문지로 만들고 이를 대규모 인원에게 배포하여 조사할 수 있으므로, 해당 연구 주제는 질문지법을 활용하기에 적합하다.

바로알기 | ① 도시의 인구 현황은 인구 조사를 해 놓은 통계 자료를 활용하는 것이 효율적이므로, 해당 연구 주제는 면접법보다는 문헌 연구법을 활용하기에 적합하다. ② 원시 부족인 마오리 부족의 문화는 문헌으로 조사하거나 직접 현장에 가서 조사하는 것이 효과적이므로, 해당 연구 주제는 실험법이 아닌 문헌 연구법이나 참여 관찰법을 활용하기에 적합하다. ④ 결혼 이민자의 현재 심리 상태는 당사자를 직접 만나서 대화를 통해 파악하는 것이 효과적이므로, 해당 연구 주제는 문헌 연구법보다는 면접법을 활용하기에 적합하다. ⑤ 조선 시대 여성의 사회적 지위는 당시의 문헌을 조사함으로써 파악할 수 있으므로, 해당 연구 주제는 참여 관찰법이 아닌 문헌 연구법을 활용하기에 적합하다.

119 **모범 답안** (나)에 활용된 면접법과 (라)에 활용된 질문지법은 자료 수집 과정에서 조사 대상자와의 언어적 상호 작용이 필수적이라는 공통적인 특징이 있다.

120 (가)는 실험법, (나)는 면접법, (다)는 참여 관찰법, (라)는 질문지법, (마)는 문헌 연구법을 활용한 사례이다. ⑤ 문헌 연구법은 다른 사람이 조사해 놓은 자료를 참고하므로 2차 자료의 수집용으로 활용되며, 양적 연구와 질적 연구에서 모두 사용될 수 있다.

바로알기 | ① 실험법은 변수 간의 인과 관계를 규명하는 양적 연구에 주로 사용되는 자료 수집 방법이다. ② 면접법은 대화를 통해 자료를 수집하므로 문맹자에게도 실시할 수 있지만, 시간과 비용이 많이 든다는 단점이 있다. ③ 참여 관찰법은 현상이 발생하는 현장에 직접 가서 관찰하므로 시간과 비용 측면에서 비효율적이며, 예상하지 못한 상황에 대한 통제가 어렵다는 단점이 있다. ④ 질문지법은 구조화된 설문지를 배포하여 자료를 수집하므로 시간과 비용이 적게 들며, 다수의 응답자에게서 대량의 정보를 획득하기에 용이하다.

04 사회·문화 현상의 탐구 태도와 연구 윤리

개념 확인 문제
35쪽

121 (1) 객관적 (2) 허용 **122** (1) - ㉡ (2) - ㉠ **123** ㉠ 가치 개입
㉡ 가치 중립 **124** (1) × (2) × (3) ○ (4) ○

난이도별 필수 기출
36~41쪽

125 ⑤	126 ①	127 ④	128 ②	129 ③	130 ②
131 ③	132 ⑤	133 ⑤	134 해설 참조		135 ⑤
136 ⑤	137 해설 참조		138 ②	139 ①	140 ④
141 ⑤	142 ⑤	143 ①	144 ⑤	145 ①	146 ②
147 ②	148 ④	149 ③	150 ②	151 해설 참조	

125 ⑤ 객관적 태도는 연구자가 자신의 주관적 가치나 이해관계를 배제하고 있는 그대로 사실을 관찰하는 태도로서 연구 과정에서 자신의 성별, 종교 등과 관련한 특정 가치가 개입되지 않도록 주의할 것을 강조한다.
바로알기 | ①, ② 객관적 태도는 사실과 가치를 엄격하게 분리해야 한다고 보며, 제삼자의 관점에서 사회·문화 현상을 관찰할 것을 강조한다. ③, ④는 개방적 태도에 입각한 연구자의 자세이다.

126 밑줄 친 '이 태도'는 개방적 태도이다. 사회·문화 현상의 연구 결과는 반증으로 절대적인 진리가 아님이 밝혀질 수 있으므로, 연구자는 자신의 주장에 대한 다른 사람들의 비판을 허용하는 태도인 개방적 태도를 가져야 한다.

127 제시된 글에서 연구자는 자신이 내린 결론에 대한 비판을 겸허하게 수용하였으므로, 개방적 태도를 지니고 있음을 알 수 있다. ㄴ. 개방적 태도는 자신의 주장과 다른 주장이 존재할 수 있다고 본다는 점에서 여러 가능성이 공존할 수 있음을 인정하는 태도이다. ㄹ. 개방적 태도는 연구 결과는 언제든지 반증으로 진리가 아님이 밝혀질 가능성이 있음을 전제로, 어떤 주장이 경험적 증거에 의해 검증되기 전까지는 하나의 가설로 받아들이는 태도이다.
바로알기 | ㄱ은 객관적 태도, ㄷ은 상대주의적 태도에 대한 설명이다.

128 (가)는 객관적 태도에 해당한다. ② 연구자가 자신의 선입견이나 이해관계 등을 연구에 개입시킬 경우 연구 결과가 왜곡되어 사회·문화 현상을 정확히 인식할 수 없게 된다. 따라서 연구자는 자신의 이해관계를 배제하고 사실에만 근거하여 연구하는 객관적 태도를 가져야 한다.
바로알기 | ① 사회·문화 현상은 끊임없이 변화하고 상황에 따라 달라지기 때문에 연구 결과는 언제나 반증으로 진리가 아님이 밝혀질 수 있다. 따라서 자신의 주장에 대한 비판을 허용하는 개방적 태도를 가져야 한다. ③ 같은 사회·문화 현상이라도 시대와 사회에 따라 다른 의미를 지닐 수 있기 때문에 해당 사회의 맥락을 고려하여 연구하는 상대주의적 태도를 가져야 한다. ④, ⑤ 사회·문화 현상을 무조건 수동적으로 수용하면 현상의 발생 원인과 현상의 이면에 담겨 있는 의미를 제대로 이해하기 어렵다. 따라서 현상의 이면에 담겨 있는 의미를 이해하고, 그것의 발생 원인이나 결과 등에 관하여 적극적이고 능동적으로 살펴보려는 성찰적 태도를 가져야 한다.

129 (가)는 객관적 태도, (나)는 개방적 태도에 해당한다. ㄴ. 개방적 태도는 자신의 주장에 대한 비판을 허용하며 타당성이 있는 다른 주장을 받아들일 것을 강조하므로, 사회·문화 현상 연구에서 연구자의 유연하고 수용적인 태도를 강조한다. ㄷ. 객관적 태도는 연구자가 자신의 이해관계, 편견 등을 배제해야 한다고 보므로, 개방적 태도에 비해 연구자의 엄격한 가치 중립을 강조한다.
바로알기 | ㄱ. 특정 현상이 그 사회에서 지니는 고유한 가치에 주목하는 태도는 상대주의적 태도이다. ㄹ. 연구 대상자의 관점을 중시하는 것은 상대주의적 태도, 제삼자의 관점을 중시하는 것은 객관적 태도이다.

개념 보충

객관적 태도와 개방적 태도

구분	객관적 태도	개방적 태도
의미	연구자가 자신의 선입견과 주관적 가치, 이해관계 등을 배제하고, 제삼자의 눈으로 사회·문화 현상을 바라보는 태도	연구자가 자신의 주장과 다른 주장이 존재할 수 있음을 인정하고, 자신의 주장에 관한 비판을 허용하는 태도
필요성	연구자가 자신의 선입견, 주관적 가치 등을 연구에 개입시키면 연구 결과가 왜곡될 수 있음	사회·문화 현상은 끊임없이 변화하므로, 연구는 언제든지 반증으로 진리가 아님이 밝혀질 수 있음

130 제시된 글은 우리 조상들의 민요와 가락을 그들의 입장에서 이해해야 한다고 보므로, 상대주의적 태도를 강조하고 있다. ② 상대주의적 태도는 사회·문화 현상을 연구할 때 그 현상이 나타나는 사회의 특수성을 인식하고 그 현상이 지닌 고유한 가치와 의미를 그 사회의 맥락에서 이해할 것을 강조한다.
바로알기 | ①, ③은 객관적 태도, ④는 성찰적 태도, ⑤는 개방적 태도에 대한 진술이다.

131 (가)는 상대주의적 태도, (나)는 개방적 태도를 강조하고 있다. ③ 개방적 태도는 자신의 연구 결과에 관한 비판과 새로운 주장의 가능성을 허용하는 태도이므로, 다른 결론의 가능성이 있음을 인정한다.
바로알기 | ① 상대주의적 태도는 특정 현상이 지닌 고유한 가치와 의미를 그 사회의 맥락에서 이해할 것을 강조할 뿐이며, 사회·문화 현상을 탐구할 때는 자신의 주장에 대한 비판을 허용하는 개방적 태도를 지녀야 한다. ② 이해관계를 떠나 사실을 있는 그대로 관찰할 것을 강조하는 태도는 객관적 태도이다. ④ 제삼자의 관점에서 현상을 탐구할 것을 강조하는 태도는 객관적 태도이다. ⑤ 현상의 이면에 담긴 의미나 원리를 파악하려는 태도는 성찰적 태도이다.

132 갑은 주관을 개입하여 자신이 원하는 결과만을 얻고자 하므로, 갑에게는 자신의 주관적 가치나 이해관계를 떠나 있는 그대로 사실을 관찰하는 객관적 태도가 필요하다. 을은 자신의 주장에 대한 다른 사람의 주장을 수용하지 않고 있으므로, 을에게는 자신의 주장에 대한 비판을 허용하며 타당성이 있는 다른 주장을 받아들이는 개방적 태도가 필요하다. 병은 특정 현상이 나타나게 된 사회적·시대적 상황을 고려하지 않고 있으므로, 병에게는 해당 현상이 나타나는 사회의 특수성을 인식하고 그 현상이 지닌 고유한 가치를 그 사회의 맥락에서 이해하는 상대주의적 태도가 필요하다.

133 A는 상대주의적 태도, B는 개방적 태도, C는 객관적 태도이다. ⑤ 상대주의적 태도는 연구하고자 하는 사회의 맥락을 고려하므로 연구 대상자의 관점을, 객관적 태도는 연구자 개인의 편견이나 가치관을 배제하고자 하므로 제삼자의 관점을 중시한다.

바로알기 | ① 상대주의적 태도는 사회·문화 현상이 나타나는 사회의 특수성을 중시한다. ② 연구자 자신이 연구 절차나 연구 방법 등을 제대로 지키고 있는지를 되짚어 보게 하는 태도는 성찰적 태도이다. ③ 개방적 태도는 자신의 연구에 대한 비판과 지적을 겸허하게 수용해야 함을 강조한다. ④ 현상에 대한 깊이 있는 성찰을 중시하는 태도는 성찰적 태도이다.

134 **모범 답안** (1) 성찰적 태도
(2) 아무런 의문이나 반성 없이 사회·문화 현상을 무조건 수용하고 당연시하면 그 현상의 발생 원인이나 의미를 제대로 파악하기 어렵기 때문에 성찰적 태도가 필요하다.

135 제시된 글은 성찰적 태도의 중요성을 강조하고 있다. ⑤ 성찰적 태도는 사회·문화 현상을 수동적으로 받아들이지 않고 현상의 내면에 담겨 있는 의미나 원리가 무엇인지를 궁금해 하며 이를 능동적으로 탐구하고자 하는 태도를 말한다.
바로알기 | ①은 객관적 태도, ②, ③은 개방적 태도, ④는 상대주의적 태도에 해당한다.

136 갑은 사회·문화 현상의 발생 원인에 의문을 가지고 이를 능동적으로 살펴보고자 하므로 성찰적 태도를, 을은 인도인의 입장에서 그들의 음식 문화를 이해하고자 하므로 상대주의적 태도를 보인다.

개념 보충

상대주의적 태도와 성찰적 태도

구분	상대주의적 태도	성찰적 태도
의미	연구자가 그 현상이 나타나는 사회의 특수성을 인식하고 그 현상이 지닌 가치와 의미를 그 사회의 맥락에서 이해하는 태도	사회·문화 현상을 수동적으로 받아들이지 않고 현상의 이면에 담긴 의미나 인과 관계 등을 능동적으로 살펴보는 태도
필요성	같은 사회·문화 현상이라도 시대와 사회에 따라 다른 의미를 지닐 수 있음	사회·문화 현상을 무조건 수용하면 그 발생 원인이나 의미를 제대로 파악하기 어려움

137 **모범 답안** 가치 중립. 가치 중립은 연구자의 주관적인 가치나 이해관계를 배제하고 객관적 증거에 따라 탐구하는 것을 말한다.

138 ㄴ, ㅁ. 사회·문화 현상의 연구 과정 중 자료 수집 및 분석 단계와 결론 도출 단계에서는 연구자의 주관적 가치가 개입되면 연구 결과가 왜곡될 수 있으므로, 연구자의 엄격한 가치 중립이 필수적이다.
바로알기 | ㄱ, ㄷ, ㄹ. 연구 주제 선정 단계, 가설 설정 단계, 연구 결과의 활용 단계에서는 연구자의 가치 개입이 허용된다.

139 (가) 자료 수집 및 분석 단계에서는 연구자의 가치가 개입되면 왜곡된 결론이 도출된다는 점에서, (나) 결론 도출 단계에서는 자료 분석에서 나타난 결과를 객관적으로 서술해야 한다는 점에서 연구자의 가치 중립이 필수적이다.
바로알기 | (다) 연구 설계 단계에서는 연구자가 어떤 자료 수집 방법을 사용할 것인지를 결정하는 과정에서, (라) 가설 설정 단계에서는 연구자가 변수 간에 어떤 인과 관계가 나타날 것인지를 추정하여 가설을 세우는 과정에서 가치 개입이 허용된다.

140 ㉠은 가치 개입, ㉡은 가치 중립이다. ㄱ, ㄴ. 연구 대상을 상대로 어떤 자료 수집 방법을 사용할지 결정할 때와 변수 간의 잠정적 관계, 즉 가설을 설정할 때는 가치 개입이 허용된다. ㄷ. 수집된 자료를 통계적으로 분석하여 가설을 검증할 때는 가치 중립이 필요하다.

바로알기 | ㄹ. 사회 문제를 해결하고자 연구 결과를 활용할 때에는 바람직한 가치 판단이 필요하므로 가치 개입이 허용된다.

141 (가)에서는 자료 수집, (나)에서는 연구 설계, (다)에서는 가설 설정, (라)에서는 결론 도출이 이루어졌다. ㄷ. 결론 도출 단계는 존재하는 현상을 객관적으로 서술해야 하는 단계로서 엄격한 가치 중립이 요구된다. ㄹ. (다) 가설 설정 → (나) 연구 설계 → (가) 자료 수집 → (라) 결론 도출의 순서로 연구가 진행되었다.
바로알기 | ㄱ. 연구 설계 단계에서 개념을 조작적으로 정의할 때는 연구자 스스로가 어떤 개념을 어떤 방식으로 조작적으로 정의할지 결정해야 한다는 점에서 연구자의 주관적 가치가 배제된다고 보기 어렵다. ㄴ. 질문지법을 통해 자료를 수집하는 과정에서는 왜곡된 결론 도출을 막기 위해 연구자의 가치 중립이 필요하다. 이와 달리 가설을 설정할 때는 연구자의 의지와 가치가 개입된다는 점에서 연구자의 가치 개입이 허용된다.

142 사회 과학은 인간을 연구 대상으로 한다는 점에서 다음과 같은 연구 윤리를 지켜야 한다. 우선 연구 대상자에게 연구의 성격과 목적, 내용 등에 관한 정보를 사전에 제공하고, 연구 대상자의 동의를 얻어 연구를 진행해야 한다. 또한 자료 분석 단계에서 가치를 개입시켜 고의로 자료를 선별하여 분석해서는 안 되며, 다른 연구자가 수행한 연구 결과를 활용할 경우에는 출처를 반드시 밝힘으로써 타인의 저작권을 침해하지 않도록 해야 한다.
바로알기 | ⑤ 연구 대상자의 개인 정보가 공개되면 사생활 노출이나 명예 훼손 등의 피해가 발생할 수 있으므로, 연구자는 연구 대상자의 익명성과 비밀을 보장해야 한다.

143 제시된 사례에서 연구 대상자들은 실험 과정에서 심한 정서 장애를 겪게 되었다. 이는 연구자가 연구 대상자에게 해로운 영향을 줄 수 있는 실험을 하여 연구 대상자의 인권을 침해한 것에 해당한다.
바로알기 | ② 실험에 참가할 지원자를 선발한 것으로 볼 때 연구 대상자의 동의를 얻어 연구를 진행하였다. ③ 연구 대상자의 익명성 보장 여부는 제시된 사례를 통해 파악할 수 없다. ④ 자료 수집 과정에서 왜곡된 자료를 수집하였다는 내용은 제시된 사례에 나타나 있지 않다. ⑤ 타인의 연구 결과를 도용하였다는 내용은 제시된 사례에 나타나 있지 않다.

144 A는 연구 대상자의 동의 없이 연구 대상이 지원한 대학명을 활용하였다. 이는 연구 대상자의 개인 정보를 동의 없이 사용한 것으로, 연구 대상자의 익명성을 보장해야 한다는 연구 윤리에 위배된다.
바로알기 | ① A는 연구 진행에 대한 연구 대상자들의 동의를 받아 연구를 진행하였으므로, 연구 대상자에게 연구 목적을 고지하였다고 볼 수 있다. ②, ③, ④는 연구자가 지켜야 할 연구 윤리에 해당하지만, 제시된 사례를 통해 위배 유무를 파악할 수 없다.

145 ㄱ. 갑은 폭력적인 성향의 게임이 청소년의 심리 불안에 미치는 영향을 파악하기 위한 연구를 진행하면서도 연구 대상자에게는 연구 목적을 게임 개선 및 평가 연구라고 알려주었으므로, 연구 대상자에게 연구 목적 등 연구에 관한 정보를 정확하게 알려주지 않았다. ㄴ. 갑의 실험 과정에서 청소년들이 폭력적인 성향의 게임에 장시간 노출되었다는 점에서 해당 연구는 연구 대상자의 안전을 고려하지 않았다.
바로알기 | ㄷ. 갑이 연구 대상자의 익명성을 보장하지 않았다는 내용은 나타나 있지 않다. ㄹ. 갑이 특정한 방향으로 결론을 유도하는 조작을 하였다는 내용은 나타나 있지 않다.

146 갑은 연구 대상자의 자발적 동의를 구하지 않고 강제적으로 연구

에 참여하게 하였고, 을은 연구 대상자의 직책과 이름을 공개함으로써 연구 대상자의 익명성을 보장하지 않았다. 즉, 갑과 을은 모두 연구 윤리를 위반하였으므로, 제시된 연구 사례들을 활용하여 진행한 수업의 주제는 '연구자가 지켜야 할 연구 윤리'가 가장 적절하다.

147 ㄱ. 갑은 교수로서의 권한을 이용하여 연구 대상자에게 연구에 참여하지 않으면 학점을 주지 않겠다고 공지함으로써 연구 대상자의 자발적 참여를 보장하지 않았다. ㄷ. 을은 연구 결과 발표 시 연구 대상자의 직책과 이름을 공개함으로써 연구 대상자의 익명성을 보장하지 않았다.
바로알기 | ㄴ. 갑이 수집한 자료를 연구 목적 이외의 용도로 활용하였다는 내용은 언급되어 있지 않다. ㄹ. 갑, 을이 자료 분석 단계에서 자의적으로 자료를 조작하였는지는 제시된 사례를 통해 파악할 수 없다.

148 제시된 사례에서 갑은 조사한 자료 중 기업의 윤리성 순위 31위~100위 기업의 명단을, 을은 아파트 가격 상승을 뒷받침하지 않는 자료를 발표하지 않았다. 따라서 갑, 을 모두 연구 결과를 발표할 때 특정 자료를 은폐하였음을 알 수 있다.
바로알기 | ① 갑과 을은 연구 결과 발표 시 특정 자료를 은폐하였을 뿐, 자료 자체를 편파적으로 수집하지는 않았다. ②, ③, ⑤는 연구 윤리의 위반 사례에 해당하지만, 제시된 사례에는 나타나 있지 않다.

149 ㄷ. 연구 의뢰자가 원하는 결과를 도출하기 위해 자료를 선택적으로 수집하는 것은 자료 수집 과정에서 자료를 편파적으로 수집해서는 안 된다는 연구 윤리에 위배된다. ㄹ. 인용한 자료의 출처를 표시하는 것은 연구 결과 발표 단계에서, 왜곡된 자료 수집을 지양하고 검증된 자료로 연구하는 것은 자료 수집 및 분석 단계에서 지켜야 할 연구 윤리이다.
바로알기 | ㄱ. 자신과 친분이 있는 동료의 기존 연구 결과라고 하더라도 출처 표시 없이 사용하는 것은 타인의 연구 결과를 도용해서는 안 된다는 연구 윤리에 위배된다. ㄴ. 연구를 재정적으로 지원한 단체의 명칭을 공개하지 않을 경우 연구에 대한 투명성이 낮아져 연구 자체의 신뢰도에 문제가 생길 수 있다.

개념 보충

연구자가 지켜야 할 연구 윤리

연구 대상자에 관한 윤리	• 연구 대상자의 동의를 얻어 연구해야 함 • 연구 대상자의 안전을 보장해야 함 • 연구 대상자의 익명성과 비밀을 보장해야 함
연구 과정 및 연구 결과 활용 에서의 윤리	• 자료를 편파적으로 수집하거나 자료 분석 과정에서 자료를 고의적으로 선별해서는 안 됨 • 연구 결과를 확대 또는 축소하여 왜곡해서는 안 됨

150 갑은 연구 대상자에 관한 윤리를, 을은 연구 과정에서의 윤리를 강조하고 있다. ㄱ. 갑은 연구 대상자에 관한 윤리를 중시하므로, 연구 목적 등 연구에 관한 정보를 제공하고 연구 대상자에게 사전 동의를 받아 연구를 진행할 것을 강조할 것이다. ㄷ. 자료를 조작하여 분석하는 것은 연구 과정에서의 윤리를 위배한 것으로서 갑보다 을이 강조하는 연구 윤리에 어긋난다.
바로알기 | ㄴ. 갑은 연구 대상자에 관한 윤리를 강조할 뿐, 다른 연구자의 연구물을 활용하는 경우 그 출처를 정확하게 밝혀야 한다는 연구 윤리를 강조하고 있지는 않다.

151 **모범 답안** 갑은 연구 과정에서 연구 대상자의 자발적 동의를 얻지 않았으며, 연구 결과를 연구 이외의 목적에 사용하였다.

최고 수준 도전 기출 (01~04강)
42~45쪽

152 ③	153 ⑤	154 ③	155 ②	156 ④	157 ③
158 ①	159 ⑤	160 ①	161 ③	162 ④	163 ⑤
164 ④	165 ③	166 ③	167 ②		

152 인간의 의도와 무관하게 나타나는 것은 자연 현상의 특징이므로 A는 사회·문화 현상, B는 자연 현상이다. ㄱ. 보편성이 나타나는 것은 자연 현상과 사회·문화 현상의 공통된 특징이므로, 주어진 질문은 (나)에 들어갈 수 있다. ㄴ. 확실성의 원리를 따르는 것은 자연 현상의 특징이므로, 주어진 질문은 (가)에 들어갈 수 있다. ㄷ. 존재 법칙의 지배를 받는 것은 자연 현상의 특징이므로 주어진 질문은 (가)에 들어갈 수 있다. ㄹ. 경험적 자료를 바탕으로 연구할 수 있는 것은 자연 현상과 사회·문화 현상의 공통된 특징이므로, 주어진 질문은 (나)에 들어갈 수 있다.

153 ㉠, ㉢은 자연 현상, ㉡, ㉣은 사회·문화 현상이다. 확률의 원리의 적용을 받는 현상은 사회·문화 현상이므로 첫 번째 질문에 대한 옳은 답변은 '×'이고, 사회·문화 현상은 보편성과 특수성이 공존하므로 두 번째 질문에 대한 옳은 답변은 '○'이다. 당위 법칙의 지배를 받는 현상은 사회·문화 현상이므로 세 번째 질문에 대한 옳은 답변은 '×'이고, 인간의 의지와는 무관하게 발생하는 현상은 자연 현상이므로 네 번째 질문에 대한 옳은 답변은 '×'이다. 따라서 모든 질문에 옳게 답한 학생은 무이다.

154 A는 갈등론, B는 기능론이다. ③ 기능론과 갈등론은 모두 거시적 관점으로서 사회 구조에 대한 분석을 통해 사회 현상을 이해한다.
바로알기 | ① 갈등론은 사회 변화를 긍정적으로 바라본다. ② 사회 유지에 필요한 기능의 상호 의존에 관심을 두는 것은 기능론의 특징이다. ④ 사회 구성원의 상황 정의를 중시하는 것은 상징적 상호 작용론의 특징이다. ⑤ 집단 간 갈등을 필연적인 현상으로 보는 것은 갈등론의 특징이다.

155 ② 사회 문제를 일시적이고 병리적인 현상으로 보는 것은 기능론의 입장이다. 따라서 B가 기능론이므로 A는 갈등론에 해당한다.
바로알기 | ① 인간을 자율적, 능동적 존재라고 여기는 것은 상징적 상호 작용론의 입장이므로, (가)에 주어진 질문이 들어갈 수 없다. ③ 사회 갈등을 필연적 현상이라고 보는 것은 갈등론의 입장이므로, (나)에 주어진 질문이 들어가면 B는 갈등론에 해당한다. ④ 사회의 각 부분들이 통합되어 사회 유지를 위한 기능을 수행하는 것은 기능론의 입장이므로, A가 기능론이라면 주어진 질문은 (나)에 들어갈 수 없다. ⑤ 사회 제도를 일부 집단의 기득권을 재생산하는 수단으로 보는 것은 갈등론의 입장이므로, B가 갈등론이라면 제시된 질문은 (나)에 들어갈 수 있다.

156 제시된 글은 상징적 상호 작용론의 관점에서 학교 교육을 바라보고 있다. 상징적 상호 작용론은 사회 구조보다 일상생활에서 일어나는 상징을 통한 개인 간 상호 작용에 초점을 두어 거시적 수준의 일반 법칙 발견이 곤란하며, 개인들의 주관적인 의미 규정과 해석에 따라 사회·문화 현상이 규정된다고 본다. 한편, 기득권층의 이익을 대변하는 논리로 이용될 우려가 있는 관점은 기능론이다. 이를 고려할 때 상징적 상호 작용론의 입장에서 일관되게 응답한 학생은 정이다.

157 사회 행위자에 영향을 미치는 사회 구조적 측면을 간과하는 것은 상징적 상호 작용론의 특징이다. 따라서 A는 상징적 상호 작용론이고, B와 C는 각각 기능론과 갈등론 중 하나이다. ㄴ. 사회의 안정과 유지를 지배 집단의 기득권 유지를 위한 것으로 보는 것은 갈등론의 특징이므로

B는 기능론, C는 갈등론이다. 갈등론은 사회 변동을 긍정적으로 본다. ㄹ. 기득권 유지에 기여한다는 비판을 받는 것은 기능론의 특징이므로 B는 갈등론, C는 기능론이다. 사회 구성원의 협동과 질서 유지 측면을 중시하는 관점은 기능론이므로, 주어진 질문은 (가)에 들어갈 수 없다.

바로알기 | ㄱ. 갈등을 사회 병리 현상으로 보는 것은 기능론의 특징이므로 B는 기능론, C는 갈등론이다. 기능론은 사회를 하나의 유기체로 바라본다. ㄷ. 갈등을 사회의 본질적 속성으로 인식하는 것은 갈등론의 특징이므로, (나)에는 갈등론만의 특징을 묻는 질문이 들어가야 한다. 그런데 개인의 자율성과 능동성을 간과하는 것은 기능론과 갈등론의 공통적인 특징이므로, 제시된 질문은 (나)에 들어갈 수 없다.

158 2회째 갑은 기능론에 부합하는 카드와 상징적 상호 작용론에 부합하는 카드를, 을은 기능론에 부합하는 카드와 갈등론에 부합하는 카드를, 병은 상징적 상호 작용론에 부합하는 카드와 갈등론에 부합하는 카드를 가지고 있다. ① 갑이 갈등론에 부합하는 진술이 쓰인 카드를 받으면 세 장의 카드가 서로 다른 관점이 기술된 카드이므로 승점을 받을 수 없다.

바로알기 | ② 2회째 을은 서로 다른 관점이 기술된 카드를 가지고 있으므로 승점 2점을 받을 수 없다. ③ 2회째 병은 서로 다른 관점이 기술된 카드를 가지고 있으므로 추가로 한 장의 카드를 받는다. ④ 2회째 갑은 기능론에 부합하는 카드와 상징적 상호 작용론에 부합하는 카드를 가지고 있으므로, 3회째 미시적 관점에 부합하는 상징적 상호 작용론에 해당하는 카드를 받으면 승점 1점을 받게 된다. 이와 달리 을은 2회째 기능론에 부합하는 카드와 갈등론에 부합하는 카드를 가지고 있으므로 3회째 상징적 상호 작용론에 해당하는 카드를 받을 경우 세 장의 카드에 기술된 관점이 각각 다르므로 승점을 받을 수 없다. ⑤ 2회째 갑, 을, 병은 모두 서로 다른 관점에 부합하는 카드를 가지고 있으므로, 3회째 가지고 있는 두 장의 카드 중 하나에 부합하는 카드를 받을 경우 각 1점의 승점을 얻을 수 있다. 따라서 갑, 을, 병이 받을 수 있는 승점의 합은 최대 3점이다.

159 방법론적 일원론을 바탕으로 하는 것은 양적 연구 방법의 특징이다. 따라서 A는 양적 연구 방법, B는 질적 연구 방법이다. ㄷ. 개념 간의 법칙 발견을 목적으로 하는 것은 양적 연구 방법만의 특징이다. 따라서 (나)에는 주어진 질문이 들어갈 수 있다. ㄹ. 경험적 자료를 바탕으로 연구를 진행하는 것은 양적 연구 방법과 질적 연구 방법의 공통적인 특징이다. 따라서 (다)에 주어진 질문이 들어가면 ㉠, ㉡은 모두 '예'이다.

바로알기 | ㄱ. 양적 연구 방법은 추상적인 개념을 측정 가능하도록 바꾸는 과정인 개념의 조작적 정의를 활용한다. ㄴ. 질적 연구 과정과 달리 양적 연구 과정에서는 가설을 검증하는 과정이 필요하므로, (가)에는 주어진 질문이 들어갈 수 없다.

160 A는 독서 치료 프로그램이 어린이의 게임 과몰입을 극복하는 데 도움이 되는지 알아보고자 실험법을 통하여 자료를 수집한 후 이를 분석하여 결론을 도출하였으므로, 양적 연구 방법을 사용하였다. 첫 번째 질문에서 양적 연구 방법은 인간 행위의 동기보다는 행위 자체를 분석 도구로 삼으므로 옳은 응답은 '○'이고, 두 번째 질문에서 연구자의 감정 이입적 이해를 중시하는 것은 질적 연구 방법의 특징이므로 옳은 응답은 '×'이다. 세 번째 질문에서 주로 참여 관찰법이나 면접법을 통해 자료를 수집하는 것은 질적 연구 방법의 특징이므로 옳은 응답은 '×'이고, 네 번째 질문에서 양적 연구 방법은 사회·문화 현상에 내재된 독립 변수와 종속 변수 간 법칙 발견을 주된 목적으로 하므로 옳은 응답은 '○'이다. 따라서 주어진 질문에 모두 옳게 답한 학생은 갑이다.

161 ㄴ. 갑은 변수 간의 법칙 발견을 목적으로 질문지법을 통해 자료를 수집하여 통계적 분석을 시도하였으므로 양적 연구 방법을 사용하였다. 양적 연구 방법은 방법론적 일원론에 기초한 연구 방법이다. ㄷ. 추상적인 개념인 학교생활 만족도를 측정 가능하도록 '학교 애착 정도', '친구 및 교사와의 친밀도' 등으로 바꾸었으므로 개념의 조작적 정의가 이루어졌다.

바로알기 | ㄱ. 스포츠 참여 정도가 학교생활 만족도에 영향을 주고 있으므로 학교생활 만족도는 종속 변인, 스포츠 참여 정도는 독립 변인이다. ㄹ. ㉤을 통해 주당 스포츠 참여 시간이 많을수록 학교생활 만족도가 높아졌음을 알 수 있으나, 갑의 가설이 제시되어 있지 않으므로 가설의 기각 여부를 파악할 수 없다.

162 ④ 집단 상담이라는 실험 처치를 실시한 A 집단은 실험 집단, 집단 상담을 실시하지 않은 B 집단은 통제 집단이다.

바로알기 | ① 연구 주제 선정 과정에서는 연구자의 주관적인 가치 개입이 허용되며, 이때의 가치 개입으로 인해 연구의 신뢰도가 낮아지지는 않는다. ② 가설을 고려할 때 독립 변수는 원인으로 작용하는 집단 상담이다. 학교생활 만족도는 결과로 나타나는 종속 변수에 해당한다. ③ 학교생활 만족도에 대한 척도 검사는 실험법을 활용하는 과정에서 진행된 사전·사후 검사일 뿐 갑이 자료 수집을 위해 다른 사람의 연구 결과를 사용한 것이 아니므로, 2차 자료를 활용하여 자료를 수집한 것이 아니다. ⑤ 가설이 채택되었음을 고려할 때 독립 변수와 종속 변수 간 정(+)의 관계가 나타남을 알 수 있다.

163 ⑤ 질문 2에서는 답지가 상호 배타적이지만, 질문 3에서는 배달 시간이 30분일 경우 답지 1, 2에, 배달 시간이 50분인 경우 답지 2, 3에 모두 답할 수 있어 답지가 상호 배타적이지 않다. 즉, 질문 3은 질문 2와 달리 답지가 상호 배타적이지 않아 응답에 혼란을 줄 수 있다.

바로알기 | ① 질문 1은 특정 정답을 유도하고 있지는 않다. ② 질문 1과 질문 2는 모두 한 질문에서 두 가지 내용을 묻고 있지 않다. ③ 질문 2와 질문 3은 모두 질문이 모호하여 응답하기 곤란하다고 볼 수 없다. ④ 질문 3은 답지가 모든 응답 가능성을 포함한다.

164 ④ 질문지법은 연구 대상에 대해 심층적으로 파악하기 용이하지 않으며, 연구 대상의 일상생활에 함께 참여하여 현상을 직접 보고 느끼며 자료를 수집하는 것은 참여 관찰법의 특징이다. 따라서 A는 질문지법, B는 면접법, C는 참여 관찰법이다. 면접법은 질문지법보다 연구자의 주관이 개입될 가능성이 높다.

바로알기 | ① ㉠에는 면접법, 질문지법, 참여 관찰법 중 둘은 '예', 하나는 '아니요'로 답할 수 있는 질문이 들어가야 한다. 그런데 자료를 계량화된 방법으로 분석하는 것은 질문지법만의 특징이므로, ㉠에 (가)가 들어갈 수 없다. ② 언어를 통한 상호 작용을 필수적으로 요구하는 것은 면접법과 질문지법의 특징이므로 A는 참여 관찰법이 되고, B와 C는 각각 면접법과 질문지법 중 하나가 된다. 면접법은 질문지법과 달리 연구 대상에 대해 심층적으로 파악하기 용이하므로, ㉡에 (다)가 들어갈 수 있다. ③ 언어를 통한 상호 작용을 필수적으로 요구하는 것은 면접법과 질문지법의 공통적인 특징이고, 자료를 계량화된 방법으로 분석하는 것은 질문지법의 특징이므로 A는 참여 관찰법, B는 면접법, C는 질문지법이 된다. 참여 관찰법과 면접법은 모두 질적 자료의 수집에 적합하다. ⑤ 참여 관찰법은 연구 대상의 일상생활에 함께 참여하여 현상을 직접 보고 느끼며 자료를 수집하지만, 언어를 통한 상호 작용이 필수적으로 요구되지는 않는다. 따라서 ㉡에 (나)가 들어갈 수 없다.

165 심층적 자료의 수집에 주로 활용되는 것은 면접법과 참여 관찰법의 특징이다. 따라서 A, C는 각각 면접법과 참여 관찰법 중 하나이고, B, D는 각각 질문지법과 실험법 중 하나이다. ③ 자료 수집 시 연구 대상자의 응답이 필수 요건인 것은 면접법과 질문지법의 특징이므로 B는 질문지법, C는 참여 관찰법이다.
바로알기 | ① 연구자의 해석을 통해 결론을 도출하는 연구 방법인 질적 연구 방법에서 주로 사용되는 것은 면접법과 참여 관찰법의 공통적인 특징이므로 주어진 질문은 적절하지 않다. ② 언어적 상호 작용에 의한 자료 수집이 필수적인 것은 면접법과 질문지법의 특징이므로 A는 면접법, B는 질문지법이다. ④ 예상하지 못한 상황이 발생할 경우 유연하게 대처하기 곤란한 것은 참여 관찰법의 특징이므로, A가 면접법이라면 주어진 질문은 적절하지 않다. ⑤ 인위적으로 통제된 상황에서 변수의 효과를 관찰하는 자료 수집 방법은 실험법이다. 따라서 B가 질문지법이라면 주어진 질문은 적절하지 않다.

166 제시된 자료를 통해 각 방송사가 시청률 조사 결과에 따라 과대 보도하거나 또는 보도를 하지 않음으로써 조사 결과를 자신의 방송국에 유리하게 해석하고 있음을 알 수 있다. 따라서 제시된 자료를 활용한 수업의 학습 목표로는 '자료 활용에 있어서의 가치 개입 여부를 파악할 수 있다.'가 가장 적절하다.

167 제시된 연구에서 갑은 을에게 유리하도록 초과 근무 시간의 생산성을 수정한 후 임금 인상이 생산성 향상에 기여하지 않는다는 보고서를 작성하였다. 이는 조사 결과를 자의적으로 조작한 것으로, 연구 과정에서 연구자의 이해관계가 배제되지 않았다.
바로알기 | ① 연구 대상자의 익명성을 보장하지 않았다는 내용은 나타나 있지 않다. ③ 갑은 실험법을 사용하여 자료를 수집하였으므로 구조화된 자료 수집 방법을 통해 양적 연구를 수행하였다. ④ 실험 결과는 임금 상승이 생산성 향상에 기여함을 뒷받침한다. ⑤ 가설 설정 단계에서는 연구자의 가치 개입이 허용되지만, 자료 수집 단계에서는 연구자의 가치가 배제되어야 한다.

5 사회적 존재로서의 인간

172 제시된 글에서는 개인이 실제 존재하는 법과 관습 등에 의해 규정된 책무를 수행한다고 보는데, 이는 사회 실재론의 입장에 해당한다. ③ 사회 실재론에 따르면 사회는 개인의 단순한 합 이상의 실체이므로, 사회의 속성은 개개인의 속성으로 환원될 수 없다.
바로알기 | ①, ②, ④, ⑤는 사회 명목론에 부합하는 진술이다.

173 ㄱ. 사회 실재론은 개인의 사고나 행위는 사회의 영향력에서 벗어날 수 없다고 보므로, 사회에 대한 개인의 불가항력성을 강조한다. ㄴ. 사회 실재론은 사회 문제의 원인을 파악할 때 개인의 특성보다는 사회 제도나 사회 구조적인 측면을 중시하므로, 사회 문제가 잘못된 사회 구조나 제도에서 비롯된다고 본다.
바로알기 | ㄷ. 사회 실재론은 공동체의 이익을 위한 개인의 희생을 정당화하는 전체주의로 이어질 우려가 있다. ㄹ은 사회 명목론에 대한 설명이다.

개념 보충

사회 실재론과 사회 명목론

구분	사회 실재론	사회 명목론
기본 입장	사회는 개인의 외부에 실제로 존재하며, 고유한 특성을 지닌 독자적 실체임	사회는 개인들의 집합체에 붙여진 이름에 불과하며, 실재하는 것은 개인뿐임
특징	• 개인의 행동은 사회에 의해 구속됨 • 사회 문제의 원인은 잘못된 사회 구조나 사회 제도에 있음	• 개인의 행동은 자신의 자율적 의지에 따라 이루어짐 • 사회 문제의 원인은 개인의 잘못된 의식에 있음

174 제시된 글에서는 체격이 작고 힘도 약한 사람들이 모인 팀이라도 산술적으로 힘이 센 팀을 이길 수 있다고 본다. 즉, 제시된 글에는 사회가 개인의 단순한 합 이상이라는 점을 강조하는 사회 실재론이 나타나 있다. ㄴ, ㄹ. 개인의 학습 태도보다 학교의 분위기가 성적에 더 큰 영향을 미친다는 것과 신입 사원이 회사의 기존 문화에 동화되는 경향이 있다는 것은 개인에 대한 사회의 우월성을 강조하는 사회 실재론에 부합하는 견해이다.

바로알기 | ㄱ, ㄷ. 한 개인의 성향을 관찰하면 그 나라 국민의 성향을 알 수 있다는 것과 정당보다는 후보자 개인의 자질을 더 중시한다는 것은 사회에 대한 개인의 우월성을 강조하는 사회 명목론에 부합하는 견해이다.

175 [모범 답안] 사회 실재론. 사회 실재론은 사회가 개인의 행동에 미치는 영향을 설명할 수 있다.

176 ㄱ. 사회 명목론은 사회를 구성하는 개인의 특성과 행동 양식에 초점을 맞추어 사회·문화 현상을 이해하므로, 개인주의적 사상과 관련 있다. ㄴ. 사회 명목론은 사회가 개인들의 집합체에 붙여진 이름에 불과하며, 실제로 존재하는 것은 개인뿐이라고 본다. ㄷ. 사회 명목론은 사회 유기체설보다는 시민이 개개인의 권리 보장을 위해 계약에 따라 국가를 만들었다는 사회 계약설과 관련 깊다.
바로알기 | ㄹ은 사회 실재론에 대한 설명이다.

177 밑줄 친 '이 이론'은 사회 계약설이다. 사회 계약설은 시민이 개개인의 권리 보장을 위해 계약에 따라 국가를 만들었다는 학설로서, 사회에 대한 개인의 우월성을 강조하는 사회 명목론과 관련 깊다. ㄴ. 사회 명목론은 사회의 여러 가지 특성은 사회 구성원인 개인의 특성에 따라 결정된다고 보므로, 사회의 속성을 개인들의 속성으로 환원하여 설명한다. ㄷ. 사회 명목론은 사회가 개인의 외부에 별도로 존재하는 것이 아니라 명목상 존재한다고 보므로, 사회를 실체가 없는 허구적 개념에 불과한 것으로 간주한다.
바로알기 | ㄱ, ㄹ은 사회 실재론에 대한 설명이다.

178 사회 계약설과 관련 깊은 개인과 사회의 관계를 바라보는 관점은 사회 명목론이다. ② 사회 명목론은 공동체의 이익보다는 개인의 이익을 중시하므로 지나칠 경우 극단적 이기주의를 초래할 가능성이 있다.
바로알기 | ①, ③ 지나칠 경우 사회를 위한 개인의 희생을 정당화하여 전체주의로 변질될 우려가 있는 것은 사회 실재론의 한계이다. ④ 사회 명목론은 인간의 자유 의지에 기초한 능동적인 사고와 행위의 측면을 강조한다. ⑤ 사회 명목론은 사회 계약설에 근거하므로 개인의 이익 또는 권리를 보장하는 것에 대한 중요성을 설명하기 쉽다.

[개념 보충]

사회 명목론과 사회 실재론의 한계	
사회 실재론	• 전체를 위한 개인의 희생을 정당화할 우려가 있음 • 인간의 주체적이고 능동적인 행위를 설명하기 곤란함
사회 명목론	• 극단적 이기주의를 초래할 우려가 있음 • 사회 제도나 사회 구조가 개인의 행위에 미치는 영향력을 간과할 수 있음

179 제시된 글은 사회 실재론의 입장에서 사회 명목론을 비판하고 있다. 따라서 (가)에는 사회 명목론에 부합하는 진술이 들어가야 한다. ㄷ. 사회 명목론에 따르면 개인의 특성이 모여 사회의 특성이 만들어지기 때문에 사회적 사실은 개인적 행위로 환원될 수 있다. ㄹ. 사회 명목론에 따르면 개인의 자율적인 의지에 의해 사회가 형성되므로, 사회 규범은 개인들이 옳다고 믿기에 존재한다.
바로알기 | ㄱ, ㄴ은 사회 실재론에 부합하는 진술이다.

180 (가)는 개인보다 사회를 중시하는 사회 실재론, (나)는 사회보다 개인을 중시하는 사회 명목론에 해당한다. ① 사회 실재론은 개인의 외부에 실제로 존재하는 사회가 개인의 삶에 영향을 미친다고 인식하므로, 사회를 연구할 때 사회 구조나 사회 제도 등에 초점을 두며 사회 현

상의 원인을 사회적 사실에서 찾아야 한다고 본다.
바로알기 | ② 사회 명목론은 개인의 특성과 행동 양식에 초점을 두기 때문에 사회 문제의 발생 원인을 개인적 측면에서 찾는다. ③ 사회 실재론은 사회의 특성이 개인적 행동에 영향을 준다고 본다. 이와 달리 사회 명목론은 사회의 특성은 개인적 행동이 반영된 결과로 본다. ④ 사회 실재론은 사회를 개인의 단순한 집합체 그 이상으로 보는 반면, 사회 명목론은 사회를 개인의 집합체에 불과하다고 본다. ⑤ 사회 실재론은 사회 명목론과 달리 사회가 개인에 대하여 불가항력적인 존재라고 생각한다.

181 첫 번째 질문에서 사회가 개인의 총합 이상이라고 보는 것은 사회 실재론의 입장이고, 두 번째 질문에서 사회 규범은 개인이 옳다고 믿기 때문에 존재한다고 보는 것은 사회 명목론의 입장이다. 세 번째 질문에서 개인은 전체 사회와의 관련 속에서만 존재의 의미를 갖는다고 보는 것은 사회 실재론의 입장이고, 네 번째 질문에서 사회는 그 자체를 구성하고 있는 부분 요소로 환원될 수 없다고 보는 것은 사회 실재론의 입장이다. ③ 병은 첫 번째 질문과 세 번째 질문, 네 번째 질문에는 'O'로, 두 번째 질문에는 '×'로 답하여 사회 실재론의 관점에서 일관되게 응답하였다.

182 사회는 개인의 외부에서 독자적으로 작동한다고 보는 것은 사회 실재론의 입장이다. 따라서 (가)는 사회 실재론, (나)는 사회 명목론이다. ㄱ. 사회 실재론은 사회 구성원인 개인의 사고나 행위는 사회의 영향에서 벗어날 수 없다고 보므로, 개인의 능동성보다 사회의 구속성을 중시한다. ㄴ. 사회 명목론은 사회가 명목상 존재한다는 점을 강조하므로, 사회를 실체가 없는 허구적 개념에 불과한 것으로 본다.
바로알기 | ㄷ. A에는 사회 명목론만의 특징을 묻는 질문이 들어가야 한다. 사회 문제 해결을 위해 개인의 의식 변화보다 제도적 개입을 강조하는 것은 사회 실재론의 입장이므로, 주어진 질문은 A에 적절하지 않다. ㄹ. B에는 사회 실재론만의 특징을 묻는 질문이 들어가야 한다. 사회가 개인으로 환원될 수 있다고 보는 것은 사회 명목론의 입장이므로, 주어진 질문은 B에 적절하지 않다.

183

(가) 사회는 구성원 개인으로만 이루어져 있는 것은 아니다. 구성원들은 출생과 사망, 이주의 과정을 통해 사회에 존재하다 없어지기도 하지만, 사회는 여전히 생명력을 가지고 있다. <u>사회의 규범이나 문화, 민족성 등은 개인의 생각이나 행동에 영향을 미친다.</u>
→ 개인의 생각이나 행동에 대한 사회의 영향력을 강조함 → 사회 실재론

(나) 시민 사회는 인간의 노력으로 만들어지는 인위적인 산물이다. 사람들은 자연 상태에서 일어날 수 있는 분쟁을 해결하고, 자신들의 생명과 자유 그리고 재산을 더 안전하게 지키고 누리기 위해서 <u>각자가 스스로 동의한 계약에 따라 시민 사회를 형성한다.</u> 이때, 사회 구성원 각자가 시민 사회에 양도하는 권력은 시민 사회가 그 역할을 수행할 정도에 그쳐야 한다.
→ 사회가 인간의 의지에 의해 구성된다는 점을 강조함 → 사회 명목론

(가)는 사회 실재론, (나)는 사회 명목론에 해당한다. ㄱ. 사회 실재론은 사회가 개인의 특성과는 다른 사회 자체의 독자적인 특성을 지닌다고 보므로, 사회는 개인으로 환원될 수 없다고 본다. ㄷ. 사회 명목론은 개인의 자율적 의지에 의해 사회가 형성됨을 강조하며, 사회 전체의 이익은 개인별 이익의 총합에 불과하다고 본다.
바로알기 | ㄴ. 사회 실재론은 사회가 개인들의 총량의 합 그 이상이라고 본다. 사회는 개인들의 총량의 합과 같다고 보는 것은 사회 명목론의 입장이다. ㄹ. 사회 명목론은 사회·문화 현상이나 사회 문제 등을 분석할 때 사회보다 개인에게 초점을 맞추며, 개인의 자율성이 사회 변화에 미

치는 영향력을 중시한다.

184 ① 사회 실재론은 사회 문제의 원인을 개인적 측면보다는 사회 제도나 사회 구조의 측면에서 찾는다.
바로알기 | ② 사회 실재론은 사회의 특성이 개인의 특성으로 환원될 수 없다고 본다. ③ 사회 명목론은 인간의 주체적이고 능동적인 사고와 행위의 측면을 중시한다. ④ 사회 유기체설은 사회 구성원으로서의 개인을 생물 유기체의 각 기관에 비유한 이론으로, 사회 명목론이 아닌 사회 실재론을 뒷받침할 수 있는 사상적 배경이 된다. ⑤ 사회가 개인의 외부에 존재하며 독자적인 특성을 지니고 있다고 보는 것은 사회 실재론의 입장이다.

185 갑의 관점은 선수 개인의 노력을 중시하므로 사회 명목론, 을의 관점은 개인의 기량보다 팀 문화를 중시하므로 사회 실재론에 해당한다. ㄴ. 사회 실재론은 독자적 특성을 지닌 사회가 개인의 외부에 실제로 존재한다고 본다. ㄹ. 사회 명목론은 사회가 개인의 단순한 집합체에 불과하며 실제로 존재하는 것은 개인뿐이라고 보므로, 사회의 여러 특성은 사회 구성원인 개인의 특성에 따라 결정된다고 본다.
바로알기 | ㄱ. 개인이 사회 구조로부터 자유로울 수 없다고 보는 것은 사회 실재론의 입장이다. ㄷ. 개인의 능동성과 주체적 행동의 중요성을 강조하는 것은 사회 명목론의 입장이다.

186 **모범 답안** (1) (가): 사회 명목론, (나): 사회 실재론
(2) 사회 명목론은 사회 구조나 사회 제도가 개인의 행위에 미치는 영향력을 간과할 수 있다는 한계를 지니며, 사회 실재론은 인간의 주체적이고 능동적인 행위를 설명하기 곤란하다는 한계를 지닌다.

187 ㉠은 사회화이다. 사회화는 일반적으로 타인과의 언어적 상호 작용이나 보상과 처벌의 경험, 모방이나 동일시 등을 통해 이루어지며, 그 내용과 방법은 사회마다 차이가 있다. 사회화는 개인적 측면에서 개인이 사회화 과정을 거쳐 자아 정체성을 형성하고 사회 구성원으로서 소속감을 지니게 하며, 사회적 측면에서 사회 구성원이 그 사회의 문화를 공유하도록 하고 그 사회의 규범과 가치가 전승되도록 함으로써 사회의 존속과 통합, 발전에 기여하기도 한다.
바로알기 | ② 사회화는 개인의 일생 중 특정 시기에만 이루어지는 것이 아니라 평생에 걸쳐 이루어진다.

188 제시된 사례를 통해 인간은 사회화 과정을 거쳐 인간다운 자질과 품성을 획득해야만 사회적 존재로 살아갈 수 있음을 알 수 있다.
바로알기 | ① 제시된 글을 통해 파악할 수 없는 내용이다. ③ 제시된 글에서 사회화의 내용과 방식이 다양함을 강조하고 있지는 않다. ④ 인간은 선천적으로 인간 사회에 적응할 수 있는 능력을 가지고 태어나지 않기 때문에 사회화 과정을 필요로 한다. ⑤ 사회화의 내용은 개인의 의지보다는 해당 사회의 상황적 맥락에 의해서 규정되는 경우가 많다.

189 (가)는 1차적 사회화, (나)는 2차적 사회화에 해당한다. 1차적 사회화는 영·유아기에 주로 가족이나 또래 집단 등에 의해 이루어지는 사회화로, 주변 사람들에 대한 모방이나 동일시 등을 통해 개인이 사회적 존재로 성장하고 생활하는 데 필요한 기초적이고 중요한 행동 양식을 습득하도록 한다. 2차적 사회화는 주로 청소년기와 성년기에 이루어지는 사회화로 영·유아기에 익힌 사회화의 내용을 심화하거나 전문화하여 사회생활에 필요한 전문적인 지식과 기능을 습득하도록 한다.
바로알기 | ④ 1차적 사회화를 통해 자아 정체성과 인성의 기본 틀을 형성하게 된다.

190 ㉠은 재사회화이다. ㄱ, ㄷ. 코로나19 상황이라는 사회 변화에 맞추어 새로운 원격 수업 제작 기술을 배운 것과 사회적 거리두기 상황이라는 사회 변화에 맞추어 새롭게 비대면 홍보 방법에 대한 연수를 받은 것은 새로운 환경에 적응하기 위해 이전과 다른 행동 양식을 습득한 것이므로 재사회화의 사례에 해당한다.
바로알기 | ㄴ, ㄹ. 공무원의 꿈을 실현하기 위해서 시험 과목을 학습하는 것은 새로운 환경에 적응하기 위해 이전과 다른 행동 양식을 학습한 것이 아니므로, 재사회화의 사례로 보기 어렵다. ㄹ. 기업의 공개 채용에 합격한 후 신입 사원 연수를 통해 회사의 업무를 미리 파악한 것은 미래에 속하게 될 집단에서 요구되는 행동 양식을 미리 습득한 것이므로, 예기 사회화의 사례이다.

개념 보충

재사회화와 예기 사회화

구분	재사회화	예기 사회화
의미	사회 변화나 새로운 환경에 적응하기 위해 새로운 규범, 가치관, 행동 양식 등을 학습하는 과정	미래에 속하게 될 집단에서 요구되는 행동 양식을 미리 습득하는 과정
사례	노인들의 정보화 교육, 사회 변화로 인한 재택근무 방식 교육 등	신입 사원 연수, 신입생 예비 교육, 이민 생활을 위한 외국어 공부 등

191 **모범 답안** 예기 사회화. 예기 사회화는 미래에 속하게 될 집단에서 요구하는 행동 양식을 미리 학습하는 것을 말한다.

192 (가)는 재사회화, (나)는 예기 사회화의 사례에 해당한다. ② (가)에서는 노인이 손녀에게서 컴퓨터 활용법을 배우고 있으므로, 가족이라는 비공식적 사회화 기관에 의한 사회화가 나타나 있다. ④ (가)에는 가족이라는 1차적 사회화 기관, (나)에는 학원이라는 2차적 사회화 기관에 의한 사회화가 나타나 있다. ⑤ 재사회화와 예기 사회화는 모두 기존 사회와 다른 새로운 사회에 적응하는 데 도움이 된다.
바로알기 | ③ (나)에는 예기 사회화가 나타나 있다. 북한 이탈 주민이 이전의 생활 습관을 버리는 것과 같은 유형의 사회화는 탈사회화에 해당한다.

193 ① 유아기에는 주로 가족 구성원과의 상호 작용을 통해 언어, 예절 및 의식주 습관 등의 생활 양식을 배워 익힘으로써 기본적인 욕구 충족 방법 및 정서적 반응 방식을 습득한다.
바로알기 | ② 가족은 유아기와 아동기의 사회화에 중요한 영향을 미치지만, 사회화 과정은 청소년기에 마무리되는 것이 아니라 평생 동안 이루어진다. ③ '사회적 소속감 형성 및 사회의 규범 내면화'는 사회화의 개인적 차원의 기능에 해당한다. ④ 급격한 사회 변화에 적응하기 위해 새롭게 등장한 정보나 가치 등을 습득하는 과정은 재사회화이다. ⑤ 개인이 사회적 존재로 성장하는 데 있어 기초적이고 중요한 규범과 가치를 습득하는 사회화 과정은 1차적 사회화이다.

194 제시된 글에는 갈등론적 관점이 나타나 있다. ② 갈등론은 사회화를 한 사회의 지배 집단이 그들에게 유리한 가치나 행동 양식을 사회 구성원에게 습득시키는 과정이라고 본다. 따라서 사회화를 통해 지배 계급은 기존 질서를 재생산한다고 주장한다.
바로알기 | ①, ③, ④는 기능론의 관점에 부합하는 진술이다. ⑤는 상징적 상호 작용론의 관점에 부합하는 진술이다.

195 (가)는 갈등론, (나)는 상징적 상호 작용론의 관점에서 사회화를 바라보고 있다. ④ 상징적 상호 작용론은 사람들이 언어나 몸짓 등 다양

한 방법으로 의사소통을 하며 서로를 이해하는 과정에서 자아가 형성된다고 보므로, 사회화의 사회 구조적 측면을 강조하는 갈등론과 달리 사회화 과정에서 나타나는 개인의 자율성을 강조한다.

바로알기 | ① 갈등론은 사회화의 내용이 지배 집단의 가치만을 반영한 것으로 본다. 사회화의 내용이 사회적으로 합의된 것이라고 보는 것은 기능론의 입장이다. ② 다른 사람과의 상호 작용을 통해 사회화가 이루어진다고 보는 것은 상징적 상호 작용론의 입장이다. ③ 상징적 상호 작용론은 사회화를 통해 사회의 구성원들이 각자 나름의 행동 방식과 가치를 갖게 된다고 본다. ⑤ 갈등론은 사회화를 사회 구조와 제도의 측면에서 바라보지만, 상징적 상호 작용론은 사회화를 개인 간 상호 작용이라는 행위 측면에서 바라본다.

196 ② B는 전문적인 지식과 기능의 사회화를 담당하는 2차적 사회화 기관이자, 사회화 이외의 목적으로 설립되어 부수적으로 사회화의 기능을 수행하는 비공식적 사회화 기관에 해당한다.

바로알기 | ① A는 기초적 수준의 사회화를 담당하지 않으므로 1차적 사회화 기관에 해당하지 않는다. ③ C는 사회화를 목적으로 설립되지 않았으므로 공식적 사회화 기관에 해당하지 않는다. ④ 일반적으로 비공식적 사회화 기관인 C에 비해 공식적 사회화 기관인 A에서 담당하는 사회화의 과정과 내용이 더 체계적이다. ⑤ 가족은 가장 기초적이고 중요한 사회화 기관으로서 비공식적 사회화 기관이자 1차적 사회화 기관이므로, C에 속한다.

197 사회화를 목적으로 설립된 것은 공식적 사회화 기관이고, 기초적 수준의 사회화를 담당하는 것은 1차적 사회화 기관이다. 따라서 A는 공식적 사회화 기관이자 2차적 사회화 기관으로 (나) 학교와 (다) 학원이 이에 해당하고, B는 비공식적 사회화 기관이자 2차적 사회화 기관으로 (라) 직장이 이에 해당한다. C는 비공식적 사회화 기관이자 1차적 사회화 기관으로 (가) 가족과 (마) 또래 집단이 이에 해당한다.

198 **모범 답안** (1) A는 2차적 사회화 기관이자 비공식적 사회화 기관에 속한다.
(2) 2차적 사회화 기관이자 비공식적 사회화 기관에 속하는 사례에는 직장, 대중 매체 등이 있다.

199 A는 2차적 사회화 기관, B는 1차적 사회화 기관, C는 공식적 사회화 기관, D는 비공식적 사회화 기관이다. ② 학교는 전문화된 지식과 기술을 가르치며 그 내용과 형식이 체계적이므로, 2차적 사회화 기관이자 공식적 사회화 기관이다.

바로알기 | ① 모든 사회화 기관은 언어적 상호 작용을 필수로 하여 사회화를 수행한다. ③ 공식적 사회화 기관인 학교나 학원, 연수 기관, 직업 훈련소 등은 대부분 2차적 사회화 기관이다. ④ 2차적 사회화 기관은 주로 체계적인 지식과 기능의 사회화를 담당하므로, 주어진 내용은 (가)에 적절하다. ⑤ 비공식적 사회화 기관은 부수적으로 사회화의 기능을 수행하므로, 주어진 내용은 (나)에 적절하지 않다.

200 가족은 사회화 기관의 형성 목적에 따라 비공식적 사회화 기관, 사회화의 내용에 따라 1차적 사회화 기관에 해당한다. 시민 단체는 사회화 기관의 형성 목적에 따라 비공식적 사회화 기관, 사회화의 내용에 따라 2차적 사회화 기관에 해당한다. 학교는 사회화 기관의 형성 목적에 따라 공식적 사회화 기관, 사회화의 내용에 따라 2차적 사회화 기관에 해당한다. 이를 종합하면 A는 공식적 사회화 기관, B는 비공식적 사회화 기관, C는 1차적 사회화 기관, D는 2차적 사회화 기관이다. ㄱ. 시

민 단체는 비공식적 사회화 기관이면서 2차적 사회화 기관이므로 옳지 않게 발표한 사람은 을이다. ㄴ. 회사 연수원은 사회화 자체를 목적으로 설립되었으므로 공식적 사회화 기관에 해당하며, 전문적인 지식과 기술을 가르치므로 2차적 사회화 기관에 해당한다.

바로알기 | ㄷ. 직장은 비공식적 사회화 기관에 해당하며, 1차적 사회화 기간이 아닌 2차적 사회화 기관에 해당한다. ㄹ. 재사회화는 비공식적 사회화 기관에서도 담당할 수 있지만, 그 내용이 새로운 사회 변화에 대한 것이라는 점에서 주로 2차적 사회화 기관이 담당한다.

개념 보충

사회화 기관의 유형

분류 기준	유형	내용	사례
사회화의 내용	1차적 사회화 기관	기초적인 생활 양식의 습득에 기여함	가족, 또래 집단 등
	2차적 사회화 기관	전문적인 지식, 기능의 사회화를 담당함	학교, 직장, 대중 매체 등
형성 목적	공식적 사회화 기관	사회화 자체를 목적으로 설립됨	학교, 학원, 직업 훈련소 등
	비공식적 사회화 기관	사회화 이외의 목적으로 형성되었으나, 부수적으로 사회화의 기능을 수행함	가족, 직장, 대중 매체 등

201 ④ 학교, 학원, 직업 훈련소는 사회화 자체를 목적으로 하는 공식적 사회화 기관이자 전문적인 지식과 기능의 사회화를 담당하는 2차적 사회화 기관이므로 ⑪에 해당한다.

바로알기 | ① ㉠은 '설립 목적', ㉡은 '사회화의 내용'이다. ② 가족, 또래 집단은 사회화 자체를 목적으로 하지 않는 비공식적 사회화 기관이자, 기본적인 생활 습관과 규범 형성에 영향을 주는 1차적 사회화 기관이므로 ㉣에 해당한다. ③ 대중 매체는 부수적으로 사회화의 기능을 수행하는 비공식적 사회화 기관이자 전문적인 지식과 기능의 사회화를 담당하는 2차적 기관이므로 ⑪에 해당한다. ⑤ 재사회화는 공식적 사회화 기관과 비공식적 사회화 기관이 모두 담당할 수 있으므로, 재사회화를 담당하는 사회화 기관은 ⑪에만 존재한다고 볼 수 없다.

202 ㄴ. 가족은 비공식적 사회화 기관이자 1차적 사회화 기관이므로 (라)에 해당하며, 자아와 인성의 기본 틀을 형성시켜 주는 원초적 사회화를 담당한다. ㄷ. 대학교에서 진행하는 신입생 예비 교육 과정은 미래에 속하게 될 대학교에서 생활할 때 필요한 행동 양식을 미리 습득하는 과정이므로 예기 사회화에 해당한다.

바로알기 | ㄱ. 텔레비전과 같은 대중 매체는 비공식적 사회화 기관이자 2차적 사회화 기관이다. 즉, 갑은 (다)에 해당하는 텔레비전을 통해 사회화를 경험하였다. ㄹ. 비공식적 사회화 기관이자 2차적 사회화 기관인 (다)에 해당하는 것은 직장(㉠), 대중 매체인 텔레비전(㉡)과 인터넷(㉢)이므로 세 개이다.

203 (가)는 가족, (나)는 학교, (다)는 대중 매체, (라)는 평생 교육원에서 경험한 갑의 사회화 과정을 나타낸다. ② (라)에서 갑이 △△국으로 이민을 가기 전에 △△국의 언어를 미리 배우는 것은 미래에 속하게 될 집단에서 요구되는 행동 양식을 미리 습득하는 것이므로 예기 사회화에 해당한다.

바로알기 | ① (가)에서는 1차적 사회화 기관인 가족을 통한 사회화가 이루어졌다. ③ (가)에서는 비공식적 사회화 기관인 가족에 의한 사회화가 이루어졌던 반면, (라)에서는 공식적 사회화 기관인 평생 교육원에 의한 사회화가 이루어졌다. ④ (나)에서는 공식적 사회화 기관인 고등학교를 통

한 사회화가 이루어졌지만, (다)에서는 비공식적 사회화 기관인 텔레비전, 즉 대중 매체에 의한 사회화가 이루어졌다. ⑤ (나), (다)에서는 모두 사회 변화나 새로운 환경에 적응하기 위해 새로운 지식이나 가치를 습득하는 과정이 제시되어 있지 않으므로, 재사회화가 나타나지 않았다.

204 ⑤ 사회가 복잡해지면서 개인이 가지는 지위와 그에 따른 역할도 많아져 역할 갈등이 발생할 가능성도 커지고 있다.
바로알기 | ① 개인은 동시에 여러 개의 지위를 가질 수 있다. ② 개인이 가지는 지위는 시간의 흐름에 따라 변화할 수 있다. ③ 현대 사회로 오면서 귀속 지위보다 성취 지위의 중요성이 커지고 있다. ④ 동일한 지위와 역할을 가졌더라도 개인의 노력이나 의도에 따라 서로 다른 역할 행동이 나타난다.

205 귀속 지위는 개인의 능력이나 노력과 관계없이 자연적으로 가지게 되는 지위를 말하며, 성취 지위는 개인의 의지나 노력으로 후천적으로 얻게 되는 지위를 말한다.

206 제시된 설명에 해당하는 지위는 성취 지위이다. ㄷ, ㄹ. 대학생과 농구 선수는 개인의 후천적 노력을 통해 얻게 되는 지위로서 성취 지위의 사례에 해당한다.
바로알기 | ㄱ, ㄴ. 귀속 지위의 사례에 해당한다.

207 ① 조선 시대의 백정은 과거 신분 사회에서 자신의 의지나 노력과는 관계없이 주어지는 귀속 지위이다. ③ 백정과 노인은 자신의 의지나 노력과는 관계없이 갖게 되는 귀속 지위에 해당한다. ④ 포목점 주인과 ○○ 섬유의 회장은 모두 갑이 후천적 노력을 통해 획득한 성취 지위에 해당한다. ⑤ ㉠~㉣ 중 성취 지위는 점원, 포목점 주인, ○○ 섬유의 회장이므로 세 개이다.
바로알기 | ② 점원과 포목점 주인은 모두 성취 지위에 해당한다.

개념 보충

귀속 지위와 성취 지위

구분	귀속 지위	성취 지위
의미	개인의 능력이나 노력과 관계없이 가지게 되는 지위	개인의 의지나 노력에 의해 후천적으로 얻게 되는 지위
사례	남자, 여자, 아들, 딸, 노인 등	교사, 학생, 회사원, 아내, 남편 등

208 제시된 사례에서 유비는 관우의 의형제로서의 지위에서 요구되는 역할과 군주로서 법을 어긴 신하를 처벌해야 하는 역할 사이에서 고민하고 있다. 즉, 유비는 서로 다른 지위에 따른 역할 간 상충에서 비롯된 역할 갈등을 경험하고 있다. ④ 갑이 친구의 생일 파티에 갈지 시험공부를 할지 고민에 빠진 것은 친구로서의 역할과 학생으로서의 역할을 동시에 수행해야 하는 상황에서 역할 간 충돌이 발생하여 나타나는 심리적 갈등이므로, 역할 갈등의 사례에 해당한다.
바로알기 | ①, ③ 역할 간 상충에서 비롯된 갈등 상황이 나타나지 않으므로, 역할 갈등의 사례로 볼 수 없다. ② 자신의 잘못된 역할 행동으로 인해 제재를 받은 사례이다. ⑤ 진로 선택의 문제로 고민하는 것은 역할 간 상충에서 비롯된 심리적 갈등이 아니므로, 역할 갈등의 사례로 볼 수 없다.

209 제시된 사례에서 갑은 자식으로서의 지위에서 부모님의 간병을 해야 할지 감독으로서의 지위에서 영화 촬영을 계속해야 할지 고민하고 있으므로, 역할 갈등을 겪고 있음을 알 수 있다.

210 ㄷ. 갑이 영화 촬영을 열심히 한 것은 지위에 따라 요구되는 역할

을 실제로 수행한 것이므로, 영화감독으로서의 갑의 역할 행동에 해당한다. ㄹ. 갑은 서로 다른 지위에 따른 역할, 즉 자녀로서의 역할과 영화감독으로서의 역할 간 상충에서 비롯된 역할 갈등을 겪고 있다.
바로알기 | ㄱ. 갑이 지닌 지위 중 자녀는 귀속 지위이고, 영화감독은 성취 지위이다. ㄴ. 갑은 자녀와 영화감독이라는 서로 다른 지위에 따른 역할 중 무엇을 선택해야 할지 고민에 빠져 있다.

211 ④ 을은 부모로서의 역할과 회사원으로서의 역할 간 상충에서 비롯된 역할 갈등을 겪고 있는데, 이를 해결하기 위해서는 역할 갈등을 일으키는 지위와 역할을 분석하여 타협점을 모색할 필요가 있다.
바로알기 | ① 갑은 학생이라는 하나의 지위에서 진로 선택을 두고 고민하고 있다. ② 갑의 상황은 개인적 고민에 해당하므로 갑이 스스로 해결하는 것이 바람직하다. ③ 을은 부모와 회사원이라는 서로 다른 성취 지위에 따른 심리적 갈등을 겪고 있다. ⑤ 갑은 역할 갈등을 겪고 있지 않으며, 을은 서로 다른 지위에 따른 역할 간 상충에서 비롯된 역할 갈등을 겪고 있다.

212 ㄱ. 귀족은 태어나면서부터 주어지는 지위이므로 갑의 귀속 지위이다. 이와 달리 사원은 자신의 노력에 의해 얻어지는 지위이므로 갑의 성취 지위이다. ㄴ. 갑이 야간 우편 비행 업무를 담당한 것은 우편 비행 사업에서 맡은 지위에 따른 역할을 실제로 행한 갑의 역할 행동이다.
바로알기 | ㄷ. 갑이 페미나상을 수상한 것은 『야간비행』을 집필한 것에 대한 보상이다. ㄹ. ㉴은 자녀와 국민이라는 갑이 가진 서로 다른 두 개의 지위에서 상반된 역할들이 요구됨으로써 발생하는 역할 갈등이다.

213 ④ 갑은 가족 구성원이라는 지위에서 요구되는 역할과 동아리 부장이라는 지위에서 요구되는 역할 간의 충돌 상황에 놓여 있다. 즉, ㉣은 갑의 역할 갈등에 해당한다.
바로알기 | ① 가족은 사회화 자체를 목적으로 하지 않는 비공식적 사회화 기관이다. ② 동아리 부장은 개인의 후천적 노력에 의해 얻게 되는 성취 지위이다. ③ 아들은 태어나면서부터 주어지는 귀속 지위이다. ⑤ 갑이 약속 장소에 가서 동아리 활동에 참여한 것은 동아리 부장으로서의 역할 행동에 해당한다.

214 ㄷ. 갑은 대학교라는 공식적 사회화 기관의 구성원이자 직장이라는 비공식적 사회화 기관의 구성원이었다. ㄹ. 갑은 A 대학교 외식조리학과의 학업 과정 중 일과 학업을 병행하는 데 부담을 느껴 학생의 지위를 포기했던 것으로 볼 때 직장인으로서의 역할과 학생으로서의 역할 간 충돌에서 비롯된 역할 갈등을 경험하였다.
바로알기 | ㄱ. 갑은 자신의 역할 행동을 열심히 수행한 결과 A 대학교 경영학과 합격, 학사 학위 획득 등의 보상을 받았다. ㄴ. 갑은 A 대학교에 입학한 후 미래에 속하게 될 집단에서 요구되는 행동 양식을 습득하는 과정을 거치지는 않았으므로, 예기 사회화를 경험하지 않았다.

215 ㄱ. 자녀는 태어나면서부터 주어지는 귀속 지위이고, 경영 컨설팅 전문가는 자신의 노력에 의해 얻게 되는 성취 지위이다. ㄷ. 경영 컨설팅 전문가로서 컨설팅을 해야 할지 친구로서 함께 여행을 가야 할지를 고민하는 것은 갑이 경험한 역할 갈등이고, 을이 갑의 자녀에게 장학금을 지급하고자 한 것은 갑의 역할 행동에 대한 보상이다. ㄹ. 대학교는 사회화 자체를 목적으로 하는 공식적 사회화 기관이고, A 기업과 같은 직장은 사회화 이외의 목적으로 설립되어 부수적으로 사회화의 기능을 수행하는 비공식적 사회화 기관이다.
바로알기 | ㄴ. 회사 경영에 대해 조언을 하는 것은 경영 컨설팅 전문가에

게 기대되는 일반적인 역할이고, 갑이 경영자 을로부터 환대를 받은 것은 갑의 역할 행동에 대한 보상이다.

216 ① 금요일 17시에 자전거 동아리 모임과 가족회의 일정이 겹친 것으로 볼 때 갑은 금요일에 자전거 동아리 회원으로서의 역할과 가족 구성원으로서의 역할이 상충되는 역할 갈등을 경험하게 될 가능성이 있다. ② 학생회장과 어머니는 모두 개인의 노력에 의해 얻게 되는 성취 지위이다. ③ 갑이 사회·문화 시험공부를 실제로 수행한 것은 학생으로서의 갑의 역할 행동에 해당한다. ⑤ 가족은 기본적인 생활 습관을 형성하는 데 영향을 주는 1차적 사회화 기관이자 사회화 자체를 목적으로 하지 않는 비공식적 사회화 기관이다.

바로알기ㅣ ④ 갑이 성적 우수자에게 주어지는 장학금을 받은 것은 갑의 역할 행동에 따른 보상이다.

사회 집단과 사회 조직

개념 확인 문제   59쪽

217 (1) ○ (2) × (3) ○   **218** 준거 집단   **219** (1) 비공식
(2) 시민 단체   **220** (1) − ㉠ (2) − ㉡

난이도별 필수 기출   60~69쪽

221 ③	222 ③	223 ②	224 ④	225 ①	226 ④
227 ①	228 ④	229 ⑤	230 ③	231 ③	232 ②
233 해설 참조		234 ⑤	235 ④	236 ⑤	
237 해설 참조		238 ②	239 ⑤	240 ②	241 ①
242 ⑤	243 ④	244 해설 참조		245 ④	246 ①
247 ②	248 ⑤	249 ⑤	250 ⑤	251 ④	252 ③
253 ③	254 ⑤	255 ④	256 ①	257 해설 참조	
258 ⑤	259 ⑤	260 ⑤	261 해설 참조		262 ⑤
263 ②	264 ③	265 ③	266 ⑤		

221 (가)는 사회 집단에 해당하지 않지만, (나)는 사회 집단에 해당한다. ㄷ, ㄹ. (가) 축구장에 모인 관중은 경기 관람을 위해 일시적으로 한데 모였을 뿐, 소속감이나 공동체 의식을 가지지 않으며 구성원 간 지속적인 상호 작용이 일어나지 않는다. 이와 달리 (나) 국가 대표 축구팀을 응원하기 위한 응원 단체는 공통의 관심사를 바탕으로 응원 단체에 속해 있다는 소속감과 공동체 의식을 가지며, 구성원 간 지속적인 상호 작용이 일어난다.

바로알기ㅣ ㄱ. (가), (나)는 모두 본질 의지에 의해 형성된 공동 사회가 아니다. ㄴ. (가), (나)는 모두 둘 이상의 사람들이 모여 있는 상태를 나타낸다.

222 학교의 같은 반 친구들은 둘 이상의 사람들이 모여 어느 정도의 소속감을 가지고 지속적으로 상호 작용을 하므로 사회 집단으로 볼 수 있다. 반면, 출근길에 지하철을 함께 탄 승객들은 둘 이상의 사람들이 출근을 위해 같은 장소에 일시적으로 모여 있으나, 목적지에 도착하면 각자 흩어져 지속적인 상호 작용이 일어나지 않으므로 사회 집단으로 볼 수 없다.

223 사회 집단은 구성원의 소속감 유무(A)에 따라 자신이 소속해 있으면서 강한 소속감을 느끼는 내집단과 자신이 소속해 있지 않으면서 이질감을 느끼는 외집단으로 구분할 수 있고, 구성원 간 접촉 방식(B)에 따라 친밀한 대면 접촉을 바탕으로 전인격적 인간관계가 나타나는 1차 집단과 구성원 간 간접적 접촉과 수단적 만남이 이루어지는 2차 집단으로 구분할 수 있다. 또한 구성원의 결합 의지(C)에 따라 인간의 본능적 의지에 따라 자연 발생적으로 형성된 공동 사회와 구성원의 선택적 의지에 따라 인위적으로 형성된 이익 사회로 구분할 수 있다.

224 ㉠은 1차 집단, ㉡은 2차 집단이다. ① 가족은 구성원 간 전인격적인 접촉이 일어나므로 1차 집단에 해당한다. ② 사회생활 속에서 친밀하고 인간적인 접촉과 만남을 원하는 사람들의 욕구가 점차 커지면서 이익 사회가 1차 집단의 성격을 가지는 사례가 늘고 있다. 즉, 1차 집단의 성격을 가지는 이익 사회도 존재할 수 있다. ③ 학교, 정당은 구성원 간 형식적·수단적 인간관계가 지배적이므로 2차 집단에 해당한다. ⑤ 1차

집단과 2차 집단은 구성원 간 접촉 방식을 기준으로 구분된다.
바로알기 | ④ 1차 집단은 비공식적 통제가 일반적인 반면, 2차 집단은 규칙, 법률 등에 의한 공식적 통제가 일반적이다.

225 선택 의지에 의해 인위적으로 형성되는 것은 이익 사회이므로 A는 이익 사회, B는 공동 사회이다. ① 자발적 결사체는 구성원의 선택 의지에 따라 인위적으로 형성된 사회 집단이므로, 이익 사회에 해당한다.
바로알기 | ② 공동 사회는 구성원의 의지와 무관하게 자연 발생적으로 형성되었기 때문에 가입과 탈퇴가 자유롭지 않다. ③ 공동 사회는 이익 사회와 달리 결합 자체를 목적으로 한다. ④ 가족은 공동 사회, 회사는 이익 사회에 해당한다. ⑤ (가)에는 공동 사회만의 특징을 묻는 질문이 들어가야 한다. 형식적 인간관계가 지배적인 것은 이익 사회의 특징이므로, 주어진 질문은 (가)에 들어갈 수 없다.

226 "직접적이고 친밀한 접촉을 하는가?"라는 질문에 1차 집단은 '예', 2차 집단은 '아니요'로 답한다. 또한 "구성원의 의지와 무관하게 결합하는가?"라는 질문에 공동 사회는 '예', 이익 사회는 '아니요'로 답한다. 즉, (가)에는 1차 집단이자 공동 사회의 사례인 가족, 친족 등이 해당하고, (나)에는 2차 집단이자 이익 사회의 사례인 학교, 회사, 정당 등이 해당한다.

227 ㉠은 내집단, ㉡은 외집단이다. 내집단은 자신이 소속되어 있으며 소속감을 느끼고 있는 집단으로, 내집단 구성원들은 '우리'라는 강한 동질감을 갖고 서로에 대해 동료애와 유대감을 느낀다. 이와 달리 외집단은 자신이 소속되어 있지 않으면서 이질감을 느끼는 집단으로, 외집단과의 갈등은 내집단 의식의 강화 요인으로 작용하기도 한다.

228 문항 1에서 1차 집단은 구성원들이 대체로 장기간 대면 접촉하며 친밀한 관계를 형성하는 전인격적인 집단이므로, 옳은 답안은 'O'이다. 문항 2에서 2차 집단은 구성원 간에 특정 목적의 달성을 위한 수단적이고 형식적인 인간관계가 나타나므로, 옳은 답안은 'O'이다. 문항 3에서 공동 사회는 구성원의 선택적 의지가 아닌 본질적 의지에 따라 자연 발생적으로 형성된 집단이므로, 옳은 답안은 'x'이다. 문항 4에서 학교, 회사, 정당, 시민 단체는 모두 선택 의지에 따라 인위적으로 형성된 이익 사회에 해당하므로, 옳은 답안은 'O'이다. 문항 5에서 내집단 구성원들은 '우리'라는 강한 동질감을 갖고 서로에 대해 동료애와 유대감을 느끼므로, 옳은 답안은 'O'이다. 즉, 문항 2, 문항 3, 문항 4, 문항 5에 대해 옳은 답안을 작성하였으므로, 학생이 받을 점수는 4점이다.

개념 보충

사회 집단의 유형

분류 기준	집단	내용
접촉 방식	1차 집단	구성원 간의 대면 접촉과 친밀감을 바탕으로 결합되는 집단
	2차 집단	구성원 간의 간접적 접촉과 수단적인 만남을 바탕으로 결합되는 집단
결합 의지	공동 사회	구성원의 본능적인 의지에 의해 자연적으로 발생하는 집단
	이익 사회	구성원의 선택적 의지에 의해 인위적으로 형성되는 집단
소속감	내집단	자신이 속해 있으면서 소속감을 느끼는 집단
	외집단	자신이 속해 있지 않고 이질감을 느끼는 집단

229 구성원들이 실제 소속되어 있으면서 소속감을 가진 사회 집단은 내집단이고, 공식적·형식적인 접촉을 하는 사회 집단은 2차 집단이다.

따라서 A는 내집단, B는 외집단, C는 2차 집단, D는 1차 집단이며 결합 의지의 유형에 따라 구분되는 E와 F는 각각 공동 사회와 이익 사회 중 하나이다. ㄷ. 사회가 복잡해지고 전문화될수록 1차 집단보다 2차 집단의 수가 증가하고 비중이 커진다. ㄹ. 본질 의지에 따라 결합된 집단은 공동 사회이므로 E는 공동 사회, F는 이익 사회이다. 이익 사회는 공동 사회에 비해 수단적이고 형식적인 관계를 갖는다.
바로알기 | ㄱ. 내집단과 외집단의 경계와 범위는 고정되어 있지 않으며 상황에 따라 달라질 수 있다. ㄴ. 2차 집단은 주로 법이나 규정 등의 공식적인 제재 방식으로 구성원을 통제하며, 1차 집단은 도덕이나 관습 등의 비공식적인 제재 방식으로 구성원을 통제한다.

230 밑줄 친 '이것'은 준거 집단이다. 준거 집단은 한 개인이 자신의 행동과 판단의 기준으로 삼는 집단을 의미하는 것으로, 개인에게 생각이나 행동의 옳고 그름을 판단하는 지침을 제공함으로써 개인의 삶에 큰 영향을 미친다.

231 ㉠은 준거 집단이다. ① 현재 자신이 속해 있지 않은 집단도 한 개인의 준거 집단이 될 수 있다. ② 준거 집단과 소속 집단이 일치할 경우 소속 집단에 대한 만족감이 높고 자신의 판단과 행동에 자신감을 지니게 되어 안정적인 사회생활을 할 수 있다. ④, ⑤ 소속 집단과 준거 집단이 불일치할 경우 개인은 상대적 박탈감을 느낄 수 있으며, 이는 준거 집단에 속하고자 열심히 노력하는 동기를 부여하기도 한다.
바로알기 | ③ 개인이 지닌 신념이나 가치관은 각기 다르므로, 같은 소속 집단에 속해 있더라도 개인의 준거 집단은 각기 다를 수 있다.

232

> 연예인이 되는 것이 <u>꿈인 갑</u>은 ㉠ <u>예술 고등학교</u>에 입학하고 싶었지만, 부모님의 반대로 ㉡ <u>인문계 고등학교</u>에 진학하였다. 인문계 고등학교 진학 후 갑은 ㉢ <u>교과 공부에 흥미를 느끼지 못하고 학교에 대한 불만</u> 속에서 지냈다. 예술 고등학교에 진학한 친구들이 공연 연습 때문에 바쁘다는 <u>말을 들으면</u> ㉣ <u>더욱 심란해져서 학교에 결석하는 횟수가 많아졌다.</u>

(갑의 소속 집단 → ㉡ / 갑의 준거 집단 → ㉠ / 소속 집단과 준거 집단의 불일치로 나타난 부정적 영향임 → ㉣)

ㄱ. 갑은 예술 고등학교에 입학하고 싶어 하였음을 고려할 때 예술 고등학교는 갑이 자신의 신념이나 태도를 규정하는 지침으로 삼는 준거 집단이다 ㄷ. 인문계 고등학교는 갑이 현재 속해 있는 소속 집단이자, 구성원 간 형식적·수단적 접촉이 지배적으로 나타나는 2차 집단이다.
바로알기 | ㄴ. 인문계 고등학교는 갑이 행동의 지침으로 삼고자 하지 않고 불만을 가지는 것으로 볼 때 갑의 준거 집단이 아니다 ㄹ. ㉢, ㉣은 갑이 소속 집단과 준거 집단이 일치하지 않아 상대적 박탈감을 느끼고 불만을 갖는 모습을 나타낼 뿐, 외집단의 존재로 인해 갑의 내집단 의식이 강화되는 상황을 나타내지는 않는다.

233 [모범 답안] 갑은 소속 집단과 준거 집단이 일치하지 않기 때문에 소속 집단에 대해 불만을 가지게 된 것이다.

234 ⑤ 갑의 준거 집단은 교내 발명 동아리인데, 소속 집단은 교내 다른 동아리이기 때문에 갑은 안타까움과 허탈감을 느끼고 있다. 즉, ㉣의 원인은 갑의 소속 집단과 준거 집단 간 불일치에 있음을 알 수 있다.
바로알기 | ① ○○ 고등학교는 2차적 사회화 기관이자 공식적 사회화 기관이다. ② 교내 발명 동아리는 갑이 소속되기를 바라는 집단이므로 갑의 준거 집단으로 볼 수 있지만, 갑이 현재 소속되어 있는 집단이 아니므로 갑의 내집단은 아니다. ③ 갑이 동아리에 들지 못한 것은 신입 부

원 지망자로서 면접에서 높은 점수를 받지 못한 것, 즉 갑의 역할 행동에 대한 제재에 해당한다. ④ 교내 다른 동아리에 속해 있는 갑이 교내 발명 동아리에 가입되기를 바라는 것으로 볼 때 교내 다른 동아리는 갑이 자신의 판단과 행동의 기준으로 삼는 준거 집단으로 보기 어렵다.

235 ㉠은 사회 조직이다. 사회 조직은 다른 집단과의 경계가 뚜렷하게 나타나며, 구성원들이 주로 형식적이고 수단적인 관계를 맺는다.
바로알기 | ㄱ. 사회 조직은 의도적이고 합리적인 기준에 따라 만들어진 사회 집단이므로 이익 사회에 해당한다. ㄷ. 또래 집단은 목표가 구체적이지 않고 공식적인 규범과 절차가 체계적으로 규정되어 있지 않으므로, 사회 조직의 사례로 적절하지 않다.

236 ○○ 회사 내 '축구 사랑 동호회'는 ○○ 회사라는 공식 조직 내에서 축구를 좋아하는 사람들이 자발적으로 결성한 비공식 조직으로서 자발적 결사체이다. 또한 사람들의 선택적 의지에 의해 인위적으로 결성된 집단이므로 이익 사회이다.

237 **모범 답안** 비공식 조직. 비공식 조직은 공식 조직에서 느낄 수 있는 긴장감을 줄이고 사기를 증진하여 공식 조직의 효율성 향상에 기여하는 긍정적 기능이 있다. 반면, 친밀한 인간관계를 내세워 공식 조직의 규칙과 절차를 깨뜨릴 경우 공식 조직의 효율성을 저해할 수 있는 부정적 기능이 있다.

238 A는 공식 조직, B는 비공식 조직이다. ① 공식 조직의 구성원은 조직에서의 지위와 역할에 따라 수단적이며 간접적인 관계를 형성한다. ③ 비공식 조직은 공식 조직 내에서 구성원들이 친밀한 인간관계를 바탕으로 형성한 사회 집단으로, 공식 조직의 존재를 전제로 하는 자발적 결사체이다. ④ 비공식 조직이 활성화될 경우 비공식 조직 내에서의 개인적인 친분이 공식 조직의 업무나 인사 평가 등에 부정적 영향을 끼쳐 업무 공정성이 저해되기도 한다. ⑤ 회사는 공식 조직, 회사 내 동호회는 비공식 조직의 사례에 해당한다.
바로알기 | ② 공식 조직과 비공식 조직은 모두 선택 의지에 따라 결합된 이익 사회이다.

개념 보충

공식 조직과 비공식 조직

구분	공식 조직	비공식 조직
의미	특정한 목적 달성을 위해 구성원의 지위와 책임이 명확하게 규정된 조직	공식 조직 내에서 구성원 간 친밀한 인간관계에 바탕을 두고 형성된 조직
사례	학교, 회사, 정당 등	회사 내 동호회, 학교 내 봉사 모임 등

239 A는 비공식 조직, B는 공식 조직, C는 이익 사회이다. ⑤ 비공식 조직, 공식 조직, 이익 사회는 모두 구성원의 특정 목적을 위해 인위적으로 만들어진 사회 집단이다.
바로알기 | ① 대학 내 홍보 부서와 대학은 모두 공식 조직에 해당한다. ② 종친회는 친족들이 인위적으로 형성한 집단이므로 이익 사회에 해당하지만, 가족은 자연 발생적으로 형성된 집단이므로 공동 사회에 해당한다. ③ 공식 조직은 비공식 조직에 비해 공식적 규범에 대한 의존도가 높다. ④ 공식 조직은 목표 달성을 위한 구성원의 지위와 역할이 명확하다.

240 (가)는 1차 집단, (나)는 2차 집단, (다)는 공식 조직, (라)는 비공식 조직이다. ㄱ. 사회가 전문화·다원화될수록 수단적이고 형식적인 인간관계가 지배적이므로 1차 집단에 비해 2차 집단의 역할이 강조된다. ㄹ. 비공식 조직은 구성원의 만족감이나 사기를 높여 공식 조직 내에서

느끼는 긴장감과 소외감을 해소할 수 있으며, 이를 바탕으로 공식 조직의 과업 능률과 효율성을 높이는 데 기여할 수 있다.
바로알기 | ㄴ. 1차 집단에서는 비공식적 제재를 통한 통제가 지배적이지만, 2차 집단에서는 공식적 제재를 통한 통제가 지배적이다. ㄷ. 공식 조직은 형식적·수단적 인간관계가 지배적으로 나타나므로, 일반적으로 2차 집단의 성격을 가진다.

241 ○○ 환경 운동 단체는 시민 단체, △△ 회사 내 노동조합은 이익 집단, □□ 아파트 내 조기 축구회는 친목 모임으로 모두 공통의 관심사나 목표를 달성하기 위해 자발적으로 결성하는 조직인 자발적 결사체에 해당한다. ① 자발적 결사체는 자신이 가진 관심사나 목표에 따라 자발적으로 가입이나 탈퇴가 이루어지므로, 구성원의 가입과 탈퇴가 자유롭다.
바로알기 | ② 자발적 결사체 중 □□ 아파트 내 조기 축구회와 같은 친목 모임은 특정 목적 달성을 위한 지위와 역할이 명확하지 않다. ③ 자발적 결사체는 구성원의 의지에 따라 인위적으로 형성된다. ④, ⑤ 공식 조직 내에서 구성원 간 친밀한 인간관계에 바탕을 두고 형성되는 비공식 조직에 해당하는 사회 집단은 제시되어 있지 않다.

242 (가)는 공식 조직, (나)는 자발적 결사체이다. ㄷ. 회사 내 산악회는 비공식 조직으로서 공식 조직이 아닌 자발적 결사체이므로 C에 해당한다. ㄹ. 가족, 또래 집단은 공식 조직과 자발적 결사체 모두에 포함되지 않으므로 A, B, C 어디에도 해당되지 않는다.
바로알기 | ㄱ. 회사 내 노동조합은 공식 조직이면서 자발적 결사체이므로 B에 해당한다. ㄴ. 학교는 공식 조직이지만 자발적 결사체는 아니므로 A에 해당한다. 이와 달리 시민 단체는 공식 조직이면서 자발적 결사체이므로 B에 해당한다.

243 A는 자발적 결사체, B는 비공식 조직이다. ㄱ. 특정 집단의 이익을 대변하는 이익 집단과 공익을 추구하는 시민 단체는 모두 자발적 결사체에 포함된다. ㄴ. 비공식 조직은 구성원의 만족감을 높여 사기를 증진함으로써 공식 조직의 능률과 효율성 향상에 기여할 수 있다. ㅁ. 고등학교 동창회는 특정 고등학교 졸업생들이 자발적으로 만든 자발적 결사체로, 특정 기업 내에서 만들어졌을 경우 자발적 결사체이면서 비공식 조직으로 볼 수 있다.
바로알기 | ㄷ. 자발적 결사체와 비공식 조직은 모두 선택 의지에 따라 인위적으로 형성된 이익 사회에 속한다. ㄹ. 자발적 결사체와 비공식 조직은 모두 가입과 탈퇴가 자유롭다.

244 **모범 답안** (1) A: 자발적 결사체가 아닌 공식 조직, B: 자발적 결사체인 공식 조직, C: 비공식 조직
(2) 자발적 결사체가 아닌 공식 조직의 사례로 회사, 학교 등을 들 수 있다.
(3) ㉡에는 공식 조직에 비해 자발적 결사체에서 높거나 강한 특징이 들어가야 하므로, '가입과 탈퇴의 자유 정도'가 들어갈 수 있다.

245 A는 사회 집단, B는 공식 조직, C는 자발적 결사체, D는 비공식 조직이다. ④ 가족, 야구 동호회는 극장 관객과 달리 사회 집단에 속하며, 회사, 학교, 종친회는 가족과 달리 공식 조직에 속한다. 종친회, 팬클럽, 시민 단체는 학교와 달리 자발적 결사체에 속하며, 사내 동호회는 동네 조기 축구회와 달리 비공식 조직에 속한다.

246 ① 공식 조직은 공식적인 규범과 체계를 토대로 정해진 과업을 달성하고자 하므로, 친밀한 인간관계를 바탕으로 형성된 비공식 조직에 비해 과업 지향적인 사회 집단이다.

바로알기 | ② 비공식 조직이 친밀한 인간관계를 내세워 공식 조직의 규칙과 절차를 깨뜨리는 방향으로 활성화될 경우 공식 조직의 목표 달성이 저해되기도 한다. ③ 자발적 결사체와 비공식 조직은 모두 이익 사회로서 선택 의지에 따라 구성된 집단이다. ④ 비공식 조직은 공식 조직과 달리 구성원의 가입과 탈퇴가 자유롭다. ⑤ 회사는 공식 조직(B), 회사 내 동호회는 비공식 조직(D), 회사 내 노동조합은 공식 조직(B)이면서 자발적 결사체(C)에 해당한다.

247 (가)는 공동 사회, (나)는 공식 조직, (다)는 자발적 결사체이다. ㄱ. 공동 사회는 1차 집단의 성격이 강하게 나타나므로, 공식 조직에 비해 비공식적이고 전인격적인 인간관계가 주로 나타난다. ㄷ. 공동 사회는 구성원의 의지와 관계없이 결합된 사회 집단으로 구성원의 가입과 탈퇴가 자유롭지 않다. 이와 달리 자발적 결사체는 구성원의 의도에 따라 형성된 집단으로 구성원의 가입과 탈퇴가 자유롭다.
바로알기 | ㄴ. 이익 집단은 선택 의지에 따라 인위적으로 만든 집단으로서 자발적 결사체에 해당하지만, 공동 사회에는 해당하지 않는다. ㄹ. 공식 조직 안에 존재하는 자발적 결사체 중에는 회사 내 노동조합과 같이 비공식 조직이 아닌 형태가 있을 수 있다. 즉, 공식 조직 내에 존재하는 모든 자발적 결사체가 비공식 조직인 것은 아니다.

248 가족은 시민 단체, 사내 동호회와 달리 공동 사회에 해당하고, 사내 동호회는 동네 조기 축구회와 달리 비공식 조직에 해당한다. 시민 단체와 동네 조기 축구회는 가족과 달리 자발적 결사체에 해당한다. 따라서 A는 공동 사회, B는 비공식 조직, C는 자발적 결사체이다. ㄷ. 자발적 결사체 중 친목 집단이나 동호회 등과 같이 관심과 연고에 의해 형성된 집단의 경우 친밀감이 나타날 수 있다. 즉, 자발적 결사체에는 1차 집단과 2차 집단의 기능이 공존할 수 있다. ㄹ. 비공식 조직과 자발적 결사체는 모두 선택 의지에 의해 형성되므로, 이익 사회에 포함되는 집단이다.
바로알기 | ㄱ. 공동 사회는 구성원의 의지와 관계없이 자연 발생적으로 형성된 집단이다. ㄴ. 병원 내 노동조합은 친밀한 인간관계를 바탕에 두지 않으므로 비공식 조직의 사례로 볼 수 없다.

249 표의 첫 번째 질문에서 가입과 탈퇴가 자유로운 것은 자발적 결사체의 특징이고, 두 번째 질문에서 본질 의지에 의해 형성되는 것은 공동 사회의 특징이며, 세 번째 질문에서 구성원의 지위와 역할이 명확하게 규정되는 것은 공식 조직의 특징이다. 따라서 (가)에는 공동 사회에 속하는 가족이 해당하고, (나)에는 자발적 결사체이자 공식 조직에 속하는 □□ 환경 연대가 해당하며, (다)에는 자발적 결사체이지만 공식 조직은 아닌 학교 내 연극 동아리와 ▲▲ 조기 축구회가 해당한다.

250 A는 이익 사회, B는 자발적 결사체, C는 비공식 조직이다. ⑤ 프로야구 ○○ 팀은 구성원의 선택 의지에 따라 형성된 집단이므로 이익 사회에 해당하고, 팬클럽은 ○○ 팀을 응원하는 사람들이 자발적으로 만든 집단이므로 자발적 결사체에 해당한다.
바로알기 | ② 팬클럽은 자발적 결사체에 해당하지만, 비공식 조직에는 해당하지 않는다. ③ □□ 대학교는 이익 사회에 해당하지만, 자발적 결사체에는 해당하지 않는다. ④ 동물 보호 단체는 이익 사회와 자발적 결사체에 해당하지만, 비공식 조직에는 해당하지 않는다.

251 구성원의 선택 의지에 따라 인위적으로 형성된 것은 이익 사회의 특징이고, 공통의 관심사나 목표를 가진 사람들이 자발적으로 결성한 조직은 자발적 결사체이며, 특정한 목표 달성과 과업 수행을 위해 의도적이고 합리적인 기준에 따라 만들어진 것은 공식 조직의 특징이다. 따

라서 A는 자발적 결사체이면서 공식 조직인 사례, B는 자발적 결사체이지만 공식 조직은 아닌 사례, C는 자발적 결사체가 아닌 공식 조직의 사례가 해당한다. ㄴ. 공식 조직 내에 존재하며 공식 조직에서의 긴장감과 소외감을 해소하는 집단은 비공식 조직이다. 비공식 조직은 자발적 결사체이지만 공식 조직에는 포함되지 않으므로 B에 해당한다. ㄹ. A, B는 이익 사회이자 자발적 결사체로서 구성원들이 자발적으로 형성한 집단이므로, 가입과 탈퇴가 자유롭다.
바로알기 | ㄱ. 가족, 친족, 민족과 같은 사회 집단은 자연 발생적으로 형성된 공동 사회이므로 A에 해당하지 않는다. ㄷ. 이익 집단, 시민 단체는 이익 사회이자 자발적 결사체이므로 C에 해당하지 않는다.

252 ㄴ. 사내 자전거 동호회는 회사라는 공식 조직 내에서 자전거 타기를 좋아하는 사람들이 모여 자발적으로 결성한 자발적 결사체이므로 비공식 조직이다. ㄷ. 비공식 조직인 사내 자전거 동호회는 구성원 간 친밀한 인간관계에 바탕을 두고 형성되므로, 공식 조직인 환경 보호 단체에 비해 1차 집단의 성격이 강하다.
바로알기 | ㄱ. 환경 보호 단체는 시민 단체로서 공익을 추구한다. 반면, 변호사 협회는 이익 집단으로 변호사들의 직업적 이익을 추구한다. ㄹ. 환경 보호 단체, 변호사 협회, 사내 자전거 동호회는 모두 구성원의 선택 의지에 의해 형성된 이익 사회이다.

개념 보충

자발적 결사체

의미	공통의 이해관계와 관심을 가진 사람들이 자발적으로 만든 사회 집단
특징	구성원의 가입과 탈퇴가 자유로움, 구성원의 자발적 참여에 의해 조직이 운영됨
유형	시민 단체(예 환경 단체, 소비자 단체 등), 이익 집단(예 노동조합 등), 친목 집단(예 동호회, 동창회 등)

253 ③ ○○ 환경 단체는 시민 단체로서 공식적인 규범과 절차에 의해 운영되므로 공식 조직이다. 이와 달리 가족은 공동 사회로서 결합 자체를 목적으로 하므로 공식 조직이 아니다.
바로알기 | ① ○○ 환경 단체는 구성원들이 환경 보호를 목적으로 스스로 결성한 자발적 결사체이지만, 회사는 자발적 결사체가 아니다. ② 회사 내 클래식 동호회는 회사라는 공식 조직 안에서 클래식을 좋아하는 사람들이 만든 집단이므로 비공식 조직이지만, ◇◇ 지역 조기 축구회는 공식 조직을 기반으로 형성된 집단이 아니므로 비공식 조직이 아니다. ④ 가족은 본능적인 의지에 의해 자연 발생적으로 형성된 공동 사회이지만, ◇◇ 지역 조기 축구회는 ◇◇ 지역에 사는 사람들 중에서 축구에 관심 있는 사람들의 선택 의지에 의해 인위적으로 형성된 이익 사회이다. ⑤ ▲▲ 대학교 총동창회와 회사 내 클래식 동호회는 모두 구성원의 선택 의지에 의해 형성된 이익 사회이다.

254 ⑤ 시민 단체에 속하는 인권 운동 시민 연대와 친목 단체에 속하는 '잘 잡아' 낚시 동호회는 모두 자발적 결사체로서 구성원의 가입과 탈퇴가 자유롭다.
바로알기 | ① ○○ 신문사는 사회화 이외의 목적으로 설립되어 부수적으로 사회화의 기능을 수행하는 비공식적 사회화 기관이다. ② △△ 기업은 특정 목적 달성을 위해 형성된 이익 사회로서 인간관계 형성이 아닌 기업의 이윤 창출을 1차 목적으로 한다. ③ ○○ 신문사는 2차 집단이므로, 1차 집단의 성격이 나타나는 '잘 잡아' 낚시 동호회에 비해 도구적·형식적 인간관계를 강조한다. ④ △△ 기업과 인권 운동 시민 연대는 모두 공식 조직으로서 운영의 효율성을 중시한다.

255 제시된 사례에서 갑은 ○○ 시민 단체에 속해 있고, 을은 □□ 회사와 □□ 회사 내 아이돌 댄스 동호회에 속해 있다. ④ 시민 단체와 회사 내 아이돌 댄스 동호회는 모두 공통의 이해관계와 관심을 가진 구성원들이 자발적으로 결성한 자발적 결사체에 해당한다. 따라서 갑, 을 모두 자발적 결사체에 소속되어 있다.

바로알기 | ① 시민 단체는 사회화 이외의 목적으로 설립되어 부수적으로 사회화의 기능을 수행하는 비공식적 사회화 기관에 해당한다. 따라서 갑은 공식적 사회화 기관이 아닌 비공식적 사회화 기관에 소속되어 있다. ② 시민 단체는 구성원의 선택 의지에 의해 형성된 이익 사회이면서 공식적인 규범에 따라 운영되는 공식 조직에 해당한다. 따라서 갑은 이익 사회이자 공식 조직인 집단에 소속되어 있다. ③ 시민 단체와 회사는 모두 구성원의 지위에 책임이 명확하게 규정되어 있는 공식 조직에 해당한다. 따라서 갑과 을은 모두 공식 조직에 소속되어 있다. ⑤ 전인격적인 접촉이 중심이 되는 집단은 1차 집단이다. 을이 속한 회사 내 아이돌 댄스 동호회와 같은 비공식 조직은 1차 집단적 성격이 있지만, 갑이 속한 시민 단체는 공식 조직으로서 2차 집단의 성격이 나타나므로 전인격적인 접촉이 중심이 되는 집단이라고 보기는 어렵다.

256 ㄱ. 사내 축구 동호회와 ○○ 종친회는 모두 구성원의 선택 의지에 의해 인위적으로 형성되는 사회 집단인 이익 사회이다. ㄴ. 갑이 속한 사내 축구 동호회와 노동조합, 병이 속한 학생 봉사 단체는 모두 공통의 이해관계와 관심을 가진 사람들이 자발적으로 만든 자발적 결사체이다. 따라서 갑과 병은 모두 자발적 결사체에 포함되어 있다.

바로알기 | ㄷ. 갑은 공식 조직인 회사 내에서 결성된 사내 축구 동호회라는 비공식 조직에 포함되어 있지만, 을과 병은 비공식 조직에 포함되어 있지 않다. ㄹ. 갑, 을, 병이 모두 속한 가족은 기초적 수준의 사회화를 담당하는 1차적 사회화 기관이다. 또한 갑이 속한 노동조합, 을이 속한 대학교와 ○○ 종친회, 병이 속한 학급은 모두 공식 조직이다. 따라서 갑, 을, 병은 모두 1차적 사회화 기관과 공식 조직에 소속되어 있다.

257 **모범 답안** 관료제에서는 목적 전치 현상, 인간 소외 현상, 무사안일주의, 조직의 경직성 등과 같은 문제점이 나타날 수 있다.

258 제시된 그림은 관료제를 나타낸다. 관료제는 효율적인 업무 수행을 위해 업무가 분업화되어 있으며, 조직 내 구성원 간에 서열화된 위계가 있어 구성원들의 권한과 책임 소재가 명확하다. 또한 관료제는 일반적으로 경력 등에 기반한 연공서열에 따라 보상이 이루어진다.

바로알기 | ⑤ 관료제는 조직 내의 지위가 위계 서열화되어 있어 주로 상급자의 지시와 같은 하향식 의사 전달에 의해 업무 처리가 이루어진다.

개념 보충

관료제의 특징과 문제점

특징	업무의 세분화·전문화, 서열화된 위계질서, 규칙과 절차에 따른 업무 수행, 연공서열에 따른 보상 등
문제점	목적 전치 현상, 인간 소외 현상, 무사안일주의, 조직의 경직성 등

259 제시된 글은 관료 조직이 구성원을 개성 있는 인간으로서가 아니라 합리적으로 움직이는 기계의 부속품처럼 되기를 요구한다는 점을 강조하고 있다. 이를 통해 표준화된 업무 처리로 인해 조직 구성원이 창의성을 발휘하지 못하고, 업무의 주체가 아니라 객체로서 인식되면서 인간 소외 현상이 나타난다는 관료제의 문제점을 파악할 수 있다.

260 ⑤ 관료제는 1차 집단이나 공동 사회와 달리 공식적 규범을 통해

구성원을 통제하므로 B는 관료제이고 A, C는 각각 1차 집단과 공동 사회 중 하나이다. 1차 집단과 공동 사회는 관료제와 달리 인간관계 자체를 목적으로 하므로, 주어진 질문은 (가)에 들어갈 수 있다.

바로알기 | ① 1차 집단은 직접적인 접촉이 중심이 되는 집단이므로, 주어진 질문은 (가)에 들어갈 수 없다. ② 관료제는 1차 집단이나 공동 사회와 달리 구성원 간 친밀한 인간관계가 형성되기 어려우므로, 주어진 질문은 (가)에 들어갈 수 있다. ③ 관료제는 뚜렷한 목표를 중심으로 결성한 집단인 반면, 1차 집단과 공동 사회는 결합 자체를 목적으로 한다. 따라서 주어진 질문은 (나)에 들어갈 수 없다. ④ 1차 집단, 공동 사회, 관료제는 모두 둘 이상의 사람들이 소속감을 가지고 지속적인 상호 작용을 하는 사회 집단이다. 따라서 주어진 질문은 (다)에 들어갈 수 없다.

261 **모범 답안** 탈관료제. 탈관료제는 유연한 조직 구조와 수평적 조직 체계가 나타나며, 능력과 성과에 따른 보상을 중시하는 등의 특징이 있다.

262 네트워크형 조직과 아메바형 조직은 탈관료제 조직에 해당한다. ① 탈관료제는 유연한 조직 구조를 바탕으로 신속한 의사 결정이 가능하다. ② 탈관료제는 구성원 간 자유로운 의사소통이 가능하고 구성원의 자율성과 창의성을 최대한 존중하므로, 수평적 조직 체계가 형성된다. ③ 탈관료제는 조직의 형태를 특정하게 고정하지 않고 과업이나 목표에 따라 수시로 바꾸므로, 사회 변동에 유연하게 적용할 수 있다. ④ 탈관료제는 목표 달성 정도에 따라 승진과 임금 수준이 결정되므로, 능력과 성과에 따른 보상이 이루어진다.

바로알기 | ⑤ 탈관료제는 창의적 과업 수행을 중시한다. 규칙과 절차에 따른 업무 수행을 중시하는 것은 관료제의 특징이다.

개념 보충

탈관료제 조직

등장 배경	관료제의 한계와 문제점을 극복하기 위한 새로운 조직의 필요성이 증가함
특징	환경 변화에 따른 유연한 조직 구조, 의사 결정 권한이 분산된 수평적 조직 체계, 능력과 업적에 따른 보상 중시 등
유형	팀제 조직, 네트워크형 조직, 아메바형 조직 등

263 A는 탈관료제 조직, B는 관료제 조직이다. ① 탈관료제 조직은 구성원 간 자유로운 의사소통이 가능하므로 수평적 조직 체계를 갖는다. 이에 비해 관료제 조직은 위계서열이 분명한 수직적 조직 체계를 갖는다. ③ 탈관료제 조직은 상황이나 목적에 따라 자유롭게 구성되고 해체되는 유연한 조직 구조이므로, 조직의 경직성이 나타나는 관료제에 비해 환경 변화에 유연하게 대처할 수 있다. ④ 개인의 창의성과 자율성은 규약과 절차에 따른 과업 수행을 중시하는 관료제 조직보다 창의적 과업 수행을 중시하는 탈관료제 조직에서 존중된다. ⑤ 관료제 조직은 엄격한 위계서열을 강조하므로 하향식 의사 결정 구조가 지배적이다. 이에 비해 탈관료제 조직은 의사 결정 권한이 분산되므로 상향식 의사 결정 구조가 지배적이다.

바로알기 | ② 탈관료제 조직은 능력과 성과에 따른 보상을 강조하는 반면, 관료제 조직은 연공서열에 따른 보상을 강조한다.

264 (가)는 관료제, (나)는 탈관료제이다. 을, 정. 조직 운영 원리를 관료제에서 탈관료제로 변화시킬 경우 관료제에서 강조되는 연공서열보다 탈관료제에서 강조되는 능력과 업적에 따른 보상 체계가 마련될 것이다. 또한 탈관료제에서는 유연한 조직 구조가 강조되므로 팀의 결성과 해체가 신축적으로 변할 것이며, 이에 따라 사회 변화에 대한 적응력이 높아질 것이다.

바로알기 | 갑, 병. 조직 운영 원리를 관료제에서 탈관료제로 변화시킬 경우 상명 하달식 의사소통보다는 상향식 의사소통이 강화될 것이며, 유연하고 신속한 의사 결정이 요구되면서 중간 관리층의 역할이 약화될 것이다.

265 업무의 표준화 정도는 관료제 조직이 탈관료제 조직보다 높다. 따라서 A는 관료제, B는 탈관료제이다. ③ 관료제와 탈관료제는 모두 조직 운영의 효율성을 추구한다.

바로알기 | ① 관료제는 산업 사회의 특성을, 탈관료제는 정보 사회의 특성을 주로 반영하고 있다. ② 탈관료제는 업적에 따른 보상을 중시하는 것에 비해 관료제는 경력과 같은 연공서열에 따른 보상을 중시한다. ④ '의사 결정 권한의 분산 정도'는 탈관료제가 관료제보다 높으므로, (가)에 들어갈 수 없다. ⑤ '권한과 책임의 명확성'은 관료제가 탈관료제보다 높으므로, (나)에 들어갈 수 없다.

266 조직 구성원의 재량권 정도는 탈관료제가 관료제보다 높다. 따라서 A는 탈관료제, B는 관료제이다. ㄴ. 관료제는 규약과 절차에 따른 과업 수행을 중시하는 것에 비해 탈관료제는 창의적 과업 수행을 중시한다. ㄷ. 중간 관리층의 역할 비중 정도는 탈관료제보다 관료제에서 높으므로, (가)에는 'A < B'가 적절하다. ㄹ. '업무의 세분화 정도'는 탈관료제보다 관료제에서 높으므로, (나)에 들어갈 수 있다.

바로알기 | ㄱ. 관료제와 탈관료제는 모두 조직 운영의 효율성을 중시한다.

07 사회 구조와 일탈 행동

271 **모범 답안** 사회 구조. 사회 구조는 사회 구성원이 바뀌어도 쉽게 바뀌지 않고 유지된다는 점에서 지속성을 지니며, 사회 구성원들이 구조화된 행동을 함으로써 안정적인 사회적 관계를 유지한다는 점에서 안정성을 지닌다. 또한 사회 구조는 사회 구성원들의 의지와는 상관없이 특정 행동을 하도록 구속한다는 점에서 강제성을 지니며, 사회 구성원들의 행동이나 가치, 규범 등의 변화에 의해 그 성격이 달라질 수 있다는 점에서 변동성을 지닌다.

272 ㉠은 사회 구조이다. ㄱ. 사회 구조는 사회 구성원들이 특정 행동을 하도록 강제함으로써 사회 구성원의 행동을 규제하고 구속하기도 한다. ㄷ. 사회 구조는 사회 구성원들이 구조화된 행동을 하도록 영향을 미치는데, 이는 사회 구성원들이 서로의 행동을 예측할 수 있게 한다. ㄹ. 사회 구조는 사회 구성원의 행동이나 가치, 규범 등이 변할 경우 그 성격이 변동할 수 있다.

바로알기 | ㄴ. 사회 구조는 사회 구성원이 바뀌어도 쉽게 바뀌지 않고 유지된다.

273 제시된 글은 대다수 사람들이 구조화된 행동을 하기 때문에 다른 사람들을 당황하게 만들 수 있는 구조화되지 않은 행동이 일반적으로 나타나지 않음을 강조한다. 이를 통해 사회 구조가 사회 구성원 간 안정적인 사회적 관계를 형성할 수 있게 함을 알 수 있다.

바로알기 | ① 사회 구조는 특정 기간에만 집약적으로 형성되지 않으며, 오랜 기간에 걸쳐 형성된다. ②는 사회 구조의 지속성, ③은 사회 구조의 변동성을 나타내지만 제시된 내용과는 관련이 적다. ④ 사회 구조는 사회 구성원의 사고방식과 행동에 영향을 미친다.

274 제시된 글은 미국에서 오랫동안 유지되어 왔던 흑백 차별 제도가 흑인 인권 운동으로 폐지되었음을 나타내는데, 이는 사회 구조의 변동성을 보여 준다.

275 ② 사회 구조의 변동성은 사회 구조가 사회 구성원의 행동이나 가치, 규범 등의 변화에 의해 그 성격이 달라질 수 있음을 나타낸다.

바로알기 | ① 사회 구조가 일방적으로 개인에게 영향을 주는 것은 아니다. ③, ④ 사회 구조의 변동성과 관련이 적은 진술이다. ⑤는 사회 구조의 지속성에 대한 진술이다.

276 사회 구조는 한 사회의 개인과 집단이 사회적 관계를 맺는 방식

이 정형화되어 안정된 틀을 갖추고 있는 상태를 말하므로, 첫 번째 진술에 대한 옳은 판단은 '×'이다. 또한 사회 구조와 개인은 상호 영향을 미치므로 사회 구조가 개인의 사고와 행위를 구속하기도 하지만 기존 사회 구조에 저항하는 개인들의 행위에 의해 사회 구조가 변동할 수도 있으므로, 두 번째 진술에 대한 옳은 판단은 '○'이다. 한편, 사회 구조는 사회 구성원들의 행동이나 가치, 규범 등의 변화에 의해 그 성격이 달라질 수 있으므로, 세 번째 진술에 대한 옳은 판단은 '○'이다. 따라서 제시된 진술을 모두 옳게 판단한 학생은 갑이다.

개념 보충

사회 구조의 특징

지속성	사회 구성원들이 바뀌더라도 쉽게 바뀌지 않고 유지됨
안정성	사회 구성원들이 구조화된 행동을 함으로써 사회적 관계를 안정적으로 유지함
강제성	사회 구성원들이 특정한 행위를 하도록 구속함
변동성	사회 구성원들의 가치관, 규범 등의 변화에 의해 그 성격이 달라질 수 있음

277 갑은 기능론적 관점, 을은 갈등론적 관점에서 사회 구조를 바라보고 있다. ② 기능론은 사회 구성원이 사회의 지배적 규범을 습득하여 서로의 행동을 예측함으로써 안정적으로 사회를 유지하는 것이 사회 존속에 필수적이라고 본다. ③ 갈등론은 사회 구조가 지배 계층의 가치만을 반영하여 형성된다는 점에서 지배 계층에 유리한 불평등한 사회 질서를 유지하기 위한 장치라고 본다. ④ 갈등론은 사회 구조로 인한 사회생활의 안정성이 지배 집단에만 유리하도록 작위적으로 만들어진 결과라고 본다. ⑤ 기능론과 갈등론은 모두 사회 구조가 개인의 행동을 제한하도록 강제하는 성격을 지닌다는 점을 인정한다.
바로알기 | ① 기능론은 사회 구조가 일부 구성원의 필요가 아닌 전체 구성원의 필요에 의해 형성된다고 본다.

278 밑줄 친 '이것'은 일탈 행동이다. ㄴ. 일탈 행동을 판단하는 기준은 시대나 사회에 따라 상대적으로 규정되므로, 일탈 행동이 이루어지는 상황 및 문화, 시대에 따라 다르게 판단될 수 있다. ㄷ, ㄹ. 일탈 행동은 개인적 차원에서 볼 때 사회 구성원이 심리적 긴장에서 벗어나는 기회를 제공하기도 하며, 사회적 차원에서 볼 때 기존 사회 질서나 규범에 나타난 모순과 문제점을 표출함으로써 사회 변화를 이끌어 내는 요인이 되기도 한다.
바로알기 | ㄱ. 일탈 행동은 사회 규범에 벗어나는 행동이라는 점에서 처벌이나 비난과 같은 사회적 제재의 대상이 된다.

279 첫 번째 사례는 시대, 두 번째 사례는 장소, 세 번째 사례는 사회에 따라 특정 행위가 일탈 행동으로 인식되기도 하고 그렇지 않기도 함을 보여 준다. 따라서 제시된 사례들을 통해 일탈 행동은 시간과 공간에 따라 달리 규정되는 상대성을 지닌다는 결론을 내릴 수 있다.
바로알기 | ① 일탈 행동은 해당 사회에 속한 사회 구성원의 인식에 따라 상대적으로 규정된다. ②, ③, ⑤는 제시된 사례와 관련이 적은 내용이다.

280 제시된 글은 급격한 사회 변동으로 인해 사회 규범이 제 기능을 하지 못할 때 개인의 욕망을 제어하지 못하여 일탈 행동이 일어난다고 보는데, 이는 일탈 행동을 바라보는 뒤르켐의 아노미 이론의 입장에 부합한다. ④ 뒤르켐의 아노미 이론에서는 사회 규범의 약화 또는 부재로 인해서 일탈 행동이 발생한다고 보므로, 일탈 행동의 해결책으로 사회 규범의 통제력 회복을 강조한다.
바로알기 | ① 뒤르켐의 아노미 이론은 일탈 행동의 원인을 거시적 측면에서 바라본다. ② 뒤르켐의 아노미 이론은 일탈 행동을 규정하는 객관적 기준을 인정한다. ③은 차별 교제 이론, ⑤는 낙인 이론에 대한 설명이다.

281 밑줄 친 내용에서는 피고인이 돈을 벌고 싶다는 사회적 목표를 달성하기 위해 절도라는 비합법적 수단을 사용하였기 때문에 일탈 행동이 나타났음을 강조하고 있다. 이는 문화적 목표와 제도적 수단 사이의 괴리로 인해 일탈 행동이 발생한다고 보는 머튼의 아노미 이론과 관련 깊다.

282 모범 답안 머튼의 아노미 이론은 문화적 목표를 달성할 수 있는 기회를 충분히 제공하여 문화적 목표와 제도적 수단 간의 괴리를 줄이는 것을 일탈 행동의 해결 방안으로 강조한다.

283 ㄴ. 머튼의 아노미 이론은 일탈 행동을 초래하는 사회 구조의 영향력을 강조하므로, 개인 행위보다는 사회 구조적 측면에서 일탈 행동의 발생 원인을 분석한다. ㄷ. 머튼의 아노미 이론은 문화적 목표를 달성하기 위한 제도적 수단이 없을 때 개인은 아노미 상태에 빠지고, 이러한 상황에서 비합법적인 수단을 사용해서 문화적 목표를 달성하려고 할 때 일탈 행동이 발생한다고 본다.
바로알기 | ㄱ, ㄹ은 낙인 이론에 대한 설명이다.

284 (가)는 문화적 목표와 제도적 수단 사이의 괴리로 인해 일탈 행동이 발생한다고 보는 머튼의 아노미 이론, (나)는 가치관의 혼란으로 인해 일탈 행동이 발생한다고 보는 뒤르켐의 아노미 이론에 해당한다. ㄱ. 좋은 성적이라는 문화적 목표를 달성하기 위해 부정행위라는 비합법적 수단을 사용함에 따라 일탈 행동이 발생한 사례는 머튼의 아노미 이론을 통해 설명할 수 있다. ㄹ. 머튼의 아노미 이론과 뒤르켐의 아노미 이론은 모두 일탈을 초래하는 사회 구조의 영향력을 강조하므로, 거시적 측면에서 일탈 문제를 분석한다.
바로알기 | ㄴ. 청소년 비행의 원인으로 불량 학생들과의 교류를 통한 일탈적 가치를 강조하는 것은 차별 교제 이론이다. ㄷ. 뒤르켐의 아노미 이론은 규범의 혼란이 나타나는 상황에서 일탈 행동이 발생한다고 보므로, 머튼의 아노미 이론과 달리 일탈 행동의 해결 방안으로 사회 구성원 간 합의를 통한 규범의 재정립을 강조한다.

개념 보충

아노미 이론

뒤르켐의 아노미 이론	사회 규범의 약화 또는 부재로 인한 사회 통제력 약화를 일탈의 원인으로 강조함 → 사회적 합의에 바탕을 둔 지배적 규범의 확립을 일탈의 해결 방안으로 중시함
머튼의 아노미 이론	문화적 목표와 제도적 수단 간 괴리를 일탈의 원인으로 강조함 → 목표와 수단 간의 괴리를 줄이기 위한 적절한 기회 제공을 일탈의 해결 방안으로 중시함

285 갑은 교도소 수감자들과의 상호 작용 과정에서 사기 범죄 기법을 배워 일탈 행동을 저질렀으므로, 갑의 일탈 행동에 차별 교제 이론을 적용할 수 있다. 즉, ㉠은 차별 교제 이론이다. ① 차별 교제 이론은 일탈 행동을 하는 사람들과의 교류를 차단하고, 정상적인 사회 집단과의 교류를 증진하는 것을 일탈 행동의 해결 방안으로 강조한다.
바로알기 | ②, ⑤는 낙인 이론, ③ 뒤르켐의 아노미 이론, ④는 머튼의 아노미 이론에서 강조하는 일탈 행동의 해결 방안이다.

286 갑은 장난삼아 저지른 1차적 일탈에 대한 주변 사람들의 부정적 반응으로 인해 스스로를 일탈자로 인식하고 2차적 일탈을 반복하였으므로, 해당 사례에는 일탈 행동에 대한 주변 사람들의 낙인을 일탈 행동의 원인으로 보는 낙인 이론을 적용할 수 있다. ② 낙인 이론은 개인의

행위에 대한 주변 사람들의 차별적인 제재가 1차적 일탈자에게 부정적 자아를 형성하도록 함으로써 일탈 행동을 강화하는 요인이 된다는 점을 강조한다.

바로알기 | ①은 뒤르켐의 아노미 이론, ③은 갈등 이론, ④, ⑤는 차별 교제 이론에 대한 설명이다.

개념 보충

낙인 이론

일탈 원인	사회적으로 특정한 행위를 일탈로 규정하고, 이러한 행위를 한 사람을 일탈 행위자로 낙인찍기 때문에 일탈 행동이 발생한다고 봄
특징	일탈 행동을 규정하는 객관적 기준이 없다고 봄 → 일탈 행동에 대한 규정이 상대적이라고 인식함
해결 방안	• 사회적 낙인에 대한 신중한 접근을 강조함 • 일탈 행위자의 올바른 정체성 회복을 지원함

---

287 (가)는 낙인 이론, (나)는 머튼의 아노미 이론이다. ① 낙인 이론은 불필요한 낙인을 줄이기 위한 노력과 일탈 행동을 신중하게 규정하려는 사회적 합의를 일탈 행동의 대책으로 중시한다.

바로알기 | ② 일탈자와의 접촉 차단을 일탈 행동의 해결 방안으로 중시하는 것은 차별 교제 이론이다. ③ 낙인 이론은 일탈을 규정하는 객관적 기준이 존재하지 않는다고 보는 반면, 머튼의 아노미 이론은 일탈을 규정하는 객관적 기준이 존재한다고 본다. ④ 낙인 이론은 미시적 관점에서, 머튼의 아노미 이론은 거시적 관점에서 일탈 행동의 원인을 설명한다.

288 (가)는 차별 교제 이론, (나)는 낙인 이론이다. ⑤ 차별 교제 이론은 일탈자와의 잦은 교류로 인한 일탈 행위와 일탈적 가치의 학습을, 낙인 이론은 1차적 일탈 행위에 대한 주변 사람들의 부정적 반응을 일탈 행동의 발생 원인으로 강조한다. 따라서 차별 교제 이론과 낙인 이론은 모두 타인들과의 상호 작용에서 일탈 행동이 비롯된다고 본다.

바로알기 | ①, ④는 낙인 이론만의 입장이다. ② 낙인 이론은 일탈 행동을 규정하는 객관적 기준이 존재하지 않는다고 보지만, 차별 교제 이론은 일탈 행동을 규정하는 객관적 기준이 존재한다고 본다. ③ 차별 교제 이론과 낙인 이론은 모두 일탈 행동을 초래하는 사회 구조의 영향력을 강조하지 않는다.

289 ㄱ. 차별 교제 이론은 일탈 행동이 일탈자와의 상호 작용 과정에서 이루어지는 후천적 학습의 결과라는 점을 강조한다. ㄹ. 낙인 이론은 일탈 행동에 대한 규정이 상대적이라고 인식하므로, 차별 교제 이론과 달리 일탈 행동 자체보다 일탈 행동에 대한 사회적 반응을 중시한다.

바로알기 | ㄴ. 일탈 행동을 사회적 병리 현상으로 인식하는 이론은 뒤르켐의 아노미 이론이다. ㄷ. 낙인 이론은 차별 교제 이론과 달리 일탈 행동의 해결 방법으로 일탈 규정에 대한 신중한 접근을 강조한다.

290 (가)는 주변의 부정적 반응으로 인해 부정적 자아가 형성되어 일탈 행동이 반복되는 사례이므로 낙인 이론을 통해, (나)는 생계유지라는 문화적 목표를 달성하기 위해 비합법적 수단인 범죄가 늘어나고 있는 사례이므로 머튼의 아노미 이론을 통해, (다)는 일탈자와의 상호 작용을 통한 일탈 행위의 기술과 일탈적 가치의 습득을 일탈 행동의 원인으로 보는 사례이므로 차별 교제 이론을 통해 설명하기에 적합하다.

291 "일탈 행동을 일탈자와의 상호 작용에 따른 학습의 산물로 인식하는가?"에 차별 교제 이론만이 '예'로 응답하므로, (가)에는 ㄹ이 들어갈 수 있다. 또한 "차별적인 제재가 일탈 행동의 원인이라고 보는가?"에 낙인 이론만이 '예'로 응답하므로, (나)에는 ㄴ이 들어갈 수 있다.

바로알기 | ㄱ, ㄷ. 주어진 질문에 뒤르켐의 아노미 이론만이 '예'로 응답하므로 (가), (나) 모두에 들어갈 수 없다.

292 **모범 답안** 을의 이론: 낙인 이론, 병의 이론: 차별 교제 이론. 낙인 이론의 사례로는 호기심에 비행을 저질렀는데 주변 사람들이 비행 청소년으로 낙인찍은 까닭에 비행을 반복하게 된 것을 들 수 있고, 차별 교제 이론의 사례로는 비행 청소년들과 어울리면서 일탈 행위를 배워 비행을 저지르는 것을 들 수 있다.

293 갑의 이론은 머튼의 아노미 이론, 을의 이론은 낙인 이론, 병의 이론은 차별 교제 이론이다. ① 선거에서 승리하기 위해 부정한 청탁을 하는 것은 문화적 목표 달성을 위해 비합법적 수단을 사용한 것이므로, 머튼의 아노미 이론이 적용된 사례에 해당한다. ② '까마귀 노는 곳에 백로야 가지 마라.'는 일탈자와의 접촉을 주의하라는 것으로서 차별 교제 이론을 적용하여 일탈 행동을 설명하는 데 유용한 속담이다. ③ 낙인 이론은 머튼의 아노미 이론과 달리 사소한 일탈에 대한 주변 사람들의 부정적 반응으로 인해 일탈자의 정체성이 확립되어 가는 내면적 과정에 초점을 맞춘다. ⑤ 머튼의 아노미 이론과 차별 교제 이론은 일탈을 규정하는 객관적 규범이 존재한다고 보지만, 낙인 이론은 일탈을 규정하는 객관적 규범이 존재하지 않는다고 본다.

바로알기 | ④ 낙인 이론과 차별 교제 이론은 모두 일탈 행동이 발생하는 상호 작용 과정을 중시한다.

294 갑은 차별 교제 이론, 을은 머튼의 아노미 이론, 병은 낙인 이론의 입장에서 비행을 바라보고 있다. ⑤ 차별 교제 이론과 머튼의 아노미 이론은 일탈 행동을 규정하는 객관적인 사회 규범이 존재한다고 본다.

바로알기 | ① 일탈 행동의 원인을 차별적인 제재에서 찾는 이론은 낙인 이론이다. ② 사회 변화에 따른 전통적인 규범의 해체가 일탈 행동의 원인이라고 보는 이론은 뒤르켐의 아노미 이론이다. ③ 낙인 이론은 일탈 행동의 원인을 개인적 차원에서 찾는 반면, 머튼의 아노미 이론은 일탈 행동의 원인을 사회 구조적 차원에서 찾는다. ④ 일탈 행동이 문화적 목표와 제도적 수단 간 괴리에서 비롯된다고 보는 이론은 머튼의 아노미 이론이다.

295 일탈 행동이 사회화의 결과물이라고 보는 것은 차별 교제 이론의 입장이고, 사회적 반응이 일탈 행동의 원인이라고 보는 것은 낙인 이론의 입장이다. 따라서 (가)는 머튼의 아노미 이론, (나)는 차별 교제 이론, (다)는 낙인 이론이다. ③ 낙인 이론은 사소한 일탈인 1차적 일탈을 저지른 사람에 대한 낙인으로 인해 부정적 자아가 형성되어 반복적으로 저지르는 일탈인 2차적 일탈이 발생한다고 본다.

바로알기 | ① 무규범 상태에서의 일탈을 설명하는 데 적합한 것은 뒤르켐의 아노미 이론이다. ② 차별 교제 이론은 일탈 집단과의 잦은 접촉을 통해 일탈 행동을 정당화하는 동기와 가치관이 일탈자에게 내면화되어 일탈 행동이 발생한다고 본다. ④ 차별 교제 이론과 낙인 이론은 모두 타인들과의 상호 작용 과정을 통해 발생하는 일탈에 주목한다. ⑤ 머튼의 아노미 이론과 차별 교제 이론은 일탈에 대한 보편적이고 객관적인 기준이 존재한다고 본다. 이와 달리 낙인 이론은 일탈 행동에 대한 규정이 상대적이라고 인식하므로, 일탈에 대한 보편적이고 객관적인 기준이 존재하지 않는다고 본다.

296 ㄱ. A는 아노미 이론, B는 낙인 이론이면 주어진 C는 차별 교제 이론이다. 일탈자와의 접촉 차단을 일탈에 대한 대책으로 보는 것은 차별 교제 이론만의 입장이므로, 질문은 (나)에 적절하다. ㄹ. (가)가 '일탈

행위에 대한 부정적 반응을 일탈의 원인으로 보는가?'이면 '예'로 답한 A는 낙인 이론이고, (다)가 '일탈 행위자와 접촉 없이 나타나는 일탈 행동을 설명하는 데 한계가 있는가?'이면 '예'로 답한 B는 차별 교제 이론이다. 따라서 C는 아노미 이론이다.

바로알기 | ㄴ. B는 아노미 이론, C는 차별 교제 이론이면 A는 낙인 이론이 되므로, (가)에는 낙인 이론은 '예', 차별 교제 이론과 아노미 이론은 '아니요'로 답하는 질문이 들어가야 한다. 그런데 '문화적 목표에 도달할 기회 제공을 일탈에 대한 대책으로 보는가?'는 아노미 이론만이 '예'로 답하는 질문이므로, (가)에 적절하지 않다. ㄷ. (가)가 '사회 규범의 통제력 회복을 일탈에 대한 대책으로 보는가?'라면 A는 아노미 이론이고, B와 C는 각각 낙인 이론과 차별 교제 이론 중 하나이다. 그런데 '일탈의 원인으로 구조적 요인을 강조하는가?'는 아노미 이론만이 '예'로 답하는 질문이므로, (나)에 적절하지 않다.

297 문항 1에서 일탈 행동은 사회 제도의 문제점을 드러내며 이에 대한 보완점을 찾는 과정에서 사회 변동의 원동력으로 작용하기도 하므로, 이에 대한 옳은 답안은 '○'이다. 문항 2에서 차별 교제 이론은 타인과의 상호 작용에서 일탈 행동이 비롯된다고 보는 미시적 관점에서 일탈 행동을 설명하므로, 이에 대한 옳은 응답은 '○'이다. 문항 3에서 아노미 이론은 일탈을 규정하는 객관적인 기준이 존재한다고 보므로, 이에 대한 옳은 응답은 '×'이다. 문항 4에서 낙인 이론은 특정 행동에 대한 주변 사람들의 낙인에 중점을 두기 때문에 상호 작용을 통한 2차적 일탈의 발생에 초점을 둔다고 보므로, 이에 대한 옳은 응답은 '○'이다. 따라서 학생은 문항 4에만 옳게 응답하였으므로, 1점을 얻게 된다.

최고 수준 도전 기출 (05~07강)　　78~81쪽

298 ⑤	299 ①	300 ②	301 ⑤	302 ②	303 ②
304 ③	305 ②	306 ④	307 ④	308 ①	309 ③
310 ①	311 ④	312 ①	313 ④		

298 ㄴ. 사회 명목론과 사회 실재론은 모두 개인과 사회의 관계를 바라보는 관점이므로, 주어진 진술은 (나)에 들어갈 수 있다. ㄷ. 사회의 외재성을 중시하는 것은 사회 실재론의 특징이므로 A는 사회 실재론, B는 사회 명목론이다. 사회 명목론은 사회보다 개인을 중시하므로, 사회 제도에 대한 개인의 자율성을 강조한다. ㄹ. A가 사회 명목론이라면 B는 사회 실재론이므로 (다)에는 사회 실재론만의 특징이 들어가야 한다. 그런데 사회 문제의 해결책으로 개인의 의식 개선을 강조하는 것은 사회 명목론의 특징이므로, 주어진 진술은 (다)에 들어갈 수 없다.

바로알기 | ㄱ. 사회 실재론은 사회를 개인의 외부에 존재하는 독자적 실체로 인식하며, 사회 명목론만이 사회가 실체가 없는 허구적 개념에 불과하다는 주장에 동의한다.

299 사회 문제의 해결책으로 사회 제도의 개혁을 중시하는 (가)는 사회 실재론, 개인의 의식 개선을 중시하는 (나)는 사회 명목론이다. ① 사회 실재론은 개인에 대한 사회 제도와 사회 구조의 영향력을 중시하므로, 사회 현상의 분석을 위해 사회 구조를 탐구한다.

바로알기 | ② 사회 명목론은 사회 유기체설이 아닌 사회 계약설에 기초하여 개인의 심리와 인식을 강조한다. ③ 사회 실재론은 독자적 특성을 가진 사회가 개인의 외부에 실재한다고 보는 반면, 사회 명목론은 사회가 명목상 존재한다고 본다. ④ 사회 실재론은 사회가 개인의 단순한 집합체 그 이상이므로 개인으로 환원될 수 없다고 본다. 이와 달리 사회 명목론은 사회가 개인들의 집합체에 붙여진 이름에 불과하므로, 사회가 개인으로 환원될 수 있다고 본다. ⑤ 사회 명목론은 사회 실재론과 달리 개인의 자율 의지와 능동성을 강조한다.

300 사회화는 특정 집단의 이익 증진에 이바지한다고 보는 것은 갈등론의 입장이고, 개인의 사회화에 미치는 사회의 영향력을 강조하는 것은 거시적 관점에 해당하는 기능론과 갈등론의 공통적인 입장이다. 따라서 A는 기능론, B는 갈등론, C는 상징적 상호 작용론이다. ② 갈등론은 사회화를 지배 계급이 피지배 계급에 자신들의 문화와 가치관을 전수함으로써 기존의 불평등한 사회 질서를 유지하는 수단으로 간주한다.

바로알기 | ① 사회화를 통한 개인의 자아 관념 형성 과정을 강조하는 것은 상징적 상호 작용론의 입장이다. ③ 사회화를 계급적 위치에 따라 다르게 나타날 수 있는 차별적 과정이라고 보는 것은 갈등론의 입장이다. ④ 기능론은 사회화를 사회 전체가 필요로 하는 가치를 내면화하는 과정으로 보는 것과 달리 갈등론은 사회화를 지배 집단만의 가치를 내면화하는 과정으로 본다. ⑤ 상징적 상호 작용론은 기능론, 갈등론과 달리 사회화 과정에서 개인이 지닌 자율성과 능동성을 중시한다.

301 기초적인 행동 양식을 습득하는 것은 1차적 사회화 기관의 특징이고, 사회화를 목적으로 하는 것은 공식적 사회화 기관의 특징이다. ㄷ. (나)가 '예'인 경우 A는 2차적 사회화 기관이자 공식적 사회화 기관이다. 대학교는 전문적인 지식이나 기술의 사회화를 담당하는 2차적 사회화 기관이자, 사회화를 목적으로 설립된 공식적 사회화 기관이므로 A에 들어갈 수 있다. ㄹ. (나)가 '아니요'인 경우 C는 1차적 사회화 기관이자 비공식적 사회화 기관이다. 또래 집단은 친구들과의 놀이 등을 통해 기초적인 행동 양식을 습득하는 데 영향을 주는 1차적 사회화 기관이자,

사회화 이외의 목적으로 형성되어 부수적으로 사회화를 담당하는 비공식적 사회화 기관이므로 C에 들어갈 수 있다.

바로알기 | ㄱ. (가)가 '예'인 경우 D는 2차적 사회화 기관이자 비공식적 사회화 기관이다. 회사는 업무와 관련된 전문적인 지식의 사회화를 담당하는 2차적 사회화 기관이자, 사회화 이외의 목적(이윤 추구)으로 설립되어 부수적으로 사회화의 기능을 담당하는 비공식적 사회화 기관이므로 D에 들어갈 수 있다. ㄴ. (가)가 '아니요'인 경우 B는 1차적 사회화 기관이자 공식적 사회화 기관이다. 가족은 1차적 사회화 기관이자 비공식적 사회화 기관이므로, B에 들어갈 수 없다.

302 ㄱ. 갑은 헤어 디자이너라는 지위에서 자신이 실제로 행한 역할 행동에 대한 보상으로 대통령 표창을 받았다. ㄷ. 갑이 고등학생의 지위를 가졌던 것을 고려할 때 갑은 공식적 사회화 기관이자 2차적 사회화 기관인 고등학교에 소속되었던 적이 있다.

바로알기 | ㄴ. 갑이 진로 선택 문제로 아버지와 갈등을 겪은 것은 동시에 여러 역할이 상충되어 나타난 심리적 갈등이 아니므로, 갑이 역할 갈등을 겪었다고 볼 수 없다. ㄹ. 갑이 지닌 고등학생과 헤어 디자이너, 을이 지닌 아버지의 지위는 모두 후천적인 노력에 의해 얻어지는 성취 지위이다.

303 ② 갑이 대표 이사 자리에서 해임된 것은 기업인으로서의 역할 행동에 따른 제재이고, 사람들에게 널리 인정받게 된 것은 기업인으로서의 역할 행동에 대한 보상이다.

바로알기 | ① 갑의 아버지가 건축학과에 속해 있으면서 소속감을 가지고 있는지 여부와 건축학과를 행동의 지침으로 삼는지 여부는 제시되어 있지 않으므로, 건축학과가 갑의 아버지의 내집단이자 준거 집단인지는 알 수 없다. ③ 청소년 수련원이 갑이 앞으로 얻게 될 지위에 요구되는 역할을 미리 학습하는 예기 사회화를 담당하는 기관인지는 제시된 내용만으로 알 수 없다. ④ 건축학과는 공식적 사회화 기관이지만, 방송사는 비공식적 사회화 기관이다. 또한 건축학과와 방송사는 모두 역할 갈등을 해결하기 위해서 만들어진 사회화 기관은 아니다. ⑤ 갑이 두 개의 방송사로부터 출연 제의를 받고 고민하고 있는 것은 서로 다른 지위에 따른 역할 간 충돌에서 비롯된 심리적 갈등을 겪는 것이 아니다. 따라서 갑은 복수의 성취 지위로 인한 역할 갈등을 겪고 있지 않다.

304 ㄴ. 공식적 규범을 통한 통제가 일반적인 것은 2차 집단이므로 A는 2차 집단, B는 1차 집단이다. 동호회는 같은 취향이나 관심사를 가진 사람들끼리 만나서 형성되므로, 1차 집단의 성격이 나타나는 집단으로 볼 수 있다. ㄹ. (나)가 '전인격적 접촉이 중심이 되는가?'라면 '아니요'로 답한 A는 2차 집단, '예'로 답한 B는 1차 집단이다. '과업 지향적 접촉이 중심이 되는가?'는 1차 집단은 '아니요', 2차 집단은 '예'로 답하게 되는 질문이므로, (가)에 들어갈 수 있다.

바로알기 | ㄱ. 정당과 시민 단체는 모두 2차 집단이므로 A의 사례가 정당이면 B의 사례로 시민 단체가 적절하지 않다. ㄷ. 근대 이후 점차 그 수가 증가하고, 영향력이 커지고 있는 것은 2차 집단이므로 A는 2차 집단, B는 1차 집단이다. 이익 집단은 구성원 간 형식적·수단적 인간관계가 지배적으로 나타나므로, 2차 집단의 특성이 강한 집단이다.

305 A는 사내 동호회로서 자발적 결사체이자 비공식 조직이다. B는 시민 단체로서 자발적 결사체이면서 공식 조직이다. C는 학교로서 공식 조직이다. 따라서 (가)는 공식 조직, (나)는 자발적 결사체, (다)는 비공식 조직이다. ㄱ. 자발적 결사체에 해당하는 사회 집단은 사내 동호회와 시민 단체로 총 두 개이다. ㄹ. 노동조합은 자발적 결사체이면서 공식 조직이지만, 비공식 조직에는 해당하지 않는다.

바로알기 | ㄴ. 사내 동호회와 시민 단체는 모두 선택 의지에 의해 형성된 이익 사회에 해당한다. ㄷ. 학교는 자발적 결사체가 아닌 공식 조직으로 가입과 탈퇴가 자유롭지 않다.

306 (가)는 이익 사회, (나)는 공식 조직, (다)는 자발적 결사체, (라)는 비공식 조직이다. ㄱ. 회사는 이익 사회이면서 공식 조직이지만, 자발적 결사체는 아니므로 B에 해당한다. 시민 단체는 이익 사회이자 공식 조직이면서 자발적 결사체에도 속하므로 C에 해당한다. ㄹ. B, C, D, E는 모두 구성원의 선택 의지에 의해 형성된 집단인 이익 사회이다.

바로알기 | ㄴ. ○○ 마을 조기 축구회는 구성원의 선택 의지에 의해 인위적으로 형성된 이익 사회이므로, A에 들어갈 수 없다.

307 ㄴ. 을이 작성한 내용 중 B 시기에는 학교가 공식 조직에 포함되고, C 시기에는 회사와 출판인 협회가 공식 조직에 포함된다. 따라서 공식 조직의 개수는 B 시기(한 개)보다 C 시기(두 개)가 많다. ㄹ. 갑이 작성한 내용 중 C 시기에는 농구 동호회와 환경 운동 단체가 모두 이익 사회이면서 자발적 결사체이다. 한편, 을이 작성한 내용 중 C 시기에는 회사는 이익 사회이지만 자발적 결사체는 아니며, 출판인 협회는 이익 사회이면서 자발적 결사체이다. 따라서 갑, 을이 작성한 내용 중 C 시기에는 이익 사회의 개수가 각각 두 개이며, 자발적 결사체의 개수는 갑(두 개)이 을(한 개)보다 더 많다.

바로알기 | ㄱ. 유치원은 개인의 선택적 의지에 의해 형성된 이익 사회이지만, 같은 아파트 단지 내 또래 집단은 개인의 선택적 의지와 무관하게 자연 발생적으로 형성된 공동 사회이다. ㄷ. 갑이 작성한 내용 중 B 시기에는 비공식 조직이 없다. 반면, 을이 작성한 내용 중 B 시기에는 교내 게임 동호회가 비공식 조직에 해당하므로, 비공식 조직이 한 개 존재한다.

308 회사 내 댄스 동호회는 이익 사회, 자발적 결사체, 비공식 조직에 해당하므로 카드 1은 3점이 부여되고, 회사 내 노동조합은 이익 사회, 공식 조직, 자발적 결사체에 해당하므로 카드 2는 3점이 부여된다. 동네 바둑 동호회는 이익 사회, 자발적 결사체에 해당하므로 카드 3은 2점이 부여되고, 구청 복지과는 이익 사회, 공식 조직에 해당하므로 카드 4는 2점이 부여된다. 가족은 이익 사회, 공식 조직, 자발적 결사체, 비공식 조직 모두에 해당하지 않으므로 카드 5에는 점수가 부여되지 않는다. ① 카드 1과 카드 2는 각각 3점이므로 갑이 뽑은 카드 두 장이 카드 1과 카드 2면 갑은 6점을 얻는다. 을이 남은 카드 3, 카드 4, 카드 5 중에서 두 개를 선택하였을 때 얻게 되는 최고 점수는 4점이므로, 갑이 승자가 된다.

바로알기 | ② 을이 카드 1을 뽑으면 최소 3점을 얻게 된다. 이때 갑이 카드 2(3점), 카드 3(2점), 카드 4(2점) 중 두 장을 뽑고, 을이 나머지 한 장으로 카드 5(0점)를 뽑으면 갑이 승자가 된다. ③ 회사 내 노동조합은 이익 사회, 공식 조직, 자발적 결사체로서 3점, 구청 복지과는 이익 사회, 공식 조직으로서 2점이다. 따라서 카드 2보다 카드 4를 통해 얻는 점수가 더 작다. ④ 갑이 카드 두 장을 뽑아 얻을 수 있는 최대 점수는 카드 1과 카드 2를 뽑아 얻을 수 있는 6점이다. ⑤ 카드 5에는 점수가 부여되지 않고, 카드 3 또는 카드 4를 뽑으면 2점을 얻게 된다. 즉, 카드 5가 포함된 카드 두 장으로 얻을 수 있는 최소 점수는 2점이다.

309 ㄴ. 공인 회계사를 준비하는 직장인 모임과 시민 단체에 근무하는 직장인 모임은 갑의 누나가 실제로 속해 있는 사회 집단이므로, 누나의 소속 집단이다. ㄷ. 아빠, 엄마, 교수는 후천적 노력을 통해 획득한 성취 지위이고, 누나는 선천적으로 주어진 귀속 지위이다.

바로알기 | ㄱ. ○○ 종친회는 C 시민 단체, □□ 아파트 내 영화 동호회와 마찬가지로 구성원의 선택 의지로 형성된 이익 사회이다. ㄹ. 고등학

교, A 회사, 노동조합, B 대학 총동문회는 공식 조직이고, B 대학 내 볼링 동호회는 비공식 조직이다.

310 ㄱ. A가 관료제라면, (가)에는 탈관료제에 비해 관료제에서 강한 특징이 들어가야 한다. '자율성 및 창의성 중시'는 관료제에 비해 탈관료제에서 강한 특징이므로, (가)에 들어갈 수 없다. ㄴ. B가 관료제라면, (다)에는 탈관료제에 비해 관료제에서 강한 특징이 들어가야 한다. '중간 관리층의 역할 비중'은 탈관료제에 비해 관료제에서 높게 나타나므로, (다)에 들어갈 수 있다.
바로알기 | ㄷ. '부서 간 경계의 명확성'은 탈관료제에 비해 관료제에서 강하므로 A는 관료제, B는 탈관료제이다. '의사 결정의 분권화 정도'는 관료제에 비해 탈관료제에서 강한 특징이므로, (가)에 들어갈 수 없다. ㄹ. '조직 체계의 유연성'은 관료제에 비해 탈관료제에서 강하므로 A는 관료제, B는 탈관료제이다. 관료제와 탈관료제는 모두 구성원 간 2차적 관계가 지배적이다.

311 ㄴ. 표준어의 추가와 삭제가 이루어지는 것을 통해 사회 구조는 고정불변한 것이 아니며 변할 수 있음을 알 수 있다. ㄹ. 표준어의 변화는 사회적 공감대의 형성을 통해 이루어지는 것임을 고려할 때 사회 구조는 구성원들 간 합의의 산물임을 알 수 있다.
바로알기 | ㄱ. ㄷ. 제시된 글의 내용과 관련 없는 진술이다.

312 ㄱ. 일탈 행동의 판단에 객관적 기준이 없다고 보는 C는 낙인 이론이다. 낙인 이론은 1차적 일탈자에게 부정적 자아가 형성되는 과정에 주목한다. ㄴ. 급속한 사회 변동으로 인한 규범의 부재를 일탈의 원인으로 보는 A는 뒤르켐의 아노미 이론이다.
바로알기 | ㄷ. '미시적 관점에서 일탈 행동을 보는가?'에 낙인 이론과 차별 교제 이론은 '예', 뒤르켐의 아노미 이론은 '아니요'로 답하게 되고, 머튼의 아노미 이론의 특징을 묻는 질문인 '문화적 목표와 제도화된 수단 간의 괴리가 일탈의 원인인가?'에는 뒤르켐의 아노미 이론, 낙인 이론, 차별 교제 이론이 모두 '아니요'로 답하게 된다. 따라서 두 질문은 (가), (나)에 동시에 들어갈 수 없다. ㄹ. 타인과의 상호 작용에서 일탈 행동이 비롯된다고 보는 이론은 낙인 이론과 차별 교제 이론이고, 일탈자와의 교류 과정에서 일탈 행동이 학습된다고 보는 이론은 차별 교제 이론이다. 따라서 A는 차별 교제 이론, B는 낙인 이론이다.

313 을의 답안에서 2차적 일탈의 발생 과정에 주목하는 것은 낙인 이론만의 특징이고, 타인들과의 상호 작용이 일탈 발생 과정에 미치는 영향을 중시하는 것은 낙인 이론과 차별 교제 이론의 공통적인 특징이다. 즉, 을의 답안을 고려할 때 A는 차별 교제 이론, B는 머튼의 아노미 이론, C는 낙인 이론이다. ④ 낙인 이론은 1차적 일탈에 대한 주변 사람들의 낙인으로 인해 부정적 자아가 형성되어 2차적 일탈이 발생하는 과정에 주목하므로, 한 개인이 일탈자가 되어 가는 내면적 과정에 초점을 둔다.
바로알기 | ① 머튼의 아노미 이론은 차별 교제 이론과 달리 거시적 관점에서 일탈 행동을 바라본다. 또한 일탈 행동이 사회화되는 과정에 주목하는 것은 차별 교제 이론의 특징이다. 즉, 갑은 서술 내용 1만 맞으므로, ㉠은 1점이다. ② 일탈 행동의 대책으로 사회 규범 확립을 중시하는 것은 뒤르켐의 아노미 이론이다. ③ 차별적 교제를 일탈 행동의 원인으로 강조하는 것은 차별 교제 이론이다. ⑤ 머튼의 아노미 이론은 차별 교제 이론, 낙인 이론과 달리 아노미로 인해 일탈 행동이 발생한다고 본다.

8 문화의 이해

난이도별 필수 기출   84~93쪽

318 ㉠은 문화이다. 문화는 대체로 한 사회의 의식주, 가치 및 규범, 사고방식 등 인간의 모든 생활 양식을 의미한다. ③ 명절에 어른들께 큰절을 올리는 것은 후천적으로 학습한 생활 양식이므로 문화의 사례에 해당한다.
바로알기 | ①은 개인의 버릇, ②, ④, ⑤는 본능에 따른 행동이므로 문화의 사례에 해당하지 않는다.

319 ㉠, ㉡, ㉢ 학교에 가기 위해 교복을 입는 것과 급식실에서 줄을 서는 것, 영화를 보는 것은 모두 후천적으로 학습한 행위이므로 문화에 해당한다.
바로알기 | ㉣ 잠이 와서 존 것은 본능에 따른 행동으로서 문화에 해당하지 않는다.

320 제시된 문화인, 문화 행사, 문화 상품권에서의 '문화'는 예술적이고 교양 있거나 세련된 것을 가리키므로 모두 좁은 의미의 문화에 해당한다. ①, ④ 좁은 의미의 문화는 정신적 또는 물질적으로 높은 수준에 도달한 상태를 의미한다는 점에서 상대적으로 특별하다는 의미를 내포한다. ⑤ '문화 선진국'에서의 '문화'는 교양이나 예술 등에서 앞선 국가임을 나타내므로, 좁은 의미의 문화로 사용되었다.
바로알기 | ③ 한 사회의 구성원들이 공유하는 행동 양식은 넓은 의미의 문화를 나타낸다.

321 ①, ②, ④, ⑤ 문화계 인사, 문화 시설, 문화인, 문화적 혜택에서의 '문화'는 공연이나 예술 등 특정 분야에 관련되거나 더 세련되고 교양 있는 것을 의미하므로, 좁은 의미의 문화로 사용되었다.
바로알기 | ③ 청소년 문화에서의 '문화'는 청소년 세대가 갖는 생활 양식을 의미하므로, 넓은 의미의 문화로 사용되었다.

322 밑줄 친 '문화'는 넓은 의미의 문화를 나타낸다. ③ 넓은 의미의 문화는 한 사회의 구성원이 공유하는 사고방식이나 행동 양식 등 모든 생활 양식을 의미한다.
바로알기 | ① 문화가 인간의 모든 행동을 의미하는 것은 아니다. 인간의 행동 중 후천적으로 학습된 행동은 문화에 해당하지만, 본능이나 선천

적 요인에 따른 행동, 개인의 독특한 습관이나 버릇은 문화에 해당하지 않는다. ④는 좁은 의미의 문화에 대한 설명이다. ⑤ '민족 문화'의 문화는 넓은 의미의 문화이고, '문화가 있는 날'의 문화는 좁은 의미의 문화이다. 따라서 밑줄 친 문화는 '문화가 있는 날'의 문화가 아닌 '민족 문화'의 문화와 같은 의미이다.

323

갑: 지난 수요일은 '⊙ 문화가 있는 날'이어서 친구들과 미술관에 다녀왔어. 조선 시대 서민 ⓛ 문화를 주제로 한 작품들이 전시되어 있어 그 시대의 생활상을 한눈에 볼 수 있었어.

을: 오랜만에 ⓒ 문화생활을 해서 정말 좋았겠다. 나는 지난 주말에 원시 부족 ⓔ 문화를 다룬 텔레비전 프로그램을 시청했는데, 자연과 조화를 이루는 부족민들의 삶이 인상 깊었어.

⊙: 좁은 의미의 문화
ⓛ: 넓은 의미의 문화
ⓒ: 좁은 의미의 문화
ⓔ: 넓은 의미의 문화

모범 답안 ⊙, ⓒ. 문화가 있는 날에서의 문화와 문화생활에서의 문화는 공연이나 예술 분야에 관련된 것 또는 교양 있거나 세련된 것을 의미하므로, 좁은 의미의 문화로 볼 수 있다.

324 ⊙, ⓒ은 좁은 의미의 문화, ⓛ, ⓔ은 넓은 의미의 문화이다. ㄱ. '문화가 있는 날'에서의 문화와 신문의 '문화면'에서의 문화는 모두 예술 활동이나 세련된 것을 의미하는 좁은 의미로 사용되었다. ㄴ. '원시 부족 문화'에서의 문화는 원시 부족민들의 생활 양식의 총체라는 의미로 사용되었다.
바로알기 | ㄷ. 인간의 행동 중 본능에 따른 행동이나 개인의 독특한 습관 등 후천적으로 학습되지 않은 행동은 좁은 의미의 문화와 넓은 의미의 문화 모두에 포함되지 않는다. ㄹ. 넓은 의미의 문화는 사회 구성원들의 사고방식 등과 같은 비물질문화를 포함한다.

325 ⑤ '문화가 있는 날'과 '문화생활'에서의 문화는 세련되고 편리한 것 또는 예술적이고 교양 있는 것 등을 가리키므로 좁은 의미의 문화를 나타낸다. 반면, '조선 시대 서민 문화'와 '원시 부족 문화'에서의 문화는 한 사회의 구성원들이 공유하는 모든 생활 양식을 의미하므로, 넓은 의미의 문화를 나타낸다.
바로알기 | ① '문화가 있는 날'에서 사용된 문화는 좁은 의미로서 세련되고 편리한 것을 의미한다. 이와 달리 '동아시아 문화'에서 사용된 문화는 넓은 의미로서 동아시아 사람들의 전반적인 생활 양식을 의미한다. ② '조선 시대 서민 문화'에서의 문화는 넓은 의미로서 조선 시대 서민들의 전반적인 생활 양식을 의미한다. 정신적 또는 예술적으로 높은 수준에 도달한 것을 의미하는 것은 좁은 의미의 문화이다. ③ 좁은 의미의 문화인 '문화가 있는 날'에서의 문화에는 넓은 의미의 문화인 '조선 시대 서민 문화'에서의 문화와 달리 '세련되고 교양 있는'과 같은 평가적 의미가 내포되어 있다. ④ 좁은 의미의 문화와 넓은 의미의 문화는 모두 일시적이고 우연적인 행위는 포함하지 않는다.

개념 보충

문화의 의미

구분	좁은 의미의 문화	넓은 의미의 문화
내용	공연이나 예술 등 특정 분야에 관련된 것 또는 교양 있거나 세련된 것	한 사회의 구성원이 공유하는 의식주, 가치, 규범과 관련된 모든 생활 양식
예	문화 행사, 문화생활 등	한국 문화, 청소년 문화 등

326 ㄴ. '문화 상품'에서의 문화는 좁은 의미의 문화로서 고상하거나 세련된 것을 가리킨다. ㄷ. '문화권'에서의 문화는 넓은 의미로서

일정한 지리적 범위에서 공통적으로 나타나는 생활 양식 그 자체를 의미한다.
바로알기 | ㄱ. '문화권'에서의 문화는 넓은 의미로 사용되었다. 평가적 의미를 내포하는 문화는 좁은 의미의 문화이다. ㄹ. '문화권'에서의 문화와 달리 '문화 상품'에서의 문화는 좁은 의미의 문화로서 특정한 분야의 발전 단계에서 좀 더 높은 단계를 의미한다.

327 ㄷ. 세계 여러 지역에서 가옥이 공통으로 존재하는 것처럼 지역과 공간을 초월하여 어느 사회에서나 공통된 문화 요소가 존재하는데, 이를 통해 문화의 보편성을 확인할 수 있다. ㄹ. 각 지역의 가옥 형태가 다른 것처럼 어떤 사회의 문화는 독특한 자연환경이나 상황에 따라 다른 사회와 구분되는 고유한 특징을 보이는데, 이를 통해 문화의 특수성을 확인할 수 있다.
바로알기 | ㄱ. 문화의 우열을 가릴 수 있는지 여부는 제시된 글을 통해 확인할 수 없는 내용이다. ㄴ. 문화는 보편성과 특수성을 모두 지닌다.

328 A국에서 축의금을 낼 때 붉은 봉투를 사용하는 것과 B국에서 기혼 여성이 두건을 착용하는 것은 모두 해당 사회의 구성원이 공통으로 가지는 생활 양식이 있음을 나타낸다. 이를 통해 제시된 사례들에 공통적으로 문화의 공유성이 부각되어 있음을 알 수 있다.

329 제시된 사례는 우리나라 사람들이 미역국과 관련된 비슷한 생활 양식을 가지고 있음을 보여 주므로, 문화의 공유성이 부각되어 있다. ㄴ, ㄹ. 문화의 공유성으로 인해 같은 문화를 공유하는 한 사회의 구성원들은 특정 상황에서 서로의 행동을 이해하고 예측할 수 있게 되며, 사고와 행동의 동질성을 형성하게 된다.
바로알기 | ㄱ. 문화의 공유성으로 인해 사회 구성원들은 원만한 사회생활을 할 수 있게 된다. ㄴ은 문화의 축적성에 대한 설명이다.

330 모범 답안 ⑴ (가): 문화의 학습성, (나): 문화의 공유성
⑵ 문화의 학습성이 부각된 사례로 쌍둥이더라도 서로 다른 사회에서 자라면 다른 사고방식과 행동 양식을 보이는 것을 들 수 있고, 문화의 공유성이 부각된 사례로 우리나라 사람들이 '미역국 먹는 날'이라고 하면 생일을 떠올리는 것을 들 수 있다.

331 밑줄 친 부분에 나타난 문화의 속성은 축적성이다. ② 문화의 축적성에 따르면 문화는 오랜 세월 동안의 경험이 쌓여져 복잡해진 결과이므로 세대 간 전승되면서 더욱 풍부해진다.
바로알기 | ① 인간은 선천적으로 문화를 가지고 태어나지 않으며, 후천적 학습을 통해 문화를 습득한다. ③은 문화의 공유성, ④는 문화의 전체성에 대한 설명이다. ⑤ 문화의 형태와 내용은 모두 시간의 흐름에 따라 변화한다.

332 힌두교도의 암소 숭배는 종교, 농경 생활 등 여러 문화 요소와 연관되며, 우리나라의 벼농사 역시 식생활, 민속놀이, 민속 음악 등 여러 문화 요소와 연관된다. 따라서 제시된 사례들에 공통적으로 문화의 전체성이 부각되어 있음을 알 수 있다. ③ 문화의 전체성에 따르면 문화는 여러 구성 요소가 상호 유기적으로 결합된 하나의 총체이므로, 문화 요소 간의 상호 의존성을 전제로 한다.
바로알기 | ①, ②는 문화의 축적성 ④는 문화의 학습성, ⑤는 문화의 변동성에 대한 진술이다.

333 제시된 글은 인터넷의 보급이 참여 민주주의 확산, 저작권과 마케팅의 대변혁, 각국의 문화 충돌 등 여러 문화 요소의 연쇄적 변동을 일으켰음을 보여 주는데, 이를 통해 문화의 전체성을 확인할 수 있다.

ㄴ, ㄷ. 문화의 전체성에 따르면 문화의 다양한 요소는 서로 연관되어 있어 유기적으로 상호 작용을 하며 하나로서 체계를 형성하므로, 한 부분의 변동이 다른 부분의 연쇄적 변동을 초래한다.
바로알기ㅣ ㄱ은 문화의 공유성, ㄹ은 문화의 축적성과 관련한 내용이다.

334 (가)는 문화의 공유성, (나)는 문화의 전체성이다. 문화의 공유성에 따르면 문화는 한 사회의 구성원들이 공통으로 가지고 있는 생활 양식으로, 같은 사회의 구성원들은 문화의 의미와 맥락을 이해하기 때문에 구체적인 상황에서 다른 사람의 행동을 어느 정도 예측하거나 기대할 수 있다. 또한, 문화의 전체성에 따르면 문화는 여러 구성 요소가 상호 유기적인 관련을 맺으며 부분이 아닌 하나의 전체로서 존재하므로, 어느 한 부분에 변화가 생기면 연쇄적으로 다른 부분에도 영향을 준다.

335 A는 문화의 전체성, B는 문화의 공유성이므로 C는 문화의 축적성이다. ③ 기성세대가 청소년들이 만들어 사용하는 줄임말의 의미를 알지 못하는 것은 기성세대가 청소년들과 달리 줄임말의 의미를 공유하지 못하기 때문에 나타나는 사례이므로, 문화의 공유성의 사례로 들 수 있다.
바로알기ㅣ ① 문화가 다음 세대로 계승되면서 점점 새로운 요소가 늘어나 더욱 풍부해짐을 의미하는 것은 문화의 축적성이다. ② 한 문화 요소의 변화가 다른 문화 요소의 연쇄적 변화를 가져옴을 의미하는 것은 문화의 전체성이다. ④ 문화적 특성은 타고난 것이 아니라 후천적 학습을 통해 획득한 결과임을 의미하는 것은 문화의 학습성이다. ⑤ 재외동포 2세가 우리나라를 방문하였으나 한국어를 몰라 의사소통에 불편함을 경험하는 사례는 문화의 세대 간 전승을 통해 문화가 풍부해짐을 보여 주지 않으므로, 문화의 축적성이 나타나 있지 않다. 따라서 (가)에는 제시된 사례가 들어갈 수 없다.

336 **모범 답안ㅣ** (1) 문화의 변동성
(2) 문화의 변동성은 문화가 고정불변한 것이 아니라 시간이 흐르면서 그 형태와 내용이 끊임없이 변화하는 것을 의미한다.

337 (가)는 윷놀이의 규칙을 배워 습득할 수 있음을 보여 주므로 문화의 학습성을, (나)는 윷의 재료가 시간의 흐름에 따라 변화하였음을 보여 주므로 문화의 변동성을, (다)는 우리나라 사람들이 명절에 윷놀이를 하는 행동 양식을 공유하고 있음을 보여 주므로 문화의 공유성을 나타낸다.

338 ④ 문화의 변동성은 문화가 고정불변한 것이 아니라 기존의 문화 요소가 사라지거나 새로운 문화 요소가 나타나면서 그 형태와 내용이 끊임없이 변화함을 보여 준다.
바로알기ㅣ ① 같은 사회에 속한 구성원들의 행동을 예측 가능하게 하는 것은 문화의 공유성이다. ② 인간은 학습을 통해 언어, 가치, 규범 등을 익히며 사회에 적응함을 보여 주는 것은 문화의 학습성이다. ③ 문화가 세대 간에 계승되고 발전하는 현상임을 보여 주는 것은 문화의 축적성이다. ⑤ 한 문화 요소의 변화가 다른 문화 요소에 연쇄적 변화를 가져옴을 보여 주는 것은 문화의 전체성이다.

339 (가)에는 문화의 학습성, (나)에는 문화의 축적성, (다)에는 문화의 변동성이 부각되어 있다. ①, ② 문화의 학습성은 인간이 성장하면서 언어와 문자 등을 통해 그 사회의 문화를 학습하는 사회화 과정에서 개인의 사회적 행동이 형성됨을 보여 준다. 즉, 문화의 학습성은 문화가 타고나는 것이 아니라 후천적으로 학습에 의해 습득되는 것임을 의미한다. ③ 문화가 세대 간 전승을 통해 복잡하고 다양해지는 것은 문화의

축적성을 통해 설명된다. ⑤ 문화의 변동성은 문화가 시간의 흐름에 따라 기존 요소가 사라지거나 추가되면서 끊임없이 변화함을 보여 준다.
바로알기ㅣ ④ 기성세대가 청소년들이 만들어 사용하는 줄임말의 의미를 알지 못하는 것은 청소년들이 공유하는 줄임말 문화를 기성세대들은 공유하지 못하기 때문에 발생하는 현상이므로, 문화의 공유성이 부각된 사례로 적합하다.

340 ③ 쌍둥이로 태어난 자매가 서로 다른 나라로 입양되면서 성인이 되었을 때 생활 양식에 큰 차이가 나타나게 된 것은 각각 입양된 나라에서 서로 다른 생활 양식을 학습하였음을 보여 주는 사례이므로, (다)는 문화의 학습성에 해당한다.
바로알기ㅣ ① 훈민정음의 자음은 원래 17자였으나, 지금은 14자만 사용되는 것은 문화 요소인 문자가 변동한 것을 보여 주는 사례이므로, (가)는 문화의 변동성에 해당한다. ② 우리나라에서 2월에 꽃다발을 들고 다니는 사람들을 보면 졸업식이 있다고 생각하는 것은 우리나라 사람들 대부분이 공통적으로 인식하는 생활 양식이 있음을 보여 주는 사례이므로, (나)는 문화의 공유성에 해당한다. ④, ⑤ 우리나라의 전통 가옥의 천장이 낮게 지어짐에 따라 자연스럽게 앉아서 생활하는 방식이 정착된 것은 온돌 난방 방식, 좌식 문화와 같은 문화 요소가 상호 유기적으로 연관되어 있음을 보여 주는 사례이므로, (라)는 문화의 전체성에 해당한다.

341 ① 우리나라 사람들이 설날이 되면 떡국을 끓여 먹는 것은 사회 구성원 대부분이 공유하는 생활 양식이므로, 문화의 공유성이 부각된 사례에 해당한다. ② 오늘날의 온돌 문화는 우리 민족의 지혜가 오랫동안 쌓여서 온돌 기술이 발달하여 풍부해진 것이므로, 문화의 축적성이 부각된 사례에 해당한다. ③ 우리나라에서 오래 살고 있는 미국인이 직접 김치를 담가 먹는 것은 김장 방법을 배워 습득한 것이므로, 문화의 학습성이 부각된 사례에 해당한다. ⑤ 우리나라의 주된 주거 양식이 한옥에서 아파트와 같은 형태로 바뀐 것은 주거 문화 요소에 변화가 나타난 것이므로, 문화의 변동성이 부각된 사례에 해당한다.
바로알기ㅣ ④ 동양 문화권의 어린아이들이 젓가락의 사용법을 배워 젓가락을 이용해서 식사를 하는 것은 학습을 통해 젓가락 사용법을 습득한 것이므로, 문화의 학습성이 부각된 사례에 해당한다.

개념 보충

문화의 속성	
공유성	문화는 한 사회의 구성원들이 공유하는 생활 양식임 → 같은 사회 구성원의 행동을 예측할 수 있게 해 주며, 원만한 사회생활을 가능하도록 함
학습성	문화는 타고나는 것이 아니라 후천적 학습에 의해 습득되는 산물임
축적성	문화는 한 세대에서 다음 세대로 전승되면서 더욱 풍부해짐 → 기존 문화에 새로운 문화 요소가 더해지면서 문화가 발전함
변동성	문화는 고정불변한 것이 아니라 시간의 흐름에 따라 끊임없이 변화함 → 문화 요소의 추가 및 소멸이 이루어짐
전체성 (총체성)	문화 요소들은 상호 유기적 관계를 맺고 하나로서의 전체를 이룸 → 일부 문화 요소의 변화가 다른 문화 요소의 연쇄적 변동을 일으킴

342 문항 1에서 문화는 후천적으로 습득된다는 것은 문화의 학습성, 문항 2에서 문화의 구성 요소들은 유기적으로 연관되어 있다는 것은 문화의 전체성, 문항 3에서 문화는 사회 구성원들의 삶에서 공통으로 나타난다는 것은 문화의 공유성, 문항 4에서 문화는 세대 간 전승 과정에서 그 내용이 풍부해진다는 것은 문화의 축적성, 문항 5에서 문화는 시간이 흐르면서 새로운 형태를 갖추게 된다는 것은 문화의 변동성의 의미이다. 즉, 학생은 문항 5에만 옳게 답하였으므로, 1점을 얻게 된다.

343 제시된 글은 문화 요소들이 다른 문화 요소와 상호 유기적 관계를 맺고 있으므로, 어떤 문화 현상을 제대로 이해하기 위해서는 현상의 의미를 다른 문화 요소나 전체 문화의 맥락 속에서 파악해야 한다고 보고 있다. 이는 전체 문화와의 관련성 속에서 특정 문화 현상의 의미를 이해하고자 하는 총체론적 관점의 필요성을 강조한 것이므로, 해당 수업의 주제로는 '총체론적 관점은 왜 필요한가?'가 가장 적절하다.

344 제시된 글에서는 한국의 살풀이춤과 스페인의 플라멩코 춤을 비교하여 공통점과 차이점을 알아보고자 하였으므로, 비교론적 관점이 나타나 있다. ② 비교론적 관점을 토대로 문화를 연구하면 자기 문화를 다른 문화와 비교해 봄으로써 자기 문화를 더욱 객관적으로 이해할 수 있게 된다.
바로알기 | ① 비교론적 관점은 문화의 보편성과 특수성을 이해하는 데 적합하다. ③ 비교론적 관점은 자기 문화와 다른 문화의 공통점과 차이점을 파악함으로써 다른 문화에 대한 이해를 가능하게 한다. ④는 총체론적 관점, ⑤는 상대론적 관점에 대한 설명이다.

345 제시된 글에서는 한국에서의 친족 호칭법과 미국에서의 친족 호칭법을 비교하여 서로 다른 문화 간의 공통점과 차이점을 알아보고자 하였으므로, 비교론적 관점에서 문화를 이해하고 있다. ㄱ, ㄴ. 비교론적 관점은 서로 다른 사회의 문화에 나타나는 유사성과 차이점을 분석함으로써 문화가 지닌 보편성과 특수성을 이해하는 데 도움을 준다. ㄷ. 비교론적 관점을 통해 자기 문화의 특징을 객관적으로 이해할 수 있으며, 다른 문화에 대한 이해의 폭을 넓힐 수 있다.
바로알기 | ㄹ은 상대론적 관점에 대한 설명이다.

개념 보충

문화를 바라보는 관점

총체론적 관점	특정 문화 현상의 의미를 다른 문화 요소나 전체 문화와의 연관성 속에서 이해하려는 관점
비교론적 관점	서로 다른 문화 간의 유사성과 차이점을 분석하여 문화의 보편성과 특수성을 이해하려는 관점
상대론적 관점	한 사회의 문화를 해당 사회의 독특한 환경, 역사적 맥락 등을 고려하여 이해하려는 관점

346 **모범 답안** (1) 상대론적 관점
(2) 상대론적 관점은 특정 기준에 따라 문화를 평가하지 않으므로 다른 문화를 편견 없이 이해할 수 있다.

347 갑은 주택의 문화적 의미를 경제적 의미, 사회적 성향, 자연조건, 자원의 영향과의 관련성 속에서 이해하였으므로 총체론적 관점에서, 을은 A국과 B국의 프로야구 응원 문화를 비교하여 공통점과 차이점을 파악하였으므로 비교론적 관점에서 문화를 바라보고 있다.

348 ⑤ 비교론적 관점은 여러 문화 간의 공통점과 차이점을 비교하면서 문화가 갖는 보편성과 특수성을 파악한다. 이와 달리 총체론적 관점은 특정 문화 현상을 다른 문화 요소와의 관계 속에서 파악한다.
바로알기 | ① 모든 문화는 고유한 가치를 지닌다고 보는 것은 상대론적 관점이다. ② 문화가 부분이 아닌 전체로서의 의미를 갖는다고 보는 것은 총체론적 관점이다. ③ 비교론적 관점은 서로 다른 문화 간 비교를 통해 자문화의 특징을 객관적으로 파악할 수 있게 한다. ④ 총체론적 관점과 비교론적 관점은 모두 문화에 대한 왜곡된 이해를 방지하는 데 기여한다.

349 (가)에 적용된 관점은 총체론적 관점, (나)에 적용된 관점은 비교

론적 관점이다. ㄱ. 총체론적 관점은 문화 현상을 다른 문화 요소와의 관련성 속에서 이해하므로, 문화에 대한 편협하고 왜곡된 이해를 방지하는 데 기여한다. ㄴ. 비교론적 관점은 서로 다른 사회의 문화에 나타나는 유사성과 차이점을 분석하여 문화가 지닌 보편성과 특수성을 파악하는 관점이다.
바로알기 | ㄷ. 해당 문화를 향유하는 사람들의 관점에서 문화의 의미를 파악하는 것은 상대론적 관점이다. ㄹ. 총체론적 관점은 비교론적 관점과 달리 문화 요소 간의 유기적 관계에 초점을 둔다.

350 제시된 사례에서 다리우스의 부하들이 지닌 문화 이해의 태도는 자문화 중심주의이다. ㄷ. 자문화 중심주의는 자기 문화만을 최고로 여기는 국수주의로 이어져 다른 문화와의 교류를 거부함으로써 스스로 고립되는 결과를 초래할 수 있다. ㄹ. 자문화 중심주의는 자기 문화에 대한 자부심을 높여 사회 구성원 간 결속을 강화시킴으로써 사회 통합에 기여할 수 있다.
바로알기 | ㄱ. 자문화 중심주의는 자기 문화에 대한 자부심을 높여 자기 문화의 정체성을 강화하는 데 기여한다. ㄴ. 자문화 중심주의는 다른 문화를 낮게 평가하기 때문에 외래문화 수용과 이를 통한 문화 발전을 이루기 어렵다.

351 조선 시대 많은 지식인들은 중화사상을 맹신하여 중국 문화를 우월하게 여겼으므로, 중국에 대한 조선의 문화 사대주의적 태도를 보여준다. ㄴ, ㄷ. 문화 사대주의는 다른 문화의 좋은 점을 받아들여 자기 문화가 발전하는 계기가 되기도 하지만, 다른 문화의 무분별한 수용을 조장하여 자기 문화의 정체성과 고유문화의 상실을 초래할 수 있다.
바로알기 | ㄱ. 문화 사대주의는 자기 문화는 열등한 것으로 취급하므로 문화의 다양성 확보에 유리하지 않다. ㄹ. 문화 제국주의로 변질될 가능성이 높은 문화 이해 태도는 자문화 중심주의이다.

352 미국인 A씨는 미국인의 시선이 아닌 이누이트의 시선으로 북극 사람들의 삶을 기록한 다큐멘터리를 제작하였다. 즉, 해당 문화를 향유하는 사람의 입장에서 문화를 이해하였으므로 A씨가 가진 문화 이해 태도는 문화 상대주의이다. 첫 번째 진술에서 문화 상대주의는 모든 문화가 그 나름의 가치를 지닌다고 인식하므로 문화 다양성을 보존하는 데 기여하며, 두 번째 진술에서 자기 문화의 주체성을 상실할 가능성이 큰 것은 문화 사대주의이다. 세 번째 진술에서 문화 상대주의는 서로 다른 문화 간에 우열이 있음을 인정하지 않으며, 네 번째 진술에서 문화 상대주의는 해당 사회의 자연환경, 역사적 배경, 사회적 환경과 맥락을 고려하여 문화를 이해할 것을 강조한다. 다섯 번째 진술에서 다른 사회에 자기 문화의 수용을 강요할 가능성이 높은 것은 자문화 중심주의이다. 따라서 문화 상대주의에 부합하는 진술에만 표시한 학생은 첫 번째 진술과 네 번째 진술에만 'O'를 표시한 갑이다.

353 다른 사회의 문화를 기준으로 자기 문화의 가치를 평가 절하하는 것은 문화 사대주의이다. 따라서 A는 문화 사대주의, B는 자문화 중심주의이다. ② 자문화 중심주의는 자기 문화의 관점에서 다른 문화를 열등하거나 비합리적인 것으로 생각하므로, 다른 문화를 자기 문화에 종속하려는 문화 제국주의를 정당화할 우려가 있다.
바로알기 | ① 문화 사대주의는 외부 사회의 문화를 수용하는 데 적극적이다. ③ 자문화 중심주의와 문화 사대주의는 모두 각 사회의 문화가 지닌 상대성을 부정한다. ④ 다른 사회의 문화를 향유 주체의 입장에서 이해하는 것은 문화 상대주의이므로, (가)에는 제시된 진술이 들어갈 수 없다. ⑤ 절대적인 기준에 따라 문화 간 우열을 평가하는 것은 자문화 중심

주의와 문화 사대주의의 공통적인 특징이므로, (나)에는 제시된 진술이 들어갈 수 없다.

354 오리엔탈리즘에 나타난 서양의 관점에는 자문화 중심주의, 영어로 표기된 옷을 선호하는 20대 소비자의 관점에는 문화 사대주의가 나타나 있다. ③ 문화 사대주의는 다른 문화를 우월한 것으로 추종하면서 자기 문화를 열등하게 평가하므로, 선진 사회의 새로운 문물을 수용하는 데 적극적일 가능성이 크다.

바로알기ㅣ ① 우수한 선진 문화를 적극적으로 수용해야 된다는 인식을 중시하는 것은 문화 사대주의이다. ② 자문화 중심주의는 문화를 우열 평가의 대상으로 본다. 문화를 이해의 대상으로 보는 것은 문화 상대주의이다. ④ 문화 사대주의는 자기 문화를 비하한다는 점에서 자기 문화의 정체성을 유지하는 데 불리하게 작용할 수 있다. ⑤ 자문화 중심주의와 문화 사대주의는 모두 문화를 이해의 대상이 아닌 평가의 대상으로 인식하므로, 문화의 상대성을 올바르게 인식하고 있지 않다.

355 갑은 우리의 전통 모시옷을 우수하다고 여기면서 ○○ 부족이 나체로 살아가는 모습을 미개하다고 인식하므로, 자문화 중심주의적 태도를 갖고 있다. 을은 우리의 전통 모시옷을 미개한 것으로 여기면서 서구식 의복을 우수한 것으로 인식하므로, 문화 사대주의적 태도를 갖고 있다. 병은 ○○ 부족의 나체 문화를 그 사회의 환경과 연관 지어 이해하므로, 문화 상대주의적 태도를 갖고 있다.

356 [모범 답안] 갑이 지닌 자문화 중심주의적 태도와 을이 지닌 문화 사대주의적 태도는 문화를 평가하는 절대적 기준이 있다고 보지만, 병이 지닌 문화 상대주의적 태도는 문화를 평가하는 절대적 기준이 없다고 본다.

357 ㄱ. 자문화 중심주의는 자기 문화를 가장 우월한 것으로 보고 다른 사회의 문화를 열등한 것으로 평가한다. ㄷ. 자문화 중심주의와 문화 사대주의는 모두 문화의 우열이 존재한다고 보므로, 문화를 평가하는 절대적 기준이 있다고 본다.

바로알기ㅣ ㄴ. 문화 상대주의는 모든 문화가 그 나름의 가치를 지니며 문화 간에 우열이 존재하지 않는다고 보므로, 문화를 문명과 야만으로 구분하지 않는다. 문화를 문명과 야만으로 나누어 이해하는 것은 자문화 중심주의와 문화 사대주의에 대한 설명이다. ㄹ. 문화 상대주의는 자문화 중심주의나 문화 사대주의와 달리 문화의 다양성을 보존하는 데 기여할 수 있다.

개념 보충

문화를 이해하는 태도

자문화 중심주의	• 의미: 자기 문화만이 옳고 우수하다고 여기며 다른 문화를 낮게 평가하는 태도 • 장점: 자문화의 정체성 유지에 유리함 • 문제점: 국수주의나 문화 제국주의로 변질될 우려가 있음
문화 사대주의	• 의미: 다른 문화를 맹목적으로 추종하고 자기 문화를 낮게 평가하는 태도 • 장점: 선진 문화를 수용하기에 용이함 • 문제점: 자문화의 정체성을 상실할 우려가 있음
문화 상대주의	• 의미: 문화를 해당 사회의 자연환경, 역사적 배경, 사회적 맥락을 고려하여 이해하려는 태도 • 장점: 문화적 다양성을 보존하는 데 기여함

358 자기 문화의 주체성을 잃기 쉬운 것은 문화 사대주의의 특징이므로 첫 번째 질문에 '아니요'로 답한 B는 자문화 중심주의와 문화 상대주의 중 하나이고, 문화 간에 우열이 존재한다고 보는 것은 자문화 중심주의와 문화 사대주의의 공통적인 특징이므로 두 번째 질문에 '아니요'

로 답한 A는 문화 상대주의이다. 따라서 B는 자문화 중심주의, C는 문화 사대주의이다. ① 자기 문화의 주체성을 잃기 쉬운 것은 문화 사대주의의 특징이므로, ㉠에는 '아니요', ㉡에는 '예'가 들어가야 한다. ② 자문화 중심주의와 문화 사대주의는 모두 문화 간에 우열이 존재한다고 보므로, ㉢과 ㉣에는 모두 '예'가 들어가야 한다. ③ 문화 상대주의는 모든 문화는 나름대로의 가치가 있다고 이해하므로, 자문화 중심주의와 달리 문화 다양성을 유지하는 데 도움이 된다. ④ 자문화 중심주의는 자기 문화를 우수한 것으로 생각하므로, 문화 사대주의와 달리 집단 내 결속력을 높이는 데 도움이 된다.

바로알기ㅣ ⑤ 자문화 중심주의와 문화 사대주의는 문화 상대주의와 달리 다문화 사회에서 문화 간의 이해를 방해하여 사회 통합을 저해할 수 있다.

359 문화 간 우열을 평가할 수 있다고 보는 것은 자문화 중심주의와 문화 사대주의의 공통적인 특징이고, 자기 사회의 문화가 가진 가치만을 높게 평가하는 것은 자문화 중심주의의 특징이다. 따라서 A는 문화 사대주의, B는 자문화 중심주의, C는 문화 상대주의이다. ② 자문화 중심주의는 문화를 평가의 대상으로 인식하므로, 문화의 차이를 발전 수준의 차이로 인식한다.

바로알기ㅣ ① 다른 사회에 자기 문화를 이식하는 것을 당연시하는 것은 자문화 중심주의이다. ③ 문화 상대주의는 다른 사회의 문화가 지닌 고유한 가치를 인정한다. ④ 문화 상대주의는 한 사회의 문화를 제삼자의 입장이 아닌 해당 사회의 입장에서 이해하고자 한다. ⑤ 자문화 중심주의는 문화 사대주의와 달리 자기 문화의 정체성을 유지하는 데 기여할 수 있다.

360 A는 문화 사대주의, B는 자문화 중심주의, C는 문화 상대주의이다. ① 선진국의 교육 방식을 맹목적으로 추종하는 것은 다른 문화를 우월한 것으로 여기고 추종하면서 자기 문화를 낮게 평가하는 문화 사대주의의 사례이다. ② 자문화 중심주의는 자기 나라의 역사, 문화, 국민성 등이 다른 나라보다 뛰어난 것으로 믿고, 다른 나라나 민족을 배척하는 경향이 있어 국수주의에 빠질 위험이 있다는 비판을 받는다. ③ 문화 상대주의는 모든 문화는 그 나름의 가치를 지닌다고 인식하므로, 문화를 우열 평가가 아닌 이해의 대상으로 간주한다. ④ 자문화 중심주의와 문화 사대주의는 문화의 우열을 정하는 기준이 있다고 보지만, 문화 상대주의는 문화의 우열을 정하는 기준이 없다고 본다.

바로알기ㅣ ⑤ 문화 상대주의는 여러 문화의 공존을 가능하게 하여 자기 문화의 주체성을 유지할 수 있게 한다는 측면에서 집단 내의 일체감과 통합을 약화시킨다고 보기 어렵다. 집단 내의 일체감과 통합을 약화시킬 우려가 있는 것은 문화 사대주의이다.

361 문화 사대주의는 자문화 중심주의나 문화 상대주의와 달리 자문화의 주체성이 약화되기 쉬우므로, (가)에는 ㄱ이 적절하다. 또한 문화 상대주의는 자문화 중심주의나 문화 사대주의와 달리 문화 다양성을 보존하는 데 기여하므로, (나)에는 ㄴ이 적절하다. 한편 자문화 중심주의와 문화 사대주의는 문화 상대주의와 달리 절대적 기준에 비추어 문화를 평가하므로, (다)에는 ㄷ이 적절하다.

362 인도의 여아 살해 풍습, 이슬람의 명예 살인 풍습, 이로코이족과 후론족의 식인 풍습은 모두 인류의 보편적 가치인 생명 존중 사상을 저해하는 풍습이다. 문화를 이해할 때에는 모든 문화가 그 나름의 가치를 지닌다는 점을 인식해야 하지만, 제시된 풍습들과 같이 인류의 보편적인 가치에 위배되는 문화까지도 그 나름의 가치를 인정하는 극단적 문화 상대주의로 치우치지 않도록 유의해야 한다.

9 현대 사회의 문화 양상

난이도별 필수 기출
96~101쪽

367 해설 참조	368 ⑤	369 ①	370 ④	371 ②
372 ③	373 ⑤	374 ①	375 ⑤	376 ⑤	377 ③
378 ①	379 ⑤	380 ⑤	381 ③	382 ②
383 해설 참조	384 ④	385 ②	386 ⑤
387 해설 참조	388 ④	389 ①	390 ④	391 ②
392 ③	393 ②

367 모범답안 (1) 하위문화

(2) 하위문화는 사회가 다원화되고 복잡해질수록 더욱 다양해지며, 시간과 공간에 따라 상대적인 성격을 띠는 등의 특징이 있다.

368 제시된 글은 마작이 중국에서는 대부분의 사람들이 공유하는 주류 문화이지만, 우리나라에서는 일부 사람들만이 누리는 하위문화임을 보여 준다. 이처럼 하위문화는 공간에 따라 상대적인 성격을 띠므로, 특정 사회의 주류 문화는 다른 사회의 하위문화가 될 수 있다.
바로알기 | ①, ② 마작이 중국 사회에서 반문화의 성격을 띤다는 내용은 제시된 글에 나타나 있지 않다. ③ 상류층만이 즐기는 문화는 하위문화에 해당하며, 관련 내용은 제시된 글에 나타나 있지 않다. ④ 한 사회 내에 있는 모든 하위문화의 총합이 주류 문화인 것은 아니다. 하위문화는 그 사회의 일부 구성원만이 누리는 문화를, 주류 문화는 대다수 사회 구성원이 누리는 문화를 의미하는 서로 다른 개념이다.

369 ㉠은 하위문화이다. ②, ③, ④ 하위문화는 형성 요인과 배경 및 양상 등이 다양하기 때문에 사회 전체의 문화를 풍부하고 다양하게 한다. 이를 통해 주류 문화에서 얻을 수 없는 다양한 욕구를 충족시켜 주고, 문화의 창조에 기여함으로써 주류 문화를 보완할 수 있는 대안을 제시하기도 한다. ⑤ 하위문화는 같은 하위문화를 누리는 구성원의 문화 정체성과 소속감 형성에 도움을 준다.
바로알기 | ① 하위문화는 한 사회 내의 일부 구성원들이 공유하는 문화로서 주류 문화와 성격이 다른 경우가 많으므로, 주류 문화를 강화하거나 문화 일체화를 강조하지는 않는다.

개념 보충

하위문화의 기능

순기능	사회 구성원들의 다양한 문화적 욕구 충족에 기여함, 같은 하위문화를 공유하는 구성원들의 문화 정체성 및 소속감 향상에 기여함
역기능	서로 다른 하위문화 간의 차이를 인정하지 않을 경우 문화적 갈등을 유발할 수 있음, 사회 통합을 저해하는 요인이 되기도 함

370 갑국에서 a는 하위문화, b는 주류 문화에 해당한다. ㄴ. b는 갑국 사람들이 모두 향유하는 음식 문화로서 갑국의 주류 문화이므로, 갑국 사람들에게 지배적인 영향력을 미친다. ㄹ. a는 갑국의 ○○ 민족만이 공유하는 하위문화, b는 갑국 구성원 모두가 향유하는 주류 문화로

서 모두 해당 문화를 공유하는 구성원들의 문화적 정체성과 일체감을 형성하는 요인이 된다.
바로알기 | ㄱ. a는 갑국의 ○○ 민족만이 향유하는 하위문화로서 갑국의 전체 사회가 추구하는 가치와 관계없이 존재할 수 있으며, 그 성격은 전체 사회가 추구하는 가치에 부합할 수도 있고 부합하지 않을 수도 있다. ㄷ. 갑국의 하위문화에 해당하는 a와 주류 문화에 해당하는 b는 모두 갑국 사회에 문화 다양성을 제공한다.

371 ① 갑국에서 a는 일부 사회 구성원인 ○○ 민족만이 향유하는 음식 문화로서 하위문화에 해당한다. ③ 갑국에서 b는 모든 사람들이 향유하는 음식 문화로서 주류 문화에 해당한다. ④ 갑국에서 b는 ○○ 민족을 포함한 모든 사회 구성원이 향유하는 음식 문화이므로, ○○ 민족에게 문화적 동질감을 저해하는 요인이 되지 않는다. ⑤ a는 갑국의 ○○ 민족 구성원들만이 공유하는 문화이고, b는 ○○ 민족을 포함한 갑국의 모든 구성원들이 공유하는 문화이다. 즉, a, b는 모두 ○○ 민족의 구성원 대다수가 공유하는 문화로서 ○○ 민족에게 주류 문화로서의 성격을 갖는다.
바로알기 | ② 갑국에서 a는 소수 민족인 ○○ 민족만이 향유하는 하위문화로서 문화 다양성을 높이는 데 기여할 수 있다.

372 ③ (나)에 속하는 문화가 많아질수록 청소년과 기성세대가 공유하는 문화 요소가 많아지므로, 청소년과 기성세대 간에 공감대 형성이 수월하다.
바로알기 | ① (가)에 속하는 문화는 청소년만이 경험하는 문화이다. 기성세대는 청소년 시기를 거쳤던 세대라는 점에서 기성세대 역시 청소년 시절에 (가)에 속하는 문화를 경험하였을 수도 있다. ② (나)에 속하는 문화는 청소년과 기성세대가 함께 공유하는 문화로, 이에 속하는 문화가 적어질수록 세대 간 문화의 이질성이 커져 사회 통합의 가능성이 낮아진다. ④ 기성세대의 문화가 기성세대와 청소년이 공유하는 문화가 된다고 하여 해당 문화가 사회의 지배적인 문화에 대립하는 성격을 갖는 것은 아니므로, 반문화적 특징을 보인다고 볼 수 없다. ⑤ 청소년만이 공유하는 문화와 기성세대만이 공유하는 문화가 각각 많아진다고 해서 청소년과 기성세대가 공유하는 문화가 감소하는 것은 아니다.

373 ㄴ. 히피 문화는 베트남 전쟁에 반대하는 등 독자성이 강하고, 기존의 주류 문화에 동조하기를 거부하는 것으로 볼 때 반문화의 성격을 갖는다. ㄷ. 히피 문화는 기존 체제에 대한 적대적인 성향을 표출한다는 점에서 사회 갈등을 초래하였을 수 있다. ㄹ. 히피 문화는 자연과 공존하는 생활 태도를 지향하였으며, 인권, 평화 등과 같은 새로운 가치 질서를 확산시켜 나갔다. 이에 히피 문화는 주류 문화의 변동을 유도하여 새로운 문화 형성의 계기가 되었다는 긍정적인 평가를 받기도 하였다.
바로알기 | ㄱ. 히피 문화는 기존의 사회 통념, 제도, 가치관 등에 저항하면서 전쟁과 폭력 반대, 인간성의 회복, 자연으로의 복귀 등을 주장했던 사람들의 문화이다. 즉, 히피 문화는 1960년대 미국 사회에서 구성원 대부분이 공유하는 주류 문화가 아니라, 일부 사람들이 향유하였던 하위문화에 해당한다.

374 (가)는 하위문화, (나)는 반문화이다. ㄱ. 하위문화는 한 사회 내의 일부 구성원만이 공유하는 문화로서 각각의 모습이 다양하므로, 그 사회의 구성원 대부분이 공유하는 주류 문화와 구별되는 특성을 갖는다. ㄴ. 반문화는 기존 문화의 보수성이나 문제점에 대한 성찰의 계기가 되어 주류 문화의 변동을 유도함으로써 사회가 바람직한 방향으로 변화하는 데 도움을 주기도 한다.

바로알기 | ㄷ, ㄹ. 하위문화와 반문화는 모두 시대나 사회에 따라 상대적으로 규정되며, 해당 문화를 향유하는 구성원들 간의 유대감을 높인다.

375 A는 반문화, B는 지역 문화, C는 세대 문화이다. ① 반문화는 사회 갈등의 원인으로 작용할 수도 있지만 주류 문화의 변동을 유도함으로써 사회 변화의 원동력이 되기도 한다. ② 지역 문화는 교통·통신의 발달로 사회 전체가 하나의 생활권으로 바뀜에 따라 그 문화적 특성이 약화되고 있다. ③ 지역마다 다른 사투리는 여러 지역 사회에서 나타나는 고유한 생활 양식이므로, 지역 문화의 사례에 해당한다. ④ 세대 문화는 공통의 체험을 토대로 한 특정 범위의 연령층이 공유하는 문화를 나타내므로, 나이와 시대적 경험이 결합하여 나타나는 문화의 유형에 해당한다.
바로알기 | ⑤ 최근 사회 변동의 가속화로 인해 세대 구분이 더욱 세분화되면서 세대 문화의 다양성이 기존에 비해 강화되고 있다.

개념 보충

하위문화의 유형

지역 문화	• 의미: 한 사회를 구성하는 여러 지역 사회에서 나타나는 고유한 생활 양식 • 특징: 지역 주민의 정체성 및 유대감 형성에 기여할 수 있음. 전체 사회에 문화의 다양성 및 역동성을 제공할 수 있음
세대 문화	• 의미: 공통의 체험을 토대로 한 특정 범위의 연령층이 공유하는 문화 • 특징: 같은 세대에 속한 사람들의 일체감과 정체성 형성에 기여할 수 있음. 세대 갈등을 유발할 우려가 있음
반문화	• 의미: 사회의 지배적인 문화에 저항하거나 대립하는 문화 • 특징: 사회 갈등을 초래하기도 함. 주류 문화의 변동을 유도하여 새로운 문화 형성의 계기가 되기도 함

376 (가)는 특정 지역 사회에서 나타나는 고유한 문화이므로 지역 문화, (나)는 특정 연령층인 청소년들이 전반적으로 누리는 문화이므로 세대 문화, (다)는 당시 미국 사회의 지배적인 문화에 저항하였던 히피 집단의 문화이므로 반문화에 해당한다.

377 ㄴ. 같은 세대에 속하는 사람들은 대체로 유사한 경험과 가치, 규범 등을 공유한다는 점에서 세대 문화는 같은 세대에 속하는 사람들 간의 일체감과 유대감 형성에 기여할 수 있다. ㄷ. 반문화는 사회의 주류 문화에 저항하는 과정에서 사회 문제를 드러냄으로써 기존의 주류 문화를 변화시키는 요인이 되기도 한다.
바로알기 | ㄱ. 다른 지역과의 접촉이 잦을 경우 지역 간에 공통적인 문화 요소가 생길 수 있다. 따라서 지역 문화는 다른 지역과의 접촉이 증가할수록 문화 간 이질성이 약화되는 경향이 있다. ㄹ. 지역 문화와 반문화를 비롯한 모든 하위문화는 이질성이 클 경우 집단 간 갈등을 초래하여 사회 통합을 저해할 수 있다.

378 A 문화는 주류 문화, B 문화는 하위문화, C 문화는 반문화이다. ㄱ. 사회가 복잡해지고 다양해질수록 사회 집단이 세분화되고 해당 집단에 속하는 구성원들에게 각기 다른 특성이 나타나므로, 하위문화의 종류도 다양해질 가능성이 높다. ㄴ. 반문화는 주류 문화에 저항하고 대립하는 특징을 보이므로, 사회의 주류 집단에 의해 일탈로 규정되기도 한다.
바로알기 | ㄷ. 서로 다른 하위문화의 요소를 합한다고 하여 주류 문화가 형성되는 것은 아니므로, 주류 문화는 모든 하위문화의 총합이라고 할 수 없다. ㄹ. 주류 문화는 사회 구성원 대부분이 향유하는 문화이므로, 하위문화나 반문화를 향유하는 집단도 주류 문화를 향유한다.

379

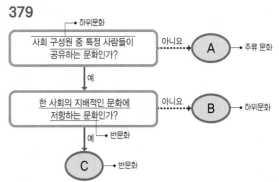

A는 주류 문화, B는 하위문화, C는 반문화이다. ① 사회가 다원화될수록 해당 사회 구성원의 특성이 다양해져 하위문화의 수는 증가한다. ② 반문화는 기존 체제를 기반으로 유지되는 주류 문화에 저항하는 특징이 있다는 점에서 사회 안정보다 사회 변동을 지향한다. ③ 사회 변화로 인해 하위문화를 향유하는 사람이 많아지면 하위문화가 그 사회의 주류 문화가 될 수 있다. ④ 하위문화와 반문화는 모두 구성원의 다양한 문화적 욕구를 충족함으로써 한 사회의 문화적 다양성 증대에 이바지한다.
바로알기 | ⑤ 사회 내의 모든 하위문화와 반문화를 합친다고 해서 주류 문화와 일치하는 것은 아니다.

380 ㉠은 대중문화이다. 대중 매체가 발달하고 대량 생산 및 대량 소비가 가능해지면서 대중문화가 형성되었다. 또한 보통 선거의 확립과 의무 교육의 확대에 따른 대중의 지위 향상, 사회 구성원의 문화적 욕구 및 역량 증대를 통해 대중이 주체가 된 대중문화가 활성화되었다.
바로알기 | ⑤ 산업화를 통해 사회 구성원들의 물질적 여유와 여가가 증가함에 따라 사람들이 드라마, 노래, 춤 등에 관심을 갖게 되면서 대중 문화가 발달하였다.

381 1. 대중문화의 등장을 계기로 일부 특권층이 누리던 고급문화를 사회 구성원 다수가 누리게 되었다는 점에서 대중문화는 고급문화의 대중화에 기여하였다. 따라서 옳은 응답은 '○'이다. 2. 대중문화는 사람들이 휴식과 재충전의 시간을 가질 수 있도록 손쉽게 즐길 수 있는 오락이나 여가를 제공해 준다. 따라서 옳은 응답은 '○'이다. 3. 대중문화는 한 사회 내의 불특정 다수가 공유하는 문화로 사회 구성원 대부분의 기호를 반영한다. 따라서 옳은 응답은 '×'이다. 4. 대중문화의 상업성이 지나치게 강조될 경우 폭력성이나 선정성을 띠는 등 문화의 질이 낮아질 수 있다. 따라서 옳은 응답은 '×'이다. 이를 종합할 때 학생은 문항 1, 2에만 옳은 답안을 작성하였으므로, 학생이 얻을 점수는 2점이다.

382 첫 번째 사례는 방송사가 토론에서 찬성 입장의 전문가만 초청할 경우 대중의 의사가 찬성 쪽으로 조작될 수 있음을, 두 번째 사례는 방송사가 특정 영상이나 사진을 보도하지 않음으로써 국민의 인식을 통제할 수 있음을 보여 준다. 이를 통해 대중문화가 대중의 의사를 조작하는 수단으로 전락할 수 있다는 역기능이 있음을 파악할 수 있다.

383 **모범 답안** 대중문화를 통해 수많은 사람이 같은 정보와 지식, 문화 요소를 접하고 그것에 동화됨으로써 사회 구성원의 생활 양식과 가치관이 획일화될 수 있다.

384 갑은 방송사에서 요리 예능 프로그램을 방영함에 따라 대중이 요리에 대한 부담을 줄이고 재미있게 요리에 접근할 수 있다고 보므로, 대중문화의 지식 및 정보 전달 기능을 강조하고 있다.

385 ② 을은 방송사의 음식 예능 프로그램이 우리 사회가 당면한 정치적·사회적 문제점을 외면한 채 현실 도피를 유도한다고 주장하므로,

대중문화가 오락성에 치우쳐 정치적 무관심을 조장할 수 있다고 본다. **바로알기 |** ① 대중문화가 문화 상품과 결합하여 상업적 성격을 띠기 쉽다고 보는 것은 을의 입장이다. ③ 갑이 선정적인 문화가 유통되어 대중문화의 질이 낮아지고 있음을 강조하고 있는지는 제시된 대화를 통해 파악할 수 없다. ④ 을이 대중문화가 새로운 지식 및 정보를 전달하여 기존 문화를 혁신할 수 있다고 보는지는 제시된 대화를 통해 파악할 수 없다. ⑤ 갑, 을은 모두 대중문화에 대한 대중 매체의 영향력을 인정하고 있다.

개념 보충

대중문화의 기능

순기능	대중에게 오락 및 휴식 제공, 문화의 민주화에 이바지, 사회 문제에 대한 대중의 관심 증대 등
역기능	사회 구성원의 생활 양식 및 가치관의 획일화, 지나치게 상업성을 추구할 경우 문화의 질 저하, 대중의 정치적 무관심 조장, 정보 왜곡 및 여론 조작의 수단으로 악용 가능 등

386 제시된 글은 언론사의 판단에 따라 특정 사건에 대한 해석이 달라질 수 있음을 보여 준다. 이는 대중문화를 수용할 때 특정 대중 매체가 전달하는 내용만을 그대로 받아들여서는 안 되며, 같은 사건에 대한 여러 대중 매체의 시각을 비교해 보아야 한다는 교훈을 준다.

387 **모범 답안** (1) ㉠: 인쇄 매체, ㉡: 음성 매체, ㉢: 영상 매체, ㉣: 뉴 미디어 (2) 뉴 미디어는 전통적 대중 매체인 인쇄 매체, 음성 매체, 영상 매체와 달리 정보의 생산자와 소비자 간 쌍방향 의사소통이 가능하며, 정보 복제 및 전송에 용이하다는 등의 특징이 있다.

388 제시된 글에 나타난 스마트폰, 누리 소통망(SNS)은 모두 뉴 미디어에 해당한다. ① 뉴 미디어의 확산으로 전자책이 등장하는 것처럼 대중 매체의 기능적 융합이 이루어진다. ② 뉴 미디어의 확산으로 스마트폰을 통해 출근 시간에 일기 예보와 주요 뉴스를 접하는 등 정보 수용의 시간적 제약이 줄어든다. ③, ⑤ 뉴 미디어의 확산으로 누리 소통망(SNS)을 이용하여 친구들과 대화를 주고받고 외국 사람들과 교류하는 등 비대면적 접촉을 통한 사회적 상호 작용이 활발해지며, 이를 통해 사회적 관계를 맺는 공간적 범위가 확대된다. **바로알기 |** ④ 뉴 미디어의 확산으로 정보 수용자가 정보 생산 과정에 능동적이고 적극적으로 참여하게 되면서 기존에 비해 정보의 생산자와 정보의 소비자 간 경계가 불명확해진다.

389 정보 전달의 속도는 뉴 미디어가 인쇄 매체보다 빠르므로 A는 뉴 미디어, B는 인쇄 매체이다. ㄱ. 뉴 미디어는 온라인 시스템을 활용하여 정보의 제공자와 수용자가 손쉽게 정보를 주고받을 수 있도록 하므로, 인쇄 매체에 비해 정보 확산의 시·공간적 제약이 작다. ㄴ. 인쇄 매체는 대중에게 정보를 일방적으로 전달하므로, 정보 전달이 쌍방향으로 이루어지는 뉴 미디어보다 정보 생산자와 소비자 간의 경계가 뚜렷하다. **바로알기 |** ㄷ. 뉴 미디어는 디지털 방식으로 정보를 제작 및 유통하므로, 인쇄 매체에 비해 정보 재가공이 용이하다. 따라서 (가)에는 '정보 재가공의 용이성'이 적절하지 않다. ㄹ. 뉴 미디어는 쌍방향 의사소통 과정에서 확실하지 않은 정보가 추가되어 사실이 왜곡될 수 있으므로, 인쇄 매체보다 정보의 신뢰성이 낮다. 따라서 '정보의 신뢰성'은 (나)에 적절하지 않다.

390 정보 전달에서 일방향적 속성이 강한 것은 인쇄 매체와 영상 매체의 특징이고, 시청각 정보 제공이 가능한 것은 영상 매체와 뉴 미디어의 특징이므로 A는 인쇄 매체, B는 뉴 미디어, C는 영상 매체이다. 따라

서 (가)에는 인쇄 매체 〉 뉴 미디어로 나타나는 특징이, (나)에는 뉴 미디어 〉 영상 매체로 나타나는 특징이 들어가야 한다. ④ '정보의 복제와 재가공의 용이성'은 뉴 미디어가 영상 매체에 비해 크므로, (나)에 해당한다. **바로알기 |** ①, ②, ③ '정보 전달의 신속성', '정보 획득 시 사용 가능한 감각의 다양성', '정보 전달 시 문맹자의 정보 접근 가능성'은 뉴 미디어가 인쇄 매체보다 크므로, (가)에 해당하지 않는다. ⑤ '정보 전달자와 수용자 간 구분의 명확성'은 영상 매체가 뉴 미디어보다 크므로, (나)에 해당하지 않는다.

391 시청각 정보를 제공할 수 있는 대중 매체는 TV와 인터넷이고, 정보 생산자와 소비자의 구분이 불명확한 대중 매체는 인터넷이다. 따라서 (가)는 TV, (나)는 신문, (다)는 인터넷이다. ② 신문의 경우 문맹자의 정보 접근이 어렵지만, TV의 경우 문맹자의 정보 접근이 용이하다. 즉, TV는 신문에 비해 문맹자의 정보 접근 가능성이 높다. **바로알기 |** ① 인터넷은 시청각 정보를 제공하므로 ㉠에는 '예'가 적절하고, 신문은 정보 생산자와 소비자의 구분이 명확하므로 ㉡에는 '아니요'가 적절하다. ③ 신문은 정보 전달이 실시간으로 이루어지는 인터넷에 비해 정보 전달의 신속성이 낮다. ④ 인터넷은 정보 제공자와 수용자 상호 간 의사소통이 이루어지므로, TV와 달리 정보 전달의 쌍방향성이 높다. ⑤ 전통적 대중 매체에 해당하는 신문, TV와 달리 인터넷은 정보 사회의 발달 과정에서 등장한 뉴 미디어에 해당한다.

392 A는 시각 정보만을 제공하므로 신문이고, B는 정보 전달이 일방향적이며 시청각 정보를 제공하므로 TV이다. C는 정보 전달이 양방향적이며, 시청각 정보를 제공하므로 인터넷이고, D는 청각 정보만 제공하므로 라디오이다. ① 신문은 전문가들이 정보를 깊이 있게 분석하여 독자에게 전달하므로, 복잡하고 심층적인 정보 전달에 유용하다. ③ 인터넷은 디지털 방식으로 정보를 제작 및 유통하므로, 정보의 복제와 전송이 용이하다. ④ 인터넷은 정보 생산자와 소비자의 실시간 의사소통을 통해 정보가 추가 및 변형되므로, 라디오와 달리 정보 생산자와 소비자 간의 경계가 모호하다. **바로알기 |** ② 시청각 정보를 활용하는 TV는 시각 정보만을 활용하는 신문에 비해 현장감을 살린 정보 전달이 용이하다.

개념 보충

대중 매체의 종류

인쇄 매체	문자와 사진을 이용하여 정보 전달, 깊이 있는 정보 전달 가능 예 신문, 잡지 등
음성 매체	소리를 이용하여 정보 전달, 적은 비용으로 넓은 범위에 정보 전달 가능 예 라디오 등
영상 매체	소리와 영상을 이용하여 정보 전달 예 텔레비전 등
뉴 미디어	문자, 사진, 소리, 영상 등을 이용하여 정보 전달, 정보 복제 및 전송에 용이 예 인터넷, 스마트폰 등

393 ㄱ. 반문화는 사회의 지배적인 문화와 대립하는 경향이 있으므로, 주류 문화에 대해 저항적 성격을 갖는다. ㄹ. 규범이나 가치는 사회 구성원의 태도나 신념의 옳고 그름을 판단하는 데 사용되는 문화 요소이므로 비물질문화에 해당한다. **바로알기 |** ㄴ. 대중 매체의 발달을 계기로 대중문화가 형성되었음을 고려할 때 현대 사회에서 대중 매체가 대중문화에 미치는 영향력이 약화되었다고 볼 수 없다. ㄷ. '문화인'에서의 문화는 세련되고 교양 있는 것을 뜻하므로, 좁은 의미의 문화로 사용되었다.

10 문화 변동의 양상과 대응

398 A는 발견, B는 발명이다. ㄴ. 발명은 도구나 기술과 같은 물질문화의 요소를 만들어 내는 것뿐만 아니라 사상이나 제도와 같은 비물질문화의 요소를 만들어 내는 것도 포함한다.
바로알기 | ㄱ. 활의 원리를 응용하여 현악기를 고안한 것은 존재하지 않던 문화 요소를 새롭게 만들어 낸 것이므로, 발명의 사례에 해당한다. ㄷ. 발견과 발명은 모두 문화 변동의 내재적 요인이다.

399 (가)에서는 발명에 의해 문화 변동이 나타났고, (나)에서는 직접 전파에 의해 문화 변동이 나타났다. ② (나)에서는 일본에 파견되었던 우리나라의 기술자에 의해 일본식 라면 제조 기술이 우리나라에 도입되었으므로, 다른 사회 구성원 간의 직접적인 접촉을 통해 문화 요소가 전파된 사례이다.
바로알기 | ① (가)는 발명의 사례이다. 이미 존재하고 있었지만 알려지지 않은 어떤 것을 찾아낸 것은 발견에 해당한다. ③ (가)에서는 문화 변동 과정에서 축음기라는 새로운 문화 요소가 창조되었다. 이와 달리 (나)에서는 문화 변동 과정에서 기존에 존재하였던 인스턴트 라면이라는 문화 요소가 우리나라에 유입되었을 뿐, 새로운 문화 요소가 창조되지는 않았다. ④ (가)에서는 매개체와 관련 없이 문화 변동이 나타났다. ⑤ (가)에서는 내재적 요인, (나)에서는 외재적 요인에 의한 문화 변동이 나타났다.

400 제시된 사례는 중국의 문화 요소인 한자에서 아이디어를 얻어 새로운 문화 요소인 이두를 발명하였음을 보여 준다. 이는 다른 사회의 문화 요소에서 아이디어를 얻어 새로운 문화 요소를 창조한 것으로 자극 전파의 사례에 해당한다.

401 **모범 답안** 자극 전파. 영어 알파벳에서 아이디어를 얻어 새로운 문자인 체로키 문자를 발명한 것은 문화 전파와 발명이 결합되어 나타난 문화 변동이므로 자극 전파에 해당한다.

402 ㄴ. (나)는 다른 사회의 문화 요소인 영어 알파벳에서 아이디어를 얻어 새로운 문화 요소가 발명된 사례가 나타나 있다. 즉, (나)에는 자극 전파에 의한 문화 변동이 나타나 있을 뿐, 발견에 의한 문화 변동은 나타나 있지 않다. ㄷ. (가)에는 내재적 요인인 발견과 발명에 의한 문화 변동이 나타나 있는 반면, (나)에는 외재적 요인인 자극 전파에 의한 문화 변동이 나타나 있다.

바로알기 | ㄱ. (가)에서 버드나무 껍질의 성분이 살리신산이라는 점을 밝혀낸 것은 발견, 아스피린을 만들어 낸 것은 발명에 해당한다. 즉, (가)는 자극 전파가 아닌 발견과 발명에 의한 문화 변동이다. ㄹ. (가)에서는 내재적 요인에 의한 문화 변동이 나타나 있을 뿐, (나)에서와 달리 문화 전파에 의한 문화 변동이 나타나 있지 않다.

개념 보충

문화 변동의 요인

내재적 요인	발명	존재하지 않던 문화 요소를 새롭게 만들어 내는 것
	발견	이미 존재하고 있었으나 세상에 알려지지 않았던 문화 요소를 찾아내는 것
외재적 요인	직접 전파	교역, 전쟁, 정복 등을 통해 사람이 다른 문화와 직접 접촉하여 문화 요소가 전해지는 것
	간접 전파	인쇄물, 텔레비전, 인터넷 등과 같은 매개체를 통해 문화 요소가 전해지는 것
	자극 전파	다른 사회의 문화 요소에서 아이디어를 얻어 새로운 문화 요소를 창조하는 것

403 발명, 발견은 문화 변동의 내재적 요인에 해당하고, 직접 전파, 간접 전파, 자극 전파는 문화 변동의 외재적 요인에 해당한다. 한편, 매개체를 통해 문화 요소가 전달되는 것은 간접 전파이다. 따라서 (가)에는 직접 전파나 자극 전파, (나)에는 발견이나 발명, (다)에는 간접 전파가 들어갈 수 있다.

404 발명과 발견은 한 사회의 내부에서 등장하여 문화 변동을 초래하는 요인인 반면, 자극 전파와 직접 전파는 한 사회의 문화 체계 외부에 있는 문화 요소가 받아들여지는 것에 해당한다. 또한 외부 문화로부터 아이디어를 얻어 새로운 문화 요소를 만들어 내는 것은 자극 전파이고, 존재하고 있었으나 알려지지 않았던 문화 요소를 찾아내는 것은 발견이다. 따라서 A는 자극 전파, B는 직접 전파, C는 발견, D는 발명이다. ㄴ. 부족 간 혼인에 의한 문화 변동은 사람이 다른 문화와 직접 접촉하여 나타난 문화 변동이므로, 직접 전파에 의한 문화 변동이다. ㄷ. 불과 전기는 모두 발견에 의해 한 사회 내에서 새롭게 등장한 문화 요소이다.
바로알기 | ㄱ. 문익점에 의해 중국에서 우리나라로 목화가 전래된 것은 사람이 다른 문화와 직접 접촉하여 문화 요소가 전파된 것이므로, 직접 전파에 해당한다. ㄹ. 자극 전파에 의한 문화 변동과 발명에 의한 문화 변동은 모두 문화 변동 과정에서 새로운 문화 요소가 발명되므로, 문화 창조에 해당한다.

405 일본이 조선인에게 일본식 성씨를 정하여 쓰도록 강요한 것은 강제적 문화 접변의 사례이고, 하와이에 이민을 간 이민자들이 미국 문화에 익숙하도록 스스로 미국의 문화를 학습한 것은 자발적 문화 접변의 사례이다. 강제적 문화 접변과 자발적 문화 접변은 문화 변동 과정에서 강제적 힘이 반영되었는지 여부를 기준으로 구분할 수 있으므로, 두 사례를 구분하기 위한 질문으로는 '강제적 힘에 의해 문화 변동이 이루어졌는가?'가 가장 적절하다.
바로알기 | ① 두 사례 모두에는 알려지지 않았던 문화 요소를 찾아내는 것, 즉 발견이 나타나지 않았다. ③ 두 사례 모두 외재적 요인에 의한 문화 변동이 나타났다. ④ 두 사례에서 문화 변동의 결과 해당 사회의 문화적 정체성이 상실되었는지는 제시된 내용만으로 파악할 수 없다. ⑤ 두 사례 모두 구성원 간의 직접 접촉에 의한 문화 변동이 나타났다.

406 ㄴ. 일본이 신사 참배 및 일본식 성명 사용 등을 강요한 것에 우리 민족은 강하게 거부하였으므로, (나)에서는 문화 접변에 대항하는 문

화적 저항이 나타났다. ㄷ. (가)에서는 아메리카의 나바호족의 필요에 의해 문화 변동이 이루어졌으므로, 구성원의 주체적인 의지에 따른 문화 변동이 나타났다. 이와 달리 (나)에서는 구성원의 주체적인 의지와 관계없이 일본의 강제력에 의해 문화 변동이 나타났다.

바로알기| ㄱ. 아메리카의 나바호족은 멕시코인과 적극적으로 교류하면서 공예 기술을 익혔으므로, (가)에서는 외부의 강제적인 힘에 의해서가 아닌 스스로의 필요에 의해 다른 사회의 문화 요소를 받아들임으로써 나타나는 자발적 문화 접변이 나타났다. ㄹ. (가), (나)에서는 모두 외재적 요인에 의한 문화 변동이 나타났다.

407 ㄱ. 제시된 사례는 한 국가나 민족이 피정복민에게 자신의 문화를 강요함으로써 피정복민의 문화에 변화를 가져온 사례이므로, 강제적 문화 접변에 해당한다. ㄷ. 멕시코와 필리핀에서는 에스파냐의 정복에 의해 문화가 변동되었으므로, 직접 전파로 인한 문화 변동이 일어났다.

바로알기| ㄴ. 멕시코 인디언들이나 필리핀 사람들이 자신들 고유의 다양한 종교를 밀어내고 가톨릭으로 개종함에 따라 두 나라에서 가톨릭 문화가 형성된 것으로 볼 때 고유문화가 사라지고 외래문화가 받아들여졌음을 알 수 있다. 즉, 제시된 사례에서 서로 다른 두 문화가 공존하고 있다고 볼 수 없다. ㄹ. 제시된 사례에서는 문화 변동의 결과 제3의 문화가 창조된 것이 아니라 고유문화가 소멸되었다.

408 제시된 사례는 한 사회의 기존 문화가 외래문화와 결합하여 기존 문화 요소의 성격을 지니면서도 새로운 성격을 지닌 제3의 문화가 생겨난 것이므로, 문화 융합의 사례에 해당한다. ② 문화 융합을 통해 기존에 없던 제3의 문화가 만들어지면서 문화의 다양성을 높이는 결과를 가져온다. ③ 제시된 사례에서는 외국의 문화가 유입되어 문화 변동이 나타났으므로, 외재적 요인에 의한 문화 변동에 해당한다. ④ 제시된 사례는 문화 전파를 통해 제3의 문화인 밥버거와 김치버거가 형성된 사례이다. ⑤ 서양식 예식과 전통 폐백 문화가 결합한 우리나라의 결혼 문화 역시 문화 융합의 사례이다.

바로알기| ① 문화 융합을 통해 만들어진 문화 요소인 밥버거와 김치버거에는 밥과 김치라는 우리나라의 전통문화 요소가 남아 있으므로, 우리 문화의 정체성이 유지되었다.

409 문화 변동 과정에서 제3의 문화가 형성되면서도 자기 문화의 정체성이 유지되는 것은 문화 융합에 해당한다. ④ 아프리카인들의 고유한 음악 요소와 유럽식 악기 연주가 결합되어 새로운 성격의 재즈 음악이 만들어진 것은 문화 융합의 사례이다.

바로알기| ①은 문화 공존, ②, ③, ⑤는 문화 동화의 사례이다.

410 A는 문화 동화, B는 문화 융합이다. ④ 라틴아메리카의 원주민이 원래 사용하던 언어 대신 포르투갈어나 에스파냐어를 사용하는 것은 문화 동화의 사례이므로, (가)에 들어갈 수 있다.

바로알기| ① 문화 동화는 문화 변동 이후 자문화의 정체성이 사라지지만, 문화 융합은 문화 변동 이후에도 자문화의 정체성이 유지된다. ② 문화 동화와 문화 융합은 간접 전파뿐만 아니라 직접 전파, 자극 전파에 의해서도 발생한다. ③ 문화 동화와 문화 융합은 모두 외부 문화와의 접촉적 변동에 의해 나타난다. ⑤ 우리나라에서 토착 종교와 외래 종교가 함께 존재하는 것은 문화 병존의 사례이므로, (나)에 들어갈 수 없다.

411 (가)는 문화 융합, (나)는 문화 공존의 사례이다. ㄷ. 미국에 형성된 차이나타운은 미국 사회에서 미국 거주 중국인만이 향유하는 하위 문화로 이해할 수도 있다. ㄹ. 문화 공존은 서로 다른 사회의 문화가 접촉하면서 한 사회의 문화 체계 속에 외래문화 요소와 전통문화 요소가

온전하게 나란히 존재하는 현상이다.

바로알기| ㄱ. 한 사회의 문화가 다른 사회의 문화에 흡수되어 그 정체성을 상실하는 것은 문화 동화를 의미한다. ㄴ. 한 사회 안에 한의학과 양의학이 함께 존재하는 것은 문화 공존의 사례이다.

412 한 사회의 문화 체계 속에서 두 문화가 나란히 존재하는 현상은 문화 공존이고, 유래된 외래문화에 완전히 흡수되어 기존 문화가 해체되거나 소멸하는 현상은 문화 동화이다. 따라서 A는 문화 공존, B는 문화 동화, C는 문화 융합이다. ㄱ. 재미 교포 사회에서 미국 명절과 한국 명절을 모두 지내는 것은 서로 다른 문화가 한 사회에서 병존하는 것이므로, 문화 공존의 사례이다. ㄴ. 백인들이 미국으로 이주해 온 뒤 미국에 살던 원주민들의 문화가 사라져 버린 것은 한 사회의 문화가 다른 사회의 문화 체계 속에 흡수되어 정체성을 상실한 것이므로, 문화 동화의 사례이다.

바로알기| ㄹ. 제3의 문화 형성을 통해 문화의 다양성 확대에 영향을 끼치는 것은 문화 융합에만 해당하는 설명이다.

개념 보충

문화 접변의 결과	
문화 동화	한 사회의 문화가 다른 사회의 문화 체계 속에 흡수되어 정체성을 상실하는 현상
문화 공존	서로 다른 사회의 문화 요소가 한 사회의 문화 체계 속에서 나란히 존재하는 현상
문화 융합	서로 다른 문화 요소가 결합하여 기존 문화 요소와 성격이 다른 새로운 문화가 형성되는 현상

413 (가)는 고유문화와 외래문화가 함께 존재하는 것이므로 문화 공존, (나)는 고유문화에 외래문화가 결합하여 제3의 문화가 나타난 것이므로 문화 융합, (다)는 고유문화가 사라지고 외래문화만 남게 된 것이므로 문화 동화에 해당한다.

414 **모범 답안** 문화 접변의 결과 (가)는 문화 공존, (나)는 문화 융합이 나타나 자기 문화의 정체성이 유지되었지만, (다)는 문화 동화가 나타나 자기 문화의 정체성이 상실되었다.

415 ③ (다)에서는 기존 문화인 토속어가 사라지고 외래문화인 영어가 남게 되었는데, 이는 문화 동화로 인해 한 사회의 문화가 다른 사회의 문화에 흡수되어 그 문화 고유의 성격을 잃어버린 결과에 해당한다.

바로알기| ① 서로 다른 문화가 합쳐져 새로운 문화가 나타난 결과는 문화 융합에 해당한다. ② 서로 다른 문화 요소가 고유한 형태를 유지하면서 함께 존재하는 현상은 문화 공존이다. ④ 문화 융합은 자기 문화의 정체성을 유지하지만, 문화 동화는 자기 문화의 정체성을 상실한다. ⑤ 문화 동화는 문화 변동 이후 자기 문화가 사라지므로, 문화 변동 이후에도 자기 문화가 유지되는 문화 공존보다 문화의 다양성 보존에 불리하다.

416 (가)는 문화 동화의 사례로서 자기 문화의 정체성을 상실하고 제3의 문화도 형성되지 않으므로 D에 해당한다. (나)는 문화 융합의 사례로서 자기 문화의 정체성을 유지하면서 제3의 문화가 형성되므로 A에 해당한다. (다)는 문화 공존의 사례로서 자기 문화의 정체성을 유지하지만, 제3의 문화는 형성되지 않으므로 B에 해당한다.

417 ② 갑국은 주거 문화에서 자국의 주거 문화가 사라지고 을국의 주거 문화만 남아 있으므로 문화 동화가 나타났다. 이와 달리 을국은 주거 문화에서 자국의 문화 요소만을 그대로 유지하였으므로 문화 변동이 나타나지 않았다.

바로알기 | ① 을국은 의복 문화와 음식 문화에서는 문화 변동이 나타났지만, 주거 문화에서는 문화 변동이 나타나지 않았다. ③ 갑국은 음식 문화에서 자국의 음식 문화와 을국의 음식 문화가 나란히 존재하므로, 문화 공존이 나타났다. 이와 달리 을국은 음식 문화에서 자국의 음식 문화와 갑국의 음식 문화가 결합된 새로운 음식 문화가 나타났으므로, 문화 융합이 나타났다. ④ 을국은 의복 문화에서 자국의 의복 문화는 사라지고 갑국의 의복 문화만 남아 있으므로, 자문화의 정체성을 상실하였다. 이와 달리 갑국은 자국의 의복 문화가 그대로 남아 있으므로, 자문화의 정체성을 유지하였다. ⑤ 갑국과 을국 모두 음식 문화에서 강제적 문화 접변이 나타났는지는 파악할 수 없다.

418 A는 문화 공존, B는 문화 동화, C는 문화 융합이다. ② 문화 동화는 자기 문화의 정체성이 상실되므로, 문화 다양성의 약화를 가져올 수 있다. ③ 문화 융합은 자국의 고유문화와 외래문화가 합쳐져서 제3의 새로운 문화 창조가 나타난다. ④ 문화 공존은 문화 동화와 달리 각각의 개별적인 문화적 특성이 나란히 존재한다. ⑤ 문화 공존, 문화 동화, 문화 융합은 모두 문화 전파로 인해 새로운 문화 요소가 전달되어 발생하는 문화의 외재적 변동 결과이다.
바로알기 | ① A는 자국의 고유문화와 외래문화가 함께 존재하므로, 문화 동화가 아닌 문화 공존으로 볼 수 있다.

419 ㄴ. 아메리카 인디언이 서구적 생활 방식과 문화를 그대로 따르면서 자신들의 고유한 생활 방식이 사라진 것은 문화 동화의 사례이다. ㄹ, ㅁ. 동양과 서양의 교역을 통해 새롭게 퓨전 음식이 등장한 것은 직접 전파에 의한 문화 융합의 사례이다.
바로알기 | ㄱ, ㄷ. 간접 전파와 문화 공존은 제시된 자료를 통해 파악할 수 없는 개념이다.

420 ㄴ. 우리나라에서의 청바지는 6·25 전쟁 때 미군들에 의해 전해졌으므로, 직접 전파를 통해 등장한 문화 요소이다. ㄷ. 1960년대 우리나라 청바지는 청년 문화의 아이콘이었음을 고려할 때 특별한 의미를 지닌 상징물이 되기도 하였다. ㄹ. 우리나라 청바지 문화는 1960년대에는 청년 세대가 공유하는 하위문화였으나 지금은 남녀노소 누구나 공유하는 주류 문화에 해당한다.
바로알기 | ㄱ. 청바지는 외부에서 들어온 문화 요소가 아니라, 미국에서 발명된 문화 요소이다. 즉, 미국에서 청바지는 발명이라는 내재적 요인으로 등장한 문화 요소이다.

421 제시된 사례는 조선 후기 급격한 사회 변동 과정에서 기존의 전통적 규범과 가치관이 무너지는 가운데 새로운 규범과 가치관이 정립되지 못하여 규범의 혼란이 발생하였음을 보여 주는데, 이는 문화 변동에 따른 부작용으로 아노미 현상이 나타난 것에 해당한다. ㄷ. 조선 사회의 질서를 유지해 온 기존 규범을 따르지 않는 사람들이 증가하여 기존 규범의 사회 구성원에 대한 통제력이 약화되었다는 내용을 통해 사회 통제의 역할을 담당했던 전통적인 규범의 기능이 약화되었음을 알 수 있다.
바로알기 | ㄴ. 새로운 문화에 저항하는 세력이 나타났는지는 제시된 사례를 통해 파악할 수 없다. ㄹ. 물질문화와 비물질문화 간 발달 속도의 차이에서 비롯된 사회 문제는 문화 지체로, 제시된 사례에서 언급되지 않았다.

422 밑줄 친 현상은 문화 지체 현상이다. ㄱ. 물질문화인 드론의 발전 속도를 비물질문화인 초상권이나 사생활 보호에 관한 사람들의 인식이 따라가지 못하는 것은 문화 지체 현상의 사례이다. ㄴ. 물질문화인 의학 기술의 발달 속도를 비물질문화인 노인 복지 대책이 따라가지 못하는 것

은 문화 지체 현상의 사례이다. ㄹ. 물질문화인 아파트의 보급 속도를 비물질문화인 공동 주택 사용에 관한 예절이 따라가지 못해 주민 간 분쟁이 발생하는 것은 문화 지체 현상의 사례이다.
바로알기 | ㄷ. 온라인 강의 수업은 강의 기술 측면에서는 물질문화, 교육 제도 측면에서는 비물질문화로 볼 수 있지만, 교육용 소프트웨어는 물질문화라는 점에서 제시된 사례를 물질문화의 변동 속도를 비물질문화의 변동 속도가 따라가지 못하여 발생하는 문화 지체 현상의 사례로 볼 수 없다.

개념 보충	
문화 지체 현상	
의미	물질문화의 변동 속도와 비물질문화의 변동 속도 간 차이로 나타나는 부조화 현상
원인	물질문화의 빠른 변동 속도를 비물질문화의 변동 속도가 따라가지 못하여 발생함
사례	휴대 전화 관련 기술은 급속도로 발달하는 한편, 휴대 전화 사용 예절 수준은 낮은 것 등

423 [모범 답안] 문화 지체. 문화 지체는 물질문화의 빠른 변동 속도를 비물질문화의 변동 속도가 따라가지 못하여 발생한다.

424 제시된 두 사례에는 공통적으로 문화 지체 현상이 나타나 있다. ⑤ 물질문화의 변동에 적응할 수 있는 새로운 가치나 규범을 정립하여 물질문화와 비물질문화의 조화를 이룰 수 있도록 함으로써 문화 지체 현상에 대응할 수 있다.
바로알기 | ① 문화 지체 현상은 물질문화와 비물질문화 간의 부조화가 나타나는 현상이다. ② 문화 지체 현상은 문화 변동 속도가 빠를수록 발생 가능성이 높아지는 경향이 있다. ③ 문화 지체 현상은 간접 전파에 의한 문화 변동 과정에서도 나타날 수 있다. ④ 문화 변동 과정에서 가치관의 부재로 인해 나타나는 무규범 상태는 아노미 현상에 해당한다.

425 ㄴ. 세종 문화 회관과 문화가 있는 날에서의 '문화'는 예술적인 것 또는 고급스러운 것을 의미하므로, 모두 좁은 의미의 문화로 사용되었다. ㄹ. '문화'가 좁은 의미로 사용된 것은 ㉠ 세종 문화 회관, ㉣ 문화인, ㉤ 문화 시설, ㉥ 문화가 있는 날로 네 개이다.

바로알기 | ㄱ. 문화인에서 '문화'는 좁은 의미에서 교양 있는 것을 의미한다. 생활 양식의 총체를 의미하는 것은 넓은 의미의 문화이다. ㄷ. 대중문화와 한복 문화에서의 '문화'는 모두 한 사회의 구성원이 지닌 생활 양식의 총체를 의미하므로, 넓은 의미로 사용되었다.

426 ① 이주민의 거주 지역별 사투리 사용은 후천적 학습에 의해 이루어지는 것이므로, 제시된 조사 주제는 문화의 학습성을 설명하기에 적절하다. ③ 우리나라의 민간 신앙이 복잡해지고 풍부해진 과정은 문화의 축적성을 설명하기에 적절하므로 (다)는 축적성이다. 문화의 축적성은 문화가 발전할 수 있는 원동력이 됨으로써 인류 문명 발달의 바탕이 된다. ④ 조선 시대의 음식에 영향을 준 당시의 유교 문화와 농경문화는 문화의 전체성을 설명하기에 적절하므로 (라)는 전체성이다. 문화의 전체성은 음식이 유교 문화, 농경문화 등의 영향을 받는 것처럼 문화 요소 간 상호 유기적으로 연결된 관계가 있음을 보여 준다. ⑤ 우리나라 청소년 특유의 언어에 대한 청소년과 성인의 이해 양상 차이는 청소년과 성인이 서로 다른 언어 문화를 공유하고 있는 것에서 비롯된다는 점에서 문화의 공유성을 설명하기 적절하므로 (마)는 문화의 공유성이다. 문화의 공유성은 한 사회의 구성원이 특정한 상황에서 상대방이 어떻게 행동할 것인지 또는 서로에게 무엇을 기대하는지를 예측할 수 있게 하므로, 동일한 문화 체계 내에서 원활한 의사소통의 토대가 될 수 있다.

바로알기 | ② 서로 다른 나라에서 자란 일란성 쌍둥이 형제의 사고방식에 차이가 나는 것은 서로 다른 사회의 문화를 학습을 통해 후천적으로 습득한 것에서 비롯되므로, 제시된 조사 주제는 문화의 변동성이 아닌 문화의 학습성을 설명하기에 적절하다.

427 ③ 지역마다 기후나 지형에 따라 식재료를 보관하는 방식이 다른 것처럼 생활 양식의 차이를 보이는데, 이는 자연적·인문적 환경의 상이성으로 인해 나타나는 현상이다.

바로알기 | ① 음식 문화와 웰빙 문화에서의 '문화'는 모두 생활 양식의 총체를 의미하므로, 넓은 의미로 사용되었다. ② 어떤 음식을 언제, 이렇게 먹을 것인가를 규정하는 것은 규범에 해당하고, 음식과 식사에 특정한 의미를 부여하는 것은 상징에 해당한다. 즉, ㉡은 문화 요소 중 '규범'과 '상징'을 포함하고 있다. ④, ⑤ 산나물의 의미가 시간에 따라 가난의 상징에서 웰빙 문화의 상징으로 변화한 것은 문화의 변동성으로 설명할 수 있다. 문화의 요소가 상호 관련성을 맺고 있다고 보는 문화의 속성은 전체성에 해당한다.

428 (가)에는 총체론적 관점, (나)에는 비교론적 관점이 나타나 있다. ㄱ. 총체론적 관점은 문화의 각 구성 요소가 상호 유기적인 관계를 맺고 있어 어느 한 측면의 문화 요소만을 부분적으로 바라볼 경우 해당 문화의 의미를 제대로 파악할 수 없다고 보므로, 한 사회의 개별 문화 요소가 담당하는 기능을 다른 문화 요소나 전체와의 관련성 속에서 파악하고자 한다. ㄴ, ㄹ. 비교론적 관점은 총체론적 관점과 달리 서로 다른 사

회의 문화에 나타나는 유사성과 차이점을 분석하여 한 사회의 문화가 지닌 보편성과 특수성을 파악하고자 한다. 따라서 비교론적 관점은 자문화를 객관적으로 이해하는 데 효과적이다.

바로알기 | ㄷ. 모든 문화는 고유한 가치를 지닌다고 보는 문화 이해의 관점은 상대론적 관점이다.

429

• 자문화 중심주의와 문화 사대주의가 '예'로 응답함
• '문화의 수준을 평가하는 절대적 기준이 있는가?'는 A와 B를 구분할 수 없는 질문이다.
• '자기 문화의 정체성을 상실할 우려가 큰가?'는 A와 C를 구분할 수 있는 질문이다. → 문화 사대주의는 '예', 문화 상대주의는 '아니요'로 응답함
• _____(가)_____는 B와 C를 구분할 수 있는 질문이다. → 자문화 중심주의와 문화 상대주의를 구분할 수 있는 질문이 들어가야 함

문화의 수준을 평가하는 절대적 기준이 있다고 보는 것은 자문화 중심주의와 문화 사대주의이다. 또한 문화 사대주의는 문화 상대주의와 달리 자기 문화의 정체성을 상실할 우려가 크다. 따라서 A는 문화 사대주의, B는 자문화 중심주의, C는 문화 상대주의이다. ㄱ. 문화 사대주의는 자문화를 비하하지만, 문화 상대주의는 모든 문화가 고유한 가치를 지닌다고 본다. 따라서 문화 사대주의보다 문화 상대주의가 문화의 다양성 보존에 유리하다. ㄴ. 타 문화를 비하하는 자문화 중심주의와 달리 문화 사대주의는 타 문화를 우월한 것으로 인식하므로, 선진 문물의 수용에 적극적이다. ㄹ. 국수주의를 초래할 수 있는 것은 문화 상대주의와 구분되는 자문화 중심주의의 특징이므로, 주어진 질문은 (가)에 들어갈 수 있다.

바로알기 | ㄷ. 문화 제국주의를 정당화하는 태도는 자문화 중심주의이다.

430 문화를 이해가 아닌 평가의 대상으로 보는 것은 자문화 중심주의와 문화 사대주의이다. 따라서 A는 문화 상대주의이고, B와 C는 각각 자문화 중심주의와 문화 사대주의 중 하나이다. ③ 문화 사대주의와 달리 자문화 중심주의는 다른 문화의 수용에 적극적이지 않으므로, (가)에 주어진 질문이 들어가면 B는 자문화 중심주의이다.

바로알기 | ① 문화 상대주의는 모든 문화의 의미를 존중한다는 점에서 자기 문화의 정체성을 약화시킨다고 보기 어렵다. 자기 문화의 정체성을 약화시키는 것은 문화 사대주의이다. ② 자문화 중심주의와 문화 사대주의는 모두 문화의 다양성 보존에 기여한다고 보기 어려우므로, 주어진 질문은 (가)에 들어갈 수 없다. ④ 자문화 중심주의는 자기 문화에 대한 비판적 성찰을 저해하므로, 주어진 질문은 (가)에 적절하지 않다. ⑤ 다른 문화의 우수성을 맹목적으로 믿는 것은 문화 사대주의의 특징이므로 B는 자문화 중심주의, C는 문화 사대주의이다. 문화 제국주의로 흐를 위험이 큰 것은 문화 사대주의가 아닌 자문화 중심주의이다.

431 명예 살인과 관련하여 갑은 극단적 문화 상대주의, 을은 자문화 중심주의의 입장을 보이고 있다. ① 갑은 인류의 보편적 가치를 부정하는 문화까지도 가치가 있다고 인식하는 극단적 문화 상대주의의 입장을 보인다는 점에서 생명 존중과 같은 인류의 보편적 가치를 고려하지 않는다는 비판을 받을 수 있다.

바로알기 | ② 갑이 지닌 극단적 문화 상대주의는 문화 상대주의를 거부하는 것이 아니라 극단적으로 강조하는 입장이다. ③ 을이 지닌 자문화 중심주의는 자문화를 우월한 것으로 여기고 다른 문화를 낮게 평가하므로, 타국과의 문화 교류 확대에 불리하다. ④ 제시된 대화 내용만으로는 갑과 을이 비교론적 관점을 취하고 있는지 파악할 수 없다. ⑤ 갑은 그 사회의 고유한 맥락 속에서 문화를 이해하고 있지만, 을은 자문화의 입장에서 문화를 이해하고 있다.

432 A는 지역 문화, B는 세대 문화, C는 반문화이다. ③ 세대 문화는 공통의 체험을 토대로 한 특정 범위의 연령층이 공유하는 문화이므로, 제시된 의미는 (가)에 들어갈 수 있다.

바로알기 | ① 세대 문화와 반문화는 모두 사회가 다원화될수록 주류 문화로 수렴되지 않고 다양해지는 경향을 보인다. ② 지역 문화, 세대 문화, 반문화를 모두 합한다고 해서 주류 문화가 되는 것은 아니다. 따라서 주류 문화는 지역 문화, 세대 문화, 반문화의 총합으로 구성되지 않는다. ④ 세대 문화는 세대 간 인식 차이에서 비롯된 세대 갈등으로 이어지기도 하므로, 제시된 특징은 (나)에 들어갈 수 있다. ⑤ 반문화는 사회 갈등의 원인으로 작용할 수도 있지만 사회 문제를 드러내어 해결책을 요구한다는 점에서 사회 변화의 원동력이 되기도 한다. 따라서 제시된 특징은 (다)에 들어갈 수 있다.

433 ㄱ. T 시기에 b는 갑~병 지역 모두에 존재하므로, A국의 전체 문화 요소에 해당한다. ㄴ. T+1 시기에 c는 갑 지역에만 존재하므로, A국의 하위문화 요소에 해당한다. ㄹ. T+1 시기에는 갑~병 지역 모두에 존재하는 주거 문화 요소가 없지만, T+2 시기에는 갑~병 지역 모두에 존재하는 주거 문화 요소로 a, c 두 개가 있다. 따라서 T+1 시기보다 T+2 시기에 A국의 세 지역 간 주거 문화의 동질성이 강하다.

바로알기 | ㄷ. T 시기와 T+1 시기에 A국의 주거 문화 요소는 a, b, c, d 네 개로 서로 같다.

434 한 사회의 구성원 대부분이 공유하는 문화는 주류 문화이고, 한 사회의 지배적인 문화에 저항하고 대립하는 문화는 반문화이다. 따라서 A는 주류 문화이고, B와 C는 각각 반문화 또는 반문화의 성격이 없는 하위문화 중 하나이다. ㄴ. 주류 문화, 반문화, 반문화의 성격이 없는 하위문화는 모두 해당 문화를 향유하는 구성원들 공통의 정체성과 소속감 향상에 기여한다. ㄹ. (나)가 '예'일 경우, B는 반문화의 성격이 없는 하위문화, C는 반문화이다. 반문화는 시대 변화에 따라 주류 문화가 되어 기존의 지배적인 문화를 대체하기도 한다.

바로알기 | ㄱ. 주류 문화, 반문화, 반문화의 성격이 없는 하위문화는 모두 사회에 따라 상대적으로 규정된다. ㄷ. (가)가 '예'일 경우, B는 반문화, C는 반문화의 성격이 없는 하위문화이다. 하위문화를 모두 합한 것이 주류 문화인 것은 아니므로, 주류 문화는 반문화의 성격이 없는 하위문화의 총합으로 설명할 수 없다.

435 ② 을은 유명 연예인의 머리 모양과 복장을 대중이 무작정 따라 하듯이 대중문화가 개성을 상실한 획일적 인간을 양산하고 있다고 본다.

바로알기 | ① 갑은 고급문화의 대중화 현상을 말하고 있을 뿐, 대중문화의 질적 저하를 우려하고 있지는 않다. ③ 병은 사람들이 오락이나 드라마에 빠져 뉴스를 외면함으로써 정치적 무관심이 심화되고 있다고 본다. ④ 갑, 을 모두 대중문화의 오락 및 여가 기능이 약화되고 있다는 점을 강조하고 있지 않다. ⑤ 갑~병 모두 대중문화가 사람들의 일상생활에 미치는 영향력을 강조하고 있다.

436 A는 청각적 정보만을 제공하는 라디오이고, 시각적 정보를 전달할 수 있는 매체인 B, C는 각각 종이 신문과 SNS 중 하나이다. ② C가 종이 신문이라면, B는 SNS이다. SNS는 정보 수용자가 자신이 원할 때 정보를 접하기에 용이하므로, 라디오에 비해 정보의 비동시적 수용 가능성이 높다.

바로알기 | ① 라디오는 종이 신문에 비해 심층적인 정보 전달에 유리하지 않다. ③ 정보의 생산자와 소비자 간의 경계가 불분명한 것은 SNS만의 특징이므로, 주어진 진술은 ㉠에 적절하지 않다. ④ B가 SNS라면, C

는 종이 신문이다. 라디오와 종이 신문은 모두 복합 감각 정보의 전달이 불가하므로, 주어진 진술은 ㉡에 적절하지 않다. ⑤ 정보 생산자의 익명성이 낮은 것은 종이 신문과 라디오의 특징이므로, C는 종이 신문이다. 종이 신문은 글을 읽을 줄 알아야 정보를 접할 수 있으므로, 라디오와 달리 문맹자의 정보 접근 가능성이 낮다.

437

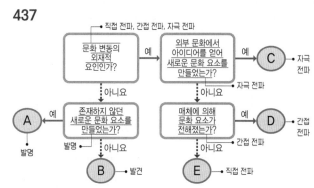

A는 발명, B는 발견, C는 자극 전파, D는 간접 전파, E는 직접 전파이다. ② 발명과 자극 전파를 통해 문화 변동 과정에서 기존에 없었던 새로운 문화 요소가 창조된다.

바로알기 | ① 활을 활용하여 현악기를 개발한 것은 발견이 아닌 발명의 사례로 적절하다. ③ 직접 전파는 인적 교류를 전제로 문화 요소가 전해지므로, 텔레비전이나 인터넷과 같은 매개체를 통해 문화 요소가 전해지는 간접 전파에 비해 문화 전파의 공간적 제약이 크다. ④ 간접 전파와 직접 전파뿐만 아니라 자극 전파도 외부 문화와의 접촉을 전제로 한다. ⑤ 발명, 발견, 자극 전파뿐만 아니라 간접 전파와 직접 전파도 문화 지체 현상을 초래할 수 있다.

438 ③ C는 (나) 지역의 문화 요소가 외래문화인 (가) 지역의 문화 요소로 대체된 경우로, 문화 동화에 해당한다. 이는 전통문화가 외래문화 체계 속으로 흡수되어 나타난 결과이다.

바로알기 | ① A는 (가) 지역의 문화 요소와 (나) 지역의 문화 요소가 결합하여 새로운 제3의 문화가 나타난 경우로, 문화 융합에 해당한다. 전파된 문화 요소가 수용 지역의 문화 체계 안에서 그대로 정착하여 하나의 특질로 나타난 결과는 문화 공존에 해당한다. ② B는 (가) 지역의 문화 요소와 (나) 지역의 문화 요소가 함께 존재하는 경우로, 문화 공존에 해당한다. 문화 공존은 외부 사회의 문화 요소보다 기존 사회의 문화 요소가 우수하다고 인식될 때에만 나타나는 현상이 아니다. ④ D는 외래문화인 (가) 지역의 문화 요소가 수용되지 않은 경우로, (나) 지역에서 (가) 지역의 문화 요소에 대한 이질감이 심화되었을 때 나타날 수 있는 현상이다. ⑤ E는 문화 접변 과정에서 (나) 지역의 거부가 있었음에도 (나) 지역의 문화가 (가) 지역의 문화로 대체된 경우로, 문화 접변 과정에서 강제적 문화 접변이 나타났음을 보여 준다.

439 ⑤ T 시기에는 A 사회~C 사회가 각각의 음식 문화만을 가지고 있었지만, T+1 시기에는 A 사회와 C 사회가 B 사회의 문화 요소인 b의 특성을 지닌 음식 문화를 공유하였다. 따라서 T 시기에 비해 T+1 시기에 A 사회~C 사회 간에 음식 문화의 동질성이 강하다.

바로알기 | ① A 사회에는 드라마 시청을 통해, C 사회에는 유학생 간 교류를 통해 음식 문화가 소개되었으므로 두 사회 모두에서 자발적 문화 접변이 나타났다. ② A 사회는 드라마라는 매체에 의해 문화 요소가 전달되었으므로, 간접 전파에 의한 문화 변동이 나타났다. 이와 달리 C 사회에서는 유학생 간 교류에 의해 문화 요소가 전달되었으므로, 직접 전파에 의한 문화 변동이 나타났다. ③ T+1 시기에 A 사회에서는 A 사회

의 음식 문화인 a와 B 사회의 음식 문화인 b가 함께 존재하므로, 문화 공존이 나타났다. 이와 달리 T+1 시기에 C 사회에서는 C 사회의 음식 문화인 c와 B 사회의 음식 문화인 b가 결합하여 d라는 제3의 음식 문화가 생겼으므로, 문화 동화가 아닌 문화 융합이 나타났다. ④ T+1 시기에 B 사회에서는 고유한 음식 문화인 b가 남았으며, C 사회에서도 문화 융합의 결과 고유한 음식 문화인 c의 특성이 남게 되었다. 즉, B 사회와 C 사회에서는 모두 문화 전파 이후에도 고유한 음식 문화의 정체성이 유지되었다.

440 ② 이두는 중국으로부터 전파된 한자에서 아이디어를 얻어 발명된 것이므로, ㉡은 문화 전파와 발명이 함께 발생한 자극 전파의 사례이다. **바로알기 |** ① 한자는 문자로서 비물질문화이며, 직접적인 교류에 의해 우리나라에 전파되었으므로 ㉠은 비물질문화의 직접 전파에 해당한다. ③ 한글 창제는 발명에 해당하므로 ㉢은 내재적 요인에 의한 문화 변동이다. ④ 한글은 비물질문화이고 한글에 대한 인식도 비물질문화이므로, 당시 사대부의 한글 경시 풍조는 물질문화의 변동 속도를 비물질문화의 변동 속도가 따라가지 못해 발생하는 문화 지체 현상에 해당하지 않는다. ⑤ 한류의 인기에 힘입어 동남아 지역에서 한국어 교육 수요가 증가하는 것은 자발적 문화 접변에 의한 문화 전파에 해당하며, 문화 동화가 나타났다는 내용은 제시되어 있지 않다.

11 사회 불평등 현상의 이해

445 제시된 내용은 사회 불평등 현상에 대한 설명이다. ㄴ. 사회 불평등 현상은 그 사회에 살고 있는 개인의 태도나 가치관, 생활 양식 등에 큰 영향을 미친다. ㄷ. 현대 사회에서의 사회 불평등 현상은 개인이나 집단이 차지하고 있는 사회적 희소 자원의 성격과 종류에 따라 경제적 영역, 정치적 영역, 사회·문화적 영역 등 다양한 영역에서 복합적인 관련성을 가지고 나타난다. ㄹ. 사람들은 희소성을 갖는 부, 권력, 명예 등과 같은 사회적 자원을 더 많이 가지기 위해 경쟁하거나 대립하게 되며, 그 결과 사회 불평등 현상이 발생하게 된다.
바로알기 | ㄱ. 사회적 자원의 희소가치는 사회마다 다르게 인식되므로, 사회 불평등 현상은 사회마다 다른 형태로 나타난다.

446 (가)는 경제적 불평등, (나)는 정치적 불평등, (다)는 사회·문화적 불평등이다. ㄴ. 소득 수준이 높으면 권력을 획득하기 쉽다는 점에서 경제적 불평등이 정치적 불평등을 유발하는 원인이 될 수도 있다. ㄷ. 빈부 격차는 소득의 격차를 의미하므로 경제적 불평등에 해당한다. ㄹ. 누구나 부, 권력, 명예 등과 같은 사회적 희소가치를 가지고 싶어 하지만 그 양이 한정되어 있기 때문에 사회 불평등 현상이 발생한다. 즉 경제적 불평등, 정치적 불평등, 사회·문화적 불평등은 모두 사회적 희소가치 때문에 나타난다.
바로알기 | ㄱ. 정치적 불평등은 권력을 가진 집단과 그렇지 못한 집단의 이해관계가 대립하는 역사적 상황에서는 항상 존재했으므로, 근대 사회에서도 정치적 불평등이 나타났다.

447 A는 사회 불평등 현상이다. ② 어느 사회에서나 희소한 사회적 자원을 갖기 위한 경쟁과 대립이 발생한다는 점에서 사회 불평등 현상은 어느 사회에서나 나타나는 보편적인 현상이다. ④ 사회·문화적 불평등은 명예, 교육 수준, 지식 소유 등 여러 가지 사회·문화적 생활의 기회와 수준의 차이로 나타난다. ⑤ 사회 불평등 현상은 사회 구성원 개개인의 삶의 목표 설정이나 직업 선택, 대인 관계 등 개인의 태도나 가치관, 생활 양식에 영향을 미친다. 따라서 주어진 서술은 (가)에 들어갈 수 있다.
바로알기 | ③ 재산이 많으면 그것을 이용해서 권력을 획득할 가능성도 높고, 재산이 적으면 권력을 획득할 가능성이 낮다. 이처럼 경제적 불평등은 정치적 불평등에 영향을 미칠 수 있다.

448 제시된 내용에는 사회 불평등 현상을 바라보는 기능론적 관점이

나타나 있다. ㄷ. 기능론에서는 사회적 기능을 수행하는 직업에는 더 중요한 직업과 덜 중요한 직업이 있다고 인식하며, 사회에 대한 기여도에 따라 직업을 서열화할 수 있다고 본다. ㄹ. 기능론에서는 사회 불평등 현상이 개인에게 성취동기를 부여하고 경쟁을 유발함으로써 인재를 적재적소에 배치하는 기능을 한다고 본다.

바로알기 | ㄱ은 갈등론에 부합하는 진술이다. ㄴ. 기능론에 따르면 사회의 효율적인 운영을 위한 사회 구성원의 합의를 통해 사회적 희소가치가 분배된다.

449 **모범 답안** 기능론. 기능론은 개인의 능력이나 사회적 기여도에 따라 사회적 자원을 차등 분배하는 것이 당연하다고 보며, 이로 인한 불평등은 구성원들의 성취동기를 높이고 인재를 적재적소에 배치하게 함으로써 사회 유지와 발전에 기여한다고 본다.

450 기능론에서는 개인의 성과에 기반한 차등 분배가 개인의 성취동기를 자극하여 사회 발전이 촉진된다고 주장한다. 따라서 (가)에는 차등 분배 정도, (나)에는 개인의 성취동기가 들어갈 수 있다.

451 밑줄 친 '이 관점'은 기능론적 관점이다. ④ 기능론에서는 개인의 능력이나 사회적 기여도에 따른 차등 분배로 인한 불평등은 구성원들의 성취동기를 높이고, 인재를 적재적소에 배치하게 함으로써 사회 유지와 발전에 기여한다고 본다.

바로알기 | ① 기능론은 사회 불평등 현상을 보편적이며 사회의 유지와 발전을 위해 불가피한 현상으로 본다. 사회 불평등 현상을 보편적이지만 제거해야 할 대상이라고 보는 것은 갈등론이다. ②, ⑤는 갈등론에 대한 설명이다. ③ 기능론에서는 사회적 지위나 직업에는 중요도에 따른 위계 체계가 존재한다고 본다.

452 제시된 글은 개인의 능력과 노력보다는 가정의 경제적 배경에 의해 직업이 결정된다는 점을 강조하므로, 사회 불평등 현상을 갈등론적 관점에서 보고 있다. ㄷ. 갈등론에서는 사회 불평등 현상을 지배 집단이 기득권을 유지하기 위해 자신들의 가치를 반영하여 사회적 자원을 불공정하게 분배한 결과라고 본다. ㄹ. 갈등론에서는 사회적 희소 자원이 귀속적 요인에 의해 불공정하게 분배된다고 보므로, 사회 불평등의 원인으로 권력이나 가정의 사회·경제적 배경을 중시한다.

바로알기 | ㄱ, ㄴ은 기능론에 부합하는 진술에 해당한다.

453 주어진 질문과 응답을 고려할 때 제시된 표에 나타난 사회 불평등 현상을 바라보는 관점은 갈등론이다. ③ 갈등론에서는 사회적 희소가치가 지배 집단의 권력과 강제에 따라 지배 집단에 유리한 방향으로

불공정하게 분배된다고 본다.

바로알기 | ①, ②, ④, ⑤는 기능론에 부합하는 진술에 해당한다.

454 제시된 글은 남성 중심의 문화와 권력 체계로 인해 여성이 승진과 같은 사회적 희소 자원 획득에 어려움을 겪고 있음을 강조하므로, 사회 불평등 현상을 갈등론적 관점에서 보고 있다. ⑤ 갈등론은 지배 집단에 의한 사회적 희소가치의 불공정한 배분으로 인해 사회 불평등 현상이 나타난다고 본다. 즉, 개인의 노력과 능력을 간과하는 측면이 있기 때문에 개인의 노력과 능력에 따라 보상을 달리하는 것이 사회적인 능률을 높일 수 있다는 점을 간과할 수 있다.

바로알기 | ① 갈등론은 집단 간 갈등이 발생하는 원인을 지배 집단이 자기들에게만 유리하도록 사회적 희소가치를 불공정하게 배분하기 때문이라고 설명한다. ②는 사회 불평등 현상을 바라보는 기능론의 한계에 해당한다. ③ 사회 구성 요소가 제 기능을 발휘하면 사회 불평등이 해결될 것으로 보는 것은 기능론의 입장이다. ④ 갈등론은 사회 불평등을 해소하기 위한 제도 개선을 강조한다.

455 ㄱ. 갈등론은 지배 집단이 자신들에게 유리한 방향으로 사회적 희소 자원을 불공정하게 배분한 것을 사회 불평등 현상의 원인으로 강조하므로, 사회 구조의 근본적 개혁을 통해 사회 불평등 현상을 해결해야 한다고 본다. ㄹ. 갈등론은 사회적 희소 자원이 권력이나 사회·경제적 배경과 같은 귀속적 요인에 의해 차등 분배됨을 강조하므로, 개인의 노력과 능력이 사회적 지위의 변동에 미치는 영향력을 간과한다.

바로알기 | ㄴ, ㄷ은 기능론의 입장에 해당한다.

456 제시된 주장은 사회적 희소 자원의 차등 분배를 중시하므로, 사회 불평등 현상을 보는 기능론적 관점이 나타나 있다. ④ 제시된 주장에 대해 갈등론적 관점에서는 아무리 개인의 능력이나 노력이 뛰어나더라도 가정의 경제적 혹은 사회적 배경이 좋지 않으면 좋은 교육을 받을 수 없다고 반박할 수 있다.

바로알기 | ①, ②, ③, ⑤는 기능론의 입장에 해당하는 주장이므로, 제시된 주장에 대한 반박으로 적절하지 않다.

457 갑은 명문 대학 입학의 요인으로 학생 본인의 노력을 중시하므로, 사회 불평등 현상을 기능론적 관점에서 바라보고 있다. ③ 기능론은 사회적 희소가치의 차등 분배가 개인에게 성취동기를 부여하고 인재를 적재적소에 배치하도록 기여함으로써 개인과 사회가 최선의 기능을 수행하도록 한다고 본다.

바로알기 | ① 기능론은 직업마다 기능적 중요도에 차이가 있다고 본다. ②, ⑤는 갈등론에 부합하는 진술이다. ④ 기능론에서는 사회적 희소가치가 개인의 능력이나 노력, 직업의 사회적 기여도 등에 따라 차등 분배된다고 본다. 사회적 희소가치가 권력이나 가정 배경 등에 따라 차등 분배된다고 보는 것은 갈등론에 부합하는 진술이다.

458 갑은 기능론적 관점, 을은 갈등론적 관점에서 사회 불평등 현상을 바라보고 있다. ㄱ. 기능론은 사회적으로 중요한 일을 맡은 사람에게 큰 보상이 주어지므로 개인들이 열심히 노력하게 되며, 사회 구성원들은 그러한 차등 보상을 공정한 것으로 여긴다고 인식한다. 즉, 기능론은 구성원들이 사회적 합의를 통해 개인의 노력과 능력을 차등 분배의 기준으로 정하였다고 본다. ㄴ. 기능론은 갈등론과 달리 개인의 능력이나 사회적 기여도에 따른 차등 분배로 인한 사회 불평등은 구성원들의 성취 동기를 높이고, 인재를 적재적소에 배치하는 결과를 가져온다고 본다. ㄷ. 기능론은 직업별 기능적 중요도에 따른 차등 분배를 인정하지만, 갈등론은 직업별 기능적 중요도에 따른 차등 분배를 인정하지 않는다.
바로알기 | ㄹ. 기능론은 사회 불평등 현상을 보편적이고 불가피한 현상으로 본다. 이와 달리 갈등론은 사회 불평등 현상을 보편적이지만 불가피한 현상은 아니라고 보며, 제거해야 할 현상으로 인식한다.

459 A 관점은 사회적 성공에 가정 배경보다는 학교 성적이 큰 영향을 미치고 있으므로, 개인의 노력과 능력에 의해 사회적 성공이 결정된다고 보는 기능론적 관점에 해당한다. B 관점은 사회적 성공에 학교 성적보다 가정 배경이 큰 영향을 미치고 있으므로, 사회적·경제적 배경에 의해 사회적 성공이 결정된다고 보는 갈등론적 관점에 해당한다. ㄴ, ㄷ. 갈등론은 기능론과 달리 지배 집단의 가치가 반영된 불평등한 사회 구조에 의해 사회적 희소가치가 불공정하게 배분된다고 보며, 지배 집단의 권력 및 강제에 의한 사회 불평등으로 인해 기존의 불평등한 계층 구조가 재생산된다고 본다.
바로알기 | ㄱ, ㄹ은 갈등론과 대비되는 기능론의 특징에 해당한다.

460 A 관점은 기능론적 관점, B 관점은 갈등론적 관점이다. ① 기능론은 사회적 희소가치가 개인의 노력이나 능력, 사회적 기여도 등에 따라 합리적으로 분배된다고 본다.
바로알기 | ② 갈등론은 지배 집단만의 기준에 의해 희소가치의 분배가 결정된다고 본다. 사회적 합의에 의해 희소가치의 분배 기준이 결정된다고 보는 것은 기능론이다. ③ 희소가치의 차등 분배 수준과 사회 갈등 정도 사이에 정(+)의 관계가 있다고 보는 것은 갈등론이다. ④ 희소가치의 차등 분배 수준과 개인의 성취동기 사이에 정(+)의 관계가 있다고 보는 것은 기능론이다. ⑤ 기능론과 달리 갈등론은 개인의 성취동기가 지위 변동에 미치는 영향력을 간과한다는 특징이 있다.

461 **모범 답안** (1) 갑: 기능론, 을: 갈등론
(2) 기능론은 사회 구성원들의 합의에 의해 사회적 희소 자원이 합리적으로 분배된 결과로 사회 불평등 현상이 일어난다고 본다. 이와 달리 갈등론은 지배 집단이 기득권을 유지하기 위해 사회적 자원을 지배 집단에 유리한 방향으로 불공정하게 배분한 결과로 사회 불평등 현상이 일어난다고 본다.

462 ㉠은 계급론이다. ㄱ. 계급론은 생산 수단의 소유 여부를 기준으로 사회 구성원의 계급을 생산 수단을 소유한 자본가 계급과 생산 수단을 소유하지 못한 노동자 계급으로 구분한다. ㄷ. 계급론은 경제적 요인인 생산 수단의 소유 여부만을 기준으로 계급을 구분하므로, 경제적 측면이 사회적 지위나 정치적 권력에까지 파급되어 사회적·정치적 불평등을 가져온다고 본다.
바로알기 | ㄴ, ㄹ은 계층론에 대한 설명이다.

463 제시된 글은 한 개인이 가진 여러 지위 중 하나 이상이 동일한 수준에 있지 않은 지위 불일치 현상이 나타날 수 있다고 보므로, 계층론에 해당한다. ㄱ. 계층론은 경제적 측면뿐만 아니라 정치적 측면, 사회적 측면 등 다원론적 관점에서 사회 불평등 현상을 바라본다. ㄴ. 계층

론은 현대 사회에서 경제적으로 상층에 있더라도 사회적으로 인정받지 못하는 경우나 경제적으로 하층에 있더라도 상당한 존경을 받는 경우와 같은 지위 불일치 현상을 설명하기 용이하다. ㄹ. 계층론은 사회 불평등 현상을 경제적 계급, 사회적 위신, 정치적 권력 등 다양한 요인에 의해 사회 구성원들이 연속적으로 서열화되어 있는 상태로 파악한다.
바로알기 | ㄷ은 계급론에 대한 설명이다.

개념 보충

계급론과 계층론

구분	계급론(일원론적 관점)	계층론(다원론적 관점)
의미	생산 수단의 소유 여부에 따라 구분된 위치 혹은 집단 → 자본가 계급과 노동자 계급으로 구분	계급, 권력, 지위 등 다양한 요인에 따라 서열화된 위치 혹은 집단 → 상류층, 중류층, 하류층으로 구분
특징	• 이분법적·불연속적으로 계급을 구분함 • 같은 계급에 속한 사람 간 계급 의식이 강하게 나타남	• 복합적·연속적으로 계층을 구분함 • 현대 사회의 지위 불일치 현상을 설명하기에 적합함

464 (가)에는 계층론과 구분되는 계급론의 특징을 묻는 질문이 들어가야 한다. ④ 계급론은 서로 다른 계급에 대해서는 적대감을, 같은 계급에 대해서는 강한 소속 의식을 강조한다. 이와 달리 계층론은 다른 계층에 대한 적대감과 같은 계층에 속한 사람들 간 계층 의식이 미약하다. 따라서 제시된 질문은 (가)에 들어갈 질문으로 적절하다.
바로알기 | ① 지위 불일치 현상을 설명하기에 적합한 것, ② 다원론적 관점에서 사회 불평등에 접근하는 것, ③ 사회 불평등을 복합적·연속적으로 구분하는 것, ⑤ 다양한 요인에 의해 사회 불평등이 발생한다고 보는 것은 계층론에만 해당하는 특징이므로, 제시된 질문들은 (가)에 들어갈 질문으로 적절하지 않다.

465 (가)는 계층론, (나)는 계급론이다. ③ 계급론은 경제적 요인만을 고려하여 사회 불평등 현상을 이해하므로 지위 불일치 현상을 설명하기 어렵다. 이에 비해 계층론은 경제적 계급, 사회적 위신, 정치적 권력 등 다양한 요인을 고려하여 사회 불평등 현상을 이해하므로 요인에 따른 개인의 위치가 서로 다른 현상, 즉 지위 불일치 현상을 설명하기 용이하다.
바로알기 | ① 사회 불평등 현상을 불연속적으로 구분되어 있는 상태로 보는 것은 계급론이다. ② 계급론은 경제적 요인에 의한 사회 불평등 현상의 발생 가능성을 인정한다. ④ 계급론은 계층론에 비해 동일한 계급에 속한 구성원 간의 귀속 의지를 강조한다. ⑤ 계층론은 다원론, 계급론은 일원론에 기초하여 사회 불평등 현상을 설명한다.

466 **모범 답안** (가): 계급론, (나): 계층론. 계급론은 같은 계급에 속한 구성원 간에 소속 의식이 강하다고 보는 반면, 계층론은 같은 계층에 속한 구성원 간에 소속 의식이 미약하다고 본다.

467 (가)는 계급론, (나)는 계층론이다. ① 계급론은 자신이 속한 계급에 대해서는 강한 계급 의식을, 다른 계급에 대해서는 강한 적대 의식을 가진다고 본다. ② 계층론은 경제적 계급, 정치적 권력, 사회적 위신 등 다양한 요소가 각각 다르게 작용한다고 보므로 현대 사회의 지위 불일치 현상을 설명하기에 적합하다. ③ 계급론은 불연속적으로 계급을 구분하는 반면, 계층론은 연속적으로 계층을 구분한다. ⑤ 계급론은 경제적 요인에 의해서만, 계층론은 경제적 계급, 사회적 지위, 정치적 권력 등 다양한 요인에 의해 사회 불평등 현상이 발생한다고 본다. 즉, 계급론과 계층론은 모두 사회 불평등의 원인이 사회적 희소 자원의 차등 분배 때문이라고 본다.

바로알기 | ④ 계급론은 이분법적으로 계급을 구분하므로, 복합적으로 계층을 구분하는 계층론과 달리 사회적 불평등 구조가 궁극적으로 양극화된다고 본다.

468 A는 계급론, B는 계층론이다. ⑤ 가난하지만 사회적 명성이 높은 교육자는 경제적 계급은 낮지만, 사회적 위신은 높은 경우로서 한 개인이 가진 여러 지위 중 하나 이상이 동일한 수준에 있지 않은 지위 불일치의 사례에 해당한다. 지위 불일치 현상을 설명하는 데에는 계급론보다 계층론이 적합하다.

바로알기 | ① 계급론은 생산 수단의 소유 여부에 따라 계급이 고착화된다고 인식하므로, 개인의 능력에 의한 계층 이동이 자유롭지 않다고 본다. ② 계층론은 계층을 연속적·복합적으로 구분한다. ③ 계층론과 달리 계급론은 경제적 요인에 다른 요인들이 종속된다고 주장한다. ④ 지위 불일치 현상이 나타나는 다원화된 현대 사회의 불평등 현상을 설명하는 데에는 계급론보다 계층론이 적합하다.

469 위신, 명예 및 권력의 차이를 사회적 위계의 근거로 보는 것은 계층론의 특징이므로 A는 계층론, B는 계급론이다. 따라서 (가)에는 계급론만의 특징을 묻는 질문이, (나)에는 계층론만의 특징을 묻는 질문이 각각 들어가야 한다. ㄱ, ㄷ. 동일 계층 집단 구성원 간의 연대 의식을 강조하는 것과 사회·정치적 불평등은 경제적 불평등에 종속되는 것이라고 보는 것은 계급론이므로, (가)에 적절하다. ㄴ, ㄹ. 사회 계층 구조를 연속 선상에 서열화된 것으로 보는 것과 한 사람의 지위가 계층화의 여러 차원에 따라 달라질 수 있다고 보는 것은 계층론이므로, (나)에 적절하다.

470

계층론 ●━┓ ┏━● 계급론	

- 교사: 사회 불평등을 설명하는 이론 A, B에 대해 이야기해 볼까요?
- 갑: A는 지위 불일치 현상을 설명할 수 있어 현대 사회의 불평등 현상을 설명하는데 더 적합하다고 생각됩니다. └─● 계층론
- 을: A는 B와 달리 다원론적인 구분 기준을 사용한다는 평가를 받아요. └─● 계층론
- 병: A는 이분법적이고 불연속적인 구분을, B는 연속적이고 서열적인 구분을 강조해요. └─● 계급론 └─● 계층론
- 정: B는 A와 달리 지배와 피지배 관계로 인한 갈등과 대립이 불가피하다고 봐요. └─● 계급론
- 무: A, B 모두 경제적 측면을 구분 기준으로 사용했다는 공통점을 갖고 있어요. └─● 계층론과 계급론의 공통점
- 교사: 한 사람을 제외하고 모두 옳게 발표했어요. └─● 병

갑, 을, 정, 무의 설명을 고려할 때 A는 계층론, B는 계급론이다. ① 계층론은 다차원적 측면에서 사회 불평등 현상을 파악하므로, 현대 사회의 지위 불일치 현상을 설명하는 데 적합하다. ② 계층론은 경제적 계급, 정치적 권력, 사회적 위신 등 다양한 요인으로 사회 불평등 현상을 설명하므로, 경제적 계급만으로 사회 불평등 현상을 설명하는 계급론과 달리 다원론적인 구분 기준을 사용한다는 평가를 받는다. ④ 계급론은 층위를 자본가 계급과 노동자 계급으로 구분하므로, 계층론과 달리 두 계급 간 지배와 피지배 관계로 인한 갈등과 대립이 불가피하다고 본다. ⑤ 계급론은 경제적 계급만을 기준으로, 계층론은 경제적 계급을 비롯한 다양한 요인을 기준으로 층위를 구분한다. 즉, 계급론과 계층론은 모두 경제적 측면을 구분 기준으로 사용한다는 공통점을 갖는다.

바로알기 | ③ 계급론은 이분법적이고 불연속적인 구분을, 계층론은 연속적이고 서열적인 구분을 강조한다. 따라서 교사의 평가를 고려할 때 옳지 않은 내용을 발표한 '한 사람'은 병이다.

471 ① A가 계층론이면 B는 계급론이다. 계층론은 계급론과 달리 사회 불평등 구조 내에서 서열을 구분하는 기준이 다양하므로, 주어진 질문은 (가)에 적절하다.

바로알기 | ② A가 계층론이면 B는 계급론이다. 계층론은 지위 불일치의 가능성을 인정하므로, 주어진 질문은 (나)에 적절하지 않다. ③ 사회 불평등 현상을 연속적·서열적 개념으로 파악하는 것은 계층론이므로 A는 계층론, B는 계급론이다. ④ 사회 불평등 구조가 궁극적으로 양극화된다고 보는 것은 계급론이므로 A는 계층론, B는 계급론이다. ⑤ 계급론과 계층론은 모두 경제적 요인을 사회 불평등 현상의 원인으로 고려하므로, 주어진 질문은 (다)에 적절하지 않다.

Ⅳ

12 사회 이동과 사회 계층 구조

개념 확인 문제 122쪽

472 (1) – ㉢ (2) – ㉠ (3) – ㉡ **473** (1) 하층 (2) 다이아몬드형 (3) 폐쇄적

난이도별 필수 기출 123~127쪽

474 ⑤	475 해설 참조		476 ②	477 ④	478 ④
479 ②	480 ①	481 ②	482 ⑤	483 ③	484 ③
485 ④	486 해설 참조		487 ①	488 ⑤	489 ③
490 ⑤	491 ③	492 ④	493 ①	494 ④	495 ③
496 ⑤					

474 제시된 사례에서 갑의 아버지는 중소기업 사장이었으나 갑은 실업자가 되었으므로, 두 세대 이상에 걸쳐서 이루어지는 계층적 위치의 변화인 세대 간 이동이 나타났음을 파악할 수 있다. 또한 갑은 중소기업 사장이었지만 나중에는 실업자가 되는 하강 이동(수직 이동)을 하였으므로, 한 개인의 생애 동안에 나타나는 계층적 위치의 변화인 세대 내 이동이 나타났음을 파악할 수 있다.

바로알기 | ①, ② 제시된 사례에서 수평 이동이 나타났는지는 파악할 수 없다. ①, ③, ④ 제시된 사례에서 구조적 이동이 나타났는지는 파악할 수 없다

475 **모범 답안** 장영실은 노비에서 정5품 관직으로 계층적 위치가 높아졌으므로, 수직 이동 중 상승 이동을 경험하였다.

476 (가)는 한 개인의 능력이나 노력에 따른 계층적 변화이므로 개인적 이동에 해당하고, (나)는 급격한 사회 변동 등에 의한 사회 변화에 따른 계층적 위치의 변화이므로 구조적 이동에 해당한다. 또한 구조적 이동의 사례로는 혁명이나 전쟁에 의한 신분 변동 등을 들 수 있으므로, 구조적 이동의 원인인 (다)에는 혁명, 전쟁 등이 포함된다.

477 제시된 사례에서 갑은 정비공에서 판사를 거쳐 대법원장이 되는 상승 이동을 하였으므로 수직 이동이 나타났다. 또한 갑의 일생 동안에 사회 이동이 이루어졌으므로 세대 내 이동이 나타났으며, 갑의 능력과 노력에 따라 계층적 위치가 변화하였으므로 개인적 이동이 나타났다.

바로알기 | ㄷ. 급격한 사회 변동에 의해 갑의 계층적 위치가 변화한 것은 아니므로, 구조적 이동이 나타났다고 볼 수 없다.

개념 보충

사회 이동의 유형

이동 방향	수평 이동	동일한 계층 내에서의 위치 변화
	수직 이동	계층적 위치가 높아지거나 낮아지는 변화
세대 범위	세대 내 이동	한 개인의 생애 동안에 나타나는 계층적 위치의 변화
	세대 간 이동	두 세대 이상에 걸쳐서 이루어지는 계층적 위치의 변화
이동 원인	개인적 이동	한 개인의 능력이나 노력에 따른 계층적 위치의 변화
	구조적 이동	사회 변동으로 인해 사회 구조가 바뀌면서 발생하는 계층적 위치의 변화

478 ㄱ. 평사원이 임원으로 승진한 것은 개인의 노력에 따른 개인적 이동이면서 수직 이동 중 상승 이동이므로, (가)에 해당한다. ㄴ. 미국에서 노예 제도가 철폐되어 흑인이 노예 신분에서 벗어난 것은 사회 변동에 따른 사회 구조의 변화로 인한 구조적 이동이면서 수직 이동 중 상승 이동이므로, (나)에 해당한다. ㄷ. A 중학교 교사가 전근 신청을 통해 B 중학교 교사가 된 것은 개인적 이동이면서 동일한 계층 내에서의 위치가 변화한 수평 이동이므로, (다)에 해당한다.

바로알기 | ㄹ. 프랑스 혁명 이후 부르주아 계급이 사회의 주도 세력이 된 것은 구조적 이동이면서 수직 이동 중 상승 이동이므로, (나)에 해당한다.

479 ② (나)는 수직 이동이며, 사장이 실업자로 전락한 경우는 수직 이동 중 하강 이동의 사례이다.

바로알기 | ① 수평 이동과 수직 이동은 사회 이동의 방향에 따른 구분이다. 따라서 (가)에는 '이동 방향'이 적절하다. ③ (다)는 세대 간 이동이며, 부모와 자녀 간 계층 이동이 이에 해당한다. ④ 개인적 이동과 구조적 이동은 사회 이동의 원인에 따른 구분이다. 따라서 (라)에는 '이동 원인'이 적절하다. ⑤ (마)는 구조적 이동으로서 급격한 사회 변동을 수반한다는 특징이 있다.

480 제시된 사례에서 갑의 아버지는 백정이었으나 갑은 양의사가 되었으므로, 갑은 세대 간 이동을 경험하였다. 또한 갑은 갑오개혁으로 신분제가 폐지되면서 천민의 신분에서 벗어났으므로, 구조적 이동을 경험하였다. 그리고 갑은 천민의 신분에서 벗어난 후 자신의 노력을 통해 양의사가 되었으므로, 개인적 이동과 수직 이동 중 상승 이동을 경험하였다.

바로알기 | ① 제시된 사례에는 동일한 계층 내에서의 위치 변화에 해당하는 사회 이동의 유형인 수평 이동이 나타나 있지 않다.

481 ② 갑은 신분제 폐지로 천민의 신분에서 벗어났으므로 구조적 이동을 경험하였다. 또한 백정에서 양의사로 계층적 위치가 상승하였으므로 수직 이동을 경험하였다.

바로알기 | ① 갑의 아버지는 백정이었으나 갑은 양의사가 되었으므로 세대 간 이동을 경험하였다. ③ 갑은 백정에서 양의사로 계층적 위치가 높아지는 수직 이동을 경험하였다. ④ 갑이 졸업 시험에 통과하여 양의사가 된 것은 자신의 노력에 의한 계층 이동이므로 개인적 이동에 속한다. ⑤ 이동 원인을 고려할 때 갑작스러운 외환 위기로 인한 경제적 몰락과 같은 양상의 사회 이동은 구조적 이동이며, 사례에 제시된 갑오개혁에 의한 신분제 폐지에 따른 신분 변화 또한 구조적 이동에 해당한다.

482 ㄷ. 세대 간 이동한 자녀는 아버지의 계층이 상층일 때 30명, 중층일 때 60명, 하층일 때 30명이므로 중층일 때 가장 많다. ㄹ. 아버지의 계층이 중층일 때 세대 간 상승 이동한 자녀는 20명이고, 세대 간 하강 이동한 자녀는 40명이다. 따라서 세대 간 상승 이동한 자녀보다 세대 간 하강 이동한 자녀가 많다.

바로알기 | ㄱ. 아버지의 계층을 세습한 자녀는 280명(70명+140명+70명)이고, 그렇지 않은 자녀는 120명(전체 400명−280명)이다. 따라서 아버지의 계층을 세습한 자녀보다 그렇지 않은 자녀가 적다. ㄴ. 세대 간 하강 이동한 자녀는 70명(20명+10명+40명)이고, 세대 간 상승 이동한 자녀는 50명(20명+10명+20명)이다. 따라서 세대 간 하강 이동한 자녀보다 세대 간 상승 이동한 자녀가 적다.

483

세대 간 계층 세습 / 상승 이동 / 하강 이동

(단위: %)

구분		부모의 계층			계
		상층	중층	하층	
자녀의 계층	상층	11	7	8	26
	중층	5	25	17	47
	하층	2	4	21	27
계		18	36	46	100

① 자녀 세대의 계층 구조는 중층이 가장 많은 다이아몬드형 계층 구조이다. ② 자녀 세대로의 계층 세습 비율은 부모 세대 계층 중 상층 약 61.1%(11/18), 중층 69.4%(25/36), 하층 약 45.7%(21/46)이므로 중층이 가장 높다. ④ 자녀 세대에서 세대 간 하강 이동한 사람은 11%(5%+2%+4%)이고, 세대 간 상승 이동한 사람은 32%(7%+8%+17%)이다. 따라서 자녀 세대에서 세대 간 하강 이동한 사람보다 세대 간 상승 이동한 사람이 많다. ⑤ 자녀 세대 계층별 인구 중 부모와 계층이 일치하는 사람의 비율은 상층 약 42.3%(11/26), 중층 약 53.2%(25/47), 하층 약 77.8%(21/27)이므로 상층이 가장 낮다.

바로알기 | ③ 자녀 세대에서 부모의 계층을 세습한 사람은 57%(11%+25%+21%)이고, 세대 간 이동한 사람은 43%(7%+8%+17%+5%+2%+4%)이다. 따라서 자녀 세대에서 부모의 계층을 세습한 사람보다 세대 간 이동한 사람이 적다.

484 (나)는 중층의 비율이 가장 높은 다이아몬드형 계층 구조이다. ③ 다이아몬드형 계층 구조는 중층이 상층과 하층의 충돌을 예방하는 완충 작용을 하므로, 사회의 안정성이 비교적 높은 경향을 보이는 구조이다.

바로알기 | ① 소수의 상층이 다수의 하층을 지배하는 구조로는 피라미드형 계층 구조 등을 들 수 있다. ②는 피라미드형 계층 구조에 대한 설명이다. ④ 다이아몬드형 계층 구조는 중층의 비율이 가장 높을 뿐이며 상층과 하층도 존재하므로, 모든 사회 구성원이 같은 계층을 이루고 있지 않다. ⑤ 정보화를 비관적으로 보는 사람들은 중층의 비율이 현저히 낮고 소수의 상층과 다수의 하층이 존재하는 모래시계형 계층 구조가 형성될 것으로 전망한다.

485 (가)는 피라미드형 계층 구조, (나)는 다이아몬드형 계층 구조이다. ㄴ. 다이아몬드형 계층 구조는 복지 제도가 발달하여 선진화된 사회에서 주로 나타난다. ㄹ. 피라미드형 계층 구조와 다이아몬드형 계층 구조를 구분하는 기준은 계층 구성원의 비율이다. 계층 구성원의 비율이 하층 〉 중층 〉 상층 순으로 나타나면 피라미드형 계층 구조이고, 중층 〉 상층, 하층 순으로 나타나면 다이아몬드형 계층 구조이다.

바로알기 | ㄱ. 피라미드형 계층 구조에서도 계층 간 이동이 이루어질 수 있으므로, 피라미드형 계층 구조를 폐쇄적 계층 구조라고 단정 지을 수 없다. ㄷ. 다이아몬드형 계층 구조는 완충 역할을 하는 중층의 비율이 높으므로, 피라미드형 계층 구조에 비해 사회 통합에 더 유리한 구조이다.

개념 보충

계층 구성원의 비율에 따른 사회 계층 구조의 구분	
피라미드형 계층 구조	• 의미: 계층 구성원의 비율이 하층이 가장 높고, 상층으로 갈수록 낮아지는 계층 구조 • 특징: 신분제에 기초한 전통 사회나 초기 산업 사회에서 주로 나타남
다이아몬드형 계층 구조	• 의미: 계층 구성원의 비율이 상층이나 하층보다 중층이 높은 계층 구조 • 특징: 중간 계층에 속하는 구성원의 비율이 높아진 산업 사회에서 주로 나타남

486 **모범 답안** 미국 사회의 계층 구조는 개방적 계층 구조에 해당한다. 그 이유는 학력이 낮았던 갑이 개인의 노력을 통해 증권 중개인으로서 성공을 거둔 것으로 볼 때 다른 계층으로 상승하거나 하강할 수 있는 가능성이 열려 있기 때문이다.

487 (가)는 폐쇄적 계층 구조, (나)는 개방적 계층 구조이다. ㄱ. 인도의 카스트 제도는 계층 간의 이동이 엄격히 통제되어 있으므로, 폐쇄적

계층 구조의 사례에 해당한다. ㄴ. 개방적 계층 구조는 계층 간 이동의 가능성이 열려 있는 구조이므로, 일반적으로 사회 이동이 자유롭고 개방적인 사회에서 주로 나타난다.

바로알기 | ㄷ. 폐쇄적 계층 구조에서는 부모로부터 물려받은 귀속 지위가 중시되고, 개방적 계층 구조에서는 자신의 노력에 의해 얻어지는 성취 지위가 중시된다. ㄹ. 개방적 계층 구조에서는 계층 이동이 활발하므로, 폐쇄적 계층 구조에 비해 사회의 역동성이 높게 나타난다.

488 갑과 을의 발표 내용을 통해 A는 폐쇄적 계층 구조, B는 개방적 계층 구조임을 알 수 있다. ⑤ 병이 옳지 않게 발표하였으므로 (가)에는 틀린 내용이 들어가야 한다. 폐쇄적 계층 구조는 개방적 계층 구조와 달리 수직 이동의 가능성이 제한되므로, 주어진 진술은 틀린 내용으로서 (가)에 들어갈 수 있다.

바로알기 | ① 갑과 을의 발표 내용이 서로 다른 계층 구조를 설명하고 있으므로, 옳지 않게 발표한 학생은 병이다. ② 신분제가 폐지된 근대 이후 대부분의 사회는 개방적 계층 구조에 해당한다. ③ 개방적 계층 구조에서 세대 간 계층 이동이 없었다면 자녀가 부모의 계층을 세습할 수 있으므로, 자녀의 계층이 부모의 계층과 일치할 수 있다. ④ 피라미드형 계층 구조와 다이아몬드형 계층 구조는 계층 구성원의 비율에 따라 구분되므로, 각각 A와 B에 해당하지 않는다.

개념 보충

계층 간 이동 가능성에 따른 사회 계층 구조의 구분	
폐쇄적 계층 구조	• 의미: 다른 계층으로 상승하거나 하강할 가능성이 극히 제한된 계층 구조 • 특징: 타고난 신분이 개인의 계층적 위치를 결정하는 데 큰 영향을 줌 → 귀속 지위 중시 • 사례: 고대 노예제, 인도의 카스트제 등
개방적 계층 구조	• 의미: 다른 계층으로 상승하거나 하강할 가능성이 열려 있는 계층 구조 • 특징: 개인의 노력이나 능력이 사회 이동의 중요한 요인으로 작용함 → 성취 지위 중시 • 사례: 신분제가 폐지된 근대 이후 대부분의 사회

489 수직 이동의 가능성이 열려 있지 않은 것은 폐쇄적 계층 구조이고, 중층의 비율이 가장 높은 것은 다이아몬드형 계층 구조이며, 양극화 현상이 두드러지는 것은 모래시계형 계층 구조이다. 따라서 (가)는 폐쇄적 계층 구조, (나)는 다이아몬드형 계층 구조, (다)는 모래시계형 계층 구조이다. ③ 정보화 비관론자들은 계층과 소득 수준에 따라 지식과 정보의 획득 및 접근에 격차가 나타나 기존의 계층 간 불평등 현상이 더욱 심화할 것이라고 주장하며, 계층 간 불평등 현상이 심화된 모래시계형 계층 구조가 형성될 것으로 전망한다.

바로알기 | ① 피라미드형 계층 구조는 계층 구성원의 비율을 기준으로 구분되고, 폐쇄적 계층 구조는 수직 이동의 가능성을 기준으로 구분되므로 그 성격이 서로 다르다. 즉, 피라미드형 계층 구조가 항상 폐쇄적 계층 구조에 해당한다고 단정할 수 없다. ② 다이아몬드형 계층 구조는 높은 비율을 차지하는 중층이 상층과 하층 사이에서 완충 역할을 하므로, 사회 안정성이 높은 계층 구조이다. ④ 중층의 비율이 가장 높아 사회가 비교적 안정되어 있는 다이아몬드형 계층 구조에 비해 중층의 비율이 가장 낮은 모래시계형 계층 구조에서 상층과 하층 간 갈등이 심화될 수 있어 사회 통합이 더 요구된다. ⑤ 폐쇄적 계층 구조는 주로 귀속 지위가 중시되었던 신분제 사회에서 나타난다.

490 표의 내용을 분석하면 갑국의 계층 구성비는 상층:중층:하층= 1:2:1이며, 을국의 계층 구성비는 상층:중층:하층=2:5:3이다. ⑤ 갑국

의 상층 비율은 25%이고, 을국의 상층 비율은 20%이므로 을국은 갑국에 비해 상층의 비율이 낮다.
바로알기 | ① 갑국의 하층 비율/상층 비율(㉠)은 '1', 을국의 하층 비율/상층 비율(㉡)은 '3/2'이다. ② 갑국은 중층의 비율이 가장 높다. ③ 을국의 계층 구조는 중층의 비율이 가장 높은 다이아몬드형이다. ④ 갑국의 중층 비율과 을국의 중층 비율은 각각 50%로 같다.

491 부모 세대의 계층 구성비에서 A는 B와 C를 합한 것의 1.5배이며, 부모 세대의 계층 구조는 중층의 비율이 가장 높은 다이아몬드형 계층 구조이므로 A는 중층이다. 또한 A는 C보다 높은 계층임을 고려할 때 B는 상층, C는 하층이다. 제시된 자료를 바탕으로 갑국의 세대 간 계층 이동표를 완성하면 다음과 같다.

(단위: %)

부모 세대 / 자녀 세대	상층(B)	중층(A)	하층(C)	계
상층(B)	10	0	0	10
중층(A)	0	15	15	30(㉠)
하층(C)	0	45	15	60(㉡)
계	10	60(㉢)	30	100

따라서 ㉠은 30, ㉡은 60, ㉢은 60이 된다.

492 계층 구성 비율을 고려할 때 갑국의 자녀 세대에 나타난 계층 구조는 피라미드형 계층 구조이다. ④ 피라미드형 계층 구조에서는 소수의 상층이 권력, 재산 등의 사회적 희소 자원을 독점한다.
바로알기 | ① 피라미드형 계층 구조에서는 상층이 사회적 희소 자원을 독점하므로, 불평등이 심하게 나타나 사회가 불안정해질 수 있다. ② 사회 안정 실현에 유리한 계층 구조에는 중층의 비율이 가장 높은 다이아몬드형 계층 구조 등이 해당한다. ③ 피라미드형 계층 구조에서는 사회 구성원의 계층이 상층, 중층, 하층으로 나누어져 있으므로, 모든 사회 구성원이 수직선상에 배열되어 있지 않다. ⑤ 피라미드형 계층 구조에서는 하층에 속하는 구성원의 비율이 가장 높게 나타난다.

493 ① 갑국의 세대 간 수직 이동 비율은 65%(5%+4%+15%+5%+1%+35%)이고, 계층 대물림 비율은 35%(6%+10%+19%)이므로 갑국에서는 세대 간 수직 이동 비율이 계층 대물림 비율보다 높다.
바로알기 | ② 부모 세대의 계층 구조는 중층 구성원의 비율이 가장 높은 다이아몬드형 계층 구조이고, 자녀 세대의 계층 구조는 구성원의 비율이 하층이 가장 높고 상층으로 갈수록 낮아지는 피라미드형 계층 구조이다. 다이아몬드형 계층 구조는 피라미드형 계층 구조에 비해 사회 안정성이 높으므로, 부모 세대의 계층 구조가 자녀 세대의 계층 구조에 비해 사회 통합에 유리하다. ③ 부모 세대 계층 대비 자녀 세대 계층 일치 비율은 상층 50%(6/12), 중층 20%(10/50), 하층 50%(19/38)이다. 따라서 중층은 부모 세대 계층 대비 자녀 세대 계층 일치 비율이 가장 낮은 계층이다. ④ 자녀 세대와 부모 세대 모두 개방적 계층 구조의 형태를 가지며, 어느 세대가 더 개방적인 계층 구조인지는 파악할 수 없다. ⑤ 세대 간 계층 이동을 한 사람의 비율은 하층 부모를 둔 자녀(19%)가 상층 부모를 둔 자녀(6%)의 4배 미만이다.

494 자녀 세대 해당 계층 비율과 부모 세대 계층 비율 대비 자녀 세대 계층 비율을 고려할 때 부모 세대 해당 계층 비율은 A는 15%, B는 25%, C는 60%이다. 부모 세대의 계층 구조는 피라미드형 계층 구조이므로 A는 상층, B는 중층, C는 하층이 된다. 제시된 자료를 바탕으로 세대 간 계층 이동표를 완성하면 다음과 같다.

(단위: %)

부모 세대 / 자녀 세대	상층(A)	중층(B)	하층(C)	계
상층(A)	10	5	5	20
중층(B)	5	20	35	60
하층(C)	0	0	20	20
계	15	25	60	100

④ 자녀 세대 계층 대비 부모와 자녀의 계층 일치 비율은 상층 50%(10/20), 중층 약 33.3%(20/60), 하층 100%(20/20)이므로 하층이 가장 높다.
바로알기 | ① 세대 간 계층 유지 비율과 계층 이동 비율은 각각 50%로 같다. ② 부모 세대 중층에서 자녀 세대 상층으로는 세대 간 이동이 나타났지만, 자녀 세대 하층으로는 세대 간 이동이 나타나지 않았다. ③ 자녀 세대 중층에서 세대 간 상승 이동을 한 사람은 35%, 하강 이동을 한 사람은 5%이므로 세대 간 상승 이동을 한 사람이 하강 이동을 한 사람보다 많다. ⑤ 부모 세대 상층에서 자녀 세대 하층으로는 세대 간 이동이 나타나지 않았으나, 부모 세대 하층에서 자녀 세대 상층으로는 세대 간 이동이 나타났다.

495 제시된 자료를 토대로 갑국의 세대 간 계층 이동 현황을 정리하여 표로 나타내면 다음과 같다.

(단위: %)

부모 세대 / 자녀 세대	상층	중층	하층	계
상층	5	5	0	10
중층	3	24	33	60
하층	2	1	27	30
계	10	30	60	100

갑국 부모 세대의 계층 구조는 계층 구성원의 비율이 하층 > 중층 > 상층 순으로 높으므로 피라미드형 계층 구조이고, 자녀 세대의 계층 구조는 계층 구성원의 비율이 중층 > 하층 > 상층 순으로 높으므로 다이아몬드형 계층 구조이다.

496 ㄴ. 부모 세대와 자녀 세대의 계층이 대물림된 비율은 56%(5%+24%+27%)로서 50%를 넘는다. ㄷ. 세대 간 하강 이동을 한 사람은 6%(3%+2%+1%), 세대 간 상승 이동을 한 사람은 38%(5%+0%+33%)이므로 세대 간 하강 이동을 한 사람보다 세대 간 상승 이동을 한 사람이 더 많다. ㄹ. 다이아몬드형 계층 구조인 자녀 세대의 계층 구조는 피라미드형 계층 구조인 부모 세대의 계층 구조보다 중층의 비율이 높아 사회 통합에 유리하다.
바로알기 | ㄱ. 부모 세대의 계층 대비 계층 대물림 비율은 상층 50%(5/10), 중층 80%(24/30), 하층 45%(27/60)이므로 하층에서 가장 낮다.

13 다양한 사회 불평등 현상

개념 확인 문제

129쪽

497 사회적 소수자   **498** (1) × (2) ○   **499** ⊙ 절대적 빈곤
ⓒ 상대적 빈곤   **500** (1) 최저 생계비 (2) 절대적

난이도별 필수 기출

130~137쪽

501 해설 참조	502 ①	503 ③	504 ④	505 ①
506 ③	507 ⑤	508 ⑤	509 ⑤	510 ④	511 ④
512 ③	513 ④	514 ⑤	515 ③	516 ③	
517 해설 참조	518 ⑤	519 ④	520 ①	521 ①
522 ②	523 ④	524 ⑤	525 ④	526 ①	527 ③
528 ②	529 ③	530 ②	531 ⑤	532 ⑤	533 ⑤
534 해설 참조	535 ①	536 ⑤		

501 모범 답안 (1) 사회적 소수자

(2) 사회적 소수자는 신체적 또는 문화적으로 다른 집단과 구별되는 식별 가능성이 있으며, 사회적 권한의 행사에서 주류 집단보다 열세에 있다. 또한 소수자 집단의 구성원이라는 이유만으로 사회적 차별의 대상이 되며, 스스로 차별받는 집단의 구성원임을 인식하는 집합적 정체성을 가진다.

502 ② 사회적 소수자는 시대, 장소, 소속 집단의 범주 등에 따라 사회적으로 만들어지는 상대적인 개념이다. ③ 사회적 소수자는 다른 집단과 구별되는 신체적 또는 문화적 특징을 지니며, 이로 인해 다른 구성원으로부터 차별을 받는다. ④ 사회적 소수자는 스스로 차별받는 집단의 구성원임을 인식하는 집합적 정체성을 지닌다. ⑤ 사회적 소수자는 인종, 민족, 국적, 신체 등이 주류 집단과 다른 집단에 속한다는 이유만으로 차별의 대상이 되고 부당한 대우를 받는 사람들이다.

바로알기 | ① 단순히 수가 적다고 해서 사회적 소수자로 규정되는 것은 아니므로, 사회적 소수자는 인원수의 많고 적음을 기준으로 구분되는 개념에 해당하지 않는다.

503 ③ 사회적 소수자는 주류 집단보다 권력, 재산 등의 사회적 자원을 획득하는 데 불리한 위치에 있음을 고려할 때 권력의 크기는 주류 집단이 특정 집단을 사회적 소수자로 구분하여 판단하는 것, 즉 ⓒ의 핵심적인 기준이 된다.

바로알기 | ① ⊙에 나타난 사회적 소수자에 대한 주류 집단의 인식은 선천적 요소뿐만 아니라 후천적 요소에 근거하기도 한다. ② 사회적 소수자의 집합적 정체성은 사회적 소수자 스스로 차별받는 집단의 구성원이라는 인식 또는 소속감을 지니는 것을 말한다. ⊙은 주류 집단이 사회적 소수자를 자신들과 다르다고 인식하는 것을 보여 줄 뿐이며, 사회적 소수자의 집합적 정체성을 보여 주지는 않는다. ④ 사회적 소수자에 대한 차별은 개인의 능력 차이가 아닌 주류 집단의 잘못된 인식에서 비롯된다. ⑤ ⓒ과 같이 주류 집단이 사회적 소수자에 대해 편견을 갖고 사회적 희소가치의 배분에서 사회적 소수자를 제외하게 되면 사회 구성원 간 대립과 갈등이 심화되어 사회 통합이 저해될 수 있다.

504 (1) 사회적 소수자는 사회적·경제적으로 주류 집단보다 약자의 위치에 있는 사람들이므로, 옳은 답안은 '○'이다. (2) 사회 내에서 구성

원의 수가 적을 때가 아니라 사회적 영향력이 적을 때 사회적 소수자가 되므로, 옳은 답안은 '×'이다. (3) 사회적 소수자는 신체적 또는 문화적 특성 때문에 사회의 다른 구성원으로부터 차별을 받는 사람들이므로, 옳은 답안은 '○'이다. (4) 사회적 소수자는 사회적 상황과 여건에 따라 상대적으로 규정된다. 따라서 한 사회에서 사회적 소수자로 규정된 사람이 다른 사회에서는 사회적 소수자로 규정되지 않을 수도 있으므로, 옳은 답안은 '○'이다. 이를 종합하면 학생은 (1), (2), (3)에 옳은 답안을 작성하였으므로 3점을 얻는다.

개념 보충

사회적 소수자의 성립 요건	
식별 가능성	신체적 또는 문화적으로 다른 집단과 구별됨
권력의 열세	사회적 권한의 행사에서 주류 집단보다 열세에 있음
사회적 차별	소수자 집단이라는 이유만으로 차별을 받음
집합적 정체성	스스로 차별받는 집단의 일원이라는 인식을 가짐

505 ②, ③, ⑤ 과거 남아프리카 공화국에서 흑인들은 주류 집단인 백인들에 비해 권력적으로 열세에 있었으며, 흑인 집단에 속한다는 이유만으로 차별을 받았다. 또한 흑인들은 주류 집단인 백인들과 신체적·문화적으로 구별되는 특징이 있었다. ④ 당시 흑인들이 스스로 차별받는 집단의 일원이라는 인식을 가졌는지 여부를 고려하여 그들이 사회적 소수자였는지를 파악할 수 있다.

바로알기 | ① 과거 남아프리카 공화국에서 흑인들은 주류 집단인 백인들에 비해 수적으로 월등히 많았지만 사회적 소수자로서 차별받았다. 즉, 수적으로 소수(少數)라고 해서 반드시 사회적 소수자인 것은 아니므로, 주어진 질문은 당시 흑인들이 사회적 소수자였는지를 파악하기 위한 질문으로 적절하지 않다.

506 ③ 과거 남아프리카 공화국에서 흑인들이 백인들보다 인구가 훨씬 많았음에도 사회적 소수자로 차별받았던 것을 고려할 때 사회적 소수자는 반드시 집단의 크기에 의해 결정되는 것은 아니라는 결론을 내릴 수 있다.

바로알기 | ① 사회적 소수자가 되는 기준은 시대, 장소, 소속 집단의 범주 등에 따라 상대적으로 규정된다. ②, ⑤는 제시된 사례와 관련이 적은 내용이다. ④ 시대가 바뀌면 사회적 소수자를 구분하는 기준도 바뀔 수 있다.

507 제시된 사례는 A국 출신인 갑이 B국에서는 사회적 소수자로 부당한 차별을 받았지만, 자국에서는 우수한 인재로 대우를 받았음을 보여 준다. 이를 통해 사회적 소수자는 사회적 상황에 따라 상대적으로 규정된다는 점을 파악할 수 있다.

바로알기 | ① 사회적 소수자는 집합적 정체성을 가지고 있지만, 해당 내용은 제시된 사례와 관련이 적다. ② 사회적 소수자는 인종, 국적, 종교 등 다양한 요인에 의해 규정된다. ③ 사회적 소수자는 대체로 다른 집단에 비해 권력의 열세에 있다. ④ 사회적 소수자는 인종 등과 같은 선천적 요인에 의해 규정되기도 한다.

508 을국 출신 노동자들은 교육, 임금 등 사회적 희소가치의 배분에 있어서 주류 집단인 갑국 국민에 비해 열악한 대우를 받고 있으므로, 사회적 소수자에 해당한다고 볼 수 있다.

바로알기 | ① 을국 출신 노동자들은 갑국에서 주류 집단에 의해 역차별을 받는 것이 아니라 부당한 대우를 받고 있다. ② 을국 출신 노동자들이 갑국의 주류 집단에 비해 인구 측면에서 소수에 해당하는지는 파악할 수 없으며, 수적으로 소수라고 해서 반드시 사회적 소수자인 것은 아

니다. ③ 을국 출신 노동자들이 갑국에서 주류 집단에 의해 적극적 우대 조치를 받았다는 내용은 나타나 있지 않다. ④ 갑국과 을국의 국민은 같은 민족임을 고려할 때 을국 출신 노동자들은 민족이 다르다는 이유로 갑국의 주류 집단으로부터 배척당하고 있지는 않다.

509 제시된 글은 사회적 소수자 문제의 원인이 차이를 '다름'으로 받아들이지 않는 사회적 소수자에 대한 배타적 태도에 있음을 강조하고 있다. 따라서 사회적 소수자에 대한 편견을 버리고 공존하려는 자세를 가지는 것을 사회적 소수자 문제의 해결 방안으로 중시할 것이다.
바로알기 | ① 제시된 글에서는 사회적 소수자 문제의 해결을 위해 제도 개선이 아니라 사회적 소수자에 대한 배타적 태도를 버리려는 의식 개혁에 주력해야 함을 강조하고 있다. ②는 제시된 글과 관련이 적은 내용이다. ③, ④ 제시된 글에 따르면 사회적 소수자와 주류 집단을 엄격히 구분해서는 안 되며, 사회적 소수자와 그렇지 않은 사람의 차이를 인정하고 사회적 소수자를 함께 살아가야 할 공존의 대상으로 삼아야 한다.

510 제시된 내용에 해당하는 제도는 적극적 우대 조치이다. ①, ② 적극적 우대 조치는 사회적 소수자에 대한 사회 진출의 기회를 높여 사회 통합에 기여하기도 하지만, 특혜를 받지 못하는 다른 사람들에 의해 역차별의 문제가 제기되기도 한다. ③ 적극적 우대 조치는 서로 다른 것을 다르게 대우하여 실질적인 기회의 평등을 구현한다는 의의가 있다. ⑤ 고위 공직자의 임용과 승진 등에서의 여성 할당제, 기업에서 일정 비율을 장애인으로 고용해야 하는 장애인 의무 고용제 등이 적극적 우대 조치에 해당한다.
바로알기 | ④ 적극적 우대 조치는 오랫동안 차별받아 온 특정 집단에 대한 차별을 개선하여 실질적 기회의 평등을 구현하고자 하므로, 차이를 고려하지 않고 획일적으로 똑같이 대우하는 형식적 평등보다 실질적 평등을 지향한다.

511 제시된 법률 내용들은 사회적 소수자에 대한 적극적 우대 조치를 인정하는 내용을 담고 있다. ㄱ. 적극적 우대 조치는 오랜 기간 차별받아 온 특정 집단에 대해 특혜를 주는 것이므로, 적극적 우대 조치로 인해 특혜를 받지 못하여 차별을 받게 되는 다른 집단에 의해 역차별 문제가 제기될 수도 있다. ㄷ, ㄹ. 제시된 법률 내용들은 오랫동안 차별받아 온 사회적 소수자에 대한 적극적 우대 조치를 정당화하는 근거가 되며, 사회적 소수자에 대한 우대를 통해 실질적인 기회의 평등을 구현하는 데 기여한다.
바로알기 | ㄴ. 적극적 우대 조치는 형식적 평등만으로는 사회적 소수자에 대한 실질적인 조치가 되지 않기 때문에 한시적으로 우대 정책을 취하는 것을 말한다. 따라서 차별에 대한 판단 기준이 시대나 사회에 따라 상대적이라고 본다.

512 사회적 소수자에 대한 적극적 우대 조치에 대해 갑은 찬성, 을은 반대의 입장을 취하고 있다. ㄴ. 을은 사회적 소수자에 대한 적극적 우대 조치로 인해 사회적 소수자가 아닌 집단에 역차별이 발생할 수 있음을 강조하고 있다. ㄷ. 갑은 을과 달리 적극적 우대 조치에 찬성하고 있음을 고려할 때 사회적 소수자 집단과 사회적 소수자가 아닌 집단 간 격차를 줄임으로써 실질적 평등의 실현을 강조하고 있다고 볼 수 있다.
바로알기 | ㄱ. 갑은 사회적 소수자에 대한 적극적 우대 조치에 찬성하고 있는데, 이는 사회적 소수자와 사회적 소수자가 아닌 사람의 차이를 고려해야 함을 강조한 것일 뿐 사회적 소수자 간 역량 차이를 고려해야 함을 강조한 것은 아니다. ㄹ. 을은 갑과 달리 적극적 우대 조치에 반대하고 있음을 고려할 때 사회적 희소가치가 특혜를 중심으로 배분되기보다

는 능력을 중심으로 배분되어야 한다는 점을 강조하고 있다고 볼 수 있다.

513 ㉠은 성 불평등이다. ㄴ. 성 불평등이 심화될 경우 성별 갈등과 대립을 야기하여 사회 통합을 저해할 수 있다. ㄹ. 성 불평등 문제를 해결하기 위해서는 성 역할에 대한 고정 관념을 없애고 양성평등 의식을 함양해야 한다.
바로알기 | ㄱ. 여자아이는 여성다움을, 남자아이는 남성다움을 유지하도록 요구하는 차별적 사회화는 성 불평등의 원인에 해당한다. 따라서 성 차별적 사회화를 지양함으로써 성 불평등 문제를 해결할 수 있다. ㄷ. 남성 중심적인 가부장제에서 비롯된 지나친 성별 분업은 성 불평등의 원인에 해당한다. 즉, 성 불평등은 남성은 지배적·주도적 일을 주로 하고, 여성은 보조 업무나 지원 업무를 담당하는 것과 같은 성별 분업을 강화하였기 때문에 발생하는 현상이다.

개념 보충

성 불평등

의미	생물학적 성과 사회적 성에 근거하여 사회적 지위, 권력, 위신 등에서 특정 성이 차별받는 현상
원인	가부장제적 사회 구조, 성 차별적 사회화 등
해결 방안	• 개인 측면: 양성평등 의식 함양, 성별의 차이 인정 등 • 사회 측면: 양성평등 원칙에 어긋나는 법과 제도 개선, 양성평등 의식 함양을 제도적으로 지원 등

514 ㄷ. 여성이 핵심 업무로부터 수평적으로 분리되면 승진에서도 어려움을 겪게 된다는 점에서 유리 벽은 유리 천장을 초래하는 원인이 될 수 있다. ㄹ. 유리 천장, 유리 벽과 같은 여성의 승진을 가로막는 장애물이 제거되면 능력에 따라 승진이 이루어져 사회적 자원의 배분 과정에서 공정성이 제고될 것이다.
바로알기 | ㄱ. 유리 천장은 조직의 공식적인 규정이 아니라 여성에 대한 편견으로 인해 나타나는 여성에 대한 차별이다. ㄴ. 유리 천장과 유리 벽은 모두 여성에 대한 편견에서 비롯될 뿐, 남성과 여성의 능력 차이에서 비롯되지는 않는다.

515 첫 번째 질문에서 생물학적 성은 태어날 때 결정되는 유전적·신체적 특징에 근거한 성이므로, 옳은 응답은 '○'이다. 두 번째 질문에서 사회적 성은 사회·문화적으로 형성된 성으로서 사회적인 환경과 교육에 의해 남녀의 기질이 형성된다는 것을 강조하므로, 옳은 응답은 '○'이다. 세 번째 질문에서 유리 벽은 여성이 핵심 업무로부터 수평적으로 분리되는 현상으로서 여성이 승진에서 불리한 상황에 처하게 되는 현상인 유리 천장을 초래하는 1차적 원인이 될 수 있으므로, 옳은 응답은 '○'이다. 네 번째 질문에서 남자아이와 여자아이를 다르게 기르는 부모의 양육 태도, 전통적 성 역할과 규범을 내면화시키는 학교 교육 등을 통해 성 차별적 사회화가 이루어지면서 성 불평등이 심화되므로, 옳은 응답은 '×'이다. 따라서 모든 질문에 옳게 답변한 학생은 첫 번째 질문, 두 번째 질문, 세 번째 질문에는 '○'로, 네 번째 질문에는 '×'로 답한 병이다.

516 ㄷ. 2000년과 2020년 갑국의 남성 평균 임금을 100으로 볼 때 여성 평균 임금은 2000년에 40(100−60), 2020년에 80(100−20)이므로, 갑국의 여성 평균 임금은 2000년에 비해 2020년이 2배이다. ㄹ. 2010년 대비 2020년에 갑국은 남녀 평균 임금 격차가 감소한 반면, 을국은 남녀 평균 임금 격차가 증가하였다. 이를 통해 2010년 대비 2020년의 여성 평균 임금 증가율은 갑국이 을국보다 높음을 알 수 있다.
바로알기 | ㄱ. 2000년 을국의 남성 평균 임금을 100으로 볼 때 여성 평균 임금은 60(100−40)이므로, 여성 평균 임금은 남성 평균 임금의 50%

를 넘는다. ㄴ. 2020년에 남녀 평균 임금 격차는 갑국보다 을국이 크므로 남녀 임금 격차를 해소하기 위한 정책은 갑국보다 을국에 더 필요하다.

517 **모범 답안** 남성과는 달리 여성의 경제 활동 참가율이 M자형 구조로 나타나는 것은 우리 사회에서 출산과 육아의 책임이 여전히 여성에게 있음을 보여 주는데, 이는 가부장제적 사회 구조와 차별적 사회화 등에 따른 성 불평등을 원인으로 발생하는 현상이다.

518 ㄷ. 여성의 경우 출산과 육아로 인하여 경력이 단절됨에 따라 경제 활동 참가율이 30~34세부터 급격히 낮아졌다가 40대가 되면 다시 높아지는 M자 형태로 나타난다. ㄹ. 35~39세에 남성의 경제 활동 참가율은 94.5%, 여성의 경제 활동 참가율은 55.8%로 그 격차가 모든 연령대 중 가장 크게 나타난다.
바로알기 | ㄱ. 전체 인구 중 15~19세의 경제 활동 참가율은 해당 연령대의 남성 경제 활동 참가율과 여성 경제 활동 참가율의 범위 내에서 결정되므로, 7.7%~9.9% 사이의 값을 갖는다. ㄴ. 15~19세, 20~24세는 남성보다 여성의 경제 활동 참가율이 높게 나타난다.

519 ㄴ. 2016년 남녀 근로자의 정규직 비율을 고려할 때 전체 근로자 중 정규직 비율은 60.1%~73.4% 사이의 값을 갖게 되므로, 남녀 전체 근로자 중 정규직 비율은 60.1%를 넘는다. ㄹ. 2015년~2017년 모두 여자 근로자의 정규직 비율이 비정규직 비율보다 높으므로, 여자 근로자의 과반수는 정규직이다.
바로알기 | ㄱ. 2015년 갑국의 남자 근로자 수와 여자 근로자 수가 제시되어 있지 않으므로, 남자 비정규직 근로자 수와 여자 비정규직 근로자 수를 비교할 수 없다. ㄷ. 2015년과 2017년의 여자 비정규직 근로자 비율은 40.2%로 같지만, 2015년 이후 남녀 근로자 수가 계속 증가하였으므로 2015년보다 2017년의 여자 비정규직 근로자 수가 더 많다.

520 성 역할 분담에 대해 갑은 갈등론적 관점, 을은 기능론적 관점에서 바라보고 있다. ① 갑은 남성 지배적인 가부장제에서 비롯된 성 역할 분담이 성 불평등 현상을 초래하였다고 보므로, 사회 규범이 지배 집단의 강제를 통해 형성된다고 본다.
바로알기 | ②, ③ 을은 성 역할 분담을 자연스러운 현상으로 인식하고 있다. 따라서 남성과 여성이 각자의 역할을 강요받는 구조를 문제로 인식하지 않으며, 학교 교육이 성 불평등 문제를 양산한다고 보지 않을 것이다. ④ 을은 성 불평등 문제를 성 역할의 일시적 교란 상태로 인식할 수 있지만, 갑은 성 불평등 문제를 남성 지배적인 가부장제에서 비롯되어 오랫동안 정착된 것으로 인식할 것이다. ⑤ 갑, 을은 모두 개인의 행위에 미치는 사회 구조의 영향력을 중시한다.

521 제시된 글은 성 불평등의 원인을 남성 지배적인 가부장제적 사회 구조에서 찾고 있다. ㄱ, ㄴ. 남성 중심적인 가부장제가 남성과 여성의 역할을 명확히 구분하여 남성은 지배적 업무를, 여성은 보조 업무를 담당하도록 하는 왜곡된 성 역할 형성에 기여함에 따라 성 불평등이 발생하였다.
바로알기 | ㄷ. 여성 스스로의 소극적인 문제 인식이 성 불평등 현상을 촉발시켰다는 내용은 언급되어 있지 않다. ㄹ은 성 불평등의 발생 원인 중 차별적 사회화에 대한 내용이다.

522 제시된 글은 차별적 사회화에 대해 설명하고 있다. 갑. 사람이 여성다움 혹은 남성다움을 학습하면서 성장한다는 표현을 통해 성 역할의 구분을 차별적 사회화의 산물로 보고 있음을 알 수 있다. 정. 정상적인 성 역할에서 벗어날 때에는 제재를 받기도 한다는 표현을 통해 성 역

할에는 남성과 여성에 대한 사회적 평가가 담겨 있음을 알 수 있다.
바로알기 | 을. 성 역할은 시대 변화에 따라 달라질 수 있으며, 이와 관련한 내용은 제시되어 있지 않다. 병. 제시된 글에 따르면 남성도 여성과 마찬가지로 정상적인 성 역할에서 벗어날 때는 제재를 받을 수 있으므로, 남성에게도 성 역할의 구분이 억압적 요소로 작용함을 알 수 있다.

523 제시된 글은 남성 캐릭터는 모험가와 과학자를 꿈꾸고, 여성 캐릭터는 요리를 대접하는 만화를 통해 남자의 역할과 여자의 역할이 왜곡되어 사회화될 수 있음을 강조하고 있다. 이를 통해 차별적 사회화 과정에서 왜곡된 성 역할과 규범이 고착화되어 성 불평등이 나타나는 문제점이 발생할 수 있음을 파악할 수 있다.

524 제시된 두 자료를 통해 우리나라에서 여성에 대한 성 불평등 현상이 심각함을 알 수 있다. 이러한 성 불평등 현상을 해소하기 위해서는 학교 교육과 대중 매체를 통해 양성평등 의식을 함양할 수 있도록 제도적으로 지원하는 등의 노력이 필요하다.
바로알기 | ① 남성과 여성에 관한 고정관념 및 편견을 고착화시킬 경우 성 불평등 문제가 더욱 심화된다. ② 양성평등 원칙에 어긋나는 법과 제도를 인정하면 성 불평등 문제의 해결이 어려워진다. ③ 전통적인 성 역할과 규범을 강조하는 부모의 양육 태도는 성 역할에 대한 차별적인 사회화를 심화시켜 성 불평등 문제의 해결을 어렵게 한다. ④ 성 불평등 문제의 해결을 위해 성별의 차이를 인정하고 상호 존중의 자세를 가져야 하지만, 부당한 성차별을 인정해서는 안 된다.

개념 보충

양성평등을 실현하기 위한 제도	
양성평등 채용 목표제	공무원을 채용할 때 어느 한쪽 성의 합격자 비율이 30% 미만이면 해당 성의 응시자를 목표 비율만큼 추가로 합격시키는 제도
성별 영향 분석 평가 제도	정부 주요 정책을 수립하는 과정에서 성차별적 요인을 분석하고 평가하여 정부 정책이 양성평등의 실현에 도움이 되도록 하는 제도
성인지 예산 제도	여성과 남성에게 미치는 영향을 분석하여 양성평등을 실현할 수 있도록 예산을 편성하고 집행하는 제도

525 밑줄 친 '이것'은 빈곤이다. ①, ⑤ 사회적 측면에서 빈곤은 범죄의 발생 원인이 되기도 하며, 사회 구성원 간 갈등과 사회 불안을 심화시키는 요인이 되기도 한다. ② 빈곤은 주거와 의료 등의 결핍을 가져와 건강이나 생명에 악영향을 미치는 등 인간의 생존을 위협하는 요인으로 작용하기도 한다. ③ 빈곤은 저개발국뿐만 아니라 경제적으로 발전한 선진국에서도 나타날 수 있다.
바로알기 | ④ 빈곤에 처한 사람은 경제 성장 정도와 관계없이 어느 사회에서나 존재한다. 이처럼 경제 성장이 일정 단계에 도달하더라도 빈곤이 완전히 해소될 수는 없다.

526 (가)는 개인적 차원에서, (나)는 사회 구조적 차원에서 빈곤의 원인을 바라보고 있다. ① 희생자 비난하기는 빈곤이 개인적 노력이나 능력 등의 부족에 기인한 것으로 보므로, 개인이 후천적으로 획득하는 사회적 지위를 개인의 능력과 노력의 산물로 본다.
바로알기 | ② 사회 구조적 힘이 자원 배분 방식을 결정한다고 보는 입장은 시스템 비난하기이다. ③ 시스템 비난하기는 빈곤이 불평등한 사회 구조에서 비롯된다고 보므로, 빈곤 문제의 대책으로 개인의 의식 개혁이 아닌 제도 개선을 강조한다. ④ 가난한 사람 스스로가 자신의 가난을 책임져야 한다는 점을 중시하는 입장은 희생자 비난하기이다. ⑤ 빈

곤 문제를 바라볼 때 희생자 비난하기는 개인의 책임만을, 시스템 비난하기는 사회 구조의 문제점만을 각각 강조한다. 따라서 희생자 비난하기와 시스템 비난하기 중 어느 하나에만 치중하면 빈곤 문제 해결에서 조화와 균형을 유지하기 어렵다.

527 A는 절대적 빈곤, B는 상대적 빈곤이다. ③ 상대적 빈곤은 해당 사회의 소득 분포를 고려하여 파악하므로, 평균 가구 소득이나 중위 소득이 높아지면 상대적 빈곤의 기준선인 상대적 빈곤선도 높아진다.

바로알기 | ① 절대적 빈곤도 다른 사람과 비교하였을 때 자원이 결핍된 상태로서 상대적 박탈감의 원인이 된다. ② 후진국과 마찬가지로 선진국에서도 상대적 빈곤의 문제가 나타난다. ④ 제시된 글에서 절대적 빈곤의 기준인 최저 생계비와 상대적 빈곤의 기준인 중위 소득의 50%는 모두 객관적인 기준에 해당한다. 즉, 절대적 빈곤과 상대적 빈곤은 모두 객관적인 기준에 의해 빈곤으로 분류된다. ⑤ 제시된 글에서의 절대적 빈곤선인 최저 생계비와 상대적 빈곤선인 중위 소득의 50%가 같을 경우 절대적 빈곤과 상대적 빈곤에 해당하는 가구 수가 동일하다.

개념 보충

빈곤의 유형

절대적 빈곤	• 의미: 인간이 최소한의 생활을 유지하는 데 필요한 자원이나 소득이 절대적으로 부족한 상태 • 특징: 우리나라에서는 최저 생계비 수준을 기준으로 절대적 빈곤을 파악함
상대적 빈곤	• 의미: 사회 구성원 대다수가 누리는 생활 수준을 영위하지 못하는 상태 • 특징: 우리나라에서는 중위 소득의 50%를 기준으로 상대적 빈곤을 파악함

528 최소한의 생활 수준을 유지하거나 영위하는 데 필요한 소득을 갖지 못한 상태를 의미하는 것은 절대적 빈곤이다. 따라서 A는 상대적 빈곤, B는 절대적 빈곤이다. ㄱ. 절대적 빈곤은 최소한의 생활 수준을 영위하지 못하는 경우로서 저개발국에서 특히 부각된다. ㄷ. (가)에는 절대적 빈곤과 상대적 빈곤의 공통점을 묻는 질문이 들어가야 한다. 절대적 빈곤과 상대적 빈곤은 모두 상대적 박탈감을 유발할 수 있으므로, 주어진 질문은 (가)에 들어갈 수 있다.

바로알기 | ㄴ. 절대적 빈곤과 상대적 빈곤은 모두 사회마다 기준선이 되는 금액이 다르다. ㄹ. (가)에는 상대적 빈곤만의 특징을 묻는 질문이 들어가야 한다. 절대적 빈곤과 상대적 빈곤은 모두 소득 수준이 높은 국가에서도 나타나므로, 주어진 질문은 (나)에 들어갈 수 없다.

529 인간의 생존에 필요한 최소한의 자원이 결핍된 상태로 정의되는 것은 절대적 빈곤이다. 따라서 A는 절대적 빈곤, B는 상대적 빈곤이다. ③ 우리나라에서는 절대적 빈곤은 최저 생계비, 상대적 빈곤은 중위 소득의 50%라는 객관적 지표를 통해 구분하므로 절대적 빈곤과 상대적 빈곤 모두 객관적인 기준에 따라 분류한다.

바로알기 | ① 선진국에서는 상대적 빈곤뿐만 아니라 최소한의 생계비 수준에 미달하는 절대적 빈곤도 나타날 수 있다. ② 상대적 빈곤은 소득의 불평등 정도를 측정하는 데 활용된다. ④ 절대적 빈곤과 상대적 빈곤에 모두 포함되는 가구가 있을 수 있으므로, 절대적 빈곤율과 상대적 빈곤율의 합이 그 나라 전체의 빈곤율인 것은 아니다. ⑤ (가)에는 상대적 빈곤만의 특징을 묻는 질문이 들어가야 한다. 우리나라에서 가구 소득이 최저 생계비 미만인 상태를 의미하는 것은 절대적 빈곤이므로, 주어진 질문은 (가)에 들어갈 수 없다.

530 ㄱ. 2015년 A국에서는 절대적 빈곤층 비율과 상대적 빈곤층 비율이 10%로 같으므로, 각 빈곤층을 구분하는 기준인 절대적 빈곤선과 상대적 빈곤선이 일치한다. ㄹ. 최저 생활을 유지하는 데 필요한 자원이나 소득이 절대적으로 부족한 빈곤의 유형은 절대적 빈곤이다. 2020년 B국에서 절대적 빈곤층 비율은 5년 전인 2015년에 비해 줄었다.

바로알기 | ㄴ. 절대적 빈곤과 상대적 빈곤은 모두 객관적인 기준에 따른 빈곤 개념이다. 따라서 제시된 표를 통해 주관적으로 빈곤을 느끼는 가구의 비율은 파악할 수 없다. ㄷ. 사회의 전반적 소득 분포를 고려한 빈곤의 유형은 상대적 빈곤이다. 2020년 A국에서 상대적 빈곤층 비율은 5년 전인 2015년에 비해 늘었다.

531 ① A 시기는 절대적 빈곤율이 상대적 빈곤율보다 높으므로, 최저 생계비가 중위 소득의 50%를 초과한다. 따라서 중위 소득이 최저 생계비의 2배보다 작다. ② B 시기는 A, C 시기에 비해 절대적 빈곤율과 상대적 빈곤율이 모두 낮다. 따라서 절대적 빈곤과 상대적 빈곤 모두에 해당되는 가구 비율은 B 시기에 가장 낮다. ③ B 시기는 절대적 빈곤율과 상대적 빈곤율이 같으므로, 최저 생계비 미만 가구 수와 중위 소득 50% 미만 가구 수가 같다. ④ C 시기에는 상대적 빈곤율이 절대적 빈곤율보다 높으므로, 모든 절대적 빈곤 가구가 상대적 빈곤 가구에 포함된다. 따라서 상대적 빈곤 가구의 수가 절대적 빈곤 가구의 수보다 많으므로, 전체 가구 소득 중 상대적 빈곤 가구의 소득 점유 비중이 절대적 빈곤 가구의 소득 점유 비중보다 높다

바로알기 | ⑤ A 시기의 최저 생계비와 C 시기의 최저 생계비를 파악할 수 있는 단서가 제시되어 있지 않으므로, A 시기와 C 시기의 최저 생계비를 비교할 수 없다.

532 ㄷ. 2017년에 상대적 빈곤율이 절대적 빈곤율의 2배이므로, 상대적 빈곤 가구 수는 절대적 빈곤 가구 수의 2배이다. ㄹ. 제시된 모든 연도에서 상대적 빈곤율이 절대적 빈곤율보다 높다. 이는 중위 소득의 50%보다 최저 생계비가 낮다는 것을 의미하므로, 제시된 모든 연도에서 중위 소득 대비 최저 생계비의 비율은 50% 미만이다.

바로알기 | ㄱ. 2011년에 상대적 빈곤율은 절대적 빈곤율보다 높다. 따라서 상대적 빈곤 가구가 모두 절대적 빈곤 가구에 해당하는 것이 아니라, 절대적 빈곤 가구가 모두 상대적 빈곤 가구에 해당한다. ㄴ. 2013년 대비 2015년에 상대적 빈곤율은 증가하였지만, 절대적 빈곤율은 변함이 없다. 그런데 2013년과 2015년의 갑국 전체 가구 수가 제시되어 있지 않으므로, 2013년 대비 2015년의 상대적 빈곤 가구 수와 절대적 빈곤 가구 수의 증감 여부도 파악할 수 없다.

533 ㄷ. 2015년에는 최저 생계비가 100만 원이라면 중위 소득의 50%도 100만 원이다. 따라서 절대적 빈곤율과 상대적 빈곤율이 같으므로, 절대적 빈곤 인구와 상대적 빈곤 인구는 같다. ㄹ. 2016년에는 최저 생계비가 100만 원이라면 중위 소득의 50%는 125만 원이다. 따라서 중위 소득은 250만 원이다.

바로알기 | ㄱ. 2013년에는 최저 생계비가 100만 원이라면 중위 소득의 50%는 50만 원이므로, 절대적 빈곤율이 상대적 빈곤율보다 크다. 따라서 절대적 빈곤 가구는 모두 상대적 빈곤 가구인 것이 아니며, 상대적 빈곤 가구는 모두 절대적 빈곤 가구이다. ㄴ. 2014년에는 최저 생계비가 100만 원이라면 중위 소득의 50%는 75만 원이다. 따라서 중위 소득은 150만 원이므로 최저 생계비는 중위 소득의 2/3배이다.

534 **모범 답안** (1) 1990년의 빈곤 가구는 100가구, 비빈곤 가구는 900가구이다. 2000년의 빈곤 탈출 가구는 30가구(100가구×30%), 빈곤 진입 가구는 180가구(900가구×20%)이므로, 2000년 빈곤층 가구 수는 250가구이다.

(2) 2000년의 빈곤 가구는 250가구, 비빈곤 가구는 750가구이다. 2010년의 빈곤 탈출 가구는 50가구(250가구×20%), 빈곤 진입 가구는 75가구(750가구 ×10%)이므로, 2010년 비빈곤층 가구 수는 725가구이다.

535 제시된 글에서는 빈곤 문제를 해결하기 위한 제도적 측면의 노력을 강조하고 있다. 빈곤 해결을 위한 제도적 측면의 노력으로 생활비, 교육비, 실업 수당 등의 지급을 통해 빈곤층이 최소한의 기본적인 생활을 유지할 수 있도록 경제적 지원을 해야 한다. 또한 노동자의 생활 안정을 위해 임금의 최저 수준을 정하고 사용자에게 그 수준 이상의 임금을 지급하도록 법으로 강제하는 최저 임금제를 도입해야 하며, 일할 수 있는 사람에게 일자리를 제공하거나 일자리를 얻을 수 있는 능력을 갖추도록 직업 교육 체계를 정립해야 한다.
바로알기 | ① 빈곤에서 벗어나려는 자활 의지를 갖추는 것은 빈곤 해결을 위한 개인의 의식적 측면의 노력에 해당한다.

536 제시된 사례는 빈민에 대한 체계적 지원과 빈민 스스로의 대출금 상환 노력이 합쳐져 방글라데시의 그라민 뱅크가 성공을 거두었음을 보여 준다. 이를 통해 빈민에 대한 지원과 빈곤 극복을 위한 빈민 개인의 자활 노력이 결합될 때 빈곤 문제가 효과적으로 해결될 수 있음을 파악할 수 있다.
바로알기 | ①은 빈곤 해결을 위한 개인적 측면의 노력에 해당하지만, 제시된 사례와 관련이 적다. ②, ④ 제시된 사례는 빈민에 대한 경제적 지원과 빈곤 탈출을 위한 개인의 의지가 모두 필요함을 보여 준다. ③ 빈민을 양산하는 사회 구조와 빈민에 대한 제도적 차별에 대한 내용은 제시된 사례에 나타나 있지 않다.

14 사회 복지와 복지 제도

개념 확인 문제   139쪽
537 (1) ○ (2) ×   **538** (1) – ㉠ (2) – ㉡ (3) – ㉢   **539**
(1) 강제 (2) 사후 처방적 (3) 비금전적 (4) 크다   **540** 생산적 복지

난이도별 **필수 기출**   140~145쪽

541 ①	542 ①	543 ⑤	544 해설 참조	545 ②
546 ⑤	547 ④	548 ②	549 해설 참조	550 ④
551 ⑤	552 ④	553 ①	554 ④ 555 ⑤	556 ②
557 ④	558 ④	559 해설 참조	560 ②	561 ④
562 ①	563 ⑤	564 ③	565 해설 참조	566 ③
567 ④				

541 ㄱ. 초기 자본주의 사회에서는 빈곤의 책임이 개인에게 있다고 보았지만, 현대 사회에서는 빈곤에 대한 사회적 책임이 강조되고 있다. ㄴ. 현대 사회로 오면서 빈곤 구제뿐만 아니라 모든 국민의 인간다운 생활과 삶의 질 향상이 사회 복지의 목적이 되고 있다.
바로알기 | ㄷ. 초기 자본주의 사회에서는 자선적·시혜적 성격의 복지가 중심이 되었다. ㄹ. 현대 사회에서는 사전 예방적 성격의 복지와 마찬가지로 사후 처방적 성격의 복지도 강화되고 있다.

542 ① 베버리지 보고서는 빈곤 문제의 해결책으로 소득 보장, 의료 보장, 의무 교육, 주택 정책 및 노동 정책 등을 중시하고 있다. 이는 빈곤 문제 해결을 위한 국가의 책임을 강조한 것이므로, 베버리지 보고서가 복지 국가의 이념을 지향하고 있음을 파악할 수 있다.
바로알기 | ② 베버리지 보고서는 사회적 차원에서 복지 문제에 접근하고 있다. ③ 베버리지 보고서는 소득 보장을 통한 궁핍 예방을 사회 보장의 궁극적 목표로 하고 있으므로, 사전 예방적 성격이 강한 정책을 선호하고 있다. ④ 베버리지 보고서는 사회 보장의 영역을 빈곤 구제에 한정하지 않고 삶의 질을 향상시키는 것까지도 고려하고 있다. ⑤ 베버리지 보고서는 사회 복지를 위한 민간단체의 역할이 아닌 정부의 역할을 강조하고 있다.

개념 보충

사회 복지 이념을 실현하기 위한 노력	
바이마르 헌법 (독일, 1919)	국민이 국가로부터 인간다운 생활을 보장받을 권리를 최초로 규정함
사회 보장법 (미국, 1935)	대공황의 극복 과정에서 뉴딜 정책의 일환으로 사회 보장 제도의 기틀을 마련함
베버리지 보고서 (영국, 1942)	'요람에서 무덤까지' 삶의 질 보장에 대한 국가적 책임을 인식함 → 현대적 의미의 사회 보장 제도 확립

543 ① 미국의 사회 보장법은 대공황의 극복 과정에서 뉴딜 정책의 일환으로 사회 보장 제도의 기틀을 마련하기 위해 시작되었다. ② 독일의 바이마르 헌법은 국민이 국가로부터 인간다운 생활을 보장받을 권리인 사회권을 최초로 규정하였다. ③ 영국의 베버리지 보고서는 삶의 질 보장에 대한 국가적 책임을 인식하고 현대적 의미의 사회 보장 제도를 확립하였다. ④ 영국의 베버리지 보고서는 빈곤에 대한 국가의 책임을

강조하였으며, '요람에서 무덤까지'로 표현되는 복지 제도의 발달에 기여하였다.

바로알기 | ⑤ 미국의 사회 보장법, 독일의 바이마르 헌법, 영국의 베버리지 보고서는 모두 빈곤의 책임이 개인이 아닌 국가에 있음을 강조하였다.

544 **모범 답안** ⑴ 사회 보험

⑵ 사회 보험은 모든 국민을 대상으로 하는 보편적 복지 제도로서 대상자의 강제 가입을 원칙으로 한다. 또한 상호 부조의 원리를 기반으로 하며, 대상자의 능력에 따라 비용을 부담하므로 소득 재분배 효과가 있다는 등의 특징이 있다.

545 ⑺는 국민연금, ⑻는 산업 재해 보상 보험이다. 국민연금은 가입자, 사용자, 국가로부터 일정액의 보험료를 받고, 이를 재원으로 사회적 위험에 노출되어 소득이 중단되거나 상실될 가능성이 있는 사람들에게 다양한 급여를 제공한다. 산업 재해 보상 보험은 근로자의 업무상 재해를 신속하고 공정하게 보상하며, 재해 예방과 근로자의 복지 증진을 위한 사업을 시행하여 근로자를 보호하고자 한다.

546 국민연금과 산업 재해 보상 보험은 모두 사회 보험에 해당한다. ⑤ 사회 보험은 원칙적으로 수혜 정도와 무관하게 대상자의 재산, 소득 수준 등 부담 능력에 따라 보험료를 차등 징수한다.

바로알기 | ① 사회 보험은 보편적 복지의 성격을 지닌다. ② 사회 보험은 대상자의 강제 가입을 원칙으로 한다. ③ 사회 보험은 미래의 위험을 보험의 방식으로 대처한다는 점에서 사후 처방적 성격보다 사전 예방적 성격이 강하다. ④ 사회 보험은 모든 국민을 대상으로 한다. 생활 유지 능력이 없거나 생활이 어려운 국민을 대상으로 하는 것은 공공 부조이다.

개념 보충

	사회 보험
의미	국민에게 발생하는 질병, 장애, 노령, 실업, 사망 등의 사회적 위험을 보험의 방식으로 대비함으로써 국민이 안전한 삶을 누리는 데 필요한 건강과 소득을 보장하는 제도 → 모든 국민을 대상으로 함
특징	• 가입자와 사용자, 국가 및 지방 자치 단체가 공동으로 비용을 부담함 • 대상자의 강제 가입을 원칙으로 함 • 상호 부조의 원리를 기반으로 함 • 원칙적으로 수혜 정도와 무관하게 재산 등 부담 능력에 따라 비용을 부담함 → 소득 재분배 효과가 있음
종류	국민연금, 국민 건강 보험, 고용 보험, 산업 재해 보상 보험, 노인 장기 요양 보험 등

547 ④ 국민연금 수급자 중 유족 연금 수급자의 비중은 2017년에 약 15.1%(60만 명/398만 명)에서 2019년에 약 16.3%(70만 명/429만 명)로 증가하였다.

바로알기 | ① 국민연금 수급자 수는 2019년이 가장 많지만, 수급자에게 지급되는 국민연금 수급액은 매년 다를 수 있다. 따라서 국민연금 수급액이 2019년에 가장 많은지 여부는 파악할 수 없다. ② 노령 연금 수급자 수는 2015년 이후 증가하였다. ③ 유족 연금 수급자 수와 장애 연금 수급자 수는 모두 2015년 이후 증가하였다. ⑤ 2015년 대비 2017년 노령 연금 수급자 증가율은 약 6.5%(20만 명/310만 명), 2015년 대비 2019년 유족 연금 수급자 증가율은 40%(20만 명/50만 명)로 서로 같지 않다.

548 제시된 법률은 기초 연금에 대한 규정을 담고 있는데, 기초 연금 제도는 공공 부조에 해당한다. ㄱ, ㄷ. 공공 부조는 금전적 지원을 원칙으로 하며, 국민의 세금을 재원으로 생활이 어려운 계층을 지원하므로 소득 재분배 효과가 크다.

바로알기 | ㄴ, ㄹ은 사회 보험에 대한 설명에 해당한다.

개념 보충

	공공 부조
의미	생활 유지 능력이 없거나 생활이 어려운 국민의 최저 생활을 보장하고 자립을 지원하기 위해 금전적·물질적 급여를 제공하는 제도
특징	• 국가와 지방 자치 단체가 모든 비용을 부담함 • 사회 보험보다 소득 재분배 효과가 큰 편임
종류	국민 기초 생활 보장 제도, 기초 연금 제도 등

549 **모범 답안** A국의 에너지 이용권 제도의 혜택을 받을 수 있는 의료 급여 수급자가 되려면 월 소득 인정액이 중위 소득의 40% 이하여야 한다. 따라서 A국의 중위 소득이 200만 원일 때 월 소득 인정액이 80만 원 이하이면 의료 급여 수급자가 되므로, 월 소득 인정액이 75만 원인 1인 노인 가구는 에너지 이용권 제도의 혜택을 받을 수 있다.

550 갑은 의료 급여를 받고 있으므로 갑의 가구 월 소득 인정액은 중위 소득의 40% 이하에 해당한다. 갑의 가구 월 소득 인정액이 40% 이하 30% 초과라면 교육, 주거, 의료 급여를 받게 되며, 가구 월 소득 인정액이 30% 이하라면 교육, 주거, 의료, 생계 급여를 받게 된다. ㄱ. 주거 급여는 가구 월 소득 인정액이 중위 소득의 43% 이하일 때 지급되는데, 갑의 가구 월 소득 인정액은 중위 소득의 40% 이하이다. 따라서 갑은 주거 급여를 받고 있다. ㄷ. 갑은 최소 교육, 주거, 의료 급여를 받고 있으므로, 국민 기초 생활 보장 제도의 적용을 받고 있다. ㄹ. 갑은 가구 월 소득 인정액이 중위 소득의 40% 이하인 가구에 지급되는 의료 급여를 받고 있으므로, 갑의 가구 월 소득 인정액은 80만 원 이하이다.

바로알기 | ㄴ. 갑의 가구 월 소득 인정액이 중위 소득의 30% 이하인지는 알 수 없으므로, 갑이 생계 급여를 받고 있다고 단정 지을 수 없다.

551 ㄷ. 3인 가구의 경우 중위 소득은 월 소득액 3,800달러이므로 교육 급여는 중위 소득의 50%인 월 소득액 1,900달러 이하일 때 대상자가 되고, 주거 급여는 중위 소득의 45%인 월 소득액 1,710달러 이하일 때 대상자가 된다. 따라서 3인 가구로 월 소득액이 1,800달러인 가구는 교육 급여만 받을 수 있다. ㄹ. 생계 급여의 대상자는 월 소득액이 중위 소득의 30% 이하에 해당하는데, 이는 의료 급여, 주거 급여, 교육 급여의 수급자 기준에도 충족된다. 따라서 생계 급여의 대상자는 의료 급여, 주거 급여, 교육 급여를 모두 받을 수 있다.

바로알기 | ㄱ. 공공 부조에 해당하는 국민 기초 생활 보장 제도는 일정 기준을 충족하는 대상자에게만 급여를 지급하므로, 보편적 복지의 성격보다는 선별적 복지의 성격이 강하다. ㄴ. 주거 급여 대상자의 선정 기준은 중위 소득 45% 이하이지만, 생계 급여 대상자의 선정 기준은 중위 소득의 30% 이하이다. 따라서 주거 급여의 대상자더라도 월 소득액이 중위 소득의 30%를 초과하면 생계 급여의 대상자가 되지 않는다.

552 소득 재분배의 효과는 사회 보험에 비해 공공 부조가 더 크다. 따라서 A는 사회 보험, B는 공공 부조이다. ㄴ. 공공 부조는 비용 전액을 국가 및 지방 자치 단체가 부담하는 것을 원칙으로 한다. ㄹ. 사회 보험은 전 국민을 대상으로 하고, 공공 부조는 생활이 어려운 일부 국민을 대상으로 하므로 수혜자의 범위는 사회 보험이 공공 부조보다 넓다. 따라서 ⑺에는 '수혜자의 범위'가 들어갈 수 있다.

바로알기 | ㄱ. 사회 보험은 국민 전체를 대상으로 하므로 보편적 복지 이념을 바탕으로 한다. 이와 달리 공공 부조는 대상자를 선별해서 복지를 제공하는 선별적 복지 이념을 바탕으로 한다. ㄷ. 공공 부조는 현재 직면한 사회적 위험에 대응하므로 사후 처방적 성격이 강하다. 이와 달리 사회 보험은 미래에 직면할 사회적 위험에 대처하는 사전 예방적 성격이 강하다.

553 수혜 대상자의 범위는 사회 보험이 공공 부조보다 넓으므로 A는 사회 보험, B는 공공 부조이다. ① 사회 보험은 공공 부조와 달리 모든 대상자가 의무적으로 가입하는 것을 원칙으로 한다.
바로알기 | ② 사회 보험과 공공 부조는 모두 소득 재분배 효과가 나타난다. ③ 복지 비용 중 정부 재정이 차지하는 비중은 사회 보험보다 국가나 지방 자치 단체가 비용을 전액 부담하는 공공 부조가 더 크다. 따라서 주어진 내용은 (가)에 들어갈 수 없다. ④ 공공 부조는 사후 처방적 성격이 강하며, 사회 보험은 사전 예방적 성격이 강하다. 따라서 주어진 내용은 (나)에 들어갈 수 없다. ⑤ 사회 보험은 모든 국민을 대상으로 보편적 복지 이념을 실현하고자 하며, 공공 부조는 생활이 어려운 일부 국민을 대상으로 선별적 복지 이념을 실현하고자 한다. 따라서 주어진 내용은 (다)에 들어갈 수 없다.

554

구분	사회 보험 ● 국민연금 수급자	공공 부조 ● 기초 연금 수급자 (단위: %)
┌ 남자	47.5	36.2
└ 여자	41.2	61.4
전체	43.3	53.0

┕● 남자 인구:여자 인구 = 1:2

국민연금과 기초 연금의 수급자 비율에서 '전체 − 남자'의 절댓값이 '전체 − 여자'의 절댓값의 2배이므로, A 지역의 65세 이상 인구는 여자가 남자의 2배이다. ㄱ. A 지역의 65세 이상 인구 중 남자를 1,000명, 여자를 2,000명으로 가정하면 국민연금 수급자 수는 남자가 475명(1,000명×47.5%)이고, 여자가 824명(2,000명×41.2%)이므로 여자가 남자보다 많다. ㄷ. 사회 보험에 해당하는 제도인 국민연금의 전체 수급자 비율(43.3%)보다 공공 부조에 해당하는 제도인 기초 연금의 전체 수급자 비율(53.0%)이 높다. ㄹ. 소득을 고려하여 수혜자를 선정하는 제도는 공공 부조에 해당하는 기초 연금이다. 기초 연금의 경우 남자의 수급자 비율은 36.2%로서 40%가 되지 않는다.
바로알기 | ㄴ. 상호 부조의 원리가 적용되는 제도는 사회 보험에 해당하는 국민연금이다. 국민연금의 전체 수급자 비율은 43.3%로서 50%에 미치지 못하므로, 국민연금의 수급자 수는 65세 이상 인구의 과반수가 되지 않는다.

555 제시된 제도들은 모두 사회 서비스에 해당하는 사회 보장 제도이다. ⑤ 사회 서비스는 도움이 필요한 취약 계층에 상담, 재활, 돌봄, 관련 시설의 이용 등을 지원해 줌으로써 자활의 기회를 제공하는 것을 목적으로 한다.
바로알기 | ①, ③은 사회 보험에 대한 설명이다. ② 사회 서비스는 비금전적 지원을 원칙으로 한다. ④ 사회 서비스는 수혜자 부담을 원칙으로 하나 일정 소득 수준 이하의 국민은 비용의 전부 또는 일부를 국가나 지방 자치 단체가 부담한다. 수혜자의 소득 정도에 비례하여 비용을 부담하는 것은 사회 보험이다.

556 아이 돌봄 사업은 사회 서비스에 해당하는 사회 보장 제도이다.

ㄱ. 사회 서비스는 상담, 재활, 돌봄, 정보 제공, 관련 시설 이용, 역량 개발 등 비금전적 형태의 서비스 지원을 원칙으로 한다. ㄹ. 사회 서비스는 국민의 서로 다른 필요에 부합하는 차별화된 지원을 중시한다.
바로알기 | ㄴ은 사회 보험, ㄷ은 공공 부조의 특징이다.

557 A 제도는 가사·간병 방문 지원 서비스로서 사회 서비스에 해당하고, B 제도는 기초 연금 제도로서 공공 부조에 해당한다.

558 사회 보험과 공공 부조는 금전적 지원을 원칙으로 하지만, 사회 서비스는 비금전적 지원을 원칙으로 한다. 또한 사회 보험은 공공 부조와 달리 수혜자 부담을 원칙으로 한다. 따라서 A는 사회 서비스, B는 공공 부조, C는 사회 보험이다. ④ 국민 건강 보험과 노인 장기 요양 보험은 사회 보험에 해당한다.
바로알기 | ① 국민연금은 사회 보험, 기초 연금 제도는 공공 부조에 해당한다. ② 고용 보험과 산업 재해 보상 보험은 사회 보험에 해당한다. ③ 노인 돌봄, 가사·간병 방문 지원은 사회 서비스에 해당한다. ⑤ 의료 급여 제도와 국민 기초 생활 보장 제도는 공공 부조에 해당한다.

559 〔모범 답안〕 사회 서비스는 국가, 지방 자치 단체, 민간 부문의 도움이 필요한 국민을 대상으로 하고, 공공 부조는 생활 유지 능력이 없거나 생활이 어려운 국민을 대상으로 하며, 사회 보험은 모든 국민을 대상으로 한다.

560 강제 가입을 원칙으로 하는 것은 사회 보험이고, 비금전적 지원을 원칙으로 하는 것은 사회 서비스이다. 따라서 A는 사회 서비스, B는 공공 부조, C는 사회 보험이다. ㄱ. 사회 서비스와 공공 부조는 모두 지방 자치 단체가 비용을 부담할 수 있다. ㄷ. 공공 부조와 사회 보험은 모두 소득 재분배 효과가 나타난다.
바로알기 | ㄴ. '상호 부조의 성격이 강하다.'는 특징은 사회 보험에 나타난다. ㄹ. '사전 예방적 성격이 강하다.'는 특징은 공공 부조보다 사회 보험에서 더 두드러지게 나타난다.

561 ㉠은 사회 보험, ㉡은 공공 부조, ㉢은 사회 서비스에 해당한다. ④ 공공 부조는 세금을 재원으로 비용 전액을 충당하기 때문에 사회 보험에 비해 소득 재분배 효과가 크다.
바로알기 | ① 사회 보험은 가입자의 수혜 정도가 아니라 부담 능력에 따라 비용이 산출된다. ② 상호 부조의 원리가 적용되는 것은 사회 보험이다. ③ 사회 보험과 달리 사회 서비스는 민간단체를 통해 운영되기도 한다. ⑤ 사회 보험은 전체 국민을, 공공 부조는 생활 유지 능력이 없거나 생활이 어려운 일부 국민을, 사회 서비스는 국가나 지방 자치 단체 또는 민간 부문의 도움이 필요한 국민을 대상으로 한다. 따라서 사회 보험은 공공 부조와 사회 서비스에 비해 수혜 대상의 범위가 넓다.

562 제시된 글은 복지 제도의 한계에 대해서 설명하고 있는데, 과도한 복지로 인해 국민의 근로 의욕이 줄어들고 사회 전체의 생산성과 효율성이 저하되는 현상인 복지병이 발생하였음을 보여 준다.

563 제시된 글에서는 반납되어야 할 장애인 등록증이 회수되지 않고 악용될 가능성이 있음을 강조하고 있다. 이처럼 복지 제도를 악용하여 혜택을 부정적으로 수급하고 자신의 책임을 저버리는 도덕적 해이가 나타날 수 있으므로, 복지 수혜자의 도덕적 해이를 예방할 수 있는 대책이 필요하다는 결론을 내릴 수 있다.

564 밑줄 친 '제3의 길'은 사회주의 복지 국가와 신자유주의 시장 경제의 단점을 배제하고 장점만을 융화시킨 새로운 개념이다. 이는 경제적 효율성과 복지의 형평성을 동시에 추구하면서 복지 혜택 수급자들이 자립할 수 있도록 유도하는 전략이다.
바로알기 | ㄱ. 제3의 길은 복지병을 해결하기 위한 대안에 해당한다. ㄹ. 제3의 길은 사회적 약자가 국가의 복지 제도에 기대어 자립 의지를 상실하지 않도록 근로 의욕을 높여 생산적 복지를 유도하는 것을 우선적으로 추구한다.

565 **모범 답안** (1) 생산적 복지
(2) 생산적 복지는 일할 능력이 있는 사람의 근로 의욕을 높여 경제 활동 참여를 장려함으로써 경제적 효율성을 달성하고 사회적 약자도 보호하고자 한다.

566 근로 장려 세제는 근로 소득의 크기에 따라 근로 장려금을 차등 지급함으로써 근로를 유인하는 기능이 있다. 이는 근로와 복지를 연계시켜 일할수록 소득이 늘어나도록 하여 근로 의욕을 높이고, 저소득 근로자가 스스로 빈곤에서 탈출하도록 돕는 것을 목적으로 한다.
바로알기 | ①, ⑤는 근로 장려 세제와 관련이 적은 내용이다. ② 복지 혜택을 늘린다고 해서 도덕적 해이를 막을 수 있는 것은 아니다. ④ 근로 장려 세제는 근로를 조건으로 복지 혜택을 제공한다.

567 ㄴ. 맞벌이 가구의 경우 총급여액 1,000만 원~1,300만 원 구간에는 근로 장려금이 230만 원이지만, 총 급여액이 1,300만 원을 초과하면 근로 장려금은 230만 원보다 적다. 따라서 총 급여액이 1,700만 원이라면 지급되는 근로 장려금은 230만 원을 넘지 않는다. ㄹ. 총급여액이 900만 원일 때 홑벌이 가구가 받는 근로 장려금은 185만 원이고, 단독 가구가 받는 근로 장려금은 77만 원이다. 따라서 홑벌이 가구가 받는 근로 장려금은 단독 가구가 받는 근로 장려금의 두 배 이상이다.
바로알기 | ㄱ. 맞벌이 가구의 경우 총급여액 1,000만 원까지는 총급여액이 늘어남에 따라 근로 장려금도 증가한다. 하지만 총급여액 1,000만 원~1,300만 원 구간에는 근로 장려금이 동일하며, 총급여액 1,300만 원~2,500만 원 구간에는 총급여액이 늘어남에 따라 근로 장려금이 감소한다. 즉, 총급여액이 높아진다고 해서 근로 장려금도 계속 증가하는 것은 아니다. ㄷ. 홑벌이 가구의 경우 근로 장려금을 포함한 총소득은 총급여액이 1,000만 원일 때는 1,185만 원이고, 총급여액이 1,200만 원일 때는 1,385만 원이므로 총 급여액이 1,000만 원일 때보다 1,200만 원일 때 근로 장려금을 포함한 총소득이 더 많다

최고 수준 **도전 기출** (11~14강)   146~149쪽

568 ⑤	569 ②	570 ⑤	571 ④	572 ④	573 ①
574 ②	575 ①	576 ④	577 ②	578 ②	579 ③
580 ⑤	581 ①	582 ④	583 ②		

568 A는 기능론, B는 갈등론이다. ⑤ 기능론은 사회적 희소가치의 배분 기준이 사회 구성원의 합의에 의해 사회를 효율적으로 운영하기 위한 방향으로 정해진다고 본다. 따라서 주어진 내용은 (나)에 적절하다.
바로알기 | ① 사회 불평등 현상이 지배와 피지배 관계에서 비롯된다고 보는 것은 갈등론의 입장이다. ② 갈등론은 사회 불평등 현상이 보편적인 현상이지만, 불가피한 현상은 아니라고 본다. ③ 기능론은 갈등론과 달리 개인의 성취동기가 지위 변동에 미치는 영향력을 중시한다. ④ 개인의 능력 차이에 따른 보상의 차등 분배를 강조하는 것은 기능론의 입장이므로, 주어진 내용은 (가)에 적절하지 않다.

569 차등 분배 기대치가 높을수록 사회가 발전한다고 보는 것은 기능론의 입장이다. 따라서 A는 갈등론, B는 기능론이다. ① 갈등론은 사회 불평등 현상이 사회적 분배 체계의 구조적 모순에 의해서 발생한다고 인식하므로, 사회적 분배 체계의 구조적 변화를 통해 사회 불평등 현상을 해결할 수 있다고 본다. ③ 기능론은 사회 불평등 현상이 개인의 성취동기를 자극함으로써 사회 발전에 기여한다고 본다. ④ 기능론은 사회 구성원들의 합의에 의해 권력, 재산과 같은 사회적 희소가치의 배분 기준이 정해진다고 본다. ⑤ 기능론과 갈등론은 모두 사회 불평등 현상이 보편적으로 나타나는 현상이라고 본다.
바로알기 | ② 지위 획득을 위해 오랜 시간과 많은 노력을 투자한 사람일수록 사회적 지위가 높다고 보는 것은 사회적 기여도에 따른 차등 분배를 중시하는 기능론의 입장이다.

570 사회 불평등 현상을 설명하는 요인을 다차원적으로 보는 것은 계층론이다. 따라서 A는 계층론, B는 계급론이다. 한편, 첫 번째 진술을 고려할 때 주어진 진술에 따라 계급론과 계층론을 모두 옳게 구분한 학생은 을이다. ㄴ. 계층론은 사회 불평등 현상을 다차원적으로 보므로, 계급론과 달리 지위 불일치 현상을 설명하기에 용이하다. ㄷ. (가)에는 계층론에만 해당하는 진술이 들어가야 한다. 복합적으로 층위를 구분하는 것은 계층론이므로, 주어진 진술은 (가)에 적절하다. ㄹ. (나)에는 계층론과 계급론 모두에 해당하는 진술이 들어가야 한다. 계급론과 계층론은 모두 경제적 요인을 사회 불평등 현상의 원인으로 고려하므로, 주어진 진술은 (나)에 적절하다.
바로알기 | ㄱ. 같은 계층 범주에 속하는 사람들 간 연대 의식이 뚜렷하다고 보는 것은 계급론이다. 따라서 주어진 진술에 따라 계층론과 계급론을 모두 옳게 구분한 학생은 을이다.

571 자료를 토대로 갑~정의 재산, 위신, 권력 측면의 계층을 파악하면 다음과 같다.

구분	갑	을	병	정
재산	상층	중층	상층	하층
위신	상층	중층	하층	중층
권력	중층	하층	상층	상층

④ 계층론에 따르면 재산 측면의 계층적 위치는 갑이 상층, 정이 하층이고, 위신 측면의 계층적 위치는 갑이 상층, 정이 중층이므로 재산과 위신의 계층적 지위 모두 갑이 정보다 높다.

바로알기| ① 계급론에 따르면 생산 수단을 소유한 갑과 병은 자본가 계급, 생산 수단을 소유하지 못한 을과 정은 노동자 계급에 속한다. ② 계급론에 따르면 을은 노동자 계급, 병은 자본가 계급으로서 서로 다른 계급에 속하므로, 을과 병은 공통의 계급적 연대 의식을 갖지 못한다. ③ 계층론에 따르면 위신 측면에서만 을과 정의 계층적 위치가 동일하다. ⑤ 계층론에 따르면 갑, 을, 병, 정 모두 위신과 권력이 서로 다른 측면에 속하므로, 위신과 권력 간 지위 불일치가 나타나는 사람은 네 명이다.

572 ④ (나)에는 하강 이동, (다)에는 상승 이동이 나타나 있는데, 하강 이동과 상승 이동은 모두 수직 이동에 해당한다.

바로알기| ① (가)에 나타난 사회 이동은 같은 계층 내에서 이루어지는 수평 이동으로서 폐쇄적 계층 구조에서도 나타날 수 있다. ② (나)는 을의 생애 동안에 나타나는 계층적 위치의 변화를 나타내므로, 세대 내 이동에 해당한다. ③ (다)는 수직 이동 중 상승 이동에 해당하지만, 개인의 능력과 노력에 따라 계층적 위치가 변화하였으므로 개인적 이동에 해당한다. ⑤ (나)만이 기존 계층 구조의 변화를 수반하는 사회 이동인 구조적 이동에 해당한다.

573 (가)에 따르면 부모 세대에서 A+B=9이고 A−B=3이므로 A=6, B=3, C=1이 된다. 한편, 자녀 세대에서는 A+B=3이고 B−A=1이므로 A=1, B=2, C=1이다. 이를 종합적으로 고려할 때 부모 세대의 계층 구조는 피라미드형 계층 구조, 자녀 세대의 계층 구조는 다이아몬드형 계층 구조가 된다. 따라서 A는 하층, B는 중층, C는 상층이다. 제시된 자료를 바탕으로 갑국의 세대 간 계층 이동 현황을 정리하면 다음과 같다.

(단위: %)

부모 세대 / 자녀 세대	상층(C)	중층(B)	하층(A)	계
상층(C)	10	11	4	25
중층(B)	0	15	35	50
하층(A)	0	4	21	25
계	10	30	60	100

상승 이동 / 하강 이동

ㄱ. 세대 간 하강 이동한 자녀는 4%(0%+0%+4%)이고, 세대 간 상승 이동한 자녀는 50%(11%+4%+35%)이므로 세대 간 하강 이동한 자녀보다 세대 간 상승 이동한 자녀가 많다. ㄴ. 하층 부모를 둔 상층 자녀의 비율과 중층 부모를 둔 하층 자녀의 비율은 각각 4%로 같으므로, 하층 부모를 둔 상층 자녀의 수와 중층 부모를 둔 하층 자녀의 수는 같다.

바로알기| ㄷ. 중층 부모를 둔 자녀의 세대 간 상승 이동 비율(11%)은 세대 간 하강 이동 비율(4%)의 3배가 되지 않는다. ㄹ. 하층 부모를 둔 자녀 중에서 세대 간 상승 이동한 사람의 비율은 39%(4%+35%)이고, 중층 부모를 둔 자녀 중에서 세대 간 상승 이동한 사람의 비율은 11%이다. 따라서 세대 간 상승 이동한 사람의 수는 하층 부모를 둔 자녀보다 중층 부모를 둔 자녀가 적다.

574 A는 상승 이동과 하강 이동이 가능한 계층, B는 하강 이동을 할 수 없는 계층, C는 상승 이동을 할 수 없는 계층이다. 따라서 A는 중층, B는 하층, C는 상층이다. 제시된 자료를 바탕으로 갑국의 세대 내 계층 이동 현황을 정리하면 다음과 같다.

(단위: %)

1980년 / 2010년	상층(C)	중층(A)	하층(B)	계
상층(C)	10	5	10	25
중층(A)	20	20	10	50
하층(B)	0	5	20	25
계	30	30	40	100

상승 이동 / 하강 이동

ㄱ. 제시된 표를 통해 상층에서 하층으로의 세대 내 이동은 나타나지 않았음을 파악할 수 있다. ㄹ. 1980년 계층 대비 2010년에 계층적 지위가 유지된 비율은 중층이 약 66.7%(20/30), 하층이 50%(20/40)이므로 중층이 하층보다 높다.

바로알기| ㄴ. 계층 구성원의 비율 중 중층의 비율이 높을수록 사회 통합에 유리하다. 중층의 비율은 2010년이 1980년보다 높으므로, 1980년보다 2010년의 계층 구조가 사회 통합에 유리하다. ㄷ. 2010년 하층 중 세대 내 수직 이동을 경험하지 않은 비율은 80%(20/25)로서 50%를 초과한다.

575 제시된 두 사례는 적극적 우대 조치에 해당한다. 적극적 우대 조치는 제도적 측면에서 사회적 소수자에 대한 차별을 개선하기 위한 조치로, 사회적 소수자에 대한 사회적 차별을 시정함으로써 실질적인 기회의 평등을 구현하고자 한다.

바로알기| ㄷ. 적극적 우대 조치는 오랫동안 차별받아 온 사회적 소수자에게 특혜를 부여하기 위한 제도적 노력에 해당한다. ㄹ. 적극적 우대 조치는 역차별 문제를 해소하고자 하는 제도가 아니며, 오히려 적극적 우대 조치로 인해 사회적 소수자가 아닌 사람이 역차별을 받게 될 수도 있다.

576 (가) 사회적 성은 한 개인을 둘러싼 사회·문화적인 환경 속에서 획득 및 형성되므로 사회 변동의 영향을 받는다. 따라서 옳은 답변은 '×'이다. (나) 차별적 사회화는 사회 전반에 자리 잡은 성별에 관한 선입견과 편견을 토대로 남성과 여성이 서로 다른 정체성과 역할을 습득하는 과정으로서 성 불평등 문제의 원인이 된다. 따라서 옳은 답변은 '○'이다. (다) 남성다움과 여성다움은 차별적인 사회화 과정을 통해 형성되는 사회적 성에 의해 결정된다. 따라서 옳은 답변은 '×'이다. (라) 사회적 성은 선천적으로 결정되는 것이 아니라 사회·문화적 요소에 의해 후천적으로 형성된다. 따라서 옳은 답변은 '×'이다. ㄴ. 을은 (가), (나), (라)에 대해서는 옳지 않은 답을, (다)에 대해서는 옳은 답을 하였다. ㄹ. 첫 번째 질문과 세 번째 질문, 네 번째 질문에는 '×', 두 번째 질문에는 '○'로 답변하여 (가)~(라) 모두에 옳은 답을 한 학생은 정이다.

바로알기| ㄱ. 갑은 (가), (나), (라)의 세 가지 진술에 옳은 답을 하였다. ㄷ. 병은 (가)에 대해서는 옳지 않은 답을, (나), (다), (라)에 대해서는 옳은 답을 하였다.

577 주어진 조건에 따라 갑국의 성차별 경험자 수를 남성 100명, 여성 200명으로 가정한 후 항목별로 성차별 경험자 수를 정리하면 다음과 같다.

(단위: 명)

구분	학력			지역	
	중졸 이하	고졸	대졸 이상	도시	농촌
남성	50	15	35	40	60
여성	100	50	50	60	140
계	150	65	85	100	200

ㄱ. 성차별 경험자 수는 농촌이 200명, 도시가 100명으로서 농촌이 도시의 2배이다. ㄹ. 중졸 이하 학력의 남성 성차별 경험자 수와 대졸 이상 학력의 여성 성차별 경험자 수는 각각 50명으로 같다.

바로알기| ㄴ. 여성 전체 인구와 남성 전체 인구를 파악할 수 있는 자료가 제시되어 있지 않으므로, 여성 전체 인구와 남성 전체 인구를 비교할 수 없다. ㄷ. 성차별 경험자의 학력과 지역은 별개의 비율로 제시되어 있으므로, 성차별 경험자 중 농촌의 중졸 이하 학력이 차지하는 남성 비율과 여성 비율은 파악할 수 없다.

578 2020년에 최저 생계비는 중위 소득의 50% 미만이라고 하였으므로 A는 상대적 빈곤 가구, B는 절대적 빈곤 가구이다. 갑. 2010년에는 절대적 빈곤 가구의 비율이 상대적 빈곤 가구의 비율보다 크므로 최저 생계비가 중위 소득의 50%보다 크지만, 중위 소득보다 큰지는 알 수 없다. 즉, 옳지 않은 분석이다. 을. 2015년에는 절대적 빈곤 가구의 비율과 상대적 빈곤 가구의 비율이 6%로 일치하여 모든 절대적 빈곤 가구가 상대적 빈곤 가구이므로 전체 가구의 6%가 빈곤 가구이다. 즉, 옳은 분석이다. 병. 2020년에는 최저 생계비가 중위 소득의 50% 미만이므로, 상대적 빈곤선은 절대적 빈곤선의 2배를 초과한다. 즉, 옳지 않은 분석이다. 정. 2020년 전체 가구 중 상대적 빈곤 가구의 비율은 10%이다. 상대적 빈곤에 속하지 않는 가구의 비율은 90%이며, 해당 가구들은 상대적 빈곤 가구보다 소득이 높음을 고려할 때 전체 가구 소득 중 상대적 빈곤 가구의 소득 비중은 10% 미만이다. 즉, 옳지 않은 분석이다. 따라서 을의 분석만이 옳으므로, 자료에 대해 옳게 분석한 학생의 수는 1명이다.

579 ㄴ. 2015년 갑국의 상대적 빈곤선은 중위 소득(600만 원)의 50%인 300만 원이고, 이에 미달하는 가구는 A, B로 두 가구이다. 또한 2020년 갑국의 상대적 빈곤선은 중위 소득(660만 원)의 50%인 330만 원이고, 이에 미달하는 가구는 A, B로 두 가구이다. 따라서 갑국의 상대적 빈곤 가구 수는 2015년과 2020년이 같다. ㄹ. 2020년 갑국과 을국의 최저 생계비는 400만 원이므로 절대적 빈곤 가구는 갑국의 경우 A, B, C이고, 을국의 경우 L, M, N이므로 각각 세 가구이다. 따라서 2020년 갑국과 을국의 절대적 빈곤 가구 수는 같다.

바로알기 | ㄱ. 2015년 갑국의 절대적 빈곤 가구는 최저 생계비(400만 원) 미만인 A, B, C로 세 가구이다. 한편, 상대적 빈곤 가구는 중위 소득(600만 원)의 50%인 300만 원 미만인 A, B로 두 가구이다. 따라서 2015년 갑국의 절대적 빈곤 가구 수는 상대적 빈곤 가구 수보다 많다. ㄷ. 2015년 을국의 상대적 빈곤 가구는 중위 소득(550만 원)의 50%인 275만 원 미만인 L, M, N으로 세 가구이다. 또한 2020년 을국의 상대적 빈곤 가구는 중위 소득(605만 원)의 50%인 302만 5천 원 미만인 L, M, N으로 세 가구이다. 따라서 을국의 상대적 빈곤 가구 수는 2015년과 2020년이 같다.

580 ⑤ 교육, 주거, 의료, 생계 급여를 모두 받는 가구 비율은 제시된 모든 연도에서 5%로 같다.

바로알기 | ① 2005년 갑국의 전체 가구 수를 100가구로 가정하면 전체 가구 수는 2010년은 110가구, 2015년은 99가구, 2020년은 99가구로서 2015년과 2020년이 2005년보다 적다. ② 교육 급여만 받는 가구는 중위 소득 50% 이하 43% 초과 가구이다. 교육 급여만 받는 가구 비율은 2015년이 6%(35%-29%)이고, 2020년이 5%(35%-30%)이므로 2015년이 2020년보다 높다. ③ 교육, 주거 급여만 받는 가구는 중위 소득 43% 이하 40% 초과 가구이다. 2005년 갑국의 전체 가구를 100가구로 가정하면 교육, 주거 급여만 받는 가구 수는 2005년이 12가구(100가구× 12%), 2020년이 14.85가구(99가구×15%)이므로 2005년이 2020년보다 적다. ④ 2005년 갑국의 전체 가구를 100가구로 가정하면 2010년 교육, 주거, 의료 급여만 받는 가구, 즉 중위 소득 40% 이하 30% 초과 가구 수는 11가구(110가구×10%)이다. 또한 2020년 교육, 주거, 의료, 생계 급여 모두를 받는 가구, 즉 중위 소득 30% 미만 가구 수는 4.95가구(99가구×5%)이다. 따라서 2010년 교육, 주거, 의료 급여만 받는 가구 수는 2020년 교육, 주거, 의료, 생계 급여 모두를 받는 가구 수의 2배를 초과한다.

581 65세 이상 노인 중 소득 인정액이 선정 기준 이하인 노인에게 매달 일정액의 연금을 지급하는 제도는 기초 연금으로서 공공 부조에 해당한다. 또한 업무와 관련하여 재해가 발생할 경우 치료비와 생계를 보장하는 제도는 산업 재해 보상 보험으로서 사회 보험에 해당한다. 따라서 (가)는 공공 부조, (나)는 사회 보험이다. ㄱ. 국민 기초 생활 보장 제도는 공공 부조에 해당한다. ㄴ. 공공 부조는 필요한 비용을 국가와 지방 자치 단체가 전액 부담한다. 이와 달리 사회 보험은 필요한 비용을 가입자와 사용자, 국가가 함께 부담한다.

바로알기 | ㄷ. 소득 재분배 효과는 공공 부조와 사회 보험 모두에 있으므로, '소득 재분배 효과가 있다.'는 ⓒ에 적절하다. 또한 상호 부조의 원리를 바탕으로 하는 것은 사회 보험만의 특징이므로, '상호 부조의 원리를 바탕으로 한다.'는 ⓒ에 적절하다. ㄹ. 사회적 위험에 직면한 국민의 사후적 구제를 중시하는 것은 공공 부조의 특징이므로, 주어진 진술은 ⓒ에 적절하지 않다.

582 (가)는 국민 기초 생활 보장 제도로서 공공 부조에 해당한다. (나)는 국민연금, (다)는 노인 장기 요양 보험으로서 사회 보험에 해당한다. ④ 수혜자 비용 부담 원칙이 적용되지 않는 제도는 공공 부조인 국민 기초 생활 보장 제도이다. (가) 국민 기초 생활 보장 제도의 경우 여성 노인 인구의 수급자 비율(7.0%)은 남성 노인 인구의 수급자 비율(4.6%) 보다 높다.

바로알기 | ① 국민연금과 노인 장기 요양 보험은 모두 사회 보험으로서 상호 부조 원리가 적용된다. ② 선별적 복지 성격이 강한 제도는 공공 부조인 국민 기초 생활 보장 제도이다. 남성 노인 인구의 경우 (가) 국민 기초 생활 보장 제도의 수급자 비율은 4.6%이다. ③ 강제 가입 원칙이 적용되는 제도는 사회 보험에 해당하는 국민연금과 노인 장기 요양 보험이다. 갑국의 성별 노인 인구가 제시되어 있지 않으므로, 전체 노인 수급자 중 국민연금과 노인 장기 요양 보험 수급자의 성별 비율을 알 수 없다. ⑤ 소득 재분배 효과가 있는 제도는 공공 부조와 사회 보험으로서 국민 기초 생활 보장 제도, 국민연금, 노인 장기 요양 보험이 모두 해당한다. 이 중 국민 기초 생활 보장 제도만이 남성 노인 인구의 수급자 비율과 여성 노인 인구의 수급자 비율이 모두 10% 미만이다.

583 A는 사회 서비스, B는 공공 부조, C는 사회 보험이다. ② 공공 부조는 세금을 재원으로 하여 일부 빈곤 계층을 지원하지만, 사회 보험은 수혜자도 내는 보험료를 재원으로 하여 대상자를 지원하므로 소득 재분배 효과는 공공 부조가 사회 보험보다 크다.

바로알기 | ① 수혜 대상자의 범위는 사회 보험이 사회 서비스보다 넓다. ③ 사회 보험은 공공 부조에 비해 사전 예방적 성격이 강하다. ④ (가)에는 공공 부조와 사회 보험의 공통점을 묻는 질문이 들어가야 한다. 수혜자 부담 원칙은 공공 부조와 달리 사회 보험에만 적용되므로, 주어진 질문은 (가)에 적절하지 않다. ⑤ (나)에는 사회 서비스만의 특징을 묻는 질문이 들어가야 한다. 사회 서비스는 공공 부조나 사회 보험과 달리 비금전적 지원을 원칙으로 하므로, 주어진 질문은 (나)에 적절하지 않다.

15 사회 변동과 사회 운동

난이도별 필수 기출
152~157쪽

588 ①	**589** ④	**590** ①	**591** ②	**592** ⑤	**593** ⑤
594 ⑤	**595** ④	**596** ③	**597** ③	**598** ④	
599 해설 참조		**600** ④	**601** ⑤	**602** ②	**603** ④
604 ③	**605** ⑤	**606** 해설 참조		**607** ③	**608** ①
609 ②	**610** 해설 참조		**611** ①	**612** ②	**613** ②
614 ②					

588 제시된 자료는 인류의 50만 년 역사를 하루로 가정할 때 마지막 30초 동안에 엄청난 변화가 일어났음을 설명하고 있다. 이를 통해 현대 사회가 매우 빠른 속도로 급격하게 변동하고 있음을 알 수 있다.
바로알기 | ② 현대 사회에서는 기술 수준, 가치와 규범, 사회 제도 등과 관련하여 넓은 범위에서 사회 변동이 일어난다. ③ 대체로 물질 영역의 변화 속도가 비물질 영역의 변화 속도보다 빠르다. ④ 오늘날에는 사회 변동이 다양한 분야에서 광범위하게 일어난다. ⑤ 사회 변동의 속도와 모습은 사회마다 다르게 나타나지만, 제시된 내용과는 관련이 적다.

589 (가)는 프로테스탄트 윤리의 확산이 자본주의의 발전을 촉진한 사례로, 가치관과 이념의 변화가 사회 변동의 요인으로 작용하였다. (나)는 지구 온난화에 따른 기후 변화로 산업 전반에 변화가 나타난 사례로, 자연환경의 변화가 사회 변동의 요인으로 작용하였다.

590 ㄱ. 갑은 증기 기관의 발명과 같은 기술의 발달을 사회 변동의 요인으로 강조한다. 정보 사회를 촉진시킨 컴퓨터와 인터넷의 발달도 기술의 발달에 해당하므로, 갑은 정보 사회로의 변화 요인으로 컴퓨터와 인터넷의 발달을 제시할 수 있다. ㄴ. 갑이 과학과 기술의 발달을 사회 변동의 요인으로 강조하는 것과 달리 을은 천부 인권, 자유주의 이념, 계몽사상과 같은 가치관의 변화를 사회 변동의 요인으로 강조한다.
바로알기 | ㄷ. 을은 가치관이나 이념과 같은 비물질문화가 사회 변동에 미치는 영향력을 강조한다. ㄹ. 갑과 을의 의견을 종합할 때 비물질문화뿐만 아니라 물질문화도 사회 변동의 요인이 될 수 있으므로, 주어진 서술은 (가)에 들어갈 수 없다.

591 밑줄 친 '이 관점'은 진화론이다. ② 진화론은 사회 변동을 곧 진보와 발전으로 여기며, 결국 모든 사회가 같은 경로로 진화한다고 본다.
바로알기 | ①, ⑤는 순환론에 대한 설명이다. ③ 진화론은 사회가 일정한 방향으로 변동한다고 보기 때문에 사회 변동 방향을 예측하여 대응하기에 적합하다. ④ 진화론은 사회 변동이 일정한 방향을 가지고 있다고 본다.

592 제시된 주장에 부합하는 관점은 진화론이다. ⑤ 진화론은 비서구 사회는 낙후된 사회, 서구 사회는 발전된 사회로 전제하며 사회는 점차 발전된 사회인 서구 사회로 변동한다고 본다. 이처럼 진화론은 비서구 사회와 서구 사회를 우열 관계로 전제하여 설명한다.

바로알기 | ① 진화론은 사회 변동을 발전으로 인식하며 긍정적으로 바라본다. ②, ③은 순환론의 입장에 해당한다. ④ 진화론은 사회 변동을 단선적인 진보의 과정으로 설명하므로, 사회 변동이 일정한 방향을 가진다는 점을 전제한다.

593 제시된 글은 진화론적 관점에서 사회 변동을 바라보고 있다. ⑤ 진화론은 사회 변동을 곧 진보라고 여기며 모든 발전은 곧 서구화임을 전제한다는 점에서 서구 제국주의 역사를 정당화하는 수단으로 악용될 수 있다.
바로알기 | ①, ③은 갈등론, ②는 기능론, ④는 순환론에 대한 비판에 해당한다.

594 제시된 글은 순환론적 관점에서 사회 변동을 바라보고 있다. ㄷ. 순환론은 장기적인 역사의 관점에서 사회가 생성, 성장, 쇠퇴, 해체의 과정을 반복하며 주기적으로 변동한다고 본다. ㄹ. 순환론은 사회가 적자생존의 진화 과정을 따르지 않고 발전과 퇴보를 반복한다고 본다.
바로알기 | ㄱ, ㄴ은 진화론에 부합하는 진술이다.

595 제시된 글은 유목민인 베두인족과 쾌락 추구적인 정착민 사이에 벌어지는 갈등을 토대로 정복과 몰락이 반복되는 이슬람 문명의 흥망성쇠 과정을 설명하고 있으므로, 사회 변동을 바라보는 순환론적 관점이 나타나 있다. ① 순환론은 과거 문명에 대한 흥망성쇠를 다루므로 사후 분석에 치중한다는 평가를 받는다. ② 순환론은 장기적인 역사의 관점에서 인류 문명이 주기적으로 변동하는 과정을 바라보므로, 단기적 사회 변동 과정을 설명하기 어렵다는 한계가 있다. ③ 순환론은 사회 변동이 항상 진보와 발전을 의미하는 것은 아니며, 주기적으로 발전과 쇠퇴를 반복한다고 본다. ⑤ 순환론은 지난 역사를 근거로 하여 장기적인 측면에서 나타나는 문명의 흥망성쇠를 확인하고 설명하는 데 유용하다.
바로알기 | ④ 순환론은 미래의 사회 변동을 예측하고 대응하는 데 적합하지 않다는 평가를 받는다.

596 ㄴ. 순환론은 운명론적 시각을 갖는다는 점에서 인간의 주체적 행동을 과소평가하는 경향이 있다. ㄷ. 순환론은 장기적 측면에서 사회가 생성, 성장, 쇠퇴, 해체의 과정을 반복한다고 인식하므로, 과거에 나타난 흥망성쇠의 역사를 설명하는 데 적합하다.
바로알기 | ㄱ, ㄹ은 진화론에 대한 설명이다.

597 갑은 진화론, 을은 순환론의 관점에서 사회 변동을 바라보고 있다. ③ 순환론은 사회가 인간의 노력과 관계없이 생성, 성장, 쇠퇴, 해체의 과정을 반복한다고 보므로, 사회 변동을 운명론적 시각에서 이해한다.
바로알기 | ① 진화론은 사회 변동이 발전과 진보라는 일정한 방향성을 갖고 있다고 본다. ② 진화론은 사회가 발전을 거듭한다고 보므로, 미래의 사회 변동을 예측하고 대응하기에 적합하다. ④ 순환론은 사회가 흥망성쇠를 주기적으로 반복한다고 보므로, 과거에 비해 쇠퇴한 사회의 변동 과정을 설명하기에 용이하다. ⑤ 진화론은 사회 변동에 대해 긍정적인 입장을 갖고 있으며, 순환론 역시 사회 변동에 대해 긍정적 또는 부정적 입장만을 갖고 있다고 보기는 어렵다.

598 제시된 글에 따르면 과거 다수의 중국인은 무질서의 시기가 있으면 질서의 시기가 있고 번영의 시기가 지나면 쇠퇴의 시기가 온다고 보았던 반면, 서구인은 변동이 곧 진보이며 그 과정은 무한히 지속될 것이라고 보았다. 따라서 A는 순환론, B는 진화론이다. ㄴ. 순환론은 인류 문명이 생성, 성장, 쇠퇴, 해체의 과정을 되풀이하면서 순환한다고 본다. 즉, 순환론에 따르면 사회 변동이 항상 발전을 의미하지는 않으며, 사회

가 퇴보할 수도 있다. ㄹ. 순환론은 사회 변동이 흥망성쇠를 반복하는 양상으로, 진화론은 사회 변동이 진보와 발전을 거듭하는 양상으로 나타난다고 본다. 즉, 순환론과 진화론은 모두 사회 변동에 일정한 양상이 나타난다고 본다.

바로알기 | ㄱ. 현대 사회가 전통 사회보다 우월한 것이라고 보는 것은 사회가 항상 진보한다는 점을 전제하는 것이므로 진화론의 입장에 해당한다. ㄷ. 진화론에 따르면 사회는 단순한 형태에서 복잡한 형태로 변화한다.

개념 보충

사회 변동의 방향에 관한 관점

구분	진화론	순환론
기본 입장	사회는 일정한 방향으로 변동함 → 사회 변동이 곧 진보와 발전임	사회는 시간의 흐름에 따라 생성, 성장, 쇠퇴, 해체의 과정을 반복함
의의	사회 발전의 양상을 설명하는 데 유용함	사회가 생성과 몰락을 반복하는 양상을 설명하는 데 유용함
한계	• 서구 제국주의 역사를 정당화하는 수단이 될 수 있음 • 다양한 사회 변동 양상을 설명하기 어려움	• 미래 사회의 변동을 예측하여 대응하기 어려움 • 인간 행위의 역동성과 자율성을 과소평가함

599 **모범 답안** (가): 진화론, (나): 순환론. 진화론은 사회가 퇴보하거나 멸망하는 사례를 설명하기 어려우며, 서구 제국주의 역사를 정당화하는 수단으로 악용될 수 있다는 한계가 있다. 순환론은 미래 사회의 변동을 예측하여 대응하는 데 적합하지 않으며, 인간 행위의 역동성과 자율성을 과소평가한다는 한계가 있다.

600 (가)는 진화론, (나)는 순환론의 관점에서 사회 변동을 바라보고 있다. ㄱ. 진화론은 사회가 발전이라는 일정한 방향성을 가지고 단계적으로 변동한다고 본다. ㄴ. 진화론은 서구 사회를 발전된 사회로 인식하고 모든 발전이 서구화임을 전제한다는 점에서 제국주의를 정당화하는 수단으로 악용될 수 있다는 비판을 받는다. ㄷ. 순환론은 사회가 주기적으로 생성, 성장, 쇠퇴, 해체의 동일한 과정을 반복한다고 인식한다.

바로알기 | ㄹ. 진화론은 사회 변동을 곧 발전으로 인식하며, 사회 변동을 긍정적인 것으로 본다.

601 사회 변동을 긍정적으로 여기는 것은 진화론의 입장이고, 사회가 퇴보하거나 소멸할 수 있다고 보는 것은 순환론의 입장이다. 따라서 A는 진화론, B는 순환론이다. ① 진화론은 사회가 항상 발전한다고 전제하므로, 현대 사회가 전통 사회보다 우월하다고 본다. ② 진화론은 사회가 단순한 형태에서 복잡한 형태로 변화한다고 인식하므로, 사회 변동에 의해 사회가 더 복잡하게 분화된다고 본다. ③ 순환론은 사회가 인간의 의지와 무관하게 생성, 성장, 쇠퇴, 소멸의 과정을 주기적으로 반복한다고 인식한다는 점에서 운명론적 시각을 갖는다. ④ 순환론은 과거 문명에 대한 사후 분석에 치중한다는 점에서 미래를 예측하여 대응하는 데 한계가 있다는 비판을 받는다.

바로알기 | ⑤ 사회가 일시적 불균형을 극복하고 새로운 균형을 찾아가는 항상성을 가지고 있다고 보는 것은 기능론의 입장이다. 따라서 주어진 진술은 (가)에 들어갈 수 없다.

602 ㄷ. 사회 변동은 주기적으로 동일한 과정을 반복한다고 보는 것은 순환론의 입장이다. 따라서 주어진 질문이 (나)에 들어가면 A는 순환론이다. ㄹ. 제국주의를 정당화하는 근거로 사용된 것은 진화론이므로 A는 순환론, B는 진화론이다. 순환론은 진화론과 달리 사회가 퇴보할

수 있다고 보므로, (나)에는 '사회 변동 과정에서 문명이 퇴보할 수 있는가?'가 적절하다.

바로알기 | ㄱ. A가 진화론이면 B는 순환론이므로 (가)에는 순환론의 입장만을 묻는 질문이 들어가야 한다. 서구 사회가 비서구 사회보다 더 분화되었다고 보는 것은 진화론의 입장이므로 주어진 질문은 (가)에 적절하지 않다. ㄴ. B가 순환론이면 A는 진화론이므로 (나)에는 진화론의 입장만을 묻는 질문이 들어가야 한다. 사회 구조 속에 갈등적 요소가 내재한다고 보는 것은 갈등론의 입장이므로, 주어진 질문은 (나)에 적절하지 않다.

603 (가)는 순환론적 관점, (나)는 진화론적 관점에서 사회 변동을 바라보고 있다. ④ 순환론은 모든 문명이 발전과 퇴보를 반복한다고 보는 운명론적 시각을 갖는다는 점에서 진화론과 달리 인간 행위의 역동성과 자율성을 과소평가한다는 비판을 받는다.

바로알기 | ① 사회 변동을 질서와 안정을 추구하는 것으로만 파악하는 관점은 기능론이다. ② 사회 변동을 운명론적 관점으로만 설명하는 관점은 순환론이다. ③ 순환론과 진화론은 모두 사회 변동의 방향에 대해서 설명하는 관점이다. ⑤ 순환론은 진화론과 달리 지난 역사를 근거로 문명의 흥망성쇠를 설명하기에 유용한 관점이다.

604 (가)는 순환론, (나)는 진화론에서 주장하는 사회 변동의 양상을 표현한 것이다. ㄴ. 진화론은 사회 변동이 진보와 발전이라는 단일한 방향성을 가진다고 설명한다. ㄷ. 순환론은 장기적 측면에서 과거에 반복되었던 사회 변동을 설명하는 데는 유용하지만, 진화론과 달리 미래 사회의 변동을 예측하는 데는 한계가 있다.

바로알기 | ㄱ. 서구 중심주의적 사고를 반영한다는 비판을 받는 것은 진화론이다. ㄹ. 순환론과 진화론은 모두 사회 변동의 방향 측면에서 사회 변동을 설명한다.

605 제시된 글에는 사회 변동을 바라보는 기능론적 관점이 나타나 있다. ⑤ 기능론은 사회 변동을 사회의 한 부분이나 전체가 갈등과 마찰에서 비롯된 일시적 불균형을 극복하면서 사회가 전체적인 균형을 되찾는 과정으로 인식한다.

바로알기 | ①은 순환론, ②, ③, ④는 갈등론에 부합하는 진술이다.

606 **모범 답안** 갈등론. 갈등론은 혁명과 같은 급진적인 사회 변동을 설명하는 데 유용하다는 의의가 있지만, 사회의 안정과 질서, 사회 구성 요소 간 상호 의존성을 간과한다는 한계가 있다.

607 제시된 글에는 사회 변동을 바라보는 갈등론적 관점이 나타나 있다. ㄴ. 갈등론은 사회 변동을 사회적 희소가치를 둘러싼 집단 간의 갈등 속에서 나타나는 자연스러운 현상으로 이해한다. ㄷ. 갈등론은 사회에는 항상 갈등 요소가 내재해 있고 지배 집단과 피지배 집단은 서로 경쟁과 투쟁 관계에 있으므로, 사회는 변동할 수밖에 없다고 본다. 따라서 갈등론은 사회 안정보다 사회 변화를 중요시한다.

바로알기 | ㄱ. 갈등론은 혁명과 같은 급격한 사회 변동을 설명하기에 용이하다. ㄹ. 갈등론은 안정보다는 변화를 추구하므로 급진적 성향의 이론이라는 평가를 받는다.

608 급진적 사회 변동을 설명하기에 유리한 것은 갈등론이므로 (가)는 갈등론, (나)는 기능론이다. ① 갈등론은 불평등한 사회 구조에 기반한 구조적 모순을 개선하는 과정에서 사회 변동이 나타난다고 보므로, 사회 질서 이면에 숨어 있는 모순과 갈등에 주목한다.

바로알기 | ② 사회 변동이 갈등을 극복하면서 균형 상태를 되찾아 가는

과정이라고 보는 것은 기능론의 입장이다. ③ 기능론은 사회의 질서와 안정을 바탕으로 점진적인 사회 변동 과정을 설명하므로, 협동과 조화를 중시하는 경향이 있다. ④ 기능론은 전쟁이나 혁명과 같은 급격한 사회 변동을 설명하기 어렵다는 한계가 있다. ⑤ 기능론은 변화보다 안정을 강조하므로 보수적인 성향을 띠지만, 갈등론은 안정보다 변화를 강조하므로 급진적인 성향을 띤다.

사회 변동에 관한 구조적 관점

기능론	• 기본 입장: 사회 변동은 사회의 부분이나 전체가 일시적 불균형을 극복하면서 균형 상태를 되찾는 과정임 • 의의: 사회의 질서와 안정을 바탕으로 점진적인 사회 변동 과정을 설명하는 데 용이함 • 한계: 혁명과 같은 급격한 사회 변동을 설명하기 곤란함
갈등론	• 기본 입장: 사회 변동은 불평등한 사회 구조를 개선하고 더 나은 사회로 발전해 나가는 과정임 • 의의: 사회 질서 이면에 숨어 있는 모순과 갈등에서 비롯된 급격한 사회 변동을 설명하는 데 용이함 • 한계: 사회 변동을 갈등과 대립의 산물로만 이해하여 사회의 협력과 안정을 경시함

609 갑은 기능론적 관점, 을은 갈등론적 관점에서 사회 변동을 바라보고 있다. ㄱ. 기능론은 사회의 질서와 안정을 바탕으로 한 점진적인 사회 변동 과정을 설명하는 데 유용하다. ㄷ. 갈등론은 기존의 사회 구조에서 유리한 상황에 있는 지배 집단의 강제력이 약해져 피지배 집단의 저항이 커지면 사회가 변동된다고 본다.
바로알기 | ㄴ. 사회의 여러 부분이 균형을 이루면서 상호 통합되어 있다는 점을 전제로 하는 것은 기능론이다. ㄹ. 기능론과 갈등론은 모두 사회 구조적 측면에서 사회 변동을 바라보므로, 거시적 관점에 해당한다.

610 모범답안 (1) 사회 운동
(2) 사회 운동은 사회 구조적 모순과 갈등을 드러내고 그에 대한 해결책을 제시함으로써 사회 변동을 유발하는 동력이 되기도 한다.

611 ②, ③ 사회 운동은 뚜렷한 목표와 이를 달성하기 위한 구체적인 활동 방법이 존재하며, 조직적 체계를 지니므로 구성원들의 역할이 공식적으로 분담되어 있다. ④, ⑤ 사회 운동은 일반적으로 사회 변동을 유발하지만, 급격한 사회 변동에 대항하여 기존의 질서를 고수하고자 할 때에는 복고적(반동적) 사회 운동이 나타나 사회 변동의 속도를 늦추기도 한다.
바로알기 | ① 사회 운동은 우발적이고 일시적으로 발생하는 것이 아니며, 체계적 활동 계획을 바탕으로 지속적으로 이루어진다.

사회 운동의 의미와 특징

의미	사회 문제를 해결하거나 사회 체제를 바꾸기 위하여 대중이 자발적으로 하는 조직적·집단적 행위
특징	• 뚜렷한 목표와 구체적인 활동 방법을 가짐 • 목표와 활동을 정당화하는 가치를 지니며, 목표를 실행할 수 있는 체계적 조직을 갖춤

612 문항 1에서 사회 운동은 사회 구조적 모순과 갈등을 드러내고 그에 대한 해결책을 제시함으로써 사회 변동을 유발하는 원동력이 되기도 한다. 따라서 옳은 답안은 'O'이다. 문항 2에서 노동 운동, 환경 운동, 소비자 운동, 민주화 운동은 모두 사회 운동에 해당한다. 따라서 옳은 답

안은 'O'이다. 문항 3에서 사회 운동은 일반적으로 뚜렷한 목표와 이념을 달성하기 위한 구체적인 활동 방법을 가지고 있다. 따라서 옳은 답안은 '×'이다. 문항 4에서 사회 운동은 사회 문제를 해결하거나 사회 체제를 바꾸기 위해 대중이 자발적으로 하는 지속적이고 집합적인 노력을 의미한다. 따라서 옳은 답안은 'O'이다. 학생은 문항 1에만 옳게 답하였으므로, 이 학생이 얻을 점수는 1점이다.

613

(가)	○○ 시민 단체는 지구 온난화 예방을 위해 재생 에너지 사용 ← 사회 체계의 일부분을 바꾸고자 함 을 독려하는 캠페인을 벌이면서 정부에 재생 에너지 확대를 위한 제도를 마련할 것을 촉구하고 있다. → 개혁적 사회 운동
(나)	1789년 프랑스에서는 구제도의 모순에 맞서 시민의 자유와 권리를 보장받기 위한 프랑스 혁명이 발생하였고, 이를 통해 절대 왕정이 종식되었다. → 혁명적 사회 운동 / 기존 체제 자체를 변화시킴
(다)	산업 혁명 시기에 방적 작업의 기계화로 대량 생산이 가능해지면서 많은 노동자가 일자리를 잃고 실업자가 되었다. 이에 1811년 영국에서는 저임금에 시달리던 영국의 노동자들이 공장에 불을 지르고 기계를 파괴하는 이른바 '기계 파괴 운동'이 전개되었다. → 복고적 사회 운동 / 기존 질서를 고수하고자 함

(가)는 사회 체계의 일부분을 바꾸려는 제한적 목표를 가지므로, 개혁적 사회 운동의 사례이다. (나)는 기존 사회 질서에 불만을 가지고 급진적인 변동을 추구하여 사회 체제 자체를 변화시켰으므로, 혁명적 사회 운동의 사례이다. (다)는 급격한 사회 변화에 대항하여 기존의 질서를 지키고자 하였으므로, 복고적 사회 운동의 사례이다.

614 ㄱ. 혁명적 사회 운동은 기존 사회 질서에 불만을 가지고 급진적인 변동을 추구할 때 발생하는데, 현재의 사회 문제를 현 체제 내에서 기존의 권력관계를 유지한 상태로는 해결할 수 없다고 인식하여 체제 자체를 변화시키려고 한다. ㄹ. 모든 사회 운동은 대중의 자발적이고 조직적인 행위를 전제로 한다.
바로알기 | ㄴ. 기존의 질서를 고수하기 위한 사회 운동은 복고적 사회 운동에 해당한다. ㄷ. 모든 사회 운동은 뚜렷한 목표와 목표 달성을 위한 구체적인 계획을 가지고 있다.

사회 운동의 유형

개혁적 사회 운동	기존 사회 체계의 일부분을 바꾸려는 사회 운동 예 각종 시민 단체의 운동 등
혁명적 사회 운동	기존 사회 체제 자체를 변화시키려는 사회 운동 예 절대 왕정을 타파한 프랑스 혁명 등
복고적 사회 운동	급격한 변화에 저항하여 기존 질서를 고수하려는 사회 운동 예 산업 혁명 당시의 기계 파괴 운동 등

16 현대 사회의 변화와 전 지구적 수준의 문제

난이도별 필수 기출
160~165쪽

619 제시된 글에서는 오늘날 자본, 노동, 상품이 모두 국경을 넘나들면서 한 지역의 문제가 다른 지역에도 영향을 미치고 있음을 보여 주는데, 이는 세계화 양상을 나타낸다. ㄱ. 세계적 범위와 규모로 활동하는 다국적 기업의 활동이 활발해지면서 세계화가 가속화되고 있다. ㄴ. 인터넷과 같은 정보 통신 기술의 발달로 상품을 더 신속하고 쉽게 거래하고 세계 각 지역의 소식을 실시간으로 접하며, 세계의 다양한 문화를 이해할 수 있게 되면서 세계가 더욱 긴밀하게 연결되고 있다. ㄹ. 세계 무역 기구(WTO)가 출범하면서 각종 무역 장벽이 철폐되고 완화됨으로써 세계 모든 나라가 하나의 거대한 단일 시장 체제로 통합되어 가는 계기가 마련되었다.
바로알기 | ㄷ. 다양한 측면에서 전 세계의 상호 의존성이 강화되면서 삶의 공간이 국경을 넘어 전 지구로 확대되는 세계화 양상이 등장하였다.

620 ① 세계화가 진행됨에 따라 어느 한 지역의 문제가 전 세계적으로 영향을 미치는 지구촌 문제가 나타났으며, 이를 해결하기 위한 국제 협력이 증대되기도 한다. ② 세계화로 국가 간 문화 교류가 활발하게 이루어짐에 따라 다양한 문화를 접할 기회가 확대되었으며, 새로운 문화가 창출되기도 한다. ③ 세계화가 진행되는 과정에서 민주주의나 인권과 같은 인류의 보편적 가치가 전 세계로 확대되었다. ④ 세계화로 인해 단일 시장이 형성됨에 따라 소비자의 상품 선택의 폭이 넓어져 다양한 상품을 저렴한 가격에 살 수 있게 되었다.
바로알기 | ⑤ 세계화로 인해 국제기구, 강대국, 다국적 기업의 영향력이 커지면서 개별 국가의 자율성과 독립성이 침해되는 문제가 나타나기도 한다.

621 제시된 글은 세계화로 인해 값싼 미국산 목화가 세계 시장에 쏟아져 전 세계 목화 값이 폭락한 까닭에 아프리카 최대의 목화 생산지인 말리 현지 농부들이 큰 타격을 입고 있음을 보여 준다. 이를 통해 세계화는 경쟁력이 낮은 약소국의 산업에 어려움을 가중시킬 수 있음을 추론할 수 있다.
바로알기 | ① 세계화는 국가 간 빈부 격차를 확대시켜 상대적 빈곤감을 증가시킬 수 있다. ② 세계화는 각 방면의 다양한 교류를 통해 국가 간 상호 의존성을 증가시킨다. ③ 세계화가 생산자와 소비자 모두에게 같은 만족감을 실현시키는 것은 아니며, 관련 내용은 제시된 사례에 나타나 있지 않다. ④ 세계화는 기술 이전을 통해 가난한 국가가 경제 발전을 달성하는 기회가 될 수도 있지만, 제시된 사례와는 관련이 적다.

622 제시된 글은 세계화로 인해 부국과 빈국의 경제적 격차가 심화되었음을 보여 준다. ① 세계화로 인한 국가 간 빈부 격차 심화를 해결하기 위해 경제적 측면에서는 공정 무역을 통해 불평등한 무역 구조를 개선하는 것과 같이 개발 도상국의 생산자를 보호하기 위한 활동이 전개되어야 한다.
바로알기 | ②, ④는 세계화로 인해 문화적 측면에서 나타나는 문제점에 대한 대응 방안으로, 제시된 내용과 관련이 적다. ④ 각국의 무역 장벽을 폐지할 경우 유치산업의 보호가 어려워져 저개발국의 경제가 악화될 수 있다. ⑤는 세계화에 따른 변화에 대응하기 위한 인권적 측면의 노력에 해당하지만, 제시된 내용과 관련이 적다.

개념 보충

세계화의 영향		
구분	긍정적 영향	부정적 영향
경제적 측면	생산자의 넓은 시장 확보, 소비자의 상품 선택의 폭 확대 등	국가 간 빈부 격차 심화, 경쟁력 없는 산업 및 기업 도태 등
정치적 측면	지구촌 문제 해결을 위한 국제 협력 증진, 인류 보편적 가치의 확산 등	국제기구, 강대국, 다국적 기업의 영향력 확대로 개별 국가의 자율성 침해 우려 등
사회·문화적 측면	다양한 문화 체험 기회 확대, 새로운 문화 창출 기회 확대 등	지역의 고유문화 훼손 우려, 문화의 획일화 초래 등

623 밑줄 친 '이 사회'는 정보 사회이다. ㄱ. 정보 사회에서는 인터넷을 통해 가상공간에서도 사람들이 소통할 수 있으므로 비대면적 접촉이 증대한다. ㄹ. 정보 사회에서는 지식과 정보가 부가 가치를 창출하는 중요한 원천으로 작용하기 때문에 그 중요성이 더욱 커진다.
바로알기 | ㄴ. 정보 사회에서는 다품종 소량 생산 방식이 중시된다. ㄷ. 정보 사회에서는 정보에의 접근 및 정보 활용 권한이 다수에게 확산되므로, 탈관료제와 같은 수평적 조직이 증가한다.

624 제시된 글은 디지털 시대의 프로슈머가 기존보다 직접적인 방법으로 제품의 개발이나 유통 과정에 자신의 의견을 반영한다는 점을 강조하고 있다. 이를 통해 정보 사회에서는 소비자 주권의 실현이 용이해진다는 점을 파악할 수 있다.
바로알기 | ① 정보 사회에서는 탈관료 조직이 점차 발달하지만, 제시된 글과 관련이 적다. ③ 정보 사회에서는 다품종 소량 생산 방식이 일반화된다. ④ 정보 사회에서는 자신의 정치적 의견을 다양한 방식으로 표현할 수 있어 직접 민주 정치의 참여 기회가 확대되지만, 제시된 글과 관련이 적다. ⑤ 정보 사회에서는 정보 생산자와 소비자의 역할이 엄격히 분리되지 않아 모호한 측면이 있다.

625 **모범 답안** 정보화. 정보화로 인해 정보 격차에 따른 불평등이 심화될 수 있으며, 개인 정보의 유출로 사생활이 침해될 우려가 있다. 또한 정보의 홍수 속에서 잘못된 정보가 유통될 수도 있는 등의 문제점이 나타날 수 있다.

626 제시된 글에서는 간수가 죄수들의 생활을 감시하는 파놉티콘이라는 개념을 활용하여 오늘날 정보 사회에서 나타날 수 있는 문제점을 설명하고 있다. 이에 따르면 정보 사회에서 특정 집단이나 권력자가 주요 정보를 독점하는 문제점이 나타날 수 있으며, 이로 인해 개인의 사생활이 침해될 우려가 커지게 된다.
바로알기 | ㄴ. 대면 접촉의 부족에 따른 인간 소외는 정보화의 문제점에 해당하지만, 제시된 글과 관련이 적다. ㄷ. 제시된 글에서는 특정 집단이 정보를 독점하고 이를 통제함에 따라 부작용이 나타날 수 있음을 강조하고 있다.

627 ③ 정보 소외 계층에 대한 정보 통신 교육을 보편화하고, 정보 관련 인프라를 확대함으로써 정보 격차의 발생 가능성을 줄일 수 있다. **바로알기 |** ① 특정 집단에 정보 통제 및 감시 권한이 집중될 경우 정보의 독점이 이루어져 개인의 사생활 침해가 더욱 심화될 우려가 있다. ② 정보 이용자 수가 늘어난다고 해서 검증되지 않은 정보들이 무분별하게 유통되는 것을 막을 수 있는 것은 아니다. ④ 정보에 대한 접근 기회를 확대함으로써 정보 격차를 줄일 수는 있지만, 대면 접촉 부족으로 인한 인간 소외 현상을 해결하기는 어렵다. ⑤ 정보 소외 계층에 정보 통신 기기를 보급하여 정보에 대한 접근성을 높이는 것은 정보 격차로 인해 발생하는 빈부 격차의 해소에 기여할 수 있지만, 정보 홍수 및 오남용 문제의 해결에는 기여한다고 보기 어렵다.

개념 보충

정보화에 따른 변화와 대응 방안

변화 양상	• 경제적 측면: 지식과 정보 관련 산업 발달, 다품종 소량 생산 방식 확산, 재택근무 실현, 전자 상거래 확대 등 • 사회적 측면: 탈관료제와 같은 수평적 사회 조직 증가, 가상공간을 통한 비대면적 접촉 증대 등 • 정치적 측면: 전자 민주주의의 발달을 통한 정치 참여 확대, 직접 민주 정치의 실현 가능성 증대 등
문제점	정보 격차에 따른 불평등 심화, 개인 정보 유출로 인한 사생활 침해, 사이버 범죄, 정보의 오남용, 인간 소외 등
대응 방안	정보에 대한 비판적 수용 능력 배양, 정보 윤리 의식 함양, 정보 격차 해소 및 사이버 범죄 대응을 위한 법과 제도 마련 등

628 ① 산업 사회에서는 노동과 자본이 부의 원천이었던 반면, 정보 사회에서는 지식과 정보가 부가 가치를 창출하는 부의 원천이 된다. ② 산업 사회에서는 위계적인 관료제 조직이 중시되었던 반면, 정보 사회에서는 수평적 사회 조직인 탈관료제 조직이 중시된다. ④ 산업 사회에서는 신문, 라디오, 텔레비전과 같은 일방향 매체가 사용되었으나, 정보 사회에서는 인터넷과 같은 쌍방향 매체의 사용이 보편화되었다. ⑤ 산업 사회에서는 구성원 간 대면적 접촉이 주로 나타나는 반면, 정보 사회에서는 인터넷 등을 활용한 비대면적 접촉이 가능해졌다. **바로알기 |** ③ 산업 사회에서는 대량 생산 체제에 따른 표준화와 획일화를 추구하였기 때문에 소품종 대량 생산 방식이 지배적이었다. 반면, 정보 사회에서는 개인의 개성과 다양한 가치가 존중되고, 개인의 욕구를 충족시킬 수 있는 제품에 대한 수요가 커지면서 다품종 소량 생산 방식의 비중이 커지고 있다.

629 가정과 일터의 분리 정도는 산업 사회가 정보 사회보다 높다. 따라서 A는 산업 사회, B는 정보 사회이다. ㄷ. (가)에는 산업 사회보다 정보 사회에서 큰 특징이 들어가야 한다. '업무 방식의 표준화 정도'는 산업 사회가 정보 사회보다 크므로, (가)에 적절하지 않다. ㄹ. (나)에는 정보 사회보다 산업 사회에서 큰 특징이 들어가야 한다. '면대면 접촉의 비중'은 산업 사회가 정보 사회보다 크므로, (나)에 적절하다. **바로알기 |** ㄱ. 산업 사회는 정보 사회에 비해 사회 변화의 속도가 느리다. ㄴ. 정보 사회는 산업 사회에 비해 정보의 생산자와 소비자 간의 구분이 모호하다.

630 가정과 일터의 결합 수준과 사회의 다원화 정도는 정보 사회가 산업 사회보다 높고, 사회 조직의 관료제화 수준은 산업 사회가 정보 사회보다 높다. 따라서 A는 산업 사회, B는 정보 사회이다. ① 정보 사회는 가상공간을 통해 다양한 문화가 형성될 수 있으므로, 산업 사회보다 하위문화의 다양성 정도가 높다. ② 정보 사회는 업무 담당자의 재량권

보장 정도가 높으므로, 산업 사회보다 의사 결정의 분권화 정도가 높다. ③ 정보 사회는 인터넷이나 휴대 전화 등을 통해 시민이 정치에 쉽게 참여할 수 있으므로, 산업 사회보다 시민의 정치 참여 방법의 다양성이 높다. ④ 정보 사회는 산업 사회와 달리 인터넷 등 양방향 미디어의 보편적 사용 정도가 높다. **바로알기 |** ⑤ 정보 사회는 인터넷을 통해 가상공간에서 다양한 사회적 관계를 맺을 수 있으므로, 산업 사회보다 사회적 관계를 맺는 공간적 제약 정도가 낮다.

631 A는 산업 사회, B는 정보 사회이다. ㄱ. 산업 사회는 구성원 대부분이 제조업 등 2차 산업에 참여하므로, 정보 사회에 비해 직업의 동질성 정도가 크다. ㄹ. 정보 사회는 개성과 창의성을 추구하는 개인들의 욕구에 맞춘 생산 방식이 중시되므로, 산업 사회에 비해 다품종 소량 생산의 비중이 높다. **바로알기 |** ㄴ. 사회 변동의 속도는 정보 사회가 산업 사회보다 빠르다. ㄷ. 정보 사회는 탈관료제 조직의 비중이 높고, 산업 사회는 관료제 조직의 비중이 높다.

632 **모범 답안** (가) 저출산 현상은 자녀 양육에 대한 경제적 부담 증가, 결혼에 대한 가치관 변화, 여성의 사회 진출 증가 등을 원인으로 발생하며, (나) 고령화 현상은 의료 기술 발달과 생활 수준 향상에 따른 평균 수명의 연장 등을 원인으로 발생한다.

633 제시된 그림을 통해 우리나라에서 저출산·고령화 현상이 심화되고 있음을 알 수 있다. 저출산·고령화 현상이 지속될 경우 생산 가능 인구가 감소하여 노동 생산성이 낮아질 수 있으며, 이로 인해 국민 경제의 활력이 떨어질 수 있다. 한편, 고령화로 인해 노인에 대한 사회 복지 비용이 증가하여 국가 재정이 악화될 수 있으며, 산업 구조가 개편되어 고령 친화 산업에 대한 수요가 늘어날 수 있다. **바로알기 |** ⑤ 저출산·고령화 현상이 심화되면 부양해야 할 노인은 늘어나는 반면, 부양을 맡은 생산 가능 인구는 줄어들게 되므로 노인 부양 책임을 둘러싼 세대 간 갈등이 심화될 것이다.

634 ㄱ. 어린이집 운영 확대는 부모가 일에 집중하면서도 가정에 소홀하지 않게 해 주므로, 일·가정 양립을 위한 제도적 지원에 해당한다. ㄴ. 주택 연금 등의 연금 제도를 활성화하는 것은 노후 소득 보장을 강화해 주는 정책에 해당한다. ㄷ. 남성과 여성의 공동 육아 인식이 정착되는 것은 출산을 기피하는 인식을 개선하는 데 기여하므로, 저출산 극복을 위한 노력에 해당한다. **바로알기 |** ㄹ. 난임 시술·검사에 대해 건강 보험 적용을 확대하는 것은 임신·출산에 대한 사회의 경제적 책임을 강화하는 정책이다.

개념 보충

저출산·고령화

원인	• 저출산: 자녀 양육에 대한 경제적 부담 증가, 결혼에 대한 가치관 변화, 여성의 사회 진출 증가 등 • 고령화: 의료 기술 발달과 생활 수준 향상에 따른 평균 수명 연장 등
영향	생산 가능 인구 감소에 따른 노동력 하락으로 국민 경제의 활력 저하, 노인을 대상으로 한 복지 지출 증가로 국가 재정 악화, 노인 부양 책임을 둘러싼 세대 간 갈등 심화 등
대응 방안	일·가정 양립을 위한 제도적 지원 강화, 노인 일자리 창출 및 정년 연장에 대한 사회적 합의 등

635 제시된 모든 연도의 15~64세 인구를 100명이라고 가정하여 구한 갑국의 연령별 인구는 다음과 같다.

구분	2010년	2015년	2020년
0~14세	20명	15명	10명
15~64세	100명	100명	100명
65세 이상	20명	25명	30명
전체	140명	140명	140명

ㄱ. 2010년과 2015년의 전체 인구는 140명으로 동일하다. ㄴ. 0~14세 인구는 2010년이 20명이고, 2020년이 10명이다. 따라서 2020년 0~14세 인구는 2010년의 절반이다.

바로알기ㅣ ㄷ. 65세 이상 인구는 2010년이 20명, 2020년이 30명이다. 따라서 2020년 65세 이상 인구는 2010년의 1.5배 규모이다. ㄹ. 전체 인구 중 65세 이상 인구 비율은 2010년이 약 14.3%(20명/140명), 2015년이 약 17.9%(25명/140명), 2020년이 약 21.4%(30명/140명)로서 2020년이 가장 높다.

636 그림은 우리나라에 거주하는 외국인 주민 수와 비중이 증가하고 있음을 보여 주는데, 이는 우리 사회가 다문화 사회로 변화하고 있음을 나타낸다. 다문화 사회로의 변화로 인해 여러 문화가 공존하게 되면서 풍부한 문화적 경험을 할 수 있게 되었으며, 외국인 노동자가 증가함에 따라 저출산·고령화에 따른 노동력 부족 문제가 완화될 수 있다. 한편, 외국인 근로자에 대한 부당한 대우와 인권 침해 문제가 발생할 수 있으며, 서로 다른 문화의 차이에 대한 이해 부족으로 인해 집단 간 대립과 갈등을 겪게 될 수도 있다.

바로알기ㅣ ③ 다문화 사회로 변화하는 과정에서 서로 다른 문화적 배경을 가진 사람들의 국내 유입이 증가함에 따라 인종적·문화적 다양성은 증가할 것이다.

637 밑줄 친 사회는 다문화 사회이다. ㄱ, ㄷ. 국제결혼 이민자를 위한 정착 프로그램을 운영하는 것과 외국인과 내국인이 소통할 수 있는 문화 축제를 개최하고 운영하는 것은 정부나 지방 자치 단체의 노력에 해당하므로, 다문화 사회에 대응하기 위한 사회·구조적 차원의 방안이다.

바로알기ㅣ ㄴ, ㄹ. 외국인 이주민에 대한 편견이나 차별을 비판적으로 성찰하는 것과 다양성에 대한 긍정적인 인식과 그에 바탕을 둔 관용의 윤리 의식을 함양하는 것은 개인의 노력에 해당하므로, 다문화 사회에 대응하기 위한 개인·의식적 차원의 방안이다.

638 ㄱ. 경제적 측면에서 다문화 사회는 외국인 근로자의 유입을 통해 저출산·고령화에 따른 노동력 부족 문제 해결에 이바지함으로써 우리 경제가 발전을 이루는 데 도움이 된다. ㄴ. 문화적 측면에서 다문화 사회는 여러 문화의 공존으로 풍부한 문화적 경험을 할 수 있게 해 주며, 이를 통해 문화 다양성이 강화되어 새로운 문화 창조의 원동력으로 작용함으로써 문화 발전의 가능성을 높일 수 있다.

바로알기ㅣ ㄷ. 기존 사회 구성원들은 다문화 교육을 통해 이주민의 문화를 학습함으로써 이주민을 이해하여 공존의 자세를 갖게 된다. 따라서 다문화 교육은 이주민뿐만 아니라 주류 집단 구성원에게도 시행할 때 효과적이다. ㄹ. 다양한 문화를 접할 수 있는 다문화 축제를 즐길 수 있게 된 것을 다문화 사회의 문제점이라고 볼 수 없다.

639 B 이론은 샐러드 볼 이론이며, 이에 따른 다문화 정책은 서로 다른 집단의 문화들이 고유한 특성을 유지하면서 공존하는 사회를 만들어 가는 것을 목적으로 하는 다문화주의 정책이다. ⑤ 다문화주의 정책에 부합하는 사례로 이주자뿐만 아니라 내국인에게도 다문화 교육을 권장하여 내국인이 이주자의 문화를 이해하고 공존하는 자세를 가질 수 있게 하는 것을 들 수 있다.

바로알기ㅣ ①, ③, ④는 이주자의 생활 적응을 돕는 정책에 해당하지만, 샐러드 볼 이론과 관련이 적다. ②는 용광로 이론에 따른 동화주의 정책에 해당한다.

640 A 이론은 용광로 이론, B 이론은 샐러드 볼 이론이다. ④ 용광로 이론은 이주민들에게 자신들의 문화를 버리고 주류 문화에 동화될 것을 요구하므로, 샐러드 볼 이론과 달리 문화 동화를 통한 사회 통합을 강조한다.

바로알기ㅣ ① 용광로 이론은 이주민의 문화를 주류 문화에 동화시키고자 하므로, 문화 간 충돌에 따른 갈등을 유발할 수 있다는 한계가 있다. ② 샐러드 볼 이론은 다양한 문화의 공존을 추구한다. 한 문화를 다른 문화에 일방적으로 동화시킨다는 비판을 받을 수 있는 것은 용광로 이론이다. ③ 우리 사회에서 결혼 이민자를 위한 김치 담그기 교육을 시행하는 것은 이주민들에게 주류 문화인 한국 문화를 익히도록 하는 것이므로, 용광로 이론에 따른 다문화 정책의 사례이다. ⑤ 용광로 이론에 근거한 동화주의 정책이 시행되면 이주민들의 문화적 정체성이 유지되기 어렵지만, 샐러드 볼 이론에 근거한 다문화주의 정책이 시행되면 이주민들의 문화적 정체성이 유지된다.

641 자원 문제, 환경 문제와 같은 전 지구적 수준의 문제는 어느 한 지역에만 국한되는 것이 아니라 전 지구적 차원에서 영향을 미칠 수 있는 문제로, 특정 지역에 국한되지 않고 인류의 생존 자체를 위협하기 때문에 특정 국가의 노력만으로 해결하기 어렵다. 전 지구적 수준의 문제는 지진이나 해일 등과 같은 자연적 원인에 의해 발생하기도 하지만, 대부분 인간의 욕망에 따른 환경 개발과 무분별한 소비 등에서 비롯된다.

바로알기ㅣ ⑤ 전 지구적 수준의 문제들은 현재 세대뿐만 아니라 미래 세대에까지 부정적인 영향을 미칠 수 있다.

642 ㄴ. REED+ 계획은 검증된 감축 실적에 따라 개발 도상국에 보상을 제공하므로 개발 도상국의 환경 보호 참여를 유도하는 제도적 장치로서 작용한다. ㄷ. 탄소 배출량 감소에 따른 보상이 충분하지 않을 경우 개발 도상국은 REED+ 규범을 지키지 않고 산지 개발을 지속할 것이며, 이로 인해 삼림 황폐화가 심화될 수 있다.

바로알기ㅣ ㄱ. REED+ 계획은 국제 연합이라는 국제기구를 통해 검증하고 보상받는 제도로서 환경 문제 해결을 위한 국제적 협력을 추구한다. ㄹ. REED+ 계획은 개발 도상국의 산지 개발과 삼림 황폐화를 방지함으로써 현재 세대의 이익은 물론 미래 세대의 필요까지 보장하기 위한 국제적 노력이다.

개념 보충

환경 문제의 양상과 해결 방안	
양상	지구 온난화로 인한 기상 이변, 무분별한 개발로 인한 사막화와 열대 우림 파괴, 황사 및 미세 먼지 발생, 토양·수질·대기 오염 등
해결 방안	자연과 더불어 살아가려는 인식 확립, 환경친화적인 상품 개발, 환경 문제 해결을 위한 국제 사회의 유기적 협력 등

643 제시된 글은 자원 고갈로 인해 나타난 문제를 보여 준다. 이러한 문제를 해결하기 위해서는 친환경적인 대체 자원을 개발하기 위한 투자를 확대하고 더 적은 자원으로 상품을 생산할 수 있는 기술을 개발해야 한다. 또한 자원의 절약 및 재활용을 위한 인류 공동의 노력을 전개해야 하며, 자원의 한계와 생태계의 수용 능력을 고려한 경제 개발을 추구해야 한다.

바로알기ㅣ ⑤ 성장 위주의 정책과 소비 위주의 문화를 지향할 경우 재생할 수 있는 수준의 생태 자원이 빨리 고갈되어 인류는 심각한 자원 부족 문제에 시달리게 된다.

644 제시된 사례에 나타난 전 지구적 수준의 문제는 테러이다. 테러는 개인 혹은 특정 조직이 자신들의 목적을 달성하기 위해 무차별적으로 상대에게 위해를 가하는 행위를 말한다. 테러는 종교·민족·인종적 갈등, 경제적 이해관계의 대립 등 다양한 요인에 의해 발생하며, 인간의 존엄성, 평화 등 인류 공통의 가치가 저해되는 계기가 된다. 테러는 어느 한 국가만의 노력으로는 해결이 어렵기 때문에 문제의 해결 방안으로 국제기구의 적극적 개입을 통한 분쟁 중재가 강조된다.

바로알기 | ① 테러는 이해관계가 없는 불특정 다수를 대상으로도 일어날 수 있다.

645 ㉠은 세계 시민이다. ㄱ. 세계 시민은 세계 공동체 의식을 가지고 인류를 하나의 공동 운명체로 여기며, 지구촌 문제 해결을 위해 노력해야 한다. ㄷ. 세계 시민은 전 지구적 수준의 문제에 지속적인 관심을 가지고, 국가를 초월한 반성과 참여 및 연대를 추구해야 한다.

바로알기 | ㄴ. 세계 시민은 자신과 관련된 특정한 이해관계보다는 인권, 환경 보호 등 보편적인 가치를 우선 고려해야 한다. ㄹ. 세계 시민은 서로 다른 인종, 종교, 민족 등에서 비롯된 여러 불평등 현상을 합리적인 방향으로 개선하려는 자세를 가져야 한다.

646 사회는 생성과 몰락의 과정을 반복한다고 보는 것은 순환론의 입장이다. 따라서 A는 순환론, B는 진화론이다. ㄱ. 진화론은 사회 변동이 일정한 방향을 가지고 있다고 보지만, 순환론은 사회가 특정 방향으로 지속해서 진보하는 것이 아니라 발전과 퇴보를 반복한다고 본다. 따라서 ㉠은 '아니요', ㉡은 '예'이다. ㄷ. 순환론은 과거 문명에 대한 사후 분석에 치중하므로, 진화론과 달리 미래의 사회 변동에 대한 대응이 곤란하다는 비판을 받는다.

바로알기 | ㄴ. 순환론은 사회가 흥망성쇠를 주기적으로 반복한다고 보므로, 근대화론의 이론적 근거가 될 수 없다. 근대화론의 이론적 근거가 되는 것은 진화론이다. ㄹ. (가)에는 진화론만의 특징을 묻는 질문이 들어가야 한다. 순환론은 진화론과 달리 과거의 사회 변동만을 설명한다는 비판을 받으므로, 주어진 질문은 (가)에 들어갈 수 없다

647 서구 사회가 진보된 사회임을 전제하는 것과 사회 변동이 항상 발전을 의미하지는 않는다는 점을 간과하는 것은 진화론이고, 미래 사회의 변동 방향에 대한 예측에 한계가 있는 것은 순환론이다. 따라서 A는 진화론, B는 순환론이며, 을의 발표 내용은 옳지 않은 내용이 된다. ⑤ (가)에는 옳은 발표 내용이 들어가야 한다. 진화론은 사회가 미분화된 상태에서 분화된 상태로 변동한다고 보므로, 주어진 진술은 (가)에 들어갈 수 있다.

바로알기 | ① 사회가 주기적으로 동일한 과정을 반복하며 변동하는 것으로 보는 것은 순환론이다. ② 진화론은 사회 변동을 곧 발전으로 인식하므로, 사회 변동 과정에서 나타나는 사회의 쇠락을 설명하기가 용이하지 않다. 사회 변동 과정에서 나타나는 사회의 쇠락을 설명하기가 용이한 것은 순환론이다. ③ 서구 중심적 사고라는 비판을 받는 것은 진화론이다. ④ 순환론은 사회가 성장과 퇴보를 반복한다고 인식하므로, 사회가 변동할 때 성장 과정이 나타남을 인정한다.

648 ⑤ 사회 변동을 병리적 현상으로 간주하는 것은 기능론이므로 A는 갈등론, B는 기능론이다. 갈등론은 기능론과 달리 사회 변동을 갈등과 대립이라는 속성으로 파악하므로, 주어진 질문은 (가)에 적절하다.

바로알기 | ① A가 기능론이면 B는 갈등론이므로, (가)에는 기능론만의 특징을 묻는 질문이 들어가야 한다. 사회 변동의 불가피성을 강조하는 것은 갈등론이므로, 주어진 질문은 (가)에 적절하지 않다. ② B가 갈등론이면 A는 기능론이므로, (나)에는 기능론과 갈등론의 공통점을 묻는 질문이 들어가야 한다. 급격한 사회 변동을 설명하기에 용이한 것은 갈등론에만 해당하는 내용이므로, 주어진 질문은 (나)에 적절하지 않다. ③ 기능론과 갈등론은 모두 사회 변동을 거시적 측면에서 보므로, 주어진 질문은 (나)에 적절하지 않다. ④ 사회 구조가 갖는 항상성에 주목하는 것은 기능론이므로 A는 기능론, B는 갈등론이다. 기능론은 갈등론과 달리 사회 변화보다 사회 안정을 중시하는 보수적 관점이므로, 주어진 질문은 (다)에 적절하지 않다.

649 ㄱ. 갑국의 경우 성별에 따른 정보 격차는 1.4%p인데, 학력에 따른 정보 격차는 최소 12.7%p이므로, 갑국은 성별에 따른 정보 격차보다 학력에 따른 정보 격차가 뚜렷하다. ㄹ. 갑국의 경우 2만~5만 달러 미만 국민의 인터넷 이용률이 5만~10만 달러 미만 국민의 인터넷 이용률보다 높으므로, 소득 수준과 인터넷 이용률 간의 양(+)의 상관관계가 나타

나지 않는다. 이와 달리 을국의 경우 국민의 소득 수준이 높을수록 인터넷 이용률도 높아지므로, 소득 수준과 인터넷 이용률 간의 양(+)의 상관관계가 나타난다.

바로알기 | ㄴ. 을국의 경우 성별에 따른 정보 격차는 0.8%p이고, 학력에 따른 정보 격차는 최소 3.1%p이므로, 성별에 따른 정보 격차보다 학력에 따른 정보 격차를 개선하기 위한 정책이 시급하다. ㄷ. 갑국과 을국의 전체 인구가 제시되어 있지 않으므로, 인터넷을 이용하는 남성 수와 여성 수 모두 갑국보다 을국이 많은지는 파악할 수 없다.

650

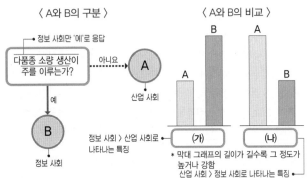

〈 A와 B의 구분 〉 〈 A와 B의 비교 〉

다품종 소량 생산이 주를 이루는 것은 정보 사회의 특징이므로 A는 산업 사회, B는 정보 사회이다. ㄴ. 정보 사회는 산업 사회에 비해 직업이 다양하므로, 직업의 동질성 정도가 낮다. ㄷ. '가정과 일터의 결합 정도'는 정보 사회가 산업 사회보다 높으므로, 주어진 내용은 (가)에 들어갈 수 있다.

바로알기 | ㄱ. 산업 사회와 달리 정보 사회에서 가상공간의 등장으로 소비자와 생산자 간의 공간적 제약이 극복된다. ㄹ. '구성원 간 비대면 접촉 비중'은 정보 사회가 산업 사회보다 높으므로, 주어진 내용은 (나)에 들어갈 수 없다.

651 유소년 부양비의 경우 '○○시 전체−B 지역'의 절댓값(4)이 '○○시 전체−A 지역'의 절댓값(2)의 2배이므로, A 지역 인구는 B 지역 인구의 2배이다. 이에 따라 A 지역의 인구를 600명, B 지역의 인구를 300명으로 각각 가정하여 계산한 연령별 인구를 나타내면 다음과 같다.

구분	0~14세	15~64세	65세 이상	계
A 지역	80명	400명	120명	600명
B 지역	52명	200명	48명	300명
○○시 전체	132명	600명	168명	900명

ㄴ. 15~64세 인구는 A 지역이 400명, B 지역이 200명으로서 A 지역이 B 지역의 2배이다. ㄷ. ○○시의 경우 65세 이상 인구는 168명, 0~14세 인구는 132명으로서 65세 이상 인구가 0~14세 인구보다 많다. ㄹ. 각 지역의 전체 인구 중 65세 이상 인구가 차지하는 비율은 A 지역은 20%(120명/600명), B 지역은 16%(48명/300명)로서 A 지역이 B 지역보다 높다.

바로알기 | ㄱ. 0~14세 인구는 B 지역이 52명, A 지역이 80명으로서 B 지역이 A 지역보다 적다.

652 갑국은 이주민의 문화적 정체성을 인정하므로 샐러드 볼 이론에 따른 다문화 정책을, 을국은 자국의 문화에 이주민이 동화하도록 하므로 용광로 이론에 따른 다문화 정책을 취하고 있다. ⑤ 갑국은 서로의 문화를 모두 존중하므로 문화 상대주의를, 을국은 자국의 문화에 이주민의 문화가 동화되도록 요구하므로 자문화 중심주의를 정책의 바탕으로 하고 있다.

바로알기 | ① 을국은 갑국과 달리 이주민을 흡수 통합의 대상으로 인식하고 있다. ② 을국은 주류 문화인 자국 문화를 이주민들이 따르도록 요구하므로, 갑국보다 이주민에 대한 차별이 나타날 위험성이 크다. ③ 을국은 자국의 문화를 이주민에게 요구하는 것으로 볼 때 자국의 문화적 정체성을 강조하므로, 갑국에 비해 주류 사회 구성원이 자국의 문화적 정체성을 상실할 우려가 작다. ④ 갑국은 서로의 문화를 존중하며, 이주민과의 문화적 동질화를 추구하지 않는다. 반면, 을국은 자국의 문화를 중심으로 이주민의 문화가 동화하도록 요구하며, 이주민과의 문화적 동질화를 추구한다.

653 ① 전 지구적 수준의 문제가 해결될 때 지속 가능한 발전이 이루어질 수 있으며, 이를 위해 전 지구적 수준의 문제에 관심을 갖고 해결책을 찾기 위해 노력하는 세계 시민 의식을 함양해야 한다. ③ 지속 가능한 발전의 사례로 자원 낭비를 줄이기 위한 자원 재활용 및 청정에너지 개발 등을 들 수 있다. ④ 생태계의 회복력과 수용 능력을 고려한 경제 개발은 미래 세대와 현세대의 필요를 모두 충족하는 지속 가능한 발전에 기여한다. ⑤ 지속 가능한 발전은 자연을 인간의 욕구를 충족하는 수단으로 여기는 태도를 통해서는 실현이 어려우며, 자연을 보전하기 위해 인간의 욕구를 자제하는 태도를 통해 실현될 수 있다.

바로알기 | ② 경제적 측면에서 형평성보다 효율성을 강조할 경우 무분별한 개발로 환경 파괴가 심화될 수 있다. 지속 가능한 개발은 현세대와 미래 세대의 삶의 질을 함께 보장하고자 함을 고려할 때 경제적 측면에서 효율성보다 형평성을 강조한다.

Memo

Memo